FUNDAMENTOS DE HISTÓRIA DO DIREITO

ANTONIO CARLOS WOLKMER
(ORGANIZADOR)
Professor Titular Aposentado da UFSC, e docente dos Programas de Pós-Graduação da UNILASALLE-RS e da UNESC-SC. Doutor em Direito. Membro do IBHD – Instituto Brasileiro de História doDireito. Pesquisador nível 1 do CNPq e consultor Ad Hoc da CAPES

FUNDAMENTOS DE HISTÓRIA DO DIREITO

10ª Edição
Revista e Ampliada

Del Rey editora

Belo Horizonte
2019

EDITORA DEL REY LTDA.
www.livrariadelrey.com.br

Editor: Arnaldo Oliveira

Editor Adjunto: Ricardo A. Malheiros Fiuza

Diagramação: Lucila Pangracio Azevedo

Revisão: Responsabilidade do autor

Capa: Alfstudio

EDITORA
Rua dos Goitacazes, 71 – Lojas 20 a 24
Centro- Belo Horizonte-MG
CEP 30190-909
Comercial:
Tel.: (31) 3284-3284 | 3293-8233
vendas@editoradelrey.com.br
Editorial:
editorial@editoradelrey.com

Wolkmer, Antonio Carlos.
F981 Fundamentos de História do Direito / Antonio Carlos Wolkmer (Organizador) – 10. ed. Belo Horizonte: Del Rey, 2019.
632p.

ISBN 978-85-384-0552-8

1. Direito – Historia. I. Wolkmer, Antonio Carlos.

CDD: 340.9
CDU: 340 (091)

SUMÁRIO

CAPÍTULO 3
O DIREITO HEBRAICO ANTIGO
Marcos Antônio de Souza

CAPÍTULO 4
O DIREITO GREGO ANTIGO
Raquel de Souza Franzine

CAPÍTULO 5
A INSTITUIÇÃO DA FAMÍLIA EM A *CIDADE ANTIGA*
Jenny Magnani de O. Nogueira

CAPÍTULO 6
DIREITO ROMANO CLÁSSICO: SEUS INSTITUTOS JURÍDICOS E SEU LEGADO

Francisco Quintanilha Véras Neto

CAPÍTULO 7
A NATUREZA HISTÓRICA DA INSTITUIÇÃO DO DIREITO DE PROPRIEDADE

Valcir Gassen

CAPÍTULO 8
O DIREITO ROMANO E SEU RESSURGIMENTO NO FINAL DA IDADE MÉDIA

Argemiro Cardoso Moreira Martins

CAPÍTULO 9
O DIREITO GERMÂNICO NA ALTA IDADE MÉDIA
Alexandre Ribas de Paulo

CAPÍTULO 10
A INSTITUCIONALIZAÇÃO DA DOGMÁTICA JURÍDICO-CANÔNICA MEDIEVAL
Rogério Dultra dos Santos

CAPÍTULO 11
ASPECTOS HISTÓRICOS, POLÍTICOS E LEGAIS DA INQUISIÇÃO

Samyra Haydêe Naspolini

CAPÍTULO 12
REVISITA À DESCONSTRUÇÃO DO MODELO JURÍDICO INQUISITORIAL

Salo de Carvalho

CAPÍTULO 13
DIMENSÕES DO DIREITO NA CULTURA ISLÂMICA

Antonio Carlos Wolkmer

CAPÍTULO 14
REFLEXÕES SOBRE A HISTÓRIA DO DIREITO CHINÊS

Paulo Roney Ávila Fagúndez

CAPÍTULO 15
O DIREITO E A CULTURA JURÍDICA NA TRADIÇÃO *COMMON LAW*

Morgana Henicka Galio

CAPÍTULO 16
O DIREITO NO PERÍODO PRÉ-COLONIAL E A CULTURA JURÍDICA ASTECA

Lucas Machado Fagundes

CAPÍTULO 17
DA "INVASÃO" DA AMÉRICA AOS SISTEMAS PENAIS DE HOJE: O DISCURSO DA "INFERIORIDADE" LATINO-AMERICANA

José Carlos Moreira da Silva Filho

CAPÍTULO 18
DIREITO INDIANO NA AMÉRICA HISPÂNICA

Ricardo D. Rabinovich-Berkman

CAPÍTULO 19
O DIREITO NAS MISSÕES JESUÍTICAS DA AMÉRICA DO SUL

Thais Luzia Colaço

CAPÍTULO 20
O DIREITO NO BRASIL COLONIAL
Claudio Valentim Cristiani

CAPÍTULO 21
INSTITUIÇÕES, RETÓRICA E O BACHARELISMO NO BRASIL
José Wanderley Kozima

CAPÍTULO 22
O ESCRAVO ANTE A LEI CIVIL E A LEI PENAL NO IMPÉRIO (1822-1871)
Arno Wehling

CAPÍTULO 23
UMA INTRODUÇÃO À HISTÓRIA SOCIAL E POLÍTICA DO PROCESSO
José Reinaldo de Lima Lopes

NOTA À 10ª EDIÇÃO

Esta Edição, revista e ampliada, busca proporcionar para o contexto acadêmico-universitário e, principalmente, para os cursos de Direito no país, a ampliação das fontes de informação e o reconhecimento primordial de outras perspectivas históricas, contribuindo para um maior questionamento e formação de pesquisas e análises que conduzem a enriquecedora interpretação, em cenários distintos, da cultura jurídica.

Com esse objetivo, esta 10ª Edição, apresenta, como novidade a importante contribuição sobre *O DIREITO NO PERÍODO PRÉ-COLONIAL E A CULTURA JURÍDICA ASTECA*, realizada por Lucas Machado Fagundes, como parte da investigação realizada em sua tese doutoral no Direito.

Fica o reconhecimento aos professores e aos alunos pela receptividade e continuidade de sempre, almejando que esta Edição desperte ainda mais o intento pelos caminhos surpreendentes e prazerosos da História do Direito.

Florianópolis, janeiro de 2019.

Prof. Dr. *Antonio Carlos Wolkmer*

Capítulo 1

O DIREITO NAS SOCIEDADES SEM ESCRITA

Antonio Carlos Wolkmer[1]

SUMÁRIO: 1. Introdução. 2. Formação do Direito nas sociedades sem escrita. 3. Características e fontes do Direito arcaico. 4. Funções e fundamentos do Direito na sociedade sem escrita. 5. Conclusão. 6. Referências bibliográficas.

1. INTRODUÇÃO

Toda cultura tem um aspecto normativo, cabendo-lhe delimitar a existencialidade de padrões, regras e valores que institucionalizam modelos de conduta. Cada sociedade esforça-se para assegurar uma determinada ordem social, instrumentalizando normas de regulamentação essenciais, capazes de atuar como sistema eficaz de controle social. Constata-se que, na maioria das sociedades remotas, a lei é considerada parte nuclear de controle social, elemento material para prevenir, remediar ou castigar os desvios das regras prescritas. A lei

---

[1] Professor Titular Aposentado de História do Direito da UFSC. Docente nos Cursos de Pós-Graduação em Direito UNILASALLE-RS e da UNESC-SC. Doutor em Direito. Pesquisador nível 1 do CNPq. Membro do IBHD – Instituto Brasileiro de História do Direito. Professor visitante de Historia del Derecho da UBA (Argentina). Autor e organizador de inúmeros livros, dentre os quais: Direito e justiça na América indígena: da conquista à colonização. Porto Alegre: Livraria do Advogado, 1998; Introdução à História do Pensamento Político. Rio de Janeiro: Renovar, 2003; Humanismo e Cultura Jurídica no Brasil. Florianópolis: Fundação Boiteux, 2003; Direitos Humanos e Filosofia Jurídica na América Latina. Rio de Janeiro: Lúmen Júris, 2004; *Síntese de uma História das Ideias Jurídicas*. 2. ed. Florianópolis: Fundação Boiteux, 2008; *História do Direito no Brasil*. 10. ed. Rio de Janeiro: Forense, 2018.

expressa a presença de um Direito ordenado na tradição e nas práticas costumeiras que mantêm a coesão do grupo social.

Certamente que cada povo e cada organização social dispõem de um sistema normativo que traduz a especialidade de um grau de evolução e complexidade. Tratar, portanto, de um Direito arcaico ou de povos sem escrita implica ter presente não só uma diferenciação da pré-história e da história do Direito, como, sobretudo, nos horizontes de diversas civilizações, precisar o surgimento dos primeiros textos legislativos com o aparecimento da escrita.

Não só subsiste um certo mistério, como falta uma explicação cientificamente correta e respostas conclusivas acerca das origens de grande parte das instituições jurídicas no período pré-histórico. Entretanto, ainda que prevaleça uma consensualidade sobre o fato de que os primeiros textos legais estejam associados ao aparecimento da escrita, não se pode considerar a presença de um Direito entre povos que possuíam formas de organização social e política arcaicas sem o conhecimento da escrita. Autores como John Gilissen questionam a própria expressão "Direito primitivo", aludindo que o termo "Direito arcaico" tem um alcance mais abrangente para contemplar múltiplas sociedades que passaram por uma evolução social, política e jurídica bem avançada, mas que não chegaram a dominar a técnica da escrita. Assim sendo, as inúmeras investigações científicas têm apurado que as práticas legais de sociedades sem escrita assumem características, por vezes, primitivas, por outras, expressam um certo nível de desenvolvimento.

Certamente que a pesquisa dos sistemas legais das populações sem escrita não se reduz meramente à explicação dos primórdios históricos do Direito, mas evidencia, sobretudo, um enorme interesse em curso, porquanto "milhares de homens vivem ainda (...), na segunda metade do século XX, de acordo com direitos a que chamamos 'arcaicos' ou 'primitivos'. As civilizações mais arcaicas continuam a ser as dos aborígenes da Austrália ou da Nova Guiné, dos povos da Papuásia ou de Bornéu, de certos povos índios da Amazônia no Brasil"[2].

---

2 GILISSEN, John. *Introdução histórica do Direito.* Lisboa: Fundação Calouste Gulbenkian, 1988, p. 33.

Não parece haver dúvida de que o processo contemporâneo de colonização gerou um surto de pluralismo jurídico, representado pela convivência e dualismo concomitante, de um Direito "europeu (*common law* nas colônias inglesas e americanas, direitos romanistas nas outras colônias) para os não indígenas e, por vezes, para os indígenas evoluídos; e outro, do tipo arcaico para as populações autóctones"[3].

Tendo em conta essas asserções iniciais, cabe pontualizar alguns aspectos do Direito nas sociedades primitivas como a formação, caracterização, fontes e funções.

2. FORMAÇÃO DO DIREITO NAS SOCIEDADES SEM ESCRITA

A dificuldade de se impor uma causa primeira e única para explicar as origens do Direito arcaico deve-se em muito ao amplo quadro de hipóteses possíveis e proposições explicativas distintas. O Direito arcaico pode ser interpretado a partir da compreensão do tipo de sociedade que o gerou. Se a sociedade pré-histórica fundamenta-se no princípio do parentesco, nada mais natural do que considerar que a base geradora do jurídico encontra-se, primeiramente, nos laços de consanguinidade, nas práticas de convívio familiar de um mesmo grupo social, unido por crenças e tradições.[4]

É neste sentido que a lei primitiva da propriedade e das sucessões teve em grande parte sua origem na família e nos procedimentos que a circunscreveram, como as crenças, os sacrifícios e o culto aos mortos. Ninguém melhor que Fustel de Coulanges para escrever que o Direito antigo não é resultante de uma única pessoa, pois se impôs a qualquer tipo de legislador. Nasceu espontânea e inteiramente nos antigos princípios que constituíram a família, derivando "das crenças religiosas universalmente admitidas na idade primitiva desses povos e exercendo domínio sobre as inteligências e sobre as vontades"[5].

Posteriormente, num tempo em que inexistiam legislações escritas e códigos formais, as práticas primárias de controle são transmitidas

---

3 GILISSEN, John. *Op. cit.*, p. 34.

4 LUHMANN, Niklas. *Sociologia do Direito*. Rio de Janeiro: Tempo Brasileiro 75, 1983, v. I, p. 182-184.

5 COULANGES, Fustel de. *A cidade antiga*. São Paulo: Hemus, 1975, p. 68-150.

oralmente, marcadas por revelações sagradas e divinas. Distintivamente da ênfase atribuída à família feita por Fustel de Coulanges, H. Summer Maine entende que esse caráter religioso do Direito arcaico, imbuído de sanções rigorosas e repressoras, permitiria que os sacerdotes-legisladores acabassem por ser os primeiros intérpretes e executores das leis. O receio da vingança dos deuses, pelo desrespeito aos seus ditames, fazia com que o Direito fosse respeitado religiosamente. Daí que, em sua maioria, os legisladores antigos (reis sacerdotes)[6] anunciaram ter recebido as suas leis do deus da cidade. De qualquer forma, o ilícito se confundia com a quebra da tradição e com a infração ao que a divindade havia proclamado.

Neste aspecto, nas manifestações mais antigas do Direito, as sanções legais estão profundamente associadas às sanções rituais. A sanção assume um caráter tanto repressivo quanto restritivo, na medida em que é aplicado um castigo ao responsável pelo dano e uma reparação à pessoa injuriada.[7] Para além do formalismo e do ritualismo, o Direito arcaico manifesta-se não por um conteúdo, mas pelas repetições de fórmulas, através dos atos simbólicos, das palavras sagradas, dos gestos solenes e da força dos rituais desejados.

Os efeitos jurídicos são determinados por atos e procedimentos que, envolvidos pela magia e pela solenidade das palavras, transformam-se num jogo constante de ritualismos. Entretanto, o Direito primitivo de matriz sagrada e revelado pelos reis-legisladores (ou chefes religiosos -legisladores) avança, historicamente, para o período em que se impõe a força e a repetição dos costumes. Daí que, no dizer de H. Summer Maine, o Direito antigo compreende, claramente, três grandes estágios de evolução: o Direito que provém dos deuses, o Direito confundido com os costumes e, finalmente, o Direito identificado com a lei.

Nas sociedades antigas, tanto as leis quanto os códigos foram expressões da vontade divina, revelada mediante a imposição de legisladores-administradores, que dispunham de privilégios dinásticos e de

---

6 Sobre o papel dos antigos reis-sacerdotes, consultar: FRAZER, Sir James George. *O ramo de ouro.* São Paulo: Círculo do Livro, [s/d], p. 32-33.

7 Cf. RADCLIFFE-BROWN, Alfred R. O Direito primitivo. *In: Estrutura e função na sociedade primitiva.* Petrópolis: Vozes, 1973, p. 262-263, 269. Para uma consulta direta ao texto clássico, ver: "Social Sanctions" and "Primitive Law". In: *Structure and Function in Primitive Society.* Essays and Addresses. Routledge, 1952. Chapters XI e XII.

uma legitimidade garantida pela casa sacerdotal. Escreve H. Summer Maine que algumas experiências societárias, ao permitirem o declínio do poder real e o enfraquecimento de monarcas hereditários, acabaram por favorecer a emergência de aristocracias, depositárias da produção legislativa, com capacidade de julgar e de resolver conflitos.[8] Mas este momento inicial de um Direito sagrado e ritualizado, expressão das divindades, desenvolve-se na direção de práticas normativas consuetudinárias. Certamente que ainda não se trata de um Direito escrito, porém de um conjunto disperso de usos, práticas e costumes, reiterados por um longo período de tempo e publicamente aceitos. É a época do Direito consuetudinário, largo período em que não se conheceu a invenção da escrita, em que uma casta, ou aristocracia, "investida do poder judicial era o único meio que poderia conservar, com algum rigor, os costumes da raça ou da tribo"[9]. O costume aparece como expressão da legalidade, de forma lenta e espontânea, instrumentalizada pela repetição de atos, usos e práticas. Por ser objeto de respeito e veneração, e ser assegurado por sanções sobrenaturais, dificilmente o homem primitivo questionava sua validez e sua aplicabilidade.

A inversão e a difusão da técnica da escritura, somada à compilação de costumes tradicionais, proporcionam os primeiros códigos da Antiguidade, como o de Hammurabi, o de Manu, o de Sólon e a Lei das XII Tábuas. Constatam-se, destarte, que os textos legislados e escritos "eram melhores depositários do Direito e meios mais eficazes para conservá-lo que a memória de certo número de pessoas, por mais força que tivessem em função de seu constante exercício"[10].

Esse Direito antigo, tanto no Oriente quanto no Ocidente, na explicação de H. Summer Maine, não diferenciava, na essência, a mescla de prescrições civis, religiosas e morais. Somente em tempos mais avançados da civilização é que se começa a distinguir o Direito da moral e a religião do Direito.[11] Certamente, de todos os povos antigos,

---

[8] Cf. SUMMER MAINE, Henry. *El derecho antiguo*: parte general. Madrid: Alfredo Alonso, 1893, p. 18-19.

[9] SUMMER MAINE, Henry. *Op. cit.*, p. 20.

[10] SUMMER MAINE, Henry. *Op. cit.*, p. 22.

[11] SUMMER MAINE, Henry. *Op. cit.*

foi com os romanos que o Direito avançou para uma autonomia diante da religião e da moral.

Pode-se dizer, por fim, que outra regularidade desse processo normativo foi a longa e progressiva evolução das obrigações e dos deveres jurídicos da condição de *status* (as obrigações são fixadas, na sociedade, de acordo com o *status* que ocupam seus membros), inerentes ao Direito primitivo, para o da relação contratual dependente da vontade e autonomia das partes, características já do Direito legislativo e formal.

3. CARACTERÍSTICAS E FONTES DO DIREITO ARCAICO

Pode-se distinguir, segundo as lições de John Gilissen, algumas características do Direito nas sociedades arcaicas. Primeiramente, o Direito primitivo não era legislado, as populações não conheciam a escritura formal e suas regras de regulamentação mantinham-se e conservavam-se pela tradição. Um segundo fator de conhecimento é que cada organização social possuía um Direito único, que não se confundia com o de outras formas de associação. Cada comunidade tinha suas próprias regras, vivendo com autonomia e tendo pouco contato com outros povos, a não ser em condições de beligerância. Um terceiro aspecto a considerar é a diversidade dos direitos não escritos. Trata-se da multiplicidade de direitos diante de uma gama de sociedades atuantes, advinda, de um lado, da especificidade para cada um dos costumes jurídicos concomitantes, de outro, de possíveis e inúmeras semelhanças ou aproximações de um para outro sistema primitivo. Além de apontar a inexistência de uma legalidade não escrita, de uma certa unicidade do jurídico para cada comunidade e, por fim, a pluralidade dos direitos não escritos, Gilissen reconhece também que o Direito arcaico está profundamente contaminado pela prática religiosa.[12] Tal é a influência da religião sobre a sociedade e sobre as leis, que se torna intento pouco fácil estabelecer uma distinção entre o preceito sobrenatural e o preceito de natureza jurídica. Na verdade, o Direito estava totalmente subordinado à imposição de crenças dos

---

[12] Cf. GILISSEN, John. *Introdução histórica ao Direito*. Lisboa: Fundação Calouste Gulbenkian, 1988, p. 35.

antepassados, ao ritualismo simbólico e à força das divindades. Um secretismo nebuloso mesclava e integrava, no religioso, as regras de cunho social, moral e jurídico.[13]

Por último, Gilissen chama atenção para o fato de que os direitos primitivos são "direitos em nascimento", ou seja, ainda não ocorre uma diferenciação efetiva entre o que é jurídico do que não é jurídico. Assinala-se, no entanto, que as regras de controle podem variar no tempo e no espaço. Os critérios que permitem auferir, na sociedade moderna, o que é jurídico podem não ser aplicados às comunidades da pré-história. Admite-se, assim, que um costume de épocas arcaicas assume em caráter jurídico na medida em que, constrangendo, garante o cumprimento das normas de comportamento.[14]

Ainda, seguindo as incursões históricas do erudito pesquisador belga, cabe mencionar uma breve passagem pela questão das fontes do Direito entre as sociedades sem escrita. Do pouco que se sabe e que, com certeza, pode-se apontar, é que as fontes jurídicas primitivas são poucas, resumindo-se, na maioria das vezes, aos costumes, aos preceitos verbais, às decisões pela tradição, etc.

No que concerne aos costumes, há de se reconhecer como a fonte mais importante e mais antiga do Direito, manifestação que se comprova por ser a expressão direta, cotidiana e habitual dos membros de um dado grupo social. Novamente, aqui, a religião aparece como fenômeno determinante, na medida em que o receio e a ameaça permanente dos poderes sobrenaturais é que garante o rígido cumprimento dos costumes.[15]

Neste quadro, colocam-se, igualmente, certos preceitos verbais, não escritos, proferidos por chefes de tribos ou de clãs, que se impõem pela autoridade e pelo respeito que desfrutam. Trata-se de verdadeiras leis ainda que não escritas, repousando no prestígio daqueles que detêm o poder e o conhecimento.

Por fim, parece significativo mencionar, como fonte criadora de preceituações jurídicas nas sociedades arcaicas, certas decisões

---

13 GILISSEN, John. *Op. cit.*

14 GILISSEN, John. *Introdução histórica ao Direito*. Lisboa: Fundação Calouste Gulbenkian, 1988.

15 GILISSEN, John. *Op. cit.*, p. 37.

reiteradas utilizadas pelos chefes ou anciãos das comunidades autóctones para resolver conflitos do mesmo tipo. Conjuntamente ao que designa de "precedente judiciário", Gilissen acrescenta também os procedimentos orais propagados por gerações como os "provérbios e adágios".[16]

4. FUNÇÕES E FUNDAMENTOS DO DIREITO NA SOCIEDADE SEM ESCRITA

Algumas reflexões mais genéricas sobre a formação, características e fontes do Direito primitivo, torna-se relevante destacar um pouco mais as funções e os fundamentos das formas de controle social em sociedades ainda não possuidoras do domínio técnico da escrita. Para uma outra leitura da natureza e das funções do Direito arcaico, tomar-se-á em conta as investigações pioneiras e clássicas de Bronislaw Malinowski (1884-1942), feitas empiricamente com populações das Ilhas Trobriand, ao nordeste da Nova Guiné, e que resultaram, em 1926, na obra *Crime e costume na sociedade selvagem.*

Inicialmente, constata-se que em cada cultura humana desenvolve-se um corpo de obrigações, proibições e leis que devem ser cumpridas por motivos práticos, morais ou emocionais. Há que se considerar, para Malinowski, que, além das regras jurídicas sancionadas por um aparato social com poderosa força cogente, subexistem outros tipos diferenciados de normas tradicionais gerados por motivos psicológicos. Naturalmente, a base de toda investigação do Direito primitivo está na imposição rígida e automática aos costumes da tribo.[17]

A importância da interpretação de Malinowski está no fato de que, ainda que priorize a criminalidade, as formas de castigo e a recomposição da ordem, acaba tratando, igualmente, dos conflitos entre sistemas jurídicos (penal e civil), do Direito matrimonial, da vida econômica, dos costumes religiosos, do desenvolvimento do comunismo primitivo e do princípio da reciprocidade como base de toda a estrutura social.

---

[16] GILISSEN, John. *Op. cit.*, p. 37-38.

[17] Cf. MALINOWSKI, Bronislaw. *Crimen y costumbre en la sociedad salvaje.* Barcelona: Ariel, 1978, p. 26, 69 e 70.

É necessário reconhecer o significado de algumas de suas premissas enquanto primeira tentativa de análise antropológica da lei primitiva. Um primeiro aspecto que chama a atenção, na proposta de Malinowski, está na tentativa de desmistificar a lei criminal entendida como núcleo exclusivo de todo e qualquer Direito primitivo, pressuposto que se tornou essencial entre alguns antropólogos do Direito. Acertadamente, a regra jurídica primitiva não se reduz tão somente a imposições, "nem tampouco a lei dos selvagens é somente lei criminal. Não se pode pretender que, com mera descrição do crime e do castigo, o tema do Direito se esgote no que concerne à comunidade primitiva".[18]

Com decorrência desse processo, o autor dos *Argonautos do Pacífico Ocidental* apontou como segundo aspecto a inconsistência da tese de que não haveria um Direito civil entre as sociedades aborígines. Assim, divergindo da posição de muitos antropólogos de sua época que insistiam na base religiosa e no teor exclusivamente criminal da jurisprudência primitiva, Malinowski introduz o argumento de que existia um Direito civil consensualmente aceito e respeitado.[19] As regras de Direito civil caracterizadas por uma certa flexibilidade e abrangência, enquanto ordenação positiva regulamentadora dos diversos momentos da organização tribal, compreendiam um conjunto de "obrigações impositivas consideradas como justas por uns e reconhecidas como um dever pelos outros, cujo cumprimento se assegura por um mecanismo específico de reciprocidade e publicidade inerentes à estrutura da sociedade"[20]. A lei civil primitiva não tem apenas um aspecto negativo no sentido de que todo o descumprimento resulta num castigo, mas assume um caráter positivo mediante a recompensa para os que cumprem e respeitam as regras de convivência.

Um terceiro aspecto é apontar a particularidade de que o Direito não funciona por si mesmo, pois é parte integrante da dinâmica de uma estrutura. Torna-se desnecessária uma maior constatação, para Malinowski, porquanto as manifestações legais e os diversos fenômenos de tipo jurídico encontrados na Melanésia não "constituem

---

[18] MALINOWSKI, Bronislaw. *Op. cit.*, p. 71.

[19] MALINOWSKI, B. *Op. cit.*, p. 73-74.

[20] MALINOWSKI, B. *Op. cit.*, p. 74. *Crimen y costumbre en la sociedad salvaje.* Barcelona: Ariel, 1978, p. 74.

instituições independentes. O Direito é mais um aspecto da vida tribal, ou seja, um aspecto de sua estrutura do que propriamente um sistema independente, socialmente completo em si mesmo"[21].

Ao fazer uma crítica à teoria antropológica do Direito, Malinowski avança no exame dos aspectos práticos de determinadas funções do Direito, bem como à explicitação dos princípios legais que regem as relações sociais do grupo. Seu questionamento é feito basicamente contra a falsa perspectiva criada pela antropologia tradicional de que inexiste um Direito civil e que toda lei é expressão dos próprios costumes autóctones, sendo obedecidos automaticamente por pura inércia.[22] Ora, as normas de controle social que impõem obediência ao homem primitivo são afetadas por necessidades sociais e por motivações psicológicas.[23]

É neste contexto que se deve interpretar o Direito primitivo. A função principal do Direito é, para Malinowski, liminar certas inclinações comuns, "canalizar e dirigir os instintos humanos e impor uma conduta obrigatória não espontânea (...)", assegurando um modo "de cooperação baseada em concessões mútuas e em sacrifícios orientados para um fim comum. Uma força nova, diferente das inclinações inatas e espontâneas, deve estar presente para que esta tarefa seja concluída"[24].

Este fator novo que se distingue das imposições religiosas e das forças naturais vem a ser revelado pelo conjunto prático de regras jurídicas civil que, enquanto instrumento integrador, é caracterizado pelos fatores da "reciprocidade, incidência sistemática, publicidade e ambição"[25]. Assim, o papel do Direito é fundamental como elemento que regula, em grande parte, os múltiplos ângulos da vida dos grupos na Melanésia e "as relações pessoais entre parentes, membros do mesmo clã e da mesma tribo, fixando as relações econômicas, o exercício do poder e da magia, o estado legal do marido e da mulher, etc"[26]. Esta modalidade de regras civis distingue-se das regras fundamentais

21 MALINOWSKI, B. *Op. cit.* p. 74.
22 MALINOWSKI, Bronislaw. *Op. cit.*, p. 78.
23 MALINOWSKI, B. *Op. cit.*, p. 78-79.
24 MALINOWSKI, B. *Op. cit.*, p. 79-80.
25 MALINOWSKI, B. *Op. cit.*, p. 83.
26 MALINOWSKI, B. *Op. cit.*, p. 82.

penais que protegem "a vida, a propriedade e a personalidade" e que instituem-se pela sanção do castigo tribal. Mas, se não há sanção religiosa e tampouco castigo penal, quais são as forças poderosas que fazem cumprir estas regras de Direito civil? Para Malinowski esta fundamentação há de se buscar na concatenação das obrigações, que "estão ordenadas em cadeia de serviços mútuos, seja, um dar e tomar que se estende sobre longos períodos de tempo, cumprindo ambos aspectos de interesses e atividades (...)". Por consequência, a força compulsiva destas regras "procede da tendência psicológica natural pelo interesse pessoal (...) posta em jogo por um mecanismo social especial, dentro do qual se demarcam estas ações obrigatórias"[27]. Parece claro aqui uma das teses nucleares que explicita e fundamenta a presença do legal nas sociedades autóctones: o Direito não é exercido de forma arbitrária e unilateral, mas produto de acordo "com regras bem definidas e dispostas em cadeia de serviços recíprocos bem compensados"[28].

Em suma, de todos os sistemas de regras legais das sociedades primitivas, o destaque maior é atribuído ao Direito matrimonial. Não só é o mais abrangente sistema legal, como o fundamento essencial dos costumes e das instituições. A força do Direito matriarcal define que o parentesco só se transmite através das mulheres e que todos os privilégios sociais seguem a linha materna.[29] Daí decorre a rigidez da lei primitiva com relação ao comércio sexual dentro do clã, fundamentalmente, no que se refere ao crime de incesto (principalmente com a irmã) que gera práticas de punição mais severas.

5. CONCLUSÃO

Resta, no final, levantar alguns questionamentos críticos sobre interpretações elaboradas por antropólogos acerca das origens do Direito em sociedades primitivas.

Certamente uma primeira ponderação, respaldada nos elementos trazidos pela etimologia jurídica atual, aponta para a fragilidade das teses evolucionistas que dão conta de que o Direito primitivo passou por uma longa progressão constituída pela comunhão de grupos,

[27] MALINOWSKI, Bronislaw. *Op. cit.*, p. 82-83.
[28] MALINOWSKI, B. *Op. cit.*, p. 61.
[29] MALINOWSKI, B. *Op. cit.*, p. 99, 100 e 128.

pelo matriarcado, patriarcado, clã e tribo. Tal evolução sistemática é, no dizer de John Gilissen, por demais simplista e sobejamente lógica para ser correta. Não há comprovações científicas de que a legalidade acompanhou e refletiu os diversos estágios das sociedades primitivas de acordo com a premissa evolucionista. Não existe certeza se o matriarcado realmente ocorreu e se foi, posteriormente, sucedido pelo patriarcado.[30]

Com relação à obra de H. Summer Maine, um dos fundadores da antropologia jurídica moderna, apesar de sua inegável importância, não deixou de compartilhar com um certo evolucionismo darwinista. Sua concepção societária parte de uma lenta evolução cujo processo permitiu que o Direito transpusesse o período antigo do *status* para a fase moderna do "contrato". Naturalmente transpareceu, em sua clássica e erudita investigação, a superioridade da cultura jurídica europeia moderna sobre a ingenuidade e o primarismo normativo das sociedades arcaicas.[31]

Por último, cabe elencar algumas críticas às concepções jurídicas de B. Malinowski, autor que foi privilegiado em boa parte deste artigo. Para isso, seguem-se as considerações de Norbert Rouland, para quem as teses jurídicas de Malinowski não gozam mais do grande prestígio que alcançaram no passado. Trabalhos de antropologia jurídica mais recentes apontam certas inverdades sujeitas a comprovação. Um dos erros é conceber que, nas sociedades primitivas, o Direito civil não podia ser violado. Por outro lado, o Direito seria objeto de consenso, sendo muito mais respeitado entre os autóctones do que na sociedade moderna. Escreve Norbert Rouland que algumas investigações etnográficas mostram o contrário, pois o indivíduo, pensando que há menos vantagem do que inconveniência em respeitar a lei, acaba muitas vezes violando-a.[32]

Em suma, foi pertinente começar a longa trajetória histórica das instituições jurídicas através de uma breve reflexão sobre as formas, natureza e características da legalidade nas sociedades primitivas.

---

30 Cf. GILISSEN, John. *Introdução histórica ao Direito*, p. 38.

31 Cf. ROULAND, Norbert. *Anthropologie juridique*. Paris: PUF, 1988, p. 50.

32 ROULAND, Norbert. *Op. cit.*, p. 101.

6. REFERÊNCIAS BIBLIOGRÁFICAS

COULANGES, Fustel de. *A cidade antiga*. São Paulo: Hemus, 1975.

FRAZER, Sir James George. *O ramo de ouro*. São Paulo: Círculo do Livro, s/d.

GILISSEN, John. *Introdução histórica ao Direito*. Lisboa: Fundação Calouste Gulbenkian, 1988.

HOEBEL, E. Adamson. *The Law of Primitive Man*: a study in Comparative legal dynamics. Cambridge: Harvard University Press, 1954.

LUHMANN, Nilkas. *Sociologia do Direito*. Rio de Janeiro: Tempo Brasileiro 75, 1983, v. I.

KEESING, Feliz. "Controle Social". In: *Antropologia Cultural*. 1 v. 2 ed. Rio de Janeiro: Fondo de Cultura, 1972.

MALINOWSKI, Bronislaw. *Crimen y costumbre en la sociedad salvage*. Barcelona: Ariel, 1978.

RADCLIFFE-BROWN, Alfred R. *Estrutura e função na sociedade primitiva*. Petrópolis: Vozes, 1973.

__________. "Social Sanctions", chapter XI; "Primitive Law", chapter XII. In: *Structure and Funtion in Primitive Society*. Essays and Addresses. Routledge, 1952.

ROULAND, Norbert. *Anthropologie juridique*. Paris: PUF, 1988.

SUMMER MAINE, Henry. *El derecho antiguo*: parte general. Madrid: Alfredo Alonso, 1893.

Capítulo 2

DIREITO E SOCIEDADE NO ORIENTE ANTIGO: MESOPOTÂMIA E EGITO

CRISTIANO PAIXÃO ARAÚJO PINTO[1]

SUMÁRIO: 1. Introdução. 2. Elementos de Transição na Sociedade e no Direito. 3. Mesopotâmia e Egito: aspectos geográficos, políticos e econômicos; 3.1 Geografia; 3.2 Política; 3.3 Economia. 4. A Vigência do Direito: seus elementos, manifestações e instituições; 4.1 A Mesopotâmia: compilações de normas jurídicas e sua aplicação; 4.2 O Egito: o princípio de justiça divina. 5. Conclusão. 6. Referências bibliográficas.

1. INTRODUÇÃO

O presente capítulo tem por objetivo descrever os principais aspectos relacionados à produção, vigência e aplicação do Direito em duas civilizações orientais da Antiguidade: Mesopotâmia e Egito. Serão abordados, de início, alguns fatores históricos que caracterizaram uma mudança fundamental na forma de sociedade e propiciaram a emergência de novas manifestações do Direito. Em segundo lugar, apresenta-se uma rápida recapitulação do panorama geográfico, político e econômico que permeou as civilizações mesopotâmica e egípcia, com observância de certas similaridades e distinções fundamentais naquelas sociedades. Passa-se, então, ao tema central do artigo: as formas de manifestação do Direito e as instituições encarregadas de sua aplicação e propagação, tudo em consonância com as ponderações anteriormente lançadas. E, por fim, serão aventadas algumas

---

[1] Professor da Faculdade de Direito da UnB. Mestre em Teoria e Filosofia do Direito pela UFSC. Doutor em Direito Constitucional na UFMG. Procurador do Ministério do Trabalho (Brasília-DF). Autor da obra: *Modernidade, Tempo e Direito*. Belo Horizonte: Del Rey, 2002.

possibilidades de subsistência de institutos jurídicos surgidos na Mesopotâmia e Egito nas civilizações clássicas que se desenvolveram posteriormente.

2. ELEMENTOS DE TRANSIÇÃO NA SOCIEDADE E NO DIREITO

Não é possível separar, em qualquer momento histórico que se procure enfocar, a modificação da sociedade e a evolução do Direito. A simples descrição de textos jurídicos e instituições judiciárias não é suficiente para que se possa aferir o real significado das manifestações do Direito que surgem ao longo do tempo. Todo o trabalho retrospectivo direcionado à recuperação de documentos, testemunhos, vestígios – enfim, fontes históricas – só se justifica a partir de um olhar abrangente; é preciso, antes de tudo, ampliar o campo histórico, buscar os elementos fundamentais de cada civilização e, a partir dessa perspectiva, passar ao estudo do Direito propriamente dito. Não há Direito fora da sociedade. E não há sociedade fora da história.[2]

Assim, a atividade do historiador do Direito envolve duas dimensões: a cartografia das formas de sociedade (ou, como diria Braudel, a "Gramática das Civilizações"[3]) e a percepção do fenômeno jurídico que brota na coletividade.

---

2 Adota-se, aqui, a orientação teórica já explicitada pela Escola francesa dos Annales, fundada por Bloch e Febvre em 1929, continuada com a obra de Braudel e disseminada no movimento atualmente denominado Nova História. Cf., entre vários: BLOCH, Marc. *Introdução à história – edição revista, aumentada e criticada*. Trad. Maria Manuel *et al.* Portugal: Europa-América, 1997. LE GOFF, Jacques (Org.). *A história nova*. 3. ed. Trad. Eduardo Brandão. São Paulo: Martins Fontes, 1995. VOVELLE, Michel. A história e a longa duração. *In*: LE GOFF, Jacques (Org.). *A história nova*. *Op. cit.*, p. 68-96. BRAUDEL, Fernand. *Escritos sobre a história*. 2. ed. Trad. J. Guinsburg e Tereza Cristina Silveira da Mota. São Paulo: Perspectiva, 1992. BURKE, Peter. *A escola dos Annales (1929-1989) – a Revolução Francesa da historiografia*. Trad. Nilo Odália. São Paulo: Unesp, 1991. REIS, José Carlos. *A escola dos Annales – a inovação em História*. São Paulo: Paz e Terra, 2000. Sobre a influência desse movimento na história do Direito, ver a fundamental obra de LOPES, José Reinaldo Lima. *O Direito na história – lições introdutórias*. São Paulo: Max Limonad, 2000, especialmente p. 17-28.

3 Cf. BRAUDEL, Fernand. *Gramática das civilizações*. Trad. Antonio de Pádua Danesi. São Paulo: Martins Fontes, 1989, p. 25-55.

Numa obra já tornada clássica nos contextos brasileiro e europeu,[4] Niklas Luhmann classifica três grandes grupos de manifestações do Direito – que ele denomina "estilos" – ao longo da história: (1) o Direito arcaico, característico dos povos sem escrita;[5] (2) o Direito antigo, que surge com as primeiras civilizações urbanas e (3) o Direito moderno, próprio das sociedades posteriores às Revoluções Francesa e Americana.[6]

Os dois primeiros modelos de Direito *antigo* (ou seja, o segundo "estilo" de Direito identificado por Luhmann) são aqueles verificados na Mesopotâmia e no Egito. Assim, a exposição terá de abordar, num primeiro momento, os fatores que marcaram a transição do Direito *arcaico* para o novo "estilo" de Direito. E, para tanto, será necessário identificar as marcas da passagem da sociedade arcaica para um novo tipo de conformação social.

Pode-se ilustrar a transição das formas arcaicas de sociedade para as primeiras civilizações da Antiguidade mediante três fatores históricos: (1) o surgimento das cidades; (2) a invenção e domínio da escrita e (3) o advento do comércio e, numa etapa posterior, da moeda metálica. Convém, então, fazer referência, ainda que de modo breve, a cada um desses aspectos.

Numa perspectiva histórica expandida, é possível identificar as origens da *cidade* no período paleolítico. Numa inspirada passagem,

---

4 LUHMANN, Niklas. *Sociologia do Direito* (I e II). Trad. Gustavo Bayer. Rio de Janeiro: Tempo Brasileiro, 1983 e 1985.

5 Aqui, é fundamental observar a impossibilidade de adoção de um critério puramente cronológico. Evidentemente, há sociedades que passaram a dominar a escrita em períodos mais remotos (como é o caso das civilizações tratadas neste artigo), outras que permaneceram numa espécie de organização em forma de tribos ou clãs por um período maior (como os reinos chamados "bárbaros", ou "germânicos", que se mantiveram fora do mundo clássico, grego e romano, por toda a Antiguidade) e aquelas que até os dias atuais conservam características tribais ou clânicas e que são fundamentais para o estudo do Direito dos povos sem escrita, consoante bem observado por GILISSEN, John. *Introdução histórica ao Direito*. Trad. A.M. Botelho Hespanha e I.M. Macaísta Malheiros. Lisboa: Fundação Calouste Gulbenkian, 1995, p. 32.

6 Fenômeno identificado, de forma explícita, com o surgimento do movimento do constitucionalismo, no final do século XVIII. Para uma melhor explicitação deste ponto, ver: LUHMANN, Niklas. La costituzione come acquisizione evolutiva. *In*: ZAGREBELSKY, Gustavo; PORTINARO, Pier Paolo; LUTHER, Jörg. *Il futuro della costituzione*. Torino: Einaudi, 1996.

Lewis Mumford assinala que a ideia de cidade – compreendida como um lugar cívico, de satisfação do homem no plano coletivo, desvinculada de aspectos como sobrevivência, alimentação e proteção contra um ambiente hostil – já aparece nos primeiros locais em que eram celebrados ritos, normalmente fúnebres.[7] Com isso, fica superada qualquer concepção estritamente utilitária da origem das cidades; passa-se a considerar o agrupamento humano organizado como uma primeira manifestação da identidade do próprio homem, de sua temporalidade e de sua diferença em relação a outros seres vivos. Com a organização do homem em aldeias, resultante de sua sedentarização no território, que passa a ser cultivado – fenômeno típico da Era Neolítica –, a ideia moderna de cidade vai-se tornando mais próxima. O passo seguinte seria a fundação das primeiras cidades. E isso ocorreu, como é consenso entre os historiadores, na Mesopotâmia.[8]

---

7 Veja-se o seguinte extrato: "Nesses antigos santuários paleolíticos, como nos primeiros túmulos e montes sepulcrais, encontramos, se existem, os primeiros indícios de vida cívica, provavelmente muito antes de poder sequer suspeitar-se de qualquer agrupamento permanente em aldeias (...). Ali no centro cerimonial verificava-se uma associação dedicada a uma vida mais abundante; não simplesmente um aumento de alimentos, mas um aumento do prazer social, graças a uma utilização mais completa da fantasia simbolizada e da arte, com uma visão comum de uma vida melhor e mais significativa ao mesmo tempo em que esteticamente atraente, uma boa vida em embrião, como a que Aristóteles um dia iria descrever na *Política*: o primeiro vislumbre da Eutopia". MUMFORD, Lewis. *A cidade na história – suas origens, transformações e perspectivas*. 4. ed. Trad. Neil R. da Silva. São Paulo: Martins Fontes, 1998, p. 14.

8 Na verdade, a longa escalada que culminou com a formação de cidades tem origem fora do terreno da atual Mesopotâmia. Foram encontrados, na atual cidade turca de Çatal Hüyük (antiga região da Anatólia) e no sítio de Jericó (Tell es-Sultan), no vale do Jordão, vestígios de uma espécie de proto-cidade, constituída por um agrupamento de casas e santuários. As diferenças essenciais entre estes agrupamentos populacionais e as primeiras cidades mesopotâmicas residem nos seguintes fatores: (1) as cidades da Mesopotâmia constituíram uma verdadeira rede urbana, composta por várias cidades (as antecessoras, aqui assinaladas, foram casos isolados em suas localidades); e (2) essa mesma rede urbana perdurou por várias gerações, fixando-se no tempo, à medida que novas cidades iam surgindo (na própria Mesopotâmia ou em regiões próximas). Além disso, a população das proto-cidades, ainda dedicadas à agricultura, girava em torno de 1.000 habitantes, enquanto que as primeiras cidades mesopotâmicas agrupavam cerca de 10 vezes mais. Cf., para melhor aprofundamento dessas questões, JANSON, H.W. *História geral da arte*. Trad. J.A. Ferreira de Almeida *et al.* São Paulo: Martins Fontes, 1993, v. I, p. 49-50; e DELFANTE, Charles. *A grande história da cidade – da Mesopotâmia aos Estados Unidos*. Trad.

Consoante a lúcida narração de Ciro Flamarion Cardoso, a formação da cidade na Mesopotâmia foi o termo final de um processo lento de destribalização que se estendeu pela maior parte do quarto milênio da era pré-cristã. Na Baixa Mesopotâmia – região normalmente designada como Suméria, nas margens do Rio Eufrates, mais próxima ao Golfo Pérsico –, já se contabilizavam cinco cidades nos anos 3100-2900 a.C.: Eridu, Badtibira, Sippar, Larak e Shuruppak. No período histórico imediatamente subsequente, chamado dinástico primitivo ou pré-sargônico (2900-2334 a.C.), são registradas, além daquelas já mencionadas, as seguintes cidades: Kish, Akshak, Nippur, Adab, Umma, Lagash, Uruk, Larsa e Ur.[9] A estrutura desses primeiros agrupamentos urbanos era tripartite: (i) a cidade propriamente dita, cercada por muralhas, em que ficavam os principais locais de culto e as células dos futuros palácios reais; (ii) uma espécie de subúrbio, extramuros, local em que se misturavam residências e instalações para plantio e criação de animais e (iii) o porto fluvial, em que se praticava o comércio e que era utilizado como local de instalação dos estrangeiros, cuja admissão, em regra, era vedada nos muros da cidade.

Ainda que não seja recomendável lançar qualquer assertiva postulando uma relação entre causa e efeito – pois a complexidade do correr do tempo histórico não permite tal simplificação –, é possível afirmar, pelas evidências hoje existentes, que o processo de invenção e consolidação da *escrita* possui estreita ligação com o surgimento das cidades (e das modificações que a revolução urbana acabou por trazer). Isso porque, se forem desconsideradas formas muito pouco evoluídas de inscrição – como, por exemplo, puras representações pictográficas ou fichas de argila com indicações de mera quantidade –, é também na Mesopotâmia que se manifesta a primeira escrita mais complexa, com um maior número de sinais e com aspectos ideográficos e fonéticos: a escrita cuneiforme. Assim designada pela forma de “cunha” – construção geométrica em que os caracteres são dispostos –, a escrita cuneiforme surge na região da Baixa Mesopotâmia, por volta de 3100 a.C.

Luís C. Feio. Lisboa: Instituto Piaget, 2000, p. 23-25. O autor gostaria de registrar seu agradecimento à orientação valiosamente concedida, neste tópico, por Eduardo Liberato Nogueira de Sousa.

9 CARDOSO, Ciro Flamarion. *Sete olhares sobre a Antiguidade*. 2. ed. Brasília: UnB, 1998, p. 64.

As razões dessa inovação decorrem da maior complexidade que as recém-fundadas cidades passaram a apresentar. A simples transmissão oral da cultura começa a se tornar insuficiente para preservação da memória e identidade dos primeiros povos urbanos, que já possuem uma estrutura religiosa, política e econômica mais diferenciada. É nesse momento, portanto, que se consolida a passagem da *verba volant* para a *scripta manent*. Nesse contexto, Andrew Robinson pondera: "em algum momento do final do quarto milênio a.C., a complexidade do comércio e da administração nas primeiras cidades da Mesopotâmia atingiu um ponto que acabou por superar o poder da memória da elite governante"[10].

Uma última palavra merece ser enunciada, agora em relação ao advento do *comércio*. Não obstante ser extremamente difícil, em termos exatos, definir a data em que surge a modalidade de agregação de valor e posterior comercialização de bens, é bastante plausível citar o incremento e sistematização das trocas de mercadorias (por intermédio da venda em mercados ou da navegação) como um aspecto preponderante da passagem das sociedades arcaicas para o mundo antigo. De fato, como será observado a seguir, o comércio é um elemento fundamental na consolidação das civilizações da Mesopotâmia e Egito. Segundo a já clássica contribuição de Engels, a origem do comércio localiza-se na divisão do trabalho gerada pela apropriação individual dos produtos antes distribuídos no seio da comunidade; com a retenção do excedente, a criação de uma camada de comerciantes e a atribuição de valor a determinados bens, o homem deixa de ser senhor do processo de produção. Inaugura-se, então, segundo Engels, uma assimetria no interior da comunidade, com a introdução da distinção rico-pobre.[11]

A síntese destes três elementos – cidades, escrita, comércio – representa a derrocada de uma sociedade fechada, organizada em tribos ou clãs, com pouca diferenciação de papéis sociais e fortemente influenciada, no plano das mentalidades, por aspectos místicos ou religiosos.

---

[10] ROBINSON, Andrew. *The story of writing – alphabets, hieroglyphs and pictograms*. London: Thames & Hudson, 1999, p. 11.

[11] ENGELS, Friedrich. *A origem da família, da propriedade privada e do Estado*. 3. ed. Trad. José Silveira Paes São Paulo: Global, 1986.

Há, nessas sociedades arcaicas, um Direito ainda incipiente, bastante concreto, cognoscível apenas pelo costume e que se confunde com a própria religião.

Mas, aos poucos, vai se construindo uma nova sociedade – urbana, aberta a trocas materiais e intercâmbio de experiências políticas, mais dinâmica e complexa –, que demandará um novo Direito.

As primeiras manifestações desse novo tipo de sociedade – e, por consequência, desse novo estilo de Direito – ocorrem na Mesopotâmia e no Egito.

3. MESOPOTÂMIA E EGITO: ASPECTOS GEOGRÁFICOS, POLÍTICOS E ECONÔMICOS

As civilizações ora estudadas fornecem um raro exemplo de simultaneidade do tempo histórico: elas são construídas de forma lenta, mas a finalização do processo de mudança dá-se no mesmo período. Com efeito, existem indícios de existência de vida humana na Mesopotâmia e Egito já na Era Neolítica (ano 7000 a.C. na região da Mesopotâmia[12] e 5500 a.C. no Egito[13]). Mas é no quarto milênio a.C. que a proximidade de datas fica mais evidente. Ambas as civilizações urbanizam-se e adotam a escrita em períodos muito próximos. Como já dito, as primeiras inscrições em cuneiforme aparecem na Mesopotâmia em 3100 a.C.; os primeiros textos em hieróglifos surgem no Egito no período compreendido entre 3100 e 3000 a.C.[14] Quanto às cidades, elas já existem na Mesopotâmia no lapso de tempo situado entre 3100 e 2900 a.C.; no Egito, a urbanização dá-se de forma gradual, concomitante à unificação dos povos do Sul e Norte (Baixo e Alto Egito), o que resulta na formação das cidades entre 3100 e 2890 a.C.[15] Segundo as pesquisas mais recentes, não há uma relação de causalidade entre as duas evoluções aqui descritas; ainda que existam indícios

---

12 CARDOSO, Ciro Flamarion. *Antiguidade oriental – política e religião*. 2. ed. São Paulo: Contexto, 1997, p. 23.

13 ARAÚJO, Emanuel. *Escrito para a eternidade – a literatura no Egito faraônico*. Brasília/São Paulo: UnB e Imprensa Oficial do Estado de São Paulo, 2000, p. 15.

14 ROBINSON, Andrew. *The story of writing – alphabets, hieroglyphs and pictograms*. *Op. cit.*, p. 16.

15 ARAÚJO, Emanuel. *Escrito para a eternidade – a literatura no Egito faraônico*. *Op. cit.*, p. 15.

de contato entre os povos da Mesopotâmia e do Egito, possivelmente em virtude da navegação, hoje encontra-se superada a tese que atribui forte influência mesopotâmica na unificação do reino egípcio.[16] As fontes disponíveis indicam, ao contrário, a existência de processos autônomos.[17]

É hora de ressaltar as características gerais de constituição dessas civilizações, enfatizando semelhanças e diferenças.

3.1 Geografia

A proximidade das datas de consolidação das civilizações mesopotâmica e egípcia não pode, por óbvio, ser tratada como mera coincidência histórica. Na verdade, a conformação do espaço é um elemento vital para a compreensão da durabilidade e êxito dessas civilizações.

Isso porque as duas regiões, situadas no Oriente Próximo,[18] contavam com um elemento que lhes atribuía substancial vantagem em

---

16 CARDOSO, Ciro Flamarion. *Sete olhares sobre a Antiguidade*. 2. ed. Brasília: UnB, 1998, p. 72.

17 A respeito das fontes históricas, duas observações tornam-se necessárias. É preciso ressaltar, em primeiro lugar, o papel cada vez mais importante que a arqueologia vem assumindo quanto ao esclarecimento de questões ligadas à história antiga. Historiadores de várias tendências e métodos concordam em relação a esse tema. De outra parte, cabe acentuar o aumento do grau de conhecimento moderno acerca dos textos antigos em virtude da decifração dos idiomas sumério, acádico e egípcio antigos (escritas cuneiformes e hieroglífica), fundamental para a elaboração de modelos históricos sobre o Oriente antigo. Ver, quanto ao primeiro aspecto, entre outros: SCHNAPP, Alain. A arqueologia. *In*: LE GOFF, Jacques; NORA, Pierre (Org.). *História – Novas Abordagens*. Trad. Henrique Mesquita. Rio de Janeiro: Francisco Alves, 1995, p. 1-20. FINLEY, M.I. *História antiga – testemunhos e modelos*. Ttrad. Valter Lellis Siqueira. São Paulo: Martins Fontes, 1994, p. 11-35. HILBERT, Klaus. História antiga e arqueologia – uma pequena e confusa história de rótulos. *In*: BAKOS, Margaret M.; POZZER, Katia M.P. (Org.). *III Jornada de Estudos do Oriente Antigo – línguas, escritas e imaginários*. Porto Alegre: Ed. PUCRS, 1998, p. 15-22. E, no que se refere à decifração de textos, cf.: ROBINSON, Andrew. *The story of writing – alphabets, hieroglyphs and pictograms*. *Op. cit.*, p. 21-35 e 70-91 e ARAÚJO, Emanuel. *Escrito para a eternidade – a literatura no Egito faraônico*. *Op. cit.*, p. 23.

18 A Mesopotâmia antiga corresponde, de modo geral, ao atual Iraque, com algumas regiões localizadas em partes das nações hoje designadas Turquia (antiga Ásia Menor), Irã e Arábia Saudita, enquanto o antigo Egito compreendia o Estado moderno egípcio e, em alguns períodos, boa parte do atual Sudão, antiga região da

relação às demais localidades adjacentes: a proximidade de bacias hidrográficas. Ao contrário de povos que precisavam manter-se em território litorâneo, desértico ou montanhoso – como os habitantes das regiões da Fenícia, Síria, Palestina ou Pérsia –, os mesopotâmicos e egípcios formaram suas civilizações em torno dos rios Tigre, Eufrates e Nilo. Tal circunstância permite, por óbvio, a existência de solo propício à agricultura, bem como a navegação fluvial, essencial para o transporte de mercadorias e sofisticação do comércio. E todos esses fatores contribuem para um crescimento mais acelerado da população dessas sociedades, bem como um maior desenvolvimento político e econômico.[19]

Uma diferença, contudo, merece ser notada, em face da repercussão que refletir-se-á nas crenças e mentalidades manifestadas pelos povos aqui estudados. No que se refere ao antigo Egito, os períodos de cheia e recuo das águas do Nilo são previsíveis e estáveis; em se tratando de povos de credo politeísta, é comum a associação entre as divindades e fenômenos da natureza. Assim, a regularidade do ciclo das águas do Nilo trazia, aos habitantes do Egito antigo, uma sensação de continuidade, de evasão da passagem do tempo, que acabou por ser associada a um rito de imortalidade: o culto a Osíris.[20] Tal crença –

Núbia. Para maior detalhamento das variações de fronteira ao longo dos séculos, v. KINDER, Hermann; HILGEMANN, Werner. *Atlas of World History. Updated edition*. London: Penguin, 1995 e McEVEDY, Colin. *Atlas da História Antiga*. 2. ed. Ttrad. de Antônio G. Mattoso. São Paulo: Verbo, 1990.

19 Nas palavras de Ciro Flamarion Cardoso: "A partir de um longo investimento coletivo de trabalho, adaptando e modificando os dados naturais através da construção de diques, barragens, canais, reservatórios, formaram-se nos vales fluviais em questão, sociedades complexas e urbanizadas, baseadas na irrigação. A agricultura irrigada é muito produtiva, e por isso o Egito e a Mesopotâmia tinham populações muito mais densas do que as de regiões como a Ásia Menor, a Síria-Palestina e o Irã, onde a irrigação, pelas condições naturais, só podia ter um papel muito limitado, e onde a agricultura – quase sempre dependente da água de chuva, às vezes retidas em cisternas – era no conjunto menos produtiva. Este contraste ajuda a entender certas diferenças importantes na organização política e econômica". CARDOSO, Ciro Flamarion. *Antiguidade oriental – política e religião. Op. cit.*, p. 16.

20 Eis a narrativa de Gerald Whitrow: "No Egito, onde tudo dependia do Nilo, a coroação de um novo faraó era muitas vezes adiada até que um novo início do ciclo da natureza fornecesse um ponto de partida propício a seu reinado. A cerimônia era marcada de modo a coincidir ou com a cheia do rio, no início do verão, ou com a baixa das águas, no outono, quando os campos, fertilizados, estavam prontos para a

na possibilidade de um ciclo natural de vida, morte e renascimento – não poderia surgir nas cidades da Mesopotâmia, já que a cheia e recuo das águas do Tigre e do Eufrates possui um caráter pouco regular e previsível: ao contrário do fenômeno verificado no Egito, os rios da Mesopotâmia "têm comportamento muito menos uniforme que o Nilo. Os habitantes da antiga Mesopotâmia eram obrigados a enfrentar variações climáticas, ventos cortantes, chuvas torrenciais e enchentes devastadoras, que escapavam a seu controle"[21]. Disso decorria a impossibilidade de credo em um ritual de fundo cíclico quanto à vida e à morte. Enquanto no Egito "o faraó simbolizava o triunfo de uma ordem divina inabalável sobre as forças do caos, na Mesopotâmia a monarquia representava a luta de uma ordem humana, com todas as suas ansiedades e fragilidades, para se integrar ao Universo"[22].

Essa variação no sistema de crenças terá reflexos na política e na economia desses povos do Oriente próximo.

3.2 Política

A principal característica comum da organização política das civilizações aqui analisadas consiste no fato de que ambas desenvolveram a monarquia como forma de governo. As diferenças, entretanto, neste terreno, são muito mais evidentes.

A primeira dessas distinções diz respeito à dicotomia fragmentação/unidade do poder político. No Egito, desde a consolidação da unificação dos reinos do Sul e do Norte (3100 a.C.) até o final dos

semeadura. O ritual real era estreitamente associado à história de Osíris, o protótipo divino que os faraós tomavam por modelo, repetindo seus feitos tradicionais. Osíris representava as águas doadoras de vida e o solo fertilizado pelo Nilo. Depois que o Nilo recuava, a terra consequentemente parecia morta, mas quando as águas retornavam, revivia. O mito de Osíris, que corporificava esse ciclo de nascimento, morte e renascimento, encerrava uma promessa de imortalidade. (...) De início esse caminho para a imortalidade era essencialmente uma prerrogativa real, mas acabou-se por considerar que a imortalidade seria conferida a todos que pudessem imitar esses ritos". WHITROW, G.J. *O tempo na história – concepções do tempo da pré-história aos nossos dias*. Rio de Janeiro: Jorge Zahar, 1993, p. 38-39.

21 *Idem*, p. 43. No mesmo sentido, CARDOSO, Ciro Flamarion. *Antiguidade oriental – política e religião*. *Op. cit.*, p. 40.

22 WHITROW, G.J. *O tempo na história – concepções do tempo da pré-história aos nossos dias*. *Op. cit.*, p. 44.

períodos de predomínio persa (525-404 e 343-332 a.C.) e início da dominação romana (30 a.C.), consolidou-se uma monarquia unificada, com um poder central bastante definido, titularizado pelo faraó, e com uma capital instalada em determinada cidade do reino (que podia ser Mênfis, Tebas, Sais, entre outras). Ainda que alguns períodos de instabilidade interna ou invasão externa possam ter abalado a vida política do reino, é notável a durabilidade da estrutura centralizada do antigo Egito.[23] Num período de aproximadamente 3000 anos – observa José das Candeias Sales –, é extraordinário "o fato de, durante todo esse tempo, a tendência de concentração política ter sempre conseguido sobrepor-se à tendência de fragmentação favorecida pela própria configuração longitudinal do país"[24]. Conclui, então, o mesmo autor: "mais extraordinário ainda é o fato de, durante os mais de três milênios, a realeza egípcia nunca ter sido verdadeiramente posta em questão"[25].

Evidentemente, a experiência política na Mesopotâmia era diversa; desde seus primórdios, essa civilização optou pela fundação de cidades – comumente designadas cidades-estado – com alto grau de independência. Cada cidade tinha seu governante, seus órgãos políticos, e, muitas vezes, seu próprio exército. Logo, na região da Suméria havia as cidades de Ur, Uruk, Lagash e Larsa, entre outras; na Babilônia, além da cidade do mesmo nome, podem ser mencionadas Kutha, Kish, Borsipa; na região da Acádia, além da capital homônima, as cidades de Esnunna e Sippar. E, por fim, na Assíria, as cidades de Nínive, Assur e Nuzi tinham algum destaque. Todas essas cidades

---

[23] Havia, convém notar, uma divisão administrativa no reino egípcio. O território era dividido em "nomos", expressão que pode ser traduzida como "distrito", ou "circunscrição administrativa". Cada nomo preservava ritos e divindades próprias, sua extensão territorial variava em razão das fronteiras externas do reino e havia um governador (nomarca) designado pelo poder central. Mesmo quando o nomarca possuía, eventualmente, certa liderança política e autonomia administrativa, a regra, no Egito antigo, era a centralização do poder. Não havia, ao menos de forma duradoura, questionamento e desafio do poder do faraó pelos representantes dos nomos. Cf.: ARAÚJO, Emanuel. *Escrito para a eternidade – a literatura no Egito faraônico. Op. cit.*, p. 408.

[24] SALES, José das Candeias. *A ideologia real acádica e egípcia – representações do poder politico pré-clássico*. Lisboa: Estampa, 1997, p. 19.

[25] SALES, José das Candeias. *Op. cit.* p. 19.

possuíam soberanos e divindades próprios. É nítido, então, o contraste entre unidade do exercício do poder político, no antigo Egito, e a fragmentação desse poder entre as várias cidades da Mesopotâmia.[26]

Uma segunda distinção deve ser citada, e diz respeito ao papel conferido aos soberanos. Talvez por influência da regularidade nas manifestações da natureza – especialmente das águas do Nilo –, e a criação de um rito de imortalidade a ser cumprido pelo faraó (imitando o deus Osíris), consagrou-se, no Egito, a concepção de que o monarca não era um simples representante divino na Terra. Ele era o próprio deus. Trata-se do fenômeno intitulado teofania. Como descrito por Ciro Flamarion Cardoso, "O rei, chamado faraó (*per-aa*: a 'grande casa' ou 'palácio'), rei-deus, encarnação do deus Hórus e – sistematicamente a partir da V dinastia, embora o título apareça antes – filho do deus solar Ra, entre muitos outros títulos, era o mais absoluto dos monarcas"[27].

De modo absolutamente contrário – e cabe recordar, aqui, as diferenças no comportamento das águas dos rios que ocupam papel central nas duas civilizações –, na Mesopotâmia, com a instabilidade natural já descrita e a fragmentação do poder político entre vários monarcas (os quais, frequentemente, guerreavam entre si), era simplesmente impossível fundar a dominação do rei com base na assunção de uma divindade. Na verdade, a monarquia, nas cidades do Tigre e do Eufrates, assumiu um caráter mais humano. O rei era, tão somente, um representante de deus (a divindade escolhida pela cidade) na terra. E, nesse contexto, estava também submetido a limitações e contingências típicas de qualquer ser humano. Um interessante ritual praticado na Babilônia ressalta essa característica.[28]

---

[26] Ver, a esse respeito, BRAUDEL, Fernand. *Memórias do Mediterrâneo – Pré-história e Antiguidade*. Trad. Teresa Antunes Cardoso *et al.* Lisboa: Terramar, 2001, p. 86-87.

[27] CARDOSO, Ciro Flamarion. *Sete olhares sobre a Antiguidade*. *Op. cit.*, p. 79. Vale transcrever, ainda, um excerto de uma das obras mais antigas da literatura, uma ode fúnebre intitulada "Textos das pirâmides": "O rei dá ordens, o rei concede dignidades, o rei distribui as funções, o rei dá oferendas, o rei dirige as oblações – pois tal é, de fato, o rei: o rei é o único do céu, um poderoso à frente dos céus!" *In*: CARDOSO, Ciro Flamarion. *Antiguidade oriental – política e religião*. *Op. cit.*, p. 43.

[28] "Na Babilônia, por ocasião dos ritos de Ano-Novo no templo de Marduk, o rei era esbofeteado (e não gentilmente: o signo favorável esperado era que lágrimas saltassem

3.3 Economia

No plano da economia, há dois aspectos comuns que são essenciais, até mesmo como elementos distintivos entre a evolução dos povos que habitavam a Mesopotâmia e o Egito e daqueles que estavam além de suas fronteiras: a utilização do solo para plantio e o crescente emprego da navegação como meio de transporte de mercadorias. No entanto, é fundamental ressaltar que o Egito era rico em vários produtos de origem mineral – ouro, cobre, sílex, ametista e granito para construção –, mas pobre em madeira, que era importada da região da Fenícia, por meio do porto de Biblos.[29] Além disso, as condições de irrigação e drenagem do solo eram bastante favoráveis na extensão do Rio Nilo,[30] ao passo que na Mesopotâmia havia carência, em regra, de minerais (com exceção do cobre) e o solo, ainda que bastante fértil, apresentava problemas quanto à dificuldade de drenagem e de contenção do avanço da vegetação desértica.

Não é difícil concluir, portanto, que as cidades da Mesopotâmia dependiam do comércio em grau sensivelmente superior ao Egito, o que terá reflexos, como poder-se-á observar, no desenvolvimento do Direito privado nessas duas civilizações.

4. A VIGÊNCIA DO DIREITO: SEUS ELEMENTOS, MANIFESTAÇÕES E INSTITUIÇÕES

Há que se ponderar, de imediato, que o estudo do Direito das sociedades pré-clássicas representa um campo relativamente novo na história do Direito. Muitas das descobertas fundamentais, no terreno da arqueologia, são posteriores ao início do século XX.

---

de seus olhos!) por um sacerdote do deus, que lhe retirara previamente os signos da realeza e depois devia puxá-lo pelas orelhas para fazê-lo prosternar-se diante da imagem divina. Nessa ocasião, o rei deveria declarar à divindade estar livre de pecados; entre estes pecados não cometidos constava o de 'fazer chover golpes na face de um subordinado', e também o de 'humilhar' os súditos. No Egito, algo semelhante seria, mais uma vez, impensável, sendo o faraó um deus encarnado". CARDOSO, Ciro Flamarion. *Sete olhares sobre a Antiguidade*. *Op. cit.*, p. 50-51.

29 Cf. McEVEDY, Colin. *Atlas da História Antiga*. *Op. cit.*, p. 49 e CARDOSO, Ciro Flamarion. *Sete olhares sobre a Antiguidade*. *Op. cit.*, p. 20.

30 CARDOSO, Ciro Flamarion. *Antigüidade oriental – política e religião*. *Op. cit.*, p. 40.

As principais expedições foram enviadas à Mesopotâmia e ao Egito nos anos vinte: as célebres escavações em Ur lideradas por Wooley (1922-1929) e a descoberta e catalogação dos tesouros da tumba de Tutankhamon, efetuadas por Carter, no Vale dos Reis (1922-1924). Evidentemente, a reaparição de elementos da cultura escrita e material, proporcionada pela arqueologia, é apenas o início de um longo trabalho que inclui a decifração dos textos, a compilação e confronto do material e a posterior tentativa de obter-se uma reprodução aproximada de determinado aspecto de uma sociedade, a saber, algum rito religioso, alguma manifestação política ou movimento econômico.[31] Não é, dessarte, de se estranhar que uma obra clássica de história do Direito escrita no século XIX, como a de Sir Henry Sumner Maine, não dedique uma linha sequer aos direitos da Mesopotâmia e do Egito.[32]

Hoje a história vale-se da linguística e da arqueologia para tentar aprofundar o estudo dos direitos dos povos do Oriente próximo; é possível, com isso, esclarecer algumas características dos sistemas jurídicos da época clássica e posterior. Para tanto, cumpre ressaltar um dado fundamental no início da presente exposição; tanto os direitos da Mesopotâmia como o Direito egípcio possuem uma característica comum: a ideia de revelação divina.

Como já observado no item anterior, as sociedades mesopotâmica e egípcia, em face de seu caráter urbano e comercial, passaram a desenvolver um grau de complexidade que exigia a vigência de um Direito mais abstrato do que o simples costume ou tradição religiosa. Era necessário um conjunto de leis escritas, que desse previsibilidade às ações no campo privado, que estipulasse algum tipo de tribunal ou juiz para resolver controvérsias e que fosse inteiramente seguido em toda a extensão do reino para o qual se destinava. Ambas as sociedades aqui estudadas atingiram esse estágio. Deve ser ressalvado, contudo, o fato de que uma característica do Direito arcaico ainda produziu efeitos nessas civilizações urbanas: as normas de Direito tinham sua justificação no princípio da revelação divina. A noção de

---

31 Cf. TAVARES, António Augusto. *As civilizações pré-clássicas – guia de estudo.* 3. ed. Lisboa: Estampa, 1995, p. 56.

32 MAINE, Sir Henry Sumner. *Ancient Law*. USA: Dorset Press, 1986.

responsabilidade política pela decisão legislativa é estranha à Mesopotâmia e ao Egito.[33]

O exemplo mais enfático dessa revelação consta do Código de Hammurabi: num extenso prólogo, fica ali explicitado que o conjunto de leis foi oferecido ao povo da Babilônia pelo deus Samas, por intermédio do rei Hammurabi, e não por decisão deste. Na exata descrição de Aymard e Auboyer, "Hammurabi, ao publicar o seu código, quer satisfazer a Samas, deus da justiça, 'fazer resplandecer o Direito no país, arruinar o mau e o malfeitor, impedir que o forte maltrate o fraco'. Mas a justiça, no fundo, identifica-se à vontade dos deuses, cujas razões escapam à compreensão dos homens: e estes não devem julgá-la"[34]. O mesmo raciocínio se aplica, com maior evidência, ao Direito egípcio. Como o faraó é a própria encarnação da divindade, e dele emanam todas as normas, não será possível conceber qualquer decisão política que vincule o soberano pelo seu simples poder temporal. O Direito terá de se originar num plano superior: a revelação divina.

Consignada essa premissa fundamental – comum às duas civilizações ora estudadas –, é hora de resgatar as principais manifestações do Direito na Mesopotâmia e no Egito.

4.1 A Mesopotâmia: compilações de normas jurídicas e sua aplicação

É pertinente iniciar a descrição dos fenômenos ligados à criação, vigência e aplicação do Direito nas cidades da Mesopotâmia com uma advertência constantemente reprisada, mas que é ainda necessária: quando se fala da existência de "códigos" na antiga Mesopotâmia, é claro que esta expressão não deve ser compreendida em seu sentido moderno (como um documento sistematizado, dotado de princípios gerais, categorias, conceitos e institutos, pensado para vigorar como um conjunto de preceitos gerais e abstratos). A configuração do Direito,

33 Cf. FINLEY, M.I. Política. *In*: FINLEY, M.I. (Org.). *O legado da Grécia – uma nova avaliação*. Trad. Yvette V. Pinto de Almeida. Brasília: UnB, 1998, p. 31-33 e GILISSEN, John. *Introdução histórica ao Direito*. *Op. cit.*, p. 53 e 62.

34 AYMARD, André; AUBOYER, Jeannine. O Oriente e a Grécia Antiga – vol. I. *As Civilizações Imperiais*. Volume 1 da coleção organizada por CROUZET, Maurice. *História geral das civilizações*. 2. ed. Trad. Pedro Moacyr Campos. Rio de Janeiro: Bertrand Brasil, 1998, p. 197.

no alvorecer da Antiguidade, reflete o estado de maturidade política e institucional da época. O emprego da expressão "código" para descrever as normas de Direito escrito produzidas na Mesopotâmia encontra fundamento tão somente na tradição. Não há qualquer paralelo com os códigos de inspiração napoleônica.

O primeiro desses "códigos" da antiga Mesopotâmia surge no período compreendido entre 2140 e 2004 a.C., na região da Suméria. Esta região, aliás, localizada na Baixa Mesopotâmia, foi a sede do primeiro império[35] fundado na bacia do Eufrates e do Tigre; o centro vital desse império inicial foi a cidade de Umma, que conquistou algumas cidades vizinhas entre 2465 e 2370 a.C. O império seguinte foi o acádico, teve como principal figura histórica o rei Sargão, e se estendeu de 2370 a 2140 a.C. A queda do império acádico veio com a recuperação da hegemonia suméria, por intermédio da refundação do primeiro império, agora com sede na cidade de Ur. É nesse momento que surge o primeiro documento escrito da história do Direito.

O fundador desse novo império na Suméria (que inicia a chamada III dinastia de Ur) é o rei Ur-Nammu. Ele promulga, então, em alguma data situada entre 2140 e 2004 a.C.,[36] o Código de Ur-Nammu.

A estrutura geral deste Código – e dos outros que lhe sucederão – pode ser descrita como um meio-termo entre o Direito fortemente concreto das sociedades arcaicas (pensado e manifestado exclusivamente para o caso em discussão) e as formas abstratas e gerais que caracterizam o Direito moderno. Esses códigos são constituídos, na correta síntese de Ciro Flamarion Cardoso, de "esforços em direção a certa unificação da legislação que incluíram a promulgação da primeira

---

35 É fundamental registrar que a expressão "império", aqui utilizada, deve ser compreendida em sentido restrito, ou seja, considerando a sua efemeridade; nunca se formou, na Mesopotâmia, de modo duradouro, um império nos moldes daqueles existentes no Egito unificado e, posteriormente, em Roma. O alto grau de independência das cidades mesopotâmicas impediu a consolidação de uma hegemonia política de longa duração.

36 É bastante difícil, com os dados atuais, fixar a data precisa da promulgação do código. Todas as tentativas registradas pela literatura histórica são aproximadas; há, na verdade, poucos elementos para se definir a linha sucessória real nas cidades da Suméria. John Gilissen sugere o ano de 2040, mas não apresenta maiores evidências que fundamentem a data por ele apontada. Cf. GILISSEN, John. *Introdução histórica ao Direito*. *Op. cit.*, p. 61 e 64.

compilação importante de precedentes judiciários ou 'julgamentos típicos'"[37]. As normas ostentam o perfil de costumes reduzidos a escrito, ou, então, de decisões anteriormente proferidas em algum caso concreto.[38] Um importante dado da estrutura da sociedade é transmitido pelo texto do Código de Ur-Nammu: existem duas grandes classes de pessoas, os homens livres e os escravos, bem como uma camada intermediária, de funcionários que servem os palácios reais e os templos, e que possuem uma liberdade limitada. As normas que subsistiram ligam-se predominantemente ao domínio do Direito penal, mas é possível vislumbrar a importância – que não cessará de crescer – concedida pelas cidades da Mesopotâmia às penas pecuniárias.[39]

Outros dois códigos surgem na Mesopotâmia em data anterior à célebre legislação de Hammurabi. Na cidade de Esnunna, próxima ao rio Tigre, na Acádia, foi descoberto um código editado numa data próxima a 1930 a.C.[40] Na cidade de Isin, na Suméria, foi encontrado o Código de Lipit-Ishtar, redigido possivelmente em 1934-1924 a.C., e que contém um prólogo, epílogo e 43 artigos.[41] O Código de Esnunna,

---

37 CARDOSO, Ciro Flamarion. *Antiguidade oriental – política e religião. Op. cit.*, p. 29.

38 É também a opinião de Gilissen: "São antes recolhas de textos jurídicos agrupados de uma maneira que parece ilógica, mas seguindo aquilo que parece ser 'o mecanismo instintivo da associação de ideias'. Estes textos não parecem mesmo terem sido leis, mas antes, como lhes chama o Código de Hammurabi, *dinât misharim*, ou seja, julgamentos de Direito, ensinamentos indicando o caminho aos juízes. Cada frase, geralmente breve, diz respeito a um caso concreto e dá a solução jurídica; a maior parte começa por uma expressão equivalente à expressão latina *si quis* (se alguém...), situando a formulação a meio caminho entre o concreto e o abstrato". GILISSEN, John. *Introdução histórica ao Direito. Op. cit.*, p. 61.

39 Tome-se como exemplo o item VIII do Código: "Um cidadão fraturou um pé ou uma mão a outro cidadão durante uma rixa pelo que pagará 10 siclos de prata. Se um cidadão atingiu outro com uma arma e lhe fraturou um osso, pagará uma mina de prata. Se um cidadão cortou o nariz a outro cidadão com um objeto pesado pagará dois terços de mina". *In*: GILISSEN, John. *Introdução histórica ao Direito. Op. cit.*, p. 64. Cabe aduzir que um siclo de prata corresponde a 8,41g do mesmo material. Cf. AYMARD, André; AUBOYER, Jeannine. O Oriente e a Grécia Antiga – vol. I. *As Civilizações Imperiais. Op. cit.*, p. 213.

40 A divulgação deste código, na época moderna, ocorreu em 1948. Ver AYMARD, André; BOYER, Jeannine. O Oriente e a Grécia Antiga – vol. I. *As Civilizações Imperiais. Op. cit.*, p. 254.

41 Cf. PEINADO, Federico Lara; GONZÁLEZ, Federico Lara. *Los primeros Códigos de la humanidad.* Madrid: Tecnos, 1994, p. 83-107.

mais extenso e completo (possui sessenta artigos), traz uma simbiose entre matérias civil e penal que caracterizará o Código de Hammurabi. O documento de Esnunna já contempla institutos conexos à responsabilidade civil, ao Direito de família e à responsabilização de donos de animais por lesões corporais seguidas de morte.[42]

Estava preparado, então, o terreno para a promulgação do Código de Hammurabi. Descoberto na Pérsia, em 1901, por uma missão arqueológica francesa, o documento legal, gravado em pedra negra, encontra-se hoje no Museu do Louvre.[43] O Código foi promulgado, aproximadamente, em 1694 a.C., no período de apogeu do império babilônico, pelo rei Hammurabi. Ele é composto por 282 artigos, dispostos em cerca de 3600 linhas de texto, que abrangem quase todos os aspectos ligados à dinâmica da sociedade babilônica, desde penas definidas com precisão de detalhes até institutos do Direito privado, passando, ainda, por uma rigorosa regulamentação do domínio econômico. O Código representa, ainda hoje, uma das principais fontes históricas disponíveis para o estudo da antiga Mesopotâmia. Tudo indica, na verdade, que se trata de uma grande compilação de normas anteriormente dispostas em outros documentos[44] e de decisões tomadas em casos concretos, que serviram de base para a elaboração dos artigos.

---

[42] Releva transcrever os seguintes artigos do Código de Esnunna: “5. Se um barqueiro é negligente e deixa afundar o barco, ele responderá por tudo aquilo que deixou afundar”; “27. Se um cidadão toma por mulher a filha de um cidadão sem pedir (o consentimento) do seu pai e de sua mãe e não conclui um contrato de comunhão e casamento com o seu pai e sua mãe, ela não é (sua) esposa (legítima), mesmo que ela habite um ano na sua casa”; “56. Se um cão é perigoso, e se as autoridades da Porta preveniram o seu proprietário (e este) não vigia o seu cão, e (o cão) morde um cidadão e causa a sua morte, o proprietário do cão deve pagar dois terços de uma mina de prata”. *In*: GILISSEN, John. *Introdução histórica ao Direito. Op. cit.*, p. 64-65.

[43] Segundo disposto em vários relatos arqueológicos, havia uma ampla divulgação, à época, do Código de Hammurabi, por meio da sua inscrição em pequenos tabletes de argila, que até hoje são encontrados em sítios pesquisados na região do Oriente próximo. Cf. AYMARD, André; AUBOYER, Jeannine. O Oriente e a Grécia Antiga – vol. I. *As Civilizações Imperiais. Op. cit.*, p. 254-255; GILISSEN, John: *Introdução histórica ao Direito. Op. cit.*, p. 61-62.

[44] Cf. TAVARES, António Augusto. *As civilizações pré-clássicas – guia de estudo. Op. cit.*, p. 102.

Passa-se a uma rápida abordagem de alguns dos temas versados no Código.[45]

A *organização da sociedade* segue os padrões já estabelecidos no Código de Ur-Nammu. Assim, há um estrato de homens livres, uma camada de homens dotados de personalidade jurídica, mas com liberdade limitada (pode-se chamá-los "subalternos") e uma parcela de escravos (equiparados a um bem móvel). Não é difícil concluir que o Código dará um tratamento diferenciado a cada um desses segmentos: "Por exemplo, aquele que, espancando a filha de um homem livre, faz com que ela aborte pagará uma indenização de 10 siclos de prata; se se tratar da filha de um subalterno, 5 siclos; de um escravo, apenas 2"[46].

Alguns elementos surpreendentemente modernos marcam a delimitação do *Direito de família* no Código de Hammurabi. A mulher, dotada de personalidade jurídica, mantém-se proprietária de seu dote mesmo após o casamento, e tem liberdade na gestão de seus bens. É prevista a possibilidade de repúdio da mulher pelo marido, mas a recíproca é igualmente verdadeira: a mulher pode alegar má conduta do marido e propor ação para retornar a sua família originária, levando de volta o seu patrimônio.[47] A organização familiar é em

---

45 Serão amplamente utilizadas, na análise que se segue de alguns itens do Código, as seguintes obras: GILISSEN, John: *Introdução histórica ao Direito. Op. cit.*, p. 58-66; AYMARD, André; AUBOYER, Jeannine. "O Oriente e a Grécia Antiga – vol. I. *As Civilizações Imperiais. Op. cit.*, p. 209-258; TAVARES, António Augusto. *As civilizações pré-clássicas – guia de estudo. Op. cit.*, p. 101-111.

46 AYMARD, André; AUBOYER, Jeannine. O Oriente e a Grécia Antiga – vol. I. *As Civilizações Imperiais. Op. cit.*, p. 213.

47 Cumpre invocar, agora a respeito da conduta que a mulher deveria obedecer em caso de ocorrência do que seria chamado hoje como abandono do lar, os seguintes dispositivos do Código: "133. Se um homem desaparecer e na sua casa há de comer, a sua esposa manterá a sua casa e tomará conta de si; não entrará na casa de outrem. Se essa mulher não tomou conta de si e se entrou na casa de outro, essa mulher será condenada e será deitada à água"; "134. Se um homem desapareceu e se não há de que comer na sua casa, a sua esposa poderá entrar na casa de um outro; essa mulher não é culpada". Adota-se, para os fins do presente trabalho, a versão apresentada por John Gilissen para a redação do Código de Hammurabi. Cf., então, nos casos citados, e nos doravante transcritos, GILISSEN, John. *Introdução histórica ao Direito. Op. cit.*, p. 65-66. É possível, por outro lado, ter acesso a várias transcrições do Código em páginas da Internet ligadas à história do Direito. Veja-se, como exemplo, o *site*:

regra monogâmica, sendo, contudo, flexibilizada quando se tratar da continuidade da linhagem familiar; é permitida, em alguns casos, a inserção de uma segunda esposa, uma espécie de concubina, quando o casal não conseguir gerar filhos, mas fica mantida a precedência da primeira esposa em relação à segunda.[48] O Código prevê, ainda, com minúcias, os institutos da adoção (estipulando as consequências jurídicas da ruptura do vínculo entre adotante e adotado) e da sucessão (com limitações ao poder de dispor sobre o patrimônio, especialmente se isso ocorrer em detrimento de algum dos filhos sobreviventes).

No que se refere ao *domínio econômico*, o Código consagra alguma intervenção na atividade privada, por meio da delimitação de salários e preços. Não existem dados seguros acerca do êxito dessa tentativa, e da sua estrita observância pelos agentes econômicos da época. Mas, como pontuam Aymard e Auboyer, "determinando um bom número de salários e preços, a legislação de Hammurabi surge-nos como a mais ampla experiência, numa época antiga, do tabelamento oficial"[49].

O *Direito penal* trazido pelo Código de Hammurabi reflete o momento de elaboração do próprio documento; buscando uma extrema centralização do poder nas mãos do soberano, o Código, na parte alusiva aos delitos e às penas, consagra uma fusão de elementos sobrenaturais, princípios de autotutela e retaliação e penas ligadas à mutilação e ao castigo físicos.[50]

<http://eawc.evansville.edu/anthology/hammurabi.html>, em que consta a íntegra do texto com criteriosa tradução de L.W. King (acesso em: 18.3.2002).

48 Eis o teor do art. 145: "Se um homem casou com uma sacerdotisa *naditum* e se ela não lhe deu filhos e se ele se propôs casar com uma sacerdotisa *sugétum*, este homem poderá casar com uma *sugétum*; e poderá fazê-la entrar na sua casa. Esta *sugétum* não será tida em pé de igualdade com a *naditum*".

49 AYMARD, André; AUBOYER, Jeannine. O Oriente e a Grécia Antiga – vol. I. *As Civilizações Imperiais*. *Op. cit.*, p. 218. No mesmo sentido: TAVARES, António Augusto. *As civilizações pré-clássicas – guia de estudo*. *Op. cit.*, p. 103.

50 É oportuno invocar os seguintes preceitos do Código, a título ilustrativo: "1. Se alguém acusou um homem, imputando-lhe um homicídio, mas se ele não pôde convencê-lo disso, o acusador será morto"; "2. Se alguém imputou a um homem atos de feitiçaria, mas se ele não pôde convencê-lo disso, aquele a quem foram imputadas as atividades de feitiçaria, irá ao Rio; mergulhará no Rio. Se o Rio o dominar, o acusador ficará com a sua casa. Se este homem for purificado pelo Rio, e se sair são e salvo, aquele que lhe tinha imputado atos de feitiçaria será morto; aquele que

E, por fim, um dos principais legados da obra de Hammurabi para o Direito superveniente localiza-se na regulamentação do *Direito privado*. Várias modalidades de contratos e negócios jurídicos são contempladas no texto do documento. Por intermédio de artigos do Código, sabe-se que na Mesopotâmia já eram praticados os seguintes contratos: compra e venda (inclusive a crédito), arrendamento (com ênfase na regulamentação das terras cultiváveis) e depósito. A responsabilidade civil é levada às últimas consequências. Há previsão, ainda, de empréstimo a juros, títulos de crédito, operações de caráter bancário e de sociedades de comerciantes.

Após a declinação das principais características dessas normas escritas que regiam as sociedades da antiga Mesopotâmia, uma pergunta se impõe: como se davam os *processos de aplicação do Direito*? A resposta é proporcionada pela subsistência de milhares de documentos escritos, conservados sob a forma de tabletes de argila ou de cilindros de pedra, que reproduzem decisões judiciárias tomadas em casos concretos. Mesmo no período de maior centralização do poder político – auge dos impérios sumério, acádico, babilônico, assírio e neobabilônico –, não se formou, nas cidades da Mesopotâmia, uma estrutura burocrático-profissional nos moldes existentes no Egito antigo. Havia, isso sim, funcionários do palácio real e sacerdotes locais, que auxiliavam o soberano na aplicação do Direito. Mas, em regra, os juízes eram nomeados pelo próprio monarca, que poderia, igualmente, ser instado para decidir, em grau de recurso, determinada causa existente no reino. Eis a descrição de Aymard e Auboyer, característica do período de Hammurabi: "Ao lado da justiça das cidades e da dos templos, existe uma justiça real cujos representantes são nomeados pelo rei. Ainda mais, Hammurabi oferece a todos a possibilidade de apelo ao rei ou ao seu ministro 'supremo'"[51].

---

mergulhou no Rio ficará com a casa do seu acusador"; "195. Se um filho agrediu o pai, ser-lhe-á cortada a mão por altura do pulso"; "196. Se alguém vazou um olho de um homem livre, ser-lhe-á vazado o olho"; "197. Se ele partiu o osso de um homem livre, ser-lhe-á partido o osso".

[51] AYMARD, André; AUBOYER, Jeannine. O Oriente e a Grécia Antiga – vol. I. *As Civilizações Imperiais*. *Op. cit.*, p. 207. Para um elaborado exame de fontes primárias relacionadas com a aplicação do Direito na Mesopotâmia, ver: JOANNÈS,

4.2 O Egito: o princípio de justiça divina

É lamentável que o historiador do Direito não possua, no estudo do Direito egípcio, a mesma riqueza de fontes de que dispõe no exame dos direitos das cidades da Mesopotâmia. Nenhum texto legal do período antigo do Egito chegou ao conhecimento do homem moderno. Há, contudo, excertos de contratos, testamentos, decisões judiciais e atos administrativos – além, é claro, de uma abundância de referências indiretas às normas jurídicas em textos sagrados e narrativas literárias – que permitem inferir alguns aspectos da experiência egípcia no campo do Direito.[52]

A contribuição mais interessante ao estudo das relações entre sociedade e Direito que se pode retirar do Egito antigo é a consagração, na aplicação do Direito, de um princípio de justiça que é simbolizada pela figura de uma deusa, de nome *maat*. Consoante a descrição de José das Candeias Sales, "Os egípcios acreditavam numa lei reguladora e organizadora dos sistemas de coisas, numa noção de eterna ordem das coisas e do Universo, a *maat*, que gozou no Egito faraônico de enorme popularidade e importância na estruturação e funcionamento da própria realeza. Podemos afirmar que é o elemento basilar do Estado"[53].

A aplicação do Direito estava subordinada, então, à incidência de um critério divino de justiça. A conclusão que daí decorre é evidente: ao faraó, que tinha atributos de divindade, incumbia velar pela vigência do princípio de justiça simbolizado pela deusa *maat*: "Indissociável do faraonato como instituição fulcral da vida egípcia, a *maat* possui um conteúdo e uma vertente social, ética e cósmica que confere

---

Francis (Dir.). *Rendre la justice en Mésopotamie – Archives judiciaires du Proche -Orient ancien*. Saint-Denis: Presses Universitaires de Vincennes, 2000.

52 Cf., a respeito da inexistência de fontes diretas para a percepção do fenômeno jurídico no Egito Antigo, HUSSON, Geneviève; VALBELLE, Dominique. *L'État et les institutions en Égypte – des premiers pharaons aux empereurs romains*. Paris: Armand Colin, 1992, p. 121-125.

53 SALES, José das Candeias. *A ideologia real acádica e egípcia – representações do poder politico pré-clássico. Op. cit.*, p. 223. Ver também, para maior explicitação dos fundamentos religiosos que governavam o culto à deusa *maat*, ARAÚJO, Emanuel. *Escrito para a eternidade – a literatura no Egito faraônico. Op. cit.*, p. 403.

direta e expressamente ao faraó a responsabilidade de estabelecer a Justiça, a Paz, o Equilíbrio e a Solidariedade social e cósmica da sociedade terrena. A função real devia estar conforme aos desígnios da *maat*"[54].

E como operava o princípio da justiça na aplicação do Direito? A explicação é fornecida por Gilissen: "*Maat* é o objetivo a prosseguir pelos reis, ao sabor das circunstâncias. Tem por essência ser o 'equilíbrio'; o ideal, a esse respeito, é, por exemplo, 'fazer com que as *duas* partes saiam do tribunal satisfeitas'. Como é neste preceito que reside a '*verdadeira*' justiça, *Maat* pode ser traduzido por Verdade e Ordem como por Justiça propriamente dita"[55].

Convém ressaltar, enfim, que a jurisdição era titularizada pelo faraó, que poderia, a seu critério, delegar funcionários especializados para a tarefa de decidir questões concretas. Em regra, esse funcionário era o vizir, que vinha logo abaixo do soberano na hierarquia política do Egito, e que era também o sacerdote da deusa *maat*.[56]

5. CONCLUSÃO

A envergadura dos sistemas jurídicos desenvolvidos na Mesopotâmia e no Egito antigos já seria suficiente para atribuir a essas civilizações um papel de destaque na evolução das sociedades e do Direito. O século XX, segundo já mencionado, "descobriu" a herança das civilizações do Oriente próximo, e precisou reescrever a história do Direito. Não se pode mais iniciar o estudo dos textos, instituições e processos jurídicos sem passar pelas experiências mesopotâmica e egípcia.

---

[54] SALES, José das Candeias. *A ideologia real acádica e egípcia – representações do poder politico pré-clássico. Op. cit.*, p. 229.

[55] GILISSEN, John. *Introdução histórica ao Direito. Op. cit.*, p. 53 (grifo do autor).

[56] Cf. ARAÚJO, Emanuel. *Escrito para a eternidade – a literatura no Egito faraônico. Op. cit.*, p. 403. Para um maior aprofundamento do intrincado sistema de crenças constituído pela religião do antigo Egito, ver também: CARDOSO, Ciro Flamarion. *Antiguidade oriental – política e religião. Op. cit.*, p. 9-22 e 38-50; SALES, José das Candeias. *A ideologia real acádica e egípcia – representações do poder político pré-clássico. Op. cit.*, p. 133-239 e WILSON, John. *La cultura egipcia.* 2. ed. Trad. Florentino Torner. México: Fondo de Cultura Económica, 1992, p. 110-159.

Um particular aspecto, todavia, merece ser aqui aventado, como forma de finalizar a presente exposição. Algumas indagações desde logo se impõem: qual a dimensão do legado deixado pelas sociedades da Mesopotâmia e do Egito para a história do Direito? Como é possível identificá-lo?

Não existem muitas dúvidas acerca da expressiva contribuição trazida pela cultura mesopotâmica e egípcia aos povos da Europa clássica. Como se sabe, o sistema sexagesimal de medida – que até os dias atuais determina a contagem das horas, minutos e segundos – nasceu na Babilônia.[57] De outra parte, o calendário solar, que é adotado na quase totalidade dos povos ocidentais, foi concebido no antigo Egito. Há fortes evidências de que a mudança do calendário lunar utilizado na Roma antiga para o novo calendário solar, chamado juliano, em 45 a.C., tenha relação com as campanhas de Júlio César no Egito, quando teria travado contato com o astrônomo Sosígenes.[58]

Outros vestígios de continuidade entre os mundos do Oriente antigo e as civilizações clássicas são igualmente famosos: a descrição que Heródoto fez da Babilônia (mesmo que não se saiba se o historiador efetivamente visitou a cidade), a presença de Alexandre Magno nas duas civilizações (subjugou o Egito e faleceu, em 323 a.C., na Babilônia, contemplando, segundo a lenda, os célebres jardins suspensos), ou ainda os contatos comerciais existentes entre negociadores da Jônia e do império neobabilônico de Nabucodonosor.[59]

Um outro indício surgiu, inesperadamente, a partir de escavações arqueológicas conduzidas, entre 1906 e 1907, por Winkler e sua equipe na região da atual Turquia (antiga Anatólia central). Descobriu-se a civilização dos hititas, povo que estabeleceu sua capital na antiga cidade de Hattusas (hoje Boghazköy) e dominou uma extensa porção

---

[57] WHITROW, G.J. *O tempo na história – concepções do tempo da pré-história aos nossos dias*. *Op. cit.*, p. 43; DOHRN-VAN ROSSUM, Gerhard. *History of the hour – clocks and modern temporal orders*. Trad. Thomas Dunlap. Chicago/London: The University of Chicago Press, 1996, p. 19.

[58] Cf. LE GOFF, Jacques. *História e memória*. 3. ed. Trad. Irene Ferreira *et al.* Campinas: Ed. UNICAMP, 1994, p. 485-533; DUNCAN, David Ewing. *Calendário – a epopeia da Humanidade para determinar um ano verdadeiro e exato*. Trad. João Domenech Rio de Janeiro: Ediouro, 1999, p. 53-81.

[59] AYMARD, André; AUBOYER, Jeannine. O Oriente e a Grécia Antiga – vol. I. *As Civilizações Imperiais*. *Op. cit.*, p. 223.

de território, desde a Capadócia e a Frígia até as fronteiras da Mesopotâmia. O auge do império hitita foi atingido no ano 1350 a.C., durante o reinado de Suppiluliuma.[60]

E, como algumas pesquisas começam a indicar,[61] os hititas podem ter desempenhado um papel fundamental na passagem da herança mesopotâmica e egípcia aos povos da Antiguidade clássica. Já foram identificados numerosos pontos de contato entre o império hitita e as civilizações do Oriente próximo. Observe-se a assertiva de Ciro Flamarion Cardoso: "Para além das fronteiras do império, o rei hitita mantinha ativa diplomacia, trocando cartas e presentes com seus 'irmãos' do Egito e da Mesopotâmia"[62]. É curioso acrescentar que, logo após a atividade diplomática descrita acima, os hititas e os egípcios entraram em conflito armado, que terminou, sem vencedores aparentes, com a celebração de um tratado de paz, em 1270 a.C., que é hoje considerado um dos primeiros documentos de Direito internacional.[63]

Remontando-se à primeira civilização urbana da Mesopotâmia, António Augusto Tavares assinala uma linha de continuidade nas formas de sociedade:

> vários elementos das culturas e civilizações modernas encontram as suas origens mais remotas no Sul da Mesopotâmia, na Suméria. Babilônios e Assírios conservaram e, por vezes, desenvolveram a herança espiritual dos Sumérios que comunicaram aos vizinhos: Hurritas, Hititas, Cananeus. Foram em seguida os Hebreus e os Gregos, por motivos e maneiras diferentes, os principais veículos para a posteridade.[64]

É plausível supor, nesse contexto, que alguns dos institutos jurídicos existentes na Mesopotâmia e no Egito tenham sido absorvidos

---

[60] Cf. SAITTA, Armando. *Guía crítica de la historia antigua*. Trad. Stella Mastrangelo México: Fondo de Cultura Económica, 1996, p. 46-47.

[61] Foram encontrados, nos arquivos do palácio real da capital hitita, 10.000 tabletes com inscrições em cuneiforme. Ver ROBINSON, Andrew. *The story of writing – alphabets, hieroglyphs and pictograms*. *Op. cit.*, p. 91.

[62] CARDOSO, Ciro Flamarion. *Antiguidade oriental – política e religião*. *Op. cit.*, p. 54.

[63] Cf. GILISSEN, John. *Introdução histórica ao Direito*. *Op. cit.*, p. 63; CARDOSO, Ciro Flamarion. *Antiguidade oriental – política e religião*. *Op. cit.*, p. 54.

[64] TAVARES, António Augusto. *As civilizações pré-clássicas – guia de estudo*. *Op. cit.*, p. 108.

pelos hititas e posteriormente transferidos para as sociedades do mundo grego. Essa é a linha de investigação proposta por Gilissen,[65] e que parece respaldada por razoáveis indícios históricos. Tampouco seria equivocado apontar a subsistência, na sociedade e no Direito romano, de institutos provenientes da Mesopotâmia e do Egito antigos, como a celebração de espécies diversificadas de contratos e a centralização administrativa apoiada por um corpo burocrático estável. É razoável conceber, então, um panorama de circulação de ideias na região do Mediterrâneo, que pode ter auxiliado na conformação de institutos jurídicos posteriormente legados ao patrimônio do Ocidente.[66]

Talvez seja chegado o momento de identificar as origens dos direitos modernos em sociedades que nasceram, se desenvolveram e encontraram sua mais profunda decadência antes mesmo do surgimento das civilizações clássicas. Talvez tenha sido atingido o estágio de ampliar os horizontes do tempo histórico, pois, na vigorosa e singela afirmação de Marc Bloch, o verdadeiro tempo da história "é, por natureza, contínuo. É também perpétua mudança"[67].

6. REFERÊNCIAS BIBLIOGRÁFICAS

ARAÚJO, Emanuel. *Escrito para a eternidade – a literatura no Egito faraônico*. Brasília/São Paulo: UnB e Imprensa Oficial do Estado de São Paulo, 2000.

---

[65] "Os Hititas estavam instalados no segundo milênio na região de Hatti, ao centro da atual Turquia asiática (região de Ankara). Cerca de 1800 antes de Cristo, formou-se aí um reino hitita, pela reunião de vários pequenos principados; reino de tipo feudal, ele vai no decurso dos séculos seguintes aumentar o seu poderio, para se tornar cerca de 1400 a 1300 num vasto império (...) Desaparece cerca de 1200 após as grandes invasões dos 'povos do mar'. *Parece no entanto ter sido um elo de ligação entre os direitos mesopotâmicos e os direitos gregos*". GILISSEN, John. *Introdução histórica ao Direito*. *Op. cit.*, p. 62. [Grifos nossos].

[66] Cf., como exemplo das possibilidades dessa abordagem que privilegia a circulação de ideias, os ensaios pioneiros de Arnaldo Momigliano acerca da troca de informações entre civilizações da Antiguidade: MOMIGLIANO, Arnaldo. *Os limites da helenização – a interação cultural das civilizações grega romana, céltica, judaica e persa*. Trad. Claudia Martinelli Gama. Rio de Janeiro: Jorge Zahar, 1991 e *Ensayos de historiografía antigua y moderna*. Trad. Stella Mastrangelo. México: Fondo de Cultura Económica, 1997.

[67] BLOCH, Marc. *Introdução à história*. *Op. cit.*, p. 90.

AYMARD, André; AUBOYER, Jeannine. "O Oriente e a Grécia Antiga – vol. I: As Civilizações Imperiais". Volume 1 da coleção organizada por CROUZET, Maurice. *História geral das civilizações*. Trad. de Pedro Moacyr Campos. 2. ed. Rio de Janeiro: Bertrand Brasil, 1998.

BLOCH, Marc. *Introdução à história – edição revista, aumentada e criticada*. Trad. de Maria Manuel *et al.* Portugal: Europa-América, 1997.

BRAUDEL, Fernand. *Escritos sobre a história*. Trad. de J. Guinsburg e Tereza Cristina Silveira da Mota. 2. ed. São Paulo: Perspectiva, 1992.

BRAUDEL, Fernand. *Gramática das civilizações*. Trad. de Antonio de Pádua Danesi. São Paulo: Martins Fontes, 1989.

BRAUDEL, Fernand. *Memórias do mediterrâneo – Pré-história e antiguidade*. Trad. de Teresa Antunes Cardoso *et. al.* Lisboa: Terramar, 2001.

BURKE, Peter. *A escola dos Annales (1929-1989) – a Revolução Francesa da historiografia*. Trad. de Nilo Odália. São Paulo: Unesp, 1991.

CARDOSO, Ciro Flamarion. *Antiguidade oriental – política e religião*. 2. ed. São Paulo: Contexto, 1997.

CARDOSO, Ciro Flamarion. *Sete olhares sobre a Antiguidade*. 2. ed. Brasília: UnB, 1998.

DELFANTE, Charles. *A grande história da cidade – da Mesopotâmia aos Estados Unidos*. Trad. de Luís C. Feio. Lisboa: Instituto Piaget, 2000.

DOHRN-VAN ROSSUM, Gerhard. *History of the hour – clocks and modern temporal orders*. Trad. de Thomas Dunlap. Chicago/London: The University of Chicago Press, 1996.

DUNCAN, David Ewing. *Calendário – a epopeia da Humanidade para determinar um ano verdadeiro e exato*. Trad. de João Domenech. Rio de Janeiro: Ediouro, 1999.

ENGELS, Friedrich. *A origem da família, da propriedade privada e do Estado*. Trad. de José Silveira Paes. 3. ed. São Paulo: Global, 1986.

FINLEY, M.I. *História antiga – testemunhos e modelos*. Trad. de Valter Lellis Siqueira. São Paulo: Martins Fontes, 1994.

FINLEY, M.I. "*Política*". *In*: FINLEY, M.I. (Org.). *O legado da Grécia – uma nova avaliação*. Trad. de Yvette V. Pinto de Almeida. Brasília: UnB, 1998.

GILISSEN, John: *Introdução histórica ao Direito*. Trad. de A.M. Botelho Hespanha e I.M. Macaísta Malheiros. Lisboa: Fundação Calouste Gulbenkian, 1995.

HILBERT, Klaus. "História antiga e arqueologia – uma pequena e confusa história de rótulos". *In*: BAKOS, Margaret M. e POZZER, Katia M.P. (Org.). *III Jornada de Estudos do Oriente Antigo – línguas, escritas e imaginários*. Porto Alegre: Ed. PUCRS, 1998.

HUSSON, Geneviève; VALBELLE, Dominique. *L'État et les institutions en Égypte – des premiers pharaons aux empereurs romains*. Paris: Armand Colin, 1992.

JANSON, H.W. *História geral da arte*. Trad. de J.A. Ferreira de Almeida *et al.* São Paulo: Martins Fontes, 1993, v. I.

JOANNÈS, Francis (Dir.). *Rendre la justice en Mésopotamie – Archives judiciaires du Proche-Orient ancien*. Saint-Denis: Presses Universitaires de Vincennes, 2000.

KINDER, Hermann; HILGEMANN, Werner. *Atlas of World History*. Updated edition. London: Penguin, 1995.

LE GOFF, Jacques (Org.). *A história nova*. Trad. de Eduardo Brandão. 3. ed. São Paulo: Martins Fontes, 1995.

LE GOFF, Jacques (Org.). *História e memória*. Trad. de Irene Ferreira *et al.* 3. ed. Campinas: Ed. UNICAMP, 1994.

LOPES, José Reinaldo Lima. *O Direito na história – lições introdutórias*. São Paulo: Max Limonad, 2000.

LUHMANN, Niklas. "La costituzione come acquisizione evolutiva". *In*: ZAGREBELSKY, Gustavo; PORTINARO, Pier Paolo; LUTHER, Jörg. *Il futuro della costituzione*. Torino: Einaudi, 1996.

LUHMANN, Niklas. *Sociologia do Direito* (I e II). Trad. de Gustavo Bayer. Rio de Janeiro: Tempo Brasileiro, 1983 e 1985.

MAINE, Sir Henry Sumner. *Ancient Law*. USA: Dorset Press, 1986.

McEVEDY, Colin. *Atlas da História Antiga*. Trad. de Antônio G. Mattoso. 2. ed. São Paulo: Verbo, 1990.

MOMIGLIANO, Arnaldo. *Ensayos de historiografía antigua y moderna*. Trad. de Stella Mastrangelo. México: Fondo de Cultura Económica, 1997.

MOMIGLIANO, Arnaldo. *Os limites da helenização – a interação cultural das civilizações grega romana, céltica, judaica e persa*. Trad. de Claudia Martinelli Gama. Rio de Janeiro: Jorge Zahar, 1991.

MUMFORD, Lewis. *A cidade na história – suas origens, transformações e perspectivas*. Trad. de Neil R. da Silva. 4. ed. São Paulo: Martins Fontes, 1998.

PEINADO, Federico Lara; GONZÁLEZ, Federico Lara. *Los primeros Códigos de la humanidad*. Madrid: Tecnos, 1994.

REIS, José Carlos. *A escola dos Annales – a inovação em História*. São Paulo: Paz e Terra, 2000.

ROBINSON, Andrew. *The story of writing – alphabets, hieroglyphs and pictograms*. London: Thames & Hudson, 1999.

SAITTA, Armando. *Guía crítica de la historia antigua*. Trad. de Stella Mastrangelo. México: Fondo de Cultura Económica, 1996.

SALES, José das Candeias. *A ideologia real acádica e egípcia – representações do poder politico pré-clássico*. Lisboa: Estampa, 1997.

SCHNAPP, Alain. "A arqueologia". *In*: LE GOFF, Jacques; NORA, Pierre (Org.). *História – Novas Abordagens*. Trad. de Henrique Mesquita. Rio de Janeiro: Francisco Alves, 1995.

TAVARES, António Augusto. *As civilizações pré-clássicas – guia de estudo*. 3. ed. Lisboa: Estampa, 1995.

VOVELLE, Michel. "A história e a longa duração". *In*: LE GOFF, Jacques (Org.). *A história nova*. Trad. de Eduardo Brandão. 3. ed. São Paulo: Martins Fontes, 1995.

WHITROW, G.J. *O tempo na história – concepções do tempo da pré-história aos nossos dias*. Trad. de Maria Luiza Borges. Rio de Janeiro: Jorge Zahar, 1993.

WILSON, John. *La cultura egipcia*. Trad. de Florentino Torner. 2. ed. México: Fondo de Cultura Económica, 1992.

Capítulo 3

O DIREITO HEBRAICO ANTIGO

Marcos Antônio de Souza[1]

SUMÁRIO: 1. Introdução. 2. *Tanakh* – A Fonte do Direito Hebraico. 3. Introdução ao *Talmud*. 4. História de Israel. 5. O Direito Hebraico; 5.1 Código de leis; 5.2 Administração da justiça; 5.3 Relações civis; 5.4 Crimes e punições. 6. Conclusão. 7. Referências bibliográficas.

וּמִי גּוֹי גָּדוֹל אֲשֶׁר־לוֹ חֻקִּים וּמִשְׁפָּטִים צַדִּיקִם כְּכֹל הַתּוֹרָה הַזֹּאת אֲשֶׁר אָנֹכִי
נֹתֵן לִפְנֵיכֶם הַיּוֹם[2]

1. INTRODUÇÃO

O estudo do Direito hebraico antigo possui alguns paralelos em relação ao Direito grego antigo, mas, por outro lado, apresenta também inúmeras particularidades que o tornam bastante especial e desafiador a todo aquele que se propõe estudá-lo. Um paralelo no estudo do Direito dessas duas civilizações antigas é o fato de não existir uma literatura jurídica específica escrita por juristas e estudiosos da lei. Se existiu, não sobreviveu até nossos dias. Da mesma forma, a história dessas duas civilizações abrange um período de tempo demasiadamente longo, implicando em significativas diferenças entre o tipo de Direito praticado em diferentes momentos da história, resultante, em parte, do sistema de organização política da época. Por exemplo, o

---

1 Licenciado em Letras Português/Inglês. Doutor em Linguística na UFSC.

2 "E que grande nação tem decretos e decisões judiciais tão justos quanto as leis que eu ponho diante de vós hoje?" (Deuteronômio 4:8). As citações da Bíblia são feitas da *Tradução do Novo Mundo das Escrituras Sagradas* por ser uma tradução bastante literal e traduzir as palavras חֻקִּים por decretos, מִשְׁפָּטִים por decisões judiciais e תּוֹרָה por leis, diferenciando-as adequadamente.

período de exílio dos judeus na Babilônia e seu posterior retorno sob a tutela dos medos-persas, autorizado por Artaxerxes, introduziu práticas que alterou o sistema de punição até então utilizado.

Por outro lado, enquanto não se pode falar de um sistema único de Direito para a Grécia antiga, devido ao seu sistema de *polis* independentes, já a história do Direito hebraico se caracteriza por um sistema único, mesmo no período de confederação das doze tribos e dos reinos independentes de Israel e Judá. Entretanto, a grande diferença entre as duas civilizações, que determina o tipo de estudo de suas histórias, da língua e do Direito, é a que diz respeito às fontes. Essa diferença se deve ao fato de que enquanto os gregos antigos nos legaram uma extensa e rica literatura, gramáticas, os discursos dos oradores áticos, textos filosóficos, tragédias e comédias que, de alguma forma, supre a ausência de textos jurídicos e permite um estudo bastante preciso da língua grega antiga, a civilização hebraica apenas nos legou um conjunto de 24 documentos[3] que, reunidos, são conhecidos como Bíblia Hebraica (Velho Testamento) no mundo cristão ou *Tanakh* pelos judeus. Nesse aspecto, tanto para o estudo da língua hebraica antiga quanto para o estudo do Direito hebraico antigo, a Bíblia funciona como uma ilha por ser o único documento hebraico antigo disponível para consulta. No estudo da língua impõe-se como língua literária, não permitindo conhecer diferentes estilos e de formas de língua falada, além do problema das *hapax legomena*. Já no estudo do Direito, resulta em uma grande quantidade de lacunas, de inferências e indefinições, não havendo outros textos em que se possa procurar um complemento das informações disponíveis ou corroboração do entendimento assumido.

Apesar dessas limitações e mesmo o estudo do Direito hebraico antigo somente ser possível graças a existência da Bíblia Hebraica ou *Tanakh*, ainda assim encontra-se em grande vantagem quanto ao estudo do Direito em relação às outras civilizações como Mesopotâmia, Egito e Medo-Persia no que diz respeito às fontes.

---

3 Conforme veremos mais adiante, são 24 para a Bíblia judaica, 39 para a Bíblia católica e 46 para a Bíblia protestante (ou Bíblias resultantes da Reforma).

2. *TANAKH* – A FONTE DO DIREITO HEBRAICO

Sendo a parte hebraica da Bíblia (*Tanakh*) a única fonte para o estudo do Direito hebraico antigo e devido às circunstâncias em que foi escrita, transmitida e conservada, isto devido a sua característica de livro sagrado, necessitamos estabelecer uma linha divisória entre o sagrado e o profano. Isto é, fazer a análise dos dados referentes à identificação e compreensão do Direito independente de convicções religiosas, deixando a discussão da influência de Deus na história e no Direito para o teólogo e o filósofo. O escritor inglês Gilbert Keith Chesterton (1874-1936), em uma de suas estórias policiais com o personagem padre Brown, apresenta uma situação em que o inspetor de polícia ouvindo de um ferreiro, acusado de homicídio, que fora o próprio Deus que abatera a vítima com o martelo, responde: "Esse agente está fora de minha jurisdição"[4]. Assim faremos nós, neste estudo sobre o Direito bíblico antigo, deixaremos Deus fora dessa jurisdição.

Apesar da popularidade que a Bíblia possui, da grande quantidade de idiomas para os quais foi traduzida (mais de dois mil), da influência que tem exercido e ainda exerce em grande número de pessoas, é um livro pouco conhecido como fonte de estudo do Direito hebraico antigo. Mesmo como literatura, tem sido uma forma de estudo recente. John B. Gabel e Charles B. Wheeler, em seu livro *A Bíblia como literatura*, destacam a Bíblia como fonte de estudos para muito mais do que se possa entender como literatura.

> Usamos o termo 'literatura' em seu sentido mais amplo. Há um sentido mais estrito que abrange apenas o que se conhece como *belles lettres*, isto é, poesia, contos, romances, peças teatrais, ensaios. Embora a Bíblia contenha esse tipo de material, também há nela genealogias, leis, epístolas, decretos reais, instruções para construção, orações, sabedoria proverbial, mensagens proféticas, narrativas históricas, relações tribais, dados de arquivo, regulamentos rituais e outros tipos de material mais difíceis de classificar.[5]

---

4 "That agent is outside my jurisdiction." Essa passagem se encontra na estória "The hammer of God", publicada em *The Innocence of Father Brown* editado por Penguin, p. 187. Ver também *Father Brown: Selected Stories*, editado por Wordsworth, p. 88. Em português, as estórias de Father Brown de Chesterton foram publicadas pela Ediouro em uma série de dez volumes. M. A. Beek utiliza esse mesmo argumento em sua *História de Israel*, p. 10.

5 GABEL, J. B. & C. B. WHEELER. *A Bíblia como literatura*, p. 18.

Entendendo assim a Bíblia como fonte de estudo do Direito hebraico antigo, há um aspecto adicional que necessitamos clarificar. Embora seja o livro mais traduzido e, provavelmente, conhecido, "nem a metade de um por cento leu as suas palavras reais".[6] Isto porque, a Bíblia (Velho Testamento) foi originalmente escrita em hebraico (uma pequena parcela em aramaico). Existe, por conseguinte, uma grande dependência das traduções e um grande desconhecimento de onde procedem tais traduções, visto não mais existirem os originais. Justifica-se, portanto, que, antes de iniciarmos o estudo do Direito hebraico antigo, nos detenhamos no exame de sua única fonte de informação.

O principal texto manuscrito hebraico do qual procedem a maioria das edições impressas em hebraico e que, por sua vez, resultam nas traduções em vários idiomas, inclusive o português, é o *Códice L*, também conhecido por *Codex Leningradensis* (Códice de Leningrado). Esse códice foi produzido por Samuel ben Jacó em 1008 d.C. e é o manuscrito mais antigo que contém a totalidade do texto da Bíblia Hebraica. Uma edição *fac-simile* foi impressa em 1998, editada por D. N. Freedman, A. B. Beck e J. A. Sanders.[7]

Desse códice resultou a impressão das várias edições da Bíblia Hebraica tais como a *Bíblia Hebraica de Kittel*[8] (1937), *Biblia Hebraica Stuttgartensia*[9] (1967-1977) e a *JPS Hebrew-English Tanakh*[10] (1985/2000). Enquanto que as edições católicas são constituídas de 46 livros (inclui 7 livros conhecidos como apócrifos), a protestante de 39, a judaica, conhecida como *Tanakh* compreende 24 livros. *Tanakh* é um acrônimo para *Torah* (Pentateuco), *Neviim* (profetas anteriores e

---

6 GABEL, J. B. & C. B. WHEELER. *A Bíblia como literatura*, p. 205.

7 *Leningrad Codex, The.* A Facsimile Edition. Grand Rapids: Eerdmans, 1998. Edição facsimile do Códice de Leningrado, texto hebraico massorético do início do século XI.

8 Referência bibliográfica para a *Bíblia Hebraica de Kittel*: KITTEL, R. (ed.) *Biblia Hebraica.* Stuttgart: Wurttembergische Bibelanstalt, 1937/1971.

9 Referência bibliográfica para a *Bíblia Hebraica Stuttgartensia:* ELLIGER, K. & W. RUDOLF (eds.) *Biblia Hebraica Stuttgartensia.* Stuttgart: Deutsche Biblegesellschaft, 1969/1997.

10 Referência bibliográfica: *JPS Hebrew-English Tanakh*. Philadelphia: The Jewish Publication Society, 2000.

posteriores) e *Ketuvim* (Coletânea de Escritos, ou Tudo o Mais).[11] Os 24 livros da *Tanakh*, devido a uma organização diferente, são os mesmos 39 da Bíblia Hebraica com a organização resultante da Reforma e os 46 organizados pela Igreja Católica (excluindo-se os 7 apócrifos).[12] A partir de agora usaremos a palavra "*Tanakh*" para nos referirmos à Bíblia Hebraica por nos parecer apropriado que o livro utilizado para se estudar o Direito hebraico seja identificado pela mesma maneira que os judeus o identificam. Os livros da Bíblia Hebraica conforme a organização dada pela *Tanakh* (תַּנַ"ךְ) são:[13]

Torah (תּוֹרָה) – (Gênesis, Êxodo, Levítico, Números, Deuteronômio);

Neviim (נְבִיאִים) – (Josué; Juízes, [1+2 Samuel], [1+2 Reis], Isaías, Jeremias, Ezequiel, [Joel + Amós + Abdias + Jonas + Miqueias + Naum + Habacuc + Sofonias + Ageu + Zacarias + Malaquias]);

Ketuvim (כְּתוּבִים) – (Salmos, Jó, Provérbios, Rute, Cântico dos Cânticos, Eclesiastes, Lamentações, Ester, Daniel, [Esdras + Neemias], [1+2 Crônicas]).[14]

3. INTRODUÇÃO AO *TALMUD*[15]

Complementar à *Tanakh*, como fonte do Direito hebraico, temos o *Talmud* que registra a tradição oral e foi escrito entre os séculos II e VI de nossa era. No entanto, visto que a soberania de Israel como nação

---

[11] ALTER, R. A. "Introdução ao Antigo Testamento." *In* ALTER, R. A. & F. KERMODE. *Guia Literário da Bíblia*, p. 23.

[12] A organização adotada pela *Tanakh* (Bíblia judaica) é a mesma utilizada pelo Códice de Leningrado, enquanto que a organização adotada pelo que se conhece como Bíblia católica e Bíblia protestante utilizam a organização adotada pela Septuaginta (tradução da Bíblia Hebraica para o grego, realizada no segundo século antes de Cristo). Para um detalhamento dessas diferentes organizações e terminologia, ver *A Bíblia nas suas origens e hoje* de Johan Konings, p. 11-18.

[13] Os livros delimitados por [...] contam como apenas um na *Tanakh*.

[14] Para um detalhamento do cânon da *Tanakh*, ver o capítulo "História literária do cânon bíblico" do *livro A Bíblia Judaica e a Bíblia Cristã* de Julio Trebolle Barrera, p. 175-237.

[15] Para informações mais detalhadas sobre o Talmud, ver *Iniciação ao Talmud* de Auro del Giglio (provavelmente a melhor introdução em português), *The essential Talmud* de Adin Steinsaltz, *Introduction to the Talmud and Midrash* de Herman Strack.

existiu somente até 70 d.C., quando o segundo Templo foi destruído pelos romanos, o Direito hebraico deixou de existir como um sistema real e todas as discussões sobre leis, crimes e punições deixaram de ser práticas e passaram a ser questões teóricas. A penologia talmúdica deve ser considerada como uma tentativa de formular melhores leis para uma sociedade ideal.[16] Consequentemente, não utilizaremos o *Talmud* em nosso estudo do Direito hebraico antigo, restringindo-nos somente à *Tanakh*. Mesmo assim, convém, a título de informação, apresentar uma descrição sucinta do *Talmud*.

Enquanto a *Tanakh*, particularmente a *Torah* constituída pelos cinco livros do Pentateuco, é considerada pelos judeus como contendo a forma escrita dos ensinamentos transmitidos diretamente por Deus a Moisés, o *Talmud* (תַּלְמוּד) é tido como o registro da forma oral transmitida por Moisés aos sábios de sua geração e que, por sua vez, a transmitiram de geração em geração sem um registro escrito. No entanto, a partir do século II d.C., iniciou-se um registro escrito dessa tradição oral e que passou a ser conhecido como *Mishna*. Posteriormente a *Mishna* foi estudada por escolas rabínicas em Jerusalém e Babilônia, gerando a *Guemara* (comentários da *Mishna*), resultando em uma *Guemara* na Palestina e outra na Babilônia. O *Talmud* constitui-se, portanto, da *Mishna* e da *Guemara*, sendo identificado adicionalmente pelo local onde a *Guemara* foi criada; como resultado temos o *Talmud* de Jerusalém e o *Talmud* Babilônico. Trataremos aqui do *Talmud* Babilônico por ser considerado mais elaborado que o *Talmud* de Jerusalém, tendo sido concluído por volta do século VI.

A estrutura fundamental do *Talmud* é a organização utilizada desde o início para a *Mishna*. Esta é subdividida em seis sessões básicas conhecidas como *Sedarim* (Ordens) e, por sua vez, cada Ordem se subdivide em Tratados e cada Tratado em capítulos. Ao todo são 63 Tratados e 517 capítulos. A seguir, apresentaremos cada Ordem, identificadas pelos seus nomes, junto com o número de Tratados e capítulos.

MISHNA (מִשְׁנָה)

1. *ZERAIM* (sementes): 11 tratados, 74 capítulos;
2. *MOED* (festas): 12 tratados, 88 capítulos;

[16] DRAPKIN, I. *Crime and Punishment in the Ancient World*, p. 61.

3. *NASHIM* (mulheres): 7 tratados, 71 capítulos;
4. *NEZIKIN* (danos): 10 tratados, 73 capítulos;
5. *KODASHIM* (objetos santos): 11 tratados, 89 capítulos;
6. *TAHOROT* (pureza): 12 tratados, 136 capítulos.

Em nosso estudo do Direito hebraico interessa, em particular, a quarta Ordem NEZIKIN, pois nela estão incluídos os Tratados associados com a lei criminal, o Tratado *San'hedrin* e o Tratado *Makot*.

ORDEM *NEZIKIN*

Tratado	Cap.	Folhas	Assunto
Bava Cama	10	119	Danos diretos e indiretos.
Bava Metsia	10	119	Perdas, empréstimos, trabalho, contratos por salário.
Bava Batra	10	176	Sociedade, vendas, promissórias e herança.
San'hedrin	11	113	Tipos de tribunais, lei criminal, princípios da fé.
Makot	3	24	Punição por flagelação.
Shevuot	8	49	Juramentos.
Eduiot	8		Coletânea de testemunhos sobre vários assuntos.
Avodá Zará	5	76	Afastar idólatras e práticas de idolatria.
Avót	5		Ética e ensinamentos morais.
Horaiot	4	14	Veredictos errados de tribunais e sua retificação.

Já a estrutura impressa do Talmud é um tanto peculiar e segue um modelo estabelecido pelo editor Daniel Bomberg para a primeira impressão completa do *Talmud* Babilônico em 1520. Em cada página o texto da *Mishna* e o da *Guemara* ocupam uma posição central e são rodeados pelos comentários de Rashi (Rabbi Solomon bem Isaac, 1040-1105) e *Tosafot* ("adições" ou "suplementos"). Ao lado desses comentários encontram-se outros comentários de outros rabinos, além de correções e emendas ao texto. Como cada página pertence a um capítulo, inserido em um tratado, indicados na margem superior, e, além disso, cada página tem uma face posterior א e uma posterior ב. Portanto, uma das maneiras de se referenciar passagens do Talmud é pelo uso da forma [*Tratado daf a/b*], sendo *daf* a identificação de cada página dupla e *a/b* a indicação de frente ou verso. Por exemplo, *Bava Metsia* 58 b corresponde ao verso da folha 58 do tratado *Bava Metsia* e que faz parte da Ordem *Nezikin.* Nessa folha encontramos a referência talmúdica de que castigar pessoas com palavras é pior do que uma pena financeira.

4. HISTÓRIA DE ISRAEL

O estudo do Direito de uma civilização antiga sempre deveria ser precedido de uma história dessa civilização, sem o que se torna difícil ao leitor se situar no contexto histórico em que se enquadra o Direito estudado. Isto se deve a fatores como a distância no tempo em que nos encontramos em relação a essas civilizações, o longo período de tempo abrangido pela sua história, normalmente algo como cinco a dez séculos, e as grandes diferenças e alterações sociais e políticas ocorridas durante essa história. O estudo do Direito antigo de Israel não é exceção.

A história da Israel antiga abrange um período de cerca de vinte séculos, compreendidos entre 2000 a.C. e 135 d.C., portanto de quarenta a vinte séculos distantes de nossa época, sistemas políticos organizacionais que compreendem um sistema patriarcal de um povo nômade, uma confederação de tribos, um reino unido, dois reinos separados e, finalmente, uma nação súdita de diferentes governos de nações estrangeiras (Assíria, Pérsia, Grécia e Roma). Essa história costuma se denominar de história de Israel dos tempos bíblicos e não há como evitar-se uma repetição do relato encontrado na *Tanakh*, corroborada por descobertas arqueológicas e fontes extrabíblicas. Estas últimas, porém, de outras línguas e nações, visto ser a *Tanakh* a única fonte existente produzida por Israel e em hebraico. A mesma dificuldade e limitação existe em relação ao estudo da língua hebraica devido a Israel não nos ter deixado qualquer literatura adicional, nem tampouco gramáticas ou estudos filológicos.[17] Também, nesse caso,

[17] Para um estudo aprofundado da história da língua hebraica, ver SÁENZ-BADILLOS, A. *A history of the Hebrew language*, 1988/2003.

a *Tanakh* é a única fonte de estudo para o hebraico antigo. Como resultado, existem as *hapax legomena*. Cerca de duzentas palavras que ocorrem uma única vez na *Tanakh* e seu contexto é o único recurso disponível para se estabelecer seu significado.[18]

Adicionalmente, além da *Tanakh* ser uma fonte única como texto produzido pelo próprio povo cuja história é estudada, e mesmo permitindo levantar com detalhes a história desse povo, não é um livro escrito como história de Israel, mas como livro sagrado que trata das intervenções de Deus nessa história. Justamente devido essa característica de livro sagrado é que se tornou possível sua conservação, transmissão e existência até nossos dias. Essa característica da *Tanakh*, quando utilizada para levantar a história de Israel, é reconhecida por M. A. Beek em sua *História de Israel* e, como veremos ao longo deste capítulo, o mesmo se aplica ao estudo do Direito hebraico, cuja única fonte também é a *Tanakh*. Mesmo assim, paradoxalmente, costuma-se dizer "que Israel foi o primeiro povo a ter uma história escrita"[19].

> Mas, quando consultamos o próprio Velho Testamento, defrontamo-nos com um obstáculo formidável: ele não foi escrito como uma história dos feitos e crenças de Israel e sim como a narrativa das intervenções de Deus nessa história. Assim como os Evangelhos não nos dão material para uma reconstituição completa da vida de Jesus, o Velho Testamento não nos fornece um relato completo dos acontecimentos históricos que narra.[20]

Não existe uma divisão unânime e estabelecida para a história de Israel e a que adotaremos visa, embora reducionista, facilitar a análise do Direito hebraico antigo de acordo com as diferentes organizações políticas e sociais de Israel ao longo de sua história. Dessa forma dividiremos a história de Israel em vários períodos denominados de: *Patriarcal* – do século vinte e um ao século dezesseis a.C., com a característica política de povo nômade; C*onfederação* – do século dezesseis ao século doze a.C., formado pelas doze tribos e mais conhecido como tempo dos "Juízes"; *Reino unido* – século doze ao século dez a.C., correspondendo politicamente a uma monarquia e abrangendo os reinados de Saul, Davi e Salomão; *Reino dividido* – do século dez ao

---

18 De FARIA FRANCISCO, E. *Manual da Bíblia Hebraica*, p. 514.

19 Citado por M. A. Beek em *História de Israel*, p. 2.

20 BEEK, M. A. *História de Israel*, p. 1.

século seis a.C., formado pelos reinos do norte (capital em Samaria) e do sul (capital em Jerusalém); *Vassalagem* – compreendido do século seis a.C. ao século dois d.C. e corresponde ao cativeiro em Babilônia, o período após o retorno à Palestina com a construção do segundo templo e se encerra com a destruição desse templo pelos romanos no ano 70 d.C., ou 135 com a eliminação da revolta de Bar Kochba, e tem como característica a submissão aos persas, gregos e romanos e a consequente influência destes no Direito hebraico.[21] Mesmo durante o período de vassalagem aos persas, gregos e romanos, Israel ainda podia ser considerado uma nação, porém, após a revolta de Bar Kochba, dominada pelos romanos em 135 d.C., "Israel deixou de ser uma nação por dezoito séculos"[22], quando então em 14 de maio de 1949 viu-se novamente um estado judeu estabelecido em terra judaica.

Uma dificuldade no relato de eventos associados com civilizações antigas tem sido o estabelecimento de datas de acordo com nosso calendário. No relato a seguir, sobre a história de Israel, teremos de especificar algumas datas para dar uma ideia de localização no tempo em relação aos nossos dias atuais. Como nem sempre existe uma harmonia, com respeito a datas, entre diferentes historiadores, adotaremos a cronologia especificada no livro *Toda a Escritura é Inspirada por Deus e Proveitosa*,[23] porém fazendo referência constante às datas especificadas por outros historiadores quando houver discordância. Em uma coisa pelo menos todos concordam: 539 a.C. é a data em que Ciro tomou Babilônia.[24] Todas as datas mencionadas a seguir, quando não tiverem indicação, serão datas a.C.

Para efeito de estudo do Direito hebraico antigo, a história de Israel começa com os patriarcas, conforme registrada nos capítulos

---

[21] Para o leitor interessado em aprofundar-se na história de Israel, recomendamos a leitura dos seguintes livros disponíveis em português: *História de Israel* de M. A. Beek; *História de Israel no Antigo Testamento* de Eugene H. Merril; *História de Israel* de John Brigth.

[22] BEEK, M. A. *História de Israel*, p. 184.

[23] Livro editado pela Watch Tower Bible and Tract Society of Pennsylvania, 1963/1990. Nas páginas 294-297 apresenta uma tabela intitulada "Tabela de Datas Históricas Notáveis" de fácil utilização e referenciadas à passagens bíblicas.

[24] *Toda a Escritura é Inspirada*, p. 282-283; *História de Israel* de J. Brigth, p. 584; *História de Israel* de E. H. Merrill, p. 497. M. A. Beek em *História de Israel* dá o ano de 538 a.C. como último ano do reinado de Nabonido (rei Neobabilônico derrotado por Ciro quando este tomou Babilônia).

12 a 50 de Gênesis, iniciando com Abraão e culminando com a vida de José (filho de Jacó) e última geração do sistema patriarcal, sendo que o período corresponde a Idade Média do Bronze (século vinte ao século dezessete).[25] Para nosso estudo do Direito, os nomes não são tão relevantes e o que importa realmente são as descrições referentes à organização social, política e características de comportamento. Abraão e seu clã deslocam-se de Ur, na Ásia, para a terra de Canaã, enquanto a última geração (a de José) move-se de Canaã para o Egito.

Do relato bíblico, Israel aparece na Palestina como uma sociedade pastoral seminômade, vivendo da criação de gado e movendo-se em caravanas de mulas de uma pastagem para outra. Abraão, Isaac e Jacó são apresentados como líderes de clãs compostos por diferentes famílias. Nesse tipo de organização social o poder se concentrava no líder do clã tanto para assuntos internos como externos, sendo responsável por qualquer crime cometido por um membro de seu clã contra um estrangeiro. Uma falha por parte do líder quanto a expulsar o membro culpado do clã, ou puni-lo, como satisfação ao clã queixosa, resultava em uma guerra contra todo o clã. Evidenciava-se dessa maneira o princípio de responsabilidade coletiva em que as ações de um indivíduo afetava o grupo como um todo.[26] Gênesis 31:25-35 é um exemplo em que um caso de roubo dá o Direito de busca por todas as tendas do clã acusado, busca consentida por Jacó o líder do clã. Por outro lado, no livro dos Juízes, cap. 20, é guerra fratricida entre tribos como resultado da recusa de aplicar a justiça pela tribo acusada.

O líder do clã preenchia todas as funções públicas, seja a de sacerdote do Deus dos antepassados, líder militar em tempos de guerra e migração, juiz nas questões legais internas e representante do clã perante outros clãs. Possuía poder absoluto sobre os membros do clã, podendo condená-los à morte ou vendê-los como escravos. Será somente mais tarde, com a centralização da justiça, que o filho rebelde não mais poderá ser punido pelo pai, tendo de ser levado a julgamento perante os anciãos conforme mencionado em Deuteronômio 21:19.

---

[25] Ze'ev W. Falk em *Hebrew Law in Biblical Times*, p. 23, dá para esse mesmo período os séculos dezenove a quinze. Porém, todas as fontes consultadas concordam com a Idade Média do Bronze.

[26] FALK, Z. *Hebrew Law in Biblical Times*, p. 24.

No final do século dezesseis (1513),[27] após um interlúdio de aproximadamente duzentos anos, em que estiveram estabelecidos no Egito, os israelitas movem-se de volta para a Palestina, sob a liderança de Moisés desempenhando o papel de líder e legislador, tendo-se então o início de um período conhecido como *Juízes* e que corresponde a uma confederação formada a partir de doze tribos. Durante esse período de 420 anos, Israel foi governado por Juízes, em geral, "chefes militares cuja autoridade não estava baseada em títulos hereditários"[28]. Dentre os juízes temos Josué, Gideão – a quem, segundo Juízes 8:22, foi oferecido a coroa para si e seus herdeiros, porém recusada – Jefté, sendo Samuel o último juiz.

A transição de sistema de clãs para uma nação é tratado pelos quatro últimos livros do Pentateuco (*Torah*). Segundo Ze'eve W. Falk, um dos mais importantes fatores para o estabelecimento de uma unidade entre as diferentes tribos foi a "Lei Comum" da comunidade conforme estabelecida pelo decálogo e outras leis[29]. Com a integração do sistema tribal para a estrutura política de nação, restringiu-se o espaço para a justiça familiar e o poder absoluto do líder da tribo. Algumas das consequências resultantes foi o julgamento do filho rebelde passar a ser realizado por um tribunal local[30] e o primogênito não poder ser mais deserdado em violação das regras de sucessão[31]. Uma exceção, no entanto, da mesma forma como acontecia com o Direito grego, era referente aos homicídios. Nesse caso, cabia ainda a um parente da vítima a vingança do sangue após a realização de um julgamento legal[32].

Outras transformações foram a transferência da função de sacerdote, anteriormente realizada pelo líder do clã, para uma classe de clérigos conhecida como Levitas e controlada por um sumo sacerdote descendente de Aarão. Criou-se um conselho de anciãos, organizados

---

27 De acordo com Ze'ev W. Falk o Êxodo deve ter ocorrido por volta do décimo-terceiro século (*Hebrew Law,* p. 26). John Brigth apresenta cerca de 1280, início do século treze (*História de Israel*, p. 580). Já, segundo M. A. Beek, "os israelitas deixaram o Egito em 1439 A.C". (*História de Israel,* p. 39).

28 BEEK, M. A. *História de Israel*, p. 42.

29 FALK, Z. *Hebrew Law in Biblical Times*, p. 27.

30 Deuteronômio 21:19; 22:21.

31 Deuteronômio 21:16.

32 Êxodo 21:12; Números 35:9-33; Deuteronômio 19:1-13.

como uma instituição nacional[33] e a confederação de tribos adquiriu a característica de organização militar, cada tribo tendo de contribuir com tropas em situações de guerra.

Naturalmente, a transição de uma estrutura tribal para uma organização nacional não foi imediata e muito menos sem traumas. O contexto, isto é, a mudança de uma sociedade pastoral seminômade para uma sociedade territorial e as dificuldades de relacionamento entre as diversas partes de Israel, pelo fato de estarem se estabelecendo entre os cananeus, dificultaram o estabelecimento da nova organização social e política, tornando o período dos Juízes um dos períodos mais conturbados da história de Israel. No entanto, a unidade nacional foi estimulada pela ideia de uma confederação, a tradição e lei comuns, assim como a constante agressão externa movida pelos cananeus.

Pelo relato da *Tanakh*, quando Samuel ainda era juiz, o povo manifestou o desejo de ter um rei e que, diferentemente dos juízes, seria um governante hereditário. Segundo M. A. Beek "A realeza representou uma revolução na vida dos israelitas, que não estavam habituados a um rigoroso governo central"[34]. I Reis 8:11-18 relata as muitas objeções a essa mudança e riscos a que estaria sujeita essa nação de camponeses livres, com uma tradição de nômades.[35] Enquanto os primeiros reis foram escolhidos por um chamado divino para salvar Israel de seu inimigo, sua função foi se tornando aos poucos uma instituição, permitindo ao rei possuir um exército, um serviço de funcionários, organizar a adoração religiosa e administrar a justiça.[36] No entanto, uma característica fundamental da monarquia em Israel e que contrastava com a monarquia de outras civilizações era o fato de não se atribuir *status* divino ao rei. Não existia em Israel a ideia de "rei divino".

---

[33] Êxodo 3:18; 4:29; 12:21; 24:1.

[34] BEEK, M. A. *História de Israel*, p. 53.

[35] Z. W. Falk faz uma observação interessante relativa ao tempo dos juízes, quando a confederação de Israel estava em constante guerra com os povos vizinhos que habitavam Canaã: "Durante estas guerras o inimigo estava organizado sob a liderança de um rei, enquanto Israel ainda organizava-se como uma confederação tribal". *Hebrew Law in Biblical Times*, p. 29.

[36] FALK, Z. W. *Hebrew Law in Biblical Times*, p. 29.

Adicionalmente, os reis de Israel, embora comissionados por Deus para administrar a justiça, não agiam como legisladores, tendo, em teoria, que se subordinar à lei dos sacerdotes.[37] Também os anciãos de Judá ou de Israel em várias ocasiões aparecem junto ao rei como representantes do povo. Como a propriedade das terras era atribuída a Deus pela lei de Israel, o rei não podia, portanto, reclamar qualquer propriedade privada exceto aquelas a que tinha Direito pela lei e pelo costume, embora, na prática, nem sempre os reis de Judá e Israel respeitassem os direitos de propriedade privada. Também como um resquício dos costumes tribais, o rei ao subir ao trono assumia as propriedades e pertences de seu predecessor, incluindo suas esposas e concubinas.

Saul, o primeiro rei, reinou por quarenta anos, sendo sucedido por Davi e este por Salomão, reinando cada um quarenta anos. Saul, a despeito de sua personalidade melancólica e de ter sido o primeiro suicida mencionado pela *Tanakh*, "deu uma duradoura contribuição à história de Israel"[38]. Em seu reinado se estabeleceu a ideia de realeza e fez surgir um sentimento de união, consolidando as tribos do norte e do sul de Israel como uma nação.

Davi e Salomão, sucessores de Saul, com reinados longos consolidaram Israel como nação, dando-lhe prestígio internacional; enquanto o primeiro foi mais um regente expansionista, o segundo restringiu suas campanhas na luta contra inimigos que ameaçavam seu território. Foi no reinado de Salomão que se deu a construção do famoso templo e cuja construção durou sete anos e meio. Esse período em que Israel esteve sob a regência de um único rei ocorreu no final do século doze e ao longo do século dez.

Com a morte de Salomão (997)[39] deu-se um cisma em Israel, estabelecendo-se um reino ao norte com a capital em Samaria, denominado de reino de Israel, e um ao sul com a capital em Jerusalém e denominado de reino de Judá. Roboão, filho de Salomão, tornou-se rei de Judá

---

[37] A obrigação de sujeição dos reis de Israel às leis é ilustrada por relatos de incidentes como a vinha de Nabote (I Reis 21) e Davi e Bate-Seba (2 Samuel 11-12).

[38] BEEK, M. A. *História de Israel*, p. 57.

[39] 931 a.C. para M. A. Beek em *História de Israel*, p. 76; 922 a.C. para John Brigth em *História de Israel*, p. 581.

ao sul e sua dinastia, a dinastia de Davi, conseguiu governar Judá até 607 quando Jerusalém foi conquistada e arrasada por Nabucodonosor. No norte, Jeroboão foi o primeiro rei, dando início a uma sucessão de reis escolhidos segundo o modelo utilizado para os juízes, embora alguns desses reis tentassem estabelecer uma dinastia. O reino do norte findou com a queda de Samaria para os assírios em 740[40].

Com a destruição de Jerusalém em 607, tem-se um período de cativeiro em Babilônia, interrompendo temporariamente a história de Judá e Jerusalém, quando, então, mediante um decreto de Ciro, que derrotara os assírios em 539[41], permitiu o retorno a Jerusalém. Iniciava-se um novo período para Israel como nação súdita de um governo estrangeiro e que vai se encerrar em 135 d.C. quando Israel deixa totalmente de ser uma nação.

5. O DIREITO HEBRAICO

Devido a *Tanakh* não ser um livro jurídico, embora trate de legislação, códigos e aplicação de leis, o estudo do Direito hebraico consiste em um tipo de garimpagem ao longo de seus relatos, numa tentativa de reconstituição de um sistema jurídico em suas diferentes formas resultantes de transformações sociais e políticas ocorridas ao longo dos vinte séculos da história de Israel. Evidentemente, a fonte de informação mais importante da história legal de Israel é o Pentateuco ou *Torah*, porém vários códigos, leis e práticas relativas à administração da justiça estão incluídos na sequência das narrativas que se iniciam com a sociedade patriarcal dos tempos de Abraão e se estendem até o período pós-exílio em Babilônia. A reconstrução desse sistema jurídico, ao longo de suas metamorfoses, é o grande desafio do pesquisador do Direito hebraico.

Neste nosso estudo a parte referente ao Direito criminal será tratada em separado sob o título “Crimes e punições”. Inicialmente, identificaremos as principais partes da *Tanakh* relativas às leis e práticas judiciais e examinaremos as diferentes maneiras de administração da

---

40 722 para John Brigth, *História de Israel*, p. 583.

41 Esta é a data aceita unanimemente pelos historiadores e que permite estabelecer as demais datas dos eventos mencionados na *Tanakh*.

justiça e o Direito relativo à pessoas, propriedades, contratos, família, sucessão e que reuniremos sob o título "Relações civis".

5.1 Código de Leis

As partes da *Tanakh* escritas especificamente como um sistema de leis e códigos, e que nos interessa para o estudo do Direito hebraico, se concentram na *Torah*, particularmente no livro de Êxodo, uma parte no livro de Deuteronômio e em 2 Crônicas (neste caso já como um sistema legal pertencente ao período monárquico). A seguir, listaremos as principais passagens encontradas nos livros de Êxodo e Deuteronômio e que formam a base do código de leis do Israel antigo. Devido a limitação de espaço, não será feita uma transcrição desses códigos e tampouco uma análise detalhada.[42] No entanto, será apropriado uma análise das leis quanto a sua forma e classificação visto que "a tradição hebraica não distinguia entre normas de religião, moralidade e leis"[43].

- **Êxodo 20:2-17** – Nesta passagem, o famoso decálogo é apresentado ao povo como tendo sido transmitido por Deus a Moisés. O mesmo texto é repetido em Deuteronômio 5, porém precedido da declaração "Ouve, ó Israel, os regulamentos (חֻקִּים) e decisões judiciais (מִשְׁפָּטִים) que hoje falo aos vossos ouvidos".
- **Êxodo 20:23-23:19** – Trata-se de um texto legal contendo uma grande coleção de mandamentos e instruções cobrindo uma ampla faixa de questões morais e judiciais denominado de "Livro do Pacto" no texto de Êxodo 24:7.
- **Êxodo 25-31; 35-40; Levítico 1-27; Números 1-10** – Relatam as instruções para construção do santuário portátil conhecido como tabernáculo, instruções operacionais e leis do sacerdócio.
- **Êxodo 34:11-26** – Esta é uma nova série de mandamentos transmitidas a Moisés no Monte Sinai, constituindo-se em um novo decálogo segundo a declaração em Êxodo 34:26.
- **Deuteronômio 12-26** – Este é um código de leis dirigido aos israelitas e inicia (Deut. 12:1) com as palavras "Estes são os

---

[42] Um comentário do decálogo (dez mandamentos) é encontrado no livro *The Story of Law* de John M. Zane, p. 93-101. O estudo mais completo do código de leis judeu é o livro *Old Testament Law* de D. Patrick.

[43] FALK, Z. W. *Hebrew Law in Biblical Times*, p. 4.

regulamentos (חֻקִּים) e decisões judiciais (מִשְׁפָּטִים) que deveis cuidar em cumprir".

Quanto a forma e classificação das leis estabelecidas em Êxodo e Deuteronômio, o melhor estudo tem sido o de Albrecht Alt em seu ensaio "The Origins of Israelite Law", publicado originalmente em 1953.[44] Seu ensaio tem sido, até o momento, a referência para o estudo do código de leis hebraicas antigas, tendo conseguido reduzir os múltiplos estilos de textos legais hebraicos em duas categorias básicas: leis *apodíticas* e leis *casuísticas*.[45] Veremos, a seguir, as características e exemplos desses dois tipos de classificação.

O termo *apodítico* refere-se às leis que possuem a forma de uma asserção categórica e incondicional de certo e errado.[46] Seu exemplo mais comum é encontrado nos Dez Mandamentos:

> Não furtarás. (Êxodo 20:15)
>
> Honra teu pai e mãe. (Êxodo 20:12)
>
> Não matarás. (Êxodo 20:13)

Já o termo *casuístico* identifica uma forma mais complexa de leis e que também são encontradas em outros sistemas jurídicos, como o grego por exemplo.[47] Uma lei casuística define um caso específico, distinguindo-o de outros casos similares, além de estipular a consequência legal. Esse tipo de lei costuma, além de ser impessoal, não definir o que é certo e errado, mas estabelecer responsabilidades legais. Sua forma geral é de uma *prótase* iniciada pela conjunção condicional *se* ou então pela palavra *caso*, seguida de uma *apódose* que estabelece as consequências legais do caso descrito na *prótase*.[48] Um exemplo de lei casuística se encontra em Deuteronômio 21:18-19:

---

44 ALT, A. "The Origins of Israelite Laws". *In Essays on Old Testament History and Religion*, p. 101-171.

45 PATRICK, D. *Old Testament Law*, p. 21.

46 A discussão de Albrecht Alt sobre as leis *apodíticas* encontra-se em *Essays on Old Testament History and Religion*, p. 140-171.

47 A discussão de Albrecht Alt sobre as leis *casuísticas* encontra-se em *Essays on Old Testament History and Religion*, p. 112-132.

48 *Prótase* (do grego προτείνω, *propor*) é o nome dado à oração que contém o caso, suposição ou condição, pois é a que propõe a condição para que se realize a ação principal estabelecida pela *apódose*. A oração principal, denominada de *apódose*

> (*Prótase*) *Caso* um homem tenha um filho obstinado e rebelde [...] (*apódose*) *então* seu pai e sua mãe têm de pegar nele e trazê-lo aos anciãos da cidade dele e ao portão do seu lugar.

5.2 Administração da justiça

Devido ao longo período de tempo coberto pela *Tanakh* (mais de vinte séculos) e os diferentes tipos de organizações políticas e sociais adotadas pelos israelitas (patriarcal, confederação, monarquia), a administração da justiça constituída pelos seus tribunais e parte processual não é uma única no Direito hebraico antigo. Enquanto que, na sociedade patriarcal, o patriarca representava o clã, exercendo o papel de líder e juiz, com poder absoluto sobre os membros do clã quanto a condená-los à morte ou vendê-los como escravos, com a centralização da justiça, a partir do período de confederação das tribos, esse poder foi transferido para um tribunal formado pelos anciãos, conforme evidenciado pelo código de leis estabelecido em Deuteronômio. Por exemplo, Deuteronômio 21:19 estabelece que o filho rebelde deve ser levado pelos pais aos anciãos de sua cidade para julgamento.

Inicialmente, o patriarca foi substituído pelos juízes que agiam também como líderes no período pré-monárquico e até mesmo como comandantes militares. No entanto, Deuteronômio 16:18; 25:2 faz menção de juízes nomeados com a função de julgar o povo. Posteriormente, no período monárquico, as nomeações militares e judiciais foram assumidas pela Coroa e, no governo do rei Jeosafá, encontramos um registro de tribunais estabelecidos pelo rei no relato de 2 Crônicas 19:5-11: "E passou a colocar juízes por todo o país"[49].

O sistema judicial descrito em 2 Crônicas é similar ao registrado em Deuteronômio 16:18 e 17-8-13, remontando ao tempo de Moisés. Da análise de várias passagens da *Tanakh*, podemos deduzir a existência de tribunais locais formados por juízes especiais atuando junto aos anciãos locais como um tribunal de primeira instância, enquanto

---

(do grego ἀποδίδωμι, *expor declarar*) define a sanção ou consequência do caso descrito na oração subordinada e denominada de *prótase*.

[49] Números 25:5; Deuteronômio 19:9,12,17; 21:2; 25:1-3.

que em Jerusalém havia um tribunal superior formado por sacerdotes, levitas e israelitas.[50]

Segundo Ze'ev Falk, a pluralidade de juízes nos tribunais locais, mencionada em Esdras 10:4, indicava uma mudança ocorrida no sistema judicial após o retorno do exílio em Babilônia.[51] Consequentemente, um juiz local não agia mais sozinho, mas como membro de um grupo.

Quanto ao sistema processual, dispomos de pouca informação, ficando limitados ao que é relatado nos vários processos e julgamentos registrados na *Tanakh*. Uma relação de alguns dos mais importantes julgamentos é apresentado a seguir.

Processos Judiciais nos Tempos Bíblicos

Labão contra Jacó	Gênesis 31:25-55
Julgamento do blasfemador	Levítico 24:10-23
Julgamento do violador do Sábado	Números 15:32-36
Herança das filhas de Zelofeade	Números 27:1-11
Casamento das filhas de Zelofeade	Números 36:1-13
Julgamento de Acã	Josué 7:1-26
Boaz na porta da cidade	Rute 4:1-12
Julgamento de Aimeleque	1 Samuel 22:6-23
Petição da mulher tecoíta	2 Samuel 14:4-11
Petição das duas prostitutas	1 Reis 3:16-28
Julgamento de Nabote	1 Reis 21:1-16
Julgamento de Miquéias de Moresete	Jeremias 26:18-19; Miqueias 3:12
Julgamento de Urijá filho de Semaías	Jeremias 26:20-23
Julgamento de Jeremias	Jeremias 26:1-24
Julgamento de Susana	Daniel 13:1-64[52]

[50] FALK, Z. W. *Hebrew Law in Biblical Times*, p. 50.

[51] Reproduzido de *Hebrew Law in Biblical Times* de Z. E. Falk, p. 57.

[52] Esta passagem consta somente na *Septuaginta* e nas edições da Bíblia que contém livros e passagens considerados apócrifos. Ela não é incluída na edição da *Tanakh* editada por The Jewish Publication Society.

Provavelmente a característica processual mais específica do Direito hebraico antigo seja o seu caráter religioso, refletindo-se nos diferentes tipos de ordálias na forma de maldições, juramentos, confissões e lançar a sorte, atribuindo-se o resultado a um julgamento divino.

Formas de ordálias

Juramento e maldição	Números 5:11-31
Oração e confissão	1 Reis 8:23-28; 2 Reis 20:2-3
Lançar a sorte	Josué 7:13-26; 1 Samuel 14:38; Provérbios 18:18
Pela água	Números 5:22; Êxodo 32:20

5.3 Relações civis

Por relações civis englobaremos as informações encontradas na *Tanakh* e que tratam de propriedades, contratos, família e sucessão (protótipos do Direito civil), separando-os de crimes e punições (Direito criminal) que será analisado em separado.[53] As informações a seguir não são exaustivas e tampouco cobrem todos os aspectos do Direito hebraico. No entanto, são suficientes para ilustrar o pensamento jurídico na sociedade hebraica antiga.

Uma análise quanto ao conceito de bens e propriedades desde a sociedade patriarcal até os dias dos últimos reis de Judá e Israel, nos mostra a evolução dos costumes e do pensamento jurídico. Durante a sociedade patriarcal, os principais bens eram "touros e jumentos, ovelhas, e servos e servas", conforme relação fornecida por Gênesis 32:5, a respeito de uma passagem da vida de Jacó. Imóveis, como propriedades de terra e construções, eram adquiridos das populações nativas por meio de conquistas ou tratados,

53 Embora essas classificações sejam próprias do estudo e organização do Direito moderno, sempre são úteis no estudo do Direito de civilizações antigas.

sendo que, no caso de conquistas, o conquistador simplesmente se instalava nas casas que não tinha construído e tomava posse dos campos que não cultivara, segundo os relatos de Gênesis 48:22 e Deuteronômio 6:10-11. No entanto, também encontramos passagens do período patriarcal relatando a aquisição de propriedades adquiridas mediante um processo de compra e venda realizados pacificamente (Gênesis 23; 33:19).

A partir do período de tribos confederadas, muitas das cidades canaanitas passaram para as mãos dos israelitas, com a consequente divisão das propriedades e bens existentes dentro das cidades. Já no período monárquico tornou-se possível adquirir grandes extensões de terra e cultivá-las com o serviço de escravos e trabalhadores contratados e as propriedades pessoais mudavam frequentemente de dono e o capital começa a concentrar-se nas mãos de poucos.[54]

Contratos formais e escritos são raros entre a sociedade hebraica antiga. Os acordos e promessas sempre tinham uma base religiosa, sendo o juramento a forma mais comum de compromisso. Embora a lei hebraica não estabelecesse provisões para os contratos, as relações legais eram estabelecidas mediante pactos. Desde a sociedade patriarcal, as partes que estabeleciam um pacto entre si costumavam matar um animal como forma de formalização do pacto, além da presença de testemunhas e, algumas vezes, erigia-se uma coluna ou uma pilha de pedras como memorial. Posteriormente, com a introdução da escrita, passou-se a incluir um registro na pedra utilizada para formalizar o pacto.[55]

Duas passagens do período patriarcal ilustram a aquisição de uma propriedade e de um pacto. A primeira, registrada em Gênesis 4:23, relata a compra de um terreno por Abraão para poder sepultar sua esposa. Após algumas negociações preliminares, o pagamento é acertado no valor de "quatrocentos siclos de prata". No final da transação, a propriedade identificada pelo nome de seu proprietário anterior é passada formalmente para Abraão na presença de testemunhas. No segundo relato, Gênesis 31, Jacó e Labão estabelecem um pacto

[54] FALK, Z. W. *Hebrew Law in Biblical Times*, p. 85.
[55] FALK, Z. W. *Hebrew Law in Biblical Times*, p. 89.

de não agressão entre si, registrando-o com uma coluna de pedras e formalizando-o no final com um sacrifício.

> '[...] E agora vem, concluamos um pacto, eu e tu, e ele tem de servir de testemunha entre mim e ti.' Concordemente, Jacó tomou uma pedra e a ergueu como coluna. [...] E Labão passou a dizer: 'Este montão é hoje testemunha entre mim e ti.' [...] E Labão prosseguiu, dizendo a Jacó: 'Eis aí este montão e eis aí a coluna que erigi entre mim e ti. Este montão é testemunha e a coluna é algo que dá testemunho, que eu não hei de passar deste montão contra ti e que tu não passarás deste montão e desta coluna contra mim para dano.' [...] Jacó ofereceu depois um sacrifício no monte e convidou seus irmãos para comerem pão.[56]

As relações dentro de uma família, mais do que qualquer outra instituição no Direito hebraico antigo, eram fundamentadas no antigo sistema tribal e, inicialmente, os casamentos eram contraídos dentro do grupo familiar. Essa prática estava associada com duas instituições legais importantes e que formavam a base da sociedade tribal hebraica. A primeira era a obrigação imposta a cada membro do grupo de manter sua integridade. Isto significava que cada membro estava sob a obrigação de "resgatar" (no sentido de reaver, readquirir, recuperar) determinados elementos básicos caso estes fossem perdidos, preservando dessa maneira a força do grupo familiar. Os elementos desse resgate eram: o sangue de um irmão assassinado, a liberdade de um irmão pobre que tivesse se tornado escravo, uma propriedade vendida para fora da família e a viúva de um irmão falecido para que ela viesse a casar fora da família.[57]

A segunda é o que podemos denominar de endogamia e tinha sido uma consequência do sistema comunitário de bens e das regras de sucessão. Desde a sociedade patriarca, a mulher era considerada uma propriedade de seu marido ou pai e legalmente tinha o mesmo tratamento dado a outros bens. No processo de sucessão, portanto, o sucessor de Direito podia reivindicar as concubinas e até mesmo esposas de seu predecessor.

Evidentemente, mesmo na sociedade patriarcal, houve casamentos fora do grupo familiar, mas foi principalmente a partir do período

[56] Gênesis 31:44-54.

[57] FALK, Z. W. *Hebrew Law in Biblical Times*, p. 129-130.

de conquista de Canaã que essas regras começaram a ser desconsideradas, ocorrendo gradativamente um processo de assimilação com um enfraquecimento resultante para a endogamia e uma maior ocorrência da exogamia, principalmente no período monárquico. Uma tentativa de retorno às antigas práticas de endogamia racial foi tentada por Esdras e Neemias após o retorno do exílio de Babilônia (Esdras 9; Neemias 10:31; 13:23-28).

Com relação ao casamento, o sistema legal hebraico antigo aborda duas etapas: o período de contrato (noivado) e as núpcias. A primeira etapa, o período de contrato ou noivado, possuía as características de uma transação comercial em virtude de um pagamento do *mohar*[58] (מֹהַר) ao pai da noiva ou seu representante, assegurando assim ao noivo o Direito à noiva. Na forma, pelo menos, essa transação era similar à compra de um escravo, diferenciando-se apenas no compromisso declarado de que um casamento legal seria efetuado. Em Gênesis 34 temos o registro de uma negociação, sendo que o pretendente, Siquém, propõe-se a pagar qualquer preço a ser fixado pela família da noiva. Êxodo 22:17-17 estabelece para um sedutor o pagamento do preço da noiva, fixado em Deuteronômio 22:29 como sendo de "cinqüenta ciclos de prata". Alguns autores consideram a existência de que um dote mitigava o caráter comercial do *mohar*.

Quanto ao casamento, as fontes bíblicas não fazem referência a algum tipo de contrato escrito, embora haja menção da existência de certificado escrito de divórcio (Deuteronômio 24:1; Isaías 50:1). O casamento funcionava, portanto, como uma transação oral, confirmada pela presença da comunidade que agia como testemunhas do ato.

Para os casos de viuvez da mulher havia a lei do levirato (casamento de cunhado), uma particularidade da lei hebraica antiga e associada às leis de resgate criadas com o propósito de preservar a integridade do clã. Quando o marido morria sem deixar um filho, sua esposa não podia casar com alguém externo ao grupo, mas tornava-se sem qualquer formalidade a esposa do irmão do marido. Alguns detalhes sobre a aplicação da lei do levirato podem ser levantados a

[58] Segundo Ze'ev Falk, o *mohar* para alguns eruditos era o preço da noiva, enquanto que para outros tratava-se de uma compensação para o *traditio puellae* e que seria retornado mais tarde em forma de dote. *Hebrew Law in Biblical Times*, p. 137.

partir da história de Tamar em Gênesis 38. Adicionalmente, Deuteronômio 25:5-10 limita a aplicação do levirato, permitindo a recusa por parte do cunhado. Porém nesse caso, a viúva o convocava para uma declaração diante dos anciãos, seguido de um ritual denominado de "remoção da sandália".[59] Finalmente, a passagem em Rute 4 reforça a associação da lei do levirato com o resgate de propriedade.

Guido Tedeschi, em seu estudo sobre o Direito hebraico atual, apresenta um comentário sobre a influência de Deuteronômio 25:5-10 na sociedade moderna de Israel. Segundo o autor, a função original dessa lei antiga fundamentava-se na frase "seu nome não seja extinto em Israel", isto é, o cunhado ao tomar a viúva do irmão como esposa possibilitava, por meio de filhos, que o nome do irmão continuasse existindo na comunidade. Com o tempo, porém, essa preocupação de continuidade do nome perdeu sua importância e o arranjo do levirato passou a ser visto como tendo a função adicional de assegurar o bem-estar e proteção da viúva. Porém, no Israel moderno, também essa razão adicional perdeu sua aplicação e os Rabinos (que têm jurisdição exclusiva em assuntos de casamento e divórcio dos judeus) passaram a desencorajar um homem a casar-se com a viúva de seu irmão, pressionando-o pela liberação da viúva mediante o ritual da "remoção da sandália". Como consequência, visto que a viúva não pode casar-se com um estranho antes de ser formalmente recusada pelo cunhado, a provisão da "remoção da sandália", criada para benefício da viúva, tem-se tornado uma fonte de proveito para cunhados inescrupulosos que estabelecem seu preço pela sua cooperação na liberação da viúva.[60]

Ainda dentro da lei de família podemos considerar alguns aspectos quanto à questão de sucessão e herança. De um modo geral, a liderança era transmitida ao filho mais velho quando da morte do pai. No entanto, essa passagem não era automática, tendo de ser conferida pelo pai mediante uma benção especial (Gênesis 27:29,37). Porém, era permitido

[59] Deuteronômio 25:9-10 registra da seguinte forma o ritual de "remoção da sandália": "Nisso tem de aproximar-se dele a viúva de seu irmão, diante dos olhos dos anciãos, e ela tem de tirar-lhe a sandália do seu pé e cuspir-lhe na face, e tem de responder e dizer: 'Assim se deve fazer ao homem que não edificar a família de seu irmão'. E seu nome tem de ser chamado em Israel: 'A casa daquele a quem se tirou a sandália'".

[60] TEDESCHI, G. *Studies in Israel Law*, p. 7.

ao pai a liberdade de escolher um filho mais novo como seu sucessor no caso de considerar o mais velho indigno para a função.

Com respeito a partilha da herança, Deuteronômio 21:17-17 determinava que o primogênito tinha Direito a duas partes de tudo que o pai possuísse, sendo o restante dividido em partes iguais com os demais filhos, incluindo, inclusive, os filhos das concubinas conforme indicado em Gênesis 25:5-6. Na ausência de filhos homens, as filhas passavam a ter direitos sobre a herança desde que estivessem casadas com pessoas do próprio clã (Números 27:1-11; 36). No entanto, normalmente não possuíam direitos sobre qualquer parte das propriedades do pai de modo a evitar que parte dos bens de uma família se transferisse para outra família pelo casamento. Não existe na *Tanakh* qualquer menção a respeito do pai herdar os bens do filho na morte deste. Uma possível explicação é a de que enquanto o pai estivesse vivo, o filho não possuiria bens.[61]

5.4 Crimes e punições

A classificação de delitos como crimes, nesta apresentação sobre o Direito hebraico antigo, é puramente didática, visto que tanto na *Tanakh* como no *Talmud* não há termos correspondentes para *crime* e *Direito criminal*. Na verdade, a língua hebraica nem sequer possui um equivalente para o termo *crime*. Podemos considerar a ausência do termo *crime* na literatura bíblica como um reflexo de que no sistema jurídico hebraico antigo a verdade revelada de Deus é a única fonte para toda a legislação legal. Consequentemente, qualquer ato punível é um pecado e uma violação da vontade de Deus. Em substituição à palavra *crime*, encontramos equivalentes como pecado, transgressão e iniquidade.[62]

Pelo pensamento jurídico hebraico, a transgressão de qualquer lei é considerada uma ofensa séria, pois visto que toda lei judaica é proveniente de Deus e representa sua vontade, qualquer ato transgressor, seja contra pessoas ou contra o próprio Deus, é um ato de violação de uma lei divina. No entanto, os autores modernos sobre o Direito

---

[61] FALK, Z. W. *Hebrew Law in Biblical Times*, p. 174.

[62] GOLDIN, H. E. *Hebrew Criminal Law and Procedure*, p. 11-12.

hebraico antigo costumam classificar como crimes todas as infrações que acarretam uma punição seja corporal ou uma multa.

Segundo Hyman E. Goldin, as autoridades talmúdicas afirmam que a Lei Mosaica contém seiscentos e treze mandamentos, sendo duzentos e quarenta e oito mandatórios, isto é, estabelecem a execução de determinados atos como compulsórios. Os restante trezentos e sessenta e cinco são proibitivos, isto é, proíbem a execução de determinados atos.

No entanto, para a lei mosaica, todos os atos, sejam proibitivos ou mandatórios, são considerados pecados contra Deus. A distinção consiste apenas em relação à punição pela sua violação. No caso de um ato de violação de uma lei mandatória, a punição fica por conta de Deus e costuma ser classificada como não sendo crime, mas apenas a violação de um dever religioso. Por outro lado, a transgressão de uma lei proibitiva acarreta uma punição estabelecida por um tribunal de justiça.

Da mesma forma que nas civilizações antigas como as cidades de Babilônia e Hititas, a sociedade patriarcal judaica era baseada no princípio de responsabilidade coletiva. No entanto, enquanto na Babilônia o princípio do talião era aplicado não somente ao criminoso, mas também aos seus dependentes, os tribunais hebraicos não puniam os ascendentes e descendentes conforme estabelecido pela lei mosaica (Deuteronômio 24:16; 2 Reis 14:6).

A partir do conceito de responsabilidade vicária do *pater familias*, encontramos registros de outros tipos de responsabilidades como a do marido para com os votos de sua mulher (Números 30:16) e a do pai pela prostituição de sua filha (Levítico 21:19). Animais podiam receber punição por algum ato tido como criminoso (Levítico 2):15-16; Êxodo 21:28-32).

A lei hebraica distinguia entre crime voluntário e involuntário (Êxodo 21:13-14). Para o caso de um crime involuntário era suficiente uma expiação pelo ato (Números 15:27-31) e para os casos de uma morte involuntária havia as cidades de refúgio (Números 35:11).

Considerando a dificuldade em se estabelecer uma classificação de crimes no sistema legal hebraico, devido a não existência da noção de crime conforme encontramos no Direito moderno, costuma-se classificar os crimes, não pelo ato em si, mas pela sua forma de punição. Uma classificação usual baseia-se segundo os tipos de punições encontrados no sistema de leis mosaicas e que relacionamos a seguir.[63]

1. Crimes puníveis com morte.
2. Crimes puníveis pelo karet, eliminação.
3. Crimes puníveis pelo banimento.
4. Crimes puníveis pela flagelação.[64]
5. Crimes puníveis pela *lex talionis*.
6. Crimes puníveis com pagamento de multa.
7. Crimes puníveis pela escravidão penal.

Após o exílio na Babilônia, Esdras obteve permissão de Artaxerxes, rei da Babilônia, para retornar com alguns judeus para a antiga Judeia e formar um novo estado. No documento dado pelo rei a Esdras encontra-se a menção de quatro métodos de punição: morte, banimento, confiscação dos bens e prisão (Esdras 7:26).

A aplicação da pena de morte era deixada à discrição do resgatador de sangue, enquanto que para crimes públicos a forma mais usual era o apedrejamento, embora em alguns casos as pessoas pudessem ser queimadas pelo fogo (Gênesis 38:24; Levítico 20:14; 21:9) ou executadas pela espada (Deuteronômio 13:16). Flagelação era a penalidade para as ofensas mais simples, tais como uma briga entre duas pessoas (Deuteronômio 25:1-3)[65]. O pagamento de multas era bastante limitado na lei mosaica e restringia-se mais a uma compensação em casos de roubo (Êxodo 22:1; 2 Samuel 12:6). No entanto, foi ampliado para confiscação de bens após o retorno de Babilônia conforme a carta de Artaxerxes para Esdras e registrado em Esdras 7:26.

---

[63] Classificação conforme encontrada em *Hebrew Criminal Law de and Procedure* p. 14-15 de Hyman E. Goldin. Israel Drapkin em seu livro *Crime and Punishment in the Ancient World,* p. 60, apresenta a mesma classificação, porém se baseia na obra de H. E. Goldin. Ze'ev Falk considera apenas cinco formas de punição em seu livro *Hebrew Law in Biblical Times* p. 73-75: morte, flagelação, prisão, pagamento de multa, banimento.

[64] A flagelação não é expressamente mencionada na Lei Mosaica, porém ocorre uma única vez em um texto bíblico (Deuteronômio 25:1-3).

[65] Conforme já mencionado, esta é a única passagem em que se menciona explicitamente a flagelação.

O tipo de prisão é uma forma de punição discutível. Acredita-se que a prisão mencionada na lei mosaica (Levítico 24:12) era uma detenção e não uma punição. A prisão como punição foi introduzida após o exílio da Babilônia e introduzida como um costume persa.[66]

6. CONCLUSÃO

Não é uma tarefa fácil sumariar o sistema jurídico de uma civilização antiga que abrangeu um período de vinte séculos e apresentou vários tipos de organizações políticas, restringindo-se a uma única fonte. No entanto, foi justamente isso que se procurou fazer nestas pouco mais de vinte páginas. Naturalmente, muita coisa ficou de fora e o que foi incluído nem sempre o foi com a devida precisão. Nesta conclusão procuraremos destacar algumas das principais características do Direito hebraico antigo.

A principal característica do Direito hebraico antigo era seu caráter religioso em função das várias características apresentadas: a lei era o resultado de um pacto entre Deus e uma nação; a sociedade patriarcal, as funções religiosas e legais se concentravam na figura do chefe da família; Moisés e os juízes eram líderes religiosos e funcionários legais; os reis desempenhavam um papel religioso e legal; os tribunais apresentavam uma fusão da lei e da religião; atribuía-se uma intervenção divina em muitos dos julgamentos. Conforme Ze'ev Falk "isto não significa que Direito e religião eram a mesma coisa, mas que possuíam uma norma básica comum"[67].

Mesmo na monarquia, com a centralização da justiça, o rei não adquiriu o *status* de divino, sendo visto apenas como alguém nomeado por Deus e funcionando como seu intermediário. Embora considerados como comissionados por Deus para administrar a justiça, os reis israelitas, pelo menos em teoria, não eram legisladores e estavam submissos à lei.

Na administração da justiça atribuía-se um papel importante à intervenção divina no processo judicial mediante um sistema de ordálias, sendo, talvez, o de lançar à sorte a mais importante.

---

66 FALK, Z. W. *Hebrew Law in Biblical Times*, p. 74.

67 *Hebrew Law in Biblical Times*, p. 182.

O conceito de crime difere do conceito moderno, isto porque a transgressão de qualquer lei era considerada uma ofensa séria devido ao princípio de que toda a lei era proveniente de Deus e representava sua vontade. Portanto, qualquer transgressão, fosse contra pessoas ou contra o próprio Deus, era um ato de violação de uma lei divina. Como resultado desse princípio, o sequestro era um crime punível com a morte, enquanto a violação de direitos de propriedade não era considerada uma ofensa séria. Embora a lei do talião seja um elemento importante na lei bíblica, podia ser compensada pelo pagamento de um resgate. Quanto às punições, uma particularidade da lei bíblica era a predominância da pena capital. Para ofensas menores podia ser aplicada uma punição corporal e, em algumas ocasiões, a maldição era um tipo de sanção associada com a crença de terríveis consequências.

As leis referentes à família, casamento, divórcio, sucessão estavam fundamentadas na sociedade patriarcal e na proteção da propriedade do grupo familiar, procurando sempre evitar a divisão e a transferência de seus bens para outro grupo familiar.

Finalmente, ao despendermos um esforço considerável estudando textos antigos de uma civilização antiga, sobre um sistema jurídico antigo, parece-nos apropriado fazermos a mesma pergunta expressa em Deuteronômio 6:20: "Caso teu filho te pergunte num dia futuro, dizendo: 'Que significam os testemunhos, e os regulamentos, e as decisões judiciais que Jeová, nosso Deus, vos ordenou?'" Como decidimos, no início deste capítulo, deixar Deus fora dessa jurisdição, a resposta a essa pergunta deve ser procurada nos objetivos e necessidades de um estudante de Direito antigo e considerando o Direito hebraico antigo como a tradição legal de um povo antigo que teve um profundo impacto na civilização ocidental. O valor em se estudar qualquer cultura antiga reside no enriquecimento ao entendimento do poder criativo do espírito humano. Particularmente o estudo do Direito hebraico antigo é recompensador porque é um estudo das raízes da moderna civilização ocidental e pela grande influência que tem exercido por meio da religião; seu entendimento deveria fazer parte da cultura jurídica de todo profissional do Direito. O decálogo (dez mandamentos), registrado em Êxodo 20:2-17, tornou-se o fundamento moral e legal da civilização ocidental.

Finalmente, embora em nosso estudo sobre Direito hebraico antigo tenhamos deixado Deus fora dessa jurisdição, não podemos deixar de reconhecer o comentário de Israel Drapkin sobre o que ele considera ser o grande legado do Israel antigo. Em seu estudo "The Ancient Hebrew Criminal Law", Drapkin cita a Mesopotâmia com tendo desenvolvido o sistema de irrigação, a Suméria forneceu a roda e a escrita cuneiforme, o Egito construiu grandes cidades e monumentos formidáveis e a Cananeia o alfabeto. Ele faz, então, a pergunta: "Qual a contribuição dos judeus?" Sua resposta é que, se por um lado eles não construíram pirâmides, estátuas, ídolos, ou representações de Deus em pedra ou madeira, por outro lado, legaram ao mundo o conceito de um Deus invisível, intangível e que se relaciona com a humanidade mediante um sistema de leis. Sua crença monoteística em um Deus difundiu-se para outras grandes religiões monoteísticas e é esse conceito de monoteísmo que parece transcender em importância as contribuições de outras civilizações.[68]

7. REFERÊNCIAS BIBLIOGRÁFICAS

ALT, A. "The Origins of Israelite Law." *In Essays on Old Testament History and Religion*, p. 101-171. New York: Anchor Books, 1953/1968. Traduzido por R. A. Wilson.

ALTER, R. A. Introdução ao Antigo Testamento. *In* ALTER, R. A. & F. KERMODE. *Guia Literário da Bíblia.* São Paulo: UNESP, p. 23-48.

BARRERA, J. T. *A Bíblia judaica e a Bíblia cristã.* Petrópolis: Vozes, 1999. Tradução de Ramiro Mincato do original *La Biblia judía y la Biblia cristian: Introducción a la historia da Biblia.*

BEALL, T.; BANKS, W.; SMITH, C. *Old Testament parsing guide.* Nashville: Broadman & Holman, 1984/2000.

BEEK, M. A. *História de Israel.* Rio de Janeiro: Zahar Editores, 1967. Tradução de Jorge E. M. Fortes da edição inglesa *A short history of Israel, from Abraham to Bar Kochba.*

BLENKINSOPP, J. *Isaiah 1-39.* The Anchor Bible. New York: Doubleday, 2000.

BRIGTH, John. *História de Israel.* São Paulo: Paulus, 2003. Tradução de Luiz Alexandre S. Rossi e Eliane Cavalhere S. Rossi do original *A history of Israel.*

[68] DRAPKIN, I. "The Ancient Hebrew Criminal Law" *in Crime and Punishment in the Ancient World*, p. 53.

BROWN, F.; DRIVER, S. R.; BRIGGS, C. A. (eds.) *A Hebrew and English lexicon of the Old Testament.* Based on the lexicon of William Gesenius and translated by Edward Robinson. Oxford: Oxford University Press, 1906/1951.

CHESTERTON, G. K. The hammer of God. *In Father Brown – Selected Stories*. Hertfordshire: Wordsworth, 1992, p. 79-92.

CHESTERTON, G. K. The hammer of God. *In The innocence of Father Brown.* Middlesex: Penguin, 1911/1971, p. 173-192.

DRAPKIHN, I. *Crime and punishment in the ancient world.* Massachusetts: Lexington Books, 1989. Particularmente o capítulo 4 "The ancient Hebrew criminal Law", páginas 45-83.

ELLIGER, K. & W. RUDOLF (eds.) *Biblia Hebraica Stuttgartensia.* Stuttgart: Deutsche Biblegesellschaft, 1969/1997.

FALK, Z. E. *Hebrew law in biblical times.* Provo: Brigham Young University Press, 2001.

FARIA FRANCISCO, E. *Manual da Bíblia Hebraica.* São Paulo: Vida Nova, 2005.

FORSYTH, W. *The history of lawyers.* Union: The Lawbook Exchange, 1875/1988.

GABEL, J. B. & C. B. WHEELER. *A Bíblia como literatura.* São Paulo: Loyola, 2003. Traduzido por Adail U. Sobral e Mana S. Gonçalves.

GIGLIO, Auro del. *Iniciação ao Talmud.* São Paulo: Sefer, 2003.

GOLDIN, H. E. *Hebrew criminal law and procedure.* New York: Twayne Publishers, 1952.

HOLLADAY, W. L. *A concise Hebrew and Aramaic lexicon of the Old Testament.* Grand Rapids: Eerdmans, 1971/1988.

IVES, G. *A history of penal methods.* Montclair: Patterson Smith, 1914/1970.

JPS. *Hebrew-English Tanakh.* Philadelphia: The Jewish Publication Society, 2000.

KITTEL, R. (ed.) *Biblia Hebraica.* Stuttgart: Wurttembergische Bibelanstalt, 1937/1971.

KONINGS, J. *A Bíblia nas suas origens e hoje.* Petrópolis: Vozes, 2003.

Leningrad Codex, The. A Facsimile Edition. Grand Rapids: Eerdmans, 1998. Edição facsimile do Códice de Leningrado, texto hebraico massorético do início do século XI.

MAINE, H. S. *Ancient law.* Boston: Beacon Press, 1861/1963.

MERRIL, E. H. *História de Israel no Antigo Testamento.* Rio de Janeiro: Casa Publicadora das Assembleias de Deus, 2001. Tradução de Romell S. Carneiro do original *Kingdom of Priests.*

PATRICK, D. *Old Testament law*. Atlanta: John Knox Press, 1984.

SÁENZ-BADILLOS, Angel. *A history of the Hebrew language*. Cambridge: Cambridge University Press, 1988/2003. Traduzido do espanhol por John Elwolde.

SCOTT, R. W. *New look at biblical crime.* New York: Dorset Press, 1979.

SNAITH, N. (ed.) *Hebrew Old Testament.* London: The British and Foreign Bible Society, 1958.

Toda a Escritura é Inspirada por Deus e Proveitosa. Brooklyn: Watch Tower Bible and Tract Society of Pennsylvania, 1963/1990.

STEINSALTZ, A. *The essential Talmud.* New York: Basic Books, 1984.

STRACK, H. L. *Introduction to the Talmud and Midrash.* Augsburg Fortress Publishers, 1992.

TEDESCHI, G. *Studies in Israel Law.* Jerusalem, The Hebrew University Students Press, 1960.

ZANE, J. M. *The story of law.* New York: Ives Washburn Publisher, 1927.

Capítulo 4

O DIREITO GREGO ANTIGO

Raquel de Souza Franzine [1]

SUMÁRIO: 1. Introdução. 2. A escrita grega. 3. A lei grega escrita como instrumento de poder. 4. O Direito grego antigo. 5. A retórica grega como instrumento de persuasão jurídica. 6. As instituições gregas. 7. Conclusão. 8. Referências bibliográficas.

1. INTRODUÇÃO

Quando se discute a Grécia antiga, é comum dividir sua história em vários períodos: o *arcaico* – do oitavo ao sexto século a.C., quando se iniciam as Guerras Pérsicas; *o clássico* – quinto e quarto séculos a.C.; *o helenístico* – desde Alexandre Magno até a conquista romana do Mediterrâneo oriental; *o romano* – fixado a partir da derrota de Antônio e Cleópatra por Augusto. Para o estudo do Direito grego é particularmente interessante o período que se inicia com o aparecimento da pólis, meados do século VIII a.C., e vai até o seu desaparecimento e surgimento dos reinos helenísticos no século III a.C. Esse período de cinco séculos corresponde aos convencionalmente denominados época arcaica (776 a 480 a.C., datas dos primeiros Jogos Olímpicos e batalha de Salamina, respectivamente) e período clássico (quinto e quarto séculos a.C.). Um aspecto adicional, de qualquer estudo sobre a Grécia, é que Atenas costuma ser utilizada como paradigma e não outras cidades gregas também importantes, como Esparta, Tebas ou

---

[1] Advogada. Mestre em Direito Penal pela UNISUL (SC).

Corinto. Neste aspecto, é reveladora a observação feita no posfácio do livro *O mundo de Atenas*,[2] que tem Peter Jones como organizador:

> Este livro foi deslavadamente atenocêntrico porque Atenas *era a pólis* mais importante e não porque sobre ela chegou até nós maior número de dados que sobre qualquer outra *pólis* da época. A tentação de vermos tudo através de lentes atenienses é irresistível.

O estudo do Direito na Grécia antiga não é exceção. Além de ser a pólis da qual mais se tem informações (*Aristófanes*, oradores áticos, historiadores e a *Constituição de Atenas* de *Aristóteles*), Atenas foi onde a democracia melhor se desenvolveu e o Direito atingiu sua mais perfeita forma quanto a legislação e processo. É comum utilizar Direito grego e Direito ateniense como sinônimos. No entanto, deve-se ter em mente que nem sempre são a mesma coisa, e não se pode falar de Direito grego no sentido de sistema único e abrangendo todas as pólis. Aqui, novamente, Esparta é a grande exceção.

A época arcaica é um período de transformações e se caracteriza por certo número de criações e inovações. Um dos fenômenos mais característicos dessa época foi o da colonização, prática que continuou até o período helenístico. Seja por motivos de excesso de população, secas ou chuvas em demasia, sempre que a pólis tinha dificuldade em alimentar a população, decidia pelo envio de uma parte para outro lugar, com o objetivo de fundar uma colônia, a qual denominavam *apokia* (residência distante). Foi dessa forma que os gregos se espalharam pelo Mediterrâneo.

Além de dispersarem os gregos geograficamente, essas colonizações estimularam o comércio e a indústria. As colônias precisavam realizar troca de mercadorias com o continente e também colocavam

---

2 JONES, Peter (Org.). *O mundo de Atenas*. Trad. *World of Athens*, editado por Press Syndicate of The University of Cambridge, 1984. São Paulo: Martins Fontes, 1997, p. 361. Este livro foi originariamente uma série de notas elaboradas para o *Reading greek* (Lendo grego), uma introdução ao grego antigo para principiantes adultos, produzido pela Joint Association of Classical Teacher's Greek Course de Cambridge.
Traduzido para o português, é uma das melhores fontes sobre a Grécia antiga. Para os estudiosos de latim e da história de Roma existe também o livro *The world of Rome*, não traduzido para o português, idealizado como suporte para o curso de latim *Reading latin* (Lendo Latim).

os gregos em contato com outros povos, os bárbaros, na visão dos gregos. Logo o comércio transformou-se em atividade autônoma e próspera, estimulando a indústria, principalmente a produção de cerâmica.

Com respeito às inovações do período arcaico, Paul Faure[3] apresenta cinco: (1) o armamento naval com as trirremes; (2) o armamento terrestre com os hoplitas; (3) o cavalo montado, substituindo os carros de guerra puxados por cavalos; (4) a moeda e (5) o alfabeto. Desses, interessa em particular os hoplitas, a moeda e o alfabeto, que será assunto dos tópicos seguintes.

A hoplitia, uma transformação de tática militar, retirou da aristocracia a hegemonia do poder militar, permitindo o acesso a maior número de cidadãos. Mesmo tendo o hoplita de custear seu equipamento, este ainda era mais barato que o custo de um cavalo, privilégio dos nobres. Segundo Paul Faure, "A nação em armas substitui os campeões, os heróis, os senhores da guerra. Todos os proprietários de um lote de terra, capazes de pagar seu equipamento, são de Direito e de fato remadores e hoplitas"[4].

Tendo aparecido na Lídia em meados do século VII a.C., a moeda foi logo adotada pelos gregos, contribuindo para incrementar o comércio e permitir a acumulação de riquezas. Com o aparecimento dos plutocratas como uma nova classe, a aristocracia perdeu o poder econômico, embora ainda mantivesse o poder político, que seria por ela controlado, contudo finalmente retirado com as reformas introduzidas pelos legisladores e tiranos.

A escrita surge como nova tecnologia, permitindo a codificação de leis e sua divulgação através de inscrições nos muros das cidades. Dessa forma, junto com as instituições democráticas que passaram a contar com a participação do povo, os aristocratas perdem também o monopólio da justiça.

Retirar o poder das mãos da aristocracia com leis escritas foi o papel dos legisladores. Coube-lhes compilar a tradição e os costumes, modificá-los e apresentar uma estrutura legal em forma de

---

3 FAURE, Paul; GAIGNEROT, Marie-Jeanne. *Guide grec antique*. Paris: Hachette, 1991, p. 72-76.

4 FAURE, Paul; GAIGNEROT, Marie-Jeanne. *Op. cit.*, p.73.

leis codificadas. O primeiro legislador de que se tem conhecimento é Zaleuco de Locros (por volta de 650 a.C.), figura lendária a quem é atribuído o primeiro código escrito de leis. Em seu livro *A Grécia antiga*,[5] José Ribeiro Ferreira cita Éforo e Diodoro como atribuindo a Zaleuco o mérito de ter "sido o primeiro a fixar penas determinadas para cada tipo de crime".

Tem-se a seguir Carondas, legislador de Catânia (cerca de 630 a.C.), e Licurgo, em Esparta. São de particular interesse dois legisladores atenienses: Drácon e Sólon. O primeiro (620 a.C.) fornece a Atenas seu primeiro código de leis, que ficou conhecido por sua severidade e cuja lei relativa ao homicídio foi mantida pela reforma de Sólon, sobrevivendo até nossos dias graças a uma inscrição em pedra.[6] Deve-se a Drácon a introdução de importante princípio do Direito penal: a distinção entre os diversos tipos de homicídio, diferenciando entre homicídio voluntário, homicídio involuntário e o homicídio em legítima defesa. Ao Areópago cabia julgar os homicídios voluntários; os demais tipos de homicídios eram julgados pelo tribunal dos Éfetas.

Sólon (594-593 a.C.) não só cria um código de leis, que alterou o código criado por Drácon, como também procede a uma reforma institucional, social e econômica. No campo econômico, Sólon reorganiza a agricultura, incentivando a cultura da oliveira e da vinha e ainda a exportação do azeite. No aspecto social, entre as várias medidas, são de particular interesse aquelas que obrigavam os pais a ensinarem um ofício aos filhos; caso contrário, estes ficariam desobrigados de os tratarem na velhice; a eliminação de hipotecas por dívidas e a libertação dos escravos pelas mesmas e a divisão da sociedade em classes societárias. Atrai também artífices estrangeiros com a promessa de concessão de cidadania. Com respeito às instituições, manteve os Arcontes, o Areópago e a Assembleia, mas com algumas alterações. Acredita-se que a *Boulê* (Conselho) tenha sido uma criação de Sólon, mas formada inicialmente por 400 pessoas e sendo um conselho paralelo ao Areópago. Uma criação importante e de grande repercussão

---

5 FERREIRA, José Ribeiro. *A Grécia antiga*. Lisboa: Edições 70, 1992, p. 64.

6 A inscrição da lei de Drácon, relativa ao homicídio, está reproduzida em *A selection of Greek historical inscriptions*, n. 86, de Meiggs-Lewis.

no Direito ateniense foi o tribunal da Heliaia. José Ribeiro Ferreira observa que esse tribunal, ao qual qualquer pessoa podia apelar das decisões dos tribunais, assegurava a ideia "de que a lei se encontrava acima do magistrado que tinha a cargo sua aplicação"[7].

Também é da época arcaica o aparecimento de tiranos, sendo comumente aceito o período de 640-630 a.C. De início, o termo *tirano* não tinha ainda o sentido pejorativo que apareceria em Atenas, no século V a.C., com o governo dos Trinta Tiranos (404 a.C.). Em Atenas, Pisístrato é o grande nome e aquele, após algumas tentativas, que estabelece a tirania de 546 a 510 a.C., comportando-se como déspota esclarecido. Seu período de tirania coincide com importante fase de desenvolvimento econômico para Atenas. São desse período as famosas moedas de prata com a imagem da coruja, símbolo da deusa protetora da cidade. Com respeito às instituições e leis, mantém o que Sólon tinha estabelecido. Outros tiranos importantes foram Periandro, em Corinto, no período de 590 a 560 a.C., e Policrato, tirano de Samos, entre 538 a 522 a.C.

Com a queda da tirania de Pisístrato em 510 a.C., o povo ateniense reage, não aceita a liderança de Iságoras e elege Clístenes, considerado, posteriormente, o pai da democracia grega. Clístenes atua como legislador, realizando verdadeira reforma e instaurando nova Constituição.

Com as guerras Pérsicas (490 e 489-479 a.C.) inicia-se o que se conhece como Era Clássica da Grécia. São figuras importantes, nesse período: Milcíades, com a vitória em Maratona; Temístocles, com a vitória naval de Salamina; Efialtes, que consegue retirar do Areópago a maioria dos poderes e, finalmente, Péricles, que estabelece a remuneração (mistoforia) para o tempo que se estivesse a serviço da pólis. Nessa época consolidam-se as principais instituições gregas: a Assembleia, o Conselho dos Quinhentos (*Boulê)* e os Tribunais da Heliaia. Pode-se ainda citar Creon, tristemente conhecido pelas comédias de Aristófanes.

Ao iniciar a Guerra do Peloponeso, por volta de 430 a.C., estima-se que Atenas tivesse cerca de 300 mil habitantes, dos quais de 30 a 40

---

7 FERREIRA, José Ribeiro. *A Grécia antiga.* Lisboa: Edições 70, 1992, p. 71.

mil eram cidadãos. Quanto aos escravos, estes eram de 100 a 150 mil, sendo este número razão de crítica por alguns historiadores, que veem em Atenas uma democracia escravagista. Independente das críticas, Atenas tinha atingido sua maioridade quanto à democracia e a tinha estendido a outras cidades gregas, principalmente depois da Confederação de Delos, embora, em alguns casos, à força. A Assembleia do Povo era a principal de suas instituições e era onde as decisões eram tomadas. Nas palavras de José Ribeiro Ferreira, "o *dêmos*, em vez de eleger homens encarregados de o governar, governava"[8].

2. A ESCRITA GREGA

Falando sobre o Direito grego em Atenas, Mário Curtis Giordani[9] menciona que os historiadores têm dado pouca importância a ele e cita Louis Gernet como reconhecendo "que o Direito grego foi durante muito tempo uma disciplina deserdada", novamente porque o Direito grego tem sido objeto de estudo mais por parte de (1) filósofos (que não se preocupavam muito com a verdade jurídica) e (2) de romanistas, que permaneciam fechados em suas categorias tradicionais.[10]

S. C. Todd, autor de importante livro sobre Direito grego (*The shape of athenian law – A forma da lei ateniense*), admite que "Direito é uma das poucas áreas de práticas sociais na qual os antigos gregos não tiveram influência significante nas sociedades subsequentes"[11].

Às duas razões citadas por Mário C. Giordani pode-se adicionar uma terceira: a de que a escrita grega surgiu e se desenvolveu ao longo da história da civilização grega, tendo atingido sua maturidade somente após o ocaso dessa civilização. Estivessem a escrita, os meios de escrita e a tecnologia de produção de livros em adiantado estágio quando a civilização grega atingiu seu auge, como aconteceu com a civilização romana, teríamos talvez outra história quanto ao Direito grego.

8 FERREIRA, José Ribeiro. *Op. cit.*, p. 124.

9 GIORDANI, Mário Curtis. *História da Grécia*: antiguidade clássica I. Petrópolis: Vozes, 1984, p. 197.

10 Essa parece ter sido a razão da posição tomada pelo Professor *Del Vecchio*, quanto ao Direito grego, em seu livro *Lições da filosofia do Direito*.

11 TODD, S. C. *The shape of athenian law*. New York: Clarendon Press – Oxford, 1995, p. 3.

Inicialmente, cabe lembrar que a língua (como expressão oral) e a escrita não são exatamente a mesma coisa. Pode parecer óbvio, mas tal obviedade é, muitas vezes, motivo de enganos.

Nem sempre a escrita foi tratada por língua, como tem sido a expressão oral, principalmente no século XX, e nem todos os filólogos estão de acordo com a igualdade das duas. No entanto, é importante ter em mente que a escrita é instrumento idealizado para a execução de tarefa que se pode desempenhar mais ou menos bem. Pode ser vista como tecnologia, assim como os meios de escrita (papiro, pergaminho, impressão) são tecnologias auxiliares. Atualmente pode parecer estranho falar-se da escrita como tecnologia por já estar assimilada em nossa cultura, mas é assim que é vista quando surge dentro de uma sociedade.

É também importante frisar que a escrita é sempre posterior à expressão oral, e hoje se concorda que ela não é uma transcrição exata da língua falada. Tem-se, inclusive, povos com língua falada, mas sem escrita.

Essas considerações iniciais sobre escrita são necessárias porque ela e o Direito estão intimamente relacionados. Pode-se afirmar que não há como ter um sistema jurídico plenamente estabelecido sem um sistema de escrita.

Este papel da escrita no Direito é discutido por Michael Gagarin, professor de Clássicos na Universidade do Texas, que publicou o livro sobre Direito na Grécia antiga intitulado *Early greek law* (Direito grego antigo). No primeiro capítulo do livro, Michael Gagarin discute o Direito na sociedade humana e sugere um modelo composto de três estágios para o desenvolvimento do Direito em uma sociedade: *pré-legal*, *proto-legal* e *legal*.[12] As definições dos três estágios são dadas a seguir:

> a) *Sociedade pré-legal*: A única característica reconhecível em uma sociedade deste tipo é de que não tem qualquer procedimento estabelecido para lidar com as disputas que surgem em seu meio. Uma pequena sociedade pode permanecer neste estágio por algum tempo, mas quando a densidade populacional atinge determinado ponto, haverá muitas pessoas que não se conhecem e passam a ter necessidade de um sistema de resolução de disputas.

12 GAGARIN, Michael. *Early greek law*. Berkeley: University of California Press, 1989, p. 8-12.

b) *Sociedade proto-legal*: Neste caso existem regras e procedimentos bem determinados para a administração de disputas. Durante este estágio não há distinções entre regras (padrões sociais) e leis (conectando ações específicas a conseqüências específicas). É um estágio intermediário entre o estágio *pré-legal* e um estágio *legal* mais rígido.

c) *Sociedade legal*: Esta é uma sociedade tal qual as de nossos dias atuais, sociedades que consideram determinados atos tão indesejáveis que justificam uma punição. Devido ao fato de que as leis de uma sociedade deste tipo regem a conduta de seus membros e associam atos com punições, normalmente *uma sociedade neste estágio requer uma forma de escrita desenvolvida.*

Como se vê, Direito e escrita estão relacionados, e não somente a escrita como tecnologia, mas também os meios de escrita, como tecnologias auxiliares, de forma a permitir a produção e a divulgação das leis.

Assim, para melhor entender o Direito grego, é apropriado aprofundar-se na história da escrita, particularmente porque Direito e escrita se confundem com a própria história da civilização grega.

Como expressão oral, a língua grega é uma língua indo-europeia. Logo após o III milênio a.C., as populações que falavam línguas indo-europeias começaram a mover-se em direção a outras regiões como a Gália, Bretanha, Germânia, Península Ibérica, Ucrânia Rússia, etc., onde acabaram fixando-se. Os aqueus foram um desses povos e se dirigiram para a Grécia (aproximadamente 2000 a.C.), onde sua língua indo-europeia tornar-se-ia o veículo da futura civilização Micênica.[13] Foram seguidos pelos jônios e pelos eólios, que formaram com os aqueus a primeira onda migratória, enquanto os dórios constituíram a segunda onda alguns séculos mais tarde (1200 a.C.). São essas as origens longínquas do grego antigo.

É aos aqueus que se deve, no Peloponeso, a civilização Micênica, que depois se estendeu até Creta, chegando ao fim com a chegada dos

[13] A escrita dos gregos durante a civilização micênica foi a linear B, uma escrita silábica, utilizada para *escrever* uma forma arcaica do grego nos séculos 16 a 13 a.C., muito antes de os gregos terem inventado a escrita alfabética. Essa escrita foi decifrada somente em 1952 por Michael Ventris, um arquiteto inglês. Antes disso, achava-se que a escrita linear B não fosse grego. John Chadwick, um colaborador de Ventris, tem escrito vários livros sobre a escrita linear B e entre eles *The decipherment of linear B* (O decifelramento da linear B), editado por Cambridge University Press.

dórios, que, por sua vez, expulsaram os aqueus. A Grécia conheceu nessa época uma multiplicidade de dialetos, dentre os quais distinguiram-se quatro: o dório, o arcárdio-cipriota, o eólio e o jônio-ático. As grandes obras de Atenas do século V a.C. foram escritas em dialeto ático, mas a *Odisseia*, datada do século VIII a.C., foi escrita em dialeto jônico.

Depois da destruição da civilização micênica no século XIII a.C., os gregos ignoraram a arte da escrita durante séculos. A tradição grega data a adoção do alfabeto fonético a partir da primeira olimpíada, ou seja, em 776 a.C., data esta aceita pela maioria dos arqueólogos e historiadores.

Os gregos adotaram uma versão do alfabeto semítico utilizado pelos fenícios, provavelmente porque estes utilizam a via marítima para o comércio e tinham contatos com os gregos. A maioria das letras gregas consonantais deriva seus valores da escrita semítica ancestral de maneira direta. No entanto, a grande contribuição dos gregos foi a criação de vogais, visto que as diferenças entre as vogais eram muito mais decisivas em grego que nas línguas semíticas. As palavras gregas amiúde começam com vogais.

Naturalmente, os gregos seguiram a prática semítica de escrever da direita para a esquerda, passaram ao estilo "a volta do boi", alternadamente da direita para a esquerda e da esquerda para a direita em linhas sucessivas, como os sulcos do arado, e evoluíram para a forma de escrita, ainda hoje empregada, da esquerda para a direita.[14]

Ao passar do silabário ao alfabeto fonético e com a criação de símbolos para as vogais, o grego exerceu um papel essencial na história da escrita. David R. Olson menciona que:

> (...) duas das revoluções culturais mais notáveis, e seguramente das mais estudadas – a da Grécia do V, IV e III séculos a.C., e a da Europa renascentista, que vai aproximadamente dos séculos XII ao XVII da nossa era – foram acompanhadas de mudanças drásticas no modo e na extensão com que se leu e escreveu, ou seja, na natureza e abrangência do uso da escrita.[15]

[14] SAMPSON, Geoffrey. *Sistemas de escrita*: tipologia, história e psicologia. São Paulo: Ática, 1996, p. 109.

[15] OLSON, David R. *O mundo no papel*: as implicações conceituais e cognitivas da leitura e da escrita. São Paulo: Ática, 1997, p. 61.

É famosa a declaração de Aristóteles em *De interpretatione*: "As palavras são símbolos ou signos de afeições ou impressões da alma; as palavras escritas são signos das palavras faladas"[16]. Essa declaração gerou o mal entendido de que a escrita seria uma mera transcrição da fala. Na verdade, a escrita é um modelo para a própria fala. Aprender a ler e escrever significa, em parte, ouvir e pensar a fala de uma nova forma.

Apesar de ter sido o berço da democracia, da filosofia, do teatro e da escrita alfabética fonética, a civilização grega tinha algumas características bastante particulares. Duas delas podem ter contribuído para o obscurecimento do Direito grego ao longo da história. A primeira é a recusa do grego em aceitar a profissionalização do Direito e da figura do advogado que, quando existia, não podia receber pagamento. A segunda é a de que preferia falar a escrever. Sobre a primeira se verá mais adiante; no entanto, quanto à segunda, parece até um paradoxo que o povo que inventou a escrita desse primazia à fala. Esse paradoxo é ainda mais reforçado pela sua alta produção literária. O historiador Moses Finley, em seu livro *Os gregos antigos*, chama a atenção para essa característica dos gregos:

> Os gregos preferiam falar e ouvir; a sua própria arquitectura é a de um povo que gostava de falar; não apenas os grandiosos teatros ao ar livre e os recintos de reuniões, mas também as mais características de todas as estruturas gregas, a stoá ou coluna tapada. Por cada pessoa que lia uma tragédia, havia dezenas de milhares que as conheciam por representação ou audição. O mesmo acontecia com a poesia lírica, composta habitualmente para execução pública (frequentemente por coros) em ocasiões festivas, quer casamentos, festas religiosas ou para celebrar um triunfo militar ou uma vitória nos Jogos. O mesmo se verificava ainda, embora dentro de um certo limite, em relação à prosa. Heródoto, por exemplo, fez leituras públicas da sua História. Os filósofos ensinavam mediante o discurso e a discussão. Platão exprimiu abertamente a sua desconfiança em relação aos livros: não podem ser inquiridos e, por conseguinte, as suas ideias estão fechadas à correcção ou ao maior aperfeiçoamento e, além disso, enfraquecem a memória (Fedro 274-8). O seu mestre Sócrates conseguiu a sua reputação apenas com uma longa vida de conversação, já que não escreveu uma só linha.[17]

---

16 ARISTÓTELES. De interpretatione. *The complete work of Aristotle*. Princeton University Press, v. I, p. 25.

17 FINLEY, Moses I. *Os gregos antigos*. Tradução para o português da edição inglesa *The ancient greeks*, de 1963. Lisboa: Edições 70, 1977, p. 82.

Os próprios escritos de Platão são na forma de diálogos, em que as suas ideias filosóficas são desenvolvidas através de discussões, utilizando pessoas e situações reais. Os escritores do século IV eram na sua maioria oradores e professores de retórica. Não por acaso, o Direito grego é, antes de tudo, um Direito retórico.

A característica dos gregos de dar preferência à fala em detrimento da escrita era também reforçada pelas dificuldades que a escrita ainda apresentava, mesmo no século V a.C., como a disponibilidade e custo do material para escrita e produção de obras para consumo. O próprio Mosés Finley reconhece tais dificuldades:

> O livro-códice mais cómodo, a que estamos habituados, assim como a folha de pergaminho mais suave (vellum), só apareceram muitos séculos depois. O leitor do rolo de papiros tinha poucas ajudas: não havia sinais de pontuação regular, os títulos e parágrafos eram irregulares mesmo nos textos literários, as palavras geralmente não estavam separadas. Todas as cópias eram escritas a mão e temos de supor que existiriam poucas de qualquer livro, num dado momento. Nos fins do século V, fala-se já de livrarias, mas o comércio teria de ser muito pequeno, com uma circulação sobretudo de base pessoal e não comercial.[18]

Em seu livro *The history and power of writing*[19] (A história e poder da escrita), Henri-Jean Martin confirma a situação da escrita e do livro na Grécia Antiga. Segundo ele, os gregos tiveram acesso ao papiro por volta do século VII a.C., a partir de Naucratis, um grande centro comercial utilizado por mercenários e mercadores gregos. No entanto, até meados do século IV a.C., os gregos não tinham acesso a um meio de escrita barato e acessível. O grego comum escrevia em qualquer lugar, ou coisa: cacos de louça, pele, couro, cerâmica, e tábuas de cera. A situação começou a mudar com a introdução em grande escala do papiro, depois do século IV a.C., como resultado do apoio dado por Ptolomeu I à exportação do papiro pelo Egito.

O grande passo seguinte no desenvolvimento de material para escrita foi o surgimento do pergaminho, devido à proibição de exportação do papiro pelo Egito, por Ptolomeu V. No entanto, o apogeu da

---

18 FINLEY, Moses. *Os gregos antigos*. Lisboa: Edições 70, 1977, p. 81.

19 MARTIN, Henri-Jean. *The history and power of writing*. Tradução para o inglês do original francês *Histoire et pouvoirs de l'écrit*, de 1988. Chicago: The University of Chicago Press, 1994, p. 46-52.

Grécia já tinha passado e Roma dominava. Henri-Jean Martin[20] menciona que a escrita, muito mais do que na Grécia, esteve onipresente em Roma desde o final da república.

Finalmente, o surgimento do códex (a obra é apresentada em páginas escritas nos dois lados e não em um lado só, na forma de um rolo contínuo) pode ser considerado a mais importante revolução do livro. Porém, já é o início do primeiro século de nossa era e Roma dominava totalmente.

3. A LEI GREGA ESCRITA COMO INSTRUMENTO DE PODER

Antes do século VII a.C., os gregos não tinham leis escritas porque a arte da escrita se perdera (escrita linear B) com o término do período Micênico. A escrita, conforme visto anteriormente, somente foi reaprendida pelos gregos no século VIII a.C. e um dos usos dessa nova arte foi a inscrição pública de leis. O que levou os gregos a utilizarem a nova tecnologia da escrita para escrever e publicar leis na forma de inscrições públicas tem sido motivo de controvérsias. A explicação até agora mais predominante tem sido a de que o povo grego, em determinado ponto da história (por volta do século VII a.C.), começou a exigir leis escritas para assegurar melhor justiça por parte dos juízes. Cristopher Carey, em seu livro *Trials from classical Athens* (Julgamentos da Atenas clássica), defende essa posição, provavelmente a mais antiga, de que "foi um desejo de colocar limites no exercício do poder por aqueles que detinham a autoridade"[21]. O propósito seria o de remover o conteúdo das leis do controle de um grupo restrito de pessoas e colocá-lo em lugar aberto, acessível a todos. As palavras de Teseu nas *Suplicantes* de *Eurípedes* (produzida por volta de 420 a.C.) têm sido utilizadas como apoio a essa posição: "Quando as leis são escritas, o pobre e o rico têm justiça igual".

No entanto, entre as objeções a essa teoria está a falta de evidência de que as leis, antes dos legisladores, estivessem sob controle exclusivo

---

[20] MARTIN, Henri-Jean. *The history and power of writing.* Chicago: The University of Chicago Press, 1994, p. 48.

[21] CAREY, Christopher. *Trials from classical Athens*. Londres: Routledge, 1997, p. 2-3.

de determinados grupos da sociedade. Uma coisa é grupos aristocráticos controlarem o processo judicial e outra é ter o controle do conhecimento das leis. A famosa queixa de Hesíodo sobre a injustiça dos reis refere-se à forma como a aplicavam, mas não sugere que as regras tradicionais fossem inacessíveis ou que reinvidicassem maior acessibilidade a elas.[22] É interessante que as maiores inovações introduzidas pelos legisladores, nas novas leis escritas, era com respeito ao processo, justamente o ponto da queixa de Hesíodo. Não há também evidências de que as leis escritas fossem mais justas do que as anteriores; as evidências são, principalmente, quanto à preocupação das novas leis em reformular o sistema judicial.

Uma versão mais recente, defendida por Michael Gagarin, é a da utilização da nova tecnologia, a escrita, pela cidade (pólis) como um instrumento de poder sobre o povo.[23] Gagarin argumentava que as leis escritas não colocaram em xeque e nem limitaram o poder de governantes e magistrados. Elas podem ter limitado a autonomia dos magistrados judiciais, mas o poder político absoluto continuava intocável. Embora mais tarde, como foi o caso de Atenas, as reformas introduzidas no sistema legal tenham aumentado o poder do povo, inicialmente as leis visavam beneficiar a pólis e dessa forma fortalecer o controle do grupo que dominava a cidade, fosse ele qual fosse, e, principalmente, as leis inicialmente eram essencialmente aristocráticas. Devem-se a Sólon (594 a.C.) as primeiras iniciativas de democratização das leis.

Outro ponto utilizado como argumento é de que, com o colapso da cultura micênica (por volta de 1200 a.C.), ocorreu uma mudança importante na sociedade grega: a transição do grande reino micênico para um menor, formado pelas cidades (pólis) independentes. Por volta de 750 a.C., as cidades estavam crescendo rapidamente e, com o aumento na prosperidade material e o crescimento populacional, passou a haver necessidade inevitável de maior controle pela cidade sobre a vida de seus habitantes.

---

22 HESÍODO. *Os trabalhos e os dias*. São Paulo: Iluminuras, p. 39.

23 GAGARIN, Michael. *Early greek law*. Berkeley: University of California Press, 1989, p. 121-141.

Com o crescimento das cidades, aumentavam as oportunidades de conflitos e consequentemente a necessidade de meios para sua solução pacífica. Como resposta às perturbações e agitações que se formavam, muitas cidades devem ter buscado na nova tecnologia da escrita uma forma de controle e persuasão. Embora já estivesse disponível por quase um século, a escrita somente foi utilizada em inscrições públicas para as primeiras leis por volta da metade do sétimo século antes de Cristo.

Gagarin acrescenta que mesmo as leis de Sólon, mais democráticas que as anteriores, aumentaram o controle da cidade sobre a vida dos habitantes. Como exemplos, tem-se o controle das atividades econômicas e a ideia de serviço político como obrigação de todo cidadão. Dessa forma, a promulgação de uma legislação escrita estabelecia a autoridade da cidade sobre seus habitantes. Evidentemente, a legislação escrita não era o único meio de fazer isso: temos o exemplo de Esparta que, de forma consciente, rejeitou o uso de leis escritas e aumentou o seu grau de controle sobre o sistema educacional para atingir similarmente uma autoridade forte sobre os cidadãos. Atenas e outras cidades optaram pelo uso da nova tecnologia, a escrita.

O entendimento de Gagarin está em harmonia com a explicação dada pela moderna teoria geral do processo para o surgimento da jurisdição em substituição à autotutela, onde "a justiça privada dá lugar à justiça pública em que o Estado, já suficientemente forte, impõe-se sobre os particulares e, prescindindo da voluntária submissão destes, impõe-lhes autoritativamente a sua solução para os conflitos de interesses. À atividade mediante a qual os juízes estatais examinam as pretensões e resolvem os conflitos dá-se o nome de *jurisdição*"[24].

Assim, as inscrições públicas das primeiras leis não fortaleceram determinadas formas de governo, democrático, aristocrático, oligárquico ou tirânico, mas reduziram as contendas entre os membros da pólis e, aumentando o alcance e a eficiência do sistema judiciário, apoiava e fortalecia o grupo, não importando qual deles estivesse no controle da cidade. Independente do tipo de governo, todas as cidades gregas começaram gradualmente a aumentar seu poder, às custas das

[24] Citado de CINTRA, A. C. de Araújo; GRINOVER, Ada Pellegrini; CÂNDIDO R. Dinamarco. *Teoria geral do processo*. São Paulo: Malheiros 1993, p. 23.

famílias e dos indivíduos. À medida que as cidades aumentavam em tamanho e complexidade, reconheciam a necessidade de um conjunto oficial de leis escritas, publicamente divulgadas, para confirmar sua autoridade e impor a ordem na vida de seus cidadãos. Não se discute aqui o bom ou mau uso desse exercício de poder, ou de se é justo ou injusto, mas apenas a sua razão social para o estabelecimento de leis escritas. Leis que serviriam não apenas ao interesse de algum grupo, ou partido político, mas de todos os cidadãos incorporados nessa instituição única, a cidade (pólis).

Além de Gagarin, mais recentemente outros especialistas em história da escrita e em Direito grego antigo têm reconhecido que as leis gregas antigas, principalmente as inscrições públicas em muros, demonstraram poder da cidade sobre o povo. Marcel Dettienne, em seu artigo *L'écriture et ses nouveaux objets intellectuels en Grèce*[25] (A escrita e seus novos objetos intelectuais na Grécia), desenvolve a ideia de que a escrita, nos povos antigos, além de sua complexidade intrínseca, estava confinada aos palácios e era privativa de especialistas letrados. Assim foi também com a escrita linear B do período Micênico, de uso restrito para atividades administrativas. Porém, com a nova escrita alfabética, mercadores, poetas, artesãos e o povo em geral, cada um a sua maneira, começaram a usar a escrita. Com os legisladores criando e codificando leis, a escrita muda de *status* e se torna "operador de publicidade". As leis escritas são tornadas públicas por meio de inscrições em pedra, mais afirmando do que informando. Assim se refere Marcel Dettienne: "Mas também afirmando uma vontade para agir, de transformar a vida pública, de impor novas práticas seja na intervenção da cidade nos crimes de sangue ou a obrigação para a assembleia de aceitar a vontade da maioria"[26]. Henri-Jean Martin faz referência a Marcel Dettienne e conclui: "Isto demonstra que a importância das inscrições públicas na cidade antiga era mais para assegurar uma presença do que para ser lida"[27].

---

25 DETTIENNE, Marcel. *Le savoir de l'écriture en Grèce ancienne* (Os saberes da escrita na Grécia antiga), sob a direção do próprio *Marcel Dettienne*.

26 DETTIENNE, Marcel. *Op. cit.*, p. 14.

27 MARTIN, Henri-Jean. *The history and power of writing.* Chicago: The University of Chicago Press, 1994, p. 47.

4. O DIREITO GREGO ANTIGO

Após o período Micênico, a Grécia atravessou um período denominado "era das trevas", que se estendeu de 1200 a 900 a.C. e, no começo de 900 a.C., os gregos não tinham leis oficiais ou sistemas formalizados de punição. Os assassinatos eram resolvidos pelos membros das famílias das vítimas, que buscavam e matavam o assassino, dando início a disputas sangrentas sem fim. Somente no meio do século VII a.C. estabeleceram os gregos suas primeiras leis codificadas e oficiais.

As fontes das leis escritas gregas dividem-se em duas categorias: fontes literárias e fontes epigráficas. Devido à característica democrática dos gregos, particularmente dos atenienses, de publicar documentos em forma pública e permanente (madeira, bronze e pedra), grande número dessas inscrições em pedra sobreviveram até os dias atuais e constituem as fontes epigráficas.[28] Quanto às fontes literárias temos uma classificação dada por S. C. Todd:[29] (i) discursos forenses dos dez oradores áticos;[30] (ii) monografias constitucionais;[31] (iii) filósofos do Direito;[32] e (iv) antiga e nova comédia.[33]

De modo geral, a tradição vê em Zaleuco o primeiro legislador que escreveu leis (cerca de 662 a.C.) em Locros, no sul da Itália. A primeira inscrição legal conhecida é a de Dreros em Creta, datada tentativamente para o meio ou segunda metade do sétimo século a.C. No meio do sexto século, muitas cidades gregas já tinham leis escritas, sendo Esparta a exceção.

---

28 Duas coletâneas de inscrições gregas são relativamente de fácil acesso: *A selection of Greek historical inscriptions* (Uma seleção de inscrições históricas gregas) editado por Russel Meiggs e David Lewis e *Greek historical inscriptions* (Inscrições gregas históricas), editado por Marcus N. Todd.

29 TODD, S. C. *The shape of Athenian law.* Oxford: Clarendon Press, 1995, p. 36-42.

30 Os dez oradores áticos são: Antífonas, Lísias, Isaeus, Isócrates, Demóstenes, Ésquino, Licurgo, Hipérides e Dinarco.

31 Todd inclui aqui a *Constituição de Atenas* de Aristóteles.

32 Todd se refere a Platão, em particular *As leis;* no entanto cita Teósfatos (c. 370-285 a.C.) de cuja obra somente se conhecem fragmentos e citações e que, na opinião de Todd, seria mais útil do que o trabalho de Platão.

33 O principal representante da velha comédia ateniense é Aristófanes, e Menandro para a nova comédia.

Os gregos não elaboraram tratados sobre o Direito, limitando-se apenas à tarefa de legislar (criação das leis) e administrar a justiça pela resolução de conflitos (Direito processual). Adicionalmente, devido à precariedade dos materiais de escrita utilizados na época (inscrições em pedra e madeira e textos escritos em papiro), um texto literário, filosófico ou lei escrita, somente chegaria aos nossos dias, não pela conservação do original, mas pelas contínuas transcrições e reproduções e até mesmo citações por autores posteriores. Assim aconteceu com os escritos dos filósofos e escritores gregos do passado e, mesmo assim, muita coisa se perdeu. Sabe-se que Sófocles escreveu 120 peças, porém somente dispomos de sete tragédias completas e fragmentos de outras. Tem-se conhecimento de que Aristóteles escreveu um segundo volume da *Poética* versando sobre a comédia, no entanto o original se perdeu e nenhuma cópia sobreviveu até nossos dias. Com o Direito grego aconteceu um processo diferente do tratamento dispensado à filosofia, literatura e história. Enquanto estes foram copiados, recopiados e constantemente citados, nada se fez com relação às leis gregas, não havendo compilações, cópias, comentários, mas pouquíssimas citações.[34] Ficaram apenas algumas fontes epigráficas e as menções feitas por escritores, filósofos e oradores. Douglas MacDowell, em seu livro *The law in classical Athens* (O Direito na Atenas clássica), menciona:

> Temos os textos de um número de leis (embora seja somente uma pequena proporção do total que deve ter existido), seja nas inscrições originais em pedra ou em citações nos discursos forenses que sobreviveram. Muito pouco destes textos são completos.[35]

---

[34] Uma compilação moderna de leis gregas antigas, com seu contexto histórico legal, foi publicada por Ilias Arnaoutogou sob o título *Ancient greek laws* (Leis gregas antigas). As leis apresentadas são classificadas em família (*oikos*) – casamento, divórcio, herança, adoção, ofensas sexuais e situações pessoais como cidadania, filhos, escravos, casamentos mistos; mercado ou praça pública (ágora) – comércio, finanças, vendas, aluguéis; Estado (pólis) – constituição, processo legislativo, deveres públicos, propriedades e dívidas, estabelecimento de colônias, construção, assuntos navais, relação entre cidades.

[35] MACDOWELL, Douglas. *The law in classical Athens*. New York: Cornell University Press, 1986, p. 54.

Uma forma utilizada para classificar as leis gregas é a adotada por Michael Gagarin,[36] categorizando-as em crimes (incluindo *tort*),[37] família, pública e processual.[38] A categoria denominada por crimes e *tort*, que aproximadamente corresponderia ao nosso Direito penal, inclui o homicídio que os gregos, já com Drácon (620 a.C.), diferenciavam entre voluntário, involuntário e em legítima defesa. A lei de homicídio de Drácon manteve-se em vigor até, pelo menos, o quarto século a.C. e uma inscrição fragmentada, datada de 409 a.C., sobreviveu até os dias de hoje.

Ainda na categoria de crimes e *tort* incluem-se: as leis estabelecidas por Zaleuco, que fixou penalidades para determinadas ofensas,[39] um embrião de nosso moderno Direito penal; as leis de Carondas, que também estabeleciam penalidades para vários tipos de assaltos; as leis de Sólon, que previam uma multa para estupro, penalidades específicas para roubo, dependendo dos bens roubados, e penalidades para difamação e calúnia.

Classificadas como família, encontramos leis sobre casamento, sucessão, herança, adoção, legitimidade de filhos, escravos, cidadania, comportamento das mulheres em público, etc., e nesse caso a informação é mais abundante do que no caso das leis da categoria crimes e *tort*.

Como leis públicas temos as que regulam as atividades e deveres políticos dos cidadãos, as atividades religiosas, a economia (regulamentando as práticas de comércio), finanças, vendas, aluguéis, o processo legislativo, relação entre cidades, construção de navios, dívidas, etc.

Algo notável no Direito grego era a clara distinção entre lei substantiva e lei processual. Enquanto a primeira é o próprio fim que a

---

36 GAGARIN, Michael. *Op. cit.*, p. 63.

37 *Tort*: palavra inglesa que significa agravo, dano, delito de natureza civil. *Tort* ocorre quando alguém causa dano a outro ou à sua propriedade. Homicídio é incluído nessa categoria.

38 Um dos mais completos livros sobre o Direito grego antigo é o de A. R. Harrison, *The law of Athens* (O Direito de Atenas), em dois volumes. O primeiro volume trata do Direito relativo à família e à propriedade e o segundo volume trata do Direito processual ateniense.

39 A menção de que Zaleuco fixou penas para determinadas ofensa é atribuída a Éforos, conforme um fragmento de sua obra sobre a história do mundo antigo.

administração da justiça busca, a lei processual trata dos meios e dos instrumentos pelos quais o fim deve ser atingido, regulando a conduta e as relações dos tribunais e dos litigantes com respeito à litigação em si, enquanto que a primeira determina a conduta e as relações com respeito aos assuntos litigados.

Não é casual dispormos de considerável informação a respeito das leis processuais na Grécia antiga. A importância dada pelos gregos à parte processual do Direito é evidenciada por Aristóteles em sua *Constituição de Atenas* quando, ao se referir às três mais populares reformas democráticas de Sólon, declara:

> Ao que parece estas três constituem as medidas mais populares do regime de Sólon: primeiro, e a mais importante, a proibição de se dar empréstimos incidindo sobre as pessoas; em seguida, a possibilidade, a quem se dispusesse, de reclamar reparação pelos injustiçados; e terceiro, o Direito de apelo aos tribunais, disposição esta referida como a que mais fortaleceu a multidão, pois quando o povo se assenhoreia dos votos, assenhoreia-se do governo.[40]

As duas últimas medidas de Sólon, citadas por Aristóteles, são claramente relacionadas com a operação do processo legal de Atenas, ou seja, eram leis processuais, enquanto que a primeira tratava-se de lei econômica e social, podendo ser classificada como lei pública.

Um exemplo significativo de quão evoluído era o Direito processual grego é encontrado no estudo dos árbitros públicos e privados.[41] Trata-se aqui de duas práticas que se tornaram comuns, no Direito grego, como alternativas a um processo judicial normal: a arbitragem privada e a arbitragem pública. A arbitragem privada era um meio alternativo mais simples e mais rápido, realizado fora do tribunal, de se resolver um litígio, sendo arranjada pelas partes envolvidas que

[40] ARISTÓTELES. *A Constituição de Atenas*, IX, 1.

[41] Nos últimos anos, três obras relacionadas com o Direito grego antigo dedicaram maior atenção à prática da arbitragem entre os gregos, reconhecendo na arbitragem privada uma forma de mediação: *Policing Athens*: social control in attic lawsuits, 430-420 b.C. (Policiando Atenas: controle social nos tribunais áticos, 430-420 a.C.) de *Virginia Hunter*, publicado em 1994; *The forensic stage*: settling disputes in graeco-roman new comedy (O estágio forense: resolvendo disputas na nova comédia grego-romana) de Adele Scafuro, publicado em 1997; *The world of Prometheus*: the politics of punishing in *democratic Athens* (O mundo de Prometeu: a política de punição na Atenas democrática) de Danielle Allen, publicado em 2000.

escolhiam os árbitros entre pessoas conhecidas e de confiança. Nesse caso o árbitro (ou árbitros) não emitia um julgamento, mas procurava obter um acordo, ou conciliação, entre as partes. Segundo Aristóteles,[42] o árbitro buscava a equidade e não simplesmente o cumprimento de uma lei codificada. A arbitragem privada corresponderia, portanto, a nossa moderna mediação.

Por outro lado, a arbitragem pública visava reduzir a carga dos *dikastas*, sendo utilizada nos estágios preliminares do processo de alguns tipos de ações legais. Nesse caso, o árbitro era designado pelo magistrado e tinha como principal característica a emissão de um julgamento, correspondendo à moderna arbitragem.[43]

Embora os gregos não estabelecessem diferença explícita entre Direito privado e público, civil e penal, é no Direito processual que se encontra uma diferenciação quanto à forma de mover uma ação: a ação pública (*graphé)* e a ação privada (*diké*). A ação pública podia ser iniciada por qualquer cidadão que se considerasse prejudicado pelo Estado, por exemplo, por ação corrupta de funcionário público. A ação privada era um debate judiciário entre dois ou mais litigantes, reivindicando um Direito ou contestando uma ação, e somente as partes envolvidas podiam dar início à ação.

Exemplos de ações privadas (*diké*) são: assassinato (*diké phonou*); perjúrio (*diké pseudomartyrion*); propriedade (*diké blabes*); assalto (*diké aikias*); ação envolvendo violência sexual (*diké biaion)*; ilegalidade (*diké paranomon*); roubo (*dike klopes)*.

Exemplos de ações públicas (*graphé)*: contra oficial que se recusa a prestar contas (*graphé alogiou*); por impiedade (*graphé asebeias*); contra oficial por aceitar suborno (*graphé doron*); contra estrangeiro pretendendo ser cidadão (*graphé xenias*); contra o que propôs um

---

42 Em sua obra *Arte da retórica*, livro I, capítulo XIII (1374b), Aristóteles, estabelece um importante conceito jurídico que se tornou um brocardo grego: "porque o árbitro considera a equidade, e o juiz, a lei".

43 Segundo Adele Scafuro, em *The forensic stage*, p. 122, a melhor maneira de distinguir arbitragem privada (mediação, reconciliação) de arbitragem pública é que no primeiro temos um compromisso proposto e aceito; no segundo, um veredicto imposto.

decreto ilegal (*graphé paranomon*); por registrar falsamente alguém como devedor do Estado (*graphé pseudengraphes*).

5. A RETÓRICA GREGA COMO INSTRUMENTO DE PERSUASÃO JURÍDICA

Em *A cidade grega*, Gustave Glotz chama a atenção ao que considera característica do individualismo grego aplicado ao Direito: "Não há magistrado que inicie um processo, não há ministério público que sustente a causa da sociedade. Em princípio, cabe à pessoa lesada ou a seu representante legal intentar o processo, fazer a citação, tomar a palavra na audiência, sem auxílio de advogado"[44].

Steven Johnstone inicia seu livro *Disputes and democracy*: the consequences of litigation in ancient Athens (Disputas e democracia: as consequências da litigação na Atenas antiga), declarando:

> A lei ateniense era essencialmente retórica. Não havia advogados, juízes, promotores públicos, apenas dois litigantes dirigindo-se a centenas de jurados. Este livro analisa as maneiras como os litigantes procuravam persuadi-los.[45]

Essas duas declarações sobre a ausência, no Direito grego, de juízes, promotores e advogados, pelo menos na forma como os conhecemos hoje, ajudam a entender porque os gregos não influenciaram as sociedades subsequentes no aspecto do Direito. É S.C. Todd quem talvez esclareça os motivos que levaram os gregos a conservarem o Direito nas mãos de amadores: "Um dos mais notórios aspectos da administração da justiça na Inglaterra de nossos dias é o seu alto custo. (...) A lei inglesa é cara porque é profissional"[46]. Mais adiante, referindo-se ao Direito em Atenas, acrescenta:

> Em Atenas, contudo, a administração da justiça foi mantida, tanto quanto possível, nas mãos de amadores, com o efeito (e talvez também o objetivo) de permanecer barata e rápida. Todos os julgamentos eram aparentemente completados em um dia, e os casos privados muito mais rápidos do que isto. Não era permitido advogado profissional; e embora a arte dos logógrafos

---

44 GLOTZ, Gustave. *A cidade grega*. (Tradução de *La cité grecque*, 1928). São Paulo: Difel, 1980, p. 191.

45 JOHNSTONE, Steve. *Dispute and democracy*: the consequences of litigation in ancient Athens. Austin: University of Texas Press, 1999, p. 1.

46 TODD, S. C. *The shape of Athenian law*. Oxford: Clarendon Press, 1995, p. 77.

> tendesse, na prática, a burlar essa regra, nenhum litigante corria o risco de admitir que seu discurso era na realidade um discurso 'fantasma' feito por um orador profissional. O presidente da corte não era um profissional altamente remunerado, mas um oficial designado por sorteio.[47]

Douglas MacDowell vai mais além e atribui aos atenienses a invenção do júri popular:

> O Direito a um *julgamento* por um júri formado de cidadãos comuns (em vez de pessoas tendo alguma posição especial e conhecimento especializado) é comumente visto nos estados modernos como uma parte fundamental da democracia. Foi uma invenção de Atenas.[48]

É justamente nessa parte processual do Direito, formada por litigantes, *logógrafos* e júri popular, que se encontra a grande particularidade do Direito grego antigo: a retórica da persuasão. O assunto não é novo, apesar de somente nos últimos dez anos terem os especialistas voltado a atenção para a oratória grega forense e a análise pormenorizada dos discursos dos oradores áticos. Na introdução de seu livro sobre os discursos de Antífonas, Michael Gagarin faz a seguinte citação:

> Mas até o século dezenove houve pouco interesse na oratória ática como evidência do Direito ateniense – o Direito da Atenas clássica sendo de pouca relação aos romanos e juristas europeus posteriores, cujas próprias leis não foram influenciadas por ele – e só recentemente os escolares compreenderam o valor dos oradores para um estudo mais amplo da sociedade de Atenas.[49]

Em 1927, Robert Bonner, professor de grego da Universidade de Chicago, publicou um dos mais importantes livros sobre o Direito grego e as origens do advogado, intitulado *Lawyers and litigans in ancient Athens* (Advogados e litigantes na Atenas antiga).[50] Esse livro, junto com *The history of lawyers*: ancient and modern (A história dos advogados: antiga e moderna)[51] de William Forsyth, publicado

47 TODD, S. C. *The shape of Athenian law.* Oxford: Clarendon Press, 1995, p. 77-78.

48 MACDOWELL, Douglas M. *The law in classical Athens.* Cornell University Press, 1978, p. 34.

49 GAGARIN, Michael. *Antiphon*: the speeches. Cambridge: Cambridge University Press, 1997, p. 1-2.

50 BONNER, Robert J. *Lawyers and litigants in ancient Athens*. Chicago: The University of Chicago Press, 1927.

51 FORSYTH, William. *The history of lawyers*: ancient and modern. Boston: Estes & Lauriat, 1875.

originalmente em 1875, são, provavelmente, duas das melhores fontes sobre as origens e a história do advogado. Ambos conflitam com a afirmação de Michel Foucault sobre as origens do advogado em seu livro *A verdade e as formas jurídicas*.[52]

Já então Robert Bonner reconhecia a importância dos oradores áticos e de seus discursos como fonte de informação do Direito grego, a ponto de dedicar todo um capítulo à retórica forense e outro aos oradores áticos.

O Direito grego por meio de seus tribunais formados por um júri composto de cidadãos comuns, cujo número chegava a várias centenas, era atividade que fazia parte do dia a dia da maioria das cidades gregas. Os atenienses pleiteavam o crédito de terem sido os primeiros a estabelecer um processo regular jurídico, e tanto tinham razão que era reconhecido por Cícero.

Na sociedade moderna, a administração da justiça está nas mãos de profissionais especializados, os juízes. Na Atenas clássica, a situação era o reverso. A *heliaia* era o tribunal popular que julgava todas as causas, tanto públicas como privadas, à exceção dos crimes de sangue que ficavam sob a alçada do *areópago*. Os membros da *heliaia*, denominados *heliastas*, eram sorteados anualmente dentre os atenienses. O número total era de seis mil e, para julgar diferentes causas, eram sorteados novamente para evitar fraudes. O número de *heliastas* atuando como júri em um processo variava, mas atingia algumas centenas. Para permitir que o cidadão comum pudesse participar como *heliasta* sem prejuízo de sua atividade, recebiam um salário por dia de sessão de trabalho.

As sessões de trabalho para julgar os casos apresentados eram chamadas *dikasterias*, e as pessoas que compunham o júri eram referidas como *dikastas* em vez de *heliastas*. Os *dikastas* eram apenas cidadãos exercendo um serviço público oficial, e sua função se aproximava

52 Em *A verdade e as formas jurídicas*, Capítulo III, Michel Foucault analisa o Direito na Idade Média. Consciente ou inconscientemente, Foucault mistura fatos e características da Idade Média com a Grécia antiga. Nas páginas 59 a 61, fala das provas do tipo verbal e das fórmulas escritas para o acusado por uma terceira pessoa "que mais tarde se tornaria, na história do Direito, o advogado". Essa é justamente a situação que existia na Grécia antiga com os oradores áticos (logógrafos).

mais daquela de um jurado moderno. A decisão final do julgamento era dada por votação secreta, refletindo a vontade da maioria.

A apresentação do caso era feita por discurso contínuo de cada um dos litigantes,[53] interrompido somente para a apresentação de evidências de suporte, e era dirigido aos *dikastas*, cujo número poderia variar em algumas centenas, por exemplo 201 ou 501, por julgamento; o número total era sempre ímpar para evitar empate. A votação era feita imediatamente após a apresentação dos litigantes, sem deliberação. Não havia juiz: um magistrado presidia o julgamento, mas não interferia no processo.

Os litigantes dirigiam-se diretamente aos jurados por meio de um discurso, sendo algumas vezes suportados por amigos e parentes que apareciam como testemunhas. O julgamento resumia-se a um exercício de retórica e persuasão. Cabia ao litigante convencer a maior parte de jurados e para isso valia-se de todos os truques possíveis. O mais comum, e que passou a ser uma das grandes características do Direito grego, foi o uso de *logógrafos*, escritores profissionais de discursos forenses. Podemos considerá-los como um dos primeiros advogados da história. Sobre eles, William Forsyth menciona:

> As pessoas em Atenas que correspondem mais de perto a nossa ideia de advogado, não eram os oradores nos tribunais, mas aqueles que forneciam discursos para os clientes (logógrafos) para serem apresentados pelas partes em seu próprio benefício.[54]

Apesar de ser requerido por lei que os litigantes apresentassem seus próprios casos aos jurados, era difícil fazer cumprir essa lei, que aos poucos foi transformando-se em lei morta. O júri regularmente permitia que um parente, ou associado, auxiliasse um litigante. Alguns litigantes

---

53 Uma anedota é relatada por Plutarco, com respeito a Lísias, sobre a característica dos tribunais gregos de limitarem aos litigantes apenas um discurso. Consta que Lísias escreveu um discurso para um cliente e que este pegou o texto para aprendê-lo e poder recitá-lo no júri. Devolveu-o no dia seguinte, queixando-se que ao lê-lo pela primeira vez achou um discurso formidável, na segunda leitura começou a ter dúvidas e na terceira seus defeitos eram como golpes no rosto. Lísias, segundo Plutarco, replicou secamente que os *dikastas* iriam ouvir o discurso apenas uma vez (Relatado por S. C. Todd em *The shape of Athenian law*, p. 36-37).

54 FORSYTH, William. *The history of lawyers*: ancient and modern. Boston: Estes & Lauriat, 1875 (Reimpresso por The Lawbook Exchange, 1998), p. 22.

faziam uma breve introdução e solicitavam que um amigo os representassem. As solicitações dirigidas aos jurados para solicitar auxílio eram normalmente formais e perfunctórias. Robert Bonner exemplifica: "Eu tenho dito o que podia. Chamarei um de meus amigos se me permitem"[55]. Ainda segundo Bonner, as pessoas que prestavam auxílio, no início, eram recrutadas dentre os parentes de sangue ou por casamento, ou ainda dentre os amigos mais íntimos ou vizinhos. Pelos meados do quarto século a.C., a prática ficou firmemente estabelecida e os litigantes já não mais fingiam que a pessoa que prestava auxílio era na verdade um amigo e até mesmo um profissional.

Os logógrafos escreviam para seus clientes um discurso que este último deveria recitar como se fosse sua a autoria.[56] Eles suprimiam sua própria personalidade e escreviam um discurso que parecesse o mais natural possível para o litigante cliente e desse a impressão de ser extemporâneo. Além disso, o logógrafo não era um mero retórico. Devia ter considerável familiaridade com as leis e o processo. Bonner cita vários usos de agentes que utilizavam serviços de pessoas com domínio de leis de práticas jurídicas, como banqueiros, pessoas que emprestavam dinheiro, políticos e homens de negócios.[57]

A retórica dos logógrafos tornou-se um dos mais eficazes meios de persuasão[58] e tem sido discutida e analisada como uma das grandes fontes do Direito grego antigo. Em seu tratado, *Retórica,* Aristóteles diferencia três tipos de retórica: deliberativa, judiciária e epidítica. A retórica judiciária, segundo Aristóteles, visava ao júri e tratava de

---

55 BONNER, Robert J. *Lawyers and litigants in ancient Athens*. Chicago: The University of Chicago Press, 1927, p. 202.

56 Citação explícita a respeito da lei que proibia a utilização de advogados e que o uso de logógrafos era uma forma de burlar essa lei é encontrada em Quintiliano: "et tum maxime scribere litigatoribus, quae illi pro se ipsi dicerent, erat moris, atque ita iuri, quo non licebat pro altero agere, fraus adhibebatur" (Era uma prática usual naqueles dias [referindo-se ao período de Sócrates e Lísias] escrever discursos para as partes apresentarem no tribunal em seu próprio benefício, uma maneira de burlar a lei que proibia a utilização de advogados). QUINTILIANO. *Institutionis Oratoriae*, Liber II, XV, 30. Citado de *The Institutio Oratoria of Quintilian,* v. I, p. 315, edição Loeb Classical Library.

57 BONNER, Robert J. *Lawyers and litigants in ancient Athens*. Chicago: The University of Chicago Press, 1927, p. 214-215.

58 *The art of persuasion in Greece,* de G. Kennedy.

eventos passados.[59] Na linguagem de hoje, retórica é vista como sinônimo de empolação, discurso pomposo. No sentido grego original, significava orador e se referia à arte de dizer, da eloquência, e tinha como objetivo original persuadir com a força dos argumentos e com a conveniência da expressão.[60]

Os logógrafos gregos são classificados em dois grupos: predecessores e contemporâneos de Demóstenes. Os mais famosos, denominados "dez oradores áticos", são: Antífonas (440-380 a.C.), Lísias (450-380 a.C.), Isaeus (420-353 a.C.), Isócrates (436-338 a.C.), Demóstenes (384-323 a.C.), Ésquino (390-330 a.C.), Licurgo (390-324 a.C.), Hipérides (389-322 a.C.) e Dinarco (360 a.C.).

Tem-se ainda, no rol de personagens do sistema processual do Direito grego antigo, a figura do *sicofanta*,[61] um produto do próprio sistema que permitia e estimulava que qualquer cidadão grego iniciasse uma ação pública (*graphé*). O estímulo era dado por meio de leis que concediam percentuais, pagos ao acusador, sobre a quantia que o acusado deveria pagar ao Estado, principalmente quando se tratava de devolução ou reembolso no caso de administradores públicos. Os sicofantas passaram a viver desse expediente e tornaram-se uma classe temida e odiada na sociedade ateniense, adquirindo o nome um sentido pejorativo e tornando-se alvo de críticas e ridículo nas comédias de Aristófanes, particularmente em Pluto.

6. AS INSTITUIÇÕES GREGAS

Neste item serão vistas com mais detalhes as instituições gregas e sua organização, sendo que algumas características e nomes já apareceram nos capítulos anteriores. As instituições gregas, mais particularmente as de Atenas, podem ser classificadas em instituições políticas de governo da cidade e instituições relativas à administração da justiça, os tribunais. No primeiro grupo (governo da cidade), tem-se a Assembleia

[59] MEYER, Michel. *Histoire de la rhétorique des grecs a nos jours*. Paris: Librairie Générale Française, 1999, p. 47-55.

[60] CARLETTI, Amilcare. *Demóstenes*. São Paulo: Editora Universitária do Direito, 1995, p. 6.

[61] LOFBERG, J. O. *Sycophancy in Athens*. Wisconsin: George Banta Publishing Company.

do Povo (*Ekklêsia*), o Conselho (*Boulê*), a Comissão Permanente do Conselho (*prítanes)*, os estrategos e os magistrados (*arcontes* e secundários). O segundo grupo (administração da justiça) estava organizado em justiça criminal (o Areópago e os Efetas) e justiça civil (os árbitros, os heliastas e os juízes dos tribunais marítimos).

Os órgãos do governo

A *Assembleia* (*ekklêsia*) era composta por todos os cidadãos acima de 20 anos e de posse de seus direitos políticos. Dentre os 40 mil cidadãos de Atenas, de uma população de 300 mil, dificilmente se conseguia reunir mais de 6 mil, seja na praça pública (ágora), seja na colina da Pnice ou, já no quarto século, no grande teatro de Dionísio. De início não havia pagamento, mas, entre 425 e 392 a.C., os participantes recebiam um óbolo por sessão, depois dois, três e finalmente, em 325 a.C., seis óbolos.

A Assembleia constituía-se no órgão de maior autoridade, com atribuições legislativas, executivas e judiciárias. Competiam-lhe: as relações exteriores, o Poder Legislativo, a parte política do Poder Judiciário e o controle do Poder Executivo, compreendendo a nomeação e a fiscalização dos magistrados.[62] No quinto século, o presidente da Assembleia era o *epistatês* dos pritanes.

O *Conselho* (*Boulê*), composto de 500 cidadãos (50 para cada tribo), com idade acima de 30 anos e escolhidos por sorteio a partir de candidatura prévia, era renovado a cada ano. Eram submetidos a exame moral prévio (*dokimasia*) pelos conselheiros antigos e a prestação de contas (*euthynê*) no final de sua atividade. Segundo Glotz "os ambiciosos cuja vida não era sem mácula não ousavam apresentar-se, porque temiam o interrogatório da docimasia feito pelo Conselho em poder"[63]. A atividade no Conselho requeria dedicação total durante um ano inteiro e, embora fosse paga – cinco óbolos por dia na época de Aristóteles –, não era suficiente para um ateniense de pouca renda se dedicar a tal atividade.

---

62 GLOTZ, Gustave. *A cidade grega.* São Paulo: DIFEL, 1980, p. 135.

63 GLOTZ, Gustave. *Op. cit.*, p. 151.

Por meio da Assembleia, o povo era o real soberano, mas encontrava algumas dificuldades para o exercício contínuo de sua soberania. Não podia manter-se em sessão permanente para preparar textos e decretos para discussão e votação nas assembleias e nem tinha como assegurar-se de que fossem adequadamente executados os projetos aprovados. Tinha de fiscalizar a administração pública, negociar com estados estrangeiros, além de receber seus representantes. O papel do Conselho, devido a sua dedicação total à atividade pública, era o de auxiliar a Assembleia e aliviá-la das atividades que requeriam dedicação total, funcionando como parlamento moderno. Entre suas principais atividades, destacam-se a de preparar os projetos que seriam submetidos à Assembleia, controlar os tesoureiros, realizar a prestação de contas dos magistrados, receber embaixadores, investigar as acusações de alta traição, examinar os futuros conselheiros e os futuros magistrados.

Os *prítanes* é o que se pode chamar de comitê diretor do Conselho (*Boulê*). Os 500 membros do Conselho eram organizados em 10 grupos de 50 (um grupo para cada tribo) e cada grupo exercia a pritania durante um décimo do ano. O *epistatês* era o presidente de cada grupo e era escolhido diariamente por sorteio e somente podia ser escolhido uma vez. Atuava como presidente do Conselho e da Assembleia e tornava-se o guardião das chaves dos templos onde ficavam os tesouros e os arquivos. Os prítanes eram o elo entre o Conselho e a Assembleia, os magistrados, os cidadãos e os embaixadores estrangeiros.

Os *estrategos* foram instituídos em 501 a.C., em número de dez, sendo eleitos pela Assembleia, e podendo ser reeleitos indefinidamente (foi o caso de Péricles, eleito estratego 15 vezes) e devendo prestar contas no final da atividade. Como requisito, tinham de ser cidadãos natos, casados legitimamente (não eram elegíveis os solteiros) e possuir uma propriedade financeira na Ática que assegurasse alguma renda, porque a atividade não era remunerada. Tinham como atividades principais o comando do exército, distribuição do imposto de guerra, dirigir a polícia de Atenas e a defesa nacional. Como atividades políticas podiam convocar assembleias extraordinárias, assistir às sessões secretas do Conselho e, no exterior, eram embaixadores oficiais e negociadores de tratados. Embora, pela sua origem, suas atividades estivessem mais associadas com a guerra, foram, aos poucos ampliando suas funções e acabaram substituindo os arcontes como verdadeiros chefes do poder executivo.

Os *magistrados* eram sorteados dentre os candidatos eleitos, renovados anualmente e não podiam ser reeleitos, o que impedia qualquer possibilidade de continuidade política (o que não acontecia com os estrategos). Os atenienses tinham vários tipos de magistraturas, quase sempre agrupadas em forma de colegiado (normalmente dez por categoria), sendo o grupo mais importante dos arcontes. Estes também em número de dez (nove arcontes e um secretário) tinham nomes particulares, dependendo de sua atividade. O arconte propriamente dito dava seu nome ao ano e passou a ser chamado de arconte epônimo no período romano, cabendo-lhe regulamentar o calendário, presidir as Grandes Dionisíacas, instruir os processos de sucessão e tutelar viúvas e órfãos. O arconte rei (*basileu*) tinha funções apenas religiosas e presidia os tribunais do Areópago. O arconte polemarco não era mais o chefe do exército, mas o responsável pelas cerimônias fúnebres dos cidadãos mortos em combate com o inimigo. Seis arcontes tesmótetas (*thesmothétai*) eram os presidentes de tribunais e, a partir do quarto século a.C., passaram a revisar e coordenar anualmente as leis. O último arconte era o secretário (*grammateus*).

Os demais magistrados, conhecidos também por magistrados secundários, ocupavam-se de atividades como: executar as sentenças de morte, inspecionar os mercados, os sistemas de água, o sistema de medidas e demais atividades relacionadas com a administração municipal.

Resumindo, as instituições políticas que se ocupavam do governo da cidade eram organizadas da seguinte forma:[64]

O Conselho:

- examina;
- prepara as leis;
- controla.

A Assembleia:

---

[64] Extraído de FAURE, Paul; GAIGNEROT, Marie-Jeanne. *Guide grec antique*. Paris: Hachette, p. 119.

– delibera;
– decide;
– elege e julga.

Os Estrategos:

– administram a guerra;
– distribuem os impostos;
– dirigem a polícia.

Os Magistrados:

– instruem os processos;
– ocupam-se dos cultos;
– exercem as funções municipais.

A justiça e os tribunais

Sempre coube ao Estado o papel de administrador da justiça e assim tem sido até nossos dias, constituindo a Grécia antiga, no modelo ateniense, a grande exceção. Como detentor da soberania, ao povo, e somente a ele, cabia administrar a justiça e resolver conflitos através de instituições populares e com a característica adicional da ausência total do profissionalismo. As instituições atenienses, para a administração da justiça, podem ser agrupadas em duas categorias: (a) justiça criminal e (b) justiça civil.[65]

a) Justiça criminal

O *Areópago* era o mais antigo tribunal de Atenas e, de acordo com uma lenda, havia sido instituído pela deusa Atena para o julgamento de Orestes. De início era um tribunal aristocrático, com amplos poderes, tanto na condição de corte de justiça como na de conselho político. Com as sucessivas reformas (Clístenes e Efialtes), teve seu poder esvaziado, perdendo várias atribuições, inclusive as políticas. No quarto século, somente julgava os casos de homicídios premeditados ou voluntários, de incêndios e de envenenamento. Seus membros eram os ex-arcontes.

[65] O livro *The lawcourts at Athens* (Os tribunais em Atenas), de Alan Boegehold (Princeton: The American School of Classical Studies at Athens, 1995), classifica as cortes em duas categorias: (a) de homicídio; (b) populares.

O tribunal dos *Efetas* era composto de quatro tribunais especiais: o Pritaneu, o Paládio, o Delfínio e o Freátis. Estes tribunais eram compostos de 51 pessoas com mais de 50 anos e designadas por sorteio. O Areópago enviava a esses tribunais os casos de homicídio involuntário ou desculpáveis (como legítima defesa, por exemplo), conforme a diferenciação estabelecida desde os tempos de Drácon.

b) Justiça civil

Os *juízes dos demos*, em número de 30 e mais tarde 40, escolhidos por sorteio, percorriam os demos e resolviam de forma rápida os litígios que não ultrapassassem 10 dracmas (cerca de 20 dias de salário). No caso de processos mais importantes, embora fossem enviados aos tribunais atenienses, cabia aos juízes dos demos a responsabilidade da investigação preliminar. Era um arranjo que facilitava a vida dos habitantes do campo, evitando que tivessem de se dirigir à cidade para solucionar pequenos litígios.

Os *árbitros* podiam ser privados ou públicos. No caso de árbitros privados, estes eram escolhidos pelos litigantes, que assim mantinham o caso fora dos tribunais e do conhecimento público. Funcionava também como sistema rápido e econômico para a solução de litígios entre familiares; os árbitros procuravam uma solução negociada, sem possibilidade de apelação, que se assemelhava à mediação de nossos dias. No caso de árbitros públicos, eram escolhidos por sorteio e deviam ter mais de 60 anos. Também nesse caso o processo era mais rápido e menos custoso, mas a sentença era imposta pelo árbitro, com possibilidade de apelação.

A *heliaia* foi a grande demonstração de que o povo era soberano em matéria judiciária, por ser um tribunal que permitia que a maior parte dos processos fosse julgada por grandes júris populares. Composta por seis mil heliastas escolhidos anualmente por sorteio pelos arcontes, dentre os cidadãos com mais de 30 anos, era o grande tribunal ateniense onde a cidade se reunia para julgar.

Havia dois sorteios adicionais que operacionalizavam o sistema e procuravam dificultar as possibilidades de suborno dos jurados. O primeiro sorteio era realizado no início da manhã do dia do julgamento e escolhia os jurados em número de 201, 301, 401 membros, etc., de acordo com a natureza e a importância do julgamento. O outro sorteio designava o local onde seria realizado o julgamento, podendo ser na Ágora ou no Odeon.

As seções de julgamento eram conhecidas como *dikasterias*, de onde resulta o nome *dikasta* para os jurados, que assim eram designados em vez de *heliastas*. Os jurados recebiam o pagamento de um óbolo por sessão no início do quinto século (criado por Péricles), passando depois para três óbolos no seu final, aumento concedido por Creon.

Finalmente, havia os *juízes dos tribunais marítimos* (*nautodikai*), que se ocupavam dos assuntos concernentes ao comércio e à marinha mercante, além das acusações contra os estrangeiros que usurpavam o título de cidadão.

7. CONCLUSÃO

É famosa a máxima de John Ford no filme *The man who shot liberty valance* (O homem que matou o facínora): "When the legend becomes fact, print the legend" (Quando a lenda se torna fato, imprima-se a lenda). Na verdade, essa frase é uma variante do princípio de que os mitos escondem as verdades. Com relação ao Direito grego, dois mitos têm-se perpetuado em nossa cultura, distorcendo os fatos: o de que os gregos não eram fortes em Direito e o da severidade das leis draconianas que tudo puniam com a morte.[66] Este trabalho tratou particularmente do primeiro e procurou mostrar como o Direito grego surgiu simultaneamente com a escrita no oitavo século a.C., tornando-se um sistema relativamente sofisticado em Atenas, principalmente com respeito à parte processual.

O Direito grego antigo é uma das áreas da história do Direito em que podemos garimpar e descobrir uma rica mina pouco explorada, conforme reconheceu Kenneth Dover, e que tem sido por muitos anos relegado ao ostracismo devido à visão meramente filosófica dos estudiosos e a influência romanista no Direito ocidental. Além disso, três fatores adicionais contribuíram para o Direito grego não ocupar a importância que merece. Primeiro, o desenvolvimento da escrita e a publicação de textos em material durável aconteceu paralelamente à

---

66 A proverbial severidade das leis de Drácon é questionada por Michael Gagarin em seu livro *Drakon and early athenian homicide law* (Drácon e antiga lei ateniense de homicídio), p. 116-118. Um dos argumentos de Gagarin é baseado no fato de que uma das leis de Drácon sobreviveu até nossos dias, em uma inscrição em pedra datada de 409 a.C., e pune o homicídio involuntário com o exílio.

evolução da sociedade grega e do Direito. Em segundo lugar, a obstinação dos gregos em não aceitar a profissionalização do Direito, sendo bem apropriadas as palavras de Robert J. Bonner: "Tivessem os advogados sido livres para falar pelo litigante como o *logógrafo* estava, Atenas teria rapidamente desenvolvido um corpo de peritos legais comparável ao *juris consulti* romano ou aos modernos advogados"[67].

Finalmente, devido ao tipo de material da época para a produção de leis e textos escritos (madeira, pedra e papiro), associado à pequena reprodução de cópias pelos escritores posteriores, muito pouco material sobreviveu para servir ao estudioso moderno do Direito grego antigo. Mesmo assim, nos últimos dez anos, um sem-número de obras sobre o Direito grego antigo tem aparecido, e as pesquisas dos escolares têm-se intensificado no estudo e na interpretação dos discursos dos oradores áticos, lançando novas luzes e outra visão sobre o assunto.

Contrariamente ao pressuposto de que o Direito começou a ser escrito na Grécia antiga, tão logo surgiu a escrita, para que o povo tivesse acesso às leis, os estudos publicados nos últimos anos reconhecem na inscrição das primeiras leis escritas uma demonstração de poder da cidade (*pólis*) sobre os cidadãos. A escrita é vista como nova tecnologia que, ao se tornar disponível, foi utilizada como meio de controle e persuasão. Dessa forma, confirmava-se a autoridade da cidade e impunha-se a ordem na vida dos cidadãos. Situação idêntica ocorreu com o surgimento do Estado moderno.

Os gregos antigos não só tiveram um Direito evoluído, como influenciaram o Direito romano e alguns de nossos modernos conceitos e práticas jurídicas: o júri popular, a figura do advogado na forma embrionária do logógrafo, a diferenciação de homicídio voluntário, involuntário e legítima defesa, a mediação e a arbitragem, a gradação das penas de acordo com a gravidade dos delitos e, finalmente, a retórica e eloquência forenses. Essa influência não foi resultado de um acaso, mas fruto da atividade, do envolvimento e da genialidade de um povo que, além de se haver destacado na filosofia, nas artes e na literatura, destacou-se também no Direito. Na história de uma

---

67 BONNER, Robert J. *Lawyers and litigants in ancient Athens*. Chicago: The University of Chicago Press, 1927, p. 209.

civilização, a diferença muitas vezes reside naquilo que as gerações seguintes, atuando como filtro, preservaram e transmitiram, ou deixaram de fazê-lo.[68] Em sua tragédia *Édipo em Colona*, Sófocles sintetizou a visão do ateniense sobre o Direito quando Teseu, rei de Atenas, profere suas famosas palavras a Creonte, rei de Tebas: "Entra num território submisso à justiça, e decide cada coisa de acordo com a lei"[69].

8. REFERÊNCIAS BIBLIOGRÁFICAS

ALLEN, Danielle. *The world of prometheus*: the politics of punishing in democratic Athens. Princeton: Princeton University Press, 2000.

ARISTÓTELES. *A constituição de Atenas,* IX, I. Edição bilíngüe. Trad. Francisco Murari Pires. São Paulo: Hucitec, 1995.

ARISTÓTELES. *Arte da retórica,* I, XIII (1374b). Rio de Janeiro: Ediouro, (s/d).

ARISTÓTELES. De interpretatione. In: *The complete work of Aristotle*. Princeton: Princeton University Press, 1991, v. I.

BOEGEHOLD, Alan. *The lawcourts at Athens.* Princeton: The American School of Classical Studies at Athens, 1955.

BONNER, Robert J. *Lawyers and litigants in ancient Athens*. Chicago: The University of Chicago Press, 1927.

CAREY, Christopher. *Trials from classical Athens.* Londres: Routledge, 1997.

CARLETTI, Amilcare. *Demóstenes*. São Paulo: Editora Universitária do Direito, 1995.

CHADWICK, John. *The decipherment of linear B.* Cambridge: Cambridge University Press, 1998.

CINTRA, A. C. de Araújo; GRINOVER, Ada Pelegrinni; CÂNDIDO, R. Dinamarco. *Teoria geral do processo.* São Paulo: Malheiros, 1993.

---

[68] Além de seu mérito, o Direito romano foi beneficiado por dois incidentes históricos. O primeiro foi o trabalho de compilação realizado pelo Imperador Justiniano, conhecido como *Corpus Iuris Civilis*, que permitiu a sobrevivência dos trabalhos dos juristas romanos. Fora da compilação de Justiniano, somente as *Institutas*, do jurista Gaio, sobreviveu. O segundo, apesar de quase cair no esquecimento após a queda do Império, o Direito romano foi redescoberto (a partir de 1070 a.C.) e teve novo apogeu na Idade Média com os glosadores e a escola de Bolonha (Ver JONES, Peter; SIDWELL, Keith. *The world of Rome*. Cambridge: Cambridge University Press, 1998, p. 257 e 322).

[69] SÓFOCLES. *Édipo em Colona*. Edição bilíngue com tradução para o inglês de Hugh Lloyd-Jones. Loeb Classical Libray, editado por Harvard University Press, 1998, p. 519.

DEL VECCHIO, Giorgio. *Lições da filosofia do Direito*. Coimbra: Arménio Amado Editor, 1951.

DETTIENNE, Marcel. L' écriture et ses nouveaux objets intellectuels en Grèce. In: *Les savoirs de l'écriture en Grèce ancienne*. Lille: Presses Universitaires de Lille, 1992.

EDWARDS, Michael. *The attic orators*. Londres: Bristol Classic Press, 1994.

FAURE, Paul; GAIGNEROT, Marie-Jeanne. *Guide grec antique*. Paris: Hachette, 1991.

FERREIRA, José Ribeiro. *A Grécia antiga*. Lisboa: Edições 70, 1992.

FINLEY, Moses. *Os gregos antigos*. Lisboa: Edições 70, 1977.

FORSYTH, William. *The history of lawyers*: ancient and modern. Boston: Estes & Lauriat, 1875 (Reimpresso por The Lawbook Exchange, 1998).

FOUCAULT, Michel. *A verdade e as formas jurídicas*. Rio de Janeiro: NAU, 1973.

GAGARIN, Michael. *Drakon and early athenian homicide law*. Yale University Press, 1981.

GAGARIN, Michael. *Early Greek law*. California: University of California Press, 1986.

GAGARIN, Michael. *Antiphon*: the speeches. Cambridge: Cambridge University Press, 1997.

GIORDANI, Mário Curtis. *História da Grécia clássica*: antiguidade clássica I. Petrópolis: Vozes, 1984.

GLOTZ, Gustave. *A cidade grega*. São Paulo: DIFEL, 1980.

HARRISON, A. R. W. *The law of Athens*. Indianópolis: Hackett Publishing Company, 1998, 2v.

HESÍODO. *Os trabalhos e os dias*. Trad. Mary Camargo Neves Lafer. São Paulo: Iluminuras, 1996.

HUNTER, Virginia J. *Policing Athens*: social control in the Attic lawsuits, 420-320 b. C. New Jersey: Princeton University Press, 1994.

JOHNSTONE, Steven. *Disputes and democracy*: the consequences of litigation in ancient Athens. Austin: University of Texas Press, 1999.

JONES, Peter (Org.). *O mundo de Atenas*. São Paulo: Martins Fontes, 1997.

JONES, Peter; SIDWELL, Keith (Org.). *The world of Rome*. Cambridge: Cambridge University Press, 1998.

KENNEDY, George. *The art of persuasion in Greece*. Princeton: Princeton University Press, 1963.

LOFBERG, John Oscar. *Sycophancy in Athens*. Wisconsin: George Banta Publishing Company, (s/d).

MACDOWELL, Douglas M. *The law in classical Athens*. Cornell University Press, 1978.

MARTIN, Henri-Jean. *The history and power of writing.* Chicago: The University of Chicago Press, 1994.

MEIGS, Russell; LEWIS, David. *A selection of Greek historical inscriptions to the end of the fifth century BC.* Oxford: Clarendon Press, 1999.

MEYER, Michel. *Histoire de la rhétorique des grecs a nos jours.* Paris: Librairie Générale Française, 1999.

OLSON, David R. *O mundo no papel*: as implicações conceituais e cognitivas da leitura e da escrita. São Paulo: Ática, 1997.

SAMPSON, Geoffrey. *Sistemas de escrita*: tipologia, história e psicologia. São Paulo: Ática, 1996.

SÓFOCLES. *Édipo em Colona.* Edição bilíngue. Trad. Hugh Lloyd-Jones. Loeb Classical Library, editado por Harvard University Press, 1998.

TOD, Marcus N. (Editor). *Greek historical inscriptions.* Chicago: Ares Publisher, 1985.

TODD, S. C. *The shape of Athenian law.* Oxford: Clarendon Press, 1995.

Capítulo 5

A INSTITUIÇÃO DA FAMÍLIA EM *A CIDADE ANTIGA*

JENNY MAGNANI DE O. NOGUEIRA[1]

SUMÁRIO: 1. Introdução. 2. O culto e as antigas crenças. 3. A família antiga. 4. Conclusão. 5. Referências bibliográficas.

1. INTRODUÇÃO

A pretensão do presente Capítulo está assentada na necessidade do estudo das velhas crenças das sociedades antigas e suas implicações, para o conhecimento de suas instituições, no que tange às regras e princípios que norteavam a sociedade e a família na Antiguidade clássica.

Incidirá este estudo, preponderantemente, na análise dos costumes gregos e romanos, seguindo a orientação de Fustel de Coulanges em sua obra *A cidade antiga*.

Para o conhecimento da família naquele período, seguindo a linha de pensamento preconizada, irá se identificar as diferenças proeminentes entre esses povos e a civilização moderna decorrentes de fundamentação religiosa diversa.

O objetivo é demonstrar como a sociedade era conduzida quanto à família, constituição, hierarquia, principalmente sua importância e ascendência, verificando-se as razões de sua transformação e, mesmo, o decaimento de seu significado na condução da sociedade humana que lhe sucedeu.

---

[1] Investigadora em Santa Catarina. Mestre em Direito pelo Curso de Pós-Graduação da UFSC.

A família romana e grega, por semelhança, traduzia o tipo de uma organização política cujo princípio básico era a autoridade, e esta abrangia todos quantos a ela estavam submetidos. O *pater familias* era, ao mesmo tempo, chefe político, sacerdote e juiz, constituindo-se, assim, a família como a unidade da sociedade antiga, em contraposição à posição do indivíduo na sociedade moderna.

Fustel de Coulanges baseia a sua análise no reconhecimento de que as instituições antigas eram consequência de suas crenças religiosas que as marcaram fortemente. Evidentemente, esses princípios decorrentes das concepções adotadas tornaram-se anacrônicos no decorrer da história. Entretanto, para uma análise rigorosa, deve-se estudá-las, sobretudo as instituições decorrentes das concepções que tinham da vida, do mal, do princípio divino, oriundas de suas crenças, para um entendimento conveniente do sistema social da Antiguidade.

A comparação entre crenças e leis mostra que as famílias gregas e romanas foram constituídas e influenciadas por religiões primitivas que estabeleceram o casamento, a autoridade paterna, determinando a linha de parentesco, o Direito de propriedade e de sucessão.

Tendo sido a religião a formadora e conformadora da família enquanto instituição, acabou por exercer influência na concepção e organização das cidades, interferindo em seu governo e, portanto, no princípio da autoridade dela emanado.

Por meio do conhecimento da família na Antiguidade clássica é que se torna possível a compreensão de suas consequências sociológicas, institucionais e suas implicações no Direito privado da Antiguidade.

Não obstante essa concepção de pensamento, os autores modernos estudam as civilizações clássicas não sob o aspecto religioso, mas com relação ao humanismo, ressaltando as condições do indivíduo, ao passo que Fustel de Coulanges o faz por meio da religiosidade.

Essa preocupação do historiador francês é revelada em sua obra *A cidade antiga*. É considerado um dos trabalhos clássicos da historiografia moderna por apresentar de forma autêntica a história civil do mundo greco-romano centralizada no culto aos mortos.

Fustel de Coulanges demonstra que a construção social e jurídica da cidade antiga baseava-se em uma religião primitiva assentada em fortes crenças. Entendia relevante esta influência que acabava por fortalecer a estrutura social e que o enfraquecimento dessas convicções religiosas possibilitou a decadência de tal sociedade.

A obra *A cidade antiga* pode ser compreendida em dois momentos distintos. O primeiro, que trata da formação das cidades, da influência das crenças religiosas como fator determinante das relações sociais, políticas e jurídicas, e o segundo, que trata da desagregação das cidades, decorrente da dissolução entre os fatores religiosos e o fator jurídico e político da Antiguidade. Essa dissolução, segundo o autor, é provocada por uma série de revoluções, dentre as quais elenca três principais: a primeira, a supressão da autoridade política dos reis, que passam a conservar somente a autoridade religiosa; a segunda, produzida em decorrência de alterações na constituição da família; e uma terceira, principal, constituída pela revolução social da plebe.

O renomado autor, estudando o ciclo evolutivo das cidades antigas desde o seu nascimento até o seu desaparecimento, em face da desagregação dos costumes, defende que é possível a sua explicação, com a renovação do entusiasmo que caracterizou o seu tempo, para gerar uma nova concepção de vida. Evidentemente, fazendo substituir o temor aos deuses pelo amor de Deus, superando formas e conceitos de religião doméstica por uma religião universal, em que passam a ser respeitados os anseios humanos.

O autor procura, pois, neste estudo, analisar as causas profundas da transformação da sociedade, sem emitir qualquer juízo de valor; trata apenas de explicar, de esclarecer as forças ocultas do movimento, fazendo delas derivar os fatos históricos.

Alguns intérpretes dirigem certas críticas à obra de Fustel de Coulanges, ou discutindo sua interpretação, questionando, por exemplo, acerca da fundamental importância que o culto aos mortos tinha para a história dos municípios antigos; ou ainda alegando ser o método utilizado nesta obra – racional cartesiano – inadequado.

Contudo, essas críticas não diminuem o valor da obra que se apresenta como uma extraordinária descrição, proporcionando notável apreensão da essência social da cidade antiga, de sua arquitetura social consolidada em estudo de inigualável valor.

O método utilizado permitiu concluir as evidências e ressaltar defeitos. Uma crítica anotada à sua obra é dirigida ao apego excessivo ao valor dos textos, abstraindo-se da crítica filológica e diplomática das fontes. Outra incidiu sobre o uso ingênuo das fontes decorrentes da consideração da história como uma ciência de objetivo absoluto, subestimando outros enfoques que permitem chegar à verdadeira história em sua relatividade no tempo, para compreendê-la contemporaneamente.

Dotado de raciocínio cartesiano, Fustel de Coulanges pretende apresentar as instituições políticas, religiosas e sociais com essa concepção de pensamento.

Tentando simplificar a linha do seu entendimento, conseguiu abranger o complexo universo do estudo de uma maneira pessoal, reduzindo as variáveis importantes em benefício da objetividade do fenômeno, que buscou detalhar as condições emergentes que lhe valeram diversas críticas.

Apesar delas e das omissões certamente existentes, a obra *A cidade antiga*, em seus cem anos, continua sendo considerada um marco necessário para um estudo aprofundado sobre a religião, o Direito e as instituições greco-romanas.

2. O CULTO E AS ANTIGAS CRENÇAS

O princípio conformador da família e de todas as instituições nessa época é a religião, mas uma religião primitiva, formada por diversas crenças muito antigas.

A primeira delas elencada por Fustel de Coulanges é a respeito da alma e da morte.[2] Os antigos já acreditavam numa segunda existência depois da morte física, porém, que nessa segunda existência a alma continuava unida ao corpo, que não sofria decomposição. Não se podia conceber a metempsicose, ou que os espíritos subissem a um outro lugar, a uma região de luz e energia; essa concepção é relativamente recente na nossa história. Assim, alma e corpo não se separavam com a morte e os antigos pensavam estar enterrando no mesmo lugar, além do corpo inerte, alguma coisa com vida – a alma.

---

2 Cf. COULANGES, Fustel de. *A cidade antiga*. Trad. Jonas Camargo Leite e Eduardo Fonseca. Rio de Janeiro: Ediouro, [s/d], p. 11-28.

Essas crenças chegaram ao nosso conhecimento através de alguns testemunhos autênticos, como o rito fúnebre, sobrevivente às crenças primitivas.

Necessário se faz salientar que não bastava que o corpo fosse confiado à terra. Era preciso ainda obedecer a alguns ritos tradicionais e pronunciar determinadas fórmulas, porque do contrário as almas tornar-se-iam errantes, não repousariam nos túmulos, como inscrevia-se no epitáfio.

> Nas cidades antigas punia-se os grandes culpados com um castigo considerado terrível: a privação da sepultura. Punia-se-lhe assim a sua própria alma, infligindo-lhe um suplício quase eterno.[3]

Os antigos acreditavam que os mortos, assim como os vivos, precisavam se alimentar, por isso, em determinados dias do ano, levava-se uma refeição a cada túmulo; era o banquete fúnebre, que não era apenas uma espécie de comemoração; o alimento que a família levava ao túmulo destinava-se efetivamente ao morto, exclusivamente a este. Assim, cavavam buracos nos túmulos para que o alimento chegasse até o morto e derramavam água e vinho para saciar sua sede.

Desde os mais remotos tempos, deram essas crenças lugar a regras de conduta. Como, entre os antigos, o morto necessitava de alimento e de bebida, tornou-se um dever, uma obrigação dos vivos, satisfazer-lhe essa necessidade. Dessa forma, estabeleceu-se uma verdadeira religião da morte, cujos dogmas logo desapareceram, perdurando, no entanto, os seus rituais até o triunfo do cristianismo.

Os mortos eram considerados criaturas sagradas; assim, cada morto era um deus e seu túmulo um templo. Esta espécie de apoteose não era atributo dos grandes homens; entre os mortos, para os antigos, não havia distinção de pessoas; todos, ao morrerem, tornavam-se deuses de suas famílias.

As sepulturas eram os templos dessas divindades, que gozavam de uma existência bem aventurada. "Contudo, era necessário preencher-se uma condição indispensável para sua felicidade; era imprescindível que em determinadas épocas os vivos lhes trouxessem suas

---

3 COULANGES, Fustel de. *Op. cit.*, p. 13.

oferendas"[4]. Quando isso deixava de acontecer, acreditavam os antigos que as almas deixavam a pacífica morada e tornavam-se almas errantes, atormentando os vivos. Assim, os *manes*, as almas dos mortos consideradas divindades, eram verdadeiros deuses, às quais dirigiam orações e súplicas, mas eram-no tão somente enquanto os vivos os venerassem com o seu culto.

Essa religião dos mortos parece ter sido a mais antiga que existiu entre estes povos, segundo preleciona Fustel de Coulanges. Dessa forma, pode-se crer ter o sentimento religioso do homem origem com este culto. Foi, talvez, à vista da morte que o homem teve pela primeira vez a ideia do sobrenatural e quis confiar em coisas que ultrapassavam a visão de seus olhos.

Outra crença cultuada pelos antigos era o culto ao fogo.[5] Toda casa de grego ou de romano possuía um altar com um fogo aceso, que só deixava de brilhar quando a família inteira houvesse morrido. Fogo extinto significava família extinta.

Esse fogo no altar doméstico não era um costume qualquer; possuía algo de divino: adoravam-no e prestavam-lhe verdadeiro culto. As regras e os ritos então observados fazem-nos crer que esse fogo era considerado puro, não lhes sendo permitido alimentá-lo com qualquer tipo de madeira. A religião distinguia, entre as árvores, aquelas espécies que podiam ser usadas para esse fim, e aquelas cujo uso era taxado de impiedade.

O fogo do lar era, pois, a providência da família; extinguindo-se o fogo deixava de existir o seu deus tutelar, decorrendo daí a obrigação indelegável do dono da casa de mantê-lo sempre aceso.

Pode-se fazer uma comparação entre esse culto ao fogo sagrado com o culto dos mortos, porque há entre eles uma estreita ligação. O fogo mantido no lar, no entendimento dos clássicos, não é o mesmo fogo de natureza material, possuindo uma natureza inteiramente diversa. É um fogo puro, uma espécie de ser moral.

Os deuses "lares", os deuses cultuados pela família, eram simplesmente as almas dos mortos, a que o homem atribuía um poder sobre-humano e divino, como foi referido anteriormente. E a lembrança de

---

4 COULANGES, Fustel de. *Op. cit.*, p. 17.

5 COULANGES, Fustel de. *Op. cit.*, p. 19 *et seq.*

algum desses mortos sagrados achava-se sempre ligada ao fogo. Assim, o culto ao fogo e o culto aos mortos estavam associados no respeito dos homens e em suas orações. Os descendentes, quando falavam do fogo, recordavam imediatamente o nome dos seus antepassados, adorados como deuses. Essa religião nem sempre mostrou-se igualmente poderosa sobre a alma; foi-se enfraquecendo com o tempo, mas nunca a ponto de desaparecer por completo.[6]

A religião nas cidades antigas era estritamente doméstica, ao contrário do que passou a ocorrer com o advento do cristianismo. "Há muito tempo que o gênero humano não admite uma doutrina religiosa senão sob duas condições: uma, a de lhe anunciar um único deus; outra, desde que, de igual modo, se dirija a todos os homens e seja acessível a todos, sem afastar sistematicamente nenhuma classe ou raça."[7] Contudo, a religião primitiva não preenchia nenhum desses requisitos. Os deuses eram muito numerosos e só aceitavam a adoração dos seus descendentes. Na religião primitiva, cada um dos deuses só podia ser adorado por sua família. Ressalte-se que é a partir dessa religião doméstica que se pode entender a constituição da família grega e romana.

Essa religião doméstica tinha como núcleo o culto aos mortos, que eram os deuses "lares" protetores da família e só por ela poderiam ser adorados, sendo representados pelo fogo sagrado, que existia em todas as casas. O fogo sagrado era a providência da família, protegendo somente os seus. Esse culto não era público, todas as cerimônias eram celebradas apenas entre os familiares e possuía um caráter obrigatório além de secreto. Ninguém que não fosse da família podia presenciar tais ritos, nem tampouco avistar o fogo sagrado. O primeiro filho era encarregado de continuar o culto aos ancestrais; se deixasse de fazê-lo, traria, com sua conduta, infelicidade e morte para a família. Estabelecia-se, assim, um poderoso laço, unindo todas as gerações de uma mesma família.

Para essa religião doméstica não existiam rituais comuns; cada família possuía o seu rito celebrado pelo pai, o *pater familias*, que era o sacerdote da religião doméstica.[8]

---

6 Cf. COULANGES, Fustel de. *A cidade antiga*. Trad. Jonas Camargo Leite e Eduardo Fonseca. Rio de Janeiro: Ediouro, [s/d], p. 23.

7 COULANGES, Fustel de. *Op. cit.*, p. 25.

8 COULANGES, Fustel de. *Op. cit.*, p. 27.

Essa religião só podia propagar-se pela geração. O pai, gerando a vida de seu filho, transmitia-lhe, ao mesmo tempo, com a vida, sua crença, seu culto, o Direito de manter o fogo sagrado, de oferecer o banquete fúnebre e de pronunciar as fórmulas da oração. A criança, logo ao nascer, tornava-se portadora da obrigação de adorar os deuses da sua família e, com o advento da sua morte, tornar-se-ia também um ancestral a ser adorado.

No entanto, na propagação dessa religião, é preciso ressaltar uma particularidade – esta religião doméstica só se transmitia na linha masculina; a mulher só participava do culto através do seu pai ou do seu marido. E desse fato resultaram algumas implicações muito graves no Direito privado e na constituição da família, como se fará referência mais adiante.

3. A FAMÍLIA ANTIGA

A religião doméstica – baseada no culto aos mortos –, ao determinar a existência, em cada casa, de um altar com o fogo sagrado sempre aceso, e a reunião diária da família em torno dele para a adoração aos seus deuses, demonstra que o que caracteriza a família é a possibilidade de cultuar e adorar os mesmos deuses, sob o princípio da autoridade paterna.

O poder paterno é uma das peças fundamentais para se entender a antiga concepção da família, da autoridade, da herança, da propriedade.

Em outras palavras, a relação de dependência e subordinação representa o critério informativo do parentesco civil entre os antigos.

A origem da família não está na geração; a prova disso é que "pode haver laços de sangue entre várias pessoas, sem que estas pertençam à mesma família, e, por sua vez, pessoas sem nenhum vínculo consanguíneo podem constituir uma só família, desde que sujeitas à autoridade de um mesmo chefe"[9]. Assim, um filho emancipado ou uma filha casada não são partes integrantes da mesma família. O que unia os membros da família antiga não era o nascimento ou o sentimento, mas a religião do fogo sagrado e dos antepassados; assim, só fazia parte da mesma família aquele que fosse iniciado

[9] ROCHA, José V. C. Branco. *O pátrio poder*. Rio de Janeiro: Tupã, 1960, p. 17.

no seu culto. Pode-se afirmar, nesse sentido, que a família era mais uma associação religiosa do que uma associação natural. Fustel de Coulanges sublinha com nitidez que não foi a religião que criou a família, mas foi ela que lhe concedeu as regras, daí resultando receber a família antiga uma constituição muito diferente do que teria tido se os sentimentos naturais dos homens tivessem sido os seus únicos causadores.[10]

O critério predominante na determinação do parentesco não era, portanto, a consanguinidade, mas a sujeição ao mesmo culto, a adoração aos mesmos deuses-lares, a submissão ao mesmo *pater familias*. Dessa feita, a família ou *gens* era um grupo mais ou menos numeroso subordinado a um chefe único: o *pater familias*, cujo poder ilimitado era concedido pela religião.

Feitas essas breves considerações a propósito da estrutura da família antiga, cabe descrever, agora, o seu funcionamento, as suas relações de dependência e subordinação.

Afirma-se que a religião doméstica determinava a constituição da família antiga; isso equivale a dizer que era a religião que determinava o parentesco entre os homens. Assim, dois homens seriam parentes quando tivessem os mesmos deuses, o mesmo lar e o mesmo banquete fúnebre. Dessa forma, o princípio do parentesco não era o ato material do nascimento, porém o culto. A isto chamava-se agnação.[11]

Como o Direito de ofertar sacrifícios ao fogo sagrado só se transmitia de homem para homem, o Direito do culto também só era transmitido em linha masculina, e da mesma forma dava-se a agnação. Assim, não eram agnados os parentes da mulher e, como tal, sofriam as consequências resultantes do fato, tais como a proibição do Direito de herdar e tantos outros, como se verá mais adiante.

O casamento foi a primeira instituição estabelecida pela religião doméstica e era considerado um ato dotado de extrema importância e seriedade para ambos os cônjuges, porque não se tratava, na Antiguidade, de mera troca de moradia, por parte da mulher, e sim de abandonar definitivamente o lar paterno, para invocar dali em diante

10 Cf. COULANGES, Fustel de. *A cidade antiga*. Trad. Jonas Camargo Leite e Eduardo Fonseca. Rio de Janeiro: Ediouro, [s/d], p. 29 *et seq*.

11 COULANGES, Fustel de. *A cidade antiga*. Trad. Jonas Camargo Leite e Eduardo Fonseca. Rio de Janeiro: Ediouro, [s/d], p. 41-43.

os deuses do esposo. Tratava-se, pois, de trocar de religião, de passar a praticar outros ritos e adorar outros deuses. Assim, a partir do casamento, a mulher nada mais tinha em comum com a religião doméstica dos seus pais, passando a cultuar e adorar outros deuses até então desconhecidos. Isso decorria da impossibilidade de se cultuar deuses de famílias diferentes, já que não se poderia permanecer fiel a um deus, honrando outro, porque, de acordo com a religião, era princípio imutável a mesma pessoa não poder invocar dois fogos sagrados nem duas séries de ancestrais. O casamento era a cerimônia sagrada que devia produzir esses grandes e graves efeitos. Por esse motivo, na cidade antiga, a religião não admitia a poligamia e o divórcio só era permitido através de cerimônia religiosa e em poucas circunstâncias.[12]

A família antiga foi constituída pelas crenças referentes aos mortos e pelo culto a eles devido.

Os antigos julgavam que a felicidade do morto dependia não da sua conduta em vida, mas da conduta que seus descendentes tinham a seu respeito, após sua morte. Dessa forma, os mortos tinham necessidade de que a sua descendência jamais se extinguisse, porque a extinção da família provocaria a ruína de sua religião e a infelicidade dos ancestrais.

Assim, "todos tinham, pois, grande interesse em deixar um filho, convencidos de que com isso, tornavam feliz sua imortalidade"[13]. Por esse motivo, o filho primogênito era aquele gerado para o cumprimento do dever, já que o grande interesse da vida humana consistia em continuar a descendência para, por ela, dar sequência ao culto. Dessa forma, o celibato era considerado uma impiedade grave e uma desgraça para a família, unidade central da Antiguidade clássica.

Essas crenças, por muito tempo, evitaram o celibato que, em algumas cidades gregas, era até mesmo punido como delito, porque o homem, segundo as crenças, não pertencia a si mesmo, mas à sua família, e tinha o dever de continuar o culto.

Porém, não era bastante a geração de um filho; era necessário que fosse fruto de casamento religioso, senão a família não se perpetuaria por seu intermédio. Se a mulher não estivesse associada ao culto do marido, seu filho também não estaria. Isso significou a sacralização

---

12 Cf. COULANGES, Fustel de. *Op. cit.*, p. 31-38.

13 COULANGES, Fustel de. *Op. cit.*, p. 35.

do casamento, que era, portanto, obrigatório para a perpetuação do culto. Nesse sentido, torna-se fácil entender que um casamento poderia ser perfeitamente desfeito se a mulher fosse estéril.

A religião determinava "que a família não podia extinguir-se e todo o afeto e todo o Direito natural cediam perante esta regra absoluta"[14]. Dessa forma, a entrada de um filho numa família dava-se através de um ato religioso, em que, primeiramente, havia o reconhecimento pelo pai, que decidia se o recém-nascido seria ou não da família. O nascimento constituía, assim, apenas o vínculo físico; essa declaração do pai é que criava o vínculo moral e religioso e admitia, portanto, a criança nesta espécie de associação sagrada que era a família.

Uma criança poderia ainda fazer parte de uma família tendo nascido fora dela. Fustel de Coulanges esclarece com nitidez:

> A mesma religião que obrigava o homem a se casar, que concedia o divórcio em casos de esterilidade, que substituía o marido por algum parente nos casos de impotência ou de morte prematura, oferecia ainda à família um último recurso, como meio de fugir à desgraça tão temida da sua extinção; esse recurso encontramo-lo no Direito de adoção.[15]

Pode-se notar, assim, que o dever de perpetuar o culto doméstico foi a fonte do Direito de adoção entre os antigos e exatamente por esse motivo só era permitida a adoção a quem não tinha filhos.

A adoção também se realizava por uma cerimônia religiosa, que admitia o adotado em uma nova família, tornando-o estranho à sua natural. Saliente-se novamente que era a religião, na cidade antiga, que determinava a existência ou não do parentesco, pois o vínculo do culto o substituía.

O instituto da emancipação também foi contemplado pelos antigos.[16] Através dele, um filho libertava-se da religião de sua família e jamais poderia ser considerado novamente seu membro, nem pela religião nem pelo Direito. Assim, para que um filho pudesse entrar em nova família, era preciso estar apto a sair da antiga, e o fazia através da emancipação, da renúncia àquele culto.

---

[14] COULANGES, Fustel de. *Op. cit.*, p. 37.

[15] COULANGES, Fustel de. *Op. cit.*, p. 39.

[16] COULANGES, Fustel de. *A cidade antiga*. Trad. Jonas Camargo Leite e Eduardo Fonseca. Rio de Janeiro: Ediouro, [s/d], p. 39 *et seq*.

Da mesma forma que a religião determinava a constituição da família, do parentesco entre os homens, com o objetivo de perpetuação *ad infinitum*, ela regulava o Direito de propriedade com o mesmo objetivo, o de perpetuar o culto e a religião.

Nesse sentido, menciona-se um trecho bastante esclarecedor da obra *A cidade antiga*:

> Há três coisas que, desde as mais remotas eras, se encontram fundadas e estabelecidas solidamente pelas sociedades grega e italiana: a religião doméstica, a família e o Direito de propriedade; três coisas que apresentaram entre si manifesta relação e que parece terem mesmo sido inseparáveis.[17]

Segundo a concepção dos antigos, a ideia da propriedade privada fazia parte da própria religião. Como a religião determinava que cada família deveria ter o seu lar e os seus antepassados, e estes só poderiam ser adorados pela sua família, e só a ela protegiam, eram tanto estes como aquele sua propriedade particular. Assim, cada família, tendo os seus deuses e o seu culto, devia também ter o seu lugar particular na terra, a sua propriedade, que não era individual, mas da família, um lugar onde os antepassados "repousavam" e a eles era oferecido o banquete fúnebre. O solo da família, onde eram enterrados os mortos que viravam deuses, transformava-se, dessa forma, em propriedade inalienável e imprescritível.

Não foram as leis, porém a religião que, a princípio, garantiu o Direito de propriedade: a própria família não podia abandonar a terra onde se encontravam seus ancestrais e seu fogo sagrado, a qual tornava-se propriedade inalienável, pois não pertencia a um homem apenas, mas a toda uma família. Se o homem não podia, a não ser com muita dificuldade, desfazer-se da terra, com muito mais razão não podiam, contra a sua vontade, despojá-lo dela. Ignorou-se, assim, entre os antigos a expropriação por utilidade pública, e o confisco só se praticava como consequência da sentença de exílio, ou seja, quando o indivíduo fosse privado do título de cidadão, situação em que não poderia exercer nenhum Direito na cidade, incluindo, portanto, o de propriedade.[18]

Cabe salientar que, na Antiguidade, o que responde pelas dívidas de um cidadão não é o seu patrimônio, como se dá entre nós (princípio

---

17 COULANGES, Fustel de. *Op. cit.*, p. 44.

18 COULANGES, Fustel de. *Op. cit.*, p. 44 *et seq.*

moderno de Direito obrigacional), mas o seu próprio corpo. Assim, seria muito mais fácil escravizar um indivíduo do que tirar-lhe a propriedade, porque esta mostrava-se inseparável da sua família. A propriedade não estava baseada no Direito do trabalho; se estivesse, responderia pelas dívidas do seu proprietário, que poderia perfeitamente dela se desfazer, mas estava baseada na religião, que a tornara inviolável, inalienável, imprescritível e indivisível para que pudesse garantir a sua perpetuação.

Na asserção de Fustel de Coulanges, "o Direito de propriedade, tendo-se estabelecido para a perpetuação de um culto hereditário, não podia desaparecer ao longo da existência de um indivíduo"[19].

Desse modo, com a continuação religiosa doméstica, o Direito de propriedade deveria permanecer.

Da mesma forma que a religião doméstica era hereditária, de varão para varão, a propriedade também o era. Assim como o primeiro filho homem era o natural e obrigatório continuador do culto, herdava também, de pleno Direito, os bens, não lhe assistindo o Direito de renúncia ou desistência, o que só mais tarde foi incorporado ao Direito.

Conforme as leis antigas, o Direito de sucessão cabia somente ao filho, não podendo ser contemplado à filha. A razão de tal tratamento, nesse contexto, parece óbvia, se somente o filho podia manter o culto familiar, já que a filha casando-se renunciava ao culto do seu pai para adotar o do esposo, não lhe podendo caber nenhum Direito à herança, porque se assim não fosse desvincular-se-ia o culto da terra, da propriedade, o que a religião rigorosamente proibia. Para Fustel de Coulanges, a filha "não casada, a lei não a privava formalmente de sua parte na herança; mas é necessário perguntarmo-nos se, na prática, poderia realmente ser herdeira"[20]. Essas leis existiam em decorrência das crenças e do poder religioso e não em decorrência da lógica ou do sentimento natural. Para o historiador francês, não se têm provas de que a filha estivesse excluída da herança, no Direito romano, porém, se tem certeza de que, se casada, nada herdava de seu pai e, se solteira, jamais poderia dispor do que havia herdado; e cabe lembrar, que isso

---

[19] COULANGES, Fustel de. *Op. cit.*, p. 52.

[20] COULANGES, Fustel de. *Op. cit.*, p. 53.

só poderia ser feito através de testamento, porque as filhas não herdavam de pleno Direito.[21]

A legislação ateniense, citada por Coulanges, que proibia a filha de herdar, sob qualquer circunstância, encontrou uma maneira de conciliar esse preceito religioso com o sentimento natural de que ela pudesse usufruir da fortuna do pai, como, por exemplo, desposando um herdeiro seu.

Cumpre salientar que, se um indivíduo morresse sem filhos, procurar-se-ia entre os herdeiros aquele que deveria ser o continuador do seu culto; este seria, pois, o seu herdeiro.

Pelo exposto, pode-se notar que a família antiga não recebeu as suas leis da cidade; se a cidade tivesse estabelecido o Direito privado, este seria bem diferente. À cidade não interessava a inalienabilidade da terra ou a indivisibilidade do patrimônio, ou ainda a disponibilidade total do filho pelo pai. Quando a cidade foi aos poucos se formando e as leis sendo feitas, ela já encontrou esse Direito formado e consolidado pela família e acima de tudo pela religião, que se impôs ao legislador.[22]

Esse Direito familiar e religioso era exercido pelo *pater familias*, que possuía os mais amplos e ilimitados poderes, como consequência de sua posição de chefe e de sacerdote do culto religioso.

Segundo José V. C. Branco Rocha,

> A autoridade do *pater familias* não pode ser explicada em razão das exigências de caráter puramente doméstico. As sociedades antigas são mais ou menos homogêneas. Nelas a estratificação social é nula ou mínima. A família assume, em tal circunstância, funções que só mais tarde teriam de diferenciar-se. É a um só tempo unidade política, religiosa e econômica. Explica-se, assim, a soma enorme de poderes conferidos ao chefe de família, entre os antigos.[23]

A família, nessas sociedades antigas, assumia enormes proporções. A *gens*, ou melhor, a família unida pela religião, era formada não só pelos agnados, pelos parentes, mas também pelos servos, escravos e clientes que, depois de "iniciados", passavam a pertencer àquela

---

[21] COULANGES, Fustel de. *A cidade antiga*. Trad. Jonas Camargo Leite e Eduardo Fonseca. Rio de Janeiro: Ediouro, [s/d], p. 52 *et seq*.

[22] Cf. COULANGES, Fustel de. *Op. cit*., p. 61.

[23] ROCHA, José V. C. Branco. *Op. cit*., p. 19.

família, ao preço de sua liberdade. Para antes e depois da morte, todas as pessoas submetidas ao poder do *pater familias*, concedido pela religião, estavam indefinidamente numa situação de sujeição total ao pai e, no caso de sua morte, ao primogênito, que era a quem caberia o Direito e o dever de presidir a religião doméstica e a família.[24]

No dizer de E. E. Evans-Pritchard, é a análise feita na obra *A cidade antiga* o mais geral e extenso exame sociológico da religião feito até os nossos dias. O tema nuclear do livro *A cidade antiga* de Fustel de Coulanges

> (...) é o de que a antiga sociedade clássica estava centrada na família, no sentido mais amplo que se possa dar a esta palavra, compreendendo família conjunta ou linhagem, e que o que mantinha unido o grupo agnático como uma corporação, dando-lhe permanência, seria o culto do ancestral, no qual o chefe da família atuaria como um sacerdote. À luz desta ideia central e somente a partir dela – onde os mortos aparecem como as deidades da família – todos os costumes do período podem ser compreendidos: normas e cerimônias de casamento, o levirato, a adoção, a autoridade paterna, regras de descendência, herança e sucessão, leis, propriedades, os sistemas de nominação, calendário, escravidão, clientela e muitos outros costumes. Quando os estados-cidade se desenvolveram, tomaram o mesmo padrão estrutural que havia informado a religião nestas condições sociais iniciais.[25]

4. CONCLUSÃO

No que tange à família em *A cidade antiga*, é preciso considerar as circunstâncias históricas e os contingenciamentos genéricos que a instituíram e conformaram para verificar, convenientemente, o desenvolvimento de todas as instituições antigas, como realizaram, com propriedade, Fustel de Coulanges e outros, como Gustave Glotz; este último dando maior enfoque à complexidade das sociedades humanas, em face das diferentes variáveis existenciais.

Escreve H. Berr, na introdução da obra *A cidade grega* de Gustave Glotz, ser necessária a leitura de *A cidade antiga* por conter uma larga parte de verdade e porque se "constitui numa admirável construção de

---

24 Cf. COULANGES, Fustel de. *Op. cit.*, p. 71-79.

25 EVANS-PRITCHARD, E.E. *Antropologia social da religião*: contribuições em antropologia, história, sociologia. Trad. Jorge Wanderley. Rio de Janeiro: Campus, 1978, p. 75.

linhas severas e puras". Mas, por ter extrapolado a união das instituições e crenças, Fustel de Coulanges teria exagerado a "semelhança dos gregos e dos romanos", como também a diferença – que estima "radical e essencial" – entre os povos antigos e as sociedades modernas.[26]

Neste sentido, *A cidade grega* de Gustave Glotz constitui, segundo H. Berr, um complemento necessário ao clássico trabalho de Fustel de Coulanges. Muitas teses e afirmações categóricas desse autor apresentam-se bem discutidas e equilibradas na obra citada. Entretanto, cabe ressaltar que *A cidade antiga* apresenta um panorama mais amplo quanto às instituições romanas e gregas.

É preciso convir que uma tese formulada com detalhes, como é a *A cidade antiga*, corre o risco inerente de se tornar arbitrária, acabando por agredir a complexidade das causas. No entanto, no contexto dos numerosos estudos sobre a história das instituições greco-romanas, esta obra pode ser considerada indispensável para qualquer estudo sério, pelo fato de ser extremamente elucidadora e fazer uma análise singular da sociedade antiga sob o prisma religioso, enquanto outros intérpretes fazem-no sob outras influências.

O livro clássico, aqui evidenciado, apresenta a família antiga concebida em função da religiosidade e, como tal, influenciando o poder, sobretudo o poder político do Império Romano, que nasceu de sua organização.

O *pater familias*, tendo poderes ilimitados sobre a sua descendência e todos aqueles que estivessem sob a sua responsabilidade, exercia autoridade suprema, dispondo livremente de suas vidas e patrimônio. A mulher da família antiga lhe era totalmente dependente e seus filhos jamais alcançavam a maioridade, que não era concedida pela religião. Essas regras, para nós desumanas e até mesmo impiedosas, possibilitaram uma forte disciplina familiar com favoráveis implicações na organização militar daquele povo.

Com o desenvolvimento da história, estas severas regras arrefeceram quando se impuseram à sociedade familiar outros direitos, destacando-se o do cidadão, sobrepondo-se ao doméstico.

---

[26] BERR, Henri. *Apud* GLOTZ, Gustave. *A cidade grega*. Rio de Janeiro: Dufel, 1980, p. XVII.

Fustel de Coulanges, estudando o caráter essencialmente cívico-religioso do Estado-urbano, explica com clarividência a natureza de suas instituições, mostrando o equívoco das conclusões apressadas entre a democracia moderna e a democracia que os antigos alcançaram e valorizaram nos momentos culminantes de sua história.

Na verdade, o historiador francês apresenta o Estado grego e romano como um Estado

> (...) em que a religião é a senhora absoluta da vida privada e da vida jurídica, o Estado uma comunidade religiosa; o rei, um pontífice; o magistrado, um sacerdote; a lei, uma fórmula sagrada; o patriotismo, piedade; o exílio, excomunhão. O homem vê-se submetido ao Estado pela alma, pelo corpo e pelos bens. É obrigatório o ódio ao estrangeiro, pois a noção do Direito e do dever, da justiça e da afeição, não ultrapassa os limites da cidade (...).[27]

Com esses pressupostos, não era mesmo possível a liberdade individual, pois só se compreendia a plenitude da personalidade dentro do Estado e pelo Estado, a tal ponto que era apenas como parte componente de uma comunidade político-religiosa que o homem se revestia da qualidade de cidadão e, portanto, de ser livre.

Porém, na sua evolução pós-romana, a família moderna, recebendo a contribuição do Direito germânico, mudou a sua concepção. Recolhendo, sobretudo, a espiritualidade cristã, reduziu o grupo familiar aos pais e filhos, sucedendo à organização autocrática uma orientação democrática afetiva.

Assim, o centro de constituição familiar deslocou-se do princípio da autoridade paterna para o da compreensão e do amor. As relações de parentesco permutaram o fundamento político da agnação pela vinculação biológica da consanguinidade. E o pai, na modernidade, passou a exercer o pátrio poder exclusivamente no interesse dos filhos, menos como Direito e mais como dever.[28] Tudo isso levou a uma nova concepção da instituição familiar, abandonando-se o caráter

---

[27] COULANGES, Fustel de. *Apud* REALE, Miguel. *Horizontes do Direito e da história*. São Paulo: Saraiva, 1977, p. 20.

[28] Ver, neste sentido: MONTEIRO, Washington de Barros. *Curso de Direito civil*. São Paulo: Saraiva, 1973, p. 259 *et seq.* e PEREIRA, Virgílio de Sá. *Direito de família*. Rio de Janeiro: Freitas Bastos, 1950, p. 61 *et seq.*

hierático e conquistando-se novas relações e papéis, que encaminham modernamente a evolução da civilização humana.

5. REFERÊNCIAS BIBLIOGRÁFICAS

BERR, Henri. *Apud* GLOTZ, Gustave. *A cidade grega*. Rio de Janeiro: Difel, 1980.

COULANGES, Fustel de. *A cidade antiga*. Trad. Jonas Camargo Leite e Eduardo Fonseca. Rio de Janeiro: Ediouro, (s/d).

COULANGES, Fustel de. *A cidade antiga*. Trad. Frederico Ozanam Pessoa de Barros. Introdução do Prof. Riolando Azzi do Instituto Pio XI. São Paulo: Editora das Américas, 1967, v. I.

EVANS-PRITCHARD, E. E. *Antropologia social da religião:* contribuições em antropologia, história, sociologia. Rio de Janeiro: Campus, 1978.

GLOTZ, Gustave. *A cidade grega*. Trad. Henrique de Araújo Mesquita e Roberto Cortes de Lacerda. São Paulo: Difel, 1980.

MONTEIRO, Washington de Barros. *Curso de Direito civil*. São Paulo: Saraiva, 1973.

PEREIRA, Virgílio de Sá. *Direito de família*. Rio de Janeiro: Freitas Bastos, 1959.

REALE, Miguel. *Horizontes do Direito e da história*. 2. ed. São Paulo: Saraiva, 1977.

ROCHA, José V. C. Branco. *O pátrio poder*. Rio de Janeiro: Tupã, 1960.

Capítulo 6

DIREITO ROMANO CLÁSSICO: SEUS INSTITUTOS JURÍDICOS E SEU LEGADO

FRANCISCO QUINTANILHA VÉRAS NETO[1]

SUMÁRIO: 1. Introdução. 2. A importância do Direito romano e a sua presença nos ordenamentos jurídicos modernos. 3. As fases históricas da civilização romana e de suas instituições jurídico-políticas. 4. Leis e institutos romanos: o Direito de propriedade e das obrigações. 5. A queda do Império Romano e a emergência do mundo feudal. 6. A retomada pelos estudos romanísticos no Direito do ocidente europeu. 7. A recepção do Direito romano. 8. Conclusão. 9. Referências bibliográficas.

1. INTRODUÇÃO

A ideia de modo de produção já foi desenvolvida por Karl Marx, opondo a ideia de mundo antigo ao de sociedade antiga, criando uma periodização das fases do desenvolvimento histórico, iniciando portanto uma forma inusitada e impactante de interpretação materialista das transformações históricas, a partir do modelo de sucessão dos modos de produção asiático, escravagista, feudal e capitalista:

> Na produção social de sua vida, os homens estabelecem determinadas relações de produção que correspondem a uma determinada fase do desenvolvimento das suas forças produtivas materiais (...). Num certo estágio de seu desenvolvimento, as forças materiais da sociedade entram em conflito com as

---

[1] Professor do Curso de Direito da Universidade Federal de Rio Grande-RS. Mestre em Direito pela UFSC. Doutor em Direito e Relações Sociais pela UFPR. Autor do livro: *Cooperativismo*: nova abordagem sociojurídica. Curitiba: Juruá, 2002. Coautor da obra: *Política internacional, política externa e relações internacionais*. Curitiba: Juruá, 2003.

> relações de produção existentes, ou, o que não é senão a sua expressão jurídica, com as relações de propriedade dentro das quais se desenvolveram até ali (...). Abre-se, então, uma época de revolução social (...). Em linhas gerais, podemos designar os modos de produção asiático, feudal e burguês moderno como outras tantas épocas do progresso da formação econômica da sociedade.[2]

Essa interpretação dos modos de produção no tempo traz à tona a ideia de que o Império Romano e suas várias etapas históricas estariam fixados cronologicamente no modo de produção escravagista, em que o motor do desenvolvimento econômico estava nas grandes propriedades apropriadas pela aristocracia patrícia,[3] que, controlando os meios de produção, as terras e as ferramentas necessárias ao trabalho agrícola, dominavam as classes pobres e livres dos plebeus, clientes e a dos escravos, estes últimos classificados como *res* (coisa), eram uma espécie de propriedade instrumental animada. A sociedade desigual romana gerou uma série de instituições políticas e jurídicas *sui generis*, bem como um ambiente de conturbação e de conflitos de classe, decorrentes das desigualdades sociais, principalmente entre as classes dos patrícios e a dos plebeus, esta situação se manifestou, por exemplo, na rebelião plebeia que gerou a elaboração da famosa Lei das XII Tábuas,[4] atribuindo mais poder aos plebeus, reforçando a visão de Marx de que:

> Até hoje a história de todas as sociedades que existiram até nossos dias tem sido a história das lutas de classes (...).
> Nas primeiras épocas históricas, verificamos, quase por toda parte, uma completa divisão da sociedade em classes distintas, uma escala graduada de condições sociais. Na Roma antiga encontramos patrícios, cavaleiros, plebeus, escravos; na Idade Média, senhores, vassalos, mestres, companheiros, servos; e, em cada uma destas classes, gradações especiais.[5]

---

2 BOTTOMORE, Tom *et al. Dicionário do pensamento marxista*. Rio de Janeiro: Zahar, p. 346.

3 Classe dos grandes proprietários de terra no Império Romano.

4 A Lei das XII Tábuas teria sido o reflexo da ameaça plebeia de abandonar a cidade de Roma, fundando uma nova cidade no Monte Sagrado, próximo a Roma, caso as suas exigências não fossem atendidas pela classe dos patrícios. Como concessão para que as ameaças não se consumassem, os patrícios aceitaram que um conjunto de leis escritas fosse elaborado a fim de garantir maior isonomia (igualdade) entre patrícios e plebeus. Muitos historiados acreditam até que a Lei das XII Tábuas fora inspirada na legislação criada na Magna Grécia por Sólon.

5 MARX, Karl. *Manifesto comunista. León Trotsky. 90 anos do manifesto comunista.* São Paulo: Cadernos Desafio, 1991, p. 18.

Na monumental obra reconstituidora da história da vida privada ocidental, desde os romanos, George Duby fornece uma interessante análise do universo cultural romano, principalmente nas suas relações familiares, caracterizadas por valores que tornam a civilização romana tão exótica, para a moderna civilização mundial, como foram as civilizações ameríndias subjugadas e exterminadas pelos primeiros invasores europeus. Descontitui-se, assim, o mito de um universo cultural romano idealizado e similar ao do contexto europeu, mito imposto pelo racionalismo emergente do renascimento europeu. Torna-se, portanto, essencial a aplicação do método historicista e crítico, assim como a revalorização da relativização antropológica do princípio da alteridade, para enfim reatribuir a significação histórica do Direito romano em seu contexto histórico, caracterizado por um modo de produção escravagista, especificamente demarcado no tempo. Esse mundo era caracterizado por formas de dominação diferentes das atuais, incluindo aí um universo jurídico construído por formas peculiares de controle social, mantidas pela força coativa e pela persuasão de um universo cultural constituído por uma religião,[6] uma moral e filosofia típicas daquela civilização da Antiguidade Clássica.

A evidência do reconhecimento da prática da eugenia e do poder exacerbado do *pater familias* romano (pátrio poder), por exemplo, constituem-se em evidências historiográficas, que demarcam as diferenças culturais daquela sociedade patriarcal da Antiguidade, mais próxima talvez do nosso período colonial escravagista brasileiro, já imerso nas relações pré-capitalistas de produção típicas do capitalismo mercantilista colonial (pacto metropolitano).

> O nascimento de um romano não é apenas um fato biológico. Os recém-nascidos só vêm ao mundo, ou melhor, só são recebidos na sociedade em virtude de uma decisão do chefe de família; a contracepção, o aborto, o enjeitamento das crianças de nascimento livre e o infanticídio do filho de uma escrava são, portanto, práticas usuais e perfeitamente legais. Só serão malvistas, e, depois, ilegais, ao se difundir a nova moral que, para resumir, chamamos de estóica.

---

6 Primeiro, a religião era politeísta e antromorfizada, como para os gregos (deuses com formas e defeitos humanos), representando a guerra, o amor, a traição, etc. No final do Império, a partir do dominato, ocorre a expansão da religião cristã, que se torna inclusive a religião oficial do Império Romano, atingindo o auge na sua fase designada como Césaro Papismo (fase em que o imperador se torna também o chefe religioso cristão do Império).

> Em Roma um cidadão não 'tem' um filho: ele o 'toma', 'levanta' (tollere); o pai exerce a prerrogativa, tão logo nasce a criança, de levantá-la do chão, onde a parteira a depositou, para tomá-la nos braços e assim manifestar que a reconhece e se recusa a enjeitá-la. A mulher acaba de dar à luz (sentada, numa poltrona especial, longe de qualquer olhar masculino) ou morreu durante o trabalho de parto, e o bebê foi extraído de seu útero incisado: isso não basta para decidir a vinda de um rebento ao mundo.[7]

O abandono de crianças condicionava-se a diferentes motivos, que iam desde a má-formação do feto até questões relacionadas à classe social, sendo a criança enjeitada tanto por miséria como por políticas familiares de sucessão entre os ricos, visando permitir educação mais aprimorada para uma pequena prole, dotando-a, portanto, de melhores condições para competir naquela sociedade:

> A criança que o pai não levantar será exposta diante da casa ou num monturo público; quem quiser que a recolha. Igualmente será enjeitada se o pai, estando ausente, o tiver ordenado à mulher grávida; os gregos e os romanos sabiam de uma particularidade dos egípcios, dos germanos e dos judeus, que consistia em criar todas as suas crianças e não enjeitar nenhuma. Na Grécia era mais frequente enjeitar meninas que meninos; no ano 1 a.C., um heleno escreveu à esposa: 'Se (bato na madeira!) tiveres um filho, deixa-o viver; se tiveres uma filha, enjeita-a'. Mas não é certo que os romanos tivessem a mesma parcialidade. Enjeitavam ou afogavam as crianças malformadas (nisso não havia raiva, e sim razão, diz Sêneca: 'É preciso separar o que é bom do que não pode servir para nada'), ou ainda os filhos de sua filha que 'cometeu uma falta'. Entretanto, o abandono de filhos legítimos tinha como causa principal a miséria de uns e a política matrimonial de outros. Os pobres abandonavam as crianças que não podiam alimentar; outros 'pobres' (no sentido antigo do termo, que hoje traduziríamos por 'classe média') enjeitavam os filhos 'para não vê-los corrompidos por uma educação medíocre que os torne inaptos à dignidade e à qualidade', escreve Plutarco; a classe média, os simples notáveis, preferia, por ambição familiar, concentrar esforços e recursos num pequeno número de rebentos. Contudo, mesmo os mais ricos podiam rejeitar um filho indesejado cujo nascimento pudesse perturbar disposições testamentárias já estabelecidas. Dizia uma regra de Direito: 'O nascimento de um filho (ou filha) rompe o testamento' já selado anteriormente, a menos que o pai se conforme com deserdar de antemão o rebento que poderia vir a ter; talvez se preferisse nunca mais ouvir falar nele ou deserdá-lo.[8]

---

7 ARIES, Philippe; DUBY, Georges (Dir.). *História da vida privada.* São Paulo: Cia. das Letras, 1997, v. 1, p. 23.

8 ARIES, Philippe; DUBY, Georges. (Dir.). *História da vida privada.* São Paulo: Cia. das Letras, 1997, v. 1, p. 24.

O universo cultural e a significação moral advindas desse mundo escravagista atribuíam ao Direito civil romano a forma de Direito material e instrumental, baseado em ardis e fraudes, que, por sua vez, acabavam beneficiando os mais fortes em face da existência de uma sociedade extremamente desigual, em que o Direito formal permitia usualmente apenas aos mais fortes beneficiar-se do sistema jurídico existente devido ao seu poder material alicerçado nos planos econômico e militar:

> Em época normal, os costumes romanos são traduzidos com bastante exatidão pelo Direito civil, cujo cordão umbilical com a moral vigente nunca foi realmente cortado: a técnica desse Direito, mais verbal que conceptual e ainda menos dedutiva, permitia a seus profissionais entregarem-se a exercícios de virtuosismo. Tal Direito realmente permitia obter justiça? Fazia respeitar as regras do jogo quando os indivíduos as violavam para oprimir o próximo? Numa sociedade tão desigual, desigualitária e atravessada por redes de clientelas, não é necessário dizer que os direitos mais formais não eram reais e que a um fraco pouco tinha a ganhar processando os poderosos. E mais: mesmo quando não era violada, a justiça abria vias legais eficazes para obter o cumprimento do Direito? Bastará um exemplo, no qual veremos que o poder público organiza a vendeta privada e não faz nada para impedir.[9]

Não existiam a autoridade e a coerção públicas indispensáveis à implementação de decisões judiciais; e as violações mais cruéis possuíam apenas um caráter civil; não existia, portanto, coação pública capaz de impor a sanção penal, visando à proteção contra a violência que atingisse os bens jurídicos relevantes; as citações eram feitas pelas próprias partes, que dependiam muitas vezes de poder militar para obter êxito nesta iniciativa; não existia, pois, um poder público coativo e exterior, capaz de impor a sanção jurídica de forma organizada e centralizada:

> Suponhamos que um devedor não quer pagar o dinheiro que tomou emprestado; ou ainda que temos como única fortuna um pequeno sítio, ao qual nos apegamos porque nossos ancestrais ali viveram ou porque a região é agradável. Um poderoso vizinho cobiça nosso bem; à frente de seus escravos armados, invade a propriedade, mata nossos escravos que tentavam nos defender, nos mói de pancadas, nos expulsa e se apodera do sítio como se lhe pertencesse. O que fazer? Um moderno diria: apresentar queixa ao juiz (*litis denuntiatio*), obter justiça e recuperar nosso bem através da autoridade pública (*manu militari*). Sim, as coisas serão mais ou menos assim no final

9 ARIES, Philippe; DUBY, Georges. *Op. cit.*, p. 166.

> da Antiguidade, quando os governantes de província terão finalmente feito triunfar em todas as coisas seu ideal de coerção pública. Mas na Itália dos dois ou três primeiros séculos de nossa era, a situação será diferente.
>
> A agressão de nosso poderoso vizinho constitui um delito puramente civil e não implica coerção penal; cabe-nos, pois, garantir o comparecimento do adversário perante a justiça; para isso, precisamos agarrar esse indivíduo no meio de seus homens, arrastá-lo e acorrentá-lo em nossa prisão privada até o dia do julgamento. Se não pudermos levá-lo à presença do juiz, não haverá processo (*litis contestatio*). Mas conseguimos e, graças à intervenção de um homem poderoso que nos aceitou como cliente, obtivemos justiça: a sentença diz que o Direito está a nosso favor; nada mais nos resta do que executar pessoalmente a sentença, desde que tenhamos os meios. Trata-se aparentemente de lutar para reaver a terra de nossos ancestrais? Não. Por uma bizarrice inexplicável, um juiz não pode condenar um acusado a simplesmente restituir a coisa roubada. Abandonando nosso sítio à própria sorte, ele nos autorizará a tomar posse de todos os bens e domínios de nosso adversário, que venderemos em leilão; guardaremos uma soma de dinheiro igual ao valor que o juiz atribuiu ao sítio (*aestimatio*) e entregamos o restante a nosso adversário.[10]

A estratificação social romana composta por homens livres e escravos é importante para entender posteriormente, por exemplo, o tipo de casamento estabelecido por aquela população romana e as suas diferenças em relação às formas existentes hoje:

> Na Itália romana, um século antes ou depois de nossa era, cinco ou seis milhões de homens e mulheres são livres e cidadãos; vivem em centenas de territórios rurais (*civitas*) que têm como centro uma cidade (*urbs*) com seus monumentos e casas ou *domus*. Contam-se ainda um ou dois milhões de escravos, que são ou domésticos ou trabalhadores agrícolas. Sobre seus costumes, sabemos apenas que a instituição privada do casamento lhes era proibida e como tal permanecerá até o século III. Consta que essa gente vivia em estado de promiscuidade sexual, com a exceção de um punhado de escravos de confiança que administravam a casa do senhor ou que, servindo ao próprio imperador, eram os funcionários da época. Esses privilegiados tomavam por longo tempo uma concubina exclusiva ou a recebiam das mãos do senhor.[11]

O casamento romano não possuía uma configuração que permitisse a intervenção de um poder público e estava essencialmente

---

[10] ARIES, Philippe; DUBY, Georges. (Dir.). *História da vida privada.* São Paulo: Cia. das Letras, 1997, v. 1, p. 166.

[11] ARIES, Philippe; DUBY, Georges. *Op. cit.*, p. 45.

disciplinado pelo Direito privado, que não era escrito, pelo contrário, era informal e oral, ocorrendo apenas a presença precária de testemunhas e em última instância da prova verbal dos nubentes restabelecedores da celebração através de suas memórias:

> (...) o casamento romano é um ato privado, um fato que nenhum poder público deve sancionar: ninguém passa diante do equivalente de um juiz ou de um padre; é um ato não escrito (não existe contrato de casamento, mas apenas um contrato de dote) e até informal: nenhum gesto simbólico, por mais que se diga, era obrigatório. Então, como um juiz, em caso de litígio por uma herança, podia decidir se um homem e uma mulher eram legitimamente casados? Na falta de gesto ou escrito formais, decidia pelos indícios, como um tribunal para estabelecer um fato. Que indícios? Por exemplo: atos inequívocos, tais como uma constituição de dote, ou gestos que provavam a intenção de ser esposo: o suposto marido sempre havia qualificado de esposa a mulher com quem vivia; ou ainda testemunhas podiam atestar que haviam assistido a uma pequena cerimônia de evidente caráter nupcial. Em última instância, somente os cônjuges podiam saber se, em seu pensamento, estavam casados.[12]

Após a análise preliminar sobre a inserção da Civilização Romana, no antigo modo de produção escravagista típico da Grécia e peculiarmente de Roma e de alguns apontamentos sobre a sua mentalidade característica, procura-se a partir daqui ingressar na história propriamente de Roma e de suas instituições jurídicas e políticas, analisando as várias etapas que marcaram o desenvolvimento do Império Romano.

2. A IMPORTÂNCIA DO DIREITO ROMANO E A SUA PRESENÇA NOS ORDENAMENTOS JURÍDICOS MODERNOS

José Cretella Júnior aponta alguns significados da expressão "Direito romano", interpretando-o como: a) aquele Direito que vigorou por 12 séculos; b) "Direito privado romano"; c) o Direito contido no "Corpo do Direito Civil", para separá-lo do "Corpo de Direito Canônico", ou "*Corpus Juris Civilis*" e "*Corpus Juris Canonici*", abrangendo mais delimitadamente aquele Direito condensado no Império Romano do Oriente por Justiniano:

---

12 ARIES, Philippe; DUBY, Georges. *Op. cit.*, p. 45.

> A expressão Direito romano é empregada ainda para designar as regras jurídicas consubstanciadas no Corpus Juris Civilis, conjunto ordenado de leis e princípios jurídicos reduzidos a um corpo único, sistemático, harmônico, mas formado de várias partes, planejado e levado a efeito no VI século de nossa era por ordem do imperador Justiniano, de Constantinopla, monumento jurídico da maior importância, que atravessou séculos e chegou até nossos dias.[13]
>
> O conjunto de normas jurídicas regeram o povo romano nas várias épocas de sua História, desde as origens de Roma até a morte de Justiniano, Imperador do Oriente, ocorrida em 565 da era cristã.[14]

A importância do estudo do Direito romano, para os juristas, é traduzida nesta passagem de José Carlos Moreira Alves, citando o autor francês Huvelin:

> Ora, nenhum Direito do passado reúne, para esse fim, as condições que o Direito romano apresenta. Abarcando mais de 12 séculos de evolução – documentada com certa abundância de fontes –, nele desfilam, diante do estudioso, os problemas de construção, expansão, decadência e extinção do mais poderoso império que o mundo antigo conheceu. É assim o Direito romano notável campo de observação do fenômeno jurídico em todos os seus aspectos.[15]

O Direito romano continua vivo em várias instituições liberais individualistas contemporâneas, principalmente naquelas instituições jurídicas concernentes ao Direito de propriedade no seu prisma civilista e ao Direito das obrigações, norteando o caráter privatístico do nosso Código Civil, priorizador da defesa da propriedade como Direito real, *erga omnes,* absoluto, portanto, como um Direito ilimitado, calcado no privilégio de usar (*jus utendi*), gozar (*jus fruendi*) e abusar da coisa (*jus abutendi)*, justificando inclusive o desforço *in continenti*, ou seja, a legítima defesa da posse. Desta forma, a reapropriação formal dos conceitos jurídicos romanos adaptou-se historicamente à organização do cálculo racional, à previsibilidade das expectativas exigidas pelo mercado e à certeza jurídica, como fatores obliteradores

---

[13] CRETELLA JR., José. *Curso de Direito romano*: o Direito romano e o Direito civil brasileiro. 21. ed. Rio de Janeiro: Forense, 1998, p. 9.

[14] GRASSI, Fiorindo David. *Direito romano hoje*: síntese da história e da filosofia do Direito romanista. Frederico Westphalen-RS: URI, 1996, p. 53.

[15] HUVELIN. *Apud* ALVES, José Carlos Moreira. *Direito romano.* Rio de Janeiro: Forense, 1999, v. 1, p. 2.

em muitas circunstâncias de uma ideia mais ampla de justiça social, nas sociedades capitalistas modernas e no colonialismo e neocolonialismo típicos das economias pré-capitalistas coloniais e dos países constituintes da periferia do sistema capitalista atual.

José Cretella Júnior define tal reapropriação a partir da sobrevivência, em nosso ordenamento legal, de vários institutos reassimilados, da estrutura do antigo Direito romano:

> Em segundo lugar, numerosos institutos do Direito romano não morreram: estão vivos, ou exatamente como foram, ou com alterações tão pequenas que se reconhecem, ainda, nos modernos institutos de nossos dias que lhes correspondem. Para dar exemplos, apenas no campo das obrigações, podemos citar diversos tipos de contratos (a compra e venda, o mútuo, o comodato, o depósito, o penhor, a hipoteca) ainda existentes nos sistemas jurídicos de hoje.[16]

A expressão *Corpus Juris Civilis* não foi lançada por Justiniano, mas pode ser creditada ao estudioso do Direito romano Denis Godefroy, a que atribuiu à compilação de quatro livros, *Institutas, Pandectas, Digesta* e *Codex,* feita por uma comissão de juristas dirigidos por Triboniano, jurista de Beirute, a serviço do Império Romano do Oriente. Essa comissão foi designada para compilar o Direito do período clássico romano feito pelos jurisconsultos antigos do período clássico (*Digesta* e *Pandectas*). Queríam também compilar as constituições imperiais (*Codex*) e criar o material didático acessível ao Direito romano para o estudante de Direito (*Institutas*). Esse trabalho de sistematização do Direito romano foi feito a mando do Imperador romano do Oriente, Justiniano. Grande parte do que conhecemos sobre o Direito romano chegou a nossa era devido ao resgate dessas compilações, principalmente das *Institutas*:

> A compilação feita por ordem de Justiniano, já no declínio do Império Romano, e que se corporificou em quatro livros, somente muito mais tarde, ou seja, já em 1583, é que foi chamada pelo romanista francês Denis Godefroy de *Corpus Juris Civilis*, em obra que publicou em latim, resultando que essa expressão acabou sendo consagrada universalmente.[17]

---

[16] CRETELLA JR., José. *Curso de Direito romano*: o Direito romano e o Direito civil brasileiro. 13. ed. 1993, p. 10.

[17] PINHEIRO, Ralph Lopes. *1.000 perguntas sobre a história do Direito*. Rio de Janeiro: Biblioteca da Universidade Estácio de Sá, 1997, p. 45.

3. AS FASES HISTÓRICAS DA CIVILIZAÇÃO ROMANA E DE SUAS INSTITUIÇÕES JURÍDICO-POLÍTICAS

Os períodos em que a historiografia jurídica divide a história jurídico-política do Império Romano correspondem a etapas cronológicas plenamente delimitadas: 1) Período da Realeza (das origens de Roma à queda da realeza em 510 a.C.); 2) Período da República (510 a.C. até 27 a.C., quando o Senado investe Otaviano – futuro Augusto – no poder supremo, com a denominação de *princeps*); 3) Período do Principado (de 27 a.C. até 285 d.C., com o início do *dominato* pró-Diocleciano); 4) Período do Baixo Império (de 285 até 585 d.C., data em que morre Justiniano).

No primeiro período, que corresponde à Realeza, atribui-se uma origem lendária aos romanos, através da lenda de Rômulo e Remo,[18] cuja existência Moreira Alves atribui à simbologia da representação de dois grupos etruscos rivais, que disputavam o poder, já que de acordo com várias teses foi este o povo que fundou Roma, após derrotar a Liga Setimonial e a outra liga dos povos locais, chamada de Albana. As ligas constituíam-se em alianças das tribos do antigo Lácio, para resistirem aos inimigos externos. Os etruscos teriam subjugado estes povos, empreendendo um trabalho de secagem dos pântanos entre as colinas, substituindo a pecuária pastoril pelo desenvolvimento da agricultura; na segunda etapa, deram a primeira organização política a Roma no período da Realeza.[19]

Na fase da Realeza surgem algumas instituições político-jurídicas ainda muito vinculadas à existência de um Estado Teocrático. O cargo de rei assume caráter de magistratura vitalícia, sendo ao mesmo tempo chefe político, jurídico, religioso e militar, ou seja, o rei era o magistrato único, vitalício e irresponsável.[20]

Existiam também alguns cargos auxiliares ao rei, assessores militares (*tribunus militum* e *celerum*); encarregados da custódia da cidade

---

18 Rômulo e Remo teriam sido criados por uma loba, e Remo teria violado um augúrio, um rito sagrado, sendo morto pelo seu irmão gêmeo Rômulo, suposto fundador de Roma.

19 PEIXOTO, Matos. *Apud* ALVES, José Carlos Moreira. *Direito romano*. Rio de Janeiro: Forense, 1999, v. 1, p. 07.

20 ALVES, José Carlos Moreira. *Op.cit.*, p. 8-9.

(*praefectus urbs*), funções judiciárias (os *duouiri perduellionis*: juízes nos casos de crimes contra o Estado); os magistrados encarregados do julgamento do assassínio voluntário de um *pater familias* pelo seu filho (*quaestore parricidii*), nas funções religiosas (os membros dos colégios dos pontífices, áugures e feciais).

O Senado funcionava como uma espécie de Conselho do Rei, composto por 100 membros; era subordinado ao rei e por este convocado; sua função era consultiva e não deliberativa e, em relação aos comícios, possuía competência deliberativa.[21] Existiam também os comícios por cúrias, que eram chamados pelo rei e pelo senado para modificar a ordem legal da *civitas*.[22]

O Direito era essencialmente costumeiro, sendo a jurisprudência monopolizada pelos pontífices.[23] O período da realeza ter-se-ia encerrado com a queda de Tarquínio, o soberbo.

No período da República, as magistraturas passaram a ganhar mais prestígio, destacando-se do poder dos dois cônsules, que inicialmente são as magistraturas únicas e vitalícias; comandam o exército, velam pela segurança pública, procedem recenseamento da população, administram a justiça criminal.

Com a *Lex Valeria*, a gestão das finanças é delegada a dois questores. Em 501 a.C., criou-se a magistratura da ditadura, que durava seis meses, e em 443 a.C., surgem os censores. Com a *Lex Licinia de Magistratibus*, os plebeus adquiriram o Direito de ser cônsules. A plebe depois consegue também o Direito de participar de outras magistraturas, como a encarregada de fiscalizar espetáculos, da vigilância sanitária (*edilidade curul*), a ditadura (magistratura dos tempos de guerra), a censura (magistratura encarregada do recenseamento) e a pretura urbana e peregrina (magistraturas que aplicavam o Direito civil romano aos romanos e aos estrangeiros) que criaram o *jus honorarium*, Direito prático dos pretores, complementadora do rígido Direito civil (*jus civile*). As magistraturas romanas nesse período caracterizavam-se por serem temporárias, colegiadas, gratuitas e irresponsáveis.[24]

---

21 ALVES, José Carlos Moreira. *Op. cit.*

22 ALVES, José Carlos Moreira. *Op. cit.*, p. 11.

23 ALVES, José Carlos Moreira. *Op. cit.*, p. 12.

24 ALVES, José Carlos Moreira. *Op. cit.*, p. 15.

Finalmente, no período do Principado surgem os comícios centuariatos, que teriam aparecido conforme a tradição na época do Imperador Sérvio Túlio. Tais comícios seriam agrupados em cinco classes divididas de acordo com a riqueza imobiliária; mais tarde, os bens móveis foram também computados no recenseamento da riqueza dos cidadãos romanos, patrícios e plebeus. As classes superiores, dos cavaleiros e dos proprietários fundiários patrícios, terminavam por prevalecer às votações centuriais, devido ao peso excessivo atribuído nas votações das duas primeiras centúrias, compostas de membros da classe privilegiada romana.[25]

As fontes do Direito na República são o costume, a lei e os editos dos magistrados.[26]

A passagem da República ao Império fez-se progressivamente. O progresso econômico, as dificuldades sociais e as vastas conquistas provocaram, durante o século I a.C., uma crise política, que desencadeou a centralização de todos os poderes em Octávio, o qual manteve as instituições da República, e tendo recebido do Senado o título de Augusto. Este criou a instituição do *imperium proconsular* e o poder do *tribunato* vitalício; foi proclamado general vitorioso (*imperator*) e não estava vinculado nem limitado pela lei (*legibus solutio*). Era o primeiro dos cidadãos (*princeps*) e concentrava todos os poderes do novo regime político, sendo que, em Roma, respeitava as instituições políticas, mas, nas províncias imperiais, agia como um monarca absoluto.[27]

Nesse período também se destacam alguns dos maiores jurisconsultos e criadores de conceitos tópicos da "ciência jurídica romana", incluindo alguns dos maiores sistematizadores do Direito romano, que mais tarde foram elevados à condição de fonte imutável do Direito romano, no período justianeu (Império Romano do Oriente):

> Dessa época, destaque para Sálvio Juliano e outros cinco notáveis juristas: Papiniano (considerado pelo Imperador Justiniano e pelos romanistas o maior que Roma já tivera), Paulo, Gaio, Ulpiano e Modestino (último dos jurisconsultos clássicos, viveu no século III d.C.).[28]

---

25 ALVES, José Carlos Moreira. *Op. cit.*, p. 17.

26 ALVES, José Carlos Moreira. *Op. cit.*, p. 21.

27 DEMO, Wilson. *Manual de história do Direito*. Florianópolis: OAB/SC, 2000, p. 76.

28 DEMO, Wilson. *Op. cit.*, p. 77.

O último período da história da civilização romana é o do Baixo Império (*dominato*), quando ocorre a cristianização do Império, e também a decadência política e cultural; a fonte de criação do Direito passa a ser a constituição imperial:

> Por volta do ano 284 d.C., Diocleciano encerra a transição iniciada na fase anterior e afirma seu poder absoluto. O imperador já não é mais o princeps, mas o dominus, o senhor do império. O seu poder é absoluto e divinizado, encarna a res publica e legisla só (*quod principi placuit, legis haber vigorem*), datando desta época os primeiros esforços de reunião da legislação em único documento.[29]

O próximo passo é o de fixar a importância da Lei das XII Tábuas, do *Corpus Juris Civilis*, e de alguns institutos jurídicos romanos mais importantes, como a propriedade, a personalidade e o Direito obrigacional.

4. LEIS E INSTITUTOS ROMANOS: O DIREITO DE PROPRIEDADE E DAS OBRIGAÇÕES

O Direito da época arcaica se consubstancia na Lei das XII Tábuas; conhecem-se apenas fragmentos da literatura dos fins da República e do começo do Principado.

Os magistrados patrícios julgavam segundo tradições que apenas eles conheciam e aplicavam. A incerteza na aplicação do Direito, por parte dos magistrados patrícios, levou a plebe a pleitear a elaboração de leis escritas.[30]

Os patrícios se constituíram no segmento social hegemônico da sociedade romana antiga, pois

> (...) somente eles gozavam de todos os direitos civis e políticos, como, por exemplo, o *ius suffragi*, que consistia na faculdade de votar nos comícios; o *ius honorarium*, que era o Direito de exercer os cargos públicos; o *ius ocupandi agrum publicum*, isto é, o Direito de posse das terras conquistadas; o Direito de adquirir a propriedade de acordo com os processos romanos (*ius commerci*); o Direito de contrair casamento (*ius conubi*). No entanto, ao lado

[29] DEMO, Wilson. *Manual de história do Direito*. Florianópolis: OAB/SC, 2000, p. 78-79.

[30] DEMO, Wilson. *Op. cit.*, p. 74.

dessas prerrogativas era imposta aos patrícios a obrigação de pagar os impostos (*ius tributi*), como também a de prestar o serviço militar (*ius militae*).[31]

A Lei das XII Tábuas foi elaborada por uma comissão de três magistrados,[32] encarregados de pesquisar, na Magna Grécia, as leis de Sólon, propiciando a criação de um código escrito de leis romanas.[33] As disposições normativas estavam distribuídas nas seguintes tábuas:

Tábua I

Referia-se ao chamamento a juízo; a ninguém era lícito fugir do chamamento judicial. Não havia oficial de justiça para o desempenho de tais funções: o autor da demanda fazia a própria citação.

Tábua II

Suspensão da causa por motivo de moléstia: estabelecia o prazo para comparecimento a juízo.

Tábua III

Execução no caso de confissão por dívida: após condenado, o devedor tinha 30 dias para pagar. Se não pagasse, era preso e levado à presença do magistrado; se a dívida persistisse (o devedor) seria preso por correias ou com ferro de 15 libras aos pés; se continuasse não pagando, podia ser morto, esquartejado de acordo com o número de escravos ou alienado como escravo.[34] Isto se explica porque nesse período a Realeza vivia situação precária, só depois o erário romano se enriqueceu com os saques (pilhagens de outros povos). Sérvio Túlio, o sexto rei, institui a estatística: tudo era cadastrado e os censores vasculhavam

31 VANDICK, L. da Nóbrega. *Compêndio de Direito romano*. Rio de Janeiro: Freitas Bastos, 1976, p. 136.

32 Existem dúvidas se o número de juristas designados para esta missão era de 3 ou 5 juristas.

33 Cf. GRASSI, Fiorindo David. *Direito romano hoje*: síntese da história e da filosofia do Direito romanista. Frederico Westphalen-RS: URI, 1996, p. 33.

34 Cf. ALTAVILA, Jayme. *Origem dos direitos dos povos*. São Paulo: Ícone, 1989, p. 93.

cada canto do reino à procura de riqueza para pagar impostos e ampliar as receitas.

Tábua IV

Tratava do poder paterno e de outras matérias de Direito de família (*in jure patrio*): o filho monstruoso podia ser morto imediatamente; defendiam a eugenia; o pai tinha sobre o filho Direito de vida e morte, ou seja, tinha Direito de flagelar, aprisionar, obrigar a trabalhos rústicos, vender e matar; com o tempo isto se foi amenizando e mais tarde esses casos dariam margem a destituição do pátrio poder (neste aspecto, gregos e romanos diferiam de outros povos da Antiguidade).

Tábua V

Da tutela hereditária: as mulheres não podiam gerir os negócios civis, permanecendo em tutela perpétua. Não se podia fazer usucapião de coisas que estivessem sob a tutela da mulher (ela era absolutamente incapaz no início do período republicano).

Tábua VI

Da propriedade e da posse (*dominio et possessione*): constituiu uma admirável base do Direito civil. Roma era agrária, não possuía exploração de minérios; os romanos cultivavam oliveira, vinha e trigo; proibiam a compra de propriedades imóveis por estrangeiros, para não prejudicar os nacionais (a propriedade fundiária desempenhava papel essencial para os romanos, tanto no plano econômico, como no plano da religião, pelo culto aos ancestrais ali enterrados).

Tábua VII

Do Direito relativo aos edifícios e às terras: a ciência econômica dos romanos era a de um povo guerreiro e agrícola. O reino, e depois a República, possuíam terras públicas, por isto traduziram o livro de agronomia do cartaginês Magon; as estradas não podiam ser depredadas, pois eram o local de deslocamento das legiões; aquele que defecasse nas estradas reais podia ser severamente punido. O inciso IX permitia cortar o galho das árvores, se a sombra invadisse o quintal da propriedade vizinha; pelo inciso X, o proprietário tinha Direito a colher os frutos das árvores vizinhas que chegassem ao seu quintal. Esses preceitos aparecem em nosso código civil: uso nocivo das propriedades, das árvores limítrofes, da passagem forçada.[35]

Segundo a célebre obra de Fustel de Coulanges, *A cidade antiga*, a propriedade não deve ser interpretada sob as mesmas luzes da propriedade existente no campo e nas cidades da sociedade capitalista, pois era diferente em significação, em uso e em finalidade.

> Os antigos basearam o Direito de propriedade em princípios diferentes das gerações presentes; e daqui resulta serem as suas leis, pelas quais o garantiram, sensivelmente diversas das nossas.[36]

De acordo com o mesmo autor, os romanos foram pioneiros na fixação da propriedade privada, já que povos como os tártaros e os germanos admitiam esta forma de propriedade, mas somente em relação aos rebanhos e às colheitas.[37]

> Ao contrário, as populações da Grécia e as da Itália, desde a mais remota antiguidade, sempre conheceram e praticaram a propriedade privada. Nenhuma recordação histórica existe de época alguma em que a terra estivesse em comum; e nada se encontra se assemelhe à partilha anual dos campos tal como esta se praticou entre os germanos (...).[38]

A propriedade configura-se perpétua e impassível de contestação por outros devido ao seu caráter sagrado, como objeto de propriedade perpétua das famílias:

> Como em tudo isto se manifesta o carácter da propriedade! Os mortos são deuses pertencendo propriamente à família, e só a família tendo o Direito de os invocar. Esses mortos tomaram posse do solo, vivem sob esse pequeno outeiro, e ninguém, a não ser da família, pode pensar em introduzir-se no seu grêmio. Ninguém igualmente tem o Direito de desapossá-los da terra

[35] ALTAVILA, Jayme. *Origem dos direitos dos povos*. São Paulo: Ícone, 1989, p. 100.

[36] COULANGES, Fustel de. *A cidade antiga*: estudo sobre o culto, o Direito e instituições da Grécia e de Roma. Lisboa: Livraria Clássica, 1954, p. 82-83.

[37] COULANGES, Fustel de. *Op. cit.*, p. 83.

[38] COULANGES, Fustel de. *Op. cit.*, p. 83-84.

> que ocupam; um túmulo, entre os antigos, não pode ser destruído, nem deslocado; proíbem-se às mais severas leis. Aqui está, pois, parcela de terra em nome da religião tornada objecto de propriedade perpétua em cada família. A família apropriou-se desta terra, colocando nela os seus mortos, ficando-se lá para sempre (...).[39]

Mas, mesmo sendo considerado o mais forte poder de uma pessoa sobre um objeto, o Direito de propriedade nunca teve caráter ilimitado e absoluto, mesmo em Roma:

> A limitação da Propriedade no Direito romano, entretanto, se fez sentir não só nas limitações decorrentes dos direitos de vizinhança e das servidões surgidas no corpo normativo, mas, principalmente pela redução gradativa dos poderes dos senhores sobre os escravos, objetos que eram no Direito de Propriedade. Desta maneira, acabou o Direito romano a limitar os poderes dos proprietários, na medida em que proibia a plena disposição, utilização e gozo por parte do proprietário do escravo que possuía.[40]

O Direito de propriedade já era previsto nos códigos mais antigos. O estudo mais abrangente, porém, feito pelos juristas, toma quase sempre como ponto de partida o Direito romano. Maria Helena Diniz faz uma síntese do Direito de propriedade na antiga Roma:

> Na era romana preponderava um sentido individualista da Propriedade, apesar de ter havido duas formas de Propriedade coletiva: a da gens, possuindo cada indivíduo uma restrita porção de terra (1/2 hectare), e só eram alienáveis os bens móveis. Com o desaparecimento dessa Propriedade coletiva da cidade, sobreveio a da família, que, paulatinamente, foi sendo aniquilada ante o crescente fortalecimento da autoridade do *pater familias*. A Propriedade coletiva foi dando lugar à privada, passando pelas seguintes etapas, que Hahnemann Guimarães assim resume: 1) Propriedade individual sobre os objetos necessários à existência de cada um; 2) Propriedade individual sobre os bens de uso particular, suscetíveis de serem trocados com outras pessoas; 3) Propriedade dos meios de trabalho e de produção; 4) Propriedade individual nos moldes capitalistas, ou seja, seu dono pode explorá-la de modo absoluto.[41]

---

39 COULANGES, Fustel de. *Op. cit*., p. 90.

40 FRANCISCO, Caramuru Afonso. A propriedade urbana na nova ordem constitucional. *In*: *A propriedade e os direitos reais na Constituição de 1988*. São Paulo: Saraiva, 1991, p. 18.

41 DINIZ, Maria Helena. *Curso de Direito civil*. 8. ed. São Paulo: Saraiva, 1989, v. IV, p. 85-86.

O povo romano foi o primeiro a conceber a autonomia da ciência jurídica, tendo nisso 13 séculos de experiência que nos legou o que hoje se denomina Direito Romano. Portanto, não se pode desprezar tal fonte para estudo e crítica de qualquer instituto jurídico atual, por ele influenciado.

Obviamente, os romanos não deixaram de conceber em termos jurídicos uma das instituições mais duradouras e controversas da civilização humana, o Direito de propriedade, que define em grande parte a divisão da sociedade em classes, determinando o poder econômico e político para quem detém o poder jurídico de dispor sobre a propriedade.

A Lei das XII Tábuas já protegia a propriedade, punindo aqueles que contra ela atentassem, furtando-a, danificando-a, etc.

Todavia, mesmo sendo considerado mais forte poder de uma pessoa sobre um objeto, o Direito de propriedade nunca teve caráter ilimitado e absoluto em Roma:

> A limitação da Propriedade no Direito romano, entretanto, se fez sentir não *só nas limitações decorrentes dos direitos de vizinhança e das servidões surgidas no corpo normativo, mas, principalmente pela redução gradativa dos poderes dos senhores sobre os escravos, objetos que eram no Direito de Propriedade. Desta maneira, acabou o Direito romano a limitar os poderes dos proprietários, na medida em que proibia a plena disposição, utilização e gozo por parte do proprietário do escravo que possuía.*[42] [Grifos nossos]

De acordo com Thomas Marky, na sua obra introdutória ao Direito romano, a propriedade quiritária, a primeira forma de propriedade romana, já formalmente conceitual e abstrata, o denominado *dominium ex iure Quiritium*,[43] exigia, para sua configuração, o atendimento de alguns requisitos legais:

> Pressupõe, naturalmente, que seu titular seja cidadão romano. Outro pressuposto é que a coisa, sobre que recaía a propriedade quiritária, possa ser objeto dela. Estão nesta condição todas as coisas corpóreas, *in commercio*,

---

42 FRANCISCO, Caramuru Afonso. A propriedade urbana na nova ordem constitucional. *In*: *A propriedade e os direitos reais na Constituição de 1988*. São Paulo: Saraiva, 1991, p. 18.

43 MARKY, Thomas. *Curso elementar de Direito romano.* São Paulo: Saraiva, 1995, p. 69.

> exceto os terrenos provinciais. Terceiro pressuposto é que a coisa tenha sido adquirida, pelo seu titular, por meio reconhecido pelo *ius civile*. Tais meios eram: 1º) os modos de aquisição originários; 2º) o usucapião; 3º) para as *res mancipi*, a simples *traditio* (...).[44]

De acordo com o mesmo autor, o *ius civile* era rígido e complicado demais para o rápido desenvolvimento dos negócios, pois o comércio, exigia menos formalidade, como a transmissão da propriedade pela simples tradição (*res mancipi*).[45]

No período clássico, o Direito de propriedade se intensificou e as terras conquistadas foram reconhecidas como propriedade pretoriana, assim como já o era a quiritária (originária da própria constituição da cidade pelas gens patrícias).

No último período da República, surgiu um instituto semelhante ao da propriedade: a relação *in bonis habere*, tutelada pelo pretor, que a assegurava mediante a concessão de uma série de ações e exceções, fundadas no edito pretoriano (criando os interditos possessórios).

Também denominada propriedade pretoriana ou bonitária, a relação *in bonis habere* era exercida sobre a propriedade quiritária. Havia, assim, dois tipos de proprietário: o quiritário e o bonitário.

O proprietário quiritário exercia o *nudum ius,* enquanto o bonitário exercia praticamente todos os direitos, exceto o da alienação *per vindicationem*.

A propriedade bonitária, por sua vez, poderia transformar-se em quiritária pelo usucapião.

Existia ainda a propriedade provincial, do *jus gentium* (Direito internacional, aplicado aos não romanos). O pretor foi responsável pela criação de um novo sistema processual de ações, que burlou as prescrições formalistas da *mancipatio* e da *in iure cessio*.

A *in iure cessio*, por exemplo, era o ritual em que o alienante e o comprador se apresentavam perante o pretor urbano, em Roma, ou governador, nas províncias. O modo de aquisição quiritária era aplicado tanto aos imóveis quanto aos móveis. Só os cidadãos romanos podiam usucapir, desde que estivessem presentes algumas condições (*res habilis, titulus, fides, possessio, tempus*): coisa hábil ao usuca-

---

44 MARKY, Thomas. *Op. cit.*

45 MARKY, Thomas. *Op. cit.*

pião, o título, a boa-fé, a posse, o decurso de tempo, apreensão física (*corpus*) e a intenção, a vontade de ter a coisa como sua (*animus*).[46]

Os imperadores Severo e Caracala estabeleceram os seguintes prazos para tipificar a posse prolongada pelo usucapião – *ad usucapionem*: 10 anos para o possuidor, quem não é dono (*non domino*), que tivesse justo título; e 20 anos, se as partes residissem em cidades diversas.[47]

No caso do vendedor, este continuaria proprietário enquanto não ocorresse o usucapião, caso em que o pretor concedia, fornecendo a exceção da coisa vendida através da tradição (*traditio*), criando a *exceptio rei venditae et traditae*, ao comprador que havia pago o preço. Isto combatia o formalismo de ritos formais, que prejudicavam os compradores que agiam de boa-fé, em detrimento da má-fé, dos vendedores inescrupulosos. Os pretores concediam uma ação que definia o início do curso do usucapião (*usucapitio*); a *actio publiciana* era um remédio processual a ser utilizado por analogia, com a aquisição pelo não proprietário. Essa propriedade construída pelas ações pretorianas também era enquadrada como bonitária.[48]

A propriedade quiritária exigia a concorrência de três requisitos: fundo romano, proprietário romano e a aquisição de acordo com o Direito civil.

Os terrenos provinciais do império não podiam ser adquiridos como propriedade particular, mas se deu aos particulares uma concessão semelhante, quase idêntica à propriedade:

> A propriedade particular foi excluída de tais terrenos. Entretanto, o Estado podia conceder, e realmente concedeu, o gozo deles a particulares, concessão semelhante, mas não idêntica, à propriedade. Os textos indicam-na com as expressões *habere possidere frui.* Gaius a chama *possessio vel usufructus*. Na prática aplicam-se-lhe todas as regras referentes ao domínio em geral.[49]

Nas províncias dividiam-se os imóveis em *praedia stipendaria* e *praedia tributaria*, conforme sua localização e consequente espécie

[46] GRASSI, Fiorindo David. *Direito romano hoje*: síntese da história e da filosofia do Direito romanista. Frederico Westphalen-RS: URI, 1996, p. 139.

[47] MARKY, Thomas. *Curso elementar de Direito romano*. São Paulo: Saraiva, 1995, p. 140.

[48] MARKY, Thomas. *Op. cit.*, p. 69-70.

[49] MARKY, Thomas. *Op. cit.*, p. 71.

de tributo. Eram alienados pela *traditio* e não pela *mancipatio*, não se lhes aplicando as regras do *ius civile,* mas do *ius gentium.*

Somente o Imperador Maximiano, no século II, acabou com a distinção fiscal entre fundos itálicos e provinciais.

Como visto, até a equiparação dos fundos itálicos ao *ager romanus*, ocorrida no século I a.C., somente os cidadãos romanos poderiam ser titulares de propriedade quiritária. No entanto, a realidade fundiária romana comportava, além do *ager romanus* e dos fundos itálicos, os fundos provinciais e os peregrinos.

As terras provinciais eram públicas, mas ocupadas e utilizadas por particulares, que pagavam imposto, que não era devido pelos proprietários dos fundos itálicos.

Esse imposto, *vectigal,* era designado conforme a localização da província: se situada nas terras senatoriais, *stipendium*; se nas imperiais, *tributum*.

Por longo tempo, foi essa a diferença substancial entre os fundos provinciais e os itálicos: estes não pagavam imposto, enquanto aqueles deveriam fazê-lo a título de reconhecimento de domínio.

A propriedade peregrina, por sua vez, era regulada pelo Direito estrangeiro local, amparada pelo pretor, pelo peregrino ou pelo governador. E não podia ser objeto do *ius civile,* mas somente do *ius gentium.*

Existia também a propriedade peregrina concedida aos estrangeiros, a qual chamavam de *dominium*, em contraposição à propriedade originária quiritária (*dominium ex iure Quiritium).* Essa nova forma de propriedade admitia o uso de meios processuais de defesa que imitavam a defesa da propriedade quiritária.[50]

A propriedade peregrina desapareceu com a Constituição de Caracala, que concedeu cidadania romana a todos os habitantes do Império, no século III. Posteriormente, ocorre a unificação dos diferentes tipos de propriedade, no período Justianeu.[51]

> Propondo-se retornar às antigas regras jurídicas, Justiniano deu início a profundas transformações, culminando no desaparecimento da diferença entre a *res mancipi* e a *res nec mancipi*, fundindo os sistemas do *ius civile* e pretoriano,

---

[50] MARKY, Thomas. *Op. cit.*, p. 71.

[51] MARKY, Thomas. *Op. cit.*, p. 71.

desaparecendo, assim, a distinção entre propriedade quiritária e pretoriana, cuja relação *in bonis habere* é qualificada como *dominum.*[52]

Ao lado do conceito de propriedade, surgiram também conceitos de copropriedade (*condominium*) e as teorias subjetivistas sobre a posse, como poder de fato (apreensão física) e intenção de possuir e dispor de uma coisa corpórea (conjugando os elementos *animus* e *corpus*).[53]

Existia também a questão do conceito de pessoa jurídica (natural e jurídica), que mais tarde permitiu nova apropriação, favorecendo a criação da ficção jurídica do sujeito de Direito, que introduziu a decodificação jurídica do espírito individualista europeu forjado a partir do século XVI.

Os romanos não possuíam um termo preciso para exprimir a noção de personalidade jurídica. A palavra latina *persona*, que originariamente quer dizer máscara, é utilizada nos textos com significação de homem em geral, tanto que se aplica aos escravos, que não eram sujeitos de Direito. Há duas categorias de pessoas: as físicas, ou naturais, e as jurídicas, seres abstratos, que a ordem jurídica considera sujeitos de Direito. Hoje basta o nascimento com vida. Na época dos romanos exigiam-se três requisitos: a) o nascimento; b) vida extra -uterina, c) forma humana.[54] Para ter a capacidade jurídica plena, o sujeito devia ser cidadão romano (*status civitatis*); em segundo lugar, devia ser livre (*status libertatis*) e gozar de situação independente no seio da família (*sui iuris*).[55]

No campo do Direito das obrigações, os romanos substituíram as responsabilidades pessoal e corporal dos devedores pela responsabilidade patrimonial (indenização pecuniária e não a constrição da vida ou do patrimônio).

52 FRANCISCO, Caramuru Afonso. A propriedade rural na nova ordem constitucional. *In*: *A propriedade e os direitos reais na Constituição de 1988.* São Paulo: Saraiva, 1991, p. 140-142.

53 FRANCISCO, Caramuru Afonso. *Op. cit.*, p. 72-74.

54 ALVES, José Carlos Moreira. *Direito romano*. Rio de Janeiro: Forense, 1999, v. 1, p. 92.

55 ALVES, José Carlos Moreira. *Op. cit.*, v. 1, p. 92.

Modernamente, o sujeito ativo denomina-se de credor e o sujeito passivo de devedor. Para os romanos, os termos eram *creditor* e *debitor*.

Inicialmente o vínculo entre o credor e o devedor era material, pois o devedor respondia com o próprio corpo. Depois este vínculo passou a ser jurídico (isto é, imaterial), com a *Lex Poetelia Papiria* (326 a.C.).[56]

Além disso, algumas noções jurídicas modernas surgiram da reinterpretação das fontes históricas do Direito romano: os conceitos jurídicos de Direito objetivo (*norma agendi*) e subjetivo (*ius est facultas agendi*), conceitos extremamente importantes para o Direito público; e também os conceitos de ato e fato jurídico e a questão da irretroatividade das leis civis foram pioneiramente concebidos pelos romanos.

No século V, há o ressurgimento do estudo do Direito romano. Graças às escolas do Império Romano do Oriente, os juristas deste tempo estudavam as obras clássicas. Não há no Baixo Império (*dominato*) obra verdadeiramente criadora. Em fins de 530, Justiniano encarrega Triboniano de, no prazo mínimo de 10 anos, compilar o *iura*. Antes já compilara 50 constituições imperiais. A comissão de 16 membros terminou o trabalho em três anos.[57]

Surgem nesse momento o *Digesto* e as *Pandectas*. Após a elaboração do *Digesto*, Justiniano escolheu três compiladores: Triboniano, Doroteu e Teófilo, para publicar uma obra que servisse aos estudantes como introdução ao Direito compreendido nas *Institutas*. As *Institutas*, o *Digesto* e o *Código* foram exigidos por Justiniano. No entanto, depois de sua elaboração, Justiniano introduziu algumas modificações na legislação mediante Constituições imperiais: as *Institutas* (manual escolar), o *Digesto* (compilação dos *iura*), o *Código* (compilação das *Leges*) e as *Novelas* (reunião das constituições promulgadas após Justiniano). Ao conjunto das compilações dá-se o nome de *Corpus Iuris Civilis*, designação criada por juristas ocidentais, já na Idade Moderna.

As interpolações eram fórmulas de atualização do Direito romano feitas pelos juristas do Império Justianeu. Os compiladores faziam

---

56 ALVES, José Carlos Moreira. *Op. cit.*, v. II, p. 10.

57 ALVES, José Carlos Moreira. *Op. cit.*, v. II, p. 46.

substituições, supressões ou acréscimos nos fragmentos dos jurisconsultos. Essas interpolações também podem ser chamadas de tribonianismo. O estudo das interpolações foi iniciado na Renascença, através da ação dos glosadores e pós-glosadores. Os métodos para localizar interpolações são os seguintes, de acordo com José Carlos Moreira Alves:

Textual – o mesmo texto clássico chegou até nós, com redações diferentes, no *Corpus Iuris Civilis* e em fonte pré-justinieia; o histórico – anacronismo em textos de Direito clássico; o lógico – ilogismo entre as diferentes partes de um texto; o filológico – o vocabulário, a gramática e o estilo dos juristas clássicos e dos bizantinos.

A influência do cristinianismo no Direito romano se dá no período do *dominato*; com o Imperador Constantino, ela torna-se a religião oficial do Império; para os cristãos, o período do *dominato*, pela vitória do cristinianismo, teria sido o período áureo.

Abandonadas as convicções religiosas, a partir da Renascença os autores se dedicaram principalmente ao romano clássico. Troplong quis demonstrar que no período cristão o Direito romano foi superior, ou seja, no período pós-clássico, sua influência teria sido sentida na escravidão, no casamento, no divórcio, porém várias ideias suas já estavam no Direito romano antes do advento do cristianismo. A influência foi da filosofia estóica, pagã, e não da filosofia cristã; além disto, nada de prático foi feito no *dominato* para acabar com a escravidão.

Na verdade, a influência da religião cristã apareceu com mais força no Direito de família, e não no patrimonial, devido à base econômica escravagista.[58]

5. A QUEDA DO IMPÉRIO ROMANO E A EMERGÊNCIA DO MUNDO FEUDAL

Existem várias teses sobre a queda do Império Romano, assim, diversos fatores podem ter contribuído e se conjugado para a sua queda: o colapso da economia escravagista; a falência dos pequenos agricultores, devido ao fluxo gratuito de cereais das colônias conquistadas, como parte do trabalho de pilhagem romana; o crescimento

[58] ALVES, José Carlos Moreira. *Direito romano*. Rio de Janeiro: Forense, 1999, p. 52.

do exército de desocupados urbanos, que exigiam gastos vultosos do Estado para entretenimento gratuito, que consumiam mais de 1/3 dos recursos do império; para evitar rebeliões, foram criadas leis como a Lex Frumentária, que fomentava a distribuição gratuita de trigo para os pobres; grandes espetáculos públicos eram organizados no Coliseu, com a presença de feras e gladiadores; a distribuição de pão e circo para as massas caracterizou este período; ocorreu também o colapso da pesada administração romana; as minas de prata da Espanha foram perdidas.

O Estado tornou-se insolvente e falsário. A moeda tinha apenas 3% de prata, o restante era constituído de cobre e bronze, razão pela qual foi sendo paulatinamente abandonada pela população, o exército não cultivava mais a disciplina dos velhos tempos, era composto essencialmente por 9/10 de mercenários estrangeiros, sendo frequentemente dizimado para conter o povo, que explodia em rebeliões internas conduzidas pelos pobres de Roma (guerra civil interna). Em uma delas mais de 15 mil soldados das legiões foram mortos. Os camponeses cortavam os dedos polegares para não serem convocados como soldados.[59] Os *federati* e os *coloni,* bárbaros, passaram a ocupar as fronteiras do império, e os habitantes das *urbs* (cidades) foram paulatinamente migrando para o campo em busca de segurança privada dos grandes proprietários, que tinham exércitos particulares para se defender. O modo de produção escravagista foi sendo paulatinamente substituído por uma economia de subsistência agrária e estática (não havia troca monetária, mas escambo, troca de um objeto por outro, sem um equivalente geral abstrato de troca, a moeda), baseada no trabalho servil e nos valores de uso. A economia escravagista sucumbiu ao trabalho servil e a Europa ocidental se fragmenta em unidades de produção descentralizadas que constituíram o feudalismo no velho continente, sob o novo império da Igreja, única instituição burocrática dotada de centralização, verticalização e disciplina para organizar as atividades, acabou se tornando um verdadeiro fantasma surgido da decomposição corpórea do império romano.[60]

---

[59] MURSTEIN, Bernard. *Amor, sexo e casamento através dos tempos*. Portugal: Arte Nova, t. I, p. 106.

[60] Grandes personagens da história universal. *Do feudalismo às republicas de mercadores*. São Paulo/ Portugal: Victor Civita, 1972, v. IV, p. 773.

Para fundamentar esse processo de decadência, citam-se as seguintes transcrições, que falam respectivamente do declínio do trabalho escravo, o crescimento do cristianismo, o retorno ao campo em busca de proteção e segurança:

> Mesmo no seu auge, nos três primeiros séculos depois de Cristo, lavraram no império comercial e militar romano as contradições que finalmente o derrubariam. O trabalho escravo solapava o trabalho livre, lançando no desemprego artesãos e pequenos agricultores, que passavam a vaguear pelas cidades e a criar focos de inquietação. As doutrinas revolucionárias da jovem igreja cristã disseminavam o descontentamento entre as classes inferiores e estimulavam as autoridades a uma repressão brutal a seus fiéis. Nas fronteiras do Império, grupos expulsos da Europa Central pelos Hunos em marcha agravaram os problemas administrativos de uma burocracia cada vez mais sobrecarregada e dispendiosa. As comunicações, a capacidade de defender os ricos e a segurança do comércio começaram a diminuir no século III d.C. e, com elas, desapareceu a prosperidade do Império.[61]

A "queda" do Império em 476 d.C. constituiu apenas o último passo no processo de desintegração. A essa altura, os imperadores romanos haviam abraçado o catolicismo. Constantino fora o primeiro a converter-se em 313 d.C. Sobreviveram as cidades episcopais e arcebispais. Grandes regiões ocupadas por latifundiários e colonos, no entanto, tornaram-se autônomas, professando apenas uma lealdade nominal ao distante imperador oriental, que governava de Constantinopla; ao final, hordas bárbaras ocupam-se do antigo Império Romano do Ocidente:

> A necessidade de sobrevivência e defesa militar e a ausência de governo e de legiões romanas tornaram possível e necessária a instituição de um sistema senhorial, no qual encontramos as origens do que mais tarde veio a ser chamado de feudalismo (...).
>
> Em locais não submetidos ao governo romano, tais como a Escócia, a Irlanda, a Escandinávia e a Alemanha, registros ainda existentes indicam que formas feudais também se desenvolviam, adaptando as necessidades de alimentação e defesa a organização social local.[62]

Arther Ferrill analisa a questão militar e a sua influência para a queda do Império Romano. Em determinada fase, o exército romano,

---

[61] TIGAR, Michael E.; LEVY, Madeleine R. *O Direito e a ascensão do capitalismo.* Rio de Janeiro: Zahar, 1987, p. 36.

[62] TIGAR, Michael E.; LEVY, Madeleine R. *Op. cit.*, p. 37.

que fora considerado uma imbatível máquina de guerra, passava a ser encarado como força desprezível pelos hunos de Átila:

> Como os poderosos haviam decaído! Cem anos antes, o exército romano fora a mais eficiente força combatente na face da terra. Na época de Átila, era tão desprezível que podia ser ignorado em combate real. De fato, é claro, tropas romanas contribuíram para a vitória em Châlons, sobretudo ao apoderar-se de terreno elevado ao deflagrar a luta, mas os trechos citados acima constituem um comentário fascinante sobre a sina do exército romano no século V. Apesar do impacto da barbarização, as tropas romanas continuaram a lutar de acordo com a tradicional tática romana; entretanto, essa tática, anteriormente tão superior, pareceu absurda aos bárbaros do século V.[63]

Surge a duplicidade do domínio, com a bipartição do domínio útil e do eminente, através da difusão do arrendamento de terras, gerando o germe do feudalismo:

> No caso dos grandes latifúndios situados na área mais próxima a Roma, uma das soluções do problema trabalhista consistiu em arrendar parte das grandes propriedades a cidadãos ou escravos, cobrando-se aluguel em espécie sob a forma da obrigação de cultivar a parte da terra reservada ao uso e lucro pessoal do latifundiário. Nas fronteiras do Império, com a finalidade de manter ao largo os invasores, cidadãos romanos receberam terras e o *status* de *coloni*, sob a supervisão de um senhorio investido de prerrogativas legais. Os colonos pagavam o aluguel em espécie e trabalho e eram obrigados a participar da defesa das fronteiras. Em todos os casos possíveis, os invasores eram comprados pelo convite de entrarem em federação com o Império. Os *federati* recebiam terras para cultivar, prestavam o juramento de defender o Império e adaptavam sua organização social ao sistema praticado pelos latifundiários e *coloni*, embora tivessem permissão para conservar suas próprias leis em contendas dentro do grupo.[64]

Emerge definitivamente deste processo de decadência uma nova estrutura econômica, jurídica, política e cultural, o feudalismo:

> Na parte da Europa outrora governada por Roma, por conseguinte, o feudalismo representou a retirada, para a casa senhorial e a aldeia, de uma classe governante privada da proteção de um decadente e moribundo governo imperial. Em outras regiões, constitui a mudança de uma existência pastoril, nômade e voltada para a guerra, para uma vida agrícola mais estável (embora

63 FERRILL, Arther. *A queda do império romano*: a explicação militar. Rio de Janeiro: Zahar, 1989, p. 133-134.

64 FERRILL, Arther. *Op. cit.*, p. 37.

ainda bastante guerreira). As terras de superfície variável constituíam um dos testemunhos do principal interesse econômico da casa senhorial, pois o padrão, desse o mansio da Gália ou o hide da Inglaterra, era aquele que podia sustentar uma família, variando seu tamanho segundo a região e a fertilidade do solo.[65]

6. A RETOMADA PELOS ESTUDOS ROMANÍSTICOS NO DIREITO DO OCIDENTE EUROPEU

A continuidade dos estudos sobre o Direito romano justificava-se pela sua apropriação pelos ordenamentos jurídicos europeus, a partir das monarquias absolutistas e do movimento de codificação francês sedimentado por Napoleão Bonaparte, seguindo tendências já expressas na Europa, com o ressurgimento do comércio em decorrência do renascimento comercial europeu, criando a necessidade da construção de um Direito privado moderno a partir de um sistema mais abstrato, formal e adaptado às exigências do Direito civil e comercial surgidos.

O francês René David fixa o papel essencial da comunidade jurídica feudal, instaurada nas universidades medievais eclesiásticas, que permitiu a formulação de um novo padrão de cultura jurídica, que se universalizou e permitiu a construção das bases teóricas fundamentais para a edificação da família romano-germânica:

> O meio principal pelo qual as novas ideias se espalharam, favorecendo o renascimento do Direito, foi constituído pelos novos focos de cultura criados no Ocidente Europeu; uma função essencial pertence à universidade de Bolonha. Convém, por consequência, estudar em primeiro lugar como as universidades conceberam a sua função e como elaboraram no decorrer dos séculos, negligenciando as fronteiras dos Estados, um Direito erudito comum a toda a Europa. Em seguida, estudaremos os direitos aplicados pelos tribunais, direitos que variam de Estado para Estado e de região para região; e veremos como, numa medida variável, eles sofreram a influência do Direito erudito ensinado nas universidades.[66]

O jusfilósofo Norberto Bobbio demonstra também o processo de romanização do Direito europeu:

---

65 TIGAR, Michael E.; LEVY, Madeleine R. *O Direito e a ascensão do capitalismo*. Rio de Janeiro: Zahar. Biblioteca de Ciências Sociais, 1993, p. 38.

66 DAVID, René. *Os grandes sistemas do Direito contemporâneo*. São Paulo: Martins Fontes, 1998, p. 32.

> O Direito Romano se eclipsou na Europa Ocidental durante a alta Idade Média, substituído pelos costumes locais e pelo novo Direito próprio das populações germânicas (ou bárbaras). Mas depois do obumbramento ocorrido em tal período – obumbramento comum, de resto, àquele de toda a cultura, ressurgiu no primeiro milênio com o aparecimento da Escola Jurídica de Bolonha e difundiu-se não apenas nos territórios sobre os quais já se havia estendido o Império Romano, mas também sobre outros territórios jamais dominados por este: sobretudo na Alemanha, onde ocorreu no início da Idade Moderna o fenômeno da 'recepção', graças ao qual o Direito romano penetrou profundamente na sociedade alemã (basta pensar que ainda no fim do século XIX – antes grandes codificações ocorridas no início do século XX – aplicava-se nos tribunais germânicos o Direito do *Corpus juris* – naturalmente modernizado e adaptado às diferentes exigências sociais – sob o nome de '*usus modernus Pandectarum*'; o Direito romano difundiu-se, por outro lado, também nos Países Baixos, nos escandinavos e, ainda que em medida mais limitada, na própria Inglaterra.[67]

O homem do período renascentista europeu procurava o enriquecimento em uma sociedade reurbanizada e voltada para a conquista externa de riqueza e de culturas para o credo cristão e para a edificação de impérios comerciais sem precedentes através da pilhagem, o que foi conseguido nos séculos posteriores por Portugal e pela Espanha, pioneiros na expansão marítima, através da pilhagem das várias nações estrangeiras milenares invadidas e conquistadas no extremo oriente, e, em uma etapa posterior, com o próprio domínio e extermínio dos povos do novo mundo e da África, submetidos ao agressivo processo de invasão e dominação do imperialismo europeu, incluindo os séculos XIX e XX.

Pelo menos para os países que sofreram a sua influência, o Direito romano é considerado um dos maiores fenômenos culturais de todos os tempos. Os juristas romanos eram homens práticos, menos afeitos a questões filosóficas que os gregos.[68]

7. A RECEPÇÃO DO DIREITO ROMANO

O historiador do Direito António Manuel Hespanha define alguns pressupostos históricos, para a aceitação do Direito romano, a partir

---

67 BOBBIO, Norberto. *O positivismo jurídico*: lições de filosofia do Direito. São Paulo: Ícone, 1995, p. 30.

68 GRASSI, Fiorindo David. *Direito romano hoje*: síntese da história e da filosofia do Direito romanista. Frederico Westphalen-RS: URI, 1996, p. 53.

do final do século XII e início do século XIII, na Europa. Hespanha cita os fatores principais, que caracterizaram o pleno renascimento da jurisprudência romana no contexto europeu moderno, dentre os quais se destacam:

> a) unidade e ordenação das diversas fontes do Direito (Direito romano, Direito canônico e direitos locais);
>
> b) unidade do objeto das ciências jurídicas (a jurisprudência romano-justinianeia);
>
> c) unidade quanto aos métodos científicos empregados pelos juristas;
>
> d) unidade quanto ao ensino jurídico, idêntico em toda a Europa continental;
>
> e) a difusão de uma literatura especializada, escrita em língua comum, o latim.[69]

A recepção do Direito romano pela administração de justiça do Ocidente deu-se unicamente pela necessidade de acolher as suas qualidades *formais* genéricas que, com a inevitável especialização crescente da vida técnica, ajudavam os burgueses na condução das práticas capitalistas. Ao contrário, os mesmos burgueses não estavam em absoluto interessados na apropriação das determinações *materiais* do Direito romano; as instituições de Direito mercantil medieval e do Direito de propriedade de suas cidades satisfaziam muito melhor suas necessidades.

A apropriação de tais qualidades formais do Direito romano foi essencial para o estabelecimento da justiça principesca patrimonial no Ocidente, que não se caracterizou como administração de justiça patriarcal de tipo material, quer dizer, dirigida para a consecução de determinados postulados materiais, como o bem comum.

Franz Wieacker oferece importante argumentação no sentido de que o Direito romano não teve ajustamento mecânico e universal, em face das novas condições econômicas criadas pela sociedade mercantil, demonstrando que vários institutos jurídicos do Direito moderno adivinham das próprias práticas costumeiras desenvolvidas ao final do período medieval e período do renascimento comercial italiano, o que apenas demonstra os limites da recepção do Direito romano, mais apropriado nos seus aspectos formais do que substanciais:

---

[69] HESPANHA, António Manuel. *História das instituições jurídicas*: épocas medieval e moderna. Coimbra: Almedina, 1982, p. 442-449.

> Tanto quanto se pode avaliar a qualidade de uma ordem jurídica apenas a partir de suas normas e instituições sem a valorização da sua função social, o que se pode dizer é que as fortes tendências absolutistas e eudonísticas da legislação justinianeia não poderiam ter sido especialmente favoráveis aos primórdios do desenvolvimento de uma sociedade aquisitiva virada para a liberdade, para a mobilidade e para o lucro, como a da época moderna europeia.
> Mesmo o Direito comum dos conciliadores, construído na base do Direito justinianeu, era, na verdade, mais progressivo, mais flexível e mais racional, mas não, propriamente, propício a economia. Pelo contrário, e em especial, a débil publicidade do Direito hipotecário e o caracter não aparente da hipoteca geral prejudicaram muito a organização e criação do crédito imobiliário, bem como a insuficiente elaboração de um patrimônio em mão comum e a eficácia externa do contrato romano de sociedade na formação das modernas sociedades de pessoas. Para o surgir das modernas sociedades de capitais e dos direitos dos títulos de crédito, as fontes romanas eram pouco mais que nada, e para o comércio por cheque constituíram apenas alguns apoios menores. Também o Direito marítimo e o Direito mineiro tiveram de ser constituídos quase completamente a partir da base do Direito comum europeu e do Direito alemão.[70]

Devido à influência da formação filosófica dos antigos juristas, o elemento puramente formal adquiriu muita importância no pensamento jurídico. Sendo que não ligavam ao pensamento nenhum nexo, com um Direito sagrado nem interesses teleológicos ou ético-materiais, que o levassem ao terreno de uma casuística puramente especulativa, com graves consequências para a estruturação da prática jurídica.

Com a recepção do Direito romano, houve uma importante alteração na estrutura do pensamento jurídico ocidental. As produções jurídicas, apesar de embasarem-se na lógica jurídica abstrata, não eram sistemáticas, pois uma produção jurídica ocasional destinava-se à solução de um dado caso, podendo ser desprezada em outro. A sistematização do Direito ocorre em etapa posterior e coloca o Direito romano como disciplina histórica, após a sua reapropriação na modernidade.

Isto constituía o caráter indutivo e empírico do Direito desse período. A partir da incorporação de postulados formalistas do Direito romano, o Direito ocidental adquire o caráter dedutivo que lhe é característico, com seu significado universalizador, abstrato e consubstanciado pelo atendimento dos requisitos formais essenciais.

[70] WIEACKER, Franz. *História do Direito privado moderno*. Lisboa: Calouste Gulbenkian, 1979.

Desta forma, as produções jurídicas ocasionais e concretas dos juristas romanos (Direito casuístico), retiradas da interpretação de jurisconsultos (*responsa prudentium*), aplicadas de forma indutiva e empírica, são efetivadas através da perda de seu caráter concreto e contextual da prática dos antigos romanos e transformadas em postulados jurídicos que serão aplicados dedutivamente, caracterizando a passagem do indutivismo empirista para o dedutivismo. Nas *responsa prudetium* (pareceres dos jurisconsultos romanos), os romanos também se caracterizavam pela chamada "interpretação dura" do Direito, não permitindo interpretação mais que literal dos seus escritos, à semelhança da escola da exegese, pois os conceitos foram codificados e transformados em máximas do Direito.

Dessa descontextualização da prática dos princípios jurídicos originais romanos resulta a "alienação da vida" de um Direito puramente lógico, cuja consequência para os interessados é a irracionalidade da qual pode revestir-se quando de sua discrepância em relação às expectativas existentes.[71] Isto não impede visualizar o Direito romano como fator de racionalização do Direito moderno, como o vê Robert Nisbet:

> sem os princípios do Direito Romano, e, o que é mais importante, as incessantes atividades dos intelectuais políticos cujo pensamento se formara nas universidades medievais, pelo estudo deste Direito, jamais teria ocorrido aquilo que o sociólogo Max Weber, memoravelmente, chamou racionalização da moderna sociedade e cultura europeias.[72]

E também não se pode negar a sua influência no delineamento de importantes institutos privados, como a propriedade no seu sentido material, que foi um dos atributos máximos da codificação napoleônica. Assim, de acordo com Perry Anderson, o Direito romano garantia um conceito de propriedade absoluta, sem restrições, oponível em relação a terceiros e independente de outros fatores extrínsecos:

> Nenhum sistema jurídico anterior tivera jamais a noção de uma propriedade privada sem restrições: a propriedade na Grécia, na Pérsia, no Egito, fora sempre 'relativa', ou, por outras palavras, era condicionada por direitos superiores ou colaterais de outras partes e autoridades, ou por obrigações em

---

71 WEBER, Max. *Economia y sociedad.* 2. ed. México: Fondo de Cultura Económica, 1977, p. 634-635.

72 NISBET, Robert. *Os filósofos sociais*. Brasília: UnB, p. 133.

> relação a elas. Foi a jurisprudência romana que pela primeira vez emancipou a propriedade privada de todo o requisito ou restrição extrínsecos, ao desenvolver a novel distinção entre mera posse, consolo factual dos bens, e propriedade, Direito legal pleno a eles. O Direito romano de propriedade, do qual um sector extremamente substancial era dedicado à propriedade de escravos, representava a primeira destilação à propriedade de escravos, representada a primeira destilação conceptual da produção e troca comercializada de mercadorias num sistema político alargado, que o imperialismo republicano tornara possível. Tal como a civilização grega fora a primeira a desprender o polo absoluto da 'liberdade' do *continuum* político de condições e direitos relativos que sempre prevaleceram, assim a civilização romana foi a primeira a separar a cor pura da 'propriedade' do espectro econômico da posse opaca e indeterminada que, de um modo geral, a precedera. A propriedade quiritária, consumação legal da economia escravagista extensiva de Roma, constituiu uma vultosa inovação, destinada a sobreviver ao mundo e à idade que lhe haviam dado origem.[73]

Para esse autor, a própria funcionalidade de tal Direito estava estabelecida na sua superioridade para a prática comercial nas cidades (*urbis romanas*), embora se considere que o império romano era essencialmente agrário e escravocrata:

> A superioridade do Direito romano para a prática mercantil nas cidades residia, pois, não somente nas suas noções claras de propriedade absoluta, mas também nas suas tradições e equidade, nos seus critérios racionais de prova e no relevo dado a uma magistratura profissional, vantagens que os tribunais consuetudinários normalmente ofereciam.[74]

Porém, não se pode desconsiderar que o Direito romano e o seu conceito de propriedade foram produzidos em outro modo de produção, o modo de produção escravagista, ou seja, num contexto histórico profundamente diferenciado do protocapitalismo renascentista italiano, do capitalismo mercantil dos estados absolutistas a partir do século XVI e do capitalismo concorrencial, a partir da Revolução Industrial (1750-1850).

Estes estágios históricos foram típicos da Europa Continental, formando o sistema romano-germânico.

---

73 ANDERSON, Perry. *Linhagens do estado absolutista*. Lisboa: Afrontamento, 1984, p. 72.

74 ANDERSON, Perry. *Op. cit.*, p. 26.

A construção não foi imediata. Precisou aplicar e incorporar todos os seus institutos à nova realidade do final da Idade Média e Renascentista. Após o início estritamente acadêmico dos glosadores, cederam aos pós-glosadores interessados mais no desvirtuamento prático do Direito, formulado pelos jurisconsultos da Roma Clássica, liberando-o do anacronismo de suas vestes escravistas, para possibilitar e difundir o seu uso na civilização moderna. Este trabalho foi gradativamente sendo empreendido pelos novos juristas contratados para atender as necessidades mercantis burguesas, já que estes estavam menos interessados que os humanistas de outrora no virtuosismo da civilização clássica pagã, e mais aquiescentes com seu emprego e adaptação às novas práticas e necessidades comerciais da classe burguesa, cada vez mais detentora do poder econômico e político (Revolução de 1789).

Ao contrário do apregoado, a codificação contribuiu como fator de unificação do Direito privado europeu. Serviu também como instrumento de expansão do Direito romano-germânico para fora dos quadros europeus do geopolitismo jurídico do velho mundo, no período das conquistas coloniais ultramar, que retiraram a Europa do seu *status* de periferia do mundo muçulmano.

O processo de codificação consolida a dominação das várias potências coloniais europeias já a partir do século XVI, erigindo seus sistemas jurídicos como hegemônicos para estabelecer um sistema de propriedade garantidor da escravidão e da supremacia metropolitana sobre as colônias com a adoção do modelo exportador monoculturista, criando com isto um etnocentrismo jurídico europeu.

8. CONCLUSÃO

O Direito romano caracterizou uma civilização forjada sob o modo de produção escravagista. Nas suas várias fases de organização jurídico-política, o modelo romano criou uma ordem prática, calcada muitas vezes em uma ordem sicofântica, baseada no ardil e no uso de artifícios jurídicos para uma sociedade desigual.

Na sociedade romana, sempre esteve presente também a luta de classes entre patrícios e plebeus, resultando na elaboração da Lei das XII Tábuas. O Direito escrito é resultante da rebelião de Monte Sagrado. O Império Romano viveu uma fase de ascensão e de declínio, como tantos outros impérios. A ascensão do Direito e a sua decadência acompanharam as duas fases do Império anteriormente citadas.

O formalista Direito civil romano foi flexibilizado pela ação dos pretores. Os aspectos formais e os princípios dos jurisconsultos romanos permitiram a sua reapropriação posterior a partir do Renascimento e a sua utilização pelos movimentos de codificação napoleônica, após a sua conservação e estudo humanístico a partir das congregações educacionais eclesiásticas medievais.

A Europa e as suas colônias de exploração adotaram o sistema romano-germânico, permitindo o surgimento de uma ordem liberal individualista no continente europeu e uma ordem patrimonialista nas colônias ibéricas marcadas pela escravidão atroz.

No contexto de um outro modo de produção diverso da escravidão da antiguidade, a propriedade utilizou-se mais uma vez dos conceitos romanos para garantir a propriedade de homens africanos; a personalização do sujeito e a sua atomização na ordem social foi possibilitada pela reconstrução jurídica do conceito abstrato e formal de personalidade jurídica individual e empresarial.

A ordem legal capitalista encontrou substratos fundantes no sistema romano germânico, não nos seus aspectos materiais já ultrapassados, mas sim nos seus aspectos racionalizantes, que permitiram a certeza e a segurança do cálculo capitalista nas modernas economias. A *Common Law* sofreu a influência da ordem romana através dos tribunais de chancelaria e que geraram as regras da *equity*. Mesmo o Direito do socialismo real, que dominou parte do século XX, incorporou a forma codificada e constitucionalizada da rigidez adotada no sistema romano germânico.

Em suma, ainda que se possa levantar críticas as instituições romanas (escravidão, rigidez formal e práticas imperialistas) é inegável a influência dos monumentos jurídicos como a Lei das XII Tábuas e o Código de Justiniano (*Corpus Juris Civilis*) sobre a formação do Direito moderno ocidental.

9. REFERÊNCIAS BIBLIOGRÁFICAS

ALTAVILA, Jayme. *Origem dos direitos dos povos*. São Paulo: Ícone, 1989.

ALVES, José Carlos Moreira. *Direito romano*. Rio de Janeiro: Forense, 1999, v. 1.

ANDERSON, Perry. *Linhagens do estado absolutista*. Lisboa: Afrontamento, 1984.

ARIES, Philippe; DUBY, Georges (Dir.). *História da vida privada*. São Paulo: Cia. das Letras, 1997, v. 1.

BOBBIO, Norberto. *O positivismo jurídico*: lições de filosofia do Direito. São Paulo: Ícone, 1995.

BOTTOMORE, Tom *et al*. *Dicionário do pensamento marxista*. Rio de Janeiro: Zahar, 1997.

COULANGES, Fustel. *A cidade antiga*: estudo sobre o culto, o Direito e instituições da Grécia e de Roma. Lisboa: Livraria Clássica Editora, 1954.

CRETELLA JR., José. *Curso de Direito romano*: o Direito romano e o Direito civil brasileiro. 13. ed. 1993.

DAVID, René. *Os grandes sistemas do Direito contemporâneo*. São Paulo: Martins Fontes, 1998.

DEMO, Wilson. *Manual de história do Direito*. Florianópolis: OAB/SC, 2000.

DINIZ, Maria Helena. *Curso de Direito civil*. 8. ed. São Paulo: Saraiva, 1989, v. IV.

FERRILL, Arther. *A queda do império romano*: a explicação militar. Rio de Janeiro: Zahar, 1989.

FRANCISCO, Caramuru Afonso. A propriedade urbana na nova ordem constitucional. In: *A propriedade e os direitos reais na Constituição de 1988*. São Paulo: Saraiva, 1991.

GRANDES personagens da história universal. *Do feudalismo às republicas de mercadores*. São Paulo: Victor Civita, 1972, v. IV.

GRASSI, Fiorindo David. *Direito romano hoje*: síntese da história e da filosofia do Direito romanista. Frederico Westphalen-RS: URI, 1996.

HESPANHA, António Manuel. *História das instituições jurídicas*: épocas medieval e moderna. Coimbra: Almedina, 1982.

MARKY, Thomas. *Curso elementar de Direito romano*. São Paulo: Saraiva, 1995.

MARX, Karl. *Manifesto comunista*: León Trotsky. 90 anos do Manifesto Comunista. São Paulo: Cadernos Desafio.

MURSTEIN, Bernard. *Amor, sexo e casamento através dos tempos*. Portugal: Arte Nova, t. I.

NISBET, Robert. *Os filósofos sociais*. Brasília: UnB, 1991.

PINHEIRO, Ralph Lopes. *1.000 perguntas sobre história do Direito*. Rio de Janeiro: Biblioteca da Universidade Estácio de Sá, 1997.

PINSKY, Jaime. *Modos de produção na antiguidade*. 2. ed. São Paulo: Global, 1984.

TIGAR, Michael E.; LEVY, Madeleine R. *O Direito e a ascensão do capitalismo*. Rio de Janeiro: Zahar, 1993.

VANDICK, L. da Nóbrega. *Compêndio de Direito romano*. Rio de Janeiro: Freitas Bastos, 1976.

WIEACKER, Franz. *História do Direito privado moderno*. Lisboa: Calouste Gulbenkian, 1967.

WEBER, Max. *Economia y sociedad*. 2. ed. México: Fondo de Cultura Económica, 1977.

Capítulo 7

A NATUREZA HISTÓRICA DA INSTITUIÇÃO DO DIREITO DE PROPRIEDADE

Valcir Gassen[1]

SUMÁRIO: 1. Introdução. 2. A propriedade primitiva e antiga: uma visão como representação da crença dos homens. 3. A propriedade antiga, medieval e moderna a partir do materialismo histórico. 4. Os pontos de vista em torno da história da propriedade. 5. Conclusão. 6. Referências bibliográficas.

1. INTRODUÇÃO

A questão proposta, de que a propriedade privada da terra é uma instituição histórica, é demasiadamente ampla, visto que se poderia abordá-la sob os mais diversos aspectos, ou seja, quanto à legitimidade dessa apropriação, quanto aos aspectos jurídicos de uma evolução do conceito de propriedade e ao nível político e econômico de que a terra é o mais importante "meio de produção".

Nesse sentido far-se-á uma abordagem deste tema, de forma ampla e partindo de situações exemplares, para firmar que a propriedade nasce das relações concretas entre os homens e estes estão, objetivamente, situados historicamente.

Assim sendo, para que se possa fazer um pequeno resgate histórico da propriedade é necessário compreender como alguns autores

---

1 Professor da Graduação e Pós-Graduação da Faculdade de Direito da Universidade de Brasília – UnB. Mestre em Filosofia e Teoria do Direito pela UFSC, onde também concluiu Doutorado em Direito do Estado. Pós-doutorado pela Universidade de Alicante – Espanha). Autor do livro: *O Tribunal do Consumo*: o Princípio de Origem e de Destino em Processos de Integração Econômica. Florianópolis: Momento Atual, 2004.

entendem a “história”, ou seja, a partir de que premissas passam a “narrar” a história.

No caso de Fustel de Coulanges, com a obra *A cidade antiga: estudos sobre o culto, o Direito, as instituições da Grécia e de Roma*, escrita no século passado, “a história não estuda apenas os fatos materiais e as instituições: seu verdadeiro objeto de estudo é a alma humana: a história deve propor-se a conhecer o que essa alma acreditou, pensou e sentiu nas diferentes idades da vida do gênero humano”[2].

Assim, “nunca devemos perder de vista que, nos tempos antigos, era o culto que constituía o vínculo unificador de toda e qualquer sociedade”[3].

Reitera ainda que “a natureza física exerce, sem dúvida, alguma influência sobre a história dos povos, mas as crenças do homem, essas influíram muito mais”[4].

Este papel de relevância atribuído às crenças dos homens, a ponto de sobrepujá-las às condições materiais de existência, já despertou grandes discussões e mal-entendidos.

Max Weber “endireitado”, ou seja, lido e apropriado por forças teóricas e políticas conservadoras e aceito por setores de esquerda no espectro político, creditaria à Reforma, proposta pelo protestantismo, enquanto religião disciplinadora, a responsabilidade por construir e firmar o modo de produção capitalista.

Neste aspecto é bom lembrar o que diz o próprio Weber:

> Por outro lado, está fora de questão sustentar uma tese tão insensata e doutrinária, que pretenderia que ‘o Espírito do capitalismo’ (...) só seria o resultado de algumas influências da Reforma, até afirmar mesmo que o capitalismo como *sistema econômico* é uma criação dela.[5]

Friedrich Engels nega que as representações religiosas tenham forjado as instituições. Para ele, são as condições de vida real, as

---

2 COULANGES, Fustel de. *A cidade antiga*: estudos sobre o culto, o Direito, as instituições da Grécia e de Roma. Trad. Jonas Camargo Leite, Eduardo Fonseca. São Paulo: Hemus, 1975, p. 75.

3 COULANGES, Fustel de. *Op. cit.*, p. 116.

4 COULANGES, Fustel de. *Op. cit.*, p. 163.

5 In: LOWY, Michel. *Método dialético e teoria política*. Trad. Reginaldo Di Piero. 4. ed. Rio de Janeiro: Paz e Terra, 1989, p. 36.

mudanças ocorridas na produção, pelo alargamento das fontes de subsistência, que transformaram as instituições e ainda as moldam atualmente.

Já quanto aos gregos, como parte do objeto de estudo de Coulanges, Engels e tantos outros autores tinham uma forma própria de entender a história. Não a entendiam como linear e progressiva. O *ciclo* em que reaparecem sempre as mesmas situações, é a representação mais forte do tempo.

Para finalizar, segue a observação feita por Hespanha:

> Direito e política, antes de serem duas entidades autônomas, são produtos distintos de processos produtivos distintos, embora inter-relacionados. É a partir deste enfoque (...) que se deve colher a especificidade do Direito como modalidade de realização do político. O Direito constitui, na verdade, uma modalidade específica de realização da função política.[6]

Esse pequeno parêntese acima, sobre como abordar a história e a importância creditada às crenças, ao culto, à religião, serve de alerta na leitura que se faz de diversas obras que tratam a história das instituições.

2. A PROPRIEDADE PRIMITIVA E ANTIGA: UMA VISÃO COMO REPRESENTAÇÃO DA CRENÇA DOS HOMENS[7]

A propriedade coletiva das comunidades gentílicas foi a forma de propriedade que predominou nas antigas civilizações. No Egito, Síria e Mesopotâmia, as comunidades gentílicas estavam organizadas basicamente em grupos familiares, clãs e tribos, em que a propriedade coletiva tinha em sua base o entendimento de que a comunidade predominava sobre o indivíduo. O que conta é a comunidade, e, sendo assim, a terra pertence ao grupo todo, tanto aos vivos quanto aos

---

6 HESPANHA, António M. *A história do Direito na história social*. Lisboa: Livros Horizontes, 1978, p. 33.

7 Preferiu-se uma divisão centrada mais nos pressupostos da abordagem da história da propriedade do que da forma clássica da divisão da mesma em "idades", como, por exemplo, a divisão histórica da propriedade em: a) a propriedade primitiva e antiga; b) a propriedade medieval; e c) a propriedade moderna. Assim o faz com competência LEVY, Jean-Philippe. *História da propriedade*. Trad. Fernando Guerreiro. Lisboa: Estampa, 1973.

mortos, visto que a crença, nesses tempos, sustentava que os mortos permaneciam de certa forma ligados às condições terrenas.

Sendo a propriedade da terra coletiva, pertencendo ao grupo social em sua totalidade, os objetos que o homem fabrica para seu uso pessoal começam a receber uma conotação de propriedade individual, privada. A relação que se estabelece entre o proprietário e tais utensílios particulares, bem como entre o grupo e a terra, é recheada por um vínculo místico muito forte, conferindo à propriedade a característica de ser algo sagrado.

Essa forma de propriedade coletiva da terra e a forma da propriedade privada móvel vai com o tempo transformar-se, principalmente quando da organização da comunidade política territorial em contrapartida à comunidade política de tipo gentílico que até então prevalecia.

Nasce o Estado, que inverte, ao privilegiar juridicamente o indivíduo, as relações existentes, ou seja, já não mais conta a coletividade em relação ao indivíduo, mas o inverso, o indivíduo singular agora é o centro referencial. Estabelece-se também a divisão entre a propriedade privada e a propriedade pública.

Fustel de Coulanges afirma que as crenças tiveram papel fundamental na determinação das leis, das instituições, ou, ainda, que a nossa inteligência modifica-se século após século, sendo que "esta está sempre evoluindo, quase sempre em progresso e, por este motivo, nossas instituições e nossas leis estão sujeitas a flutuações da inteligência humana"[8].

Ocupam lugar central na obra desse autor as crenças que os homens nutrem em determinado momento histórico. Em *A cidade antiga*, quando os homens viviam em tribos familiares, o culto aos antepassados mortos criava uma religião essencialmente doméstica, que era hereditária. A crença de "plantão" sustentava que com a morte as pessoas passavam a ter uma segunda existência, mas ela se dava aqui, junto e ao lado dos vivos, daí toda a ritualização com as oferendas, o fogo sagrado, etc. Os corpos e a alma continuavam unidos após a

[8] COULANGES, Fustel de. *A cidade antiga*: estudos sobre o culto, o Direito, as instituições da Grécia e de Roma. Trad. Jonas Camargo Leite e Eduardo Fonseca. São Paulo: Hemus, 1975, p. 8.

morte. Em resumo: a crença primitiva é uma religião doméstica que cultua permanentemente os mortos familiares.

É interessante como Coulanges amarra a questão da religião doméstica e a propriedade privada da terra:

> De todas essas crenças, de todos esses costumes, de todas essas leis, resulta claramente que foi a religião doméstica que ensinou o homem a apropriar-se da terra e assegurar-lhe seu Direito sobre a mesma.[9]

Sustenta o autor em referência que, ao tratar-se das antigas populações da Itália e da Grécia, sempre houve a propriedade privada da terra em contraste com as populações que teriam tido a terra em comum, como os germanos, entre os quais cada membro da tribo ganhava um lote numa partilha anual dos campos para cultivo, sendo assim proprietários apenas da colheita e não da terra; ou entre os tártaros, que admitiam o Direito de propriedade apenas no tocante ao rebanho.

Apesar das diferenças, existia a ideia da propriedade privada, e para o autor decorre basicamente da organização estrutural da religião doméstica:

> Há três coisas que, desde as mais remotas eras, se encontram fundadas e estabelecidas solidamente pelas sociedades grega e italiana: a religião doméstica, a família e o Direito de propriedade; três coisas que apresentaram entre si manifesta relação e que parece terem mesmo sido inseparáveis.[10]

Cada família, nessa época remota, tinha os seus próprios deuses, adorados apenas por ela, uma vez que os deuses eram os antepassados que só a ela protegiam. Daí ser de propriedade exclusiva o culto e conjuntamente a terra que compõe a área de cultivo.[11]

É importante notar que esta propriedade privada da terra é da família, de um culto, de uma religião. Família esta composta por duas

---

9 COULANGES, Fustel de. *Op. cit.*, p. 55.

10 COULANGES, Fustel de. *Op. cit.*, p. 50.

11 "A família está vinculada ao altar e este, por sua vez, encontra-se fortemente ligado ao solo; estreita relação se estabeleceu, portanto, entre o solo e a família. Aí deve ser sua residência permanente, que jamais abandonará, a não ser quando alguma força superior a isso a constranja. Como o lar, a família ocupará sempre esse lugar. O lugar pertence-lhe; é sua propriedade, propriedade não de um único homem, mas de uma família, cujos diferentes membros devem vir, um após outro, nascer e morrer ali" (COULANGES, Fustel de. *Op. cit.*, p. 50).

ou três mil pessoas, isto é, diferente da família, moderna que reflete o resultado histórico de um processo de redução.

Como a religião doméstica estava ligada também a um espaço territorial, não se comunicando com outra religião, de uma outra família, a propriedade é *inalienável*. Entende Coulanges que "não foram as leis, porém a religião, que a princípio garantiu o Direito de propriedade. Cada domínio estava sob a proteção das divindades domésticas que velavam por ele"[12].

Como a família não pode renunciar aos seus deuses, neste culto aos antepassados, não pode renunciar à propriedade da terra em que os vivos e os mortos de uma mesma família habitam.[13]

Outro vínculo entre a religião dos antigos e a propriedade da terra dá-se com o estabelecimento dos cemitérios familiares:

> A família apropriou-se da terra, sepultando nela os seus mortos, fixando-se lá para sempre. A sepultura estabelecia o vínculo indissolúvel da família com a terra; isto é, a propriedade.[14]

Nesses séculos, bem anteriores ao advento do cristianismo, a propriedade particular é de uma grande família, tanto que ainda na Lei das XII Tábuas, quanto à expropriação por dívidas, não é permitido que a propriedade seja confiscada em proveito do credor:

> O corpo do homem responde pela dívida, mas não a terra, porque esta é inseparável da família. Será bem mais fácil escravizar o homem do que tirar-lhe um Direito de propriedade, que pertence mais à família do que a ele próprio; o devedor está nas mãos do seu credor: a sua terra, de algum modo (*sic*), acompanha-o na escravidão.[15]

---

12 COULANGES, Fustel de. *Op. cit.*, p. 54.

13 De tão forte a estreita ligação entre a religião doméstica e a propriedade privada da terra, o autor a ilustra com os objetos que serviam para delimitar a propriedade, denominados de "termos": "Colocado o termo na terra, estava pois, por assim dizer, a religião doméstica implantada no solo, indicando que este solo permanecia, para todo o sempre, propriedade da família. Mais tarde, com a ajuda da poesia, considerou-se o *termo* como deus distinto e pessoal" (COULANGES, Fustel de. *Op. cit.*, p. 54).

14 COULANGES, Fustel de. *Op. cit.*, p. 54.

15 "Em artigo da Lei das XII Tábuas, que trata do devedor insolvente, lemos *Si volet suo vivito:* pois o devedor, quase escravizado, conserva ainda algo de seu; a sua propriedade, se a tem, não lhe é confiscada. Os contratos conhecidos em Direito romano com os nomes de *mancipação com fidúcia e de pignus* eram, antes da ação serviana, meios indiretos de assegurar ao credor o pagamento da dívida; e provam indiretamente

Na mesma linha evolutiva de um progresso intelectual da humanidade, no entender de Coulanges, dá-se a evolução no campo da crença. Primeiramente existiu uma religião doméstica do culto aos mortos (imutável na sua prática, sendo que, com o tempo, seus dogmas extinguiram-se) e a religião da natureza cujo desenvolvimento ocasionou a evolução da sociedade. O passo seguinte foi a criação de um culto da cidade que encaminhou a humanidade ao suprassumo da crença: o cristianismo.[16]

Neste quadro tem-se uma estreita relação entre a instituição do Direito de propriedade e a religião, que

> (...) chegou de uma única vez, em virtude de suas crenças, à concepção do Direito de propriedade, desse Direito que é a origem de toda a civilização, pois por sua causa o homem cultiva a terra e ele próprio se torna melhor.[17]

Na composição dessas famílias primitivas, o culto e a propriedade familiar estão interligadas necessariamente à figura do poder paterno. Ao pai de família cabia ser chefe religioso, senhor da propriedade e juiz. O pai, que tem a propriedade como Direito, não a tem individualmente, mas sim como Direito familiar. Os bens pertenciam, nessas sociedades primitivas, aos antepassados mortos e seus descendentes ainda vivos.

Não havia um só ato da vida pública em que não se fizesse intervir os deuses. Como se tinha a concepção de que os deuses tanto eram excelentes protetores como inimigos cruéis, o homem não ousava proceder sem estar seguro de que eles lhe eram favoráveis.[18]

---

não existir a expropriação por dívidas. Mais tarde, ao suprimir-se a servidão corporal, foi necessário encontrar um meio de apresar os bens do devedor. Isso não era fácil; mas a distinção que se fazia entre a *propriedade* e *a posse* forneceu então um recurso. O credor obteve do pretor o Direito de vender, não a propriedade, *dominium,* mas os bens do devedor, *bona*. Só então, mercê de expropriação disfarçada, o devedor veio a perder o gozo da sua propriedade" (COULANGES, Fustel de. *A cidade antiga*: estudos sobre o culto, o Direito, as instituições da Grécia e de Roma. Trad. Jonas Camargo Leite e Eduardo Fonseca. São Paulo: Hemus, 1975, p. 57).

16 Assim, "a vitória do cristianismo assinala o fim da sociedade antiga. A nova religião termina a transformação social que vimos iniciar-se seis ou sete séculos antes do seu advento" (COULANGES, Fustel de. *Op. cit*., p. 304).

17 COULANGES, Fustel de. *Op. cit*., p. 54.

18 "(...) a assembleia iniciava-se sempre com um ato religioso. (...) o orador (...) começasse o seu discurso com uma invocação dirigida aos deuses. (...) os juízes reuniam-se *em recinto sagrado*. (...). Na guerra a religião mostrou-se, pelo menos, mais

No mesmo sentido, de que a propriedade foi moldada pelas crenças dos homens, a lei, para Coulanges,

> brotou como consequência direta e necessária da crença; era a própria religião, aplicada às relações dos homens entre si. (...). O autêntico legislador, entre os antigos, nunca foi o homem, mas a crença religiosa de que o homem era portador.[19]

3. A PROPRIEDADE ANTIGA, MEDIEVAL E MODERNA A PARTIR DO MATERIALISMO HISTÓRICO

Friedrich Engels, em *A origem da família, da propriedade privada e do Estado*, expõe os estudos que Lewis H. Morgan fez junto aos índios norte-americanos. Engels vê a importância desse trabalho para uma compreensão maior da pré-história, da história da primitiva família, da inversão do Direito materno ao Direito paterno, da propriedade privada, dos costumes, da produção, etc.

Engels credita ser um bom trabalho o de Morgan, visto que ele parte, na divisão das épocas, da produção material dos meios de vida dos homens e adianta que outros estudiosos, como Bachofen, viram-se ofuscados, em seus estudos, pela ideia de que foram as representações religiosas as responsáveis pelas revoluções ocorridas e não as condições

---

poderosa do que na paz" (COULANGES, Fustel de. *A cidade antiga*: estudos sobre o culto, o Direito, as instituições da Grécia e de Roma. Trad. Jonas Camargo Leite e Eduardo Fonseca. São Paulo: Hemus, 1975, p. 130-131). A crença, assim, está presente desde a busca por símbolos na França depois da Primeira Guerra Mundial, onde até o queijo *camembert* ganha destaque (no período de cinco anos, entre 1920 e 1925, foram erigidos na França mais de 30 mil monumentos funerários, isto apenas é uma amostra do *vigor* de iniciativas em busca de símbolos nacionais), até o *sagrado* Direito de propriedade confirmado pela nossa Constituição de 1988. Trata-se, como na cidade antiga, ou nas emergentes nações do século XVIII, de criar um alicerce ideológico com o auxílio de instrumentos que servem de referente, como os hinos nacionais, bandeiras etc., para fazer crer.

19 "Entre os antigos, a lei foi sempre santa; nos tempos da realeza, era a rainha dos reis, nos tempos da república foi a rainha dos povos. Desobedecer-lhe seria cometer sacrilégio" (COULANGES, Fustel de. *Op. cit.*, p. 152). Muitos séculos se passaram e a Constituição Federal de 1988 ainda proclama: "Nós representantes do povo (...) de uma sociedade fraterna, pluralista e sem preconceitos (...), promulgamos, sob a proteção de Deus, a seguinte Constituição" (BRASIL. *Constituição da República Federativa*. São Paulo: Atlas, 1989, p. 9, Preâmbulo).

de vida real. No trabalho de Morgan tem-se uma nova base para o estudo da história primitiva, o que permite uma abordagem através da concepção materialista da história.

Morgan divide a história humana em três épocas principais: (1) selvageria; (2) barbárie; e, (3) civilização, e cada uma delas com três estágios: inferior, médio e superior. Nesta organização, o desenvolvimento ocorre pelas mudanças ocorridas na produção, pelo "alargamento das fontes de subsistência"[20].

De forma esquemática tem-se: 1) na selvageria, o casamento de grupo, 2) na barbárie, a família acasalada; e 3) na civilização, a monogamia. Acontece uma redução progressiva da família, chegando à última unidade binária – homem e mulher –, num estreitamento cada vez maior, chegando à monogamia.

No entender de Engels, a família monogâmica já não traz em seu seio condições naturais de sua formação, mas, sim, condições econômicas, exemplificada

> nomeadamente na vitória da propriedade privada sobre a originária propriedade comum natural. Dominação do homem na família e procriação de filhos que só pudessem ser seus e que estavam destinados a tornar-se herdeiros da sua riqueza eram os únicos objetivos do casamento singular, conforme os gregos exprimiam sem rodeios. De resto, o casamento singular era para eles um fardo, uma obrigação para com os deuses, o Estado e os seus antepassados.[21]

A história para Marx e Engels não se prende à simples análise das ideias, das atitudes e mudanças que ocorrem com determinados governos, regimes políticos e Estados. Ela é um processo complexo da luta de classes, do desenvolvimento das forças produtivas, das relações de produção e das forças políticas da dominação. O lugar onde se "desenrola" a história não está restrito ao ambiente das elites, do governo ou do Estado, mas alcança a sociedade civil, aqui entendida num sentido amplo de relações sociais em que ocorre o processo de reprodução das condições materiais de existência.

---

[20] In: ENGELS, Friedrich. *A origem da família, da propriedade privada e do Estado.* Trad. João Pedro Gomes. Lisboa: Avante; Moscovo: Progresso, 1985, p. 228, (Coleção obras escolhidas).

[21] ENGELS, Friedrich. *Op. cit.*, p. 269.

Para Marx e Engels, em *A ideologia alemã*, as formas de propriedade estão em relação direta com as diferentes fases da divisão do trabalho, "ou seja, cada uma das fases da divisão do trabalho determina também as relações dos indivíduos entre si no que respeita ao material, ao instrumento e ao produto do trabalho"[22].

A divisão do trabalho manifesta-se de diversas formas; ocorre entre o homem e a mulher, com o trabalho industrial e comercial, do trabalho agrícola, cidade x campo, entre trabalho intelectual e material, mais tarde entre trabalho industrial e trabalho comercial e, concomitantemente, entre outras tantas formas de propriedade.

Com a divisão social do trabalho tem-se a propriedade privada, o Estado, a alienação da atividade social. Marx e Engels creditam à divisão do trabalho o surgimento das contradições. As contradições já estão presentes na divisão natural do trabalho nas primitivas famílias, quando estas estão separadas e a família é, em essência, o poder do homem sobre a mulher, os filhos, os escravos. A propriedade tem aí sua origem, ou seja, a escravatura no seio da família é a expressão dela.

Para os autores em discussão, tanto a divisão do trabalho como a propriedade privada são expressões idênticas. A divisão do trabalho enuncia-se em relação à atividade desenvolvida pelos homens, enquanto a propriedade privada refere-se ao produto desta atividade.

Resumidamente as formas de propriedade para Marx e Engels são: (1) propriedade tribal; (2) propriedade comunal e estatal antiga; (3) propriedade feudal, ou de Estados, ou de ordens sociais; e (4) propriedade moderna burguesa.

À primeira forma da propriedade corresponde uma fase não desenvolvida da produção, em que a divisão do trabalho pouco está desenvolvida, limitada à divisão natural do trabalho existente na família. Pressupõe uma grande área de terra ainda não cultivada e o sistema de escravidão.

Na segunda forma de propriedade, o ponto de partida para sua caracterização é a cidade (união de várias tribos que a compõem), na qual continua a escravatura e germina a propriedade privada móvel e mais tarde a imóvel, como forma anormal e subordinada à propriedade comunal. Aqui já se tem uma divisão do trabalho num nível mais

22 MARX, Karl; ENGELS, Friedrich. *A ideologia alemã*. São Paulo: Moraes, p. 17.

avançado, com o antagonismo cidade-campo instaurado, bem como o das classes senhores-escravos.

Como na segunda forma de propriedade, na terceira tem-se também uma associação da classe dominante em face da classe produtora dominada, com diferenças apenas no tocante às condições de produção, e o ponto de partida para sua caracterização é o campo. A forma de propriedade feudal, que tem no campo sua origem, arrasta para a cidade a sua estrutura. Enquanto no campo a propriedade por excelência é a fundiária e o trabalho do servo preso a ela, na cidade, a propriedade que se manifesta é a propriedade do próprio trabalho com um pequeno capital – corporações – a dominar o trabalho dos oficiais.

Por fim, tem-se a propriedade burguesa moderna, reflexo de uma grande divisão do trabalho.

Para Marx e Engels, há uma relação entre os instrumentos de produção e as formas de propriedade. Os instrumentos de produção podem ser divididos em: (1) instrumentos de produção naturais; e (2) instrumentos de produção criados pela civilização, dos quais fazem parte tanto as máquinas como o próprio homem, pois ele se encontra como criador dos instrumentos de produção e também como um deles.

No caso dos instrumentos de produção naturais, em que os indivíduos estão subordinados à natureza, a propriedade da terra manifesta-se como domínio natural direto. Nesse caso, em que a divisão entre o trabalho material e intelectual ainda não ocorreu, o domínio do proprietário sobre os não proprietários tem como base relações pessoais num contexto comunitário. Já com os instrumentos de produção criados pela civilização, os indivíduos estão subordinados a um produto do trabalho, em que a propriedade da terra surge como domínio do trabalho, do trabalho acumulado, do capital; e o domínio que o proprietário exerce adquire uma forma concreta – o dinheiro.

Partem, Marx e Engels, dos instrumentos de produção para mostrar a necessidade da propriedade privada para certas etapas industriais, ou seja, que no caso dos instrumentos de produção criados pela civilização a indústria existe apenas *na* e *pela* divisão do trabalho. Uma avançada divisão do trabalho e a forma moderna de propriedade privada viabilizam a grande indústria, que é a expressão de todo esse processo.

Nas etapas industriais, a propriedade manifesta-se de diferentes formas. Na indústria extrativa, a propriedade privada ainda está ligada apenas ao trabalho desenvolvido. Na pequena indústria e na agricultura, "a propriedade é consequência necessária dos instrumentos de produção existentes"[23].

Uma das discussões que surgem é saber se a propriedade privada da terra do pequeno agricultor é, ou não, semelhante à grande propriedade da terra ou ao capital industrial, visto que, na agricultura, em todos os tempos, para Marx e Engels, a propriedade é consequência necessária dos instrumentos de produção de uma determinada época.

O pequeno proprietário fundiário, por mais que seja *proprietário*, nada possui se não tiver capital suficiente para desenvolver sua atividade. Sem capital para o cultivo, a propriedade privada da terra – do pequeno produtor – não configura nada diferente do simples proprietário urbano, detentor apenas da sua força de trabalho – proletariado. O pequeno proprietário também, produzindo ou não, está inserido no complexo processo de produção do modo de produção capitalista. O isolamento destes, como fator limitador de sujeitos da história, não é muito maior que o do proletariado urbano.[24]

Marx e Engels afirmam que a divisão social do trabalho é uma das principais forças da história, e mostra várias faces no seu decorrer. Na transição da barbárie para a civilização, da tribo para o Estado, ocorre a maior divisão do trabalho material e intelectual que se manifesta pela separação da cidade e do campo. Com a cidade cria-se toda uma estrutura urbana em oposição ao campo, que vive em condições

---

23 MARX, Karl; ENGELS, Friedrich. *Op. cit.*, p. 62.

24 Abramovay afirma que a empresa familiar, como unidade produtiva, tem papel importante na economia das nações modernas e que as *plantation* são inviáveis economicamente, daí o setor rural no capitalismo estar sempre atrás do urbano. A velocidade de reprodução do capital é maior na indústria do que na agricultura e disso decorre a importância de novas tecnologias na agricultura, contempladas por políticas agrícolas, para afrontar, ou melhor, diminuir as limitações impostas pela própria natureza, ou seja, plantas de ciclo mais curto, maior produtividade, resistentes aos ventos, resistentes a pragas, uso de secantes para uma rápida colheita e desocupação do solo para a instalação de uma nova cultura, irrigação, transplante de embriões, uso da plasticultura para proteção e diminuição do ciclo das culturas etc. (ABRAMOVAY, Ricardo. *Paradigmas do capitalismo agrário em questão*. São Paulo: Hucitec; Rio de Janeiro: Anpocs; Campinas: Unicamp, 1992).

de um maior isolamento, sendo que "o antagonismo entre cidade e campo só pode existir no quadro da propriedade privada (...). O trabalho é aqui, de novo, o principal poder *sobre* os indivíduos, e enquanto este existir tem de existir também a propriedade privada"[25].

Nesse sentido,

> a separação cidade e campo pode ser também tomada como a divisão de capital e propriedade fundiária, como o começo de uma existência e desenvolvimento do capital independente da propriedade fundiária, do capital, ou seja, uma propriedade que tem a sua base meramente no trabalho e na troca.[26]

A fuga de muitos servos para a cidade, na Idade Média, marca o fortalecimento desta com a criação das corporações de ofícios, espelhado no fato de que

> estas cidades eram verdadeiras associações, criadas pela necessidade imediata, pelo cuidado com a proteção da propriedade, e para multiplicar os meios de produção e os meios de defesa de cada um dos membros.[27]

A propriedade fundiária na Idade Média passa por profundas transformações a partir das invasões bárbaras com o declínio do Império Romano do Ocidente. Podemos observar que

> entre os germanos, no tempo das invasões, ela apresenta ainda características arcaicas. Estes povos estão fortemente propensos ao nomadismo, passam de um território a outro, que exploram coletivamente, enquanto ele se mantém fértil, depois emigram. As tribos é que são titulares desta propriedade coletiva (Marka, Allmende, Volkland). As terras confiscadas aos proprietários romanos ou provinciais tornam-se, por conseguinte, propriedade coletiva dos grupos gentílicos (*sippen, fare*) ou por vezes, de comunidades de soldados (*arimannie*). Mais tarde, em contato com o Direito romano e por necessidade de salvaguardar o caráter intensivo das culturas, começa a desenvolver-se entre os germanos a propriedade privada das terras.[28]

Essa forma de propriedade privada das terras existente na Idade Média sofre algumas limitações. Não se trata da mesma forma que

---

25 ABRAMOVAY, Ricardo. *Op. cit.*, p. 64.

26 ABRAMOVAY, Ricardo. *Op. cit.*, p. 65.

27 ABRAMOVAY, Ricardo. *Op. cit.*, p. 66.

28 BOBBIO, Norberto; MATTEUCI, Nicola; PASQUINO, Gianfranco. *Dicionário de política*. Trad. Carmem E. Varriale. 4. ed. Brasília: UnB, 1992, p. 1032.

hoje se apresenta. Nessa época, a propriedade privada da terra não é plena e absoluta como o foi no Direito romano anterior, e sim tem-se a propriedade de uma mesma coisa dividida em vários domínios, isto é, um Direito de propriedade que não exclui os outros da relação com a mesma amplitude e que permite a existência de possuidores de títulos de diversos sobre uma mesma coisa.

Como na Idade Média, "não existindo uma autoridade central dotada de um poder efetivo, reina em todos os níveis aquela 'confusão da soberania e da Propriedade' que é típica do Feudalismo: o proprietário de terras assume poderes políticos sobre os camponeses que trabalham nas suas terras, impondo uma série de limitações às suas liberdades pessoais. Assim, o modo de produção escravista é substituído pelo feudal: ao escravo sucede o servo, que goza de uma liberdade pessoal parcial, da propriedade parcial dos meios de produção (instrumentos de trabalho, animais) e de uma certa autonomia na gestão da sua pequena empresa agrícola"[29].

Na formação da propriedade privada moderna é interessante notar que nas primeiras cidades da Idade Média a divisão do trabalho é pouco desenvolvida, tanto entre as corporações como no seio delas, e um passo decisivo no desenvolvimento da divisão do trabalho foi a separação entre a produção e o intercâmbio. Com o intercâmbio acontece uma ligação entre uma cidade e outra, e aí a classe dos comerciantes desempenhou importante papel até chegar a ter um intercâmbio mundial, já com base na grande indústria.

Neste processo, Marx e Engels dão destaque especial à tecelagem como produto da divisão do trabalho entre as cidades, sendo que

> com a manufatura liberta das corporações mudaram também, imediatamente, as relações de propriedade. O primeiro progresso sobre o capital natural de ordem ou estado verificou-se com o ascenso dos comerciantes, cujo capital era, desde o princípio, móvel, capital no sentido moderno, tanto quanto as condições de então no-lo permitem afirmar. O segundo progresso veio com a manufatura, a qual de novo mobilizou uma massa do capital natural e, no geral, aumentou a massa do capital móvel face ao natural.[30]

---

[29] BOBBIO, Norberto; MATTEUCI, Nicola; PASQUINO, Gianfranco. *Op. cit.*, p. 1033.

[30] Ainda quanto à manufatura, ela "tornou-se, ao mesmo tempo, um refúgio dos camponeses contra as corporações que os excluíam ou lhes pagavam mal, do mesmo

Com a manufatura estabelece-se uma concorrência entre as nações, bem como o comércio ganha importância política, sendo que ela também é responsável pelas mudanças no relacionamento entre o empregador e o operário que, com o dinheiro, como vínculo entre eles, sobrepõe o vínculo patriarcal que se estabelecia nas corporações.

A Idade Moderna começa a esboçar-se com a expansão comercial, pelo início da grande produção manufatureira, pela formação de impérios financeiros, pelas sociedades por ações, e no século XVI, com a descoberta do Novo Mundo, a propriedade privada mobiliária torna-se mundial. À custa das novas colônias tem-se o período denominado de fase da acumulação primitiva do capital, o que possibilita o advento do modo de produção capitalista.

A nova forma de propriedade que ganha destaque nessa fase, principalmente com a Revolução Industrial, responsável pelo câmbio do período manufatureiro ao período do maquinismo, é a propriedade industrial, que vem se juntar à propriedade imobiliária. Representa também o fim da supremacia da propriedade fundiária, visto que esta forma de propriedade, assentada em economias de base predominantemente agrícola, reinava quase que exclusiva em relação às outras formas de propriedade até então.

De importância indiscutível, no campo jurídico e político, ocorreu a Revolução Francesa de 1789, que pôs

> termo à concepção medieval, dentro da qual o domínio se encontrava repartido entre várias pessoas, sob o nome de domínio iminente do Estado, domínio direto do senhor e domínio útil do vassalo; e havia substituído pelo conceito unitário de propriedade, peculiar ao Direito Romano, e onde o proprietário é considerado senhor único e exclusivo de sua terra.[31]

Nos séculos XVII e XVIII, conforme Marx e Engels, estabelece-se um novo período da propriedade privada, em que a manufatura perde espaço para o comércio e a navegação, tanto que consideram o século XVIII como o século do comércio. Esta transformação é

---

modo que anteriormente as cidades das corporações tinham servido aos camponeses de refúgio contra os grandes proprietários rurais" (Idem, p. 70-71).

31 RODRIGUES, Sílvio. *Direito civil*: Direito das coisas. 20. ed. São Paulo: Saraiva, 1993, p. 78-79.

marcada pelas leis da navegação, promulgadas por Cromwell em 1651, e pelos monopólios coloniais.

A grande procura por produtos manufaturados, que foi superior às forças produtivas então existentes, deu origem à criação da grande indústria, que inaugura mais um período da propriedade privada, o terceiro desde a Idade Média.

O surgimento da grande indústria, para os autores mencionados acima,

> universalizou a concorrência, estabeleceu os meios de comunicação e o mercado mundial moderno, submeteu a si o comércio, transformou todo o capital em capital industrial e criou assim rápida circulação (o desenvolvimento da finança) e concentração dos capitais (...) completou a vitória da cidade comercial sobre o campo. A sua primeira premissa é o sistema automático. O seu desenvolvimento criou uma massa de forças produtivas para as quais a propriedade privada se tornou um grilhão, do mesmo modo que a corporação para a manufatura e a pequena oficina rural para o artesanato em desenvolvimento. Sob a propriedade privada, estas forças produtivas recebem um desenvolvimento apenas unilateral, tornam-se forças destrutivas para a maioria, e uma grande quantidade destas forças não podem sequer ser aplicadas na propriedade privada.[32]

A grande indústria não se manifesta da mesma forma em todas as regiões de um país e nem em todos os países; "estas diferentes formas são outras tantas formas da organização do trabalho e, assim, da propriedade"[33].

Acrescentam ainda que

> na grande indústria, pela primeira vez, é produto desta a contradição entre o instrumento de produção e a propriedade privada, e para produzir tal contradição tem de estar já muito desenvolvida. Por isso, só com a grande indústria é também possível a abolição da propriedade privada.[34]

É necessário ficar evidente que

> a propriedade privada, na medida em que no seio do trabalho se contrapõe ao trabalho, desenvolve-se a partir da necessidade da acumulação, e a princípio

---

[32] MARX, Karl; ENGELS, Friedrich. *A ideologia alemã*. São Paulo: Moraes, [s/d], p. 77-78.

[33] MARX, Karl; ENGELS, Friedrich. *Op. cit.*, p. 79.

[34] MARX, Karl; ENGELS, Friedrich. *Op. cit.*, p. 62.

> ainda tem sempre a forma da comunidade, mas no seu desenvolvimento posterior aproxima-se cada vez mais da forma moderna da propriedade privada. Pela divisão do trabalho está dada, logo de início, a divisão também das condições de trabalho, das ferramentas e dos materiais e, a fragmentação do capital acumulado entre diferentes proprietários; e, a fragmentação entre o capital e o trabalho, e as diferentes formas da própria propriedade. Quanto mais se desenvolve a divisão do trabalho, e quanto mais cresce a acumulação, tanto mais agudamente se desenvolve também esta fragmentação. O próprio trabalho só pode existir sob a premissa desta fragmentação.[35]

As forças produtivas, anteriormente ligadas por um vínculo direto com os indivíduos, com o advento da grande indústria, inauguram uma nova etapa em seu processo histórico. As forças produtivas que antes eram próprias dos indivíduos, agora são da propriedade privada, isto é, só são dos indivíduos enquanto estes são proprietários privados. Diante desse quadro, a necessidade que os indivíduos têm de assegurar a sua própria existência e também de uma auto-ocupação, nos dizeres de Marx e Engels, leva à necessidade de uma apropriação de todas as forças produtivas.[36]

Enfim, para Marx e Engels, a propriedade entre os povos antigos era por excelência a fundiária, isto tanto na propriedade tribal quanto na estatal posterior. Na propriedade estatal, quando da formação das cidades nas quais viviam juntas várias tribos, o Direito do indivíduo era apenas o de posse da terra, a propriedade era basicamente estatal. Já a propriedade tribal na Idade Média desenvolve-se em várias fases (propriedade fundiária feudal, propriedade móvel corporativa, capital manufatureiro) até o capital moderno (condicionado pela concorrência em nível mundial e pela grande indústria), em que a propriedade

---

35 MARX, Karl; ENGELS, Friedrich. *Op. cit.*, p. 95.

36 "A apropriação destas forças nada mais é, ela mesma, do que o desenvolvimento das capacidades individuais correspondentes aos instrumentos da produção material. A apropriação de uma totalidade de instrumentos de produção é desde logo, por isso, o desenvolvimento de uma totalidade de capacidades nos próprios indivíduos. (...) Em todas as apropriações até hoje realizadas, uma massa de indivíduos continuou subordinada a um único instrumento de produção; no caso da apropriação dos proletários, uma massa de instrumentos de produção tem de ser subordinada a cada indivíduo e a propriedade tem de ser subordinada a todos. O intercâmbio universal moderno só pode ser subordinado aos indivíduos de uma maneira: sendo subordinado a todos os indivíduos" (MARX, Karl; ENGELS, Friedrich. *Op. cit.*, p. 97-98).

privada moderna corresponde ao Estado moderno, que foi, no seu entender, adquirido gradualmente pelos proprietários privados.

4. OS PONTOS DE VISTA EM TORNO DA HISTÓRIA DA PROPRIEDADE

A abordagem da história da propriedade pelos autores trabalhados, a título de situações exemplares, leva-nos a fazer algumas ponderações necessárias em torno de tão controvertido tema.

A Cidade Antiga de Fustel de Coulanges é, sem dúvida, uma grande obra, que contribui para um melhor entendimento do conceito histórico da propriedade privada, apesar de ser a religião, ou melhor, as crenças que os homens nutrem, o eixo central de seu trabalho. A "evolução" da religião está ligada diretamente, como determinante, ao nascimento e desenvolvimento das instituições, como, por exemplo, da propriedade privada da terra.

Este autor, mesmo creditando um lugar de destaque às crenças, como motor da história, faz, na parte que trata do período das revoluções na Grécia e em Roma, uma detalhada narrativa que permite uma leitura, de uma perspectiva mais abrangente, das lutas de classes ocorridas então.

Essas revoluções situadas a partir do século VII a.C. tiveram como causa, para Coulanges, primeiro, as mudanças ocorridas no campo das ideias e das crenças, e, segundo, a questão de existir uma divisão da sociedade em classes. Aqui caberia uma inversão de perspectiva. Séculos de lutas entre os eupátridas e tetas no caso dos gregos, e com os romanos entre os patrícios e os plebeus. É interessante que o próprio autor coloca que as lutas ocorriam não somente como causa das diferentes crenças, mas principalmente em torno da propriedade dos meios de produção; os interesses ligavam-se às condições materiais de existência.

Não se nega o papel importante que a religião, os deuses, as crenças, como frutos da imaginação de homens situados historicamente, teve em todos os tempos como uma força capaz de influenciar num determinado modo de produção. Longe está, porém, de situá-la como um referente central na busca de uma força motriz da humanidade.

A propriedade, originariamente, está para Coulanges ligada à questão do culto doméstico de veneração aos antepassados mortos.

A religião doméstica ensinou o homem a apropriar-se da terra e a assegurar-lhe o Direito sobre ela. Essa propriedade tipicamente familiar é regulada essencialmente pelo culto, entendido como conjunto de crenças mantido por uma determinada família, e, com a evolução da religião, a propriedade, como instituição, também muda. Do discurso sustentado pelo autor, aí reside o problema maior, ou seja, a instituição da propriedade não decorre das relações materiais dos homens, que buscam antes de mais nada assegurar a sobrevivência.

As leis agrárias comuns nos tempos das revoluções, de que trata Coulanges, espelham, antes de um conjunto de crenças de cunho religioso, a luta de classes que se estabelece em torno da propriedade fundiária. Nos séculos que antecedem a era cristã, já se tem uma farta documentação escrita que comprova a existência de inúmeros conflitos em torno desta forma de propriedade.

A perspectiva das classes dirigentes oligárquicas em relação à propriedade, ao casamento, à família e outras instituições são, sem dúvida, "perspectivas de classe". Coulanges, quando em seu livro aborda as revoluções, a partir do século VII a.C., que ocorreram com os gregos e romanos, trabalha as lutas entre a classe dos "inferiores" e a dos proprietários, sendo que "essa aristocracia permaneceu, durante muitas gerações, senhora absoluta do governo, conservando o título de *proprietários*, o que parece indicar não terem as classes inferiores o Direito de propriedade sobre o solo"[37].

Os conflitos em torno da propriedade da terra na antiga civilização grega e romana são inúmeros, assim "as tradições e os testemunhos da

---

[37] COULANGES, Fustel de. *A cidade antiga*: estudos sobre o culto, o Direito, as instituições da Grécia e de Roma. Trad. Jonas Camargo Leite e Eduardo Fonseca. São Paulo: Hemus, 1975, p. 207. Notar que apesar de o autor creditar um forte peso à questão da crença na constituição das instituições, ele mostra que nas revoluções ocorridas nas sociedades antigas já estavam formadas as classes antagônicas dispostas conforme a riqueza e em luta (vide p. 231). Não foram poucas as vezes que a classe dirigente em manobras de uma ampliação de sua base legitimadora estendeu o Direito de propriedade a todos, tanto que "antes de Sólon, a maior parte dos habitantes da Ática achava-se ainda reduzida à posse precária do solo, e podia mesmo recair na servidão pessoal. Depois de Sólon, não voltamos mais a encontrar essa numerosa classe de homens; não vemos nem os rendeiros sujeitos ao tributo, nem a terra escrava, e o Direito de propriedade torna-se acessível a todos. Grande transformação, cujo autor só pode ter sido Sólon" (p. 216).

antiguidade colocam sob o reinado de Sérvio os primeiros progressos dos plebeus. O ódio que os patrícios conservavam por esse rei mostra-nos suficientemente qual era a sua política. Sua primeira reforma foi dar terras à plebe"[38].

As leis agrárias sempre assustaram os latifundiários. Em Roma, a propriedade privada começou cedo e com isso tem-se inúmeros casos de luta entre os patrícios e os plebeus pobres que reclamavam para si uma parte maior da distribuição das terras conquistadas dos inimigos, isto é, as *terras públicas*.[39]

O uso de técnicas para fazer crer e o manejo das crenças, conforme os interesses econômicos em jogo, fazem parte do contexto da cidade antiga. O patrício, como homem nobre, rico e poderoso, era também

> alternadamente guerreiro, magistrado, cônsul, agricultor ou comerciante; mas por toda a parte, e sempre, é sacerdote e tem o seu pensamento fixo nos deuses (...). Engana-se muito, quanto à natureza humana, quem supuser que uma religião possa estabelecer-se por convenção e manter-se pela impostura. Conte-se, em *Tito Lívio*, as vezes que essa religião incomodou os próprios patrícios, e em quantas outras ocasiões embaraçou o senado e entravou sua ação, e diga-se depois se a religião foi inventada para comodidade dos políticos. Foi nos tempos de *Cícero* que se começou a julgar a religião como útil ao governo, mas a religião já se sumira dos corações dos homens.[40]

Como acima está bem caracterizado, Coulanges não admite que existiu o uso político da religião na cidade antiga. É interessante observar o que ele afirma, em outro momento de sua obra, quando das revoluções em Atenas:

---

38 COULANGES, Fustel de. *A cidade antiga*: estudos sobre o culto, o Direito, as instituições da Grécia e de Roma. Trad. Jonas Camargo Leite e Eduardo Fonseca. São Paulo: Hemus, 1975, p. 231.

39 A concentração das terras nas mãos dos patrícios foi violenta (como é hoje no Brasil – sem a denominação de patrícios), o que ocasionou, como exemplo, no século II a.C., a tentativa de Tibério Semprónio Graco e Caio Semprónio Graco, irmãos e tribunos, de refrear a ganância da aristocracia oligárquica romana através de leis agrárias. O primeiro foi morto, o segundo suicidou-se. Vide os números das mortes de trabalhadores que lutam pela reforma agrária no Brasil nestas últimas décadas.

40 COULANGES, Fustel de. *A cidade antiga*: estudos sobre o culto, o Direito, as instituições da Grécia e de Roma. Trad. Jonas Camargo Leite e Eduardo Fonseca. São Paulo: Hemus, 1975, p. 176-177.

> Debalde os eupátridas lançaram mãos de todos os recursos da religião. Em vão afirmaram que os deuses estavam irritados e apareceram fantasmas. Sem resultado purificaram a cidade de todos os crimes do povo e erigiram dois altares, um à Violência e outro à Insolência, para apaziguar essas duas divindades cuja influência maligna havia perturbado os espíritos. Tudo isto de nada serviu. Os sentimentos de ódio não se abrandaram.[41]

Aristóteles mostra-nos em *A Política*, não deixando de observar que outros autores da época poderiam vir à baila, *v.g.*, Platão, como as discussões já estavam adiantadas em relação à concentração privada das terras. O autor, no estudo que faz da organização política, econômica e social em muitos Estados existentes na época, levanta questões em torno da terra no tocante a pertencerem ou não à coletividade ou aos indivíduos isoladamente, demonstrando preocupação com a subsistência dos despossuídos, fato notável em vista da dominância das oligarquias neste período.[42]

De uma perspectiva diferente, comprometida com a classe economicamente espoliada, Engels trabalha a história primitiva – com isso a família, a propriedade e o Estado –, com base no materialismo histórico. Faz a ligação do desenvolvimento das condições materiais com as mudanças na estrutura das famílias, bem como com as

---

41 COULANGES, Fustel de. *Op. cit.*, p. 227.

42 Aristóteles, no livro segundo, quando do exame da *República* de *Platão*, refuta o sistema da comunidade de bens, sendo que "a ordem natural das ideias traz a questão da propriedade. Qual será a lei sobre as propriedades no projeto da melhor Constituição? Serão elas comuns ou individuais? Esta questão é independente da legislação sobre as mulheres e os filhos. Aqui só considero os bens de raiz. Dividindo-se as terras em propriedades particulares, como hoje o são, trata-se de saber se será melhor que a comunidade participe das terras ou somente da colheita. Por exemplo, se será melhor que as terras sejam possuídas por particulares, mas que se tirem e se consumam os frutos em comum, como fazem algumas nações; ou, ao contrário, que a terra e a cultura sejam comuns, mas que os frutos sejam repartidos segundo as necessidades particulares, como muitos povos bárbaros têm fama de fazer; ou, finalmente, que as terras e os frutos sejam repartidos" (ARISTÓTELES. *A política*. Trad. Nestor Silveira Chaves. Rio de Janeiro: Tecnoprint, p. 31). Diz ainda *Aristóteles* em relação à propriedade privada: "O mais doce dos prazeres é auxiliar os amigos, os hóspedes, os companheiros, e ele não pode ser obtido a não ser por meio da posse individual. (...) não se poderá formar um Estado sem dividir e separar as propriedades, delas aplicando uma parte nas refeições públicas e outra na manutenção das fratrias e das tribos" (ARISTÓTELES. *A política*. Trad. Nestor Silveira Chaves. Rio de Janeiro: Tecnoprint, p. 86-87).

mudanças do conceito de propriedade, ou seja, a propriedade privada ganha, como instituição, uma definição a partir de todo um processo socioeconômico-cultural.

Em *A origem da família, da propriedade privada e do Estado*, o autor parte, para estudar estas questões, da produção material dos meios de vida. Acusação comum ao autor é de que ele dá crédito único ao fator econômico, de que sua teoria parte sempre de uma base econômica. Sem dúvida que ele, bem como Marx, parte das condições materiais de existência em seus trabalhos, mas nessa obra um dos aspectos marcantes é como Engels transita com desenvoltura entre aspectos culturais de determinados povos, isto é, demonstra que o nível econômico é fundamental, mas, também, que há outros níveis de discussão.

O conceito jurídico de propriedade muda no decorrer da história. Na Idade Média, com as invasões bárbaras e o declínio do Império Romano do Ocidente, ocorreram mudanças profundas no Direito de propriedade vigente, isto é, a propriedade das terras volta a ser coletiva, quase de forma semelhante às de tipo gentílico, pertencentes à totalidade de um determinado grupo.

Nesse contexto, com o advento da modernidade, é retomado o Direito romano que tratava da propriedade. A incorporação do Direito romano pela burguesia emergente não se deu somente pelo fato de que este Direito tinha uma "logicidade interna"; ou que era o Direito mais bem elaborado de que se tinha conhecimento, mas principalmente porque as formulações teóricas que ele continha atendiam às necessidades de legitimação da acumulação denotadas no modo de produção capitalista que aí surgia.[43]

Nesse sentido, a instituição da propriedade privada, tratada em suas diversas formas, ganha destaque em Marx como parte de um

[43] "Houve a unificação do sistema legal, com o ressurgimento do Direito Romano, para regular as transações comerciais que se avolumavam" (ANTUNES, Paulo Bessa. *A propriedade rural no Brasil*. Rio de Janeiro: OAB/RJ, p. 35). "A influência crescente do Direito romano se fazia sentir; aqui notadamente do Código de Justiniano, Liv. XI, cujo título *de omni agro deserto* encontrava, ao tempo, correspondências não pequenas na situação geral dos domínios portugueses" (LIMA, Ruy Cirne. *Pequena história territorial do Brasil*: sesmarias e terras devolutas. 2. ed. Porto Alegre: Sulina, 1954, p. 19).

processo histórico. Da propriedade tribal, passando pela propriedade comunal e estatal antiga e também pela propriedade feudal, chega-se, pela divisão da produção cada vez maior, à propriedade privada burguesa.

Marx, discutindo a questão da propriedade privada da terra no século XIX, leva em consideração os estudos em torno da questão agrária levantados por David Ricardo. No século XIX, o setor primário da economia, com seus problemas econômicos e sociais, ganha destaque numa elaboração teórica mais acurada nas ciências sociais. Daí os estudos que tinham por objeto os camponeses da França, da Alemanha e da Inglaterra, pela importância que eles tinham em relação ao modo de produção capitalista em vias de afirmação.

Na Idade Média veio se juntar à propriedade privada da terra a propriedade industrial – capital em seu sentido moderno. Nesse sentido, Marx vê que as possibilidades da abolição da propriedade privada encontram-se no desenvolvimento da grande indústria, pois aí afloram as contradições do modo de produção capitalista.

Em suma, uma observação a ser feita é que o mesmo Estado, como Engels bem aponta,[44] que protege e dá sustentação à propriedade privada e cria mecanismos para sua concentração através, por exemplo, de políticas agrícolas, também é capaz de positivar juridicamente as reivindicações em torno de uma reforma agrária quando se vê pressionado pelos despossuídos.

5. CONCLUSÃO

Muitas questões surgem no decorrer do resgate do conceito jurídico de propriedade enquanto instituição histórica. Uma delas é a questão do sujeito da história no sentido de como ficam os camponeses e os

[44] "Só uma coisa faltava ainda: uma instituição que não só protegesse as riquezas recém-adquiridas por cada indivíduo contra as tradições comunistas da ordem gentílica, que não só consagrasse a propriedade privada, antes tão menosprezada, e declarasse essa consagração como o fim supremo de toda a comunidade humana, mas que também apusesse a marca do reconhecimento social geral às novas formas da aquisição de propriedade que se iam desenvolvendo umas a seguir às outras (...). E essa instituição veio. Foi inventado o *Estado*" (ENGELS, Friedrich. *A origem da família, da propriedade privada e do Estado*. Trad. João Pedro Gomes. Lisboa: Avante; Moscovo: Progresso, 1985. (Obras escolhidas), p. 309).

sem-terra diante do proletariado urbano supostamente mais dinâmico. Outra, se é possível alcançar uma organicidade dos movimentos dos sem-terra e sindicatos de pequenos proprietários com outros movimentos sociais, visto que até o projeto de reforma agrária, tão discutido (em estruturas políticas periféricas, como o Brasil), não se efetiva, em parte, por falta de um compromisso dos trabalhadores urbanos. Isto demonstra, em certo sentido, o que Marx disse a respeito da divisão do trabalho entre cidade e campo, a concorrência e o consequente isolamento da classe trabalhadora.

No modo de produção capitalista, a propriedade privada da terra é uma das formas que assume o *sagrado* Direito de propriedade; tudo está à mercê de apropriação como coisa privada.

Conforme ensina Bernardete Aued:

> (...) a forma pouco significa, fundamental é ser objeto de apropriação privada, do que resulta poder real. Deste alerta ocorre-nos depreender que são complexas as tentativas de coletivizar um 'bem' que é socialmente privado. Isto quer dizer que redistribuir ou não 'terras' tem injunções que ultrapassam os limites do mundo agrário.[45]

Mesmo as formas de propriedade privada (como, por exemplo, a dos pequenos agricultores) que não são centrais em relação ao modo de produção desempenham um papel cultural importante no sentido de que afirmam e legitimam o "valor" que se atribui à propriedade privada. Os proprietários marginais saem em defesa do *sagrado Direito* sem perceberem que certas formas de propriedade, estando dispersas por toda a sociedade, num processo complexo de legitimação, impedem que se ataque frontalmente outras formas de propriedade que são fundamentais no processo de dominação do homem pelo homem.

Contemporaneamente nota-se uma mudança no conceito jurídico de propriedade. Só é legítima aquela propriedade, aqui propriedade privada da terra, que atende a sua função social. Contudo, é de observar-se que de modo algum essa mudança atinge as formas fundamentais de propriedade privada no modo de produção capitalista.

---

[45] AUED, Bernardete Wrublevski. *Questão agrária*: dilemas e paradoxos no acender das luzes no século XXI. São Paulo: PUC, 1990, p. 136 (Tese).

Enfim, esse breve resgate de uma instituição histórica faz com que se possa refletir melhor a respeito das várias formas que a propriedade assume e também das condições atuais no que concerne à "absoluta" concentração fundiária em nosso país. Evidencia-se, assim, que o conceito de propriedade é determinado por homens concretos situados historicamente, tanto que,

> desde o advento da civilização, o crescimento da propriedade tem sido tão imenso, as suas formas tão diversificadas, os seus usos tão expandidos e a sua administração tão inteligente no interesse dos seus proprietários que se *tornou*, em relação ao povo, *um poder inadministrável. O espírito humano fica desconcertado na presença de sua própria criação.*[46]

6. REFERÊNCIAS BIBLIOGRÁFICAS

ABRAMOVAY, Ricardo. *Paradigmas do capitalismo agrário em questão*. São Paulo: Hucitec; Rio de Janeiro: Anpocs; Campinas: Unicamp, 1992.

ANDERSON, Perry. *Passagens da antiguidade ao feudalismo*. Trad. Beatriz Sidou. 4. ed. São Paulo: Brasiliense, 1992.

ANTUNES, Paulo Bessa. *A propriedade rural no Brasil*. Rio de Janeiro: OAB/RJ, 1985.

ARISTÓTELES. *A política*. Trad. Nestor Silveira Chaves. Rio de Janeiro: Tecnoprint, (s/d).

AUED, Bernadete Wrublevski. *Questão agrária*: dilemas e paradoxos no acender das luzes do século XXI. São Paulo: PUC, 1990 (Tese).

BOBBIO, Norberto; MATTEUCCI, Nicola; PASQUINO, Gianfranco. *Dicionário de política*. Trad. Carmem C. Varriale. 4. ed. Brasília: UnB, 1992.

COULANGES, Fustel de. *A cidade antiga*: estudos sobre o culto, o Direito, as instituições da Grécia e de Roma. Trad. Jonas Camargo Leite e Eduardo Fonseca. São Paulo: Hemus, 1975.

ENGELS, Friedrich. *A origem da família, da propriedade privada e do Estado*. Trad. João Pedro Gomes. Lisboa: Avante; Moscovo: Progresso, 1985. (Obras escolhidas).

HESPANHA, António M. *A história do Direito na história social*. Lisboa: Livros Horizontes, 1978.

---

[46] ENGELS, Friedrich. *A origem da família, da propriedade privada e do Estado*. Trad. João Pedro Gomes. Lisboa: Avante; Moscovo: Progresso, 1985. (Obras escolhidas), p. 373-374.

LÉVY, Jean-Philippe. *História da propriedade*. Trad. Fernando Guerreiro. Lisboa: Estampa, 1973.

LIMA, Ruy Cirne. *Pequena história territorial do Brasil*: sesmarias e terras devolutas. 2. ed. Porto Alegre: Sulina, 1954.

LOWY, Michael. *Método dialético e teoria política*. Trad. Reginaldo Di Piero. 4. ed. Rio de Janeiro: Paz e Terra, 1989.

LOWY, Michael. *As aventuras de Karl Marx contra o Barão de Münchausen:* marxismo e positivismo na sociologia do conhecimento. Trad. Juarez Guimarães, Suzanne Felicie Léwy. 4. ed. São Paulo: Busca Vida, 1990.

MARX, Karl; ENGELS, Friedrich. *A ideologia alemã*. São Paulo: Moraes, (s/d).

RODRIGUES, Silvio. *Direito civil:* Direito das coisas. 20. ed. São Paulo: Saraiva, 1993.

Capítulo 8

O DIREITO ROMANO E SEU RESSURGIMENTO NO FINAL DA IDADE MÉDIA

ARGEMIRO CARDOSO MOREIRA MARTINS[1]

1. INTRODUÇÃO

O presente trabalho tem por objetivo *o estudo do Direito romano e as causas de sua readmissão ao final da Idade Média*. Sem pretender esgotar o assunto, procurar-se-á sempre que possível dar uma visão mais genérica do fenômeno aqui estudado, sem adentrar nas especificidades históricas nacionais ou mesmo regionais. Resumidamente, o tema será tratado da seguinte maneira: inicialmente, estudar-se-á a sociedade romana sob o seu aspecto socioeconômico e, em seguida, do Direito romano, destacando cada uma das principais fases de sua evolução. Num segundo momento, busca-se tratar brevemente do abandono da prática jurídica romana durante a Idade Média. As causas propriamente ditas do renascimento do Direito romano no Ocidente serão tratadas separadamente em cada um dos subitens que compõem

1 Professor da Graduação e Pós-graduação da Faculdade de Direito da Universidade de Brasília – UnB. Mestre em Instituições Jurídico-Políticas pela UFSC. Doutor em Direito Constitucional pela UFMG.

a terceira parte deste texto. Por fim, a quarta e última parte trata das considerações finais sobre o tema proposto.

2. O DIREITO ROMANO

A história da civilização romana, e consequentemente a de seu Direito, abrange um período de cerca de 12 séculos, cujo marco inicial remonta à fundação da cidade de Roma em 753 a.C. e vai até a queda do Império Romano Ocidental em 476 de nossa era.

Comumente, a história romana é dividida por seus estudiosos em três períodos, cada qual correspondente a uma das três formas de governo dominantes ao longo de sua existência. O período da *realeza* vai da fundação de Roma até a substituição do rei por dois cônsules em 529 a.C. Esse fato inaugura o período *republicano*, que perdura até a sagração de Otávio Augusto como imperador em 27 a.C. O período *imperial*, por sua vez, é dividido em dois subperíodos: o *alto império* ou *principado*, que vai de Otávio Augusto até o início do governo do imperador Diocleciano, em 284 d.C., e o *baixo império* ou "dominato", que se estende de Diocleciano até a morte do imperador bizantino Justiniano em 565 d.C.

Com relação à história do Direito, também podemos identificar três períodos, não necessariamente correspondentes aos períodos da evolução política de Roma acima descritos. O primeiro período diz respeito ao Direito *primitivo*, que remonta à época da fundação da cidade de Roma e perdura até meados do século II a.C. O segundo período é o do Direito *clássico*, cujo desenvolvimento se dá entre os séculos II a.C. e II d.C. Por fim, o período *pós-clássico*, que basicamente corresponde ao Direito praticado no baixo império e se encerra com a codificação de Justiniano.

A seguir, far-se-á um breve relato da história da Roma antiga, destacando os seus principais aspectos econômicos, políticos e sociais.

2.1 Breve histórico socioeconômico da Roma antiga

O extraordinário desenvolvimento do Direito no período clássico coincidiu com o apogeu da civilização romana. À época, todo o universo cultural e político girava em torno das cidades. No entanto, o florescimento da *urbs* não se baseava em uma economia tipicamente urbana (comercial ou manufatureira), mas sim em uma economia essencialmente agrícola. A predominância anômala dos centros urbanos é explicada pelo uso, em larga escala, da mão de obra escrava no campo, pois somente assim seria possível "liberar uma classe de proprietários de terra tão radicalmente de suas raízes rurais de maneira a poder ser transmutada em uma cidadania essencialmente urbana que ainda assim continuava tirando riquezas do solo"[2]. Assim, a predominância das cidades romanas devia-se a uma aristocracia fundiária que, graças à escravidão, podia se desvincular do campo, de forma a investir os lucros provindos do cultivo e da criação nos centros urbanos.

Essa aristocracia rural manteve-se no comando político de Roma ao longo de toda a sua história, sobrevivendo a prolongadas e violentas lutas sociais. Desde o princípio a nobreza patrícia se empenhou na concentração de terras em suas mãos, ora reduzindo o campesinato livre a escravidão por débitos, ora se apropriando das terras de uso comum (o *ager publicus*). Como resultado, houve um colapso dos pequenos proprietários agrícolas, os *assidui* (assentados na terra), que em tempo de guerra podiam equipar-se, às suas custas, com armaduras e armas necessárias para servirem às legiões. Com a crescente monopolização da terra pela aristocracia patrícia e com as frequentes guerras empreendidas, os *assidui* eram cada vez mais reduzidos à situação de *proletarii* – cidadãos sem propriedade que se aglomeravam nas cidades e cujo único serviço prestado ao Estado era o de gerar prole.[3]

A guerra de conquista desempenhava um importante papel na Roma antiga, onde por meio do saque e do aprisionamento dos vencidos se obtinham mais terras e escravos para os latifúndios patrícios, e estes retribuíam liberando os pequenos proprietários (*assidui*) para o exército:

> O poder militar estava mais intimamente ligado ao crescimento econômico do que talvez em qualquer outro modo de produção, antes ou depois, porque a principal fonte do trabalho escravo eram normalmente prisioneiros de guerra, enquanto o aumento das tropas urbanas livres para a

---

2 ANDERSON, Perry. *Passagens da antiguidade ao feudalismo.* 4. ed. São Paulo: Brasiliense, 1992, p. 23-24.

3 ANDERSON, Perry. *Op. cit.*, p. 54.

> guerra dependia da manutenção da produção doméstica por escravos; os campos de batalha forneciam a mão de obra para os campos de cereais e vice-versa – os trabalhadores capturados permitiam a criação de exércitos de cidadãos.[4]

Assim, a mão de obra escrava foi fornecida pelas primeiras grandes campanhas militares realizadas na república (as guerras Púnicas, as campanhas da Gália, Macedônia, Jugurta e Mitríades), ao passo que as guerras civis internas entregavam enormes porções de terra à oligarquia patrícia, especialmente no sul da Itália.[5]

O surgimento dos latifúndios escravagistas levou a um grande aumento na pecuária e no cultivo de videiras, cereais e oliveiras. O uso de escravos estava tão disseminado que praticamente toda a atividade agropastoril e significativa porção da atividade comercial e industrial eram por eles praticadas. Tal intensidade no uso de escravos levou a uma estagnação tecnológica, pois o amplo emprego de novas técnicas de cultivo e de irrigação só se deu na Europa medieval. Isto se deveu ao descaso que tinham os aristocratas romanos pelo trabalho, fruto de uma ideologia social que o associava à perda da liberdade.[6] O aumento da população na *urbs* exigia um maior nível de produção que não se obtinha mediante o avanço tecnológico ou propriamente econômico, mas sim mediante a conquista militar de novas terras para o cultivo e de mão de obra cativa.

O esplendor de Roma, que no final da república se estendia por quase todo o Mediterrâneo, foi feito às custas dos pequenos proprietários *assidui*. Estes eram envolvidos numa mobilização militar incessante, que ocasionava milhares de mortes, e os sobreviventes eram dispensados do exército sem qualquer indenização pelos anos de serviço prestados nas tropas, sendo, portanto, incapazes de manter as suas propriedades que acabavam por ser absorvidas pela oligarquia patrícia. Como resultado, as tropas desviaram a sua lealdade do Estado para os generais vitoriosos, que podiam garantir aos seus comandados uma melhor remuneração, graças à pilhagem e ao saque dos vencidos. Os exércitos tornaram-se, assim, dóceis instrumentos nas

---

4 ANDERSON, Perry. *Op. cit.*, p. 28.
5 ANDERSON, Perry. *Op. cit.*
6 ANDERSON, Perry. *Op. cit.*, p. 26-27.

mãos de generais ambiciosos – tais como César, Pompeu e Crasso –, que passaram a disputar o poder em violentas guerras civis. Associada a isto, a miséria das massas urbanas tornavam-nas cada vez mais hostis ao poder senatorial da república, situação esta não contornada com a crescente distribuição pública de cereais aos *proletarii*.[7]

Foi o imobilismo da aristocracia patrícia que levou ao colapso da república, pois os seus privilégios se tornaram incompatíveis com um império cada vez mais cosmopolita. O descaso para com a tropa e o povo, bem como a exclusão das demais aristocracias italianas dos cargos consulares e senatoriais, levou o patriciado romano ao isolamento, deixando o caminho aberto aos generais que souberam canalizar o descontentamento dos excluídos pelo poder senatorial:

> O novo Augusto acumulou o poder supremo unindo atrás de si as múltiplas forças de descontentamento e desintegração dentro do último período da República. Foi capaz de reunir uma desesperada ralé urbana e camponeses recrutados exaustos contra uma elite dirigente pequena e odiada, cujo conservacionismo opulento a expunha a um desprezo popular ainda maior: acima de tudo, ele confiava na pequena nobreza provinciana da Itália que agora visava seu quinhão no quadro e nas honras do sistema que havia ajudado a construir. Uma estável monarquia universal emergiu do Átio, pois sozinha ela podia superar o estreito municipalismo da oligarquia senatorial em Roma.[8]

Sob o Império foi praticada uma série de medidas que atenuaram as questões sociais que haviam levado a República ao colapso. Primeiramente, atendendo aos anseios da tropa, foram distribuídos lotes de terras aos soldados desmobilizados ao final das guerras civis; os veteranos passaram a receber uma gratificação quando exonerados dos serviços militares; o exército profissionalizou-se, passando a ter um efetivo permanente, o que permitiu, ao tempo de Tibério, a suspensão do recrutamento, beneficiando, assim, a classe dos pequenos proprietários romanos. A situação das massas urbanas foi atenuada graças a um ambicioso projeto de construções que deu emprego aos plebeus; a uma maior distribuição pública

---

7 ANDERSON, Perry. *Op. cit.*, p. 65.
8 ANDERSON, Perry. *Op. cit.*, p. 67-68.

de cereais; à melhoria dos serviços municipais, tais como a criação de um corpo de bombeiros, de um sistema de fornecimento de água para a periferia da cidade e a fixação permanente de tropas na cidade de Roma para controlar tumultos. O sistema de tributação foi aperfeiçoado, visando corrigir os desvios praticados pelos coletores de impostos à época da república. As comunicações foram melhoradas através da criação de um sistema de correios que integrava todo o vasto território.[9]

Enfim, o império restaurou a paz interna melhorando a situação das tropas, minimizando a situação da população urbana e, sobretudo, quebrando o estreito municipalismo da república senatorial.

Entretanto, a prosperidade do império repousava sobre bases frágeis. O modo de produção escravo, como foi visto, dependia diretamente da expansão militar, que desempenhava o principal papel na acumulação econômica de um sistema produtivo extremamente predatório e incapaz de se autorrenovar. Uma vez atingido o máximo de expansão territorial sob Trajano, esgotou-se a fonte de fornecimento de mão de obra escrava. Ante a escassez de escravos, fruto da paralisação das operações militares de conquista, o tráfico interno mostrou-se incapaz de suprir as demandas de uma sociedade baseada no largo uso da escravidão e que frequentemente descuidava no trato de sua população escrava. Soma-se a isso o fato de haver uma reduzida taxa de reprodução na população de escravos, fruto de uma grande disparidade entre os sexos, pois as mulheres eram, salvo as tarefas domésticas, inaproveitáveis para o duro trabalho no campo.[10]

A falta de mão de obra escrava resultou na crise da produção agrícola; deficiência esta que não podia ser compensada por um desenvolvimento tecnológico praticamente estagnado. Ademais, as atividades comerciais e manufatureiras eram incapazes de promover qualquer desenvolvimento econômico. Os altos custos do transporte limitavam as manufaturas às necessidades de um mercado local, que por sua vez era reduzido por uma esmagadora maioria composta por camponeses autossubsistentes, escravos e pobres urbanos. O comércio, de outra

---

9 ANDERSON, Perry. *Passagens da antiguidade ao feudalismo.* 4. ed. São Paulo: Brasiliense, 1992, p. 68-69.

10 ANDERSON, Perry. *Op. cit.*, p. 73-74.

parte, era desprezado pela aristocracia fundiária romana, constituindo-se numa atividade típica de escravos libertos.[11]

À crise econômica somou-se uma outra de caráter político e militar. Externamente, o império foi acossado por uma série de invasões bárbaras, tanto no Ocidente como no Oriente, que trouxeram no seu bojo uma onda de epidemias de que foi vítima significativa parte da população. Importantes cidades como Paris e Tarragona foram incendiadas; Atenas, Antióquia e Alexandria foram ocupadas pelo inimigo em diferentes momentos. Internamente, a crise política degenerou em uma série de violentas guerras civis. Só no período de 235 a 284 d.C. houve 20 imperadores, dos quais 18 tiveram morte violenta.

A crise do século III – foi como ficou conhecido este período da história romana – acarretou em uma drástica diminuição na produção agrícola, ocasionada pela evasão da população do campo, cenário de epidemias e de invasões estrangeiras. Como resultado, o preço dos cereais, por exemplo, atingiu níveis 200 vezes acima daqueles constatados no início do principado. Associado a isto, uma inflação de causas pouco conhecidas desvalorizava o dinheiro cada vez mais.[12]

A crise política e militar foi solucionada graças a ação de uma série de imperadores – tais como, Cláudio II, Aureliano e Probo – que sucessivamente lograram repelir as invasões externas e esmagar as revoltas internas. Isto permitiu uma reorganização de toda a estrutura do Estado romano sob Diocleciano, inaugurando, assim, um novo período da história romana, o *baixo império* ou *dominato* – pois os imperadores passaram a se atribuir as qualidades de *dominus et deus*.[13]

O efetivo do exército foi duplicado visando à segurança nas fronteiras e no interior; para tanto, o recrutamento foi reintroduzido e voluntários bárbaros passaram a ser admitidos nas fileiras do exército imperial. A conversão do cristianismo em religião oficial, ao tempo de Constantino, acrescentou uma enorme burocracia clerical ao já dilatado aparato secular do Estado. Obviamente, a manutenção deste aparelho ideológico-militar exigia uma maior carga tributária.[14]

---

11 ANDERSON, Perry. *Passagens da antigüidade ao feudalismo.* 4. ed. São Paulo: Brasiliense, 1992, p. 77-78.

12 ANDERSON, Perry. *Op. cit.*, p. 79-81.

13 ANDERSON, Perry. *Op. cit.*, p. 81-83.

14 ANDERSON, Perry. *Op. cit.*, p. 87-88.

No entanto, todo este crescimento na superestrutura estatal foi acompanhado por um retraimento na economia. As perdas demográficas do século III não foram compensadas. As cidades, outrora ricas e prósperas, entraram em declínio. As oligarquias municipais passaram a fugir de suas obrigações cívicas; a administração municipal tornara-se um pesado ônus, sujeita ao crescente controle imperial e à sua voracidade tributária. Os pequenos artesãos e artífices fugiam das cidades buscando proteção e emprego nas propriedades dos magnatas do campo.[15]

A crise da mão de obra escrava levou os proprietários a deixar de se ocuparem diretamente da manutenção de seus escravos, distribuindo-os em lotes de terras a fim de que se autossustentassem através do recolhimento do excedente de produção. As propriedades tendiam a ser divididas e exploradas nuclearmente, quer pelos escravos, quer por aqueles que abandonavam as cidades. De outro lado, as aldeias de pequenos proprietários caíram sob a proteção dos grandes proprietários agrícolas, como forma de escapar às pesadas arrecadações fiscais e ao recrutamento militar. O resultado foi o surgimento do *colonus*, rendeiro camponês que pagava em dinheiro ou em espécie os aluguéis devidos – geralmente metade da produção agropastoril – ao grande proprietário pelo cultivo de suas terras, criando assim fortes laços de dependência para com o senhor de terras. Tal sistema, conhecido como *patrocinium*, mostrou-se extremamente vantajoso para os grandes proprietários de terras, a tal ponto que estes preferiam pagar mais em impostos para obter a isenção de um *colonus* do serviço militar, do que o preço de mercado de um escravo. Este sistema provocou uma maior concentração de terras em uma estrutura já monopolizada, pois os pequenos camponeses restantes foram absorvidos de vez pela aristocracia agrária romana. Convém salientar que não houve uma substituição do trabalho escravo pelo trabalho livre, à maneira de uma economia de tipo feudal. A escravidão ainda subsistiu até os últimos dias do Império Ocidental, porém, não mais de forma exclusiva, passando a conviver com outras formas de trabalho que prenunciavam o sistema produtivo vindouro.[16]

---

15 ANDERSON, Perry. *Op. cit.*, p. 87-89.
16 ANDERSON, Perry. *Op. cit.*, p. 90-91.

A aristocracia patrícia, que havia se enfraquecido enormemente com a crise do século III d.C., adquirira um novo ímpeto com a enorme concentração de terras ocorrida no século IV d.C. Isto propiciou uma retomada do papel político central da qual estava alijada desde os tempos de Diocleciano. A burocracia militar, que nos últimos tempos havia permanecido fora do controle da aristocracia romana, fora recolocada num papel político secundário. O tradicional egoísmo da classe patrícia, que sob o *dominato* traduzia-se na sonegação de impostos e no antimilitarismo, levou a um enfraquecimento do poderio bélico romano, através da redução de seu efetivo. Generais de origem bárbara haviam sido colocados em postos de comando, expostos à xenofobia da soldadesca que lideravam. Sucessivos imperadores inexpressivos – Graciano, Valentiniano II e Honório – ascenderam ao poder, sujeitando-se à manipulação da aristocracia patrícia. Como resultado, eclodiu uma série de insurreições em massa de escravos foragidos, de *colonus* insatisfeitos ou de soldados desertores. A intolerância da oligarquia patrícia havia levado o império ao enfraquecimento; as invasões bárbaras apenas precipitaram a queda de uma civilização em franco declínio.[17]

2.2 O Direito antigo

O Direito romano *primitivo* ou *arcaico* abrange toda a época da realeza e uma parte do período republicano. Constitui um Direito essencialmente consuetudinário característico de uma sociedade

---

[17] ANDERSON, Perry. *Op. cit.*, p. 98-99. A análise histórica aqui desenvolvida tomou por base a teoria de Perry Anderson acerca das causas do declínio e queda do Império Romano Ocidental que privilegia o momento econômico: o irrestrito desenvolvimento do latifúndio escravagista. Isso se deve ao fato de que esta teoria bem evidencia o surgimento do Direito civil romano no contexto de uma oligarquia ciosa de suas prerrogativas quanto ao livre uso da propriedade. No entanto, a questão de se elencar os vários fatores que levaram a queda da Roma antiga escapa do propósito deste trabalho. Para uma indicação de outras causas ou fatores que concorreram para o declínio do Império Romano remete-se aos seguintes trabalhos: GIBBON, Edward. *Declínio e queda do império romano*. Ed. abreviada. São Paulo: Cia. das Letras, 1989. Esta obra clássica realiza um amplo e erudito panorama histórico da Roma dos imperadores Antoninos até a queda de Constantinopla. Para uma explicação exclusivamente militar acerca da queda do poderio bélico de Roma, *vide* FERRILL, Arthur. *A queda do império romano*: a explicação militar. Rio de Janeiro: Zahar, 1989.

organizada em clãs, que pouco conhecia o uso da escrita. Disso decorre a enorme falta de registros judiciais e legislativos neste período.[18]

Não havia uma nítida diferenciação entre o Direito e a religião, pois eram os sacerdotes que, até o período de 300-250 a.C., conheciam as formas e rituais de interpretação da lei. Tal prática parece confirmar a clássica formulação de Fustel de Coulanges de que em Roma, ao menos nesta fase, o "Direito não era mais do que uma das faces da religião"[19].

A esta época pertenceu a famosa Lei das XII Tábuas, cujo texto, gravado em 12 placas de madeira, teria sido afixado no fórum da cidade de Roma por volta de 451-449 a.C. O seu propósito era o de resolver certos conflitos entre plebeus e patrícios. O texto original foi destruído por ocasião do saque de Roma pelos gauleses em 390 a.C. No entanto, como escreve Gilissen, alguns fragmentos chegaram até nós graças as citações de Cícero e de Gélio e por comentários, escritos por Labeo e por Gaio no Digesto. A Lei das XII Tábuas não chegou a formar um código, no sentido moderno do termo, tampouco um conjunto de leis; parece antes uma redução, em forma escrita, de costumes então vigentes.[20]

2.3 O Direito clássico

A *época clássica do Direito romano* coincide com o período de maior desenvolvimento de sua civilização. Tal período abrange o espaço compreendido entre os séculos II a.C. e II d.C.

O Direito apresenta um caráter essencialmente laico e individualista, cuja interpretação de suas fontes, cada vez mais de natureza legislativa do que consuetudinária, compete a um corpo de profissionais especializados: os jurisconsultos – que tiveram o seu apogeu nos séculos II e III d.C. Sob o principado de Otávio Augusto, alguns juristas renomados tornaram-se consultores, cujas interpretações da lei possuíam o reconhecimento da autoridade imperial. No entanto, somente sob o imperador Adriano (117-138 d.C.) tais pareceres

---

18 GILISSEN, John. *Introdução histórica ao Direito.* Lisboa: Fundação Calouste Gulbenkian, 1979, p. 85.

19 COULANGES, Fustel de. *A cidade antiga.* São Paulo: Hemus, 1975, p. 154.

20 GILISSEN, John. *Op. cit.*, p. 86-87.

passaram a vincular os magistrados em suas decisões, mas desde que houvesse unanimidade por parte dos juristas reconhecidos pelo príncipe.[21] Entretanto, em que pese o reconhecimento oficial à atividade doutrinal, esta exercia uma larga influência mais em decorrência do valor de suas asserções e de sua repercussão entre os magistrados. A *jurisprudência* romana, levada a cabo pelos jurisconsultos, visava o estudo das regras de Direito e sua aplicação na prática forense, sem uma maior preocupação na sistematização de seu ordenamento.[22]

Nesta época, a legislação passa a desempenhar um papel cada vez mais importante, chegando a suplantar o costume a ponto deste ser considerado, por importantes juristas como Gaio e Papiniano, um mero fato e não mais uma fonte do Direito.[23]

A competência para legislar evoluiu de acordo com as mudanças políticas ocorridas em Roma. Desta forma, durante a república, as leis (*leges*) emanavam das assembleias populares (*plebiscita*); inicialmente, suas decisões obrigavam somente os plebeus, mas após a Lei Hortência de 286 a.C., adquiriram validade para todos os cidadãos de Roma. Com o enfraquecimento da classe plebeia as *leges* perderam importância a ponto de não mais existirem já no final do século I d.C. Com a decadência das assembleias, o Senado – que já intervinha no processo legislativo das *plebiscita* de forma indireta – passa a ser o titular do poder de legislar (*senatusconsulta*). A sua competência foi oficialmente reconhecida pelo imperador Adriano. A propositura de uma lei, entretanto, mantinha-se privativa do imperador. Ademais, desde o ano 13 d.C., o príncipe podia legislar diretamente por edito. Assim, a atividade legislativa do Senado teve curta duração, pois, o imperador – principalmente a partir do século II d.C. – passou progressivamente a ser o único órgão legiferante. Entretanto, o império preservou o sistema clássico do Direito civil, apesar do desenvolvimento de um Direito autocrático por meio dos decretos imperiais. A administração pública nunca alterou a estrutura legal básica deixada

---

21 Cf. ANDERSON, Perry. *Op. cit.*, p. 71; GILISSEN, John. *Op. cit.*, p. 90.

22 Cf. ANDERSON, Perry. *Op. cit.*, p. 64-71; GILISSEN, John. *Op. cit.*, p. 90; SALDANHA, Nelson. *Vivência e sobrevivência do Direito romano: para uma perspectiva brasileira.* Brasília: UnB, 1984, p. 114.

23 GILISSEN, John. *Introdução histórica ao Direito.* Lisboa: Calouste Gulbenkian, 1979, p. 88.

pela república, e isto está refletido na distinção feita por Ulpiano entre Direito público e Direito privado – este último compreendido como o domínio das relações entre os cidadãos, intocado pela evolução autoritária da lei pública.[24]

Outra importante fonte do Direito romano, além da legislação e da doutrina (jurisprudência), eram os editos dos magistrados – os pretores em Roma e os governadores das províncias. Estes gozavam de um amplo poder de criação normativa, uma vez que as leis forneciam elementos bastante gerais e abstratos. A cada início do exercício do mandato anual, os magistrados declaravam o seu programa (*edictum*) relativo à forma de interpretar e de aplicar a lei. Com o passar do tempo os julgadores pouco alteravam os textos de seus predecessores, desta forma, constituiu-se o *ius praetorium*, que praticamente era o Direito vigente em Roma. Os amplos poderes concedidos aos magistrados permitiam uma grande maleabilidade do Direito romano, o que possibilitou uma melhor adaptação com o Direito e os costumes das populações submetidas ao seu domínio, sobretudo na porção oriental do império, onde existiam civilizações avançadas como a grega e a egípcia.[25]

Por fim, cabe ressaltar que a jurisprudência romana conferiu um tratamento especial para a regulamentação das relações contratuais entre cidadãos, relativas a transações econômicas de compra e venda, aluguel, permuta e relações de família que envolvessem o patrimônio (casamento e herança). Isto se deu porque o relacionamento entre cidadão e Estado era marginal ao desenvolvimento central do Direito, pois não era a lei pública (sujeita a discricionariedade do imperador), mas a lei civil que dispunha sobre as relações de propriedade e de comércio. E é dentro da lei civil que encontramos uma grande contribuição do Direito romano, o conceito de propriedade absoluta ou quiritária – que diz respeito aos *quirites*, cidadãos de Roma que não serviam nos exércitos –, da qual uma parte significativa era dedicada à propriedade de escravos. Na Grécia, no Egito ou na Pérsia, o Direito de propriedade sempre esteve condicionado a direitos superiores derivados

---

24 ANDERSON, Perry. *Passagens da antiguidade ao feudalismo.* 4. ed. São Paulo: Brasiliense, 1992, p. 71-72.

25 HESPANHA, António Manuel. *História das instituições*: épocas medievais e moderna. Coimbra: Almedina, 1982, p. 78-79.

de uma autoridade religiosa, estatal ou comunitária; em Roma, a jurisprudência pela primeira vez "emancipou a propriedade privada da quaisquer qualificações extrínsecas ou restritivas, desenvolvendo a nova distinção entre a mera posse – o controle factual de bens – e a propriedade – o pleno Direito legal a eles"[26].

2.4 O Direito pós-clássico

A decadência econômica e política de Roma no baixo império não poderia deixar de afetar o Direito. Este ficou adstrito, durante o *dominato*, à compilação dos preceitos formulados na época clássica de sua existência. As primeiras recolhas, que precederam a grande codificação empreendida sob Justiniano, foram obras privadas, provavelmente redigidas em Beirute: o *Codex Gregorianus*, composto por cerca do ano 291 d.C. e o *Codex Hermogenianus*, elaborado por volta de 295 d.C. A primeira codificação oficial foi o Código Teodosiano – redigido no Oriente por ordem do imperador Teodósio II –, que continha todas as *constitutiones imperii* promulgadas desde Constantino, tendo sido publicado em 438 d.C., mais ou menos de forma simultânea no Oriente por Teodósio e no Ocidente por Valentiniano III. Sua influência foi marcante no Ocidente, onde sobreviveu à queda do Império Romano Ocidental e permaneceu em vigor até a redação das primeiras codificações bárbaras – as *leges romanae* do século IV, sendo que foi em parte retomado na *Lex romana Visigothorum*.[27]

A grande codificação dos preceitos do Direito romano clássico ocorreu no Oriente. Isto se deve ao fato de que a porção oriental do antigo Império Romano, graças ao seu grande desenvolvimento econômico e sua estrutura social mais flexível, resistiu às invasões bárbaras que devastaram o Ocidente. De um lado, as cidades orientais eram mais numerosas e densamente povoadas, preservando uma vitalidade comercial que superava a das cidades ocidentais. Por outro lado, a pequena propriedade aí subsistiu de forma mais duradoura e intensa do que no Ocidente, vindo a sofrer uma carga tributária comparativamente menor. A classe dos proprietários rurais era acostumada a

[26] ANDERSON, Perry. *Op. cit.*, p. 64.

[27] GILISSEN, John. *Introdução histórica ao Direito*. Lisboa: Calouste Gulbenkian, 1979, p. 91-93.

exclusão do poder político central e a obediência de um poder real ou burocrático, sendo incapaz, portanto, de formar uma casta política à semelhança do que ocorreu na Roma republicana. O instituto do *patrocinium,* que se disseminou no Ocidente, causando uma maior concentração de terras nas mãos da oligarquia agrária, apesar de originário do Oriente, encontrou aí uma limitação legal, fruto da atividade de diversos imperadores locais, coisa que jamais ocorreu no Ocidente. Ademais, a fração asiática do antigo império viveu um período de paz de Diocleciano a Maurício, ao passo o Ocidente era dilacerado por violentas guerras civis. Isto se deveu ao fato de que a expansão romana no Mediterrâneo oriental encontrou antigas civilizações, marcadas por uma tradição helênica de cidades povoadas e desenvolvidas, cuja economia agrícola era baseada na pequena e média propriedades. Desta forma, como conclui Anderson:

> O resultado foi que a instituição romana da grande propriedade com escravos jamais se enraizou nas províncias orientais com a mesma extensão que no Ocidente: sua introdução foi sempre moderada pela persistência dos modelos urbano e rural do mundo helênico, em que a pequena propriedade camponesa jamais estivera tão brutalmente enfraquecida como na Itália pós-púnica, e em que a vitalidade municipal tinha atrás de si uma tradição mais longa e legítima (...). Assim, quando chegou o tempo da crise para todo o modo de produção escravo e da sua superestrutura imperial, seus efeitos estavam mais abrandados no Oriente, precisamente porque a escravatura sempre fora mais limitada ali. A solidez interna da formação das províncias orientais, em consequência, não foi abalada pelo declínio estrutural do modo de produção dominante do Império. O desenvolvimento do colonato a partir do século IV foi menos marcante; o poder dos grandes proprietários para solapar e desmilitarizar o Estado imperial era menos arrojado; a prosperidade comercial nas cidades, menos eclipsada. Foi esta configuração interna que deu ao Oriente a densidade e a elasticidade políticas para resistir às invasões bárbaras que derrubaram o Ocidente.[28]

Portanto, é no Oriente, refúgio natural da cultura latina após a queda do Império Romano Ocidental, que se assiste a um grande esforço de codificação empreendido sob o governo do imperador Justiniano em 527-534 d.C. O ambicioso projeto, que foi levado a termo por uma

---

[28] ANDERSON, Perry. *Passagens da antiguidade ao feudalismo.* 4. ed. São Paulo: Brasiliense, 1992, p. 257.

comissão de dez juristas – notadamente Triboniano e Teófilo –, consistia na compilação de todas as fontes antigas do Direito romano e sua harmonização com o Direito então vigente.

O conjunto das recolhas publicadas por Justiniano, o qual mais tarde foi denominado *Corpus Juris Civilis*, compreende quatro partes: a) o Código (*Codex Justiniani*), compilação de leis imperiais que visava substituir o Código Teodosiano; b) o Digesto (*Digesta* ou *Pandectas*), vasta compilação de trechos de mais de 1.500 livros escritos por jurisconsultos da época clássica – principalmente Ulpiano, Paulo, Gaio, Papiniano e Modestino; c) as Instituições (*Institutiones Justiniani*), espécie de manual elementar destinado ao ensino do Direito – obra mais clara e sistemática que o Digesto, foi redigida por dois juristas, Dorotéu e Teófilo, sob a direção de Triboniano; d) as Novelas (*Novellae*), recolha das constituições promulgadas por Justiniano após a publicação do *Codex*.[29]

O *Corpus Juris Civilis* de Justiniano subsistiu até a tomada de Constantinopla pelos turcos no século XV. Ao longo de sua existência, ele sofreu uma série de revisões destinadas à sua simplificação e sumarização, bem como à atualização de seu conteúdo. As revisões mais importantes foram a *Écloga*, promulgada em 740 d.C. pelo imperador Leão, o isaurino; e as *Basílicas*, elaboradas no final do século IX sob o imperador Leão, o filósofo.[30]

Em conclusão, o Direito do baixo império não apresentou nenhuma contribuição significativa ao trabalho dos juristas clássicos. Como assinala Villey, o grande mérito do Direito pós-clássico foi o de ter conservado, através do trabalho dos compiladores, as obras dos jurisconsultos romanos do período áureo de seu Direito.[31]

3. O DIREITO MEDIEVAL

Com a invasão bárbara e o colapso do Império Romano Ocidental, a influência romana não deixou de existir na Europa. A organização

---

29 GILISSEN, John. *Introdução histórica ao Direito*. Lisboa: Calouste Gulbenkian, 1979, p. 92.

30 GILISSEN, John. *Op. cit.*, p. 93.

31 VILLEY, Michel. *Filosofia do Direito*: definições e fins do Direito. São Paulo: Atlas, 1977, p. 74.

administrativa e religiosa preservou ainda durante muitos séculos as mesmas características da época imperial. O *ius civile* continuava sendo o Direito das populações latinizadas, especialmente no sul – Gália, Espanha e Itália. Ao norte do antigo império, próximo às fronteiras germânicas, o Direito germânico dominou, salvo talvez em cidades mais fortemente romanizadas, como Trier, Colônia e Reims. As populações passaram então a viver de acordo com as suas próprias leis, a isto se denominou *princípio da personalidade do Direito*, ou seja, o indivíduo vive segundo as regras jurídicas de seu povo, raça, tribo ou nação, não importando o local onde esteja. A aplicação deste princípio permitiu a sobrevivência do Direito romano no Ocidente ainda durante os primeiros séculos após a queda do Império. A jurisprudência romana continuou a evoluir, sobretudo no contato com as populações germânicas, e isto propiciou um distanciamento das fontes clássicas em proveito dos costumes locais, muitos dos quais de origem bárbara – surgindo, assim, o chamado Direito romano vulgar. Houve, por volta do ano 500 d.C., uma série de codificações, empreendidas por reis bárbaros, tais como: o *Édito de Teodorico*, promulgado pelo rei dos Ostrogodos na Itália; a Lei romana dos Burgúndios (*Lex romana Burgundionum*); e a Lei romana dos Visigodos (*Lex romana Visigothorum*), que teve uma influência duradoura no Ocidente. Todas estas anteriores ao *Corpus Juris Civilis* de Justiniano, que permaneceu desconhecido no Ocidente até o século XII.[32]

Com o pleno desenvolvimento do feudalismo nos séculos X, XI e XII de nossa era, e o consequente enfraquecimento do poder real – principalmente após a divisão do reino dos francos em 843 d.C. –, a Europa Ocidental transforma-se numa multiplicidade de pequenos senhorios economicamente autossuficientes, comandados por nobres belicosos que mantinham exércitos próprios. O poder real, apesar de ocupar um lugar no topo da hierarquia medieval, era incapaz de impor a sua vontade aos nobres, o que gerou o desaparecimento da atividade legislativa imperial e principalmente o desmembramento do poder judicial nas mãos dos senhores feudais. Desta forma, o Direito fica adstrito às relações feudo-vassálicas, ou seja, as relações dos senhores

---

32 GILISSEN, John. *Introdução histórica ao Direito*. Lisboa: Calouste Gulbenkian, 1979, p. 165-171.

com os seus servos. O costume passa a ser a fonte por excelência do Direito feudal. Inexistiram escritos jurídicos nos séculos X e XI. Mesmo os contratos, que estão na base dos laços de vassalagem e servidão, raramente eram escritos, salvo algumas instituições eclesiásticas que redigiam os atos que lhes interessavam. Aliás, à parte alguns clérigos, ninguém sabia escrever; os juízes leigos eram incapazes de ler textos jurídicos. A justiça é feita, na maior parte das vezes, apelando para a vontade divina; é a época dos ordálios e dos duelos judiciários. Todos os vestígios do Direito romano desaparecem por volta do século X, exceto em algumas regiões de forte tradição latina, como a Itália, Espanha e sul da França, onde sobrevivem sob a forma de costumes locais.[33]

O Direito canônico manteve-se, durante toda a Idade Média, como o único Direito escrito e universal. Sua uniformidade e sua unidade derivavam do fato de que sua interpretação era privativa do Papa, desde os tempos de Gregório VII.[34] A jurisprudência romana subsistiu-se de certa forma através do Direito eclesiástico, uma vez que a igreja desenvolveu-se à sombra do antigo Império Romano, não podendo furtar-se à sua influência. No entanto, os preceitos dos jurisconsultos romanos mantiveram-se sempre como uma fonte supletiva da justiça da Igreja, admitida somente quando não conflitante com os decretos dos concílios ou dos Papas e, sobretudo, com o Direito divino (*ius divinum*) – conjunto de regras jurídicas extraídas das sagradas escrituras, Antigo e Novo Testamento, bem como dos doutores da Igreja, tais como Santo Ambrósio, São Jerônimo, Santo Agostinho e São Gregório de Nazianzo.[35] Embora tivesse o Direito clerical contribuído para a mantença da tradição jurídica romana ao longo da Idade Média, por outro lado, limitou os seus postulados ao lhes impor preceitos de ordem moral retirados do *ius divinum*: "Através do cristianismo todo o Direito positivo entrou numa relação ancilar com os valores sobrenaturais, perante os quais ele tinha sempre que se legitimar"[36].

---

33 GILISSEN, John. *Op. cit.*, p. 189-191.

34 GILISSEN, John. *Op. cit.*, p. 134.

35 GILISSEN, John. *Op. cit.*, p. 142.

36 WIEACKER, Franz. *História do Direito privado moderno.* Lisboa: Fundação Calouste Gulbekian, 1979, p. 18.

4. O RESSURGIMENTO DO DIREITO ROMANO

A partir do final do século XII e início do século XIII, o Direito romano desperta um novo interesse. Após séculos de quase total esquecimento, a jurisprudência romana adquire um vigor só comparável ao seu período clássico. O *Corpus Juris Civilis* de Justiniano, recém-descoberto pelos juristas europeus, tornou-se a principal fonte para o estudo do Direito romano.

O pleno renascimento da atividade jurisprudencial nos séculos XIII e XIV apresentou como característica básica: a) unidade e ordenação das diversas fontes do Direito (Direito romano-justianeu, Direito canônico e direitos locais); b) unidade do objeto da ciência jurídica (a jurisprudência romano-justianeia); c) unidade quanto aos métodos científicos empregados pelos juristas; d) unidade quanto ao ensino jurídico, comum por toda a Europa continental; e) a difusão de uma literatura especializada escrita em uma língua comum, o latim.[37]

Podemos dividir em três fases o período da recepção do Direito clássico. A primeira, que corresponde aos séculos XII e XIII, é caracterizada pela predominância, no âmbito doutrinal, do Direito romano sobre os vários direitos locais. A segunda, que compreende os séculos XIV e XV, assinala o desenvolvimento dos direitos locais como fonte *pari passu* ao Direito justinianeu. E, por fim, a terceira que, a partir do século XVI, afirma a supremacia dos preceitos legais régios e citadinos sobre o Direito privado clássico.[38]

Como salienta Hespanha, não existem elementos históricos suficientes que possam equacionar de forma plena as causas da recepção do Direito romano.[39] Obviamente, escapa de nossas capacidades a devida elucidação desta complexa questão. Posto isso, cabe apenas indicar – de forma bastante genérica, pois procuraremos não descrever os elementos específicos nacionais e regionais – os componentes mais expressivos do contexto europeu dos séculos XII a XIV, que propiciaram o ressurgimento da jurisprudência clássica. Por uma questão de melhor organização do texto, as causas ou fatores serão

---

[37] HESPANHA, António Manuel. *História das instituições*: épocas medievais e moderna. Coimbra: Almedina, 1982, p. 441.

[38] HESPANHA, António Manuel. *Op. cit.*, p. 480, nota 1.029.

[39] HESPANHA, António Manuel. *Op. cit.*, p. 448.

expostas separadamente, o que não implica dizer que os fatos narrados ocorreram de forma isolada.

4.1 Fatores culturais

Um dos aspectos mais significativos da expansão romana foi a integração do território europeu ao mundo clássico. Tanto a expansão grega, quanto a conquista macedônica sob Alexandre Magno, voltaram-se para o Oriente rico e próspero, já povoado por civilizações muito antigas e desenvolvidas. Rumo diverso, no entanto, tomaram os romanos, que desde o princípio estiveram mais empenhados em expandir suas fronteiras no Ocidente, povoado por populações social e culturalmente atrasadas, do que no Oriente Próximo. Foram regiões como a Espanha, Gália e a própria Itália que sofreram o maior impacto da latinização.[40] A ausência de qualquer civilização desenvolvida e de uma cultura solidamente estabelecida faziam da Europa um quadro em branco, no qual os romanos não tardariam a deixar as marcas de sua civilização. O rumo diverso da expansão romana é explicado pelas exigências de um modo de produção baseado no latifúndio escravagista, cuja dinâmica dependia de um crescente acúmulo de terras e da manutenção de um volumoso exército de escravos:

> O êxito da organização da produção agrícola em grande escala pelo trabalho escravo foi a condição primeira da conquista e da colonização permanente das extensas terras interiores do Ocidente e do Norte. A Espanha e a Gália junto com a Itália permaneceram as províncias romanas mais profundamente marcadas pela escravidão até o final do Império. O comércio grego permeara o Oriente – a agricultura latina 'abriu' o Ocidente.[41]

A presença romana se fez presente através da construção de cidades ao longo das margens dos rios navegáveis da Europa. Cidades como Córdoba, Lyon, Amiens, Trier e centenas de outras indicam a maciça presença romana. Embora o seu número jamais tenha superado o das cidades da porção oriental do Mediterrâneo, mais antigas e

---

40 ANDERSON, Perry. *Passagens da antiguidade ao feudalismo.* 4. ed. São Paulo: Brasiliense, 1992, p. 61.

41 ANDERSON, Perry. *Op. cit.*, p. 61-62.

densamente povoadas, foi superior ao número de cidades aí construídas pelos romanos, o que atesta o rumo diverso de sua expansão.[42]

As marcas da civilização romana estavam por demais entranhadas no continente europeu, de forma que não poderiam ser facilmente esquecidas. Os invasores bárbaros não destruíram a ordem romana anterior ou tampouco impuseram uma nova cultura. Pelo contrário, assimilaram, à sua maneira, os elementos de uma civilização indubitavelmente mais desenvolvida. Os povos germânicos constituíam uma comunidade primitiva e nômade não habituada a um Estado territorial duradouro; não possuíam um sistema de propriedade articulado e estável; tampouco, em sua maioria, não dispunham de uma língua escrita.[43] A conquista de vastas porções do antigo império romano colocava uma série de problemas novos até então impensáveis para os invasores, tais como a administração das cidades, das estradas e sobretudo de um imenso aparato burocrático-estatal. Estes problemas eram resolvidos pela adoção das estruturas políticas do antigo império, combinadas, quando possível, com as instituições bárbaras. Por outro lado, a comunidade romana preservou o seu aparelho administrativo, bem como o seu sistema jurídico. Isto se deu principalmente na Itália ostrogoda, onde um aparato militar germânico foi combinado com uma burocracia romana ao tempo do imperador Teodorico.[44] Assim, o Direito romano deixou vestígios nas superestruturas dos nascentes estados bárbaros, sobretudo nas regiões mais fortemente romanizadas do sul – Espanha, Gália e Itália. Tais estruturas desapareceram com o desenvolvimento do feudalismo e o consequente enfraquecimento do poder real. No entanto, a lembrança do Direito romano ainda persistia no seio das populações latinizadas, principalmente na Itália, onde ainda subsistiam alguns institutos jurídicos clássicos na forma de costumes locais. Como assinala Anderson, o "denso crescimento do Direito consuetudinário jamais deixou morrer completamente a memória e a prática do Direito romano na península onde a sua tradição era mais antiga, a Itália"[45].

42 ANDERSON, Perry. *Passagens da antiguidade ao feudalismo.* 4. ed. São Paulo: Brasiliense, 1992, p. 62.

43 ANDERSON, Perry. *Op. cit.*, p. 61.

44 ANDERSON, Perry. *Op. cit.*, p. 113.

45 ANDERSON, Perry. *Linhagens do Estado absolutista.* São Paulo: Brasiliense, 1985, p. 24.

4.2 Fatores econômicos

Os séculos da recepção do Direito romano (XII-XIII) são também os do desenvolvimento da burguesia europeia. O capitalismo mercantil exigia uma nova estrutura jurídica, mais adequada às novas relações econômicas emergentes. Em primeiro lugar, havia a necessidade de um Direito estável que garantisse uma efetiva segurança institucional e jurídica às operações comerciais. Em segundo lugar, um Direito universalmente válido que unificasse os diversos sistemas europeus de forma a garantir um mercado internacional. E por fim, um sistema legal que libertasse a atividade mercantil das limitações comunitaristas ou de ordem moral que lhes impunham os ordenamentos feudais e eclesiásticos. O Direito romano-justinianeu atendia a todas essas exigências. Quanto à necessidade de uma efetiva garantia jurídica das transações comerciais, tão caras à burguesia, a jurisprudência romana opunha a generalidade e a abstração de sua legislação ao casuísmo do Direito consuetudinário feudal. Ademais, o Direito romano era aceito como fonte subsidiária praticamente em todos os sistemas jurídicos europeus, constituindo, assim, uma espécie de "*língua franca*, usada desde as cidades da Hansa até a faixa mediterrânica"[46]. E, finalmente, com relação à última exigência, a civilística clássica apresentava a significativa vantagem de oferecer um conceito de propriedade absoluta que prescindia de qualquer condição extrínseca, desconhecendo, portanto, qualquer limitação social ou moral ao uso das coisas.

Franz Wieacker se opõe à tese de que o Direito romano justianeu fosse mais adequado ao desenvolvimento econômico da burguesia europeia do que o próprio Direito mercantil medieval:

> Tanto quanto se pode avaliar a qualidade de uma ordem jurídica apenas a partir das suas normas e instituições sem a valorização da sua função social, o que se pode dizer é que as fortes tendências absolutistas e eudemonísticas da legislação justianeia não poderiam ter sido especialmente favoráveis aos primórdios do desenvolvimento de uma sociedade aquisitiva virada para a liberdade, para a mobilidade e para o lucro, como a da época moderna europeia. Mesmo o Direito comum dos consiliadores, construído na base do Direito justinianeu era, na verdade, mais progressivo, mais flexível e mais racional, mas não, propriamente, propício à economia. Pelo contrário, e em especial, a débil publicidade do Direito hipotecário e o carácter não aparente

46 HESPANHA, António Manuel. *Op. cit.*, p. 447.

> da hipoteca geral prejudicaram muito a organização e criação do crédito imobiliário, bem como a insuficiente elaboração de um patrimônio em mão comum e a eficácia externa do contrato romano de sociedade a formação das modernas sociedades de pessoas. Para o surgir das modernas sociedades de capitais e do Direito dos títulos de crédito, as fontes romanas eram pouco mais que nada, e para o comércio por cheque constituíam apenas alguns apoios menores. Também o Direito marítimo e o Direito mineiro tiveram de ser constituídos quase completamente a partir de bases do Direito comum europeu e do Direito alemão.[47]

O Direito comercial espontaneamente desenvolvido nas cidades medievais se mostrava mais adequado do que muitos dos preceitos jurídicos romanos, especialmente os relativos aos direitos societário e marítimo. E não poderia ser diferente, pois o comércio em Roma desempenhava um papel secundário na economia, vindo a se desenvolver em um Mediterrâneo unificado por um vasto império que desconhecia as sociedades comerciais e principalmente um Direito internacional.

Assim, a adequação do Direito civil clássico aos interesses empresariais da burguesia nascente não era devido ao conteúdo material de sua legislação, produto de um contexto econômico diverso do existente na Europa à época da ascensão do capitalismo, mas, sim, a sua estrutura uniforme e racional, baseada na aplicação de leis escritas, previamente estabelecidas, por tribunais compostos por técnicos, que atendiam a critérios racionais de prova e de argumentação no processo judicial:

> A superioridade do Direito romano para a prática mercantil nas cidades residia, assim, não somente em suas bem-definidas noções de propriedade absoluta, mas nas suas tradições de equidade, em seus critérios racionais de prova e na ênfase dada a uma magistratura profissional – vantagens que os tribunais consuetudinários normalmente não ofereciam.[48]

Desta maneira, era a estrutura racional e coerente da civilística romana, propícia ao estabelecimento de um sistema jurídico estável e universal, que sobremaneira interessava aos comerciantes dos burgos.

---

[47] WIEACKER, Franz. *História do Direito privado moderno*. Lisboa: Calouste Gulbenkian, 1979, p. 159.

[48] ANDERSON, Perry. *Op. cit.*, p. 26.

Segundo Weber, a adequabilidade do modelo legal romano à prática judiciária moderna não se verificava no campo do Direito material, em sua maioria inadequado às demandas do capitalismo emergente, mas em razão da racionalidade formal de seu processo cognitivo:

> Pero no fue acaso la mejor adaptación del derecho romano material a las necesidades del capitalismo naciente lo que decidió en este caso su vitoria – justamente todas las instituciones específicas jurídicas del capitalismo moderno son ajenas al derecho romano y tienen un origen medieval. Fue su forma racional y ante todo la necesidad técnica de poner en manos de especialistas racionalmente entrenados – es decir, de especialistas que habían estudiado en las universidades el derecho romano – los procedimientos judiciales, en vista del procedimiento racional de prueba requerido por la creciente complicación de los casos litigiosos y en vista de la imposibilidad de aplicar en una economía cada vez más racionalizada la simple determinación de la verdad mediante la revelación concreta o la anuencia sagrada propria de los estadios primitivos.[49]

A constatação de Weber reforça a tese de que o capitalismo mercantil foi um dos motivadores da recepção da jurisprudência clássica, mais em razão da segurança e previsibilidade de sua ação, adstrita a regras normativas, do que propriamente em decorrência de seu conteúdo material historicamente condicionado.

4.3 Fatores políticos

O fortalecimento econômico da burguesia propiciou, como vimos, condições favoráveis à recepção do Direito romano no Ocidente. Todavia, não se pode atribuir aos mercadores o mesmo papel no que tange às causas políticas da readmissão da jurisprudência clássica. Como salienta Althusser:

> O regime político da monarquia absoluta é apenas a nova forma política necessária à manutenção da dominação e da exploração feudais, no período de desenvolvimento de uma economia mercantil.[50]

---

49 WEBER, Max. *Economia y sociedad.* México: Fondo de Cultura Económica, 1983, p. 733.

50 *Apud* ANDERSON, Perry. *Linhagens...*, p. 19. No original: “Et le régime politique de la monarchie absolue n’est que la nouvelle forme politique requise pour maintenir la domination et l´exploitation féodales dans la période du développement de

Assim, a força econômica do capital não assegurava aos seus detentores o mesmo desempenho no cenário político, pois o poder absoluto dos monarcas apresentava fortes traços nobiliárquicos herdados da tradição medieval. Também não devemos esquecer que a incipiente classe dos comerciantes estava longe da maturidade política necessária à conquista do Estado, coisa que somente ocorreria bem mais tarde, nas célebres jornadas de 14 de julho de 1789.

Desta forma, as causas políticas do ressurgimento do *jus civile* dos romanos devem ser procuradas no próprio caráter híbrido das emergentes nações europeias, compostas por uma economia capitalista baseada na liberdade dos agentes econômicos em contratar e no dispor de seus bens, e por um poder político centralizado sujeito à discricionariedade do monarca. Tal estrutura assemelhava-se àquela existente em Roma, principalmente sob o *dominato*, em que a autonomia e a liberdade concedida no âmbito do Direito privado correspondia à autoridade incondicionada do imperador no campo do Direito público. Foi a clássica distinção, feita pelos romanos, entre as esferas pública e privada que compôs a base sobre a qual assentou o poder ilimitado do rei nas monarquias absolutas.

> Politicamente, o reflorescimento do Direito romano respondia às exigências constitucionais dos Estados feudais reorganizados da época. Com efeito, não restam dúvidas de que, na escala europeia, a determinante primordial da adoção da jurisprudência romana reside na tendência dos governos monárquicos à crescente centralização dos poderes. Não custa recordar que o sistema jurídico romano compreendia dois setores distintos e aparentemente contrários: o Direito civil, que regulamentava as transações econômicas entre os cidadãos, e o Direito público, que regia as relações políticas entre o Estado e os seus súditos (...). O caráter juridicamente incondicional da propriedade privada, consagrado em um, encontrava o seu equivalente contraditório na natureza formalmente absoluta da soberania imperial, exercida pela outra, pelo menos a partir do Dominato. Foram os princípios teóricos deste *imperium* político que exerceram uma profunda influência e atração sobre as novas monarquias da Renascença. Se o ressurgimento das noções de propriedade quiritária ao mesmo tempo traduzia e fomentava a expansão geral da troca de mercadorias nas economias de transição da época, o revivescimento das prerrogativas autoritárias do Dominato expressam e consolidam a concentração

---

l'économie marchande" (ALTHUSSER, Louis. *Montesquieu la politique et l'histoire.* 3. ed. Vendôme: Press Universitaires de France, 1969, p. 117).

> do poder de classe aristocrático num aparelho de Estado centralizado que constituía a reação da nobreza àquele processo. O duplo movimento social inscrito nas estruturas do absolutismo do Ocidente encontrou, então, a sua harmonia jurídica na reintrodução do Direito romano.[51]

Em outros termos, a retomada da jurisprudência clássica não atendia somente aos interesses econômicos da classe mercantil, mas, sobretudo, correspondia às expectativas de uma nobreza ciosa de suas prerrogativas políticas. Assim, o Estado monárquico absolutista encontra no Direito romano um poderoso instrumento de centralização política e administrativa, em que a liberdade outorgada aos agentes econômicos privados é contrabalançada pelo poder arbitrário da autoridade pública. Este duplo caráter da tradição jurídica romana pode ser verificado se levarmos em conta o fato de que a burguesia, embora num primeiro momento tenha se beneficiado da adoção dos princípios jurisprudenciais clássicos, em sua luta pelo poder político, buscou apoio nos princípios jusnaturalistas e não mais em premissas romanas, estreitamente vinculadas a uma noção autoritária do poder político.

4.4 Fatores sociológicos

Neste subitem irá se discorrer sobre a original contribuição de Max Weber em relação às causas de aceitação do Direito romano, dentro do contexto de sua sociologia da burocracia. Weber, ao tratar dos pressupostos e fundamentos da dominação burocrática, coloca a "superioridade técnica" deste aparelho administrativo como uma das razões de seu amplo desenvolvimento histórico. Sem ressaltar os vários aspectos que compõem a superioridade técnica da burocracia (precisão, rapidez, impessoalidade, ordinariedade, uniformidade, hierarquização, especialização, etc.), uma vez que escapam ao objetivo, salienta-se apenas o seu atributo que mais interessa: o caráter de segurança e previsibilidade da ação burocrática, garantida pela vinculação dos atos desse aparelho administrativo a normas jurídicas gerais e abstratas. Tal vantagem se mostra em maior vigor na administração da justiça, e aqui Weber não hesita em destacar a importância da jurisprudência romana:

---

51 ANDERSON, Perry. *Op. cit.*, p. 27.

> Especialmente en lo que toca a la administración de la justicia, tal estructura crea la base para la organización de un derecho sistematizado y racional fundado en 'leyes', tal como en su mayor perfección técnica lo creó la época imperial romana. Durante la Edad Media, la admisión de este derecho corrió parejas con la burocratización de la judicatura, con la penetración del especialismo racionalmente entrenado en lugar de la decisión jurídica subordinada a la tradición o a supuestos irracionales.[52]

Desta forma, Weber coloca o processo de burocratização do Estado como causa da readmissão do Direito romano à época medieval. A partir desta conclusão, ele explica, por exemplo, a resistência do Direito inglês em relação à romanização de sua justiça. A existência de um aparelho judiciário centralizado e dominado por uma casta honorífica, que fornecia os principais quadros da judicatura inglesa, constituía uma burocracia solidamente estabelecida que, dentro do espírito de conservação e autoperpetuação inerente a qualquer aparelho burocrático, opôs resistência a um modelo que era estranho, como foi o caso da jurisprudência clássica latina. O mesmo não se verificou na Europa continental, onde a ausência de um prévio poder político centralizado – e, via de consequência, de uma burocracia – propiciou o surgimento de um sistema jurídico ordenado segundo os princípios do Direito romano, que marcou, desde o nascedouro, os modernos Estados nacionais.

A principal consequência da adoção moderna do Direito romano foi o surgimento de uma classe profissional, que a partir de então passou a desempenhar um papel preponderante no cenário político europeu: a classe dos juristas profissionais. Como salienta Weber, este fenômeno constitui um traço específico do Ocidente, fruto de um processo de racionalização da técnica jurídica que libertou o Direito dos limites teológicos, entregando a administração da justiça a um corpo profissional laico, formado à sombra da tradição jurídica dos romanos.

4.5 Fatores epistemológicos

Dois fatores contribuíram para produção de um ambiente favorável ao recebimento da herança jurídica clássica. Em primeiro lugar,

---

[52] WEBER, Max. *Economía y sociedad*. México: Fondo de Cultura Economica, 1983, p. 732.

fatores de ordem institucional, como o surgimento das universidades, onde se desenvolveram os estudos romanísticos e cujo número restrito permitia uma maior homogeneidade no pensamento dos juristas europeus nelas formados. Em segundo lugar, fatores filosófico-ideológicos, que sedimentaram a crença na legitimidade da razão. O tomismo contribuiu enormemente para a solução da contradição entre fé e razão, tão temida pelos clérigos nos séculos XI e XII, ao delimitá-las em campos distintos. Santo Tomás de Aquino, em seu amplo projeto de ultrapassar e integrar as sabedorias cristã e pagã, distinguiu a razão da fé e harmonizou-as ao colimá-las sob um mesmo propósito, a busca da verdade:

> É um fato que esses princípios naturalmente inatos à razão humana são absolutamente verdadeiros; são tão verdadeiros que chega a ser impossível pensar que possam ser falsos. Também não é permitido considerar falso aquilo que cremos pela fé, e que Deus confirmou de maneira tão evidente. Já que só o falso constitui o contrário do verdadeiro, como se conclui claramente da definição dos dois conceitos, é impossível que a verdade da fé seja contrária aos princípios que a razão humana conhece em virtude das suas forças naturais.[53]

Desta forma, razão e fé não mais se contradizem, pelo contrário, se complementam, podendo a razão até auxiliar nos aspectos da religião a ela acessíveis. Pois, ainda subsistem verdades divinas que "superam totalmente as forças da razão humana"[54]. Daí decorrendo o âmbito restrito do racionalmente demonstrável em relação aos mistérios divinos. No entanto, a razão secular passa a coexistir com a razão clerical, com a única condição de se manter dentro de sua competência específica, ou seja, o mundo temporal, onde a razão emerge como critério supremo. A libertação da razão laica atingiu a esfera do Direito, não tardando a sua identificação com o sistema legal romano. Como conclui Villey: "A teologia de Santo Tomás libertou os juristas da Europa cristã da ditadura das fontes bíblicas, destruiu o clericalismo jurídico"[55].

Foi em Bolonha que pela primeira vez efetivou-se o estudo ordenado do *Corpus Juris Civilis*, quando, na primeira metade do século

---

[53] AQUINO, Santo Tomás de. Súmula contra os gentios. *In*: AQUINO, Santo Tomás de *et al*. *Seleção de textos*. São Paulo: Abril Cultural, 1979, p. 66.

[54] AQUINO, Santo Tomás de. *Op. cit.*, p. 61.

[55] VILLEY, Michel. *Op. cit.*, p. 98.

XII, o monge Irnerius começou a lecionar os preceitos do Direito romano-justianeu. A escola de Bolonha, nome pelo qual ficou conhecido o grupo de Irnerius e de seus seguidores, manteve-se ativa até os primeiros decênios do século XIII. Os seus maiores expoentes foram o seu próprio fundador e Acúrsio, que compilou todo o trabalho dos glosadores bolonheses na obra *Magna Glosa*, *Glosa Ordinária* ou, simplesmente, *Glosa*. Suas principais características eram a fidelidade ao texto justianeu e a sua interpretação analítica, não sistemática, dos axiomas jurídicos clássicos. A atividade científica dos sábios bolonheses consistia na breve explicação de partes obscuras dos textos clássicos, a chamada glosa – daí também serem conhecidos pela denominação de *glosadores*. Não havia um interesse prático na atividade dos glosadores. Seu objetivo, de natureza teórico-dogmática, era mais o de demonstrar a racionalidade do Direito romano do que torná-lo pragmaticamente aplicável. Desta forma, a sua importância reside no fato de que:

> Os glosadores, pela primeira vez na Europa, apreenderam dos grandes juristas romanos a arte de resolver os conflitos de interesses da vida em sociedade, não mais com recurso à força ou aos costumes espontâneos irracionais, mas através da discussão intelectual dos problemas jurídicos autônomos e de acordo com uma regra geral baseada nesta problemática jurídica material. Esta nova exigência dos juristas racionalizou e jurisdicionalizou para sempre a vida pública na Europa; em virtude da sua influência, de entre todas as culturas do mundo é a europeia a única que se tornou legalista (...). Desta forma, os glosadores tornaram-se os pais da jurisprudência europeia.[56]

A exegese erudita dos textos clássicos afastava os glosadores da vida jurídico-legislativa de seu tempo; isso em uma época de grande surto mercantil, como foram os séculos XIII e XIV. Assim, surgiu a necessidade de tornar o Direito romano clássico aplicável, como forma de integrá-lo aos diversos direitos locais, em especial os *estatutos* das cidades italianas, mais diretamente vinculados aos interesses da burguesia mercantil. Foi esta a tarefa levada a termo pelos juristas chamados de *consiliadores*, *práticos* ou *comentadores*.

A escola dos comentadores, fundada por Cino de Pistoia, teve como seus maiores expoentes Baldo de Ubaldis, Paulo de Castro e,

---

[56] WIEACKER, Franz. *História do Direito privado moderno*. Lisboa: Calouste Gulbenkian, 1979, p. 65.

sobretudo, Bártolo de Sassoferrato, que produziu uma obra que influênciou toda a jurisprudência europeia por alguns séculos. Apesar das tendências já aludidas, os comentadores mantiveram a ideia, presente na glosa bolonhesa, de que o Direito romano consistia num conjunto de normas que o intérprete não podia alterar. Desta forma, toda a atualização e sistematização dos consiliadores se limitava aos aspectos internos, muitas vezes contraditórios, do sistema legal clássico.

Entretanto, isto não impediu que os exegetas práticos, munidos de um instrumental lógico-dialético de natureza aristotélico-tomista, efetivassem uma grande inovação dogmática – que em alguns casos demonstrou ser uma contribuição perene para a jurisprudência posterior –, que tornou possível uma elaboração sistemática de um Direito originalmente assistemático. Como exemplos de novas categorias dogmáticas criadas pelos comentadores, podemos citar: a) a *teoria do duplo domínio*, que, baseada na diferenciação feita pelos romanos entre *actio directa* e *actio utilis*, distinguia a posse direta (específica do titular de direitos reais sobre coisa alheia) da indireta (característica do proprietário do bem). Tal teoria bem se adequou à coexistência de vários direitos sobre a mesma terra, problema, aliás, característico da propriedade feudal; b) a definição de diversos critérios, variáveis de acordo com a matéria, para a solução de conflitos de competência entre os diversos direitos feudais, tais como o critério da localização da coisa, em matéria imobiliária; o lugar do cometimento do delito, em matéria penal; a nacionalidade do sujeito, em matéria de estatutos pessoais; o lugar da conclusão do contrato, em matéria processual; c) o uso de vários recursos lógicos que permitiram uma maior sistematização dos preceitos jurídicos clássicos, *v.g.*, a definição e a classificação de institutos, até então isolados, em espécies e subespécies de um sistema conceitual hierarquizado, presidido por axiomas genéricos, como relação jurídica ou negócio jurídico – desconhecidos da dogmática romanista –, que serviam como categorias ordenadoras dos diversos institutos legais; o enquadramento dos preceitos normativos quanto às suas causas eficientes (os fatores que lhe deram origem) e finais (a sua teleologia); bem como o recurso à analogia e ao método comparativo.[57]

---

[57] HESPANHA, António Manuel. *Op. cit.*, p. 465, 473-475.

Entretanto, a grande e decisiva contribuição dos comentadores foi a aproximação do Direito civil clássico da realidade jurídica de seu tempo, graças a isso:

> (...) os comentadores converteram o Direito justinianeu, pela primeira vez num Direito comum de toda a Europa (*jus commune*); ao mesmo tempo que reduziam a multidão dos direitos não romanos da Europa à forma mental de sua ciência. Só pela sua mão a velha ideia de que o Direito romano era a *ratio scripta* da cristandade ocidental se tornou uma realidade palpável.[58]

Apesar desta importante contribuição, o Direito clássico reelaborado pelos juristas medievais mostrava-se inadequado ao novo cenário mundial que se delineou, principalmente a partir do século XVI. Isto acarretou na valorização dos direitos próprios em detrimento do Direito romano. Obviamente, muitas das instituições eram baseadas em princípios retirados da jurisprudência justianeia, que agora passam a obedecer um ritmo próprio de evolução não mais norteado pelo conjunto dos textos clássicos. Por outro lado, o próprio desenvolvimento da ciência jurídica, ocorrido graças ao esforço sistemático dos comentadores, permitiu o estabelecimento de uma estrutura jurídica racional baseada em axiomas lógicos ordenados de forma coerente, que podia de agora em diante prosseguir por meios próprios sem necessitar do apoio dos textos romanos.

A nova posição assumida pela ciência jurídica em face da jurisprudência clássica é atestada pelo surgimento, no século XIV, de duas escolas que afirmavam um Direito mais embasado em critérios lógico-racionais do que na autoridade dos jurisconsultos latinos. A *Escola culta* ou *humanista* simplesmente negava o caráter de Direito vigente aos escritos jurídicos justianeus, atribuindo o seu estudo a um interesse meramente histórico-filológico. A escola do *usus modernus pandectarum*, por sua vez, procurou refundir as novas realidades do mundo jurídico com trabalho dos comentadores. Entretanto, esta remodelação não se efetivou nos mesmos moldes da que foi levada a cabo pelos consiliadores do século XIV, pois os preceitos clássicos eram adequados de acordo com o seu cabimento às novas situações, sendo suprimidos no restante e substituídos por novas figuras teóricas

[58] WIEACKER, Franz. *História do Direito privado moderno*. Lisboa: Calouste Gulbenkian, 1979, p. 80.

e dogmáticas. Não mais subsistia, portanto, a característica submissão dos intérpretes dos séculos XIII e XIV em face da *ratio scripta* dos romanos. Assim se encerra o período da recepção do Direito clássico, graças ao estabelecimento de uma ciência jurídica que se formou a partir do estudo erudito das fontes romanas para após superá-las. Pois, a esta época:

> (...) já é possível utilizar os mecanismos do raciocínio dedutivo, achando a solução jurídica conveniente, não através duma rebuscada 'interpretação' dos textos romanísticos, mas através duma especificação dos axiomas jurídicos recém-formulados e que correspondiam também, como se viu, às necessidades normativas da época. Abre-se a época do Direito natural racionalista, em que se acredita que os princípios superiores do Direito são excogitados pela razão que, ao fazê-lo, revela uma ordem universal de valores e de normas.[59]

O advento do jusracionalismo sepultou de vez o uso prático da jurisprudência romana. Mesmo a retomada do estudo do Direito romano durante o século XIX era presidida por pressupostos jusracionalistas. Savigny, ao salientar a importância metodológica dos escritos jurídicos romanos, atribuindo a sua recepção durante a Idade Média ao fato dos juristas romanos se valerem de princípios gerais e abstratos aplicáveis aos casos concretos, transportou para o campo do Direito as preocupações formais características do racionalismo do século XVIII.[60] Já Ihering, mais interessado nas questões de ordem material ou de conteúdo, busca enriquecer a doutrina do Direito natural através do estudo do Direito romano, distinguindo o que este tem de circunstancial ou de exclusivamente romano do que tem de eterno e universal.[61]

5. CONCLUSÃO

O presente capítulo objetivou, sem pretender esgotar o assunto, dar uma indicação do panorama histórico-social da formação do Direito romano, bem como assinalar o caráter complexo (que envolve

---

59 HESPANHA, António Manuel. *Op. cit.*, p. 483.

60 WIEACKER, Franz. *História do Direito privado moderno.* Lisboa: Calouste Gulbenkian, 1979, p. 491.

61 IHERING, Rudolf von. *El espíritu del derecho romano.* Buenos Aires: Revista do Occidente, 1947, p. 19.

questões políticas, filosóficas, econômicas e culturais) de sua recepção pelos juristas medievais dos séculos XII a XIV.

Quanto ao *Direito romano*, procurou-se salientar a sua relação com o contexto político-econômico no qual se desenvolveu. A partir desta ótica, o enorme desenvolvimento do *ius civile* foi atribuído ao fato de ter sido este ramo do Direito o principal regulador das relações econômicas entre os cidadãos romanos. Estes cidadãos, como se descreveu, compunham uma casta bem delimitada no seio de uma comunidade alicerçada em rígidas distinções de classe social: a aristocracia dos patrícios. Grupo este que dominou, política e economicamente, o vasto império romano por grande parte de sua história.

Desta forma, as notáveis contribuições dos romanos ao Direito (o conceito absoluto de propriedade; os meios racionais de prova no processo; as figuras contratuais do vendedor, comprador, credor e devedor, etc.) eram respostas que atendiam às demandas da aristocracia fundiária dos patrícios, classe que detinha o poder político em Roma, e que necessitava de um forte instrumento jurídico que garantisse a suas relações econômicas.

No que concerne à recepção da jurisprudência clássica romana no período abrangido pelos séculos XII a XIV, constatou-se, embora de forma genérica, vários fatores ou "causas", abaixo resumidas.

Com relação aos *fatores culturais*, foi dito que a integração, pelos romanos, da Europa ao mundo clássico, marcou profundamente a cultura deste continente. Isso ocorreu de tal forma que a herança da tradição romanista, embora praticamente esquecida nos séculos de pleno desenvolvimento do feudalismo, sobreviveu, principalmente na Itália, vindo a contribuir para a criação de um espírito de identidade cultural com os textos jurídicos clássicos. Estes foram incorporados, a partir do século XII, como expressão de uma cultura genuinamente europeia.

No tocante aos *fatores econômicos*, o surgimento do capitalismo mercantil, no final da Idade Média, contribuiu para o acolhimento da jurisprudência clássica romana, na medida em que esta atendia às necessidades de um novo modo de produção em ascensão. O Direito romano baseado em leis escritas, em métodos racionais de processo judicial e num corpo técnico especializado, constituía uma ordem jurídica segura e uniforme, acatada praticamente em toda a Europa continental, que permitia aos mercadores burgueses efetuar um cálculo ou previsão acerca das garantias judiciais oferecidas às suas operações comerciais. Previsão esta que era bastante dificultosa à época do Direito feudal consuetudinário, desprovido de um corpo profissional de juristas e sem uma autoridade central normadora.

Os chamados *fatores políticos* diziam respeito ao surgimento do Estado absolutista moderno. Como foi salientado, a estrutura jurídico romana, baseada na dicotomia Direito público e Direito privado, correspondia (sobretudo no período imperial da história de Roma), por um lado, à evolução autoritária e inquestionável do poder político, enquanto, por outro, garantia a autonomia dos agentes econômicos na esfera privada. Esta característica adequou-se perfeitamente àquela existente na Europa dos primeiros séculos da era moderna, em que o poder absoluto do rei na esfera política era contrabalançado pela liberdade comercial outorgada aos mercadores dos burgos. Desta forma, o Direito romano atendia às aspirações de liberdade econômica da emergente classe burguesa, bem como à manutenção do *status* político da nobreza aglutinada em torno do poder centralizado do monarca.

Nos denominados *fatores sociológicos*, mencionou-se o surgimento da burocracia, tal como se encontra exposto na obra de Max Weber. Sublinhou-se a simultaneidade entre o desenvolvimento do processo de burocratização dos aparelhos judiciários das modernas nações europeias e o acolhimento da jurisprudência romana pelos nascentes Estados centralizados. Referiu-se, brevemente, ao caso da Inglaterra, país que repeliu o modelo romano-justinianeu de organização jurídica. Isso foi decorrente da existência de um aparelho judicial burocratizado e solidamente estabelecido, que manteve a forma tradicional do Direito medieval baseado no costume. Entretanto, o mesmo não ocorreu na Europa continental, onde o Direito romano constituiu um forte instrumento de centralização administrativa, dada a sua característica estrutura hierárquica, composta por normas escritas emanadas de um poder central regulador. Ademais, o caráter tecnicamente complexo da jurisprudência romana propiciou o desenvolvimento da categoria profissional dos juristas, que a partir de então passaram a integrar os quadros da burocracia judicial dos Estados europeus.

Por fim, aludiu-se, nos chamados *fatores epistemológicos*, ao trabalho desenvolvido pelos juristas medievais. Graças ao resgate dos textos jurídicos justinianos, inicialmente empreendido pelos expoentes da Escola dos Glosadores, é que foi possível o pleno conhecimento acerca do Direito romano. Destacamos, ainda, o trabalho de sistematização dos preceitos jurídicos clássicos, levado a cabo primeiramente pelos comentadores do século XIV, que propiciou a criação de importantes categorias dogmáticas, tais como a ideia de negócio jurídico, a teoria da posse e do domínio, os critérios de definição de competência para o julgamento das lides, etc. No entanto, a contribuição mais importante deste trabalho de sistematização foi o estabelecimento de critérios dogmáticos, que não somente levaram à criação de uma ciência do Direito, mas também à formação de uma estrutura lógico-jurídica que, após, foi capaz de se desenvolver a ponto de abandonar os pressupostos romanistas a partir dos quais foi gerada. O estudo do Direito romano, pelos juristas medievais, destinado à sua classificação e harmonização em categorias conceituais hierarquizadas, possibilitou a construção de um sistema jurídico, que mais tarde foi fundado em uma razão de cunho jusnaturalista, desenvolvida pelos filósofos modernos dos séculos XVII e XVIII.

O presente estudo tratou genericamente das várias razões que determinaram o renascimento do Direito romano nos diversos ordenamentos jurídicos europeus do final da Idade Média, objetivando mostrar o panorama geral do contexto de sua recepção. Como já foi notado, as causas arroladas não atuaram de forma exclusiva ou isolada, pelo contrário, combinaram-se em maior ou menor grau dentro dos diversos cenários específicos, obedecendo a variação das circunstâncias nacionais. Dessa maneira, questões específicas como a não aceitação da jurisprudência romana na Inglaterra ou a sua recepção tardia na Alemanha só podem ser devidamente elucidadas a partir de uma análise das peculiaridades de cada nação, o que escapa aos propósitos aqui expostos.

O principal objetivo deste trabalho foi o de chamar a atenção sobre o contexto dos diversos fatores que concorreram para o florescimento dos estudos romanistas. Procurou-se evidenciar o conjunto de fatores que resgataram o Direito romano do esquecimento, mas também atuaram no sentido de adequá-lo às condições reinantes no final da Idade

Média europeia. Essas condições, por sua vez, são contemporâneas ao surgimento da burguesia mercantil no cenário europeu ocidental. A burguesia estava ainda longe de conquistar o poder político, mas já era capaz de criar um modelo jurídico sobre as ruínas do antigo Direito romano. A renovação do Direito romano pelos juristas dos séculos XII a XIV foi um episódio da ascensão da burguesia na Europa ocidental, assim como foram o Renascimento, a Reforma e as Revoluções.

Com isso, se pretendeu evitar uma noção subjacente ao ensino do Direito romano: a ideia de progresso ou de evolução dos institutos jurídicos clássicos. O Direito romano, tal como é tratado pela doutrina jurídica civilista tradicional, aparece como um processo evolutivo de aquisição de um sistema jurídico racional e verdadeiro. Essa noção encerra uma ideia de continuidade ínsita à moderna ideia de progresso. A tradução dessa ideia no âmbito do Direito pressupõe uma certa regularidade no desenvolvimento dos institutos jurídicos, cuja história é o progressivo desenvolvimento dos sistemas normativos, ora norteados pelo saber científico cumulativo, na explicação do positivismo jurídico, ora por um conjunto de valores preexistentes, na compreensão do jusnaturalismo. Como constata António M. Hespanha:

> A história do Direito era, nesta perspectiva, um vasto campo de afloramento do justo, um campo em que se documentava o parto, por vezes difícil e sincopado mas inevitável, das soluções jurídicas consagradas pela dogmática.[62]

A ideia de que o Direito existe separado dos fatos sociais, a qual Hespanha denominou de *juridicismo*, se formou a partir do século XIX e desempenhou uma função ideológica de legitimação da ordem social burguesa recém-instaurada. Essa justificativa, de um lado, mostrava os postulados da dogmática jurídica como o resultado de uma marcha peculiar ao Direito, que evoluiu desinteressada das questões político-sociais que compunham o seu contexto histórico. De outro lado, o juridicismo histórico constitui um saber erudito suficientemente hermético, capaz de contribuir para a constituição dos juristas como um corpo técnico e especializado. Foi dentro desse quadro que

---

62 HESPANHA, António Manuel. O materialismo histórico na história do Direito. *In*: *A história do Direito na história social*. Lisboa: Horizonte, 1978, p. 11.

o Direito romano emergiu como uma importante fonte histórica para aqueles que buscavam legitimar as novas construções dogmáticas como o resultado apurado de uma evolução da consciência jurídica.

Em síntese, contrariando a perspectiva do juridicismo, este trabalho buscou indicar o panorama histórico-social da formação do Direito romano, bem como assinalar os diversos fatores que levaram a sua redescoberta pelos juristas medievais. Isso evidencia uma história que está longe de ser linear ou progressiva.

6. REFERÊNCIAS BIBLIOGRÁFICAS

ALTHUSSER, Louis. *Montesquieu la politique et l'histoire*. 3. ed. Vendôme: Presses Universitaires de France, 1969.

ANDERSON, Perry. *Linhagens do Estado absolutista*. São Paulo: Brasiliense, 1985.

ANDERSON, Perry. *Passagens da antiguidade ao feudalismo*. 4. ed. São Paulo: Brasiliense, 1992.

AQUINO, Santo Tomás de. Súmula contra os gentios. *In*: AQUINO, Santo Tomás de *et al*. *Seleção de textos*. 2. ed. São Paulo: Abril Cultural, 1979. (Coleção Os pensadores).

COULANGES, Fustel de. *A cidade antiga*. São Paulo: Hemus, 1975.

GILISSEN, John. *Introdução histórica ao Direito*. Lisboa: Calouste Gulbenkian, 1979.

HESPANHA, António Manuel. *História das instituições*: épocas medieval e moderna. Coimbra: Almedina, 1982.

HESPANHA, António Manuel. O materialismo histórico na história do Direito. *In*: *A história do Direito na história social*. Lisboa: Horizonte, 1978.

IHERING, Rudolf von. *El espíritu del derecho romano*. Buenos Aires: Revista de Occidente, 1947. Obra condensada por VELA, Fernando.

SALDANHA, Nelson. Vivência e sobrevivência do Direito romano: para uma perspectiva brasileira. In: LANDIM, José Francisco Paes (Coord.). *Seminários de Direito romano*. Brasília: UnB, 1984.

VILLEY, Michel. *Filosofia do Direito*: definições e fins do Direito. São Paulo: Atlas, 1977.

WEBER, Max. *Economía y sociedad*. México: Fondo de Cultura Económica, 1983.

WIEACKER, Franz. *História do Direito privado moderno*. Lisboa: Calouste Gulbenkian, 1979.

Capítulo 9

O DIREITO GERMÂNICO NA ALTA IDADE MÉDIA[1]

ALEXANDRE RIBAS DE PAULO[2]

SUMÁRIO: 1. Introdução. 2. Contexto histórico e político da Península Ibérica, Península Itálica e Gália entre os séculos V e VIII; 2.1 Península Itálica – Reino Longobardo; 2.2 Península Ibérica – Reino Visigótico; 2.3 Gália – Reino Franco; 2.4 Administração política nos reinos germânicos. 3. As experiências jurídicas germânicas na Alta Idade Média. 3.1 Mecanismos de resolução de conflitos entre os germânicos; 3.2 A transformação do Direito germânico no Ocidente medieval. 4. Conclusão. 5. Referências bibliográficas.

1. INTRODUÇÃO

O objetivo deste capítulo é fornecer uma visão panorâmica do cenário jurídico nos primeiros séculos da chamada Alta Idade Média[3]

[1] O presente trabalho foi realizado com o apoio do Conselho Nacional de Desenvolvimento Científico e Tecnológico – CNPq – Brasil.

[2] Bacharel em Direito pela Universidade Federal de Santa Catarina (UFSC). Mestre pelo Curso de Pós-Graduação em Direito da Universidade Federal de Santa Catarina (CPGD/UFSC). Doutorando pelo CPGD/UFSC. Professor Assistente na Universidade Estadual de Maringá (UEM). Pesquisador do *Ius Commune* – Grupo de Pesquisa Interinstitucional em História da Cultura Jurídica (CNPq/UFSC).

[3] A Idade Média na Europa, tradicionalmente, corresponde ao período compreendido entre o ocaso do Império Romano do Ocidente, com a invasão de Roma por Odoacro (rei dos hérulos) em 476 – que depôs o último Imperador: Romulus Augustulus – até a tomada de Constantinopla (Império Romano do Oriente) em 29 de maio de 1453, por Maomé II, sultão do Império Otomano. Há uma distinção, entretanto, entre a chamada Alta Idade Média (séculos V ao X) e Baixa Idade Média (séculos XI ao XV), mas que não é utilizada consensualmente por todos os medievalistas. Neste trabalho, a Alta Idade Média corresponde aos séculos V ao X. Sobre mais detalhes a

destacando-se algumas características das experiências jurídicas tipicamente germânicas correspondentes a três povos que se instalaram nos antigos territórios do Império Romano do Ocidente – parte continental –, sendo eles: longobardos (Península Itálica); visigodos (Península Ibérica) e francos (Gália). Isso porque, desde a derrocada do Império Romano latino (século V) até a tentativa de (re)constituição de uma unidade política com o advento do Império Carolíngio no século IX, as experiências jurídicas no Ocidente medieval são comumente apresentadas como se fossem uma espécie de fusão entre o "primitivismo" germânico e o modelo de sistematização do Direito nos moldes romanos, uma vez que os mecanismos de resolução de conflitos, especialmente no âmbito penal, passaram a ser orientados por normas consuetudinárias trazidas por cada povo germânico que se instalou nas regiões ora abordadas, embora tenham sobrevivido em populações latinizadas algumas características do Direito romano vulgar[4], que se desenvolveu no período pós-clássico (século III a V).

As diferenças básicas entre os institutos jurídicos germânicos e os institutos jurídicos romanos[5], que foram sendo mesclados no decorrer dos primeiros séculos da Idade Média, são explicadas por Augusto F. G. Thompson:

> O Direito romano foi sociônomico ou estatutômico, enquanto o Direito germânico foi autonômico ou demonômico: o primeiro, consagrando a força e o poder do estado, revelou-se uma instituição eminentemente social onde a consideração da *res publica* sobrepujava a todas as outras; o segundo foi uma

respeito do conceito de "Idade Média", consultar: LE GOFF, Jacques. *A civilização do ocidente medieval*. Lisboa: Editorial Estampa, 1995, v.2, p. 308-9.

4 Sobre o assunto, consultar: MERÊA, Paulo. *Estudos de Direito visigótico*. Coimbra: Atlântida, 1948, p. XII.

5 Sem adentrar nas peculiaridades dos institutos jurídicos romanos, importante mencionar que os principais aspectos da administração do Império Romano, desde Otávio Augusto (declarado imperador em 27 a.C.), passaram a se concentrar nas mãos do imperador e atribuía-se grande importância às decisões dos Tribunais de Justiça, presididos pessoalmente pelo mesmo, que geralmente funcionava como juiz de apelação. Nessa perspectiva, pode-se perceber que uma das características essenciais do Império Romano era a centralização política e judicial, tendo por instrumento indispensável para tal mister os documentos escritos e a administração da Justiça por intermédio de autoridades estatais. Sobre o assunto, consultar: ROSTOVTZEFF, Michael Ivanovitch. *História de Roma*. Rio de Janeiro: Zahar, 1967, p. 229.

emanação do *selbsthulfe*, um simples reconhecimento legal das faculdades e prerrogativas do indivíduo.[6]

A partir dessa concepção particularíssima a respeito das culturas jurídicas coexistentes no início da Idade Média Ocidental, a seguir será esboçado um panorama histórico dos três principais reinos germânicos surgidos nos territórios continentais do extinto Império Romano do Ocidente até o final do século VIII para, em seguida, expor algumas características referentes aos mecanismos de resolução de conflitos – no âmbito penal – que são considerados tipicamente germânicos e que contribuíram significativamente para a formação de uma cultura jurídica própria no Ocidente medieval.

2. CONTEXTO HISTÓRICO E POLÍTICO DA PENÍNSULA IBÉRICA, PENÍNSULA ITÁLICA E GÁLIA ENTRE OS SÉCULOS V E VIII

Heinrich Brunner explica que os germânicos se dividiam em dois grupos, sendo eles: a) do Oeste, que já se assentavam nos territórios ocidentais da Europa (atual Alemanha) antes do século III, sendo alguns deles os francos (sálios e ripuários), os alamanos, os turíngios, os frísios e os bávaros; b) do Leste, que se formaram por populações gótico-vandálicas e de tribos escandinavas, como os godos (visigodos e ostrogodos), os vândalos, os suevos, os borgúndios, os anglos, os saxões, os longobardos etc.[7]

Os germânicos, de maneira geral, mantinham contatos amistosos com o mundo latino, sendo que até o século IV guerreiros germânicos foram incorporados às legiões romanas. Todavia, com o início dos tumultos no Leste europeu, decorrentes do avanço das incursões dos hunos (grupo de origem asiática), os grupos germânicos que habitavam ao longo das fronteiras com o Império Romano – rios Reno e Danúbio – adentraram maciçamente nos territórios latinos, iniciando ondas sucessivas de saques e destruição, que ficaram conhecidas na

---

6 THOMPSON, Augusto F. G. *Escorço histórico do Direito criminal luso-brasileiro*. São Paulo: Líber Júris, 1982, p. 26.

7 BRUNNER, Heinrich. *Historia del derecho germánico*. Barcelona: Labor, 1936, p. 09-10.

História Ocidental como "invasões bárbaras".[8] Diante da debilidade administrativa e bélica dos latinos, o Império Romano do Ocidente foi extinto na segunda metade do século V e iniciou-se a Idade Média, marcada pela criação de vários reinos por todo o Ocidente europeu.

2.1 Península Itálica – Reino Longobardo

De todas as regiões que constituíam o Império Romano do Ocidente, a Península Itálica foi a que mais sofreu invasões bárbaras, como, por exemplo, os visigodos que, antes de fundarem seu reino na parte sul da Gália e na Península Ibérica, estavam fugindo dos hunos e, sob a liderança de Alarico, saquearam Roma em 410. Em 455, os vândalos que haviam se instalado na Península Ibérica, mas agora fugindo dos recém-chegados visigodos, se aventuraram no norte da África e, em seguida, entraram na Itália e saquearam Roma. Em 476, os hérulos, comandados por Odoacro, invadiram Roma e depuseram o último Imperador romano do Ocidente, dando início ao período tradicionalmente designado pela História como sendo a Idade Média.

---

8 Como explica Pedro Paulo A. Furnari (In: Romanos e germânicos: lutas, guerras, rivalidades na antiguidade tardia. In: *Brathair* 7 (1), 2007: 17-24. Disponível em <http://www.brathair.cjb.net>. Acesso em: 13 fev. 2010, p. 19: "A definição, etnocêntrica e eurocêntrica bem verdade, greco-romana da palavra 'bárbaro', é desde cedo ensinada nos cursos escolares: *povos que não falavam o latim ou o grego, viviam fora dos limites do Império Romano*. Essa definição sobreviveu os séculos. Os iluministas a fortaleceram ainda mais, pois foi graças a esses povos que o esplendor da civilização clássica desapareceu, dando início à, então chamada 'Idade das Trevas'". Certamente que as incursões dos "bárbaros" (hunos, alanos e germânicos) no Império Romano do Ocidente não foram pacíficas, porém não se pode afirmar que esses grupos eram sanguinários desalmados e destruidores, como registrado pelos latinos letrados contemporâneos à época das incursões – como pode ser visto em JORDANES. *Origen y gestas de los godos*. Madrid: Cátedra, Letras Universales, 2001. Alguns excertos desta última obra, em uma versão traduzida para o português, estão disponíveis em: <http://www.ricardocosta.com/textos/godos.htm>. Acesso em: 15 fev. 2010. AGOSTINHO, Santo. *A cidade de Deus:* (contra os pagãos) – Parte 1. Bragança Paulista: Editora Universitária São Francisco, 2005 – e reiteradamente afirmado pela ideologia iluminista, como pode ser notado em GIBBON, Edward. *Declínio e queda do império romano* – Ed. Abreviada. São Paulo: Companhia das Letras, 2005, p. 445-545. Para uma abordagem mais aprofundada das complexas relações sociais, econômicas e políticas entre os latinos e os germânicos no crepúsculo da Idade Antiga, consultar: BARK, Willian Carroll. *Origens da idade média*. Rio de Janeiro: Zahar, 1979.

A partir de 489, os ostrogodos expulsaram os hérulos e se instalaram na Itália, inaugurando o Reino Ostrogodo. O rei Teodorico tentou uma conciliação entre os germânicos e romanos e, como salienta Bertrand Russell, a conquista da Itália pelos godos não pôs fim à civilização romana; inclusive durante a administração de Teodorico (rei até 526) houve a nomeação de cônsules, preservação do Direito romano (vulgar) e o Senado foi mantido.[9]

O mesmo autor supramencionado explica que depois da reconquista de Justiniano (imperador bizantino ou imperador romano do oriente) – que a partir de 535 invadiu a Itália contra os germânicos – foram dezoito anos de luta contra os ostrogodos, "durante os quais Roma e a Itália, de modo geral, sofreram muito mais do que durante a invasão dos bárbaros"[10]. Em breve síntese:

> Roma foi capturada cinco vêzes, três pelos bizantinos e duas pelos gôdos, ficando reduzida a uma pequena cidade. A mesma coisa aconteceu na África, que Justiniano também, de certo modo, reconquistou. A princípio seus exércitos foram bem recebidos; depois, verificou-se que a administração bizantina era corrupta e seus impostos ruinosos. No fim, muita gente desejava a volta dos vândalos e dos gôdos. A Igreja, porém, até os seus últimos anos, manteve-se firmemente do lado do imperador, devido à sua ortodoxia. Não tentou reconquistar a Gália, em parte porque se achava muito distante e, também, porque os francos eram ortodoxos.[11] [grafia original]

Depois da morte do imperador Justiniano (ano de 565), outros germânicos conhecidos por longobardos travaram incessantes batalhas

---

9 RUSSELL, Bertrand. *História da filosofia ocidental*. São Paulo: Comp. Editora Nacional/CODIL, 1968. v.2, p. 70-3. Ainda, Giovanni Tabacco (In: *Egemonie sociali e strutture del potere nel medioevo italiano*. Torino: Einaudi, s.d., p. 68-9) explica que, durante a ditadura militar de Odoacro na Itália, todo o aparato burocrático tipicamente romano continuou existindo e, inclusive, havia a colaboração do Senado de Roma e da burocracia de Ravena na administração da península. O próprio regime empírico de Odoacro (rei dos hérulos), que demonstrava estar disposto a aceitar uma supremacia formal do Imperador Bizantino, parecia conciliar as oposições das forças internas e externas da Itália e, assim, por mais de um decênio o equilíbrio político foi sustentado sem nenhuma presença imperial em Ravena e nenhuma definição constitucional do poder político-territorial do ditador; isso é um fato que revela as forças efetivas das instituições burocratizadas romanas, que desde um século já exercitavam sobre a sociedade italiana uma notável hegemonia.

10 RUSSELL, Bertrand. *Op. cit*, p. 78.

11 *Ibidem*.

contra os bizantinos por cerca de duzentos anos na Península Itálica, durando até quase o tempo de Carlos Magno (século VIII). Como a Igreja Católica apoiava os cristãos bizantinos e os Papas tratavam com deferência os imperadores do Oriente, em muitas regiões da Itália os Pontífices tinham muito pouca ou nenhuma autoridade, aumentando consideravelmente a decadência geral da civilização romana no período da Alta Idade Média.[12]

Os primeiros reis longobardos eram cristãos arianos e, portanto, considerados hereges pela Igreja Católica, cuja sede foi mantida em Roma. Somente no decorrer da segunda metade do século VII é que ocorreu uma adesão mais importante de tais germânicos ao dogma niceno[13], sendo que o governo do rei Liutprando (713-744) é considerado o auge do Reino Longobardo.

Após o reinício dos conflitos bélicos entre os longobardos e o papado no século VIII, mas agora por questões territoriais, o Papa Adriano II pediu auxílio ao rei franco Carlos Magno, que pôs termo ao Reino Longobardo em 774. A parte setentrional das terras da Itália foi incorporada ao Reino Franco – posteriormente Império Carolíngio – e as terras da Itália central foram doadas para a Igreja Católica, criando os Estados Pontifícios, que perduraram até o século XIX.[14]

2.2 Península Ibérica – Reino Visigótico

Na Península Ibérica, os grupos bárbaros que se instalaram na região a partir do ano de 409 – alanos, suevos, vândalos –, apesar de trazerem

---

12 RUSSELL, Bertrand. *Op. cit*, p. 78.

13 Utiliza-se o termo "niceno" para fazer referência ao dogma oficial fixado pela Igreja Católica Apostólica Romana no Concílio de Niceia em 325 que, entre várias outras controvérsias, fixou conceitos dogmáticos cristãos contrários à doutrina de Ário (280-336), sacerdote de Alexandria, que sustentava que Deus Pai tem prioridade sobre o Filho e que ambos são distintos. Assim, para o arianos, Cristo seria uma Criatura intermediária entre a divindade e a humanidade. A visão nicena, por sua vez, sustenta que Pai e Filho são idênticos em substância, porém diferentes como pessoas. Após o Imperador romano Constantino (306-337), o arianismo foi favorecido pelos Imperadores, à exceção de Juliano, o apóstata (360-364), que era pagão. Com o advento do Imperador Teodósio, em 379, a ortodoxia veio a receber o apoio imperial e os arianos considerados hereges. Nesse sentido, consultar: RUSSELL, Bertrand. *História do pensamento ocidental:* a aventura dos pré-socráticos a Wittgenstein. Rio de Janeiro: Ediouro, 2002, p. 178.

14 Cf. JARNUT, Jörg. *Storia dei longobardi*. Torino: Einaudi, 2002.

seus próprios costumes, encontraram a *Hispania* já civilizada pelos romanos, mas fragmentada em regiões devido, entre outras causas, aos condicionamentos geográficos que dificultavam uma efetivação dos projetos de centralização administrativa ainda no tempo do Império.[15]

Os visigodos, por sua vez, depois de uma série de batalhas e alianças com os romanos durante o século V, acabaram por se revoltar contra a administração romana ocasionada pela suspensão dos pagamentos como *foederati*.[16] Após o saque em Roma, comandado por Alarico em agosto de 410, os visigodos foram convencidos a marcharem para Gália e *Hispania*, sendo que, a partir de 416, promoveram o massacre dos grupos vândalos, suevos e alanos e acabaram por se estabelecer definitivamente no sul da Gália e na Península Ibérica, formando o Reino Visigótico.

Os reis visigodos tornaram-se católicos[17] e passaram a determinar a compilação de inúmeras leis, que deixaram claras as influências romana e cristã em relação à cultura tipicamente germânica – consuetudinária – trazida por eles para a Península. Em uma noção ampla, pode-se entender a Península Ibérica do século VI até o início do

---

15 Cf. BATISTA, Nilo. *Matrizes ibéricas do sistema penal brasileiro, I*. Rio de Janeiro: Revan: ICC, 2002, p. 56-60.

16 Ernesto Sestan (In: *Stato e nazione nell'alto medioevo*: ricerche sulle origine nazionali in Francia, Italia, Germania. Napoli: Edizione Scientifiche Italiane, 1994, p. 108) comenta que desde o século IV havia a esperança imperial (romana) de que os bárbaros fossem jogados uns contra os outros e, assim, Roma permaneceria preservada. Entretanto, não se esperava que as batalhas se transferissem para dentro do Império, o que acabou prejudicando, sobretudo, a população romana. Com a desilusão causada pelas vicissitudes militares dos romanos, estes acreditavam que seria razoável que os bárbaros fossem reconhecidos singularmente, não como um povo em si – militarmente e politicamente organizados –, mas ao menos absorvidos, como de hábito, pela supranacionalidade romana, que era essencialmente uma situação jurídica, isto é, o canal da "cidadania romana". Todavia, se isto era atraente aos bárbaros durante o século III, já não era mais no século V, pois tornar-se um cidadão romano significava dissolver-se enquanto membro de um povo em si e colocar-se em uma situação mais inconveniente do que vantajosa: pagar impostos em vez de recebê-los. Muito melhor para os bárbaros era a situação de federados (*foederati*) excluídos da cidadania, pois teriam muitos direitos e poucos deveres, além de receberem subsídios relativos às mobilizações bélicas.

17 Nesse contexto, importante destacar que o rei visigodo Recáredo converteu-se ao catolicismo em 589, decisão que foi oficializada pelo III Concílio de Toledo. Nilo Batista (In: *Op. cit.*, p. 65-6) observa que a conversão de Recáredo possibilitou uma aproximação efetiva entre o Direito canônico e o poder temporal, ou seja, uma intensa intervenção eclesiástica nos processos políticos na península ibérica; pelo menos até a conquista dos muçulmanos a partir de 711, que acabou por desintegrar o Reino Visigótico.

século VIII como sendo povoada, predominantemente, por cristãos (germânicos e ibéricos romanizados).

Os cristãos da Península Ibérica, porém, não resistiram à invasão dos muçulmanos, sendo que em 711 o último rei visigodo (Roderico) foi derrotado e, a partir de 716, consumou-se o domínio islâmico em grande parte da *Hispania*, que perdurou por muitos séculos; só sendo recuperada definitivamente toda a região, pelos cristãos remanescentes, no século XV, com a tomada do Reino de Granada pelos Reis Católicos.[18]

2.3 Gália – Reino Franco

Na Gália – parte Norte –, os germânicos denominados francos adentraram nos territórios já latinizados do Ocidente e criaram um reino que foi o que mais se destacou na Alta Idade Média, uma vez que foi o primeiro a emergir com a queda do Império Romano e, ainda no século V, os reis francos, da dinastia dos merovíngios, aderiram ao dogma niceno e realizaram uma sólida aliança com a Igreja de Roma, criando condições de legitimidade espiritual para a unificação desse povo em torno da fé cristã católica; além do reforço formal dos laços pessoais de fidelidade entre guerreiros que deu origem, a partir do século IX, à sociedade feudal.[19] Nessa perspectiva, Sônia Regina de Mendonça tece comentários a respeito da coesão social entre os francos:

> Essencialmente militar e espontânea, a solidariedade germânica era incompatível com a ideia de Estado ou de bem público. Ela servia de base para uma concepção de reino que se confundia com a propriedade particular do soberano e dele o monarca dispunha como bem lhe aprouvesse. A solidariedade era garantia pela prestação de um juramento de fidelidade (ou recomendação), através do qual os súditos se incorporavam à clientela em torno do rei. Criava-se um vínculo que implicava deveres e direitos de ambas as partes. Aos fiéis (ou vassalos) cabia a obrigação do serviço das armas. Ao soberano, o dever de proteger e auxiliar sua fiel clientela, propiciando-lhe, sobretudo, os meios de

---

18 As batalhas dos cristãos contra os muçulmanos é denominada de "Reconquista", e duraram de 711 até 1492. Sobre o assunto, consultar: BATISTA, Nilo. *Op. cit.*, p. 141; LUPI, João. Os lusitanos e a construção do ideal nacionalista português. In: *Brathair* 1 (1), 2001: 13-29. Disponível em: <http://www.brathair.cjb.net>. Acesso em: 05 jan. 2010, p. 28.

19 Sobre o assunto, consultar: BLOCH, Marc. *A sociedade feudal*. Lisboa: Edições 70, 1982.

> sustento. Com essa finalidade, desenvolveu-se a prática de concessão de benefício, isto é, de qualquer bem, mas quase sempre terra, doado em recompensa pelos serviços prestados. Assim, o poder militar do rei saía fortalecido. O reino franco foi onde esse processo se desenvolveu de forma mais típica e conhecida.[20]

Já no século VIII (em 771), Carlos Magno ascendeu ao trono do Reino Franco, consolidando a dinastia carolíngia. Tal monarca, pelas valiosas contribuições militares prestadas em favor da Igreja Católica contra o avanço dos muçulmanos instalados na Península Ibérica e contra os longobardos da Península Itálica, foi coroado pelo Papa Leão III, em Roma, durante as celebrações do natal de 800, como sendo o "imperador dos romanos", embora tal unificação política seja comumente denominada de Império Carolíngio. Como explica Bertrand Russell, nasceu daí uma curiosa interdependência entre o Papa e o imperador em relação à legitimação do poder, pois "ninguém podia ser imperador a não ser que fosse coroado pelo Papa em Roma; por outro lado, durante séculos, todo imperador forte reivindicava para si o Direito de nomear ou depor os Papas"[21].

Todavia, o poder central carolíngio foi tão pouco sólido que o Império foi rapidamente fragmentado, em menos de meio século, em administrações locais de aproximadamente 250 condados, onde os condes gozavam de vantagens pessoais excepcionais.[22] Com a política vassálica carolíngia, marcou-se uma etapa importante no processo de privatização e regionalização das funções públicas, dando início ao chamado feudalismo, que atingiu seu apogeu nos séculos X e XI[23], já no advento do chamado Sacro Império Romano-Germânico.[24] Neste momento histórico, pode-se afirmar que já não se sobressaiam as tradições germânicas e tampouco as romanas, mas floresceu uma nova cultura – original, mística e pluralista – que pode ser denominada de medieval.

---

20 MENDONÇA, Sônia Regina. *O mundo carolíngio*. São Paulo: Brasiliense, 1985, p. 31-2.

21 RUSSELL, Bertrand. *Op. cit.*, 1968, v.2, p. 100.

22 Em 843, o Tratado de Verdun dividiu o Império entre três herdeiros de Carlos Magno.

23 Cf. MENDONÇA, Sônia Regina. *Op. cit.*, p. 76.

24 O *Sacro Império Romano-Germânico* surgiu com a coroação de Oto I, o Grande, em 2 de fevereiro de 962.

2.4 Administração política nos reinos germânicos

Observando conjuntamente as três regiões supramencionadas[25], nota-se que a Península Ibérica, no decorrer do século VIII, estava fora da administração dos cristãos devido à invasão muçulmana e a Península Itálica, sede da Igreja Católica, enfrentava suas vicissitudes políticas diante dos longobardos e bizantinos. Enquanto isso, os francos aliaram-se à política papal e expandiram sua influência régia sobre os visigodos – sul da Gália e Norte da *Hispania* –, e longobardos – Itália setentrional –, a tal ponto de consolidar um (efêmero) Império, em que as conquistas territoriais dos carolíngios quase atingiram os antigos limites do extinto Império Romano do Ocidente, tornando todos seus novos súditos, tanto latinos quanto germânicos, um único povo cristão, submetido espiritualmente à Igreja Católica e politicamente aos soberanos francos. Nesse contexto, a noção de política *pública*, como existente no Império Romano, foi preservada de maneira simbólica e mística, dentro da estrutura institucional eclesiástica.[26]

Quanto à noção particularíssima do exercício do poder político na época medieval, Jacques Le Goff pondera que o homem comum medieval não possuía liberdade, no sentido moderno deste termo. Para ele a liberdade era um privilégio diante da concepção teocrática da sociedade ocidental. O indivíduo, para sobreviver, se sujeitava a uma rede de obediências e sua liberdade era exteriorizada como sendo uma relação pessoal de submissão a um protetor poderoso.[27]

Quanto ao desenvolvimento dessas relações pessoais de dependência, explica Hilário Franco Júnior que a característica de entrega de bens imóveis próprios a indivíduos poderosos tem suas raízes ainda no tempo do Império Romano, oriundo da instituição da clientela (*patrocinium potentiorum*), onde alguns camponeses livres se ligavam

---

25 Para um aprofundamento das informações sobre os reinos romano-germânicos no Ocidente, consultar: BIBIANI, Daniela; TÔRRES, Moisés Romanazzi. A evolução política da alta idade média na europa ocidental: da pluralidade dos reinos romano-germânicos à unidade carolíngia. In: *Brathair* 2 (1), 2002: 03-13. Disponível em: <http://www.brathair.cjb.net/>. Acesso em: 13 fev. 2010.

26 Sobre as concepções religiosas e morais formadoras do pensamento político medieval, consultar: WOLKMER, Antônio Carlos. *Síntese de uma história das ideias jurídicas*. Florianópolis: Fundação Boiteux, 2006, p. 37-76.

27 LE GOFF, Jacques. *Op. cit.*, p. 34-6.

a potestades locais em troca de proteção. Embora as leis romanas tentassem proibir esse tipo de relação privada a partir de meados do século IV, as invasões bárbaras generalizaram tal instituto, germanizando o termo *patrocinium* para *mundeburdis*. Leciona o mesmo autor que: "O ato jurídico pelo qual uma pessoa se colocava assim sob a proteção e a autoridade de outra era a recomendação (*commendatio*)"[28].

Já no decorrer dos primeiros séculos da Idade Média, a transformação de tal instituto jurídico personalíssimo em submissão política ficou conhecida como "relação de vassalagem" (*Vassalaticum*)[29], que se configurava com um rito de reconhecimento da capacidade jurídica do adolescente livre no momento em que a assembleia o declarava apto às armas e ele jurava fidelidade ao suserano, dedicando-lhe todas as obras de paz e guerra, conservando a sua liberdade; o suserano, por sua vez, assumia o compromisso de fornecer armas e de manter o novo súdito.[30]

Nessa perspectiva, pode-se observar que o poder político temporal alto medieval entre os germânicos se caracterizava por ser, essencialmente, uma relação privada entre indivíduos da classe dos guerreiros, formando uma espécie de família artificial vinculada a um contrato pessoal de submissão e fidelidade. A antiga ideia clássica de cidadania, como sendo uma instituição pública, voltada para a coesão social, praticamente desapareceu na administração temporal, especialmente com a difusão das relações de vassalagem entre os francos, extensível, após as batalhas do século VIII, aos visigodos e longobardos remanescentes nos territórios do Reino Franco.

O resultado dessa política de fidelidade e benefício foi a privatização e pulverização das principais instituições sociais que no Império

---

28 FRANCO JÚNIOR, Hilário. *O feudalismo*. 8. ed. São Paulo: Brasiliense, 1989, p. 17-8.

29 Após explicar que as origens das relações de vassalagem são imprecisas, mas que adquiriram maior importância em meados do século VIII, entre os francos, Hilário Franco Júnior (In: *Op. cit.*, p. 18-9) conta que: "Terminologicamente, foi então que *vassus* suplantou outras palavras que também designavam um homem livre que se havia recomendado a outro. Como naquele momento as demais expressões que significavam 'homem dependente' ganhavam sentidos diversos, recorreu-se para tanto ao céltico *gwass* ('rapaz', 'servidor'). Da latinização deste temo surgiu *vassus*, e da do desdobramento *gwassawl* ('aquele que serve'), *vassalus*. Institucionalmente, foi então que à recomendação se acrescentou o juramento de fidelidade como reforço religioso, ou seja, da combinação dos dois atos nasciam as relações vassálicas."

30 Cf. DAL RI JÚNIOR, Arno. *História do Direito internacional; comércio e moeda; cidadania e nacionalidade*. Florianópolis: Fundação Boiteux, 2004, p. 197.

Romano eram públicas, notadamente a administração da justiça, a arrecadação dos impostos e a chamada às armas, poderes esses entregues nas mãos dos reis e, paulatinamente, repassados aos seus vassalos.[31]

A História da Europa Ocidental, a partir do século IX, é marcada pelas lutas internas entre potestades seculares ocidentais – geralmente parentes próximos – e, todos eles, em frágeis alianças, contra os normandos (*vikings*), os sarracenos (muçulmanos) e os magiares (húngaros).[32] Não é objetivo do presente trabalho acompanhar com minudência os acontecimentos sutis que influenciaram as experiências jurídicas da época, mas cumpre salientar que foi no século X que se completou a fragmentação e regionalização dos poderes na Europa ocidental, pois a política feudal foi largamente difundida no Império Carolíngio e consolidada no Sacro Império Romano-Germânico, transformando as atuais Itália, França, Alemanha e parte da Espanha em um mosaico de reinos, ducados, marcados, condados e senhorios, praticamente independentes: "foi a era da construção de castelos e fortificações e da chamada 'guerra privada' que se estende por tôda a Europa"[33] [grafia original].

3. AS EXPERIÊNCIAS JURÍDICAS GERMÂNICAS NA ALTA IDADE MÉDIA

Inicialmente, é importante esclarecer que são pouquíssimos os documentos históricos a respeito dos germânicos que datam de antes do século V, porquanto eram povos que habitavam além das fronteiras do Império Romano e não possuíam o costume de registrar por escrito suas memórias. Dos relatos que chegaram até os dias atuais, pode-se destacar o texto *Germania*[34], escrito no ano 98 d.C. por Publio Cornelius Tacito, que reuniu várias informações a respeito dos costumes dos

---

31 Cf. FIORAVANTI, Maurizio. *Constitución:* de la antiguidad a nuestros dias. Traducción de Manuel Martinez Neira. Madri: Trotta, 2001, p. 34.

32 Sobre o assunto, consultar: WELLS, Georges Herbert. *História universal*: da ascensão e queda do império romano até o renascimento da civilização ocidental. São Paulo: Companhia Editora Nacional/CODIL, 1970, v.6, p. 387-402.

33 WELLS, Georges Herbert. *Op. cit.*, p. 388.

34 TACITO, Publio Cornelius. *Germania*. Tradução de Ricardo Costa. Disponível em: <http://www.ricardocosta.com/>. Acesso em: 05 jan. 2010. Texto em latim disponível em: <http://www.ebooksbrasil.org/eLibris/germania.html#8L>. Acesso em: 05 jan. 2010.

povos denominados germânicos, embora ele mesmo nunca tivesse ido à Germânia; e a obra *De Bello Gallico*[35], escrito em 50 a.C. por Caio Júlio César, que apesar de comentar alguns costumes dos germânicos do século I a.C., especialmente a ferocidade bélica, não teceu considerações precisas sobre as culturas jurídicas desses povos.

De maneira geral, os indivíduos germânicos livres eram guerreiros e seguiam fielmente seus chefes que, segundo Michel Rouche, estavam condenados a vencer para poder manter sua autoridade.[36] O mesmo autor sustenta que os institutos jurídicos germânicos inconscientemente confundiam domínio público e domínio privado, e foram sendo elaborados ao longo das peregrinações dos visigodos, francos etc.

Os germânicos confiavam suas normas de Direito a alguns especialistas, que decoravam cada artigo e acrescentavam as últimas decisões tomadas, fazendo uma espécie de jurisprudência. O mesmo autor supramencionado ilustra:

> Espécie de bibliotecas ambulantes, eram a lei encarnada, imprevisível e terrível, pois bastava o juiz pronunciar em alto alemão antigo, por exemplo, *friofalto uaua buscho* – 'homem livre mutilado na relva' –, para que se proferisse a sentença: 'Cem soldos de ouro de multa'. O primado da oralidade na justiça tornava o ato judiciário eminentemente pessoal e subjetivo, pois, exceto os especialistas, ninguém conhecia a lei. Ademais, de acordo com sua origem, todos eram passíveis de comparecer perante a justiça.[37]

Embora as experiências jurídicas propriamente germânicas fossem tradicionalmente consuetudinárias e não escritas, não se deve cair no equívoco de que não havia normas jurídicas escritas na Alta Idade Média. Ao invés, elas existiam e eram destinadas a todos os súditos, como sendo instrumentos de orientação para resolução de conflitos entre os indivíduos pertencentes a cada grupo étnico, marcando,

---

35 CÉSAR, Julio. *La guerra de las galias*: con las notas de Napoleón. Barcelona: Orbis, 1986. Disponível na internet em: <http://www.ricardocosta.com/textos/Julio%20Cesar%20-%20La%20Guerra%20de%20las%20Galias.pdf>. Acesso em: 05 jan. 2010.

36 ROUCHE, Michel. Alta idade média ocidental. *In.* ARIÈS, Philippe; DUBY, Georges (org.). *História da vida privada*: do império romano ao ano mil. São Paulo: Companhia das Letras, 2004, v.1, p. 406.

37 ROUCHE, Michel. *Op. cit.*, p. 407-8.

assim, o *princípio da personalidade das leis*[38] diante do pluralismo jurídico existente no início da era medieval.

As compilações jurídicas medievais, que ficaram conhecidas como *leges barbarorum*, permitem ao historiador do Direito a análise das influências romanas e cristãs nos costumes germânicos. Deveras, é no âmbito penal que ficam mais evidenciadas as diferenças jurídicas, porquanto no âmbito civil a grande parte dos institutos jurídicos escritos se confundem com a tradição jurídica romana.

Na Itália, por exemplo, foi escrito o *Edictum Langobardorum*, também conhecido por *Edictum Rothari* (Edito de Rotário, datado de 643), onde foram previstas orientações para resolução de conflitos penais e disposições de Direito de família, mas sem nenhuma pretensão de encerrar a totalidade de um ordenamento.[39] De todas as compilações jurídicas existentes, o Edito de Rotário é considerado o que mais apresenta institutos de Direito germânico em sua forma original, malgrado a influência romana esteja presente na sistematização e na linguagem jurídica latina utilizada no códice.

Ainda quanto ao Reino Longobardo, pode-se mencionar outros textos jurídicos como: *Grimualdi leges* (668); *Liutprandi leges* (713-735);

---

[38] O Princípio da personalidade da lei, também chamado de "Direito pessoal ou lei pessoal" por Federico Carlo de Savigny (In: *Storia del diritto romano nel medio evo*. Roma: Multigráfica, 1972, p. 64), preconiza que a pessoa se submete às leis de sua nacionalidade, independentemente do local onde se encontra. Assim, um visigodo seria julgado pelas normas visigóticas, sendo indiferente se ele estivesse entre os francos na Gália ou entre os latinos em Roma. Tal princípio se contrapõe ao princípio da territorialidade, amplamente adotado nas legislações modernas, em que o indivíduo se submete às normas do Estado onde se encontra, independentemente de sua origem nacional. Sobre a adoção do princípio da personalidade da lei na Idade Média, pondera Ennio Cortese (In: *Il diritto nella storia medievale*. Roma: Il Cigno Galileo Galilei, 1995, p. 58) que: "O modo mais simples de explicar a contemporânea vigência de dois corpos normativos no mesmo contexto político-jurídico é acreditar em um ato do denominado princípio da 'personalidade da lei'; o qual prevê a conservação de direitos separados entre as diversas etnias representantes de um reino". (livre tradução). Ainda, sobre o assunto, consultar: NASCIMENTO, Walter Vieira do. *Lições de história do Direito*. Petrópolis: Zahar, 1979, p. 91.

[39] Cf. GROSSI, Paolo. *El orden juridico medieval*. Madrid: Marcial Pons, 1996, p. 74. Sobre o assunto, consultar: PAULO, Alexandre Ribas de. A centralização política promovida por Rotário, no século VII, por intermédio da codificação do Direito penal dos longobardos. In: *Brathair* 5 (2), 2005: 83-95. Disponível em: <http://www.brathair.cjb.net/>. Acesso em: 05 jan. 2010.

Ratchis leges (746); *Ahistulfi leges* (750). Tais compilações jurídicas, ao contrário do *Edictum Rothari*, foram fortemente influenciadas pelo dogma niceno e paulatinamente os costumes germânicos foram sendo modificados para uma moral cristianizada, pois os reis longobardos posteriores a Rotário e Grimoaldo – que eram arianos – adotaram tal credo.[40]

Na Península Ibérica (Reino Visigótico) houve uma reiterada atividade legislativa antes das incursões muçulmanas em 711. A primeira compilação jurídica elaborada a mando de um monarca germânico foi o *Codex Euricianus* – Código de Eurico, de aproximadamente 476. Posteriormente surgiu a *Lex Romana Wisigothorum* (506), também conhecida por *Breviarum Alaricianum* (Breviário de Alarico), que foi observada na *Hispania* e parte da Gália; e, finalmente, em 654, o *Liber Iudiciorum*, também chamado de *Lex Wisigothorum, Codex Wisighotorum, Liber Iudicum* ou *Forum Iudicum*[41], sendo que esta última compilação já não preservava o princípio da personalidade da lei e era aplicado aos cristãos (romanos, germânicos, celtiberos[42]) habitantes da *Hispania*.[43]

Na realidade, como pondera Paulo Merêa, as leis compiladas pelos visigodos merecem ser encaradas, em grande parte, "como um repositário precioso de Direito romano vulgar"[44]. Diante da mistura de institutos jurídicos germânicos e romanos, a ponto de confundir alguns dos regimes civis e criminais, Nilo Batista sintetiza a compreensão geral das compilações visigóticas como tendo "raízes romanas e frutos germânicos"[45].

Entre os francos (sálios) a *Lex Salica* – escrita no século V, a mando do Rei Clóvis – era destinada a todos os súditos cristãos, mas as suas disposições legais eram, em sua maioria, de caráter privado.[46]

---

40 Cf. AZZARA, Claudio; GASPARRI, Stefano (Org.). *Le leggi dei longobardi*: storia, memoria e diritto di un popolo germanico. Roma: Viella, 2005.

41 Cf. BATISTA, Nilo. *Op. Cit.*, p. 75-81.

42 Sobre a cultura celta remanescente na Península Ibérica, consultar: LUPI, João. *Op. cit.*.

43 Merece registro o fato de existir uma polêmica acadêmica a respeito da utilização ou não do princípio da personalidade das leis ou da territorialidade entre os visigodos, já desde o Código de Eurico. Todavia, como o assunto foge às pretensões do presente trabalho, uma abordagem ampla sobre o tema pode ser encontrada em: MERÊA, Paulo. *Op. cit.*, p. 199-248.

44 MERÊA, Paulo. *Op. cit.*, p. XXI.

45 BATISTA, Nilo. *Op. cit.*, p. 79.

46 Cf. ROUCHE, Michel. *Op. cit.*, p. 408.

Paradoxalmente, segundo John Gilissen: "A maior parte dos 'títulos', mais de três quartos, diz respeito à matéria penal. Na realidade, trata-se (a Lei Sálica) duma tabela de composições: a *compositio* (ou *Wergeld*[47]) era a soma necessária para pagar a *faida*[48] ou Direito à vingança privada"[49].

Finalmente, ainda existiram compilações de outros reinos germânicos, como por exemplo: a *Lex Saxonum*; a *Lex Ribuaria*; a *Lex Alamannorum*; a *Lex Frisionum*; a *Lex Baiwariorum*, a *Lex Burgundionum* (*Lex Gundobada*); a *Lex Thuringorum* etc.[50], que evidenciam a influência romana no Direito germânico, especialmente porque o Direito escrito nos moldes romanos permitiria a sustentação simbólica da autoridade dos reis bárbaros.[51]

3.1 Mecanismos de resolução de conflitos entre os germânicos

Como já dito alhures, antes do estabelecimento dos reinos germânicos no Ocidente medieval, não era função dos reis a elaboração de

---

47 Segundo Heirich Brunner (In: *Op. cit*., p. 12) *wergeld* ou *manngeld* significa, "literalmente: *compositio homicidii,* preço ou dinheiro *(geld*) do homem (wer = mann, vir)".

48 *Faida* (ou *faide*) pode ser compreendida como sendo a "vingança dos parentes", famosa na Idade Média pelas infindáveis guerras entre famílias, com o fito de exercer a *vendetta*. Sobre a *faida* entre os germânicos longobardos, Carlo Calisse (In: *Diritto penale italiano*: dal secolo VI al XIX. Firenze: G. Barbèra, 1895, p. 67) explica que, quando os compiladores do Edito de Rotário foram exprimir o conceito germânico de *faida*, não encontraram uma palavra correspondente à língua latina, porquanto representava um conceito estranho. "Escreveram portanto, como diziam falando, *faida*, e junto colocaram a tradução que a eles parecia mais próxima, chamando de inimizade: *faida, id est inimicitia*". (livre tradução). Exemplificando, encontra-se no capítulo 45 do *EDICTVM ROTHARI* (In: AZZARA, Claudio; GASPARRI, Stefano. *Op. cit*., p. 26. Também disponível o texto em latim na Internet em: <http://www.oeaw.ac.at/gema/lango_leges.htm>. Acesso em: 13 fev. 2010): "*De feritas et conpositionis plagarum, quae inter hominis liveros eveniunt, per hoc tinorem, sicut subter adnexum est, conponantur, cessantem faida, hoc est inimicitia*". (Para a composição de feridas ou lesões que ocorrerem entre homens livres, serão pagas as composições nesta medida, conforme prescrito abaixo, cessando a *faida*, isto é, a inimizade [livre tradução inspirada na tradução para o italiano elaborada por Claudio Azzarra e Stefano Gaspari]).

49 GILISSEN, John. *Introdução histórica do Direito*. Lisboa: Calouste Gulbenkian, 1986, p. 178.

50 Os textos jurídicos da Alta Idade Média podem ser acessados, em sua maioria, em: *MONUMENTA GERMANIAE HISTORICA* digital, disponível em: <http://bsbdmgh.bsb.lrz-muenchen.de/dmgh_new/>. Acesso em: 05 jan. 2010.

51 Nesse sentido, consultar: GILISSEN, John. *Op. cit*., p. 167.

normas jurídicas e interferência nos conflitos de seus súditos. Nesse sentido, escreveu Publio Cornelius Tacito:

> VII – Os reis são eleitos conforme a sua nobreza, mas os capitães, escolhidos segundo a sua capacidade. O poder dos reis, entretanto, não é ilimitado ou absoluto e os chefes comandam mais pelo exemplo dos seus atos e pelo atrevimento das suas ações do que pela força da sua autoridade. Se se mostram ousados e destemidos e conseguem arrebatar a vitória, governam sob admiração dos povos. Entretanto a ninguém, a não ser aos sacerdotes, se consente o Direito de açoitar, prender ou matar: a pena não é considerada como castigo ou execução das ordens de um comandante, mas imposta pelos deuses que, como creem, presidem aos combates.[52]

A coesão grupal, cerne da organização sociopolítica das sociedades germânicas era denominado de *sippe* (estirpe, comunidade de sangue) e representava a família em sentido lato. Como leciona Heinrich Brunner:

> A condição jurídica e social dos habitantes livres enraíza em sua *sippe*.
> A palavra *sippe* (gótico: *sibja,* alto alemão antigo*: sippa)* tem um duplo significado. Em um sentido designa o círculo total dos parentes de sangue de uma determinada pessoa, os *margen* (*proximi holdun, affinis*), masculinos e femininos, a *magschaft;* a comunidade de sangue pode transmitir-se pelos varões ou pelas mulheres.
>
> [...]
>
> Mas *sippe* se chama também a associação por razão de sexo (genealogia) e neste sentido tem a *sippe* um significado de Direito público. Sua organização era do tipo agnatício e associativo. [...] A estrutura da associação da *sippe* se apoia na igualdade de direitos entre seus membros: é alheia a ela uma hierarquia patriarcal.[53]

Para se compreender a gênese dos delitos e a *persecutio criminis* entre os germânicos, é importante ter em mente que um dos elementos fundamentais para as tribos, que promoviam a coesão grupal através

---

52 TACITO, Publio Cornelius. *Op. cit.*.

53 BRUNNER, Heinrich. *Op. cit.*, p. 11. (Livre tradução). Sobre o vínculo familiar é importante salientar que, totalmente diferente da tradição jurídica romana, o indivíduo germânico não ficava vinculado como *alieni iuris* perante o *patrio poder*. Como explica Paulo Merêa (in: *op. cit.*, p. 02): “A subordinação do filho é, não uma consequência de subsistir um *pater famílias* (pai ou avô) que não renunciou a sua *potestas*, mas sim o efeito de uma autoridade doméstica, que dura enquanto o filho é parte integrante da casa paterna”.

de uma noção de "pertencimento" social, era a chamada *fridr* (paz), de tal forma que os acontecimentos contrários ao sentimento de paz local levavam a reações coletivas por parte dos integrantes da comunidade do ofensor, geralmente sujeitando-o a uma exclusão[54] (banimento) derivada da "perda da paz" (*friedlosigkeit*).

Isso, naqueles tempos de guerra, realmente significava um futuro incerto e perigoso ao indivíduo, pois qualquer pessoa poderia matá-lo sem incorrer em novo delito, visto que o condenado transformava-se em um estranho ou ban(d)ido.[55] Ainda, Heinrich Brunner sugere que a perseguição ao condenado, mais que um Direito dos membros da comunidade, parece ter sido uma obrigação pública:

> Na época primitiva a perda da paz não teve unicamente, como se ouve com frequência, o conteúdo de que o compreendido nela ficava exposto à possibilidade de ser morto licitamente, antes, *deve* ser tratado pela comunidade como seu adversário. A proscrição reclama sua execução: porém advirta-se que não se organiza nem se leva a cabo pela comunidade como tal, mas que a perseguição de quem perdeu a paz é dever público de cada membro do povo: aquele é tido na condição de animal nocivo em liberdade, como o lobo, *wargus*. '*Generit caput lupinum*'. Como consequência jurídica imediata perde sua qualidade de membro da família, de marido e de pai. Nem a *sippe*, nem os parentes mais próximos podem protegê-lo ou albergá-lo.[56]

Se uma ofensa ao indivíduo germânico livre viesse de uma *sippe* diversa, a ruptura da paz "conduzia a um estado de inimizade (*fehde* ou *faida*), que perduraria até a compensação, real ou simbólica, do grupo ofendido. E se a ofensa houvesse consistido na morte violenta de alguém, a solidariedade grupal [...] impunha a vingança do sangue (*Blutrache*)"[57]. As características desse período são denominadas, pelos juristas contemporâneos, como sendo o "período da vingança privada"[58].

Todavia, não eram todas as ofensas que levavam as *sippen* ao exercício da *faida*. Ao invés, os mecanismos de resolução de conflitos entre os germânicos demonstram a larga utilização de acordos pecuniários

54 Cf. BATISTA, Nilo. *Op. cit.*, p. 33.
55 BATISTA, Nilo. *Op. cit.*, p. 39-40.
56 BRUNNER, Heinrich. *Op. cit.*, p. 22.
57 BATISTA, Nilo. *Op. cit.*, 33-4.
58 Cf. OLIVEIRA, Odete Maria de. *Prisão*: um paradoxo social. Florianópolis: Editora da UFSC, 1996, 22-5.

para a composição dos danos para evitar as consequências nefastas da *faida*. De maneira geral, pode-se afirmar que os germânicos tinham a possibilidade de resgatar suas faltas por intermédio da compensação pecuniária de suas atitudes em se tratando de delitos privados – incluído o homicídio –, mas seriam submetidos à punição, conforme os costumes, nos casos de ofensas aos interesses coletivos da *sippe* ou tribo. Neste sentido, Heinrich Brunner diz que: "Nos fatos ignominiosos e sacrílegos que afetavam diretamente ao povo e a suas divindades, o culpado era sacrificado aos deuses para expiação da comunidade"[59].

Sobre o procedimento penal dos germânicos, Nilo Batista pondera que, além de serem incompreensíveis para o jurista contemporâneo, era estruturalmente idêntico ao "processo civil", e seu objetivo não era a elucidação do fato punível, "mas a interpretação de suas virtualidades ofensivas à paz e a superação do estádio [*sic*] de perturbação e temor por ele inaugurado"[60]. Jean-Marie Carbasse também ressalta essa característica privatista do Direito processual entre os francos, informando que "contrariamente ao Direito romano, o Direito franco não (fazia) distinção entre o civil e o criminal: um único e mesmo procedimento se aplicava a todos os processos"[61].

Nessa perspectiva, as informações de Publio Cornelius Tacito a respeito da experiência penal entre os germânicos parecem comprovar que o exercício da jurisdição não era uma prerrogativa da potestade régia, mas uma manifestação da comunidade em relação a fatos de interesse comum:

> XII – Qualquer pessoa pode acusar outra perante a assembleia, mesmo em se tratando de crimes capitais. As penas variam de acordo com o delito. Para os traidores e os trânsfugas, o enforcamento nas árvores. Os covardes ou efeminados, os infames pelo tráfico do corpo são afogados nos pântanos com uma grade em cima do corpo. A disparidade do suplício tem como mira tomar conhecida a punição dos crimes e ocultar os flagícios. Contudo, nos delitos menos graves há proporcionalidade na pena: aos convencidos ou confessos, a multa de uns tantos cavalos ou cabeças de gado. Parte da multa é paga ao rei ou a comunidade, parte ao ofendido ou aos seus parentes. Elegem igualmente nestas assembleias os chefes que administram justiça nas vilas ou nas

59 BRUNNER, Heinrich. *Op. cit.*, p. 22.

60 BATISTA, Nilo. *Op. cit.*, p. 41.

61 CARBASSE, Jean-Marie. *Histoire du droit pénal et de la justice criminelle*. Paris: Universitaires de France: 2000, p. 83. (livre tradução)

> aldeias. Cada qual é assistido por cem homens escolhidos entre o povo, que lhe servem de conselheiros e encarnam a autoridade.[62]

Tal característica jurisdicional sobreviveu em parte da era medieval. Brian P. Levack explica que o sistema processual utilizado pelos tribunais seculares europeus antes do século XIII era o acusatório, ou seja, a ação penal era desencadeada e julgada perante pessoas privadas, geralmente a própria pessoa prejudicada ou um de seus parentes.[63] A acusação era uma declaração oral, formal, pública e sob juramento diante do acusado, presente uma autoridade (rei ou seus mandatários). Esta, por sua vez, decidia contra o acusado se este admitisse a sua culpa ou se o acusador privado conseguisse reunir certas provas. No caso de dúvidas, o julgador propunha que as partes fornecessem algum sinal de culpa ou da inocência da pessoa acusada, sendo que os rituais probatórios mais frequentes entre os germânicos eram o juramento e o duelo judicial. Nesse sentido, ilustrativo é o capítulo 09, do Edito de Rotário:

> 09. Se alguém acusa um homem diante do rei, de um crime punível com a morte, seja consentido ao acusado de dar satisfações e escusar-se mediante o juramento. E se surge uma tal causa e está presente o homem que moveu a acusação, seja permitida a anulação da acusação pelo acusado, se ele desejar, por intermédio de um paladino, isto é, um duelo. E se a acusação for provada, seja morto, ou pague uma composição estipulada pelo rei. Mas se não puder provar e se entender que foi acusado dolosamente, então aquele que acusou e não pode fornecer provas, que pague o *wergild*, metade ao rei e metade àquele que foi movida a acusação.[64]

Importante ressaltar que, também entre os germânicos, acreditava-se na presença de Deus no estabelecimento da Justiça e, por isso, a execução de uma punição, mais que uma súbita e irracional *vendetta*,

---

[62] TACITO, Publio Cornelius. *Op. cit.*.

[63] LEVACK, Brian P. *A caça às bruxas*. Rio de Janeiro: Campus, 1988, p. 66-7.

[64] *EDICTVM ROTHARI*. Op. cit., p. 16-8. "*Si quis qualemcumque hominem ad regem incusaverit, quod ad animae perteneat periculum, liceat ei, qui accusatus fuerit, cum sacramentum satisfacere et se eduniare. Et si tales causa emerserit et adest homo in praesenti, qui crimen mittat, liceat eum per camphionem, id est per pugnam, crimen ipsum de super se, si potuerit, eicere. Et si ei provatum fuerit, aut det animam, aut qualiter regi placuerit conponat. Et si provare non potuerit et cognuscitur dolusae adcusassit, tunc ipse, qui accusavit et provare non potuit, wergild suo conponat, medietatem regi, et medietatem cui crimen iniectum fuerit.*" (A menção em português foi livre tradução inspirada na versão realizada para o italiano de Cláudio Azzarra e Stefano Gaspari).

era um meio simbólico – e místico – de recompor a paz na *sippe*. Como reflete Nilo Batista: "diante de tal cenário, um Direito de graça seria precisamente uma cumplicidade com a desgraça"[65].

Sobre essa característica medieval do exercício da *vendetta*, como um dever do indivíduo auxiliado por sua *sippe*, comenta Marc Bloch:

> O homem isolado, no entanto, pouco podia fazer. Tanto mais que, na maior parte das vezes, se tratava de fazer expiar uma morte. Entrava então em cena o grupo familiar e nascia *a faide,* conforme a velha palavra germânica que, pouco a pouco, se espalhou por toda a Europa: a vingança dos parentes, a que chamamos *faide,* disse um canonista alemão. Nenhuma obrigação moral parecia mais sagrada do que esta.[66]

É justamente no exercício do Direito à vingança que se pode vislumbrar o caráter privatista do Direito germânico, revelado, especialmente, na pena pecuniária. Esta surgia como possibilidade de compensação material ao ofendido (ou seus familiares) pelo resultado ocasionado pela conduta tida como violadora da paz, livrando o ofendido da punição violenta. Explica Nilo Batista que a composição era oferecida como uma alternativa ao exercício da vingança e se aplicava a "qualquer tipo de delito (*Busse*) ou especificadamente do homicídio (*Wergeld*), e lograva transcender a ruptura da paz e encerrar a inimizade (*faida*)"[67].

Sobre esse típico mecanismo germânico de resolução de conflito, observa Heinrich Brunner:

> A *sippe* desempenhava certas funções jurídicas de caráter público, que em etapas culturais mais desenvolvidas incumbiam a coletividade. Ela construiu uma associação de paz mais antiga, pois excluía toda hostilidade ou inimizade entre seus indivíduos, assegurando-lhes vingança e proteção. Se se dava morte a um membro da *sippe* os demais vinham obrigados a procurar a vingança do sangue ou a reclamar a *wergeld* ou *manngeld* (entre os francos: *leudi*; ao anglo-saxões: *wer*) que se distribuía entre eles segundo uma proporção determinada.[68]

Como se pode notar, a pretensão de satisfação pela vítima ofendida (auxiliada por sua *sippe*) era levada ao extremo com o exercício

---

65 BATISTA, Nilo. *Op. cit.,* p. 51.
66 BLOCH, Marc. *Op. cit.*, p. 150.
67 BATISTA, Nilo. *Op. cit.,* p. 53.
68 BRUNNER, Heinrich. *Op. cit*., p. 11-12.

da *faida*, que era a guerra privada, decorrente da vingança, entre as *sippen*. Com a compensação pecuniária, porém, o ofensor podia cessar o Direito de vingança dos representantes do ofendido e, assim, assegurar o não exercício da vingança contra si e contra sua comunidade. Nesse sentido, Marc Bloch lembra um velho – e sábio – ditado anglo-saxão: "Se não queres receber o golpe de lança suspenso sobre o teu peito, compra-a"[69].

No tocante ao fim da pretensão punitiva do ofendido, Carlo Calisse explica que o crime era juridicamente extinto quando executada a punição, e esta, no Direito germânico antigo, servia para dar uma satisfação moral e material ao ofendido (e sua *sippe*). Nessa perspectiva, quando este se declarava satisfeito, mesmo com pouca ou nenhuma compensação, se entendia que o crime não existia mais, pois o crime estava expiado e, nesse momento, se teria a paz concluída. "A paz, portanto, que o ofendido concede ao ofensor, é causa de extinção do crime: assim era no mais antigo Direito romano, e assim era no bárbaro."[70]

Com essas informações, nota-se que uma parte considerável da experiência penal germânica caracterizava-se por ser uma *facultas agendi* exclusiva do ofendido (e sua *sippe*), que era, por assim dizer, o único responsável pela oportunidade de declarar a paz restaurada, seja pela compensação alternativa à *faida*, seja pela expiação do condenado ou, ainda, pela renúncia (perdão) à punição. Dessa forma, o costume bárbaro que autorizava a *vendetta* concedia, afinal de contas, o *ius puniendi* sobre o ofensor, mas não obrigava o ofendido à sua execução; exceto nos delitos que maculavam todo o povo.

3.2 A transformação do Direito germânico no Ocidente medieval

Com a formação dos reinos germânicos, porém, pode-se observar uma crescente e paulatina interferência do rei, como autoridade política, na definição das situações que autorizariam ou proibiriam a *faida*. Por exemplo, no tempo do rei longobardo Rotário (século VII), a lei procurava impedir que houvesse a *faida* antes de ocorrer a possibilidade do ressarcimento do dano ao ofendido, ou seja, estava

[69] BLOCH, Marc. *Op. cit.*, p. 153.

[70] CALISSE, Carlo. *Diritto penale italiano*: dal secolo VI al XIX. Firenze: G. Barbèra, 1895, p. 56. (livre tradução)

sendo deslegitimado o estado de inimizade particular, e se obrigava a resolução dos conflitos através da composição dos danos, como forma de se extinguir a ruptura da paz entre a sociedade de guerreiros. Nesse sentido, o capítulo 74 do Edito de Rotário prescreve:

> 74. Por todas estas feridas ou lesões supramencionadas, que se verificarem entre homens livres, estabelecemos composições maiores que dos nossos antepassados, com o fim de que depois de ter recebido a supramencionada composição, ponha-se fim à *faida*, isto é, à inimizade, e não se reclame ulteriormente nem se cultivem propósitos dolosos, mas a questão seja considerada finda e permaneça a amizade. Se ocorrer que o ferido morra dentre o espaço de um ano por causa destas feridas, então aquele que o feriu pague uma composição correspondente ao *angargathungi*, isto é, segundo a qualidade [posição social] da pessoa.[71]

Ademais, com a mescla dos institutos germânicos dos longobardos com os romanos, o caráter privado do *ius puniendi* foi se ligando a um suposto interesse público, porquanto a lei não obrigava o ofendido a executar a pena, mas o seu abandono por este já não mais extinguia o crime, apenas mudava de executor: o rei.[72] Nesse sentido, Carlo Calisse ilustra a "apropriação" dos conflitos privados dos súditos pelos reis, agora entendidos como representantes do interesse público entre os longobardos:

> Se os parentes não punem a mulher que fornicou, inspira o rei a puni-la, da mesma forma é com a mulher livre, que se casa com um servo; se um dono não resgata um servo ladrão, nem pune aquele que foi pego furtando, a pena deles é dada ao rei; este se faz vingador também do adultério, quando o marido não se vinga, se bem que as mais antigas leis sobre este ponto guardam silêncio. Com o ulterior desenvolvimento do Direito penal, o interesse público prevalece sempre mais; aquele privado, ao contrário, sempre mais se reduz ao ressarcimento do dano.[73]

---

71 *EDICTVM ROTHARI*. Op. cit., p. 30. "*In omnis istas plagas aut feritas superius scriptas, quae inter hominis líberos evenerint, ideo maiorem conpositionem posuimos, quam antiqui nostri, ut faida, quod est inimicitia, post accepta suprascripta conpositione postponatur et amplius non requiratur, nec dolus teneatur, sed sit sibi causa finita amicitia manentem. Et si contigerit de ipsas plagas intra anni spatium, qui plagatus est, mori, tunc ille, qui eum plagavit, componat, qualiter in angargathungi, id est secundum qualitatem personae.*"

72 Cf. CALISSE, Carlo. *Op. cit.*, p. 56-7.

73 CALISSE, Carlo. *Op. cit.*, p. 57.

Esse tipo de interferência dos reis nos conflitos penais dos seus súditos também pode ser vislumbrado de maneira semelhante na Península Ibérica. Nilo Batista, comentando sobre a questão do ressarcimento pelos danos decorrentes de crimes entre os visigodos e o paulatino (re)surgimento de um suposto *poder público* na esfera privada, informa:

> Se originalmente o produto da composição se destinava inteiramente à vítima ou seus parentes, já ao tempo de Tácito uma parcela tinha destinação comunal (aos olhos romanos, e em linguagem romana, '*pars multae regi vel civitati*'), e mais tarde se distinguirá entre o *faidus*, que pertence aos parentes da vítima, e entre eles se dividirá de acordo com certas regras, e o *fredus*, que pertence ao fisco. A extraordinária generalização dos procedimentos composicionais, além dos confiscos, converteria a jurisdição penal, na Idade Média, em atividade lucrativa.[74]

O mesmo autor salienta que, de maneira análoga aos francos, os reis visigóticos não possuíam poder ilimitado e sua vontade não se outorgava em força de lei[75]; mas, com a promulgação das compilações visigóticas, mormente o *Liber Iudiciorum* (de 654), com forte influência cristã católica contra os hereges e judeus, já se podia verificar o desmonte da solidariedade grupal das *sippen* e a sua substituição pela política, promovendo a troca da paz comunal por uma ordem política centralizadora, onde as leis penais seriam um importante instrumento de controle e modelação ideológica dos súditos.

Percebe-se com isso que, enquanto na tradição jurídica germânica o delito era aquilo que causava dano ao indivíduo, ocasionando o rompimento da paz na *sippe*, no reino dos visigodos do século VII a simples violação da norma proibitiva – infração à Lei – já fornecia a referência básica para a repressão.[76] Dessa forma, observa-se que os reis germânicos, fomentados pela moral católica e pelo arsenal ideológico jurídico romano[77], ao mesmo tempo em que começaram a proibir

---

[74] BATISTA, Nilo. *Op. cit.*, p. 54.

[75] BATISTA, Nilo. *Op. cit.*, p. 70.

[76] Cf. BATISTA, Nilo. *Op. cit.*, p. 125.

[77] Apenas para ilustrar o ideário jurídico do Império Romano do Oriente, colaciona-se as palavras do Imperador Justiniano no proêmio de suas Institutas, embora seja questionável o seu conhecimento no Ocidente alto medieval: "A *Majestade Imperial* deve ser ornada não só com as armas, mas também com as leis, para que possa reger com justiça nos tempos de paz e nos tempos de guerra, e para que o príncipe romano

que a *faida* se instalasse antes da submissão da causa à sua apreciação, passaram a utilizar os conflitos intersubjetivos de seus súditos para controlar a todos através da lei penal proibitiva e, ainda, receber taxas e multas decorrentes do julgamento dos atos ilícitos.

Com o advento da dinastia carolíngia no Reino Franco a partir do século VIII, surge um novo poder na vida jurídica dos cristãos com a inserção de um poder político legiferante e centralizado exercido pelos reis francos e, posteriormente, imperadores. Assim, as características mais marcantes das experiências jurídicas germânicas foram sendo substituídas pelo respeito às autoridades nomeadas pelo poder central sob o pretexto de se estabelecer uma ideal ordem pública.[78] Sobre a modificação do Direito franco, com a edição das *capitulares* (ordens régias) na era carolíngia, leciona Jean-Marie Carbasse:

> Muito raras na primeira dinastia, os textos legislativos foram multiplicados pelos carolíngios: calcula-se mais de 200 capitulares em poucas décadas, e apenas uma dúzia em todo o período merovíngio. Mas, se uma parte das capitulares são destinadas à modificação das leis étnicas (*capitularia legibus addenda*), outras são de aplicação territorial: elas concernem, de forma indiscriminada, a todos os assuntos do rei. São pelas capitulares deste tipo que Carlos Magno tentou reformar a Justiça, melhorar o funcionamento dos tribunais e restaurar um Direito Penal público.[79]

Com a dissolução do Império Carolíngio já em poucas décadas após a sua formação, multiplicaram-se as autoridades feudais (duques, condes e marqueses), que passaram a definir o Direito vigente em cada região, marcando uma fase de profundo pluralismo jurídico consuetudinário e de difícil pesquisa historiográfica, diante da ausência de fontes escritas, mas, de maneira sumária, pode-se afirmar que foi reforçada a ideia de obediência às autoridades seculares e eclesiásticas

---

fique vitorioso não só nos combates contra os inimigos, mas também no expurgo das injustiças que se ocultam sob fórmulas legais, e para que seja, ao mesmo tempo, religiosíssimo cultor do Direito e vencedor dos inimigos". In: JUSTINIANUS, Flavius Petrus Sabbatius. *Institutas do imperador justiniano*: manual didático para uso dos estudantes de Direito de Constantinopla, elaborado por ordem do Imperador Justiniano, no ano de 533 d. C.. Tradução de J. Cretella Jr. e Agnes Cretella. São Paulo: Revista dos Tribunais, 2005, p. 15.

78 Sobre o assunto, consultar: GAUVARD, Claude. *Violence et ordre public au moyen age*. Paris: Picard, 2005, p. 11.

79 CARBASSE, Jean-Marie. *Op. cit.*, p. 81.

(contribuição romana) ao mesmo tempo em que foram sendo regionalizados e diferenciados os direitos em nome da tradição de cada lugar (contribuição germânica); embora já não mais sobrevivessem nem o Direito romano nem o Direito germânico.

4. CONCLUSÃO

Com a realização do presente trabalho, pode-se notar que uma das características mais marcantes do Direito germânico antigo era a permissão para que os indivíduos livres resolvessem seus próprios interesses, sendo que os mecanismos para a resolução dos conflitos eram consuetudinários e não escritos. De maneira geral, a meta das experiências jurídicas germânicas era, portanto, a restauração do equilíbrio social causado por um ato considerado nocivo para comunidade e não a expiação do delinquente e/ou a manifestação simbólica do poder das autoridades locais.

Com o estabelecimento dos reinos germânicos nos antigos territórios do Império Romano do Ocidente, o Direito consuetudinário germânico continuou vigente entre os grupos vencedores. Contudo, o Direito romano remanescente foi preservado entre os latinos, especialmente no âmbito civil, possibilitando, dessarte, uma pluralidade de ordenamentos jurídicos que coexistiam diante do princípio da personalidade do Direito.

Foi visto que em um primeiro momento histórico os reis germânicos não possuíam autoridade investida de poderes legislativos. Todavia, com a mescla das culturas jurídicas diversas na formação dos reinos germânicos, começaram a surgir os primeiros textos jurídicos escritos que, malgrado sejam registros dos costumes já vigentes na população, podem ser entendidos como um traço importantíssimo da romanização do Direito germânico.

Nas compilações jurídicas escritas entre os séculos V e VIII, também chamadas de *leges barbarorum*, podem ser percebidos vários institutos de resolução de conflitos genuinamente germânicos, especialmente no âmbito penal, destacando-se possibilidade de se compor os danos ao ofendido como forma de extinção da punibilidade na maioria dos fatos que hoje entendemos por "delito".

Com a crescente influência da Igreja Católica nos reinos germânicos, especialmente entre os francos, ocorreu a paulatina transformação dos reis em representantes de uma suposta ordem pública, noção esta tipicamente romana e desconhecida dos germânicos em seu Direito consuetudinário, mas que ganhou a simpatia das potestades germânicas e se consolidou com a reunião de todos os poderes seculares nas mãos do rei franco Carlos Magno, coroado Imperador dos cristãos do Ocidente no crepúsculo do século VIII.

Assim, no cenário da Alta Idade Média ocidental, o exercício da jurisdição, que antes pertencia ao indivíduo livre e sua *sippe*, passou a ser uma das funções do rei e, posteriormente, a administração da Justiça foi sendo entregue para seus vassalos, agora legitimados pela moral universal e mística proclamada pela Igreja Católica. Foram necessários praticamente três séculos de contato entre os institutos jurídicos germânicos e os romanos remanescentes na Europa ocidental para, finalmente, descambar no arbítrio das resoluções de conflitos nas mãos das potestades cristãs da era feudal, tornando o Direito medieval, que teve sementes jurídicas comunitárias (germânica) e sistemáticas (romana) em uma era de justiça eminentemente privada, oriunda das arbitrariedades oriundas das autoridades feudais.

Com a proibição da possibilidade de resolução de conflitos na esfera comunitária, a única esperança que restou para os súditos cristãos, diante das mudanças estruturais promovidas nos mecanismos tradicionais de jurisdição, era de que Deus mandasse um representante (rei ou nobre) piedoso e capaz de estabelecer a paz em consonância com os valores cristãos. Nesse momento não há mais o Direito germânico e tampouco o Direito romano no Ocidente, mas uma cultura jurídica originalmente medieval, que será profundamente modificada com a (re) ativação do estudo do Direito romano-justianeo, a partir do século XII.

5. REFERÊNCIAS BIBLIOGRÁFICAS

AGOSTINHO, Santo. *A cidade de* deus: (contra os pagãos) – Parte 1. Bragança Paulista: Editora Universitária São Francisco, 2005.

AZZARA, Claudio; GASPARRI, Stefano (Org.). *Le leggi dei longobardi*: storia, memoria e diritto di un popolo germanico. Roma: Viella, 2005.

BATISTA, Nilo. *Matrizes béricas do sistema penal brasileiro, I.* Rio de Janeiro: Revan: ICC, 2002.

BIBIANI, Daniela; TÔRRES, Moisés Romanazzi. A evolução política da alta idade média na europa ocidental: da pluralidade dos reinos romano-germânicos à unidade carolíngia. In: *Brathair* 2 (1), 2002: 03-13. Disponível em: <*http://www.brathair.cjb.net/*>. Acesso em: 13 fev. 2010.

BLOCH, Marc. *A sociedade feudal.* Lisboa: Edições 70, 1982.

BRUNNER, Heinrich. *Historia del derecho germánico.* Barcelona: Labor, 1936.

CALISSE, Carlo. *Diritto penale italiano*: dal secolo VI al XIX. Firenze: G. Barbèra, 1895.

CARBASSE, Jean-Marie. *Histoire du droit pénal et de la justice criminelle.* Paris: Universitaires de France: 2000.

CÉSAR, Julio. *La guerra de las galias*: con las notas de Napoleón. Barcelona: Orbis, 1986. Disponível na internet em: <*http://www.ricardocosta.com/textos/Julio%20Cesar%20-%20La%20Guerra%20de%20las%20Galias.pdf*>. Acesso em: 05 jan. 2010.

CORTESE, Ennio. *Il diritto nella storia medievale.* Roma: Il Cigno Galileo Galilei, 1995.

DAL RI JÚNIOR, Arno. *História do Direito internacional; comércio e moeda; cidadania e nacionalidade.* Florianópolis: Fundação Boiteux, 2004.

FIORAVANTI, Maurizio. *Constitución*: de la antiguidad a nuestros dias. Madrid: Trotta, 2001.

GILISSEN, John. *Introdução histórica do Direito.* Lisboa: Calouste Gulbenkian, 1986.

GAUVARD, Claude. *Violence et ordre public au moyen âge.* Paris: Picard, 2005.

GIBBON, Edward. *Declínio e queda do império romano* – Ed. Abreviada. São Paulo: Companhia das Letras, 2005.

GROSSI, Paolo. *El orden juridico medieval.* Madrid: Marcial Pons, 1996.

FRANCO JÚNIOR, Hilário. *O feudalismo.* 8. ed. São Paulo: Brasiliense, 1989.

FURNARI, Pedro Paulo A. Romanos e germânicos: lutas, guerras, rivalidades na antiguidade tardia. In: *Brathair* 7 (1), 2007: 17-24. Disponível em: <*http://www.brathair.cjb.net*>. Acesso em: 13 fev. 2010.

JARNUT, Jörg. *Storia dei longobardi.* Torino: Einaudi, 2002.

JORDANES. *Origen y gestas de los godos.* Madrid: Cátedra, Letras Universales, 2001.

JUSTINIANUS, Flavius Petrus Sabbatius. *Institutas do imperador justiniano*: manual didático para uso dos estudantes de Direito de Constantinopla, elaborado por ordem do Imperador Justiniano, no ano de 533 d.C. Tradução de J. Cretella Jr. e Agnes Cretella. São Paulo: Revista dos Tribunais, 2005.

LEGES LANGOBARDORUM. Disponível em: <*http://www.oeaw.ac.at/gema/lango_leges.htm*>. Acesso em: 13 fev. 2010.

LE GOFF, Jacques. *A civilização do ocidente medieval*. Lisboa: Editorial Estampa, 1995, v.2.

LEVACK, Brian P. *A caça às bruxas*. Rio de Janeiro: Campus, 1988.

LUPI, João. Os lusitanos e a construção do ideal nacionalista português. In: *Brathair* 1 (1), 2001: 13-29. Disponível em: <*http://www.brathair.cjb.net/*>. Acesso em: 05 jan. 2010.

MERÊA, Paulo. *Estudos de Direito visigótico*. Coimbra: Atlântida, 1948.

MENDONÇA, Sônia Regina. *O mundo carolíngio*. São Paulo: Brasiliense, 1985.

MONUMENTA GERMANIAE HISTORICA digital. Disponível em: <*http://bsbdmgh.bsb.lrz-muenchen.de/dmgh_new/*>. Acesso em: 05 jan. 2010.

NASCIMENTO, Walter Vieira do. *Lições de história do Direito*. Petrópolis: Zahar, 1979.

OLIVEIRA, Odete Maria de. *Prisão*: um paradoxo social. Florianópolis: Editora da UFSC, 1996.

PAULO, Alexandre Ribas de. A centralização política promovida por rotário, no século VII, por intermédio da codificação do Direito penal dos longobardos. In: *Brathair* 5 (2), 2005: 83-95. Disponível em: <*http://www.brathair.cjb.net/*>. Acesso em 05 jan. 2010.

ROSTOVTZEFF, Michael Ivanovitch. *História de Roma*. Rio de Janeiro: Zahar, 1967.

ROUCHE, Michel. Alta idade média ocidental. *In*. ARIÈS, Philippe; DUBY, Georges (org.). *História da vida privada*: do império romano ao ano mil. São Paulo: Companhia das Letras, 2004, v.1.

RUSSELL, Bertrand. *História da filosofia ocidental*. São Paulo: Comp. Editora Nacional/CODIL, 1968. v.2.

_____. *História do pensamento ocidental:* a aventura dos pré-socráticos a Wittgenstein. Rio de Janeiro: Ediouro, 2002.

SAVIGNY, Federico Carlo de. *Storia Del diritto romano nel medio evo*. Roma: Multigrafica, 1972.

SESTAN, Ernesto. *Stato e nazione nell'alto medioevo*: ricerche sulle origine nazionali in Francia, Italia, Germania. Napoli: Edizione Scientifiche Italiane, 1994.

TABACCO, Giovanni. *Egemonie sociali e strutture del potere nel medioevo italiano*. Torino: Einaudi, s.d.

TACITO, Publio Cornelius. *Germania*. Tradução de Ricardo Costa. Disponível em: <*http://www.ricardocosta.com/*>. Acesso em: 05 jan. 2010. Texto em latim disponível em: <*http://www.ebooksbrasil.org/eLibris/germania.html#8L*>. Acesso em: 05 jan. 2010.

THOMPSON, Augusto F. G. *Escorço histórico do Direito criminal luso-brasileiro.* São Paulo: Líber Júris, 1982.

WELLS, Herbert Georges. *História universal*: da ascensão e queda do império romano até o renascimento da civilização ocidental. São Paulo: Companhia Editora Nacional/CODIL, 1970, v.6.

WOLKMER, Antônio Carlos. *Síntese de uma história das ideias jurídicas.* Florianópolis: Fundação Boiteux, 2006.

Capítulo 10

A INSTITUCIONALIZAÇÃO DA DOGMÁTICA JURÍDICO-CANÔNICA MEDIEVAL[1]

ROGÉRIO DULTRA DOS SANTOS[2]

SUMÁRIO: 1. Introdução. 2. A Idade Média e o vínculo feudal como instrumento de dominação através da autoridade. 3. A Igreja Católica medieval e a institucionalização do Direito canônico como prática repressiva. 4. Conclusão. 5. Referências bibliográficas.

1. INTRODUÇÃO

De forma condensada, poder-se-ia dizer que dois foram os institutos máximos legados pela Igreja Católica para a constituição do Direito ocidental moderno: a dogmática e o inquérito.[3] O objetivo

---

1 Originalmente, este trabalho foi apresentado como *paper* final da disciplina História das Instituições Jurídicas, ministrada no curso de Pós-Graduação da UFSC pelo Professor Doutor Antonio Carlos Wolkmer, no ano de 1998.

2 Professor de Introdução ao Estudo de Direito e Pensamento Político Brasileiro na Universidade Federal Fluminense – UFF. Mestre em Direito pela UFSC e doutor em Ciência Política pelo IUPERJ (RJ). Organizador dos livros: *Introdução Crítica ao Estudo do Sistema Penal*. Florianópolis: Diploma Legal, 1999; *Direito e Política*. Porto Alegre: Síntese, 2004.

3 Sobre o segundo instituto – englobando-se aqui tanto o inquérito quanto a própria constituição dos tribunais medievais da Santa Inquisição e seus métodos de construção da verdade, principalmente através da tortura –, vasta é a bibliografia crítica acessível: BITHENCOURT, Francisco. *História das inquisições*: Portugal, Espanha e Itália, séculos XV – XIX. São Paulo: Cia. das Letras, 2000; KRAMER, Heinrich; SPRENGER, James. *O martelo das feiticeiras*. Rio de Janeiro: Record/Rosa dos Tempos, 1997; GONZAGA, João Bernardino. *A inquisição em seu mundo*. 6. ed. São Paulo: Saraiva, 1993; LEVACK, Brian P. *A caça às bruxas na Europa moderna*.

deste trabalho é ocupar-se do primeiro deles a partir da identificação do período medieval,[4] traçando a trajetória da evolução do Direito canônico enquanto construção dogmática e, consequentemente, como elaboração de um discurso que legitima a imposição da verdade a partir de um lugar de saber inquestionável, nascido de uma prática social politicamente determinada. Desse modo, a institucionalização canônica da dogmática será estudada como elemento de construção, manutenção e manipulação da verdade, fundamentadora de uma política autoritária imposta pela Igreja Católica durante o desenrolar da Idade Média, legitimando a lógica de um discurso que irradia sua influência até os dias atuais: o próprio discurso jurídico-dogmático.

Tal estudo partirá de uma visão histórica da formação do Direito medieval, ressaltando de que modo o poder e a verdade foram normatizados socialmente, através da estruturação política da Igreja Católica com origem nos vínculos de autoridade política. Num segundo momento, mostrar-se-á como o Direito canônico foi gerado apresentando-se institucionalmente como "lugar que sabe", ou seja, como oráculo do poder,[5] para se perceber, no final, de que maneira pôde a dogmática ser usada indiscriminadamente como instrumento de disciplina, alienação e sujeição teórica e social, forjando a própria estrutura do Direito moderno através da violência simbólica.

---

2. ed. Rio de Janeiro: Campus, [s/d]; MANDROU, Robert. *Magistrados e feiticeiros na França do século XVII*. São Paulo: Perspectiva, 1979; HAUSER, Ester; MARTEL, Letícia. Tribunais, magistrados e feiticeiras na Europa moderna. *In*: SANTOS, Rogério Dultra dos (Org.). *Introdução crítica ao estudo do sistema penal*: elementos para compreensão da atividade repressiva do Estado. Florianópolis: Diploma Legal, 1999, p. 205-256. Neste livro, atentar para os trabalhos referentes ao tema presentes nos Capítulos 11 e 12.

4 A Idade Média foi fenômeno geograficamente localizado na Europa e caracterizado pela interpenetração de três elementos que ajudariam a compor a história política de todo o período medieval: Roma, os povos germanos e a Igreja Católica. Cf. TIGAR, Michael E.; LEVY, Madeleine R. *O Direito e a ascensão do capitalismo*. Rio de Janeiro: Zahar, 1978, p. 36-37; GILISSEN, John. *Introdução histórica do Direito*. Lisboa: Calouste Gulbenkian, 1980, p. 127; FRANCO JÚNIOR, Hilário. *A idade média e o nascimento do ocidente*. São Paulo: Brasiliense, 1986, p. 12.

5 Expressões de *Pierre* Legendre no texto "Los amos de la lei". In: MARÍ, Enrique E.; KELSEN, Hans; KOSICKI, Enrique; LEGENDRE, Pierre. *Derecho y psicoanalisis*: teoría de las ficciones y función dogmática. Buenos Aires: Librería Hachette, [s/d], p. 136.

Para esse fim, além das fontes informativas sobre a história do Direito, será utilizada a construção sociológica de Max Weber no que respeita à estruturação do vínculo de fidelidade medieval, a análise sobre a "invenção" social da verdade a partir dos mecanismos de poder político na obra de Michel Foucault e as críticas culturalista e psicanalítica de Pierre Legendre sobre a atuação simbólica – e, portanto, violenta[6] – da dogmática. Com isso, objetiva-se perceber, de forma evidentemente introdutória, como o Direito canônico medieval, no seu estado de topos privilegiado, serviu de "celeiro" para a instituição da dogmática como elemento discursivo de controle e manipulação social, principalmente através do sistema jurídico.

2. A IDADE MÉDIA E O VÍNCULO FEUDAL COMO INSTRUMENTO DE DOMINAÇÃO ATRAVÉS DA AUTORIDADE

Foi a partir da derrocada do Império Romano que a Idade Média se desenvolveu economicamente e encontrou fundamentação para justificar socialmente seu discurso de poder. A sustentação política intercontinental de Roma era baseada em três pilares básicos que, ao se desfazerem, provocaram a sua queda. Tais eram: a proteção militar da população, o incentivo ao comércio e a facilidade de comunicação com todos os lugares.

Dois fenômenos abalavam essa harmonia: a) *o modo de produção escravocrata* que deixava sem trabalho os homens livres, apesar de continuar sobrevivendo da política de conquistas militares e do equilíbrio de forças entre o exército romano e os povos germânicos que viviam nas fronteiras, os quais permitiam a reprodução das forças de trabalho quando se deixavam conquistar, sendo, desse modo, o sustentáculo econômico do Império;[7] e b) *o cristianismo como religião oficial* – cujo clero já se tornava um corpo opulento e influente no baixo-império, cerca de 300 d.C. –, estimulando o aparecimento de seitas heréticas que traduziam o descontentamento da plebe com sua

6 Sobre o conceito de violência simbólica, ver nota 44.

7 ABRAMSON, M.; GUREVITCH, A.; KOLESNITSKI, N. *História da idade média*: a alta idade média. Lisboa: Estampa, 1976, p. 24.

política autoritária, o que forçou as autoridades a reprimir com selvageria os vários germens de revolta.[8]

O ocaso do Império Romano ocorreu, finalmente, com a invasão dos nórdicos à Europa central. As riquezas e as terras férteis dos arredores da magnífica Roma antiga eram uma tentação constante para os germânicos, que passaram a se agrupar em fortes alianças militares a fim de invadir Roma.

> Os habitantes da Europa central, privados de muitos benefícios da civilização antiga, pareciam-lhes [aos romanos] atrasados e selvagens. Por isso chamavam bárbaros aos habitantes da Germânia e outros povos que viviam fora do mundo escravagista. A palavra grega 'Bárbaros' significava 'aquele que rosna' ou 'que fala uma língua incompreensível', isto é, um 'estrangeiro'. Esse termo adquiriu rapidamente um sentido pejorativo (...).[9]

Com a invasão de Roma pelos "bárbaros" do norte, um dos primeiros traços da cultura ocidental eclode imediatamente: o etnocentrismo, que surge de uma percepção equivocada das características da etnia. A partir de uma identificação territorial, linguística e de tradições, os romanos acharam por bem impor uma autoidentificação enquanto raça diferenciada. Além de permitir a organização política do Estado romano, a discriminação cultural através de uma suposta unidade racial auxiliou a discriminação negativa ao diferenciado modelo cultural dos germanos. Tal processo teve e tem como consequências políticas a criação artificial da ideia de nação e atitudes de reação violenta contra aquilo que apareça sob bases culturais e sociais não idênticas.[10] O mesmo grau de preconceito e incapacidade de reconhecer a humanidade nos que não são da mesma cultura, da mesma língua e do mesmo território foi também uma característica marcante no período que encerrou a Idade Média, o período dos descobrimentos,[11] e encontrou eco até mesmo no século XX.[12]

---

[8] ABRAMSON, M.; GUREVITCH, A.; KOLESNITSKI, N. *Op. cit.*, p. 30.

[9] ABRAMSON, M.; GUREVITCH, A.; KOLESNITSKI, N. *Op. cit.*, p. 33.

[10] LEVI, Luciano. Etnia. *In*: BOBBIO, Norberto (Org.). *Dicionário de política.* Brasília: UnB, 1986, p. 450-451.

[11] Ver, dentre outros, TODOROV, Tzvetan. *A conquista da América*: a questão do outro. São Paulo: Martins Fontes, 1993.

[12] O discurso liberal-contratualista se constitui, especialmente a partir do século XVIII, através da lógica amigo/inimigo, o que irá ensejar uma sistemática prática de ex-

Nesse contexto, algo de inusitado se desenvolveu nos escombros do Império Romano. O que predominava em termos de "instituição" social era algo originado da junção de características do regime escravocrata com o regime comunitário primitivo das tribos nórdicas. Os historiadores colocam geralmente que apesar de ambas as formações sociais estarem em crise, a sua mútua incorporação acabou por fomentar um novo regime social, o regime feudal.[13]

O responsável político pela junção desses dois modos de vida diferenciados foi a Igreja Católica Romana. Por um lado ela negava aspectos importantes da cultura romana, como o caráter divino do imperador, a hierarquia e o militarismo; por outro lado, acabava por ser também um prolongamento do caráter universalista de Roma, fazendo, por exemplo, com que o cristianismo fosse elevado a religião de Estado.[14] Poder-se-ia sustentar, inclusive, o caráter racional da religião católica e de sua expansão. Embora a verdade divina fosse alcançada pela Revelação, pode-se perceber um projeto claro e lógico de dominação e a imposição de um modelo de pensamento através da teologia.

> Que é a teologia? É admitir, evidentemente, a verdade da Revelação, mas voltar-se depois para aqueles que não compreendem a Revelação, os heréticos, os ateus, para lhes mostrar a verdade dessa verdade sagrada. De fato, a teologia consiste, segundo o vocabulário dos teólogos, em demonstrar a luz sobrenatural graças aos meios da luz natural, isto é, os meios desta razão que todos possuímos. É realmente a própria razão que trabalha.[15]

---

clusão da vida política de grupos e classes que não se encontram identificados nem com o Estado-nação, nem com a burguesia. É o caso, por exemplo, dos próprios judeus, que apesar de terem cumprido uma função econômico-política fundamental na constituição do espaço público moderno, sentiram-se e foram, efetivamente, alijados do processo político e da inclusão social enquanto cidadãos nacionais, e acabaram inseridos numa política de exclusão através do extermínio em massa. Nesse sentido, ARENDT, Hannah. *Origens do totalitarismo*. São Paulo: Paz e Terra, 1999; FOUCAULT, Michel. *Em defesa da sociedade*. São Paulo: Martins Fontes, 1999.

13 ABRAMSON, M.; GUREVITCH, A; KOLESNITSKI, N. *História da idade média*: a alta idade média. Lisboa: Estampa, 1976, p. 21.

14 FRANCO JÚNIOR, Hilário. *A idade média e o nascimento do ocidente*. São Paulo: Brasiliense, 1986, p. 13.

15 CHÂTELET, François. *Uma história da razão*: entrevistas com Émile Noël. Rio de Janeiro: Zahar, 1994, p. 66.

Também será a razão a trabalhar na construção de um instrumental teórico e prático que será utilizado na manutenção e expansão do poderio terreno da Igreja Católica. Uma razão que funciona através da diferença, tão etnocêntrica quanto a política romana. O Direito derivado da Igreja servirá, desse modo, para a sedimentação do poder institucional através de fundamentações "racionais" na interpretação da verdade. A razão será o instrumento total que permitirá à prática jurídica subjugar tanto os direitos paralelos, existentes na diferença – porque espontâneos e fragmentados –, quanto qualquer tipo de contestação expressa em interpretações "incompetentes" porque contra-hegemônicas e descentralizadoras do poder político-jurídico.

Antes de explorar as características do saber dogmático, porém, cabe entender como a Igreja Católica se tornou esta fortíssima instituição. Nesse aspecto, a atomização do espaço político, decorrente das invasões dos povos germânicos, acabou originando numerosos sistemas de governo menores e autônomos, o que causou uma confusão entre propriedade e autoridade.[16] O fim das relações públicas entre indivíduo e Estado e a concentração progressiva da propriedade foram consequências de peso nesse novo quadro e deram origem a relações de produção diferenciadas, organizadas através dos vínculos de subordinação pessoal, característica determinante em todo o período medieval. Geralmente, diz Weber, as relações daí advindas caracterizarão o feudalismo e serão fixadas e estereotipadas na relação senhor/vassalo.[17]

Essa relação política de cunho pessoal – "séquito" – tem origem notadamente germânica e trouxe a possibilidade, no século VIII, da breve reconstrução de uma estrutura transnacional de governo a partir da ascensão de Carlos Magno e da dinastia carolíngia. Ao largo desse acontecimento, em que pese a brevidade política do Império Carolíngio, a instituição do "séquito" possibilitou a existência dos feudos como estrutura econômica, jurídica, social, cultural, moral e política da Idade Média.[18]

---

16 HESPANHA, António Manuel. *História das instituições*. Coimbra: Almedina, 1982, p. 109.

17 WEBER, Max. *Economía y sociedad*. México: Fondo de Cultura Económica, 1997, p. 204 e 810.

18 POGGI, Gianfranco. *A evolução do Estado moderno*: uma introdução sociológica. Rio de Janeiro: Zahar, 1981, p. 32-33.

Seguindo sua análise dos tipos ideais no conhecimento das relações sociológicas,[19] Max Weber classificara a relação senhor/vassalo como um "fazer cotidiano", como rotina, cujos traços majoritários são os de uma relação de dominação carismática – realizada através de atos litúrgicos específicos, como a coroação –,[20] diferenciada claramente de uma relação patrimonial por se basear em um contrato entre duas pessoas situadas acima da massa de cidadãos livres. As relações de tipo senhor/vassalo serão classificadas por Weber de feudais.[21] Para ele:

> As autênticas relações feudais, no pleno sentido técnico da expressão, existem: 1) sempre entre membros de uma casta que, do ponto de vista social, se encontra hierarquicamente articulada e, embora situada sobre a massa dos cidadãos livres, constitui frente a eles uma unidade. Trata-se de pessoas que, em virtude da relação feudal: 2) estão relacionadas entre si de um modo contratual e não mediante uma subordinação de caráter patrimonial. A relação de vassalagem não modifica a honra e o estamento do vassalo em prejuízo deste último. Pelo contrário, pode elevar sua honra, e a investidura, apesar de suas formas derivadas, não representa nenhuma devoção ao poder doméstico.[22]

O poder senhorial no feudalismo está sempre à mercê de um vínculo privado contratual relacionado à existência de elementos pessoais dos que se encontram na posse dos meios administrativos – como a vontade de obediência e a fidelidade –, sendo esse poder, portanto, bastante problemático e precário. Atenta Weber que, apesar da predominância

---

19 Max Weber tem como objetivo fundante de sua sociologia entender as relações sociais dos homens a partir da interpretação de suas ações. Poder-se-á, assim, explicar causalmente de que modo essas ações sociais se desenvolvem e quais são seus efeitos no mundo real. Diz Weber que a ação do sujeito na sociedade, quando tem um sentido definido, pode ser racionalmente compreendida, ou seja, captável intelectualmente em seu sentido, de forma imediata e unívoca: "A construção de uma ação rigorosamente racional dirigida a fins serve, nesses casos, à sociologia (...) como um *tipo* (tipo ideal), mediante o qual se compreende a ação real, influenciada por irracionalidades de toda espécie (afetos, erros), como um desvio do desenvolvimento esperado da ação racional". É a utilização de uma ação "típica" e, de certa forma, idealizada, através da qual Weber analisa de forma racional as variadas questões sociológicas. WEBER, Max. *Economía y sociedad*. México: Fondo de Cultura Económica, 1997, p. 7.

20 Como se deu na coroação de Carlos Magno, no apogeu do Império Carolíngio.

21 WEBER, Max. *Op. cit.*, p. 183, 810 *et seq*.

22 WEBER, Max. *Op. cit.*, p. 812.

aparente dos vínculos feudais, o caráter ambíguo da relação feudal de fidelidade aparece no seu elemento contratual. Não são arbitrários os deveres e obrigações de tal relação, tanto que revogada está a fidelidade sempre no abandono do feudo pelo vassalo. Apesar disso, os deveres contratuais são fixos, bilaterais e obrigatórios.[23]

A relação de "séquito" tem, desse modo, uma estreita relação com a dominação germânica, aquela originariamente vinculada ao carisma de uma liderança diferenciada por qualidades morais e espirituais, explicitadas através das regras processuais do Direito vindo do norte, o qual dispensa uma autoridade superior que decida o fim do litígio. Tendo em vista esses aspectos específicos da formação das estruturas feudais de poder político, percebe-se que a força de uma liderança carismática foi fundamental também na utilização do Direito germânico, e a descrição de sua lógica interna demonstra claramente que a importância social e política do líder conseguia, facilmente, dar fim a qualquer tipo de litígio.

Na Idade Média, o Direito germânico foi utilizado, como instrumento privilegiado na resolução de conflitos, tanto pelas suas características próprias quanto pela ausência de um poder judicial organizado, baseando-se na sistemática da prova.[24] Assim, o processo penal germânico era uma espécie de continuação da luta entre o ofendido e o acusado, uma "forma ritual de guerra", que era utilizada substancialmente como método de produção e legitimação da verdade.[25] Nessa "guerra" formal, as hostilidades regulamentadas poderiam cessar com um acordo envolvendo o resgate do Direito de não ser mais vítima das vinganças mútuas que a caracterizavam. Como o objetivo aparente não era provar a verdade, e sim a influência social de quem participava da prova, geralmente o vencedor era o mais forte.[26]

---

23 WEBER, Max. *Op. cit.*, p. 206 e 814.

24 FOUCAULT, Michel. *A verdade e as formas jurídicas*. Rio de Janeiro: PUC/Nau, 1996, p. 54-60.

25 Esta forma de investigação probatória é uma das fontes medievais de formação da lógica inquisitorial que florescerá especialmente na Igreja Católica e que influenciará, inclusive, o modo de investigação moderno das ciências naturais. FOUCAULT, Michel. *Op. cit.*, p. 55-56.

26 *Idem*, p. 59-60. Assim, as provas poderiam ser: a) sociais (a importância política do acusado tinha de ser demonstrada, por exemplo, pelo número de testemunhas vinculadas pelo sangue); b) de tipo verbal (a resposta à acusação se dava em forma

O Direito germânico trouxe o modelo que originou o laço social mais característico do feudalismo: o vínculo de autoridade baseado no carisma de um líder guerreiro. Dessa forma, tendo consciência de que a manutenção do poder senhorial se dará através de vários instrumentos jurídicos e políticos, na sua tipologia pura Max Weber vai afirmar ser a relação de séquito baseada na dominação carismática, o feudo sendo, desse modo, uma apropriação dos poderes e direitos de mando exercida através de uma relação "fraterna" de fidelidade moral. Carisma, então, será a qualidade de uma personalidade – ou de uma instituição vinculada a uma personalidade –, qualidade esta considerada como extraordinária – originalmente "mágica" – e mesmo divina, para aqueles que são "adeptos" ou "dominados" pelo carisma. A sua manifestação jurídica mais visível, o controle da produção da verdade através do sistema germânico de provas legais.

Essa qualidade que funda a relação de dominação não importa objetivamente, isto é, não precisa existir na realidade, sustentando-se enquanto metáfora unificadora válida tão somente para os crentes,[27] para aqueles de certa forma alienados dos reais vínculos políticos que determinavam efetivamente as relações de poder. Ao largo disso, embora a dominação carismática não possa ser classificada como um tipo puro de dominação, pode-se dizer que "o fundamento de *toda* dominação, e por conseguinte de *toda* obediência, é uma crença: crença no 'prestígio' do que manda e dos que mandam"[28]. Tal crença dará origem, no fim da Idade Média, à utilização do contrato como fundamento político da existência do Estado.

O que se perceberá a seguir é exatamente de que forma o Papa representará a materialização do carisma de Cristo e da Igreja Católica, estando, assim, vinculado simbolicamente à figura paterna: ente que protege e anima os fiéis na sua crença, encaixando-se no tipo ideal de dominação carismática e firmando terreno para fundar um modo

---

de enunciados concatenados que poderiam levar ao erro ou ao sucesso); c) provas físicas ou corporais (as conhecidas ordálias e os duelos), e d) os juramentos (válidos somente para os mais abastados).

27 WEBER, Max. *Economía y sociedad.* México: Fondo de Cultura Económica, 1997, p. 193.

28 WEBER, Max. *Economía y sociedad.* México: Fondo de Cultura Económica, 1997, p. 211.

diferenciado de resolução e controle dos litígios, baseado no Direito romano-germânico e estruturado a partir de uma matriz dogmática, racional e autoritária.

3. A IGREJA CATÓLICA MEDIEVAL E A INSTITUCIONALIZAÇÃO DO DIREITO CANÔNICO COMO PRÁTICA REPRESSIVA

Percebe-se que a religião floresce dos escombros de Roma como consequência do aumento de exigências morais justamente quando a palavra passa a ter também um aumento de significação social e econômica, enfim, "com a crescente importância da vinculação ética do indivíduo em um cosmos de 'deveres' que permitem prever sua conduta"[29]. Assim, o estabelecimento de relações sociais e econômicas de caráter feudal, de par com a legalização do catolicismo pelo imperador Constantino – no *Edito de Tolerância de Milão*, de 313 d.C. – vai favorecer o desenvolvimento da Igreja como autoridade religiosa e também temporal após o fim do Império Romano.[30]

A partir dessas considerações, sustentam Tigar e Levy:

> A Igreja foi (...) uma força onipresente no desenvolvimento financeiro e jurídico da Europa. Como maior latifundiário, estava comprometida com a defesa do feudalismo, e com toda a sua autoridade auxiliou na repressão das revoltas de camponeses que varreram o continente. Denunciava como hereges ou trancafiava em mosteiros todos aqueles que desejavam restabelecer a imagem de uma Igreja comunal, apostólica.[31]

Assim, a Igreja veio a participar como grande senhor feudal, já que despontou como proprietária de vastas extensões de terra e, por seu poder espiritual e temporal abranger toda a Europa durante o período medieval, foi certamente a única instituição sólida existente. As poucas cidades que sobreviveram à desintegração do

---

29 WEBER, Max. *Op. cit.*, p. 349.

30 TIGAR, Michael E.; LEVY, Madeleine R. *O Direito e a ascensão do capitalismo.* Rio de Janeiro: Zahar, 1978, p. 43 e GILISSEN, John. *Introdução histórica do Direito*. Lisboa: Calouste Gulbenkian, 1980, p. 139.

31 TIGAR, Michael E.; LEVY, Madeleine R. *O Direito e a ascensão do capitalismo.* Rio de Janeiro: Zahar, 1978, p. 53.

Império Romano foram, por conseguinte, as cidades episcopais e arcebispais.[32]

A partir do século V a Igreja Católica começa um longo e colossal trabalho para unificar na fé cristã todos os recantos da Europa, grandemente dominada pelos povos do oriente. Além dos grandes missionários, figuras geralmente santificadas que construíam uma aura de respeito e admiração interna na Igreja – como Santo Antônio, por exemplo, uma forte arma de pregação seria também a implantação de mosteiros, braços avançados da propagação da fé e de controle econômico-social, que se articulavam de dois modos distintos:

> (...) além de servirem como demonstração prática de cristianismo, e servir como centro de educação (...) eram (...) a sede de um bispo-monge, e assim desempenhavam um papel institucional e espiritual na evangelização.[33]

Em relação a uma genealogia propriamente dita do Direito canônico medieval, a primeira observação é que, na Idade Média, nota-se um verdadeiro amálgama de legislações, fazendo qualquer tentativa de organização metodológica dos variados sistemas legais um esforço reducionista e formal. Logo, a partir do século V, o Direito romano não se furtará de conviver paralelamente com o Direito germânico dos povos do norte, e, até o século VIII, observa-se a progressiva condensação desses vários direitos.

Antes de tal processo realizar-se totalmente, e levando-se em conta o desmembramento do poder do Estado na Europa medieval, a segunda observação possível dessa genealogia é a característica descentralização da justiça,[34] isto é, a dissolução da resolução das contendas particulares pelas várias autoridades temporais – os senhores feudais – agora investidas de jurisdição. O caso mais grave para resolver era o referente às leis de aplicação pessoal, em que o indivíduo só poderia

---

32 TIGAR, Michael E.; LEVY, Madeleine R. *Op. cit.*, p. 37.

33 KNOWLES, David; OBOLENSKI, Dimitri. *Nova história da igreja*: a idade média. [s/l], [s/d], v. II, p. 50. "A curto prazo, o sistema constituiu, sem dúvida, um sucesso; mas com o correr do tempo houve problemas quando os bispos, nomeados pelo rei, com pouca simpatia pelos monges, procuravam apoderar-se dos mosteiros e de suas rendas, ou transformavam a abadia em centro episcopal ou administrativo, quando não a secularizavam completamente."

34 GILISSEN, John. *Introdução histórica do Direito*. Lisboa: Calouste Gulbenkian, 1980, p. 275-276.

responder pelas acusações que violassem as leis do seu próprio grupo, isto é, cada um vivia sob seu próprio Direito. Os diferenciados modos de resolução de litígios que envolviam a aplicação de leis pessoais deram sobrevida ao Direito romano no ocidente e foram o gérmen de alguns princípios do Direito internacional privado moderno.[35]

Na alta Idade Média, a partir do momento em que deixa de existir um poder judiciário organizado, a liquidação das contendas era feita entre os indivíduos:

> (...) o poder em geral era exercido através da jurisdição. A jurisdição era política, a ponto de se poder dizer que os meios pelos quais os senhores arrancavam os excedentes dos camponeses eram mais políticos que econômicos.[36]

No entanto, à medida que crescia a influência da Igreja Católica nas questões temporais – já que toda concessão de terra trazia autoridade para o concedente em relação ao concessionário –,[37] os tribunais seculares passaram a ser pressionados para julgar seus litígios a partir do Direito canônico e para transmitir seu poder de decisão aos tribunais canônicos:

> Na medida em que a contestação judiciária assegurava a circulação dos bens, o Direito de ordenar e controlar essa contestação judiciária, por ser um meio de acumular riquezas, foi confiscado pelos mais ricos e poderosos.[38]

A jurisdição eclesiástica passou a ser competente, por exemplo, para julgar todos os casos relativos ao casamento e à maioria dos litígios envolvendo o Direito de família.[39]

---

[35] GILISSEN, John. *Op. cit.*, p. 168-169.

[36] HILTON, R. H. Sociedade feudal. *In*: BOTTOMORE, Tom (Ed.). *Dicionário do pensamento marxista*. Rio de Janeiro: Zahar, 1988, p. 356.

[37] GIORDANI, Mario Curtis. *História do mundo feudal* II/1. Petrópolis: Vozes, 1992, p. 276.

[38] FOUCAULT, Michel. *A verdade..., cit.*, p. 65.

[39] GILISSEN, John. *Introdução histórica do Direito*. Lisboa: Calouste Gulbenkian, 1980, p. 133-134 e 139. Começou a formar-se o Direito canônico propriamente dito. Segundo Gilissen, o termo "cânon" deriva do grego (*kanoon* = régula, regra) e foi empregado nos primeiros momentos da instituição católica para nomear as decisões exaradas nos concílios papais, sendo, durante a maior parte da Idade Média, o único Direito escrito, apesar de que pode ser fartamente apontado o Direito costumeiro dos bárbaros como Direito escrito, mesmo que de forma não ordenada. Ver, nesse sentido, GIORDANI, Mario Curtis. *Op. cit.*, p. 236.

Os cânones são regras jurídico-sagradas que determinam de que modo devem ser interpretados e resolvidos os vários litígios. Mais que regras, são leis, isto é, são verdades reveladas por um ser superior, onipotente, e a desobediência, muito mais que uma infração, é um pecado. Os cânones são os desígnios de Deus, transformados em regras a serem seguidas sem questionamento pelos homens. O "cerco" dogmático começava a se formar. A partir daqui, inicia-se a história da sacralização do Direito na Idade Média.

Estabelecida sua legitimidade divina no decorrer da baixa Idade Média, resta saber como essas leis foram organizadas. Um momento fundamental para compreender o fenômeno do Direito canônico, por ser este um Direito escrito, é o de sua compilação. Após intensa atividade jurisdicional, a Igreja passou a considerar o antigo Direito romano como legislação viva – embora esparsa –, que deveria ser interpretada por doutores abalizados pelo clero nas universidades, como a de Bolonha, responsáveis pelo sentido oficial dos textos romanos:[40]

> (...) bibliotecas e mosteiros da Igreja [passaram a ser] centros de cultura e estudos dos textos jurídicos romanos. Na verdade, todas as dioceses reivindicavam o Direito – e aplicavam-no – de licenciar todos os mestres em artes liberais.[41]

A Igreja passou a monopolizar a produção intelectual jurídica na idade feudal. Define-se a função dogmática dos doutores universitários, doutores não pelo conhecimento, mas pela autorização divina de revelar, ou melhor, de dizer a verdade da lei, legitimando o discurso oficial do papa e da Igreja, de forma extremamente regrada. Tal legitimação deve, assim, ser percebida como fundamentação retórica para um eficaz e real exercício de dominação e submissão levado a cabo pela Igreja na Idade Média: mais que revelar a verdade, o que o jurista canônico externa é a vontade política do poder eclesiástico em fazer valer os seus comandos.

Mas de que maneira esta submissão era engendrada nos aparelhos do Estado eclesiástico? Como a irradiação necessária do saber

---

[40] GIORDANI, Mario Curtis. *História do mundo feudal II/1*. Petrópolis: Vozes, 1992, p. 246-7 e 253.

[41] TIGAR, Michael E.; LEVY, Madeleine R. *O Direito e a ascensão do capitalismo*. Rio de Janeiro: Zahar, 1978, p. 44.

era realizada efetiva e inconfundivelmente na sociedade medieval? Questões como estas indicam a noção de que, ao manifestar-se através do Direito canônico, o poder político subtrai toda e qualquer aura de magia ou revelação divina presentes como caracteres tradicionais próprios, revelando que ambos não passam de simples mecanismos de dominação. Assim, para tentar encaminhar de forma didática estas inquietações, recorre-se a Foucault quando sustenta que é preciso

> captar o poder (...) em nas suas últimas ramificações, lá onde ele se torna capilar; captar o poder nas suas formas e instituições mais regionais e locais, principalmente no ponto em que, ultrapassando as regras de Direito que o organizam e o delimitam, ele se prolonga, penetra em instituições, corporifica-se em técnicas e se mune de instrumentos de intervenção material, eventualmente violento.[42]

É a materialização desse poder abstrato, herdado da revelação divina, que importa delimitar. Menos que compreender e perceber a existência de um saber repressor e/ou formatador de condutas individuais e jurídico-políticas,[43] torna-se importante e, talvez, fundamental, identificar o *locus* menos "jurídico" e mais "real", o local onde se materializa a violência imediata e explícita daquele saber. Diz Legendre que esse lugar de materialização da "violência simbólica"[44] é a universidade.

> Nesse lugar sagrado e protetor, trama-se a doutrina do verdadeiro e são executadas as classificações para designar o erro. Segundo esta exigência fundamental, a Universidade (...) participa da função política de suspeitar. (...) Nos tempos antigos da Europa latina, (...) a conservação e o embelezamento da Lei, a propaganda para o amor do Poder e a definição dos inimigos da Fé, passavam essencialmente por este lugar sacrossanto, hoje caricaturado.[45]

---

[42] FOUCAULT, Michel. *Microfísica do poder*. Rio de Janeiro: Graal, 1979, p. 182.

[43] Aqui cabe notar que o conceito de repressão é utilizado como sendo não somente o de uma prática "negativa", de interdição, neutralização, segregação ou extermínio, mas, também, como o de uma prática social "positiva", que conforma, organiza, direciona e disciplina a vida social.

[44] Segundo Pierre Bourdieu, a violência simbólica é a maneira utilizada pelos sistemas institucionais para exercer um tipo de imposição ou legitimação da dominação de uma determinada classe sobre a outra, dando, assim, "o reforço da sua própria força às relações de força que as fundamentam, contribuindo, assim, segundo a expressão de Weber, para a 'domesticação dos dominados'". *O poder simbólico*. Rio de Janeiro: Bertrand Brasil, 1989, p. 21.

[45] LEGENDRE, Pierre. *O amor do censor*: ensaio sobre a ordem dogmática. Rio de Janeiro: Forense, 1983, p. 88.

O que sobressai neste ponto é que, mais que as respostas, eram também as perguntas propostas sujeitas à delimitação. O conhecimento jurídico formado nestas escolas era o da reprodução "recitada" do conhecimento, geralmente vinculado ao amor da onipotência,[46] em que "os argumentos *pró* e *contra* se desenvolvem na zona definida pelo texto"[47]. Pois é disso que se trata a transmissão regrada dos cânones, isto é, trata-se de uma "ciência" universal e sacrossanta de imposição e transmissão do poder, de reprodução assegurada da verdade, cujo texto aparece como fundamento e limite da interpretação.

Desse modo, e observando as especificidades históricas – aproximadamente em 1140 –, uma miríade de decretos, leis, pareceres e decisões das autoridades eclesiásticas é compilada por Graciano – um monge professor de Teologia em Bolonha. Reflexo da torrente de legislações tentando normatizar os procedimentos através da instituição/institucionalização da verdade, já bastante controversa por si mesma, é a publicação de Graciano, *A concordância dos cânones discordantes – Concordantia Discordantium Canonum* ou, logo após, *Decretum* –, primeira parte do *Corpus Juris Canonici*, de 1528[48]: "A partir daí, o Direito Canônico desenvolveu-se por decreto papal, interpretação oficial e julgamento de litígios nas cortes eclesiásticas"[49].

Isso aconteceu exatamente porque se multiplicavam interpretações dos advogados dos comerciantes vinculados ao Estado secular, causando problemas à administração eclesiástica, principalmente quando utilizavam o Direito civil dos romanos, que até pouco tempo antes ainda era permitido e ensinado pela própria Igreja.[50] Embora discordantes internamente, como o próprio título do livro de Graciano faz perceber, o cânones deveriam ser considerados como a palavra de Deus legislada pela boca do Papa, verdade absoluta e incontestável.

---

46 LEGENDRE, Pierre. *Op. cit.*, p. 90.

47 LEGENDRE, Pierre. *Op. cit.*, p. 94.

48 GILISSEN, John. *Introdução histórica do Direito*. Lisboa: Calouste Gulbenkian, 1980, p. 147.

49 TIGAR, Michael E.; LEVY, Madeleine R. *O Direito e a ascensão do capitalismo*. Rio de Janeiro: Zahar, 1978, p. 46.

50 GIORDANI, Mario Curtis. *História do mundo feudal II/1*. Petrópolis: Vozes, 1992, p. 259.

A crítica à Igreja passa a equivaler ao crime de lesa-majestade. Não admitindo questionamentos, a Igreja tem de mobilizar toda uma tecnologia repressiva para controlar os possíveis revoltosos, e essa tecnologia é o discurso jurídico-canônico materializado na Santa Inquisição, com seu sistema de construção aflitiva da verdade. O modo de sustentação dessas afirmações exemplifica-se quando a interpretação canônica dos textos romanos e os próprios textos e decretos da Igreja passam, a partir de 1180, a ter primazia com a proibição do estudo do Direito romano aos monges e com o fechamento das escolas de Direito civil, ordenado por Henrique III em 1234.[51]

A interpretação competente dos doutos universitários, o controle do sentido da jurisprudência, as técnicas de conhecimento, transmissão e reconhecimento dos textos canônicos vão constituir-se como práticas sociais que submeterão a realidade à simbologia jurídica de uma versão parcial e comprometida. O Direito canônico irá servir como modelador, como "censor" da realidade que incomodava a instituição eclesial, como estrutura dogmática e como instituição de repressão/formação das condutas na sociedade.

4. CONCLUSÃO

Ao analisar a instituição de uma nova relação de poder a partir da compilação dos vários documentos jurídicos que sustentam a atuação da Igreja, Pierre Legendre conclui que o texto sistematizado e glosado na Idade Média se apresenta como discurso dogmático que busca construir o mito da verdade instaurando-se como censura da realidade,[52] isto é, como violência que percorre símbolos de sociabilidade e os atravessa de acordo com os interesses imediatos do oráculo do poder. O "sistema de censura ocidental", definido como dogmático por Legendre, não subsistiria sem a constituição de um saber específico e determinado como verdadeira "ciência sagrada do poder", exatamente porque prenhe de autoridade. Este saber é o discurso jurídico.

---

[51] TIGAR, Michael E.; LEVY, Madeleine R. *O Direito e a ascensão do capitalismo.* Rio de Janeiro: Zahar, 1978, p. 46.

[52] LEGENDRE, Pierre. Los amos de la lei. *In*: MARÍ, Enrique E.; KELSEN, Hans; KOSICKI, Enrique; LEGENDRE, Pierre. *Derecho y psicoanalisis*: teoría de las ficciones y función dogmática. Buenos Aires: Librería Hachette, [s/d], p. 73.

Para sua total eficácia, o discurso jurídico passou a referir-se à norma escrita e limitar-se na sua existência a um objeto sagrado e verdadeiramente reverenciado: o livro. Diz Legendre

> O livro aí está, objeto monumental e signo de legitimidade, lugar físico da Palavra conservada e reservatório das autoridades. Eis, portanto, por que devemos reconhecer a importância desse material, investido de uma carga mística: nele se esconde, com efeito, um discurso primordial, mais ou menos mostrado pelo comentário.[53]

A verificação e o ajustamento de qualquer enunciado dos cânones e dos comentários devem sempre se referir à compreensão mais abrangente do Direito canônico da época medieval e, para isso, é preciso estabelecer sua estatura, mostrando o lugar que ocupa na topologia medieval. Segundo Legendre, o Direito canônico aparece, então, como "saber sagrado, privilegiado e separado dos outros (...); só nesse lugar aí é que se domina afinal e se justifica a natureza"[54], é o lugar idealmente construído onde a verdade pode ser "naturalmente" "encontrada".

O teórico francês Michel Foucault sustenta que é possível perceber que as práticas jurídicas nas instituições historicamente situadas são as reais produtoras da verdade e do sujeito sobre quem deve recair essa verdade. As relações de luta e de poder travadas nas instituições e para a sua constituição, sustentação e seu desenvolvimento é que definem o conhecimento.[55] Para Nietzsche, por exemplo "não há uma natureza do conhecimento, condições universais para o conhecimento, (...) o conhecimento é, cada vez mais, o resultado histórico e pontual de condições que não são da ordem do conhecimento"[56].

Conhecimento historicamente datado, político e interessado, o Direito se realiza como e através de práticas e, com elas, constrói seu sentido de verdade, apresentando-se publicamente como "o" sentido da verdade. A história da constituição das verdades jurídicas é a história da institucionalização das práticas jurídicas enquanto centralizadoras

53 LEGENDRE, Pierre. *O amor do censor*: ensaio sobre a ordem dogmática. Rio de Janeiro: Forense, 1983, p. 74.

54 LEGENDRE, Pierre. *Op. cit.*, p. 56.

55 FOUCAULT, Michel. *A verdade e as formas jurídicas*. Rio de Janeiro: PUC/Nau, 1996, p. 23.

56 FOUCAULT, Michel. *Op. cit.*, p. 24.

do poder político e, ao mesmo tempo, inventoras do saber dogmático e canonizado. É a isso que se chama violência simbólica, a violência da normatização da palavra, da verdade e das práticas políticas (jurídicas) que a estruturam para modificar e dominar as instâncias sociais.

Pode-se dizer que, a partir dessa perspectiva, o Direito canônico – enquanto instituição jurídica – se encontra inafastavelmente associado à questão de quem proferirá a palavra legítima, ou seja, de quem terá a premência de dizer o que é a verdade e, com isso, controlar a instituição da própria realidade. Para além do lugar de legitimidade, o Direito canônico se arvora em objeto de amor daqueles a quem subordina com seus comandos. A obediência inquestionada, alçada ao grau de verdadeira adoração, define o amor dos dominados. Tal amor incondicional, cujo vacilar impõe a culpa, caracterizará a genialidade do exercício do poder da Igreja medieval e a sua fundação no processo de veneração absoluta do papel da autoridade, como instrumento de reprodução das instâncias de dominação.

Desse modo, por serem os sujeitos que materializam o saber divino na terra, a Igreja e o Direito canônico têm o condão de proceder "a demarcação do lugar ideal onde reside a Palavra que deve governar não esse ou aquele aglomerado, mas realmente todo o gênero humano"[57]. O Direito canônico permitirá, nesse sentido, o exercício jurídico do império católico por meio de rigorosa lógica, dogmática, que implicará a existência de uma monarquia sacerdotal onipotente na jurisdição (no dizer o que é o Direito): o Papa será o pontífice católico e imperador romano ao mesmo tempo (viva *vox juris*).[58] Dirá Legendre que:

> Encontra-se assim claramente posta, pelo viés do discurso canônico, a questão das relações do mito com o pensamento. É possível observar, atrás da disposição do pontífice onisciente, uma certa ideia do determinismo, o esquema predeterminado de um circuito e do encadeamento das causas, uma vez que

---

57 LEGENDRE, Pierre. *O amor do censor*: ensaio sobre a ordem dogmática. Rio de Janeiro: Forense, 1983, p. 57.

58 LEGENDRE, Pierre. *Op. cit.*, p. 60-62. Apesar de o império papal ser onipotente, Legendre lembra que o papa se colocaria simbolicamente como servo de um sacerdócio, sendo completamente despojado da possibilidade de realização de seus próprios desejos. Diz Legendre que o papa "é uma potência castrada" (p. 65-66).

> esse oráculo dispõe do poder supremo de distinguir, tendo que dizer não só o Direito mas a ciência, ao opor o bom-verdadeiro-necessário ao mau-falso-contingente (...). O Direito Canônico se apresenta assim já como o discurso transcultural (e profundamente negador) da era científica.[59]

O Direito canônico nasce como discurso que exclui a cultura e o diferente quando se autodenomina único e natural através do processo de "canonização" das interpretações e, principalmente, quando, sob esse pretexto, funda e pune o comportamento herético e também quando especifica as práticas de excomunhão e penitência.[60] A lógica dogmática se materializa enquanto prática repressiva institucionalizada, como formadora do comportamento humano através da supressão de quaisquer realidades simbólicas distintas da "verdade" codificada.

Nesse sentido, a pluralidade das relações humanas e a possibilidade de expressão diferenciada frustram-se pelo raciocínio excludente instaurado na prática jurídico-política que dogmatiza o acontecer social. A Igreja, por fim, marginaliza e exclui os que não fazem parte da crença maior, e o Direito canônico surge como instrumento que assegura e legitima essa divisão, punindo os diferentes e os insatisfeitos.[61] O desenvolvimento futuro do Direito, a partir desse momento, esteve absolutamente comprometido com essa economia da verdade (economia antes de tudo racional) que é a construção dogmática do saber.

5. REFERÊNCIAS BIBLIOGRÁFICAS

ABRAMSON, M.; GUREVITCH, A; KOLESNITSKI, N. *História da idade média*: a alta idade média. Lisboa: Estampa, 1976.

ARENDT, Hannah. *Origens do totalitarismo*. São Paulo: Paz e Terra, 1999.

BITHENCOURT, Francisco. *História das inquisições*: Portugal, Espanha e Itália, séculos XV – XIX. São Paulo: Cia. das Letras, 2000.

BOBBIO, Norberto (Org.). *Dicionário de política.* Brasília: UnB, 1986.

BOURDIEU, Pierre. *O poder simbólico*. Rio de Janeiro: Bertrand Brasil, 1989.

---

59 LEGENDRE, Pierre. *Op. cit.*, p. 70.

60 LEGENDRE, Pierre. *Op. cit.*

61 Do "pecado" limitado e controlado pela moral individual, cuja repressão social efetiva não se realiza, passa-se quase que naturalmente para a institucionalização jurídica da ação "criminosa", fartamente utilizada como pretexto de uma moral específica – a moral do poder – para castigar impunemente.

CHÂTELET, François. *Uma história da razão*: entrevistas com Émile Nöel. Rio de Janeiro: Zahar, 1994.

FOUCAULT, Michel. *A verdade e as formas jurídicas*. Rio de Janeiro: PUC/ Nau, 1996.

FOUCAULT, Michel. *Em defesa da sociedade*. São Paulo: Martins Fontes, 1999.

FOUCAULT, Michel. *Microfísica do poder*. Organização de Roberto Machado. Rio de Janeiro: Graal, 1979.

FRANCO JÚNIOR, Hilário. *A idade média e o nascimento do ocidente*. São Paulo: Brasiliense, 1986.

GILISSEN, John. *Introdução histórica do Direito*. Lisboa: Calouste Gulbenkian, 1980.

GIORDANI, Mario Curtis. *História do mundo feudal II/1*. Petrópolis: Vozes, 1992.

GONZAGA, João Bernardino. *A inquisição em seu mundo.* 6. ed. São Paulo: Saraiva, 1993.

HAUSER, Ester; MARTEL, Letícia. Tribunais, magistrados e feiticeiras na Europa moderna. In: SANTOS, Rogério Dultra dos (Org.). *Introdução crítica ao estudo do sistema penal*: elementos para compreensão da atividade repressiva do Estado. Florianópolis: Diploma Legal, 1999, p. 205-256.

HESPANHA, António Manuel. *História das instituições*. Coimbra: Almedina, 1982.

HILTON, R. H. Sociedade feudal. In: BOTTOMORE, Tom (Ed.). *Dicionário do pensamento marxista*. Rio de Janeiro: Zahar, 1988.

JAEGER, Werner. *Paideia*: a formação do homem grego. São Paulo: Martins Fontes, 1995.

KNOWLES, David; OBOLENSKI, Dimitri. *Nova história da igreja*: a idade média. S/l, (s/d), v. II.

KRAMER, Heinrich; SPRENGER, James. *O martelo das feiticeiras*. Rio de Janeiro: Record/Rosa dos Tempos, 1997.

LEGENDRE, Pierre. *O amor do censor*: ensaio sobre a ordem dogmática. Rio de Janeiro: Forense, 1983.

LEGENDRE, Pierre. Los amos de la lei. In: MARÍ, Enrique E.; KELSEN, Hans; KOSICKI, Enrique; LEGENDRE, Pierre. *Derecho y psicoanalisis*: teoría de las ficciones y función dogmática. Buenos Aires: Librería Hachette, (s/d).

LEVACK, Brian P. *A caça às bruxas na Europa moderna*. 2. ed. Rio de Janeiro: Campus, (s/d).

MANDROU, Robert. *Magistrados e feiticeiros na França do século XVII.* São Paulo: Perspectiva, 1979.

POGGI, Gianfranco. *A evolução do Estado moderno*: uma introdução sociológica. Rio de Janeiro: Zahar, 1981.

TIGAR, Michael E.; LEVY, Madeleine R. *O Direito e a ascensão do capitalismo*. Rio de Janeiro: Zahar, 1978.

TODOROV, Tzvetan. *A conquista da América*: a questão do outro. São Paulo: Martins Fontes, 1993.

WEBER, Max. *Economía y sociedad*. México: Fondo de Cultura Económica, 1997.

Capítulo 11

ASPECTOS HISTÓRICOS, POLÍTICOS E LEGAIS DA INQUISIÇÃO

SAMYRA HAYDÊE NASPOLINI[1]

SUMÁRIO: 1. Introdução. 2. Aspectos históricos e políticos. 3. Aspectos legais; 3.1 O processo penal acusatório; 3.2 O processo por inquérito; 3.3 A tortura; 3.4 A condenação. 4. Conclusão. 5. Referências bibliográficas.

1. INTRODUÇÃO

Pode-se dizer, de forma segura, que o fenômeno da Inquisição é um dos fatos históricos mais controvertidos entre os estudiosos do período em que ela se desenvolveu.

O estudo ora proposto observará, portanto, este caráter polêmico da interpretação dos fatos históricos a seguir narrados.

Inicialmente, a grande cruzada religiosa empreendida pela Igreja Católica contra os hereges, nos séculos XII e XIII – a denominada Inquisição Medieval –, também é sinônimo da grande caça às bruxas e hereges que ocorreu principalmente entre os séculos XV e XVII em toda a Europa Ocidental e em suas colônias.

O presente trabalho não tem por escopo explicar o porquê do acontecimento da Inquisição, nem dar conta de todas as suas causas. Pelo contrário, enfoca principalmente as mudanças no Direito penal, como precondição necessária para o acontecimento desse fato histórico, associadas aos aspectos políticos e ao contexto social

---

1 Professora universitária e coordenadora do Mestrado em Direito da UNITOLEDO em São Paulo. Mestre em Direito pela UFSC. Doutora em Direito na PUC/SP.

nos quais a Inquisição encontrou potenciais aliados para atingir o seu apogeu.

Tratar-se-á, primeiramente, dos aspectos históricos da Inquisição. De como foi possível o seu surgimento e os seus objetivos. A análise do contexto social, bem como dos aspectos políticos que embasaram a união do poder espiritual ao poder temporal na caça aos hereges; procurará elucidar, ainda, de forma superficial (por não ser o verdadeiro objeto do presente estudo), as relações entre a Igreja e o Estado naquele período.

Numa etapa posterior, abordar-se-á a questão jurídica. Sob a influência da Igreja, todo um sistema de Direito penal (o acusatório) foi alterado, para que os crimes de heresia e bruxaria pudessem ser eficazmente combatidos. Novas regras para o processo, que lhe conferiram feição inquiritória, aliadas à reintrodução da tortura como meio de extrair a confissão, redundavam num processo do qual dificilmente o acusado escapava sem condenação.

Essas questões legais fizeram da Inquisição uma operação essencialmente judicial. O número de condenados por heresia variou conforme a área geográfica, tendo sido a Inquisição muito mais intensa em algumas regiões do que noutras. Em virtude da destruição de muitos registros judiciais, é impossível determinar precisamente o número total de julgamentos e execuções realizadas. As cifras variam entre os historiadores. Alguns chegam a afirmar a ocorrência de nove milhões de execuções, outros um milhão; o historiador Brian P. Levack estimou que as efetivas condenações somente por bruxaria foram de 100 mil.[2] A metade delas concentrou-se em terras germânicas pertencentes ao Sacro Império Romano. A outra metade dividiu-se entre os territórios em que hoje se situam a Itália, a França, a Suíça, a Polônia, Portugal e Espanha. Essas eram as áreas de maior concentração, pois – frise-se – a Inquisição foi um fenômeno ocorrido em toda a Europa ocidental e suas colônias.

2. ASPECTOS HISTÓRICOS E POLÍTICOS

No apagar das luzes da Antiguidade, a religião pregada por Cristo impôs-se ao Império Romano, tornando-o cristão. O cristianismo

[2] Cf. LEVACK, Brian P. *A caça às bruxas na Europa moderna*. 2. ed. Rio de Janeiro: Campus, 1988, p. 63-95.

intitulava-se a única religião verdadeira para a universalidade dos homens, mas a Igreja só começou a desempenhar um papel importante na vida política e social do Império Romano em 313 d.C. com o *Edito de Tolerância de Milão*. A partir dessa data, pouco tempo transcorreu até o cristianismo tornar-se a religião oficial do Estado, transformando a Igreja em uma de suas principais instituições.

Foi no período da Baixa Idade Média (séculos XII e XIII) que o poder eclesiástico atingiu o seu apogeu; os reis recebiam o seu poder da Igreja, que os sagrava e podia excomungá-los.

Nesse período é que teve início a Inquisição, criada para combater toda e qualquer forma de contestação aos dogmas da Igreja Católica. Recebeu essa denominação devido ao processo *per inquisitionem* utilizado pelas cruzadas religiosas no combate às heresias.

O termo heresia englobava qualquer atividade ou manifestação contrária ao que havia sido definido pela Igreja em matéria de fé. Dessa forma, na qualificação de hereges encontravam-se os mouros, os judeus, os cátaros e albigenses no sul da França, bem como os supostos praticantes de bruxaria.

Na sua origem, a Inquisição foi denominada de Inquisição Medieval e consistia na identificação, julgamento e condenação de indivíduos suspeitos de heresias. Essa tarefa, primordialmente desempenhada por membros do clero, no início da Idade Moderna já se encontrava dividida entre Tribunais Eclesiásticos e Tribunais Seculares.

Dentre outros fatores, o fato de a Igreja possuir enorme influência sobre o poder temporal e necessitar do auxílio do Estado para combater as heresias, esse tipo de crime passou a ser considerado crime de "lesa-majestade", razão pela qual a competência para o seu julgamento foi estendida aos Tribunais Seculares.

Os dois tipos de tribunais adotaram o mesmo procedimento: aprisionavam as pessoas com base em meros boatos, interrogavam-nas, fazendo o possível para conseguir-lhes a confissão que, ao final, levava à condenação. Variando conforme a gravidade do crime, a condenação consistia na execução do condenado pelo fogo, banimento, trabalho nas galeras dos navios, prisão e, invariavelmente, no confisco dos bens.

A Inquisição Medieval penetrou em vários países da Europa Ocidental, chegando a alguns países da Europa Oriental, mas foi na época

Moderna, nos séculos XVI, XVII e XVIII, que ela atingiu o seu apogeu, estendendo-se inclusive às colônias.[3]

Ao final da Idade Média e início da Idade Moderna, ocorreu na Europa uma explosão demográfica violenta, o que levou ao aumento da pobreza e a uma pressão crescente sobre a oferta limitada de recursos. A introdução do capitalismo mercantil e agrário em muitas regiões ocasionou um grande aumento no preço de todas as mercadorias.

Por outro lado, a situação de fome era acrescida de períodos de más colheitas, pragas, pestes e surtos de doenças epidêmicas em quase todas as regiões.

Outro grande flagelo a recair sobre a população e tornar a situação de miséria ainda mais crítica foram as guerras nas quais os povos digladiavam-se frequentemente durante todo período e em todas as regiões.

Não resta dúvida, entre a maioria dos historiadores, de que todo este clima de tensão e miséria vivenciado pela sociedade tenha gerado entre os detentores do poder o medo de rebeliões e desordens, e que, portanto, tenha levado ao acirramento da Inquisição.

A Inquisição Medieval, inicialmente criada pela Igreja para combater as heresias, em sua versão moderna, além de revelar-se muito mais violenta, apresenta também uma dimensão política, que foi sendo desenvolvida desde o seu surgimento, principalmente com sua utilização pela nobreza na perseguição de indivíduos que constituíam ameaça ao seu poder.

Um exemplo claro das implicações políticas da Inquisição encontra-se na Península Ibérica, mais precisamente na Espanha moderna.

Durante a Idade Média, a Espanha mostrou-se como um dos países mais tolerantes da Europa em relação aos hereges. Durante esse período, cristãos, muçulmanos e judeus coexistiram num mesmo território de forma pacífica e até mesmo em solidariedade. Por essa razão, até o século XV a Inquisição não obteve quase nenhuma penetração no país.[4]

---

3 Cf. NOVINSKY, Anita W. *A inquisição*. 2. ed. São Paulo: Brasiliense, 1982, p. 15-20.

4 Cf. NOVINSKY, Anita. *Op. cit.*, p. 21-34; KAMEN, Henry. *A inquisição na Espanha*. Rio de Janeiro: Civilização Brasileira, 1966, p. 3-16.

Por ocasião do casamento da princesa Isabel de Castela com o príncipe Fernando de Aragão, em 1469, a Península Ibérica encontrava-se dividida em três monarquias: Portugal, Castela e Aragão.

Em 1469, Fernando herdou o reino de Aragão e, em 1474, Isabel, o reino de Castela. Após essa data houve a unificação dos dois reinos. Porém, os reinos herdados pelos chamados *reis católicos* encontravam-se em um caos político e financeiro devido a disputas travadas entre os membros da nobreza.

Com sua política de pacificação, os *reis católicos* fizeram muitas concessões aos nobres, tanto de terras quanto de poder para dirigir o país. Ocorre que a ocupação de cargos importantes no Estado por mouros e judeus, bem como a sua facilidade em crescer financeiramente com o comércio, revelou-se um entrave aos interesses da nobreza.

Em 1492, a nobreza, movida pelos ideais da reconquista, expulsou os mouros de Granada, através do controle que obtinha de todo o aparato militar do reino. No mesmo ano, um edito decretou a expulsão dos judeus da Espanha, caso não se convertessem ao catolicismo.

Alguns milhares de judeus preferiram deixar a Espanha, outros milhares, que aceitaram o batismo e permaneceram no país, foram chamados de *conversos*. Os *conversos* continuaram a manter o domínio sobre o comércio e o capital. Portanto, a expulsão e o batismo forçado não conseguiram acabar com essa classe que seguia sendo uma ameaça aos interesses da nobreza.

Foi nesse contexto que a Inquisição ganhou força na Espanha; instituída sob o pretexto de verificar a sinceridade da conversão dos judeus, foi utilizada pela nobreza e pelo clero para atingir o ideal que a expulsão não realizou.[5]

> O que emerge de tal situação é que a Inquisição nada mais era que uma arma de classes, usada para impor, em todas as comunidades da península, a ideologia de uma única classe: a aristocracia dos leigos e dos eclesiásticos.[6]

[5] Cf. KAMEN, Henry. *A inquisição na Espanha*. Rio de Janeiro: Civilização Brasileira, 1966, p. 9-14; NOVINSKY, Anita. *A inquisição*. 8. ed. São Paulo: Brasiliense, 1992, p. 30-33.

[6] KAMEN, Henry. *Op. cit.*, p. 10.

O exemplo da Inquisição Espanhola serviu para evidenciar que somente tendo uma compreensão do contexto histórico e político é que se pode pensar em estudar a Inquisição.

3. ASPECTOS LEGAIS

O Direito canônico,[7] que era o Direito da comunidade religiosa dos cristãos, desempenhou um papel importante durante toda a Idade Média. Foi um Direito redigido, comentado e analisado desde a Alta Idade Média, tendo sido o único Direito escrito durante a maior parte do período. Elaborado inicialmente para aplicar-se aos membros e às autoridades do clero católico, sua influência sobre as legislações da Europa ocidental deveu-se ao alargamento do poder jurisdicional dos Tribunais Eclesiásticos que, durante a Idade Média, estendeu-se aos leigos.

Em matéria penal, era de competência dos Tribunais Eclesiásticos processar e julgar todas as pessoas que praticassem alguma infração contra a religião (heresia, apostasia, simonia, sacrilégio, bruxaria, etc.), bem como o adultério e a usura. No apogeu da Inquisição, os Tribunais Seculares da Europa ganharam jurisdição sobre tais crimes, suplementando os Tribunais Eclesiásticos como instrumentos judiciais da perseguição.

Decorrem, assim, da explanação acima, os vários fatores que levaram à significativa influência do Direito canônico sobre o Direito laico. Primeiramente, porque era um Direito escrito e formalizado. Por constituir-se objeto de vários estudos doutrinais e ter sido sistematizado antes que o laico, teve grande influência na sua formulação e no seu desenvolvimento. Em virtude das relações entre Igreja e Estado, o poder da Igreja acabou refletindo-se sobremaneira nos princípios e na lógica de ordenação do Direito laico. Finalmente, a extensão da competência dos Tribunais Eclesiásticos tornou a caça aos hereges essencialmente uma operação judicial. Igreja e Estado uniram-se no combate à proliferação dos seguidores de Satã, que ameaçavam não somente o poder da Igreja, como o poder do soberano.

---

[7] A expressão *canon* (regra, o que regula), de origem grega, foi utilizada nos primeiros séculos da Igreja para nomear as deliberações dos concílios.

Todo esse aparato legal não pode ser considerado como a causa da Inquisição, mas, segundo Levack, foi uma condição necessária, aliada a fundamentos culturais e teológicos, tais como a crença na existência de seitas de indivíduos adoradores de Satã, bem como a convicção na capacidade que tais indivíduos adquiriam de praticar malefícios após um pacto firmado com o Diabo.[8] Todos esses fatores encontravam-se inter-relacionados, uma vez que cada processo, cada sentença lida em público, fornecia novos dados para a elucidação sobre os crimes de heresia, alimentando o imaginário popular, bem como o dos juristas, teólogos, filósofos e demais intelectuais da época.

3.1 O processo penal acusatório

Em termos legais, o que realmente propiciou um julgamento intensivo dos hereges, com todos os seus requintes de barbárie, ao final da Idade Média e início da Idade Moderna, foi a mudança ocorrida no sistema penal, entre os séculos XII e XIII.

O período mais importante na formação dos direitos europeus, quando passou-se de um sistema irracional para um sistema racional de Direito, principalmente no que dizia respeito à prova, foi a mudança do processo acusatório para o processo de inquirição (*inquisitio*).

No sistema acusatório, a ação penal só poderia ser desencadeada por uma pessoa privada, que seria a parte prejudicada ou seu representante. A acusação era pública e feita sob juramento, resultando na abertura de um processo contra o suspeito. Se as provas apresentadas pelo acusador fossem inequívocas ou se o acusado admitisse sua culpa, o juiz decidiria contra ele.

Em caso de dúvida, a determinação da culpa ou inocência era feita de modo irracional, recorrendo-se à intervenção divina para que fornecesse algum sinal contra ou a favor do acusado. Não cabia ao homem a investigação do crime, pois o assunto era colocado nas mãos de Deus.

A forma comumente utilizada era o chamado ordálio, teste ao qual o acusado submetia-se como meio para verificação de sua inocência.

---

8 Cf. LEVACK, Brian P. *A caça às bruxas na Europa moderna*. 2. ed. Rio de Janeiro: Campus, 1988, p. 65-72; KRAMER, Heinrich; SPRENGER, James. *O martelo das feiticeiras*. 5. ed. Rio de Janeiro: Rosa dos Tempos, 1991.

Os exemplos de prática do ordálio são variados: entre outros, o acusado mergulhava o braço em água fervente ou então carregava ferro em brasa, sendo que, após um certo número de dias, caso fosse inocente, deveria mostrar a ferida milagrosamente curada por obra de Deus; ou então era mergulhado num rio e seria considerado inocente caso afundasse (pois, neste caso, Deus tê-lo-ia acolhido).

Além do ordálio, eram frequentes os duelos judiciais, nos quais o acusado ou o seu padrinho duelava com o acusador ou padrinho, e a vitória daquele era sinal de sua inocência. Outra forma de provar a inocência era obter um número considerável de testemunhas que jurassem a honestidade do acusado. Chamado de processo por compurgação, aplicava-se a crimes considerados menores.[9]

Em qualquer das formas descritas acima, utilizadas no processo, a atuação do juiz era somente a de árbitro imparcial, que orientava todo o processo, mas nunca julgava o acusado. O papel de promotor era desempenhado pelo próprio acusador, que seria julgado caso o réu provasse a sua inocência.

Esse sistema apresentava sérias deficiências: a) tornava os crimes ocultos difíceis de serem julgados; b) consistia num risco para a pessoa do acusador, que responderia um processo em caso de inocência do acusado; c) o apelo a meios sobrenaturais de prova poderia ensejar a manipulação do processo em benefício do acusado; d) uma maior resistência à dor e a facilidade para a cura de ferimentos, bem como técnicas respiratórias poderiam facilitar a passagem pelo ordálio; e) homens de renomada reputação ou muitas posses poderiam reunir muitas testemunhas e ser inocentados através da compurgação.

3.2 O processo por inquérito

O processo por inquérito, que veio substituir o processo acusatório no século XIII, consolidando-se em toda a Europa continental no século XVI, alterou profundamente todo o sistema penal, atribuindo ao juízo humano um papel essencial, condicionado pelas regras racionais do Direito. As falhas do antigo sistema demonstravam a ineficácia

---

[9] Cf. LEVACK, Brian P. *A caça às bruxas na Europa moderna*. 2. ed. Rio de Janeiro: Campus, 1988, p. 66-67.

para o combate à crescente criminalidade.[10] Esse fenômeno, aliado à restauração do estudo do Direito romano, estimulou de uma forma direta a mudança do sistema penal. Outros fatores políticos e filosóficos, como, por exemplo, a influência dos humanistas historicistas, foram de real importância para essa mudança, que foi reflexo de toda uma reformulação da concepção de Direito.

Mas, foi a Igreja que, principalmente, influenciou e incentivou a adoção dos novos procedimentos no sistema penal. Mudando inicialmente a forma do processo nos Tribunais Eclesiásticos, a Igreja proibiu, no IV Concílio de Latrão (1215), a participação dos clérigos nos ordálios. O ordálio, que apelava à providência divina para estabelecer a culpa ou inocência do réu, requeria a presença de clérigos para abençoar a operação. Estando estes, a partir do Concílio, proibidos de participar dos ordálios, não mais poderiam ser realizados.

Entretanto, a atitude da Igreja não foi movida por motivos humanitários. A introdução de novos procedimentos – dentre os quais se incluía a proibição do ordálio – ocorreu principalmente pelo fato de que o novo sistema mostrava-se muito mais eficiente no combate aos crimes de heresia, que aumentava em enormes proporções ameaçando o seu poder.

No processo por inquérito, o desencadeamento da ação penal ainda poderia ser feito pela acusação privada, mas o acusador não tinha nenhuma responsabilidade em caso de inocência do réu. A denúncia também poderia ser feita por habitantes de uma comunidade inteira. Os oficiais do tribunal poderiam intimar um suspeito de crime com base em informações por eles mesmos obtidas. Segundo Robert Mandrou, "todas as pequenas querelas, todas as tagarelices de aldeia podem servir de base para denúncias"[11].

A iniciação do processo nesta modalidade facilitou não só o julgamento de todos os crimes, como demonstrou-se muito eficaz na caça aos hereges. No temor cotidiano vivido pela população, quanto aos poderes de Satã, tudo poderia significar sinais da prática de bruxaria e heresia; desde extravagâncias no comportamento, mau humor, até

---

10 LEVACK, Brian P. *Op. cit.*, p. 68-72.

11 MANDROU, Robert. *Magistrados e feiticeiras na França do século XVII*. São Paulo: Perspectiva, 1979, p. 81.

o exercício do curandeirismo. Era comum atribuir às feiticeiras as tempestades e as pragas que se abatiam sobre a plantação, bem como as pestes sobre o gado. Doenças como reumatismo, cálculo renal e até impotência sexual encontravam sua justificação na pessoa da bruxa. Para tanto, bastavam alguns boatos e dificilmente ela escaparia do processo.

Outro fator que diferenciou o processo por inquérito do processo acusatório foi a oficialização de todas as etapas do processo judicial a partir da apresentação da denúncia. O juiz, no novo sistema, já não era mais um árbitro imparcial que presidia um conflito a ser resolvido pelo sobrenatural. Ao contrário, ele e os demais oficiais do tribunal assumiam a investigação dos crimes e determinavam a culpabilidade ou não do réu, normalmente através do interrogatório de testemunhas e do próprio réu, tudo registrado por escrito. Como elucida Michel Foucault, o processo criminal, até a sentença, permanecia secreto, não apenas para o público, como também para o acusado, que não conhecia as acusações contra ele, os depoimentos das testemunhas e nem as provas colhidas:

> (...) era impossível ao acusado ter acesso às peças do processo, impossível conhecer a identidade dos denunciadores, impossível saber o sentido dos depoimentos antes de recusar as testemunhas, impossível fazer valer, até os últimos momentos do processo, os fatos justificativos, impossível ter um advogado, seja para verificar a regularidade do processo, seja para participar da defesa.[12]

Ainda, segundo Foucault, a forma secreta e escrita do processo conferia o poder de estabelecer a verdade, única e exclusivamente aos juízes e profissionais do Direito, o que em última instância correspondia ao Direito de punir do soberano.

Mas, apesar do segredo, o estabelecimento da verdade obedecia a certas normas. As evidências do crime eram investigadas e avaliadas mediante regras meticulosamente formuladas, o que dava ao processo de inquérito o caráter de racionalidade, que fazia com que os padrões de prova, nesse tipo de processo, fossem extremamente rigorosos. Toda uma tradição de Direito romano-canônico prescrevia exatamente a natureza e a eficácia da prova. As provas dividiam-se em: diretas,

---

[12] FOUCAULT, Michel. *Vigiar e punir*. 9. ed. Petrópolis: Vozes, 1991, p. 35.

indiretas, manifestas, imperfeitas ou, ainda, as provas plenas (testemunho ocular de duas pessoas), indícios próximos (chamados de provas semiplenas) e os indícios longínquos (opinião pública, má fama do suspeito, etc.).

As provas plenas poderiam acarretar qualquer condenação, as semiplenas ensejar suplícios, mas nunca a pena capital, e os indícios bastavam para declarar um suspeito e iniciar investigações. Todas essas provas poderiam ser combinadas entre si, de modo que duas provas semiplenas transformavam-se em uma prova direta. Vários indícios poderiam gerar uma meia prova, etc. O problema estava no fato de que toda esta aritmética penal, além de ensejar sérias discussões quanto à forma de combinação das provas, obstruía seriamente a averiguação dos crimes de heresia. Todas as demais provas, por mais combinações que pudessem sofrer, não se transformariam em prova plena. Como os crimes de bruxaria e heresia eram crimes ocultos, as provas obtidas dificilmente seriam, por exemplo, de duas testemunhas que houvessem presenciado uma bruxa criar uma tempestade. Fazia-se mister a confissão. Além de constituir uma prova tão forte, a ponto de prescindir de outras, a confissão era o assentimento do próprio acusado em relação à culpabilidade no crime a ele imputado.

> (...) a confissão ganha qualquer outra prova. Até certo ponto ela as transcende; elemento no cálculo da verdade, ela é também o ato pelo qual o acusado aceita a acusação e reconhece que esta é bem fundamentada; transforma uma afirmação feita sem ele em uma afirmação voluntária. Pela confissão, o próprio acusado toma lugar no ritual de produção de verdade penal. Como já dizia o Direito medieval, a confissão torna a coisa notória e manifesta.[13]

3.3 A tortura

A enorme importância dada à confissão explica o meio utilizado pelos juízes e inquisidores para obtê-la: a tortura. A utilização "da tortura na heresia, bruxaria e outras causas foi, portanto, o resultado direto da adoção do processo por inquérito. A lógica de um levou à aplicação da outra"[14].

---

13 FOUCAULT, Michel. *Op. cit.*, p. 38.

14 LEVACK, Brian P. *A caça às bruxas na Europa moderna*. 2. ed. Rio de Janeiro: Campus, 1988, p. 72.

O emprego da tortura como um meio de obter a confissão, ou informação de uma pessoa acusada, ou ainda de uma testemunha recalcitrante, ressurgiu na Europa do século XIII não como uma inovação, mas como uma restauração, dado o fato de ter sido amplamente aplicado na Antiguidade e início da Idade Média.

A Igreja, que até então havia condenado esse procedimento, autorizou, através da Bula do Papa Inocêncio IV, em 1252, a adoção da tortura pelos inquisidores nos julgamentos de bruxaria e heresia, o que foi seguido pelos juízes dos Tribunais Seculares.

O argumento para o uso da tortura era o de que, quando uma pessoa fosse submetida ao sofrimento físico durante o interrogatório, inevitavelmente, confessaria a verdade. Entretanto, o uso indiscriminado da tortura, seu grau excessivo e as perguntas capciosas formuladas pelos interrogadores redundavam no que foi definido por Mandrou como "processo infalível", em que o índice de condenação chegava até "noventa e cinco por cento"[15].

Eram várias as técnicas de tortura, que aprimoravam-se conforme o seu emprego e variavam conforme o crime a desvendar. No caso do crime de bruxaria, por acreditar que a bruxa, através de um pacto diabólico, adquiria de Satã o poder de suportar a dor, os juízes utilizavam a tortura da insônia forçada, em que o suspeito era mantido acordado por quarenta horas ou mais, até que confessasse o crime. Outros métodos podem ser citados, como o de amarrar o suspeito a uma mesa cheia de espinhos, forçá-lo a ingerir grandes volumes de água, arrancar-lhe os olhos e unhas, cortar-lhe as orelhas, entupir suas narinas com lodo e água, queimar aguardente ou enxofre sobre o seu corpo ou ainda esmagar seus órgãos genitais. Havia também a cadeira da bruxa, aquecida por uma fogueira, muito empregada na Alemanha.[16]

Porém, o instrumento de tortura mais utilizado era o *strappado*, uma roldana em que, de um lado, amarravam-se pesos de 18 a 300 quilos e, de outro, os pés ou os braços do suspeito para suspendê-lo do chão. Nessa categoria de instrumentos de distensão havia também a roda e o potro. A vantagem para os torturadores em empregar tais

---

[15] LEVACK, Brian. *Op. cit.*, p. 79; MANDROU, Robert. *Magistrados e feiticeiros na França do século XVII*. São Paulo: Perspectiva, 1979, p. 78.

[16] LEVACK, Brian P. *A caça às bruxas na Europa moderna*. 2. ed. Rio de Janeiro: Campus, 1988, p. 77.

instrumentos residia no fato de que, além de graduarem a intensidade do suplício, poderiam afrouxá-los quando ocorresse a confissão. Da mesma forma eram os instrumentos de compressão, dentre os quais destacavam-se anéis de ferro, que prendiam os dedos ou as pernas, capacetes e torniquetes.

As principais consequências do uso indiscriminado da tortura nos processos por bruxaria e heresia foram, segundo Levack: a) a contribuição para a formulação do conceito cumulativo de bruxaria (os juízes, alimentados pelo que haviam lido nos tratados de bruxaria, através da tortura, confirmavam suas suspeitas e realizavam suas fantasias); b) a exigência que se fazia ao torturado, para que fornecesse o nome de seus supostos cúmplices. Este último fator foi o responsável pela grande dimensão da Inquisição, pois cada processo individual dava origem a dezenas de novos processos, todos contra nomes extraídos sob tortura de um suspeito inicial.[17]

Não só a tortura tornava o processo infalível, como também a crença de que se tratando das bruxas, estas, ao pactuarem com o Diabo, recebiam deste uma marca no corpo, que tornava a área insensível. Isto levava a que, no início do processo, o corpo do suspeito fosse raspado e um cirurgião procurasse – através de picadas de agulha – alguma região em que a picada não causasse dor. O resultado serviria como prova. A marca do pacto poderia também ser comprovada caso fossem encontradas quaisquer regiões de coloração ou textura diferenciada do resto do corpo. Não escapavam, portanto, nenhum sinal de nascença ou cicatriz. Esta marca consistia numa boa prova, mas, como já mencionado, nada substituía a confissão.

Caracterizado encontra-se, portanto, o sistema inquisitório. Inspirado nos procedimentos adotados pela Igreja desde o século XIII e acrescido da tortura herdada do Direito romano. Este período da história do Direito é denominado de "vingança pública", no qual – diferentemente do sistema acusatório em que a vítima era a principal interessada na punição de seu ofensor – o soberano vem substituir a vítima. O crime passa a ser uma ofensa não de um indivíduo a outro, mas ao Estado.

---

[17] Cf. LEVACK, Brian P. *Op. cit.*, p. 78-79.

3.4 A condenação

Após a confissão, vinha a condenação e, em seguida, a execução da pena. Mas, antes disso, o condenado era obrigado a confessar sua culpa em uma igreja, pedindo perdão a Deus e aos Santos por ter-se entregue ao Diabo. Nesse evento, denominado *auto de fé*, a multidão comparecia para ouvir o relato de suas maldades e seu arrependimento. Em seguida, era conduzido ao cadafalso, normalmente situado em praça pública, onde seria queimado pelo carrasco. Algumas vezes, e dependendo da gravidade do crime, o juiz concedia o estrangulamento antes que fosse acesa a fogueira; em outras, o condenado era queimado vivo. Durante a execução, a sentença era lida em público para que todos tomassem ciência dos malefícios por ele praticados.

Normalmente, a sentença pronunciada era imediatamente executada. Havia alguns casos de apelação, o que era raro, pois os condenados, na maior parte pessoas humildes e não assistidas por advogados, ignoravam a existência desse Direito.

Após a morte na fogueira, os bens da pessoa executada eram todos confiscados a pretexto de prover as custas do processo, o que leva muitos historiadores a atribuírem o zelo pela condenação à cupidez de alguns juízes.

Mas nem tudo estava acabado. Pelo fato de ainda não existir o Princípio da Pessoalidade da Pena e devido à crença de que a propensão para prática de certos crimes era hereditária, dificilmente os familiares de um condenado escapavam dos processos.

> Tantos lares, tantos juízes obsequiosos em subjugar Satã. Os Sabás, imaginários, as missas às avessas e os feitiços de impotência não representam simplesmente os descaminhos dos simples de espírito, pobres indivíduos afligidos pelas misérias cotidianas que procuravam uma compensação em uma evasão polimorfa. São também os horizontes mentais dos homens cultos, eloquentes, nutridos de Direito canônico e Direito civil, que são encarregados dos processos criminais onde quer que se exerça a alta justiça, nas senhorias, nos bailiados, e presidiais e nas cortes superiores que constituem os Parlamentos. De uns aos outros, o consenso permanece o mesmo durante muito tempo: as ondas de perseguições em fins do século XVI o provam com toda a evidência.[18]

---

[18] MANDROU, Robert. *Magistrados e feiticeiros na França do século XVII*. São Paulo: Perspectiva, 1979, p. 99.

4. CONCLUSÃO

Em suma, ainda que de uma forma embrionária, tentou-se situar historicamente a Inquisição e demonstrar que o tema de fundo da caça aos hereges e às bruxas foi o fato de que a Igreja, ao ver-se ameaçada por críticas aos seus dogmas e pelo surgimento de religiões diferentes da católica, ergueu a bandeira de combate aos chamados crimes religiosos. Em uma época em que o poder da Igreja estava de tal forma imbricado ao poder do Estado, confundindo-se com este em alguns casos, todas as rebeliões e manifestações políticas assumiam caráter religioso e eram combatidas por um sistema de repressão especificamente montado, com o objetivo de justificar a existência da própria instituição eclesiástica. Por outro lado, a Inquisição espanhola foi citada como um exemplo claro da utilização, por parte da nobreza, dos crimes de heresia como um pretexto na perseguição de adversários políticos ameaçadores do seu poder e de sua riqueza.

Como se observou, foram as mudanças no sistema penal e a reintrodução da tortura, com seu uso indiscriminado nos interrogatórios, os temas que mais mereceram atenção neste artigo.

A demonstração dessas mudanças, bem como dos motivos pelos quais elas ocorreram, teve a finalidade de elucidar como o Direito sofreu influência direta dos interesses da Igreja, servindo-lhes por um longo período de tempo.

A Inquisição, que é hoje um dos capítulos encerrados da história da humanidade, apresenta profundadas semelhanças com os regimes totalitários e racistas espalhados pelo mundo chegando ao século XXI. O emprego da tortura e a manipulação do Direito, que são lugar-comum nestes regimes, nos dão provas disso.

5. REFERÊNCIAS BIBLIOGRÁFICAS

FOUCAULT, Michel. *Vigiar e punir*. 9. ed. Petrópolis: Vozes, 1991, 277p.

EYMERICH, Nicolau. *Manual dos Inquisitores*. 2. ed. Rio de Janeiro: Rosa dos Tempos. Brasília: UnB, 1993.

FRIEDRICH, Carl J. *Perspectiva histórica da filosofia do Direito*. Rio de Janeiro: Zahar, 1965. 306p.

GILISSEN, John. *Introdução histórica ao Direito*. Lisboa: Calouste Gulbenkian, 1979. 813p.

GONZAGA, João Bernardino. *A inquisição em seu mundo*. 6. ed. São Paulo: Saraiva, 1993. 247p.

HERCULANO, Alexandre. *História da Origem e Estabelecimento da Inquisição em Portugal*. Mira-Sintra: Publicações Europa-América, s/d. 3 vs.

KAMEN, Henry. *A inquisição na Espanha*. Rio de Janeiro: Civilização Brasileira, 1966. 401p.

KRAMER, Heinrich; SPRENGER, James. *O martelo das feiticeiras*. 5. ed. Rio de Janeiro: Rosa dos Tempos, 1991. 528p.

MAISTRE, José de. *A Inquisição Espanhola*. Editora Sampedro, 1981.

LEVACK, Brian P. *A caça às bruxas na Europa moderna*. 2. ed. Rio de Janeiro: Campus, 1988. 273p.

MANDROU, Robert. *Magistrados e feiticeiros na França do século XVII*. São Paulo: Perspectiva, 1979. 458p.

MIRABETE, Julio Fabbrini. *Manual de Direito penal*. 7. ed. São Paulo: Atlas, 1993, v. 1. 431p.

MURARO, Rose Marie. Breve introdução histórica. *In*: KRAMER, Heinrick; SPRENGER, James. *O martelo das feiticeiras*. 5. ed. Rio de Janeiro: Rosa dos Tempos, 1991.

NOVINSKY, Anita. *A inquisição*. 8. ed. São Paulo: Brasiliense, 1992. 94p.

Capítulo 12

REVISITA À DESCONSTRUÇÃO DO MODELO JURÍDICO INQUISITORIAL[1]

Salo de Carvalho[2]

SUMÁRIO: 1. Introdução. 2. O aparelho inquisitorial. 3. Secularização e Secularismo. 4. O declínio do Sistema Inquisitório Confessional; 4.1 As dúvidas instigadas pelo discurso médico e sua recepção pela jurisprudência francesa; 4.2 Os impulsos legislativos subsequentes; 4.3 O d0iscurso punitivo da modernidade: o humanismo e o racionalismo. 5. Conclusão. 6. Referências bibliográficas.

1. INTRODUÇÃO

O rompimento com a tradição inquisitorial de suplícios e expiações, experiência que identifica o processo (de cognição e de execução) penal do Medievo, marca a vitória da "racionalidade" e do "humanismo" advogados pelos filósofos das luzes.

---

1 A proposta de "Revisita" ao artigo publicado nas edições anteriores da coletânea procura corrigir alguns rumos. A ideia central foi deixar o caminho menos tortuoso ao leitor, emprestando, nas pegadas de Franco Cordero e Jacinto Coutinho, um olhar crítico sobre o tema. O texto é dedicado aos professores Antonio Carlos Wolkmer, quem instigou a primeira escrita, e Jacinto Coutinho, quem provocou a revisita.

2 Professor Adjunto de Direito Penal, da Universidade Federal do Rio de Janeiro. Professor do Programa pós-graduação em Direito e Sociedade da UNILASALLE-RS. Doutor em Direito pela Universidade Federal do Paraná (2000). Pós-Doutor em Criminologia pela Universidad Pompeu Fabra (Barcelona, ES) (2010). Pós-Doutor ("visiting researcher") em Criminologia (bolsa CNPq) pela Universitá di Bologna (Bologna, ITA) (2013-2014). Pós-Doutorando em Filosofia na Pontifícia Universidade Católica do Rio Grande do Sul (PUCRS). Autor dos livros: "Penas e Medidas de Segurança no Direito Penal Brasileiro" (São Paulo: Saraiva, 2013); "Antimanual de Criminologia" (5. ed. São Paulo: Saraiva, 2013); "A Política Criminal de Drogas no Brasil" (6. ed. São Paulo: Saraiva, 2013); "Como (não) se faz um Trabalho de Conclusão" (2. ed. São Paulo: Saraiva, 2013).

Sob o signo da intolerância e mascarada pela sacralização, a fase inquisitorial que se inicia com os Concílios de Verona (1184) e Latrão (1215) e que ganha subsistência com as Bulas Papais de Gregório IX (1232) e Inocêncio IV (1252), somente receberá incisiva crítica e reconhecida deslegitimação ao final do século XVII e início do século XVIII, quando a casta intelectual teórica e prática estrutura uma abordagem desqualificadora do aparato gótico. No entanto, embora as práticas inquisitoriais sejam formalmente erradicadas no século XIX, quando os Tribunais do Santo Ofício são definitivamente abolidos em Portugal (1821) e Espanha (1834), sua matriz material e ideológica predominará na legislação laica, orientando a tessitura dos sistemas penais da modernidade.

Se a normatização dos sistemas inquisitórios ocorre com a edição das Bulas Papais, sobretudo a Bula *Ad Extirpanda* (1252), dois manuais proporcionarão sua praticidade: *Directorium Inquisitorum* (1376) e *Malleus Maleficarum* (1489). As duas principais obras de orientação das Inquisições (romano-germânica e espanhola) fornecerão as chaves de leitura que instrumentalizarão procedimentos baseados em denúncias anônimas e vagas, em estruturas probatórias centradas na confissão e na busca da "verdade material", bem como na prisão processual como regra – "um suspeito podia ser preso a qualquer momento, sem saber o que se queria dele. Nunca ficava conhecendo o nome de quem o acusou, nem lhe era comunicado o motivo da prisão, nem o lugar em que havia cometido o crime de que era acusado, nem com quem havia pecado"[3].

Nítido que, para além do jurídico, inúmeras leituras são possíveis deste rico período histórico. Sua fecundidade, advinda da riqueza do tema, propicia análises a partir de diversos campos do saber, do viés psicanalítico pelo estudo do sadismo e da repressão do corpo, fundamentalmente o feminino[4], às essencialmente sociológicas e historiográficas como a da perseguição dos judeus, cristãos-novos e de um sem-número de culturas opositoras à tradição. O presente trabalho, todavia, propõe verificar as técnicas do procedimento inquisitorial e os seus discursos (des)legitimadores, sobretudo aqueles que geraram a revolução jurisprudencial no trabalho da magistratura francesa no século XVII.

---

3 NOVINSKY, Anita. *A Inquisição*. 2. ed. São Paulo: Brasiliense, 1983, p. 58-59.

4 Neste sentido, LEGENDRE, Pierre. *O Amor do Censor:* ensaio sobre a ordem dogmática. Rio de Janeiro: Forense Universitária/Colégio Freudiano, 1983, p. 118.

No entanto, o estudo prescinde de abordagem mais ampla, qual seja, análise do processo de secularização/secularismo das ciências e da repulsa destas às atitudes autoritárias da Igreja. Tal leitura realizar-se-á a partir de Dussel.

2. O APARELHO INQUISITORIAL

> Há uma coisa apenas que excita os animais mais do que o prazer: é a dor. Sob tortura tu vives como sob o efeito de ervas que produzem alucinações. Tudo o que ouviste contar, tudo o que leste, volta à tua mente como se fosses transportado, não ao céu mas ao inferno. Sob tortura dizes não apenas o que quer o inquisidor, mas também aquilo que imaginas que possa lhe dar prazer, porque se estabelece uma relação (esta sim, realmente diabólica) entre tu e ele... Eu sei estas coisas, Ubertino, eu também fiz parte daquele grupo de homens que acreditam poder produzir a verdade com o ferro incandescente.
>
> *Umberto Eco*

O aparelho inquisitorial, anteriormente testado no período da Roma Imperial, ressurge nas práticas judiciárias medievais quando da necessidade de ampliação da malha repressiva. A partir da necessidade de controlar conjuntamente criminalidade comum e heresia (crime de consciência), o mecanismo permite a ampliação do rol de culpáveis, englobando em suas tipificações qualquer oposição ao "saber oficial". Estabelece-se, pois, estrutura maximizada e onipresente de poder que não admite a existência da alteridade, sendo qualquer manifestação identitária diversa da tolerada pelo clero adjetivada como (delito de) heresia.

O historiador Brian Levack enumera quatro circunstâncias que propiciaram a modificação no sistema (processual) punitivo, deflagrando a onda penalógica conhecida como "caça às bruxas". Segundo o autor, o primeiro fato que instiga a mudança nas regras processuais é a superação do procedimento acusatório (*iudicium Dei*), predominante na Europa continental até o século XIII. Com a "redescoberta" do Direito Romano, sobretudo com a revitalização do *Corpus Iuris Civilis* no século XII pela Universidade de Bolonha e a posterior inserção das glosas[5], o clero instiga a formalização e a mudança nos procedimentos – "a Igreja se aproveita do texto do *corpus iuris civilis* para escorar sua própria organização e desenvolver mecanicamente

---

5 LEGENDRE, Pierre. *Op. cit*, p. 73.

sua teocracia radical"[6]. Lembra Cordero que "o saber técnico imposto pelas fontes romanas exige novas máquinas instrutórias; se alguém deve ou não ser punido é assunto cientificamente regulável; em primeiro lugar, devem ser reexaminados os fatos, com métodos adequados à cultura dominante; depois conhecedores do *Corpus Iuris* ou dos cânones dirão quanto vale *in iure* o acontecido. Os antigos rituais não distinguiam as duas questões, *facti* e *iuris*"[7].

Dentre as principais vantagens do novo método, pode-se destacar (a) o caráter público das denúncias, não mais restritas à vítima ou aos seus familiares, aliada (b) ao sigilo da identidade do delator; (c) a inexistência de separação entre as figuras de acusador e julgador, sendo lícito a este realizar a imputação, produzir a prova e julgar o acusado; (d) o sistema tarifado de provas e sua graduação na escala da culpabilidade, recebendo a confissão o máximo valor (*regina probatio*)[8]; e (e) a autorização irrestrita da tortura como mecanismo idôneo para obtenção de confissões.

A importância da utilização da tortura para a conquista da "verdade real"[9] foi tamanha que Levack aponta como a segunda circunstância determinante na alteração do sistema. Sustenta o autor que a tortura disseminou o modelo repressivo, aumentando gradativamente as possibilidades de condenação por heresia devido à facilidade na obtenção da prova suprema – "o Direito canônico não tendo determinado este ou aquele suplício em particular, os juízes podem se servir daqueles que eles acreditarão serem os mais apropriados para tirar do acusado a confissão do seu crime"[10]. Exemplo significativo da veemência no uso deste meio

---

6 LEGENDRE, Pierre. *Op. cit,* p. 91.

7 CORDERO, Franco. *Guida alla Procedura Penale*. Torino: Utet, 1986, p. 43-44.

8 "A confissão, contudo, está explicitamente relacionada pelos teólogos à doutrina das causas do Mal e dos meios para dela se desfazer, conjurar a potência sobre-humana de Satã, ou restituir ao Homem sua Salvação após a Queda." (LEGENDRE, Pierre. *Op. cit.*, p. 136).

9 Cordero, ao avaliar o impacto da tortura como meio judicial de prova, constata: "o instrumento inquisitório desenvolve um teorema óbvio: culpado ou não, o indiciado é detentor das verdades históricas; tenha cometido ou não o fato; nos dois casos, o acontecido constitui um dado indelével, com as respectivas memórias; se ele as deixasse transparecer, todas as questões seriam liquidadas com certeza; basta que o inquisidor entre na sua cabeça. Os juízos tornam-se psicoscopia." (CORDERO, Franco. *Op. cit.* p. 48).

10 LEGENDRE, Pierre. *Op. cit.*, p. 99.

para obtenção da prova encontra-se na primeira edição da obra de Eymerich (1376): "É costume louvável torturar criminosos, mas reprovo esses juízes sanguinários que inventam tormentos de tal modo cruéis que os acusados morrem ou perdem alguns membros durante a tortura"[11].

Como terceiro fator da expansão dos instrumentos inquisitórios, Levack aponta a utilização do modelo judicial leigo para os crimes de natureza espiritual. Segundo o autor, "desde o começo da grande caça às bruxas os tribunais seculares dos estados europeus ocidentais também participaram da perseguição, quer cooperando com o trabalho dos tribunais eclesiásticos, quer processando bruxas por conta própria. À medida que a caça foi evoluindo, os tribunais seculares assumiram um papel ainda maior no processo, enquanto o dos tribunais [confessionais] declinou"[12].

Com a identificação formal entre as categorias delito e pecado, e com a recuperação do Direito Romano imperial, a nascente burocracia europeia ocidental é ocupada na rede repressiva, sendo sua absorção corolário da natureza jurisdicional "mista" do crime de *lesa-majestade divina.* O próprio *Malleus Maleficarum,* no capítulo "Que trata das Medidas Judiciais no Tribunal Eclesiástico e no Civil a Serem Tomadas Contra Bruxas e Também Contra Todos os Hereges", tópico terceiro, "De Como o Processo há de ser Concluído com o Pronunciamento de uma Sentença Definitiva e Justa", define: "[a feitiçaria] (...) não há de ser confundida com outras heresias simples, já que é notório não se tratar de crime puro e simples, mas de crime parcialmente eclesiástico e parcialmente civil"[13]. Assim, lembra João Bernardino Gonzaga que "passaram a coexistir três jurisidições penais: a central, exercida pelos juízes do rei; a local, de cidades ou, conforme o país, de regiões mais ou menos extensas; a eclesiástica, restrita às questões que importavam à Igreja"[14].

Em decorrência da pluralidade de jurisdições, devido à atuação conjunta entre Estado e Igreja na repressão penal, surgem conflitos de competência cuja resolução ocorre pela regra de prevenção. Lembra João Bernardino Gonzaga que o Tribunal ao qual primeiramente era

---

11 EYMERICH, Nicolau. *Manual dos Inquisidores*. Rio de Janeiro: Rosa dos Tempos; Brasília: Ed. UnB, 1993, p. 47

12 LEVACK, Brian. *A Caça às Bruxas*. 2. ed. Rio de Janeiro: Campus, 1989, p. 80.

13 KRAMER, Heinrich & SPRENGER, James. *O Martelo das Feiticeiras*, 8. ed. Rio de Janeiro: Rosa dos Tempos, 1991, p. 444.

14 GONZAGA, João Bernardino. *A Inquisição em seu Mundo.* São Paulo: Saraiva, 1993, p. 26.

apresentada a causa resguardava competência para processar e julgar, salvo nos casos em que existiam Cortes especializadas – *v.g.* a proeminência de a Igreja julgar os tipos de heresia e a reserva do Estado na execução das penas.

Paralelo à mudança nos procedimentos, à utilização da tortura e à capacitação da burocracia secular para julgamento dos crimes de lesa -majestade divina, Levack apontará como quarta condição para o agigantamento do sistema inquisitorial a regionalização (interiorização) dos Tribunais. A distância dos centros urbanos, aliada à possibilidade de julgamento das heresias nos Tribunais locais, possibilitou avanço significativo do modelo de repressão inquisitório, sobretudo porque a superstição, a intolerância e o medo contagiavam aldeias sem qualquer tipo de perspectiva senão a da crença. Universos de angústia encontravam na eliminação do "mal" uma válvula de escape para suas mazelas.

Instituído burocraticamente o modelo repressivo, o sistema processual inquisitório caracterizar-se-á pela exclusão do contraditório, ausência de ampla defesa e inviabilização da presunção de inocência. A insuficiência de provas e/ou sua dubiedade não geravam absolvição, mas, ao contrário, qualquer indício equivalia a uma semiprova, que comportava juízo de semiculpabilidade e uma semicondenação.[15] Na trilha do processualista italiano Franco Cordero,[16] pode-se identificar o *estilo inquisitorial* a partir de duas constatações: (1ª) a sobrevalorização da imputação em relação à prova, configurando o *primado das hipóteses sobre os fatos*; e (2ª) a *conversão do processo em psicoscopia*, ao estabelecer rito fatigante e isento de forma.

O modelo estabelece, pois, no magistrado, *quadros mentais paranóicos* e *tendências policialescas*, visto que, ao invés de o juiz "se convencer através da prova carreada para os autos, inversamente, a prova servia para demonstrar o acerto da imputação formulada pelo juiz-inquisidor"[17]. Assim, o réu, longe de ser um sujeito (de Direito) processual, é um mero objeto de investigação: o imputado detém com

15 Quanto ao regime probatório da Inquisição e a formulação de juízos de semiculpabilidade pelos indícios, verificar FOUCAULT, Michel. *Vigiar e Punir*. 8. ed. Petrópolis: Vozes, 1991, p. 11-61.

16 CORDERO, Franco. *Op. cit.*, p. 51.

17 JARDIM, Afrânio Silva. *Ação Penal Pública: princípio da obrigatoriedade*. 2. ed. Rio de Janeiro: Forense, 1994, p. 24.

exclusividade a verdade histórica (material) – "o inquisidor investiga, procurando buscar signos do delito, e trabalha sobre os acusados, porque, culpados ou inocentes, sabem tudo o que se requer para decisões perfeitas; tudo se resume a fazê-los dizer"[18]. E se é o único detentor de uma "verdade" não mais passível de experimentação empírica, ou ainda de uma verdade unicamente sua, necessária sua exposição sem reservas – "o estilo inquisitório multiplica os fluxos verbais: é preciso que o imputado fale; o processo se transforma em sonda psíquica. O inquisidor trabalha livremente, indiferente aos limites legais, mas recolhe toda sílaba: a obsessão microanalítica desenvolve um formalismo gráfico; nenhum fato é realmente um fato enquanto não figure no papel"[19].

3. SECULARIZAÇÃO E SECULARISMO

O termo secularização é utilizado para definir o processo de ruptura da cultura eclesiástica com as doutrinas filosóficas e as instituições jurídico-políticas, que ocorreu gradualmente a partir do século XV, objetivando expurgar da esfera civil o domínio da religião, sobretudo da Igreja Católica. Lembra Baubérot, ser "(...) possível afirmar que, até 1789, a Igreja Católica proporcionou, na França, os principais fundamentos da Cultura moral comum. Ela definia, no essencial, o que parecia 'bem' ou 'mal'. A ordem 'temporal' produzia principalmente relações de força – aspecto muito importante na matéria, enquanto a ordem espiritual produzia a cultura religiosa e moral. Sua aliança – e às vezes seu conflito – estabeleceu os limites da história da França"[20].

Dussel, em apêndice ao segundo tomo da *obra Caminhos de Libertação Latino-Americana* denominado "Da Secularização ao Secularismo da Ciência Europeia, desde o Renascimento até o Iluminismo", delimita a gênese do processo de secularização da(s) ciência(s), no ano de 1440, com a obra *De Docta Ignorantia* de Nicolau de Cusa. A inspiração secularizadora ganharia relevo em 1781 com *Crítica da Razão Pura*, de Kant, atingindo o apogeu com as publicações de Feuerbach (1841) e

---

18 CORDERO, Franco. *Procedura Penale*. 5. ed. Milano: Giuffrè, 2000, p. 580.

19 CORDERO, Franco. *Op. cit.*, p. 329.

20 BAUBÉROT, Jean. Laicidade. In: CANTO-SPERBER, Monique (org.). *Dicionário de Ética e Filosofia Moral (II)*. São Leopoldo: Edunisinos, 2003, p. 17.

Nietzsche (1883) *A Essência do cristianismo* e *Assim falou Zaratustra*, respectivamente.

O avanço das ciências causou profundo abalo no saber confessional. Quando Copérnico (1473-1543) destrona a Terra e afirma a impossibilidade de o Universo ter um centro, coloca em dúvida a estrutura do pensamento ocidental desenvolvida durante séculos. Não por outro motivo Freud identificará na doutrina de Copérnico a primeira ferida narcísica da cultura ocidental, visto o rompimento com símbolos "etern(izad)os" e suas formas de interpretação.[21] As consequências da exposição desta ferida são visualizadas perfeitamente no julgamento de Giordano Bruno, principal seguidor de Copérnico, queimado vivo em Roma (1600) após ser condenado pela Inquisição.

Não bastasse o descentramento no plano teorético, Colombo comprova a teoria da esfericidade e a Terra passa a ser encarada como um astro qualquer. Mais, o "achamento"[22] revela a existência de um mundo totalmente outro, inocente em relação às instituições e aos dogmas cristãos. O Novo Mundo inspira Etienne de la Boétie a negar a sujeição do homem no *Discurso da Servidão Voluntária* ou *O Contra Um* (1577), e dá os instrumentos para Hobbes – *Tratado sobre o Cidadão* (1642) e *Leviatã* (1651) –, Locke – *Segundo Tratado sobre o Governo* (1690) – e Rousseau – *Discurso sobre a Origem e o Fundamento da Desigualdade entre os Homens* (1755) e *Do Contrato Social: ou princípios do Direito Político* (1757) – visualizarem a plenitude da igualdade e da liberdade no estado originário (de natureza).

Com a crise instaurada no seio da tradição, pois durante muitos séculos a Igreja monopolizara a produção científica e agora, para manter seus dogmas, necessita negar seus frutos, demonstra Dussel que ao pesquisador restavam duas soluções: o *secularismo*, opção que estabelecia a negação da teologia em prol da ciência; ou o *concordismo*, alternativa que impunha a busca incessante de adequação, muitas vezes forçada, das descobertas à cristandade.[23]

---

21 FREUD, Sigmund. Una dificultad del Psicoanalisis. In *Obras Completas* (III). Madri: Biblioteca Nueva, 1996, p. 2434.

22 O termo é utilizado por BORNHEIM, Gerd; NOVAES, Adauto. *A Descoberta do Homem e do Mundo*. São Paulo: Companhia das Letras, 1998, p. 18.

23 "(...) os homens de ciência, que na sua origem foram quase que exclusivamente homens da Igreja, sacerdotes, viram-se obrigados a cometer um dos erros inevitáveis:

A hipótese de negação absoluta da teologia estabelecia a noção de um mundo essencialmente profano, dessacralizado. A oposição radical do secularismo – falsa alternativa, segundo Dussel – determinava uma laicização alheia do divino e em oposição frontal aos dogmas da Igreja, voltada ao enaltecimento de uma ideia de ciência plenamente capaz de compreender a natureza. Em decorrência desta negativa aos dogmas de fé, os adeptos do secularismo passariam, inevitavelmente, a ser encarados como heréticos, pois, em realidade, apresentar-se-iam como "opositores de consciência". Não menos ingênua, aponta o filósofo, a perspectiva do concordismo, caminho encontrado por inúmeros cientistas. Entendido como alternativa única ao cientista, o secularismo passa da fase panteísta (o mundo é visto como uma emanação do divino), para o período deísta (admite a existência de Deus mas nega a Revelação e a Providência) para, finalmente, quedar-se no ateísmo, negando a personalidade de Deus ou afirmando-o como valor e/ou como um não-ser.[24]

No entanto, importante perceber que a antinomia (necessária) estabelecida entre ciência e religião é equivocada, tendo gerado, como salienta Dussel, drásticos efeitos, sobretudo por se entender a ciência como destituída de fé, herética ou errada.[25]

4. O DECLÍNIO DO SISTEMA INQUISITÓRIO CONFESSIONAL

> (...) ao passo que as neuroses de nossos poucos psicológicos dias de hoje assumem um aspecto hipocondríaco e aparecem disfarçadas como enfermidades orgânicas, as neuroses daqueles antigos tempos surgem em trajes demoníacos (...). Aos nossos olhos, os demônios são desejos maus e repreensíveis, derivados de impulsos instintuais que foram repudiados e reprimidos. Nós simplesmente eliminamos a projeção dessas entidades mentais para o mundo externo, projeção esta que a Idade Média fazia.
>
> *Sigmund Freud*

---

ou cair no concordismo (isto é, forçar a Bíblia ou a tradição para fazê-las 'concordar' com as suas conclusões científicas), ou desviar-se claramente da secularização para o secularismo, opondo-se à Igreja ou pelo menos a muitos dos seus teólogos" (DUSSEL, Enrique. Da Secularização ao Secularismo da Ciência Europeia, desde o Renascimento até o Iluminismo, In *Caminhos para Libertação Latino-Americana (II)*. São Paulo: Paulinas, 1984, p. 213).

24 Neste sentido, conferir DUSSEL, Enrique. *Op. cit.*, p. 216-218.

25 DUSSEL, Enrique. *Op. cit.*, p. 225-226.

Embora as "ciências" tenham antecipado o questionamento da legitimidade dos princípios de fé, juridicamente só a partir do século XVII inicia-se o processo de desconstrução das verdades reveladas pelo clero. Com a recepção do discurso médico no que tange à negativa da causalidade demoníaca de inúmeras enfermidades, o saber jurídico passará a desconfiar da generalização das imputações do crime de heresia, impulsionando um movimento de ruptura com o sistema penal medieval.

Em toda Europa continental, mas sobretudo na França, a crítica (jurisprudencial) à assimilação de inúmeras "doenças" como "delito" passa, necessariamente, pela revisão das definições constantes no *Malleus Maleficarum*, "verdadeira codificação de demologia"[26] segundo Legendre. O manual punitivo redigido pelos dominicanos Kramer e Sprenger, publicado em 1484, quando de sua instauração pela Bula Papal de Inocêncio VIII, após ser aprovado pelos eruditos da Universidade de Teologia de Colônia, instrumentalizou o primeiro modelo integrado de repressão na história do Ocidente, a partir da conexão de categorias criminológicas, criminalísticas, penais e processuais penais.[27]

Lecionam Zaffaroni, Batista, Slokar e Alagia que, de maneira sistemática e com alto nível de racionalização teórica, o *Malleus Maleficarum* recolheu a experiência punitiva dos séculos anteriores, fundando uma visão policial do saber da qual se nutrem constantes teorias de defesa social ilimitadas, inaugurando a era dos modelos penais totais. No âmbito criminológico, estabelece um discurso etiológico plurifatorial baseado na potencialização da gravidade do delito, na inferioridade dos delinquentes (fundamentalmente da mulher e das minorias sexuais) e na predestinação ao crime. Em relação ao discurso penal, submete-o de forma extremada aos "modelos de autor", sendo o conjunto de signos que identificam o delito tão amplo que inexiste conduta da qual não se possa ser suspeito. Outrossim, inaugura a lógica do Direito penal de periculosidade. Quanto

26 LEGENDRE, Pierre. *Op cit*., p. 138.

27 "O Malleus é a obra teórica fundacional do discurso legitimador do poder punitivo na etapa de sua consolidação definitiva, pois constitui o primeiro modelo integrado de criminologia e criminalística com Direito penal e processual penal" (ZAFFARONI, Raul; BATISTA, Nilo; SLOKAR, Alessandro; ALAGIA, Alessandro. *Direito Penal Brasileiro*. Rio de Janeiro: Revan, 2003, p. 511).

ao processo, concentra os poderes de instrução na figura do juiz, não necessitando sequer acusador, apenas um tribunal de investigação.[28]

A máquina inquisitiva de repressão penal institucionalizada, ao sintonizar o conjunto dos diversos discursos penais (criminalístico, criminológico, penal e processual penal) e direcioná-los à punição do herege, estabelece regime deveras rigoroso de imposição gótica de sofrimento, que tende a se transmutar, na terminologia weberiana, em tipo ideal. Não é demasiado, pois, recordar as lições já apontadas de Jacinto Coutinho: "trata-se, sem dúvida, do maior engenho jurídico que o mundo conheceu, e conhece"[29].

4.1 As dúvidas instigadas pelo discurso médico e sua recepção pela jurisprudência francesa

Robert Mandrou, na obra *Magistrados e Feiticeiras na França do Século XVII,* afirma que as primeiras críticas públicas contra os excessos punitivos gerados pelo sistema inquisitorial delineado no *Malleus Maleficarum* foram apresentadas pelo Médico Wier, no livro *De Praestigiis Daemonum et incantationibus et Veneficiis* (1563).[30] A obra do médico renano, seguidor de Cornelius Agrippa, não chega a negar a inexistência dos pactos demoníacos muito menos questiona a legitimidade dos Tribunais da Inquisição. Contudo, sua intensa prática da medicina entre os anos de 1550 e 1578 junto ao Duque Clèves Juliers possibilitou diagnosticar em vários pacientes doenças como "humor melancólico" e "velhice caduca", as quais estariam sendo confundidas com bruxaria. Desta forma, sua obra descreve casos e sugere práticas medicinais para o tratamento (não punitivo) e cura dos doentes, excluindo a intervenção de *prima ratio* dos Tribunais Inquisitoriais.[31]

---

[28] ZAFFARONI, Raul; BATISTA, Nilo; SLOKAR, Alessandro; ALAGIA, Alessandro. *Op. cit.*, p. 510-515.

[29] COUTINHO, Jacinto. *O Papel do Novo Juiz no Processo Penal.* Rio de Janeiro: IAB, 1994, p. 36.

[30] Zaffaroni, Batista, Slokar e Alagia igualmente sugerem esta antecipação de Wier (ZAFFARONI, Raul; BATISTA, Nilo; SLOKAR, Alessandro; ALAGIA, Alessandro. *Op. cit.*, p. 515-516).

[31] MANDROU, Robert. *Magistrados e Feiticeiras na França do Século XVII.* São Paulo: Perspectiva, 1979, p. 106.

A réplica é imediata e contundente. Jean Bodin, no livro intitulado *Démonomanie des Sorciers,* ridiculariza e desqualifica a experiência adquirida por Wier, advogando haver verdadeira "infecção satânica" na sociedade francesa, apelando veementemente aos magistrados das mais altas cortes para que fossem incansáveis na repressão aos crimes de feitiçaria. Lembra Mandrou que "nenhuma resposta foi tão vigorosa quando a de Jean Bodin, célebre sábio e erudito angevino, que escreveu para refutar esse 'pequenino médico' renano quinhentas páginas virulentas, frequentemente sarcásticas, injuriosas às vezes, e de uma lógica imperturbável. A 'Démonomanie des Sorcies' foi escrita para denunciar o crime mais execrável que jamais existiu (...)"[32].

Apesar da severa defesa da luta contra a heresia proferida por Bodin, pode-se dizer que, após as manifestações de Wier, aliadas aos significativos avanços das ciências médicas, inúmeros casos de "intervenções diabólicas" passam a ser diagnosticados como enfermidades naturais (simulações histéricas, melancolias, epilepsias entre outras).

Mandrou narra episódio acontecido em 1589 que demonstra perfeitamente esta afirmação. Em decorrência de recursos contra condenação por feitiçaria, o Tribunal de Paris designa quatro médicos para que examinem onze condenados. Ao contrário do juízo condenatório de origem, "os quatro médicos não reconheceram senão pobres miseráveis 'depravados em sua imaginação' que nem mesmo apresentavam as 'marcas' de insensibilidade [prova do contato demoníaco] assinaladas pelos juízes de primeira instância, e concluem pela absolvição (com o que a corte concorda)"[33].

No mesmo período, "o Parlamento [Tribunal] de Dijon pronunciou duas sentenças que vão contra os procedimentos habituais, não somente porque não entregam os condenados à fogueira, mas porque fazem intervir as autoridades religiosas que devem velar pela melhor educação cristã de suas ovelhas: os progressos da feitiçaria são atribuídos a uma falha dos curas, como se se tratasse de uma superstição pagã"[34].

---

32 MANDROU, Robert. *Op. cit.*, p. 107.

33 MANDROU, Robert. *Op. cit.*, p. 132.

34 MANDROU, Robert. *Op. cit.*, p. 129.

Em 1624, após inúmeras decisões reformando sentenças condenatórias pelo delito de heresia, o Tribunal de Apelação de Paris institui recurso obrigatório, impedindo que os juízes locais decidam em última instância sobre os crimes de Lesa-Majestade Divina – "todos os processos sobre os crimes de sortilégio cujas conclusões são sentenças que impliquem a tortura, a morte e todas as outras penas corporais, são levados a ele [Tribunal], mesmo se os acusados não desejaram apresentar recurso, pretexto alegado usualmente pelos juízes ordinários para executar imediatamente a sua sentença"[35]. O descumprimento da ordem do Tribunal passa a submeter juízes faltosos a sanções.

Todavia, é a partir de 1640 que a feitiçaria deixará de ser vinculada à ideia de delito, imperando "uma nova concepção de um crime que deixa de ser crime por não depender mais senão de uma medida terapêutica. (...) de fato, esses processos de grande repercussão provocaram a tomada de consciência decisiva, no mundo judiciário mais vivo, mais informado e também mais audacioso. É o prelúdio do refluxo"[36].

Os impulsos reformadores da concepção do "pacto demoníaco" e das feitiçarias, advindos da medicina e gradualmente incorporados na jurisprudência, instigam uma nova forma de gestão de problemas até então vistos exclusivamente sob o enfoque criminal. Em assim sendo, a partir do final do século XVI, torna-se comum os juízes dos Tribunais de Apelação aplicarem clemências em face da não constatação dos pactos e dos atos de bruxaria, mormente o efeito do perdão vir seguido de internações compulsórias nos "hospitais para loucos".

Como visualiza Dussel, a ciência moderna punha em questão certos princípios considerados de fé, como, entre outros, "(...) a aceitação da causalidade demoníaca das enfermidades. (...) As grandes descobertas [científicas do Renascimento e do Iluminismo] punham por terra estruturas inconsistentes de um antigo esquema"[37].

---

35 MANDROU, Robert. Op. cit., p. 281.

36 MANDROU, Robert. Op. cit., p. 162.

37 DUSSEL, Enrique. Op. cit., p. 212.

Não é escopo do trabalho analisar se estas decisões que remetiam os "doentes da alma" aos sanatórios instituem ou não uma nova economia de poder e um novo e sofisticado aparelho de estigmatização e controle social.[38] O que cabe afirmar é que, no campo do jurídico, a jurisprudência, a partir da recepção de um discurso externo, rompe com a univocidade dos julgamentos, sendo tal processo fundamental para a cisão da antiga concepção de crime-pecado, proporcionando efetivo avanço no que se refere à busca da laicização do Direito e do processo penal.

4.2 Os impulsos legislativos subsequentes

O historiador Brian Levack considera três as causas fundamentais para o declínio das condenações por bruxaria: "(1) a exigência de evidências convincentes no que tange ao '*malleficium*' e ao pacto; (2) adoção de regras mais rigorosas para o uso da tortura; e (3) a promulgação de decretos restringindo ou eliminando os julgamentos por bruxaria"[39].

Após a insurreição jurisprudencial dos Tribunais franceses, sobretudo em Paris, a edição das *Ordonnances* reais de 1670 e 1680, apesar de não romper com a lógica inquisitorial do processo penal, pois mantém concentrada nas mãos do julgador a gestão da prova (princípio unificador do sistema[40]), instaura um procedimento de partes restringindo o uso da tortura, operando como minimizador no processo de criminalização da heresia.

A *Ordonnance Criminelle* de 1670, não obstante ser um "monumento [laico] dell'ingegno inquisitoriale"[41], contém dois dispositivos que explicam o refluxo persecutório. O primeiro dispositivo diz respeito à restrição do uso da tortura. Segundo o artigo 7º, Título XIX, as decisões que permitiam o uso da tortura não poderiam ser executadas

---

[38] Sobre a temática, inevitável remeter o leitor aos estudos de Michel Foucault (FOUCAULT, Michel. *Historia de la Locura en la Época Clássica.* 2. ed. México: Fondo de Cultura, 1992. FOUCAULT, Michel. *Microfísica do Poder.* 6. ed. Rio de Janeiro: Graal, 1986).

[39] LEVACK, Brian. *Op. cit.*, p. 230.

[40] COUTINHO, Jacinto. *Op. cit.*, p. 29.

[41] CORDERO, Franco. *Op. cit.* p. 47.

a não ser quando fossem confirmadas pelo Tribunal de Paris. E, no sentido de vincular a condenação à reapreciação necessária ao Tribunal – incorporando as decisões anteriormente mencionadas –, o artigo 6º, Título XXVI, da *Ordonnance*, estabelecia que em caso de sentença pronunciada pelos juízes das localidades, condenando o imputado à pena corporal, galés, banimento perpétuo ou confissão pública, havendo apelo ou não, deveria ser o acusado e seu processo enviados à Corte da metrópole.

A importância da tortura como meio de prova no mecanismo inquisitorial do Medievo foi determinante na proliferação das condenações. Com sua limitação, seja pela via legislativa ou pela prudência de alguns magistrados – "na segunda metade do século XVII, porém, os juízes tornaram-se cada vez mais criteriosos na admissão desta prova, o que dificultou muito a implementação dos julgamentos"[42] –, inevitável o decréscimo criminalizador. Todavia, é a *Ordonnance Criminele* de 1682, igualmente assinada por Luis XIV, que marcará o esvaziamento do conceito de heresia, apontando para o fim das perseguições na França. O edito real deixa de mencionar crimes de Lesa-Majestade Divina e tipifica novas formas de ilicitude. A feitiçaria passa a ser considerada superstição, sendo substituída por duas classes de injusto: envenenamento e sedução; a magia deslocada à crime acessório; o sacrilégio, contudo, em decorrência das condutas de profanação de símbolos e divindades, prossegue penalizado com a morte.

No entanto, se desde o ponto de vista jurídico-penal as velhas tradições são objetadas, o fascínio da caça às bruxas e perseguição dos hereges permanecerá vivo por décadas – "(...) a curiosidade demoníaca dos eruditos não esmoreceu ainda, sem falar na perseverança com a qual certos meios devotos, nostálgicos das cabalas do século precedente, continuam a denunciar os feiticeiros. Até meados do século XVIII, a rubrica demonológica continua a ser afreguesada nas prateleiras das livrarias: quer reedições de 'clássicos' como a 'magia natural' de Porta ou as 'histórias' de Rosset; quer novas compilações que tendem claramente a desacreditar os antigos demonólogos"[43].

---

42 LEVACK, Brian. *Op. cit.*, p. 231.

43 MANDROU, Robert. *Op cit.*, p. 396.

4.3 O discurso punitivo da modernidade: o humanismo e o racionalismo

Se do ponto de vista procedimental as dúvidas levantadas pela medicina suscitam a alteração no enfoque jurisprudencial, desde o local da filosofia e da política são os movimentos humanistas e racionalistas que fomentam a crítica aos valores inquisitoriais.

A partir do florescimento do humanismo e do racionalismo, as reformas da cultura medieval, de forma genérica, e das técnicas processuais, em sentido estrito, apresentam como incompatíveis métodos probatórios de "busca da verdade (real)" fundados em intervenções corporais e psicológicas rudimentares. A incisiva luta para erradicação da tortura, como meio probante, e da morte, como pena, é a expressão mais nítida dessa política humanista ilustrada.

Prieto Sanchís apresenta os dois pilares do pensamento ilustrado que fomentarão a ruptura com a tradição inquisitorial: "de un lado, el racionalismo jurídico propugnaba abiertamente el monopolio exclusivo del '*ius puniendi*' en manos del Estado, supriendo todo residuo señorial; pero de otra parte, el humanitarismo y la filantropia exigían limitar la desbordante y en ocasiones arbitraria faculdad punitiva del poder. Era preciso, pues, fortalecer el Estado y, al mismo tiempo, limitarlo y dulcificarlo. (...) Mantener y fortalecer el monopolio estatal del uso legítimo de la fuerza, pero limitando su alcance y su rigor en nombre de los derechos individuales y de la dignidad humana, limitar el poder del Estado en un sentido plenamente moderno y liberal"[44].

As teorias humanistas, plenamente apropriadas pelo discurso do liberalismo penal divulgado pela Escola Clássica, solidificarão a estrutura principiológica do Direito e do processo penal, projetando (formalmente) a satisfação da igualdade e a racionalização de um poder punitivo dotado de autonomia, independência e imparcialidade. A instrumentalização desta estrutura ocorrerá fundamentalmente com a densificação do postulado secularizador, cindindo delito (*mala prohibita*) de pecado (*mala in se*), sintonizando Direito penal do

---

[44] SANCHÍS, Luis Prieto. *La Filosofia Penal de la Ilustración: aportación a su estudio*. Madri: Universidad Complutense, 1985, p. 290.

fato e sistema processual penal acusatório em um programa político-criminal minimalista[45].

Thomasius, um dos pensadores mais significativos da ruptura com o Medievo penal, defende abertamente a secularização do Direito com a dessacralização do delito, a reestruturação processual, sobretudo probatória, e o fim das medidas sancionatórias de caráter redentor. Tarello, em comentários à obra do filósofo alemão, sustenta que "la doctrina penal de Thomasius representa el puente entre la doctrina penal del absolutismo del setecientos, expressados en el sistema hobbesiano y pufendorfiano, y la doctrina penal del iluminismo del XVIII"[46].

Na Itália, os postulados liberais da *Accademia dei Pugni*, capitaneada pelos irmãos Pietro e Alessandro Verri e por Beccaria, adquirirão contornos de universalidade, sobretudo com a excelente recepção dos escritos na França, por intermédio de Voltaire. Não por outro motivo a obra de Beccaria é aclamada na academia como o ponto de partida do Direito penal, da criminologia e da política criminal da modernidade. No que tange ao processo penal, os pensadores da denominada Escola Clássica direcionaram suas críticas fundamentalmente ao uso irrestrito da tortura como mecanismo de produção probatória.[47]

Em solo francês, a teoria penal desloca o eixo do humanismo na perspectiva secularizadora de luta contra a intolerância, reivindicando a tutela dos direitos civis contra o arbítrio punitivo. Jean Paul Marat (*Plano de Legislação Criminal,* 1779) e Brissot de Warville (*Teoria*

---

[45] "Os fundamentos do Direito penal moderno são lançados em bloco pela Ilustração, tendo em vista a coerência de suas proposições: a lei penal – geral, anterior, taxativa e abstrata (legalidade) – advém de contrato social (jusnaturalismo antropológico), livre e conscientemente aderido por pessoa capaz (culpabilidade/livre arbítrio), que se submete à penalidade (retributiva) em decorrência da violação do pacto por atividade externamente perceptível e danosa (Direito penal do fato), reconstituída e comprovada em processo contraditório e público, orientado pela presunção de inocência, com atividade imparcial de magistrado que valora livremente a prova (sistema processual acusatório). (CARVALHO, Salo de. *Pena e Garantias.* 2. ed. Rio de Janeiro: Lumen Juris, 2003, p. 43).

[46] *Apud* SANCHÍS, Luis Prieto. *Op. cit.*, p. 297.

[47] Neste sentido, VERRI, Pietro. *Observações sobre a tortura.* São Paulo: Martins Fontes, 1992, p. 53-54; BECCARIA, Cesare de. *Dos Delitos e das Penas.* 6. ed. São Paulo: Atena, 1959, p. 63-69).

das Leis Criminais, 1777) serão os autores que melhor instrumentalizarão os princípios do iluminismo penal, mormente imprimirem ao liberalismo versão socialista utópica, formulando importantes projetos de reforma das instituições jurídico-penais.

5. CONCLUSÃO

O processo de laicização do Direito penal e processual penal, principalmente no Direito francês, é consequência de algumas causas trabalhadas neste artigo, dentre inúmeras que poderiam ser expostas, visto a natureza transdisciplinar da temática "Medievo". O texto restringiu-se, porém, à mudança na concepção de heresia desde o discurso médico e sua recepção pela jurisprudência, aliada ao processo de universalização das bases humanistas e racionalistas do liberalismo ilustrado. Nota-se, contudo, que o humanismo e o racionalismo estão inseridos no câmbio de concepção do próprio Direito Natural, ou seja, da sobreposição do jusnaturalismo antropológico ao teocêntrico. Assim, o processo que culmina com a erradicação do delito de heresia, simbolizando a ruptura secular entre delito e pecado, representa mudança nuclear no que tange à legitimidade dos sistemas jurídicos. Se os processos inquisitoriais eram justificados a partir da teoria jusnaturalista de ênfase teológica, a Ilustração igualmente utilizará fundamento de Direito natural, porém de sustentação humanitária. Despreza-se o Direito natural revelado em prol de um Direito natural conquistado pela revolução racionalista.

Contudo, resta indagar, em decorrência das hipóteses pontuadas anteriormente, se a teia prático-teórica de princípios que altera o eixo do Direito natural centralizando-o no homem realmente representou uma ruptura com a lógica inquisitorial.

A superação da crença teológica e a tentativa de sobreposição da razão com a finalidade de impor uma racionalidade na atuação dos atores processuais indicam inegável tendência de secularização na esfera do Direito processual penal. Na esfera do Direito penal material, a delimitação do delito na norma (princípio da legalidade) estabelece nítida ruptura com a antiga conjugação entre crime e pecado. Desde esta perspectiva, é preciso reconhecer que o movimento da Ilustração foi fundamental para o estabelecimento de uma visão completamente nova das estruturas jurídico-penais, opondo-se àquela racionalidade que sustentava o poder repressivo de um Príncipe legitimado pelo Clero. Somente a partir do liberalismo penal foi possível dinamizar uma teoria dos Direitos Humanos e destronar o discurso penal genocida sustentado pela Inquisição. Como lembra Mandrou, "o estabelecimento desta nova jurisprudência faz parte do esforço realizado no século XVII para superar o obstáculo metafísico interposto à constituição de uma ciência e de um pensamento fundamentados na razão. Constitui uma ilustração – a mais bela talvez – de uma crise de consciência, que é também, por imagem, uma crise de crescimento"[48].

No entanto, é imprescindível perceber, para que a avaliação histórica não represente mero exercício lúdico de academia, que as reformas oitocentistas no discurso penal e processual penal, ponto máximo do processo que se inicia no século XVI, apesar de estabelecerem como variável fundamental a secularização, com a radical separação entre Direito (delito) e moral (pecado), não lograram exorcizar a lógica inquisitorial da cultura penal do Ocidente. Lembra Legendre que se os movimentos de secularização na Europa "(...) desfizeram progressivamente ou brutalmente, segundo os vínculos da instituição com a Igreja e seu Direito pontifício, não destruíram o edifício tradicional do qual o Direito romano era, também ele propagador. (...) No caso do nacionalismo francês, a fundação do Estado napoleônico, onde a referência romana devia ser tão eficaz (temas do cônsul, depois do imperador, remissão alegórica a Justiniano codificador das leis romanas, etc.), ilustra à maravilha esse jogo de máscaras"[49].

Com o ápice do movimento ilustrado na Revolução de 1789, o Constituinte francês (1791) e posteriormente o Legislativo (*v.g.* Lei 16/1791), importando as técnicas processuais inglesas que, desde a Magna Carta de 1215 fixavam o sistema acusatório, reorganizam a estrutura do processo penal. Todavia, como leciona Jacinto Coutinho, "(...) antes do 'terror' havia espaço para uma tentativa de reconhecimento da democracia processual, inimaginável com Napoleão, um ditador como qualquer outro que, entre outras coisas, influenciou diretamente

48 MANDROU, Robert. *Op. cit.*, p. 455.

49 LEGENDRE, Pierre. *Op. cit.*, p. 91.

um retorno à estrutura do *ancien regime* (o espírito inquisitório seduz gente de tal porte, em qualquer lugar e época)"[50].

Com o Código de Napoleão, fonte inspiradora de grande parte da legislação processual penal de tradição latina, nasce o "processo misto". Cordero sintetiza o efeito desta elaboração legislativa: "e assim, pela Lei de 17 de novembro de 1808, nasce o chamado processo misto, monstro de duas cabeças: nos labirintos escuros da instruction [instrução preliminar] reina Luís XIV; segue uma cena disputada coram populo. Para alguns um capolavoro (...). Jean Constantin, Charles Domoulin, Pierre Ayrault, julgam-na menos bem: existe um abismo, nota o último, entre 'instrução secreta' e pública; 'é fácil a portas fechadas ajustar ou diminuir, produzir brigas ou impressões'; a audiência pública garante um trabalho limpo; 'haverá sempre alguma coisa a ser dita novamente' sobre os juízos não produzidos em público, do começo ao fim; 'esta face composta de mais olhos, mais orelhas, mais cabeças, que aquelas de todos os monstros e gigantes dos poetas tem mais força... para penetrar até as consciências e ali ler de que lado está o bom Direito, que a nossa instrução tão secreta'"[51].

Parece, pois, que a conclusão possível após esta leitura da história da organização da persecução penal é de que o processo de desconstrução do sistema processual, operado na Ilustração a partir da ideia de secularização, obteve como êxito "parcial laicização". Com as *Ordonnances* (1670 e 1682) de Luís XIV obtém-se um modelo inquisitório não confessional de instrução criminal o qual, com a recapacitação conferida por Napoleão, torna-se "o" sistema processual penal – "o mito escolástico foi retrabalhado, reformado, retranscrito, mas não demolido"[52].

A burla de etiquetas do Código Napoleônico (Processo Misto) apenas mantém viva estrutura cuja principal característica primordial é a concentração dos poderes instrutórios na figura do juiz (ator): "Napoleão recriou um Justiniano imaginário, personagem simbólico outrora venerado pelos medievais, edificadores do Direito Canônico pontifício"[53].

---

[50] COUTINHO, Jacinto. *O papel do Novo Juiz no Processo Penal.* Rio de Janeiro: IAB, 1994, p. 41.

[51] CORDERO, Franco. *Op. cit.*, p. 73/4.

[52] LEGENDRE, Pierre. *Op. cit*, p. 181.

[53] LEGENDRE, Pierre. *Op. cit*, p. 175.

A institucionalização do sistema acusatório pela Revolução Francesa e a breve experiência (1789-1810) sepultada por um poder autoritário apenas revelam a triste conclusão de que, nos países de tradição jurídica latina, das garantias processuais gozadas desde 1215 na tradição do *common law* restou apenas o gosto de um triunfo não gozado.

Por fim, como referi em outro momento, "(...) a biografia das práticas penais, apesar de sua sinuosidade, tem demonstrado que a regra do poder penal é o inquisitorialismo, ou seja, que o discurso garantista de gênese ilustrada configurou uma variável insensata na estrutura das formas de poder, uma cisão acidental na história das violências da qual somos herdeiros inocentes, românticos poetas de um passado imaginário"[54].

6. REFERÊNCIAS BIBLIOGRÁFICAS

ASUA BATARRITA, Adela (coord). *El Pensamiento Penal de Beccaria: su actualidad*. Bilbao: Universidad de Deusto, 1990.

BAUBÉROT, Jean. Laicidade. *In* CANTO-SPERBER, Monique (org.). *Dicionário de Ética e Filosofia Moral* (II). São Leopoldo: EdUNISINOS, 2003.

BECCARIA, Cesare de. *Dos Delitos e das Penas*. 6. ed. São Paulo: Atena, 1959.

BOFF, Leonardo. *Inquisição: Um espírito que continua a existir*. *In* EYMERICH, Nicolau. *Manual dos Inquisidores*. Rio de Janeiro: Rosa dos Tempos; Brasília: EdUnB, 1993.

BORNHEIM, Gerd; NOVAES, Adauto. *A Descoberta do Homém e do Mundo*. São Paulo: Companhia das Letras, 1998.

CARVALHO, Salo de. *Pena e Garantias*. 2. ed. Rio de Janeiro: Lumen Juris, 2003.

__________. Tântalo no Divã. *Revista Brasileira de Ciências Criminais* (50). São Paulo: RT, 2004.

CORDERO, Franco. *Guida alla Procedura Penale*. Torino: Utet, 1986.

__________. *Procedura Penale*. 5. ed. Milano: Giuffrè, 2000.

COUTINHO, Jacinto. *Introdução aos Princípios Gerais do Direito Processual Penal Brasileiro*. Revista de Estudos Criminais (01). Sapucaia do Sul: ITEC/Notadez, 2000.

__________. *O Papel do Novo Juiz no Processo Penal*. Direito Alternativo: anais do evento comemorativo do Sesquicentenário do Instituto dos Advogados Brasileiros. Rio de Janeiro: IAB, 1994.

54 CARVALHO, Salo de. Tântalo no Divã. *Revista Brasileira de Ciências Criminais* (50). São Paulo: RT, 2004, p. 117.

DUSSEL, Enrique D. *Da Secularização ao Secularismo da Ciência Europeia, desde o Renascimento até o Iluminismo. In* Caminhos para Libertação Latino -Americana (II). São Paulo: Paulinas, 1984.

EYMERICH, Nicolau. *Manual dos Inquisidores*. Rio de Janeiro: Rosa dos Tempos; Brasília: EdUnB, 1993.

FOUCAULT, Michel. *Vigiar e Punir*. 8. ed. Petrópolis: Vozes, 1991.

_________. *Historia de la Locura en la Época Clássica*. 2. ed. México (DF): Fondo de Cultura, 1992.

_________. *Microfísica do Poder*. . 6. ed. Rio de Janeiro: Graal, 1986.

FREUD, Sigmund. *Una dificultad del Psicoanalisis. In* Obras Completas (III). Madrid: Biblioteca Nueva, 1996.

GONZAGA, João Bernardino. *A Inquisição em seu Mundo*. São Paulo: Saraiva, 1993.

JARDIM, Afrânio Silva. *Ação Penal Pública: princípio da obrigatoriedade*. 2. ed. Rio de Janeiro: Forense, 1994.

KRAMER, Heinrich & SPRENGER, James. *O Martelo das Feiticeiras*. 8. ed. Rio de Janeiro: Rosa dos Tempos, 1991.

LEGENDRE, Pierre. *O Amor do Censor: ensaio sobre a ordem dogmática*. Rio de Janeiro: Forense Universitária/Colégio Freudiano, 1983.

LEVACK, Brian. *A Caça às Bruxas*. 2. ed. Rio de Janeiro: Campus, 1989.

MANDROU, Robert. *Magistrados e Feitiçeiras na França do Século XVII*. São Paulo: Perspectiva, 1979.

NOVINSKY, Anita. *A Inquisição*. 2. ed. São Paulo: Brasiliense, 1983.

_________. & CARNEIRO, Ma. Luiza Tucci (orgs). *Inquisição: Ensaios sobre mentalidade, heresias e arte*. Rio de Janeiro: Expressão e Cultura; São Paulo. EDUSP, 1992.

SANCHÍS, Luis Prieto. *La Filosofia Penal de la Ilustración. Aportación a su estudio*. Anuario de Derechos Humanos (03). Madrid: Universidad Complutense, 1985.

VERRI, Pietro. *Observações sobre a Tortura*. São Paulo: Martins Fontes, 1992.

VOLTAIRE, François Ma. Arouet. *Comentário sobre o Livro Dos Delitos e Das Penas por um Advogado de Província. In* Comentários Políticos. São Paulo: Martins Fontes, 2001.

ZAFFARONI, Eugenio Raul. *Criminologia: aproximación desde un margen*. Bogotá: Temis, 1988.

_________; BATISTA, Nilo; SLOKAR, Alessandro; ALAGIA, Alessandro. *Direito Penal Brasileiro*. Rio de Janeiro: Revan, 2003.

Capítulo 13

DIMENSÕES DO DIREITO NA CULTURA ISLÂMICA[1]

ANTONIO CARLOS WOLKMER

SUMÁRIO: 1. Introdução. 2. Estrutura e instituições jurídicas na tradição do Islamismo. 3. O Direito muçulmano: modernização e desenvolvimento mundial. 4. Conclusão. 5. Referências bibliográficas.

1. INTRODUÇÃO

A história política e social da civilização islâmica está inegavelmente associada ao povo árabe do século VII d.C. e à criação de uma nova religião revelada por Maomé. A expressão *islam*, que significa "submissão" ou "rendição" completa à divindade, deu origem à forma *muslim* (muçulmano), representando aquele crente (seguidor) que se coloca em perfeita "resignação" a Deus. O islamismo, mais que uma religião monoteísta, constituiu uma civilização poderosa nascida das tradições pragmáticas do deserto e das confluências de culturas diversas. Tendo como base étnica diversos grupos, predominantemente árabes tribais e beduínos, o islamismo, descartando grandes dogmas e rígidas estruturas eclesiais, centraliza-se num monoteísmo absoluto dedicado a *Allah*, o deus único e fonte de toda ordem moral. O início da era islâmica ocorre quando o Profeta Maomé (Muhammad) abandona Meca, em 622, e dirige-se à cidade oásis de *Yathrib* (Medina), dando origem à famosa *fuga* (*Hégira* ou em árabe *hidjra*), base para o

---

1 Este capítulo é uma versão revista e atualizada de texto, originariamente, inserido na obra coletiva "Islamismo e Humanismo Latino", organizada por Arno Dal Ri Jr. e Ari Pedro Oro, publicado (e com a autorização expressa) da Editora Vozes, Petrópolis, 2004, p. 223-235.

calendário muçulmano. Neste local, organiza sua comunidade religiosa e, lutando contra o politeísmo, os velhos ídolos e as divergências entre as diversas tribos consegue reconquistar pela guerra santa a cidade sagrada de Meca. E, ao contrário do que se pode acreditar, a religião criada pelo Profeta não se revela um culto formalista, mecânico e dogmático, pois atribui relevância "à pureza de coração e à prática das boas ações (...)"[2]. Isso explica a inexistência de sacramentos e de uma casta fechada de sacerdotes como no cristianismo. Não são muitas as obrigações piedosas; dentre elas, sublinha-se: o exercício da oração cinco vezes ao dia, o pagamento de esmola aos pobres (*zakat*), o jejum durante o mês sagrado de Ramadã e uma peregrinação a Meca pelo menos uma vez na vida.

Não obstante as fontes religiosas do islamismo não serem muito claras, é inegável a influência do judaísmo e do cristianismo, comprovada nas crenças da imortalidade da alma e do juízo final, e nas punições (Inferno, ou seja *Jinna*) e recompensas (Paraíso) após a morte.[3]

Após o surgimento do islamismo, seus seguidores dividiram-se em inúmeras seitas, por vezes, politicamente antagônicas, destacando-se, principalmente, os *sunitas* (defensores das tradições praticadas à margem do Alcorão), os *xiitas* (contrários a qualquer fonte religiosa que não seja o Alcorão, assumindo posturas menos democráticas, formando segmentos por vezes radicais) e os *sufi* (adeptos de um ideal mais místico e ascético, em que a verdade só se efetiva através da revelação divina).

O desenvolvimento da civilização islâmica terá duas grandes influências fundadas no *Alcorão (Qur'an)* e nas tradições (*hadith*): a lei santa que estabelecia o comportamento do muçulmano diante de Deus e de seus semelhantes, e o misticismo *sufi* que orientava o coração para obtenção do conhecimento de Deus. Assim, toda a formação da cultura e da própria forma de ser da vida muçulmana está configurada no livro sagrado do *Alcorão* e em suas 114 *suras* (capítulos), enquanto

---

2 BURNS, Edward M. *História da civilização ocidental*. 23. ed. 1 v. Porto Alegre: Globo, 1979, p. 300; SOUZA, João Silva de. *Religião e Direito no Alcorão*. Lisboa: Estampa, 1986, p. 52-54.

3 BURNS, Edward M. *Op. cit.*, p. 300-301; PIAZZA, Waldomiro O. *Religiões da humanidade*. São Paulo: Loyola, 1977, p. 344-345.

corpo vigoroso de doutrinas e obrigações. Trata-se não só de obra-prima da literatura árabe, mas, igualmente de, um livro perfeito que trata da palavra de Deus (este é uno, indivisível e onipotente) revelada ao Profeta, e que contribui para integrar a comunidade dos crentes, estabelecendo a correta orientação para a vida espiritual e cotidiana.[4] Ainda que na sua essência seja um livro religioso e sublime, o *Alcorão*, revelado ao Profeta e consolidado após a morte de Maomé, por um de seus seguidores (Abu Bakr), tornou-se o código máximo da organização política, moral e jurídica do Islã.[5]

Pela força integradora de sua religião e determinação política dos sucessores de Maomé (os califas), a civilização islâmica teve uma rápida expansão, conquistando

> (...) num século a Síria, o Egito, o Maghreb, a Espanha e mesmo a Gália (até a sua derrota em Poitiers, em 731), a Pérsia, Turquestão, mais tarde a Índia e a Indonésia. Os grandes impérios muçulmanos dominam nos séculos VIII e IX da nossa era; os Abássidas mantêm o poder em Bagdad até o século XIII. Dos séculos XIII a XIX, o Império Turco domina uma grande parte do mundo muçulmano.[6]

Cabe lembrar que a dominação muçulmana da Península Ibérica (principalmente do sul da Espanha e Portugal) durou oito séculos, dando-se o processo final de reconquista com a vitória de Castela sobre os árabes, na cidade de Granada, em 1492.

Como lembra Edward Burns, a influência da civilização islâmica foi indiscutível na segunda etapa da Europa Medieval, no começo da Europa Moderna e no desenrolar da contemporaneidade de diversos Estados. Certamente que a filosofia muçulmana foi

> quase tão importante como o cristianismo no fornecimento de uma base para o pensamento escolástico do século XIII, uma vez que foram os muçulmanos que tornaram acessíveis ao Ocidente, as obras completas de Aristóteles e indicaram de modo mais completo o uso que se podia fazer de tais obras em apoio da doutrina religiosa.[7]

---

4 Cf. ROBINSON, Francis. *O mundo islâmico*: esplendor de uma fé. v. 1. Lisboa: Edições del Prado, 1997, p. 27-28.

5 Ver: SOUZA, João Silva de. *Op. cit*., p. 29 e 61.

6 GILISSEN, John. *Introdução histórica ao Direito*. Lisboa: Calouste Gulbenkian, 1986, p. 119.

7 BURNS, Edward M. *Op. cit.*, p. 310-311.

Em síntese, a importância da civilização islâmica permite contemplar e apreciar diversos campos culturais, dentre os quais o seu sistema de controle e regulamentação social. Assim, justifica-se uma incursão teórica ao Direito muçulmano, tendo presente sua característica maior que é a vinculação direta e dependência total à religião.

2. ESTRUTURA E INSTITUIÇÕES JURÍDICAS NA TRADIÇÃO DO ISLAMISMO

Ainda que o Islã tenha uma tradição jurídica de treze séculos, é, como lembra Giordani, a partir do século XVIII que o Direito muçulmano começa a merecer a atenção dos juristas ocidentais.[8] Mesmo que o Direito muçulmano apresente elementos de originalidade, não deixa de possuir determinadas influências externas (sincretismo oriental), advindas de preceitos da legislação hebraica (originários das regiões submetidas pelos árabes) e do Direito Romano-bizantino, reelaborados por jurisconsultos muçulmanos[9].

Expressão do livro sagrado – *Alcorão* – o Direito muçulmano está, no dizer de Mario Losano, "subordinado ao ritual religioso; por isso a ciência jurídica é vinculada pela teologia, ainda que estas disciplinas tenham na cultura islâmica uma extensão e uma relação recíproca diferentes das que possuem na cultura ocidental"[10].

Assim, por ser revelado por Deus e parte integrante da religião, o Direito abrange, de um lado, "uma teologia fixando os dogmas e a crença, e, de outro, as regras de conduta que devem ser observadas pelo crente (*char* ou *châr'ia, Shari'a*)[11].

---

[8] Cf. GIORDANI, Mario Curtis. *História do mundo árabe medieval*. Petrópolis: Vozes, 1985, p. 275. Para um exame das instituições legais pré-islâmicas e a formação das doutrinas jurídicas posteriores, consultar: SCHACHT, Joseph. *Introduction au droit musulman*. Paris: Maisonneuve et Larose, 1999.

[9] Cf. GIORDANI, Mario C. *Op. cit*., p. 281-282; CHARLES, R. *Le droit musulman*. 4. ed. Paris: PUF, 1972, p. 21-22.

[10] LOSANO, Mario G. *Os grandes sistemas jurídicos*. São Paulo: Martins Fontes, 2007, p. 401.

[11] DEMO, Wilson. *Manual de história do Direito*. Florianópolis: OAB/SC, 2000, p. 40.

Para o exame sucinto de sua estrutura legal e suas instituições, importa fazer referência às suas *fontes*, seus *rituais*, sua *organização judiciária* e seu *sistema, enquanto ciência.*

Preliminarmente, sobre suas *principais fontes*, o estudo de Louis Milliot vem a ser um dos mais completos, ao distinguir, no Direito muçulmano, fontes legais originais, derivadas e espontâneas.[12]

As fontes legais originais básicas que se confundem com a própria teologia islâmica são o *Alcorão* (recitação, ou recitar em voz alta) e a *Sunna* (tradição sagrada). O *Alcorão* (*Qur'an*) é a fonte primeira e fundamental do Direito, sendo repartido em 114 *suras* ou capítulos, e subdivididos em 6.236 versículos (*ayets*).[13] Essa obra profética e eloquente, que proclama que "não há outro Deus senão Allah e que Maomé é seu Profeta", não foi escrita diretamente por Maomé, mas pelos seguidores que transmitiram seus pensamentos, num verdadeiro ato de fé. Algumas características são, na descrição de Pansier e Guellaty inconfundíveis como: a) a obra é definitiva e imutável: o crente não poderá colocar em dúvida a palavra de Deus, na qual Maomé não é senão um fiel transmissor; b) não se trata de um código convencional, tampouco um monumento de doutrina jurídica. Somente um décimo dos versículos contém regras de direitos que poderão ser utilizados pelos juristas. O livro registra um conjunto de preceitos relacionados à vida dos crentes, quer sob o ponto de vista religioso, quer sob os aspectos morais, familiares, sociais e públicos; c) o *Alcorão* não é obra de intelectuais e nem de teólogos, mas do povo simples e de todos em geral; d) por fim, o texto define a legitimidade e a autoridade do Profeta e de seus sucessores, como porta-vozes de *Allah*.[14]

Uma segunda fonte está configurada na *Sunna* ("conduta", "comportamento") que expressa o conjunto de tradições (*hadith*) referentes às práticas e intentos de Maomé, adaptados e propagados oralmente

---

[12] Cf. MILLIOT, Louis; BLANC, François-Paul. *Introduction à l'étude du droit musulman*. Paris: Dalloz, 2001, p. 83-165.

[13] Cf. *O Alcorão*. Tradução do árabe para o português por Mansour Challita. Rio de Janeiro: Ass. Cultural Internacional Gibran, s/d., p. 17.

[14] Cf. PANSIER, Frédéric-Jérôme; GUELLATY, Karim. *Le droit musulman*. Paris: PUF, 2000, p. 24-25.

por seus seguidores. Equiparada ao *Alcorão* em termos de importância, a *Sunna* ganhou força ao dispor sobre situações novas não previstas pelo livro sagrado ou, ainda, em ações "com instituições estrangeiras que passam a integrar o Estado muçulmano e que, por isso, devem ser impregnados do espírito da nova religião"[15]. Assim, no decurso dos séculos, os *hadith* foram recolhidos e consagrados em compilações, acabando por se impor como tradição definitiva.

A insuficiência do *Alcorão* e da *Sunna* para casos particulares implica recorrer às fontes legais derivadas como: *Idjma'* e *Qiyâs* (ou *Kiyas*). O *Idjma'* é o acordo (consenso) da comunidade de teólogos-juristas sobre regras do *Alcorão* e da *Sunna* que se tornam infalíveis e definitivas. Uma vez estabelecida a interpretação, a solução não pode ser contestada, o que leva à assertiva de que o *Idjma'* é, basicamente, a fonte dogmática por excelência do Direito muçulmano.[16] Trata-se, na verdade, de uma garantia acertada que implica solução, extraindo da lei as aplicações práticas para um plano geral. É a afirmação, como lembram Pansier e Guellaty não da lei, mas do dogma elaborado por teólogos e juristas.[17] Assinala, corretamente, Giordani, que o *Idjma'* assumiu uma função significativa "(...) na história do Islã, quer no sentido de introduzir novas ideias e novas adaptações, quer também no sentido de eliminar elementos ultrapassados"[18]. Suprindo as lacunas das três fontes até agora apontadas, surge a *qiyâs*, que designa uma dedução ou raciocínio por analogia. Trata-se de outra fonte (subdiária) da lei revelada, aplicada a partir do *Alcorão* e da *Sunna* para resolver um problema novo, criada em razão de não se encontrar "nos livros de *fiqh* uma resposta suficientemente precisa". Admitiu-se, por consenso da comunidade islâmica, o caráter lícito da analogia, como fonte do Direito. Isso permite que num sistema jurídico baseado no princípio da autoridade, o raciocínio por analogia seja considerado

---

15 GIORDANI, Mario C. *Op. cit.*, p. 277; PANSIER, Frédéric-Jérôme e GUELLATY, Karim. *Op. cit.*, p. 26.

16 Cf. DAVID, Rene. *Os grandes sistemas do Direito contemporâneo*. 3. ed. São Paulo: Martins Fontes, 1998, p. 413; GILISSEN, John. *Op. cit.*, p. 120; MILLIOT, Louis; BLANC, François-Paul. *Op. cit.*, p. 106-115.

17 PANSIER, Frédéric-Jérôme; GUELLATY, Karim. *Op. cit.*, p. 28.

18 GIORDANI, Mario C. *Op. cit.*, p. 278.

como forma supletiva e não criativa de interpretação e de aplicação do Direito.[19] Observa Wilson Demo que

> até o século VIII, os juristas procuraram fixar as fontes da lei divina, sendo que a partir daí as possibilidades de interpretação foram sendo limitadas, até que totalmente proibidas. Estando a lei formulada, nada mais havia a ser acrescentado, bastando ao muçulmano observar o que lhe foi posto.[20]

Daí a imutabilidade da doutrina, não podendo ser alterada por nenhuma autoridade. Não existe autonomia para criar o Direito, a admissão de certas regras só é permitida se não contrariar a *Châr'ia,* a lei suprema da comunidade muçulmana.[21]

Segundo Milliot e Blanc, distintamente das fontes legais do Direito muçulmano, quer sejam formais e originais (*Alcorão* e *Sunna*), quer sejam racionais e derivadas (*Idjma'* e *Qiyâs*) existem duas outras fontes de natureza espontâneas: o costume, conduta local (*'orf*) e a jurisprudência (*'amal*).

Certamente, o costume da época do Profeta acabou transformando-se na *Sunna*. Há uma pluralidade de costumes da realidade islâmica, sendo admitido somente aqueles que não se opõem ao texto sagrado e desde que sua necessidade se torne absoluta.[22] Escrevem Milliot e Blanc que o papel da jurisprudência na formação do Direito muçulmano não tem sido considerado senão em um período relativamente recente. As soluções da jurisprudência são, em parte, encontradas nas obras de prática judiciária, expressas, particularmente, nas coleções de atos, consultas e comentários jurídicos.[23] Sob o aspecto geral, a jurisprudência muçulmana visa, no dizer dos autores franceses, a

> suprir a carência da *châr'ia* diante das necessidades imperiosas da prática. Com a jurisprudência, alcança-se, assim, a regularização de instituições manifestamente contrárias aos textos do *Alcorão* e da *Sunna*, integrando no Direito positivo muçulmano instituições costumeiras estranhas ao *Char*, quer

---

19 Cf. DAVID, Rene. *Op. cit.*, p. 415; PANSIER, Frédéric-Jérôme; GUELLATY, Karim. *Op. cit.*, p. 28.

20 DEMO, Wilson. *Op. cit.*, p. 43.

21 *Ibidem*.

22 Cf. MILLIOT, Louis; BLANC, François-Paul. *Op. cit.*, p. 137-138; GIORDANI, Mario C. *Op. cit.*, p. 280.

23 Ver: MILLIOT, Louis; BLANC, François-Paul. *Op. cit.*, p. 149-150.

> por sua origem, quer por seu caráter. Pode-se agrupar em torno dessas ideias diretrizes, todas as construções da jurisprudência muçulmana.[24]

Não obstante uma certa unanimidade no terreno da prática jurídica, algumas divergências secundárias aparecem na comunidade islâmica, configurando quatro grandes escolas de Direito, cada qual tendo um *rito* próprio na interpretação e aplicação do Direito. Assim, pode-se assinalar que, além dos procedimentos ortodoxos que respeitam a tradição (a *Sunna*), como os ritos *hanefita* (predominante na Turquia, Paquistão, Índia e China), *malequita* (muçulmanos da África), *chafiitas* (Malásia e Indonésia) e *hambalita* (dominante na Arábia e no golfo arábico), também pode-se acrescentar o rito *xiita* praticado no Irã e no Iraque.[25]

Como assinala René David, ainda que no Direito muçulmano os ritos possam diferir em muitos aspectos, os princípios norteadores continuam a ser os mesmos. Um aspecto prático dessa questão é visto no reconhecimento das prescrições feitas aos juízes, por parte dos governantes islâmicos, de ritos diversos daqueles que são seguidos em determinada comunidade.[26]

A trajetória da *organização judiciária* está intimamente ligada à religião e ao surgimento da jurisdição do *qhâdi*, a partir da dinastia árabe dos Omíadas. Após os primeiros séculos da *Hégira*, o poder de julgar dos *emires* (governadores e dos califas) foi gradualmente transmitido para os *cádis*, funcionários responsáveis pelos serviços da justiça e pelos poderes da polícia. Assim, o *cádi* (*qhâdi*) é o eixo central de toda estrutura jurídica, pois acumula as funções administrativas e judiciárias, e, mais do que um simples juiz monocrático religioso, atuará como um consultor de governantes, em matéria de prática religiosa, e como protetor dos pobres e dos órfãos.[27] O sistema de jurisdição passou por inúmeras transformações no tempo e no

---

24 MILLIOT, Louis; BLANC, François-Paul. *Op. cit.*, p. 159.

25 Cf. PANSIER, Frédéric-Jérôme; GUELLATY, Karim. *Op. cit.*, p. 42-43; GIORDANI, Mario C. *Op. cit.*, p. 279-280; AL-QAYRAWÃNI, Ibn Abi Zayd. *Compendio de derecho islamico*. Edición de Jesús Riosalido. Barcelona: Trota, 1993, p. 28-30.

26 Cf. DAVID, Rene. *Op. cit.*, p. 413.

27 Cf. PANSIER, Frédéric-Jérôme; GUELLATY, Karim *Op. cit.*, p. 31-34. Consultar, ainda: TYAN, Émile. *Histoire de l'Organization Judiciaire en Pays d'Islam*. 2. ed. Leiden: E. J. Brill, 1960.

espaço, existindo várias modalidades de tribunais, aplicando regras costumeiras, regulamentos das autoridades e preceitos do Direito islâmico. Autores como Giordani[28] assinalam, com ênfase, de um lado, a natureza religiosa das magistraturas judiciárias – a meta essencial do juiz "é fazer respeitar e aplicar a *châr'ia*" – de outro, a conexão estreita "dessas magistraturas ao chefe do Estado", não havendo a chamada separação dos poderes. Na verdade, o juiz revela-se sempre, um delegado da autoridade pública e religiosa constituída, sendo auxiliado, em sua função, por um Conselho e por testemunhas (os *udul*), de sua confiança, por ele nomeadas. Quanto ao processo muçulmano, distintamente do procedimentalismo ocidental, apresenta natureza pouco formalista. Isso se comprova, igualmente, no fato de que os mais importantes meios de provas são as formas orais e o juramento, desconsiderando-se a existência de arquivos escritos das decisões proferidas. De qualquer modo, o Direito processual é do tipo contraditório e não atribui força normativa ao precedente. Admitindo influência bizantina nos primórdios da estrutura judiciária muçulmana, Losano assevera que a figura do *cádi*, como juiz religioso, não conhece limitações jurisdicionais, pois

> decide sozinho causas civis e penais e contra a sua decisão não há apelo, mas apenas recurso (...) ao soberano. Esta rigidez é contrabalançada pelo facto de o Direito islâmico não conhecer a autoridade da coisa julgada (...). O mesmo facto pode ser decidido por outro juiz, ou o *cádi* pode emitir uma nova sentença sobre o mesmo caso, em presença de certas condições.[29]

No entanto, esses procedimentos vêm, em tempos mais recentes, sofrendo certas modificações.[30]

Duas outras expressões marcantes na tradição jurídica romano-germânica e que merecem esclarecimento na tradição islâmica são: a ciência do Direito e o significado da própria lei. A ciência do Direito (*Fiqh*), enquanto expressão dos conhecimentos derivados das fontes legais islâmicas, compreende a inteligência ou sabedoria da lei. Certamente, a *Châr'ia* e o *Fiqh*, que constituem a lei do Islã, "são considerados o conteúdo de todo pensamento jurídico do Islã. A *Châr'ia*

---

28 Cf. GIORDANI, Mario C. *Op. cit.*, p. 287-289; DAVID, Rene. *Op. cit.*, p. 426.

29 LOSANO, Mario G. *Op. cit.*, p. 430-431.

30 *Ibidem*.

é a rota, o caminho a seguir, a preocupação cotidiana do habitante do deserto (...)"[31]. Assim, se a *Sunna* é o caminho seguido pelo Profeta, a imitação do enviado de Deus, o *Fiqh* é a inteligência da *Châr'ia*, a lei revelada. Segundo Milliot e Blanc,

> o *Fiqh* é o conhecimento daquilo que é permitido ou interditado para um homem fazer. (...). Trata-se, portanto, de uma ciência dos direitos e dos deveres do homem, de uma deontologia. A definição não se aplica somente aos atos humanos, mas compreende também questões abstratas de crença e de ética.[32]

Portanto, por um procedimento lógico, trata-se "da ciência das normas deduzidas da *Châr'ia*", o que não inviabiliza que uma complete a outra.[33]

Diferentemente de todas as outras formas de conceber a lei, no Islã, a lei sagrada implica um "conjunto universal de deveres religiosos, uma totalidade de mandamentos de Allah, que regulam a vida de cada muçulmano sob todos seus aspectos. A lei compreende obrigações referentes às preces e aos ritos, assim como às regras políticas e legais (...)"[34]. Não se pode jamais esquecer, como lembra Joseph Schacht, que o conteúdo jurídico faz parte de um sistema de regras religiosas e morais.[35] Nos países de tradição romano-germânica, a lei é escrita, legislada, tornada obrigatória por uma autoridade pública competente e provida de sanção explícita. Já, na cultura muçulmana, a lei é

> uma decisão de Deus intervindo sob a forma de uma comunicação (...). O domínio da lei compreende o campo inteiro das ações humanas. Seu objetivo não é de glorificar o legislador, mas Deus, libertando-se de todas as necessidades e promovendo o bem-estar do homem sob seus dois aspectos: o espiritual e o temporal.[36]

Assim, a autoridade da lei, conforme a tradição muçulmana, repousa, antes de tudo, na consciência dos homens e não na força

---

[31] MILLIOT, Louis; BLANC, François-Paul. *Op. cit.*, p. 168.
[32] MILLIOT, Louis; BLANC, François-Paul. *Ibidem.*
[33] MILLIOT, Louis; BLANC, François-Paul. *Op. cit.*, p. 168-169.
[34] SCHACHT, Joseph. *Op. cit.*, p. 11-13.
[35] *Ibidem.*
[36] SCHACHT, Joseph. *Op. cit.*, p. 173-174.

pública. A lei se aplica aos cidadãos muçulmanos e não aos infiéis ou àqueles que não acreditam no Deus único. A execução das leis compete à comunidade (*Umma*), sendo o califa (*khalifah*) durante séculos, seu guardião.[37]

Importa ainda assinalar, como se depreende de autores clássicos como Louis Milliot, que a questão da classificação das leis não merece a mesma atenção que a dos sistemas jurídicos dos países ocidentais não islâmicos. De qualquer modo, pode-se distinguir leis imperativas, proibitivas, facultativas, interpretativas e complementares.[38] Igualmente, não se atribui relevância à divisão fundamental, vigente nos Estados de origem latina, entre as leis de Direito público e as de Direito privado, tampouco a divisão interna da Ciência do Direito em ramos ou disciplinas diferentes. Certamente, ao que parece, a "(...) dissociação das funções legislativas, executiva e judiciária é um fenômeno recente na história dos países do Islã"[39].

3. O DIREITO MUÇULMANO: MODERNIZAÇÃO E DESENVOLVIMENTO MUNDIAL

Como se constata ao longo da história da comunidade islâmica, não houve grandes avanços dos seus sistemas normativos e das suas instituições jurídicas. As regras do Direito muçulmano foram constituídas por juristas-religiosos da Idade Média que, objetivando consolidar sua unidade religiosa e sua concepção ortodoxa de mundo, fundamentaram, com rigor, seus ritos e suas formas de vida. A partir do século X (d.C.) até o mundo moderno, o Direito muçulmano fechou-se a novas interpretações e ao fluxo das mudanças socioculturais. Mormente, como adverte René David, a principal ameaça ao Direito muçulmano

> (...) não parece ser tanto o risco de divisão do Islã, como outrora, mas o de que o *fiqh*, mantido no imobilismo, se transforme numa relação dos deveres de caráter inteiramente ideal e de alcance exclusivamente teológico, não interessando senão a alguns piedosos sábios, enquanto que a vida real seria

---

37 SCHACHT, Joseph. *Op. cit.*, p. 175.
38 SCHACHT, Joseph. *Op. cit.*, p. 183.
39 *Ibidem*.

governada por leis cada vez mais afastadas das concepções propriamente muçulmanas.[40]

Na verdade, estudiosos renomados da legalidade islâmica, como Louis Milliot, reconhecem que vem do século XIX a influência ocidental sobre o Próximo-Oriente muçulmano. Assim, a expansão colonial europeia provocou não só modificações nas áreas da política, economia e cultura, mas, igualmente, manifestações no interior das instituições jurídicas, o que explica, segundo o próprio Louis Milliot, que "o estudo da recepção do Direito ocidental constitui um capítulo importante na história das relações entre o Oriente e o Ocidente"[41]. Com preocupações similares, René David aponta três grandes características que se produziram, nos séculos XIX e XX, no âmbito da evolução jurídica contemporânea dos Estados islâmicos: primeiramente, "a ocidentalização do Direito, em grande número de assuntos" (incorporação de regras advindas das tradições *romano-germânica* ou da *common law*)[42]. Em seguida, a "codificação das matérias que escaparam a esta ocidentalização", particularmente, a legislação referente ao estatuto pessoal (Direito das pessoas, da família, das sucessões e da tutela), que, em alguns países, implicou inovações nem sempre compatíveis com a ortodoxia oficial.[43] Surge, desse modo, o desenvolvimento de jurisdições distintas: uma justiça receptiva a modificações, calcada no Direito comparado e na razão, e outra justiça imutável, fundada na autoridade e na fé. Isso permite, no dizer do comparativista francês, a constatação de que, em um número crescente de países islâmicos, operadores do Direito "são chamados a aplicar ao mesmo tempo Direito 'moderno' e Direito muçulmano"[44].

Ainda que se reconheçam os influxos da ocidentalização, não há de se presumir qualquer espécie de crise ou decadência do Direito muçulmano. Por certo que a descolonização da segunda metade do

[40] DAVID, Rene. *Op. cit.*, p. 423.

[41] MILLIOT, Louis; BLANC, François-Paul. *Op. cit.*, p. 607. Vide, também: LOSANO, Mario G. *Op. cit.*, p. 185.

[42] DAVID, Rene. *Op. cit.*, p. 427.

[43] DAVID, Rene. *Op. cit.*, p. 427-429.

[44] DAVID, Rene. *Op. cit.*, p. 429.

século XX e a conscientização política e econômica do Islã acabam bloqueando, como diz John Gilissen, a "influência dos sistemas jurídicos ocidentais; mais do que europeizar as suas instituições, os muçulmanos islamizam as instituições europeias que lhes são úteis"[45].

Um terceiro aspecto digno de menção é a presença de certo pluralismo jurídico na prática da comunidade islâmica mundial. Mesmo existindo uma unidade religiosa e uma tradição jurídica comum, não há um Direito muçulmano sistemático e igual para todos os países seguidores do Profeta. Diante da evolução política e da realidade social distinta entre os Estados muçulmanos, sua legislação positiva apresenta diferenciação, constituindo um cenário rico de pluralidades jurisdicionais antigas e modernas. Nesse sentido, são diversas as formas como o Direito muçulmano tem se apresentado na comunidade mundial, podendo ser reconhecidos grupos *fundamentalistas, reformistas* e *secularistas* (modernos). Um primeiro grupo é constituído por aqueles países que, mantendo os ritos antigos, os costumes locais e a rejeição radical ao Ocidente, consagraram a superioridade e a autoridade do Direito muçulmano, numa aplicação rigorosa da Lei corânica. Enquadram-se nessa orientação mais rígida, em geral, os Estados da Península Arábica, como Arábia Saudita, Iêmen, Omã, Emirados Árabes e Kuwait, além do Paquistão e do Afeganistão.[46] Um outro núcleo de Estados, que adotam a religião do Islã, são aqueles influenciados pela matriz jurídica da *common law* (Índia, Malásia, Bangladesh, Nigéria do Norte e Sudão), pelo modelo romanístico (África do Norte de língua francesa, Irã, Turquia) ou pelo holandês (parte da Indonésia). Trata-se, aqui, dos países que utilizam, concomitantemente, o Direito muçulmano (regula certas práticas da vida social) e o Direito de origem europeia (adotado para disciplinar a incorporação de novos institutos e novos procedimentos).[47] O caso mais conhecido tem sido o da Turquia (vinculada à tradição europeia e não árabe), que, em 1926, sofreu uma revolução, objetivando a modernização de suas instituições

---

[45] GILISSEN, John. *Op. cit.*, p. 123.

[46] Cf. DAVID, Rene. *Op. cit.*, p. 431; GILISSEN, John. *Op. cit.*, p. 123; LOSANO, Mario G. *Op. cit.*, p. 447.

[47] Cf. DAVID, Rene. *Op. cit.*, p. 431; GILISSEN, John. *Op. cit.*, p. 123; PANSIER, Frédéric-Jérôme; GUELLATY, Karim. *Op. cit.*, p. 91 e ss; CHARLES, Raymond. *Op. cit.*, p. 111-125.

políticas (realizada por Mustapha Kemal Ataturk) e adaptando ao seu sistema jurídico, o Direito Civil suíço.[48]

Por fim, a pluralidade jurídica islâmica é representada pelo bloco de países que estão interligados pela tradição religiosa muçulmana, mas que adotaram, ao longo do século XX, princípios políticos socialistas, principalmente de matriz marxista-leninista. Essa realidade é vivenciada por algumas nações islâmicas do norte da África (Tunísia, Argélia), da Europa (Albânia) e algumas repúblicas, da Ásia Central (Cazaquistão, Uzbequistão). Na experiência dessas repúblicas a ordem jurídica é laicizada, porquanto a meta essencial é viabilizar uma forma nova de sociedade, embasada sobre princípios diversos daqueles proclamados pelo Profeta Maomé. Em face de tal experiência, o Direito clássico muçulmano é minimizado e sua aplicação perde a importância nas jurisdições estatais. Na verdade, a legislação islâmica continua a ser observada de forma secundária e paralela ao Direito revolucionário, por vezes, "(...) quase clandestinamente, por populações que a filosofia oficial se esforça por desvincular do Islã"[49].

Dessas tendências, tem sido conhecido o enfrentamento dos "fundamentalistas" com os "secularistas" acerca das relações entre a ortodoxia do Islã, e temas, como a universalidade dos direitos humanos de perspectiva ocidental. Para os fundamentalistas, a *Châr'ia* – modelo jurídico muçulmano – "deve ser integralmente aplicado como o Direito do Estado islâmico. Segundo esta posição, há inconsistências irreconciliáveis entre a *Shari'a* e a concepção ocidental dos direitos humanos, e sempre que tal ocorra a *Shari'a* deve prevalecer"[50]. Essa visão acaba levando à discriminação dos direitos fundamentais das mulheres e dos cidadãos não muçulmanos (minorias). Por outro lado, os "secularistas" defendem a organização moderna e não religiosa da realidade sociopolítica. Nesse sentido, o islamismo vem a ser um movimento religioso "e não político e, como tal, as sociedades muçulmanas modernas são livres de organizar o seu governo do modo

---

[48] Cf. MILLIOT, Louis; BLANC, François-Paul. *Op. cit.*, p. 607; PANSIER, Frédéric-Jérôme; GUELLATY, Karim. *Op. cit.*, p. 100-102, 111-113.

[49] Cf. DAVID, Rene. *Op. cit.*, p. 431. Observar, também: CHARLES, Raymond. *Op. cit.*, p. 112-113.

[50] SANTOS, Boaventura de S. "Por uma concepção multicultural de direitos humanos." *Lua Nova*. São Paulo: CEDEC, n. 39, 1997, p. 118.

que julgarem conveniente e apropriado às circunstâncias. A aceitação de direitos humanos internacionais é uma questão de decisão política independente de considerações religiosas"[51].

Não cabe aqui assinalar qual a proposta mais correta, mas deixar expressa a relevância de um diálogo intercultural, capaz de viabilizar um projeto democrático de reciprocidades entre as fontes religiosas, originárias do Islã e o processo de racionalização, representado pela doutrina dos direitos humanos ocidentais.

4. CONCLUSÃO

Há de se pensar, por fim, na assertiva de estudiosos da cultura jurídica islâmica, como Joseph Schacht, de que a natureza do Direito muçulmano, em grande medida, é marcada por uma história de contrastes entre a teoria e a prática. Trata-se de um Direito caracterizado pelo ideal religioso, pelo rigorismo das práticas e pelo reconhecimento da autoridade dos sábios. Distintamente da trajetória constitutiva, secularizada e formalista do Direito dos países ocidentais (centralizado politicamente e com pretensões universalistas), o Direito muçulmano não tem, no Estado, a fonte por excelência da ordem legal, pois está fundado na autoridade religiosa que legitima uma certa "ciência jurídica", assentada na estabilidade e continuidade das tradições.[52] Esse tradicionalismo, delineador do perfil central do Direito muçulmano e que se justifica na legitimidade da religião e não na vontade do indivíduo racional, tem levado em contraposição ao etnocentrismo Ocidental[53], revestido de preconceito colonialista, que considera o modelo de juridicidade do Islã como pré-moderno. Certamente, no tradicionalismo ortodoxo das culturas pré-modernas – que marcam as grandes religiões proféticas, a coesão social não é obtida através da unidade produzida pela racionalidade legal, mas, sim, através da crença e da revelação que dá fundamento à ordem social e à estruturação do Estado e do Direito.

---

51 SANTOS, Boaventura de S. *Op. cit.*, p. 118-119.

52 Cf. SCHACHT, Joseph. *Op. cit.*, p. 165, 172-173.

53 Consultar: SAID, Edward W. *Orientalismo*. 4. ed. Barcelona: Novoprint/Bolsillo, 2006.

O grande desafio às numerosas práticas contemporâneas assumidas pelo fundamentalismo[54] – quer seja político-ideológico, quer seja religioso – é a luta mundial para implementar um diálogo intercultural que requer procedimentos flexíveis, democráticos e solidários. A questão que se põe é como viabilizar uma aproximação entre a rica tradição espiritualista do islamismo e o universalismo humanista do ocidente. Não há dúvida que a perspectiva do humanismo – que aparece no movimento renascentista, da Itália, dos séculos XV e XVI – constrói uma concepção de Direito e de Poder, tomando como base a natureza humana. A estruturação da lei e do poder não se efetiva através da religião ou da autoridade por ela constituída, mas seu fundamento primário assenta na vontade livre do homem e na dignidade humana.

No Direito islâmico, o valor do ser humano repousa na palavra de Deus (*Allah*) que expressa e delimita o papel dos homens na sociedade. No sentido profético, o ser humano não dispõe de autonomia, tampouco de individualidade enquanto liberdade para exercer sua vontade a partir de si mesmo. Na verdade, as leis e o poder são emanações do divino, do sagrado e da tradição revelada. Trata-se, portanto, de outra dimensão valorativa, marcada por uma óptica de prioridades diferenciadas. Daí o choque entre a Lei corânica (a *Châr'ia*) com a concepção ocidentalizada e universalista dos direitos humanos. Ora, os "direitos humanos (*huqûq al-insan*), noutras palavras, não tem nenhum fundamento fora, ou (...), contra os direitos de Deus (*huqûq Allah*). Sobretudo, porque todo ser humano, segundo o pensamento teológico muçulmano, nasce disposto naturalmente ao Islã, a crer no único Deus"[55].

A valorização do ser humano, tão cara à corrente do humanismo – principalmente de tradição latino-ocidental – enquanto ser racional, igual e livre, não encontra paralelo na cultura islâmica, que tem seu

---

[54] Observar, nesse sentido, as reflexões sobre os perigos do "fundamentalismo" levantadas pelo constitucionalista alemão Peter Häberbe, em: "El fundamentalismo como desafío del Estado constitucional: consideraciones desde la ciencia del derecho y de la cultura." In: *Retos actuales del estado constitucional*. Oñati: IVAP, 1996, p. 133-162.

[55] PACE, Enzo. *Sociologia do Islã*. Fenômenos Religiosos e Lógicas Sociais. Petrópolis: Vozes, 2005, p. 318. Constatar, igualmente: MUZAFFAR, Chandra."Islã e os Direitos Humanos". In: BALDI, Cesar A. (Org.). *Direitos Humanos na Sociedade Cosmopolita*. Rio de Janeiro: Renovar, 2004, p. 309-322.

modelo de Direito positivo na exclusividade da Lei religiosa. Enquanto nessa, a formulação da dignidade humana está vinculada e submetida à religião, a mesma concepção, na cultura ocidental, está associada à natureza racional do homem que define os seres humanos como iguais, independente de etnia, religião, sexo e idade, expressando uma concepção abstrata, secularizada e universal.

Não obstante as dificuldades, as resistências e os obstáculos culturais, há de se buscar uma melhor aproximação de certa tradição espiritualista do islamismo oriental (não se trata, aqui, do fundamentalismo muçulmano, do "Islã político", ou do "revivalismo islâmico") com a universalidade do humanismo da cultura ocidental. Desse modo, o desafio está, presentemente, no esforço em "conciliar o aspecto humanístico do Alcorão com a moderna cultura dos direitos"[56] humanos. Se há fatores relevantes do Islã – a volta à pureza e integralidade de conduta, bem como extrair uma mensagem humanista do Alcorão, contribuindo para superar a visão metafísica e individualista dos direitos humanos ocidentais – que podem ter uma influência significativa na vida das instituições político-jurídicas ocidentais, não menos importante será para a tradição muçulmana a absorção de certos princípios (liberdade, dignidade humana e direitos fundamentais) engendrados pelo projeto cultural universalista da modernidade (Iluminismo). Seja como for, sem cair nos "fundamentalismos" que se podem encontrar em toda e qualquer cultura – quer no Ocidente, quer no Oriente – importa pautar por uma pluralidade de fontes normativas (revisão crítica) e buscar um novo modo de vida, fundado num diálogo intercultural acerca dos direitos de reconhecimento da dignidade humana, projeto que poderá expressar uma "solidariedade sem-fronteiras", resultante da legitimidade espiritual islâmica com o humanismo iluminista e pós-metafísico do ocidente.

5. REFERÊNCIAS BIBLIOGRÁFICAS

ABED AL-JABRI, Mohammed. *Introdução à Crítica da Razão Árabe*. São Paulo: UNESP, 1999.

ALCORÃO. Tradução para o português por Mansour Challita. Rio de Janeiro: Ass. Cultural Internacional Gibram, s/d.

[56] PACE, Enzo. *Op. cit.*, p. 331.

AL-QAYRAWÃNI, Ibn Abi Zayd. *Compendio de derecho islamico*. Edición de Jesús Riosalido. Barcelona: Trota, 1993.

BELLEFONDS, Linant de. *Traité de Droit Musulman Comparé*. Paris: Mouton, 1967.

BURNS, Edward M. *História da civilização ocidental*. 23. ed. 1 v. Porto Alegre: Globo, 1979.

CAMPOS NETO, Antonio A. Machado. "A Châr'ia Muçulmana". *Revista da Fac. de Direito da Universidade de São Paulo*. V.101, jan./dez.2006, p. 33-70.

DAVID, Rene. *Os grandes sistemas do Direito contemporâneo*. 3. ed. São Paulo: Martins Fontes, 1998.

DEMO, Wilson. *Manual de história do Direito*. Florianópolis: OAB/SC, 2000.

CHARLES, Raymond. *Le droit musulman*. 4. ed. Paris: PUF, 1972.

COULSON, Noel James. *Histoire du Droit Islamique*. Paris: PUF, 1995.

GILISSEN, John. *Introdução histórica ao Direito*. Lisboa: Calouste Gulbenkian, 1986.

GIORDANI, Mario Curtis. *História do mundo árabe medieval*. Petrópolis: Vozes, 1985.

HÄBERBE, Peter. "El fundamentalismo como desafío del Estado constitucional: consideraciones desde la ciencia del derecho y de la cultura." In: *Retos actuales del estado constitucional*. Oñati: IVAP, 1996.

LOSANO, Mario G. *Os grandes sistemas jurídicos*. São Paulo: Martins Fontes, 2007.

MILLIOT, Louis; BLANC, François-Paul. *Introduction à l'étude du droit musulman*. Paris: Dalloz, 2001.

MUZAFFAR, Chandra. "Islã e Direitos Humanos". In: BALDI, César A. (Org.). *Direitos Humanos na Sociedade Cosmopolita*. Rio de Janeiro: Renovar, 2004, p. 309-322.

PACE, Enzo. *Sociologia do Islã*. Fenômenos Religiosos e Lógicas Sociais. Petrópolis: Vozes, 2005.

PANSIER, Frédéric-Jérôme; GUELLATY, Karim. *Le droit musulman*. Paris: PUF, 2000.

PIAZZA, Waldomiro O. *Religiões da humanidade*. São Paulo: Loyola, 1977.

QUESADA, Juan Martos. *El Mundo Jurídico Al-Andalus*. Madrid: Delta Publicaciones, 2005.

ROBINSON, Francis. *O mundo islâmico*: esplendor de uma fé. v. 1. Lisboa: Edições del Prado, 1997.

SAID, Edward W. *Orientalismo*. 4. ed. Barcelona: Novoprint/Bolsillo, 2006.

SANTOS, Boaventura de Souza. *Por uma concepção multicultural de direitos humanos*. Lua Nova. São Paulo: CEDEC, n. 39, 1997.

SCHACHT, Joseph. *Introduction au droit musulman*. Paris: Maisonneuve et Larose, 1999.

SOUZA, João Silva de. *Religião e Direito no Alcorão*. Lisboa: Estampa, 1986.

TYAN, Émile. *Histoire de l'Organization Judiciaire en Pays d'Islam*. 2. ed. Leiden: E.J. Brill, 1960.

Capítulo 14

REFLEXÕES SOBRE A HISTÓRIA DO DIREITO CHINÊS

PAULO RONEY ÁVILA FAGÚNDEZ[1]

1. INTRODUÇÃO

O presente capítulo tem por objetivo focalizar a história do Direito na China. Para os ocidentais, a China ainda continua um grande mistério no que tange ao conhecimento do seu sistema normativo.

Contudo, primeiramente, deve-se destacar que, ao contrário dos demais, não se trata de um texto linear. A própria história do Direito Chinês não o é. Na China o passado está sempre presente.

O passado é o presente, mesmo com todas as mudanças que operaram na sociedade chinesa nos últimos séculos. Para eles, passado e presente atuam dialeticamente, complementando-se.

Na verdade, estuda-se muito pouco o sistema jurídico dos países do Extremo Oriente no Ocidente.

Como se descreverá no corpo do texto, há na cultura daqueles povos uma religiosidade intrínseca, cotidiana que, de alguma forma,

[1] Professor Associado I do Curso de Direito da UFSC. Pós-doutor em direitos especiais pelas Universidades Lusíada de Lisboa e do Porto. Mestre e Doutor em Direito pela UFSC. Procurador do Estado de Santa Catarina. Estudou na China nas Universidades de Qufu, Shandong e Wuhan. Autor de Direito e Taoísmo, Direito e holismo, Direito e hipercomplexidade, todos publicados pela LTr, de São Paulo, dentre outros.

rege as condutas humanas. Nas sociedades consideradas primitivas também se vê o papel de destaque das religiões.

Na China antiga também o papel da moralidade sempre foi relevante, expressando-se nas mais diversas religiões.

Contudo, por outros motivos, a cultura tradicional do Extremo Oriente esteve alicerçada na confiança mútua proporcionada pelos ditames éticos.

É também importante distinguir entre as diferentes fases históricas pelas quais passou o Direito na China.

Não se pode olvidar que se trata de um povo com 5000 anos de história.

Vislumbra-se, com clareza, na história do Direito chinês dois períodos, vale dizer, o confucionismo e o legalismo.

O confucionismo apresenta regras para a convivência diária. Já o taoísmo, doutrina que tem por base o pensamento de Lao-tsé, que teria escrito o Tao te king, há cerca de 500 antes de Cristo, é considerada, por sua relevância, a Bíblia dos orientais.

A cultura chinesa é riquíssima. A China é o berço do taoísmo, confucionismo etc. O Direito sempre foi considerado algo secundário. A ética sempre foi posta pelos orientais como elemento extremamente importante para o controle das condutas humanas.

Primeiramente, na história da humanidade, há o isolamento do Extremo Oriente por parte dos países europeus e norte-americanos. A aproximação dos ocidentais com as culturas consideradas exóticas somente se deu para que se viu, por parte dos colonizadores, para a obtenção de vantagens econômicas nas terras distantes.

Em segundo lugar, o imperialismo se expressa na sua plenitude, visando submeter e explorar, ao máximo, os recursos naturais dos países colonizados.

É importante analisar a história da China. A influência da cultura tradicional no povo chinês e, especialmente, na concepção que ele tem do Direito.

Isso justifica abordar a complexidade da história chinesa. A China é um país de uma cultura de 5.000 anos.

A aproximação com o Ocidente trouxe uma série de reflexões sobre a cultura tradicional chinesa.

Certamente, o Direito no Extremo-Oriente nunca teve tanta importância.

A ética desde sempre foi a responsável por reger as ações humanas.

A lei, enquanto instrumento de controle criado pelo Estado moderno, somente mais tarde foi considerada um elemento importante na composição do Direito. Vale dizer, o controle político antecedeu ao surgimento do Direito enquanto ciência regente das condutas humanas.

A codificação do Direito somente ocorreu no início do século XX.

Não se pode olvidar que Oriente e Ocidente são dois braços de uma mesma balança.

As visões são antagônicas e, ao mesmo tempo, complementares.

O Direito Chinês apresenta uma visão distinta, mesmo com todo o processo de ocidentalização. Muito embora se verifique uma imitação dos códigos ocidentais, a concretização do sistema normativo nas sociedades do Extremo Oriente sempre ocorre de uma maneira diferente.

Na verdade, China tem uma cultura milenar.

Mesmo havendo uma gradativa ocidentalização do sistema jurídico, tenta-se, a todo custo, recuperar os saberes tradicionais.

Periodicamente são organizados eventos, constituindos grupos de estudos sobre as filosofias tradicionais das práticas chinesas, que têm aplicação em todas as esferas da vida.

Portanto, o Direito Chinês é parte integrante de sua cultura e de sua vida política.

Por isso impõe-se uma leitura integrada. O taoísmo apresenta-se como uma filosofia prática. Não há, como no Ocidente, a separação entre a filosofia e os demais saberes. O taoísmo, enquanto filosofia, serviu de base para a própria Medicina chinesa.

E o Direito sempre esteve, desde os primórdios da cultura chinesa, subjugado aos preceitos éticos.

O Direito Chinês tem relevância quando no Ocidente se busca meios alternativos para a resolução dos conflitos.

A China é o berço da mediação e tem muito a contribuir para que o diálogo possa se constituir no instrumento mais importante para a gestão dos conflitos no Direito.

Muito embora tenha havido, nos últimos anos, uma grande ocidentalização da cultura jurídica chinesa, ainda se busca o diálogo como o melhor mecanismo para a resolução dos conflitos.

A China, desde os primórdios, esteve impregnada por uma cultura da mediação, presente nas famílias e nas relações sociais, o que torna a China peculiar em face da litigiosidade ocidental.

A transformação que ocorre na sociedade globalizada é reflexo do avanço do capitalismo e da necessidade da construção do Direito voltado para a dinâmica das novas relações sociais.

A China, por estar no centro das atenções mundiais, sabe da necessidade da construção de um sistema jurídico sólido perfeitamente harmonizado com as diferentes doutrinas que historicamente serviram de base para a sua cultura.

2. UM POUCO DA HISTÓRIA DA CHINA

Afirma-se que o Direito, enquanto instrumento de controle, nos primórdios, confundiu-se com a religião. Nas antigas sociedades xamânicas, o poder emanava, em grande parte, do poder sobrenatural dos antigos bruxos.

É de se lamentar que somente a Antropologia tenha se debruçado sobre os mecanismos de controle de condutas adotados pelas sociedades ditas primitivas.

Em tais sociedades, em que não se conhecia a escrita, já se registra formas elementares de controle social mediante padrões de base consuetudinárias.

Neste sentido, segundo Wolkmer,

> "Toda cultura tem um aspecto normativo, cabendo-lhe delimitar a existencialidade de padrões, regras e valores que institucionalizam os modelos de conduta. Cada sociedade esforça-se para assegurar uma determinada ordem social, instrumentalizando normas de regulamentação essenciais, capazes de atuar como sistema eficaz de controle social. Constata-se que, na maioria das sociedades remotas, a lei é considerada parte nuclear do controle social, elemento material para prevenir, remediar ou castigar os desvios das regras prescritas. A lei expressa a presença de um Direito ordenado na tradição e nas práticas costumeiras que mantêm a coesão do grupo social."[2]

---

2 WOLKMER, Antonio Carlos. **O Direito nas sociedades primitivas.** *In*: Fundamentos da História do Direito. 7ed.Belo Horizonte: Del Rey, 2012, p.1.

Cada povo apresenta um sistema diferenciado, porquanto devem ser levados em consideração aspectos históricos e culturais.

No entanto, tanto no Oriente, como no Ocidente,

> "As primitivas regras de derivaram-se de preceitos religiosos; celebravam-se os atos jurídicos, ou à sombra dos Templos, ou na presença do Sacerdote, vinculada a validade a fórmulas rituais. E sacerdotes foram os primeiros mestres do Direito em Roma.

O Areópago aspergia-se de água lustral, ao início dos trabalhos forenses, como se fosse Templo[...]Como se fosse, não. O Tribunal era o Templo da Justiça.

Relembramos o colorido litúrgico das cerimônias judiciais, para ressaltar o liame que une Justiça e Divindade: Deus é o justo; Deus, unicamente, a Justiça; fora dela, os homens compreenderam inalcançável o Bem, seja o comum, seja o particular."[3]

A cultura jurídica chinesa é diferente da europeia. A história da China confunde-se com a origem da Humanidade. Mesmo tendo o homem surgido no continente africano, é no Extremo Oriente que surgem os primeiros sinais daquilo que mais tarde será chamado de civilização. É de conhecimento público que foram os chineses os autores das primeiras grandes invenções, como a bússola.

A história do Direito do Ocidente é feita de documentos que foram considerados marcos em determinadas épocas.

Na China não é diferente, muito embora a oralidade estivesse sempre na transmissão do conhecimento de geração para a geração. Ao contrário do Ocidente, valorizou-se mais a arte da intuição do que a racionalidade da ciência.

Desde a Lei das XII Tábuas às Constituições modernas, sempre surgiram importantes livros que firmaram direitos individuais. O Direito na China foi, sobretudo, resultado de uma construção diuturna.

A longa história chinesa é marcada pelo respeito à família, aos antepassados e, sobretudo, ao seu legado cultural.

Um aspecto muito importante na cultura chinesa é a valorização das condutas do passado, sobretudo, o respeito aos mais velhos.

---

3 VASCONCELOS, Justino. **Na ordem**: em defesa da ordem. Porto Alegre: Publicações OAB/RS-3, 1975, p. 79-80.

Não se pode desconsiderar uma civilização que tem fontes escritas que datam de mais de quatro mil anos.

O que marcou a China foram as constantes crises, vale dizer, os conflitos entre os reinos próximos. Em virtude das várias invasões, deu-se a sua divisão em vários reinos feudais, especialmente entre os séculos.

Tradicionalmente, na China, o governante, representado pelo Imperador, tal como o antigo xamã, era o chefe religioso e também tinha a função, junto com os nobres, de defender o território contra os invasores.

A antiga tradição foi rompida com a República Popular Maoísta, ocorrida na metade do século XX, mais precisamente instaurada em outubro de 1949.

A adoção da doutrina marxista alterou a estrutura de poder e estabeleceu novas, autocráticas e pragmáticas regras de legislação.

Contudo, a velha tradição confucionista foi mantida, com adaptações.

A China, desde a implementação da República Popular promulgou quatro Constituições, ou seja, em 1954, 1975, 1978 e 1982.

Mesmo com a constitucionalização do sistema jurídico, o diálogo sempre foi considerado o instrumento soberano de gestão dos conflitos.

O que se tem buscado prioritariamente é a conciliação.

Há pelo menos 200.000 comissões populares de mediação por toda a China.

A China apresenta um bilhão e quatrocentos milhões de pessoas espalhadas por um vasto território.

Tem uma escrita peculiar que de alguma forma se reflete no seu padrão de pensamento.

Vale dizer, o pensamento ocidental é racional enquanto que o pensamento chinês é dialético. A sabedoria, mais ligada à intuição, sempre foi mais valorizada.

Contudo, não se pode deixar de levar em consideração que a dialética chinesa traz uma ideia de jogo e apresenta forças que são antagônicas e, ao mesmo tempo, complementares.

Para os taoístas, nada é absolutamente *yin* ou *yang*. De acordo com a filosofia taoísta, tudo no universo é *yin* ou *yang*, sendo que um se transmuta em outro permanentemente. *Yin* está contido em *yang* e *yang* faz parte do *yin*. Um elemento não existe sem o outro. A ideia de complementaridade dos interesses em jogo está sempre presente.

Ademais, o conflito não é identificado como algo privado, jamais, haja vista que faz parte de uma teia social que pode ser desequilibrada por ele.

Portanto, a visão sistêmica está sempre presente no Extremo-Oriente e, especialmente, na percepção holística dos chineses.

Somente a partir do século XIX é que começa a ocorrer uma maior influência ocidental.

A divisão em reinos feudais independentes, por volta dos séculos III e IV, e, contemporaneamente, a Revolução Cultural(1966-1976), fizeram com que a China sofresse profundas feridas na sua longa e rica cultura.

Muito foi destruído e os chineses tiveram que reconstruir.

Ao contrário dos ocidentais que pensam a modernidade como ruptura, os chineses insistem em considerar o passado com um norte seguro. Os ocidentais não respeitam os velhos. Para os orientais, a idade dá sabedoria e não se pode desperdiçar a experiência dos anciãos.

Mesmo com o advento do capitalismo econômico, os chineses possuem uma outra visão da modernidade.

O passado teve e sempre terá importância para eles.

A busca de uma unidade sempre esteve presente, porquanto, por volta dos séculos III e IV a.C, foi dividida por reinos feudais.

A visão do monarca como líder é importante, para a defesa do território das constantes invasões.

Para os que não compreendem a cultura tradicional da China, que traz o velho e o novo sempre presentes, a denominada Revolução Cultural foi um grande choque que, de alguma forma, pretendeu fazer terra arrasada de uma construção histórica.

Mas o tempo, de alguma forma, corrigiu rotas, e permitiu o fortalecimento espiritual do povo.

Para os chineses, crise é sempre vista como oportunidade. Eles têm a convicção que os povos, como os seres humanos, fortalecem-se nas dificuldades.

Mesmo com o advento do legalismo, a conciliação continua sendo a arma mais poderosa para a gestão dos conflitos.

Através da via política continuam sendo canalizados os anseios populares.

Por isso não é comum que os litígios sejam analisados e resolvidos pelos sindicatos, pelas comissões populares e, até mesmo, pelas células dos partidos.

Mesmo com a valorização do Direito, nas últimas décadas do século XX, os processos são poucos.

A priorização da formação de advogados foi uma opção recente que teve mais por objetivo a inserção da China no cenário internacional.

O Direito pode ser considerado ainda hoje a última *ratio* para a solução dos conflitos.

Mesmo assim, o Direito continua sendo visto como um remédio, que atenua mas não enfrenta e nem resolve os conflitos na sua hipercomplexidade.[4]

Assim como a Medicina, o Direito remedia os conflitos, não os cura.

A cura é um processo global e profundo.

O reconhecimento do conflito como processo global sempre esteve presente na cultura chinesa. A gestão dos conflitos envolve aspectos subjetivos e objetivos, que não podem ser dissociados.

O conflito é naturalmente um fenômeno social e global.

Sempre se buscou, mais educar do que punir.

A luta da lei e da moral faz-se presente na cultura chinesa, com a preponderância de um relação ao outro em determinados momentos.

LI(moral) e FA(lei) alternaram-se no decorrer da história. Desde a preponderância do LI, com o advento do confucionismo no século VI a. C. até o reconhecimento da lei como arma importante para controlar os impulsos humanos, especialmente a partir do século III a.C.

No início do século XX é que se apresenta de maneira mais efetiva a codificação e a constitucionalização do Direito. Contudo, a partir de 1978 é que se efetivou um passo decisivo para a positivação do Direito, nos moldes ocidentais.

---

4 FAGÚNDEZ, Paulo Roney Ávila. **O Direito e a hipercomplexidade.** São Paulo: LTr, 2003.

A Constituição chinesa de 1982 prioriza a organização do Estado, sendo que no segundo capítulo já fala em direitos fundamentais.

Deve dar um passo a diante ao povo chinês para a conquista dos direitos humanos.

Pode ser que isso não ocorra, como os ocidentais esperam, por se tratarem de culturas distintas e com visões igualmente diferenciadas a respeito do papel do Direito na sociedade.

A emenda constitucional de 2004 passa reconhecer os direitos humanos.

No entanto, sabe-se que não basta a lei para que os direitos fundamentais sejam respeitados.

Ademais, não podemos exigir dos orientais o mesmo modelo de democracia política que concebemos no Ocidente.

3. UM RETRATO DA SOCIEDADE CHINESA CONTEMPORÂNEA

Há diversas Chinas. Há muitas histórias que podem ser contadas de várias maneiras. Pode-se dividir a história dos chineses em várias etapas. A China é um país de dimensões continentais, com a maior população do mundo e tem o terceiro território em extensão.

Há a convivência entre uma China monárquica, cuja confiança o povo deposita no líder, por estar entre o céu e a terra, trazendo os valores superiores à racionalidade terrena.

Conhecer a história da cultura jurídica daquele país de alguma forma contribui para que possa compreender a origem da mediação.

A China, com uma cultura de mais de 5.000 anos, tem muito a contribuir para a compreensão do Direito e seu papel na sociedade contemporânea.

Como uma sociedade pode viver tanto tempo sem religião e sem o Direito? Como pode uma sociedade considerar a Natureza mais importante do que Deus? Que sabedoria é essa que vê as leis da Natureza como implacáveis?[5]

A religião apresenta, na verdade, um sentido diferente para os chineses.

---

5 GRANET, Marcel. **O pensamento chinês**. Rio de Janeiro: Contraponto, s.d.

Há uma religiosidade intrínseca, vale dizer, um compromisso moral nas condutas individuais dos chineses.

Não há uma visão dogmática nas religiões do Extremo Oriente.

Vislumbra-se uma grande influência do budismo, oriundo da Índia, que mesmo não sendo uma religião chinesa deixou marcas profundas na sua cultura.

Trata-se de mencionar as diversas realidades chinesas, ou seja, dos mais de trezentos dialetos que coexistem, e de uma China pobre, de uma outra culta e de uma extremamente capitalista. Todas elas integram a uma única nação, que recentemente incorporou Hong Kong e Macau.

Indiscutivelmente, ela é hoje uma das grandes potências econômicas mundiais.

Contudo, há uma misteriosa China, que sobrevive, e os chineses estão preocupados em manter as suas tradições, a par de todo o crescimento econômico e de todo o avanço tecnológico.

A China antiga está sendo gradativamente recuperada pelos chineses, para que ela possa contribuir para o desenvolvimento da China moderna, preservando, sobretudo, as suas raízes.

Exsurge uma nova China na pós-modernidade. Os chineses esperam resgatar a cultura tradicional, ao mesmo tempo, colocam a China lado a lado das potências ocidentais.

De que China se trata?

Não há uma única resposta.

A China tradicional, rica culturalmente, deverá permanecer.

A China emergente, capitalista, é ainda uma incógnita.

Consolidar-se-á como uma nova potência capitalista mundial?

Não se sabe.

Contudo, é um país que tem muito a contribuir com o mundo, especialmente por sua importante filosofia.

Os ocidentais há muito querem conhecer a cultura daquele distante país e, ao mesmo tempo, os próprios chineses querem resgatar a cultura que se perdeu com o processo de ocidentalização.

Integrar-se no mundo é, ao mesmo tempo, ganhar e perder.

Ampliam-se os mercados e absorve-se parte da cultura que vem de fora.

Há uma verdadeira troca entre culturas distantes e distintas.

O mundo está interessado na China potência capitalista, mas, sobretudo, o que se deseja resgatar é uma cultura riquíssima.

O confucionismo e o taoísmo, por exemplo, são doutrinas que trazem um saber de ampla aplicação no conhecimento hodierno.

O confucionismo foi marcante em todo o processo histórico.

O confucionismo consiste, sobretudo, em um conjunto de normas morais, tais como amor ao próximo, respeito aos superiores etc. Pais devem obediência aos filhos, como os governados devem obediência aos governantes.

Para Confúcio(século VI a.C), cada um desempenha um papel distinto na sociedade.

O que deve ser destacado no pensamento de Confúcio é que pode muito bem funcionar uma sociedade sem leis escritas.

Para o filósofo, a Natureza é boa. É importante manter nas pessoas o sentido da vergonha. Vale dizer, os bons cidadãos não precisam de penas escritas.

O Imperador ideal é como o pai de uma família.

Os cidadãos são como filhos.

Não se trata de uma obediência passiva.

O governante deve ser respeitado porque é o exemplo.

Não é o que o governante diz mas o que ele faz.

Ao contrário, o legalismo parte do pressuposto de que o homem é mau e deve ser controlado.

Vale dizer, o legalismo acredita em remédios, enquanto que a ética preconiza um despertar de consciência da humanidade.

Os chineses sempre preconizaram os meios alternativos.

Ou melhor, para eles, a cultura da paz deve ser mantida no corpo social pela mútua confiança entre os seus membros.

4. O PROCESSO DE OCIDENTALIZAÇÃO DO ORIENTE

O sociólogo Otavio Ianni[6] afirma que há dois processos paralelos. Verifica-se, ao mesmo tempo, a ocidentalização do Oriente e a orientalização do Ocidente.

---

[6] IANNI, Otavio. **Enigmas da modernidade-mundo**. Rio de Janeiro: Civilização Brasileira, s.d.

Já Mário Losano destaca, no estudo comparativo dos grandes sistemas jurídicos, os momentos determinantes do processo de ocidentalização na sua obra.

"As guerras do ópio haviam demonstrado que as velhas estruturas estatais chinesas não eram capazes de conter o ímpeto expansionista das potências ocidentais. A dinastia manchu, no poder a partir de 1644, iniciou em 1898 um programa de reformas que não foi levado a termo porque na corte prevaleceram as tendências conservadoras antiocidentais. A fracassada revolta dos Boxer de 1901 pode ser interpretada como a última tentativa de se opor com força à ocidentalização, com o único resultado de tornar ainda mais onerosos os tratados iníquos, contra os quais os chineses se batiam em vão desde 1843-1844."[7].

Somente a partir de 1912 começa a China a ensaiar um positivismo minguado, consistente na edição de algumas esparsas normas que tratam de organização do sistema político.

Na verdade, a lei nunca teve tanta importância na cultura chinesa. E nem terá, porque há uma experiência histórica que apresenta o normativismo como contraindicado para fazer frente à crise de controle social.

Somente após a morte da Mao, em 1976, que a China teve sua primeira Constituição, em 1978, que já busca, de maneira efetiva uma certa distensão do regime com os ocidentais.

Segundo a Constituição de 1982, no seu artigo 1, "A República Popular da China é um Estado socialista de ditadura democrática popular, dirigida pela classe trabalhadora e baseada na aliança entre operários e camponeses. O sistema socialista é o sistema básico da República Popular da China. É proibida a sabotagem do sistema socialista por qualquer organização ou indivíduo."

A partir da década de 90, especialmente, iniciou um processo de ocidentalização da China. Houve uma grande aposta do governo na formação de advogados para fazer frente à crescente internacionalização da economia.

O modelo ocidental do Direito passou a ser mais estudado.

---

[7] LOSANO, Mario. **Os grandes sistemas jurídicos**. São Paulo: Martins Fontes, 2007, p. 510.

Quando se fala da ocidentalização do Oriente não significa que os valores orientais estão sendo substituídos.

Significa que há uma troca permanente entre as diferentes culturas na sociedade globalizada.

Oriente e Ocidente não são lugares.

São, na verdade, diferentes visões de mundo.

Com o advento do legalismo quer-se compreender a cultura chinesa que sofreu uma importante influência do Direito do Ocidente.

O legalismo de alguma forma rompe com a cultura tradicional baseada no respeito aos antepassados e à autoridade constituída.

Desde os primórdios, a sociedade chinesa apostou no equilíbrio que emana da Natureza.

O bom cidadão não precisa de imposições.

Ainda faz parte da prática diária do diálogo estratégico, nos lares, nas escolas e nas empresas, para prevenção e gestão dos conflitos.

Os chineses sabem que os conflitos fazem parte da vida.

Reconhecê-los como naturais é o primeiro passo para a sua competente gestão.

O respeito ao Imperador é, sobretudo, ao sistema de ordem que emana sobretudo da Natureza, não da religião.

Historicamente, Confúcio teve um importante trânsito e influência nesta cultura, daí ter sido recebido e aceito por diversos Imperadores.

5. O DIREITO CHINÊS

O Direito na China, devidamente constitucionalizado, tem similaridade com o Direito do Ocidente.

Há um Direito Administrativo devidamente organizado, sendo que o Direito Civil, de igual modo, disciplina as relações humanas na China.

Há, ademais, um poder judiciário composto por tribunais populares.

A Corte Popular Suprema é governada por um presidente que tem um mandato que coincide com o da Assembleia Popular, que é passível de reeleição apenas uma vez.

A Corte apresenta uma estrutura e uma organização que funciona muito bem.

Ao contrário do que afirma no Ocidente, as causas são julgadas em audiências públicas, por tribunais populares, que gozam de autonomia. Aos acusados assegura-se o contraditório e a mais ampla defesa. Ademais, ministério público popular goza de independência.

> "O poder judiciário é exercido por tribunais populares. No topo encontra-se uma Corte Popular Suprema. Na base, tribunais populares locais, além de tribunais militares e de pequenos tribunais populares especiais. O presidente da Corte Popular Suprema exerce mandato de mesma duração da Assembléia Popular. Ele é reelegível, porém por apenas mais uma vez. A organização desses tribunais populares é definida por lei. As causas são julgadas em audiências públicas, com exceções previstas em norma específica. Ao acusado garante-se a ampla defesa. Garante-se a autonomia dos tribunais populares que não podem sofrer ingerência de outros setores da administração. Um ministério público popular vela pela correta aplicação das leis. O mandato do procurador-geral, chefe do ministério público, coincide com o mandato do chefe da Corte Popular Suprema. Garante-se a independência do ministério público popular."[8]

Mas, afinal, quando surgiu o Direito Chinês?

Na dinastia Xia, há mais de 4 mil anos, pode-se afirmar que surgiram as primeiras codificações.

> "Durante séculos a China floresceu isoladamente do resto do mundo. A codificação da lei na antigüidade chinesa, primeiramente de natureza penal, foi empreendido durante as dinastias Qin (221-206 a.C.), Tang (618-907 d.C), Song (960- 1279 d.C.), Ming (1368-1644 d.C.) e Qing (1644-1912 d.C.)"[9]

O sistema marxista trouxe uma grande mudança na cultura jurídica chinesa contemporânea.

O modelo soviético exerceu influência no sistema jurídico chinês. Os chineses conseguiram, de certo modo, compatibilizar as tradições com o socialismo.

No entanto, a revolução cultural deixou marcas profundas, algumas cicatrizadas e outras vão permanecer.

Pode-se, contudo, afirmar que o sistema político-jurídico chinês apresenta peculiaridades.

---

8 GODOY, Arnaldo Sampaio de Moraes. **Introdução ao Direito constitucional chinês**. Em: http://jus.com.br/revista/texto/10526/introducao-ao-Direito-constitucional-chines. Acesso em: 2 junho de 2013.

9 Idem, ibidem.

O Direito Chinês não pode ser visto apenas como uma instituição, do ponto de vista dogmático-positivista, pois convive com a moralidade confuciana, a dialética taoísta e o controle político exercido pelo regime marxista.

A codificação somente ocorreu no início do século XX.

Como no Ocidente, e com forte influência romana, o Código Civil nasceu em 1929.

A codificação somente se realizou, de maneira efetiva, a partir de 1912, nos moldes ocidentais, porém com pouca força normativa.

O Código de Processo Civil surgiu em 1932, com forte influência do Direito romano.

Um dado importante é a influência do Direito romano tanto na China quanto no Japão. Pode parecer paradoxal, mas os princípios e institutos dos romanos foram bem acolhidos no Extremo Oriente.

Porém, a sua Constituição somente foi promulgada em 1978, e mais importantes Códigos, como o Penal.

Quando se fala de um Direito chinês não se está referindo ao sistema engessado, dogmático-positivista.

O Direito Chinês pode ser considerado uma soma de experiências históricas e sociais.

Ao contrário do Ocidente que sempre deu importância ao aspecto normativo, o Direito esteve baseado na moralidade.

Com o advento do socialismo, o Direito tornou-se mais burocrático, mesmo que não tenha se tornado tão legalista.

O Direito Chinês tem uma estrutura muito semelhante à ocidental. Contudo, os chineses desejam resgatar a cultura tradicional e construir um sistema jurídico mais dinâmico.

Para os chineses, respeitar os direitos humanos significa dar ao seu povo condições dignas de vida.

A crítica maior do Ocidente reside na realização de julgamentos sumários e do abuso da pena de morte.

Portanto, a preocupação social não é tudo. Sabe-se, contudo, que se deve ir mais além.

É uma longa e árdua a construção dos direitos humanos no solo chinês.

Os chineses estão caminhando em direção a um Estado de Direito, mas com visões bem diferençadas das ocidentais.

Porém, não se pode esperar que Oriente e Ocidente tenham as mesmas visões a respeito do tema, por ser a democracia uma construção eminentemente ocidental.

O Direito Chinês, baseado em uma cultura milenar, representada pelo princípio único universal, composto por uma balança de duas mãos, simboliza o conflito e a harmonia presente entre duas forças antagônicas e, ao mesmo tempo, complementares.[10]

Os conflitos sempre foram vistos na sua multidimensionalidade.

A dialética taoísta, que traz a ideia de jogo, é adequada para a visão dialética do processo.

Entretanto, o processo taoísta deve ser visto como o ponto de encontro dos argumentos que, antes de se contraporem, complementam-se.[11]

6. CONCLUSÃO

A China apresenta uma tradição importante. Contudo, tende a ocidentalizar-se.

Há uma grande preocupação dos chineses em recuperar a cultura tradicional.

O taoísmo e o confucionismo continuam presentes na cultura chinesa.

A moralidade tem um papel destaque ao reger as relações sociais.

O Direito Chinês deverá refletir toda a experiência cultural chinesa.

O novo Direito Chinês, ao mesmo tempo que traz os institutos do Ocidente, aproxima-se das doutrinas clássicas chinesas.

Os chineses são os primeiros mestres na gestão dos conflitos através da mediação.

O Tao significa a integração de forças que são, ao mesmo tempo, antagônicas e complementares, representadas pelos símbolos do *yin* e do *yang*.

---

[10] FAGÚNDEZ, Paulo Roney Ávila Fagúndez. **Direito e Taoísmo**: elementos para a construção do sistema jurídico à luz do princípio único universal. São Paulo: LTr, 2005.

[11] Idem, ibidem.

Nada é absolutamente *yin* ou *yang*. No processo de mediação as próprias partes podem construir uma solução, independentemente da lei ou da vontade estatal.

Por isso que os chineses querem um Direito mais voltado para a gestão dos conflitos.

O próprio símbolo do Tao traz a ideia de jogo que é plenamente aplicável à gestão dos conflitos.

Diante de tal complexidade, como compatibilizar os interesses capitalistas e socialistas e inserir em normas jurídicas?

Enfim, como construir um sistema de Direito que compatibilize a tradição com a visão ocidental?

Há mais perguntas do que respostas.

7. REFERÊNCIAS BIBLIOGRÁFICAS

ABI-SAD, Sérgio Caldas. **A Potência do Dragão**: a Estratégia Diplomática da China. Brasília: UnB, 1996.

AGOSTINI, Eric. **Droit Compare**. Paris: Presses Universitaires de Frande, 1998.

ANCEL, Marc. **Utilidade e Métodos do Direito Comparado**. Porto Alegre: Sérgio Antonio Fabris, 1980.

CASTELLS, Manuel. **Fim de Milênio**. São Paulo: Paz e Terra, 2002c.

CONFÚCIO. **Os Analectos**. São Paulo: Martins Fontes, 2005.

CONSTANTINESCO, Leontin-Jean. **Tratado de Direito Comparado**- Introdução ao Direito Comparado. Rio de Janeiro: Renovar, 1998.

DAVID, René. **Le Droit Comparé**- Droits d'Hier, Droits de Demain. Paris: Economica, 1982.

DAVID, René. **Os Grandes Sistemas do Direito Contemporâneo**. São Paulo: Martins Fontes, 1986.

FAGÚNDEZ, Paulo Roney Ávila Fagúndez. **Direito e holismo**: introdução a uma visão jurídica de integridade. São Paulo: LTr, 2000.

__________. **O Direito e a hipercomplexidade**. São Paulo: LTr, 2003,

__________.**Direito e Taoísmo**: elementos para a compreensão do Direito à luz do princípio único universal. São Paulo: LTr, 2005.

FAIRBAND, John King e GOLDMAN, Merle. **China**. A New History. Cambrigde: Harvard University Press, 2002.

GARCIA, Arturo Oropeza. **México-China**: culturas e sistemas jurídicos Mexico: UNAM, 2008.

GODOY, Arnaldo Sampaio de Moraes. **Introdução ao Direito constitucional chinês**. Em: *http://jus.com.br/revista/texto/10526/introducao-ao-Direito-constitucional-chines*. Acesso em: 2 junho de 2013.

GRANET, Marcel. **O pensamento chinês**. Rio de Janeiro: Contraponto, s.d.

HENFIL. **Henfil na China**: *Antes da Coca-Cola.* Rio de Janeiro: Record, 1994.

KLABIN, Aracy Augusta Leme. História geral do Direito. São Paulo: Revista dos Tribunais, 2004.

IANNI, Octavio. **Enigmas da modernidade-mundo**. Rio de Janeiro: Civilização Brasileira, 2003.

LOSANO, Mario. **Os grandes sistemas jurídicos**. São Paulo: Martins Fontes, 2007.

ROBERTS, J.A.G. **A Concise History of China**. Harvard: Cambridge University Press, 1999.

VASCONCELOS, Justino. **Na ordem**: em defesa da ordem. Porto Alegre: Publicações OAB/RS-3, 1975, p. 79-80.

WOLKMER, Antonio Carlos (Org.). **O Direito nas sociedades primitivas**. In: Fundamentos da História do Direito. 7ed. Belo Horizonte: Del Rey, 2012.

ZOLO, Danilo. *Cosmopolis*- **Prospects for World Government**. Cambridge : Polity Press, 1997.

ZWEIGERT, Konrad e KOTZ, Hein. **Introduction to Comparative Law**. Oxford: Clarendon Press, 1998.

Capítulo 15

O DIREITO E A CULTURA JURÍDICA NA TRADIÇÃO *COMMON LAW*

Morgana Henicka Galio[1]

SUMÁRIO: 1. Introdução. 2. A tradição *common law*. 2.1 A origem do direito na Inglaterra. 2.2 A formação do *common law*. 2.3 A influência do direito romano. 2.4 O sistema da *equity law*. 2.5 Stare decisis e vinculação aos precedentes. 3. A tradição *civil law* e sua aproximação ao *common law*. 3.1 O juiz "boca da lei". 3.2 O processo de codificação. 3.3 A aproximação das tradições. 4. Conclusão. 5. Referências Bibliográficas.

1 INTRODUÇÃO

Conhecer a história das instituições jurídicas é imprescindível para o estudo do direito, pois é somente analisando o contexto histórico no qual surgiu um determinado instituto que poderemos entender as razões sociais, econômicas e culturais que justificaram sua criação, desenvolvimento e integração ao ordenamento jurídico de um povo ou nação em certo momento.[2]

A Europa continental foi o berço da tradição jurídica hoje dominante no ocidente, lá teve origem o *civil law*, por volta dos séculos XII

---

1 Mestranda em Direito pela Universidade Federal de Santa Catarina. Especialista em Direito Processual Civil pela Faculdade de Ciências Sociais de Florianópolis. Membro do Grupo de Pesquisas em Latim e Fontes de Direito Romano: Ius Dicere (CNPq/UFSC) e do Grupo de Pesquisas Processo e Jurisdição (CNPq/UFSC). Membro da Comissão de Estudos em Processo Civil da OAB/SC.

2 Trata-se, aqui, do aprofundamento e ampliação de um trabalho que já havíamos iniciado em 2014 e que foi apresentado no XXIII CONPEDI sob a designação de "História e formação dos sistemas *civil law* e *common law*: a influência do direito romano e a aproximação dos sistemas", realizado na cidade de João Pessoa/PB, em 7 de novembro de 2014.

e XIII, cujo conceito deriva da influência exercida pelo Direito Romano, que sofreu um grande processo de interpretação nas universidades e ensejou a elaboração de leis, códigos e constituições.[3]

Neste mesmo momento histórico, na Inglaterra, desenvolvia-se, em contrapartida, a tradição jurídica denominada *common law*[4], que em sua origem significa "direito comum".[5] O direito era "comum", pois vinha dos Tribunais de Westminster, cujas decisões vinculavam toda a Inglaterra, em oposição aos direitos particulares de cada tribo.[6]

Estas duas tradições compõem os dois principais modelos jurídicos existentes no Ocidente, formando dois sistemas profundamente distintos, devido às circunstâncias em que surgiram e se desenvolveram.

2. A TRADIÇÃO *COMMON LAW*

O nome *common law* é atribuído ao sistema jurídico elaborado na Inglaterra a partir do século XII pelas decisões das jurisdições reais. É uma expressão utilizada para designar o direito comum na Inglaterra, em oposição aos costumes locais de cada região.[7] O *common law* ou "direito comum" é originário de regras não escritas, característica que o diferencia do sistema romano-germânico. É um sistema baseado no direito costumeiro e na continuidade, fruto de uma grande evolução sem interrupções.[8]

---

3 VIEIRA, Andréia Costa. *Civil Law e Common Law*: os dois grandes sistemas legais comparados. Porto Alegre: S. A. Fabris, 2007. p. 270

4 Existe grande divergência acerca do gênero da expressão "*common law*", se o correto seria "o" *common law* ou "a" *common law*. Alguns pesquisadores como Van Caenegem e Gilissen explicam que é mais adequado utilizar "o" *common law*, porque "a" faz pensar na lei, que não é o significado de *common law*, que tem mais sentido de direito comum. (GILISSEN, p. 208)

5 DAVID, René. *Os grandes sistemas do direito contemporâneo*. Tradução por Hermínio A. Carvalho. São Paulo: Martins Fontes, 2002. p. 359.

6 RAMIRES, Maurício. *Crítica à aplicação de precedentes no direito brasileiro*. Porto Alegre: Livraria do Advogado, 2010. p. 63.

7 GILISSEN, John. *Introdução histórica ao direito*. 3. ed. Lisboa: Fundação Calouste Gulbenkian, 2001. p. 207.

8 WAMBIER, Teresa Arruda Alvim. A uniformidade e a estabilidade da jurisprudência e o estado de direito - *civil law* e *common law*. *Revista Jurídica*, Porto Alegre, v. 57, n. 384, p. 53-62, out, 2009. p. 54.

O direito inglês moderno é muito mais "histórico" que os países da Europa continental, pois não houve ruptura entre passado e presente, como ocorreu, por exemplo, com a Revolução Francesa em 1789.[9] Enquanto o continente europeu vivenciava uma série de transformações, novas ideias e reformas no mundo jurídico, o direito inglês manteve seu curso de modo imperturbável. Ocorreu justamente o contrário, os séculos XVIII e XIX foram marcados por um extremo conservadorismo no direito inglês, que acarretaram a consolidação do sistema existente.[10]

Entretanto, René David alerta que o caráter "histórico" do direito inglês pode levar a exageros, segundo o autor: "A verdade é que os ingleses gostam de pôr em evidencia esse caráter tradicional, enquanto os franceses preferem evidenciar o caráter racional e lógico do seu direito". Destaca que a parte tradicional e racional de ambos não são fundamentalmente diferentes, pois tanto o direito francês como inglês tiveram de se adaptar a mudanças e às necessidades de sociedades que são, por fim, muito semelhantes. As revoluções foram simples acidente de percurso na longa evolução do direito francês.[11]

A questão é que a natureza do *common law* está voltada à continuidade e à tradição, o que não significa que é imutável, apenas nunca houve razão para desprezar os antigos costumes, nem há uma divisão histórica causada por uma revolução. O desenvolvimento foi gradual e ininterrupto, a partir da realidade diária da sociedade inglesa.[12] A passagem para o mundo moderno se deu por evolução e não por revolução.[13]

A tradição *common law* não limitou o direito aos textos codificados, este permaneceu aberto e reservado à ordem judicial. O seu traço mais peculiar é, portanto, a ideia de que direito é coisa de juristas, sendo assim devem os juristas serem responsáveis por fixá-lo, exprimi-lo

---

9 GILISSEN, 2001, p. 208.

10 CAENEGEM, R. C. van. *Uma introdução histórica ao direito privado*. 2. ed. São Paulo: M. Fontes, 2000. p. 188.

11 DAVID, 2002, p. 355.

12 WAMBIER, 2009, p. 54.

13 BAPTISTA DA SILVA, Ovídio. *Jurisdição e execução na tradição romano-canônica*. São Paulo: Revista dos Tribunais, 1996. p. 129

e garantir-lhe o desenvolvimento com relação às necessidades de uma sociedade em crescimento.[14]

2.1 A origem do direito na Inglaterra

A colonização pré-histórica do território inglês tem como marco temporal a Idade do Bronze, neste período diversos povos, com predominância dos celtas, estabeleceram-se nas ilhas. O direito celta representa a pré-história do direito inglês, mas não há qualquer registro documental sobre esse período em razão desses povos desconhecerem a escrita.[15]

O dialeto falado na época era denominado *Brythonic*, por isso foi utilizada a expressão em latim *Brittanus* para tratar dos habitantes da ilha. Após as invasões romanas, a ilha tornou-se uma província que passou a ser chamada *Brittania.*[16] Registros romanos indicam que os celtas viviam em assentamentos modelados em grupos tribais dispersos pelo território, sem uma identidade nacional ou sob uma única liderança militar.[17]

Em 55 e 54 a.C. Roma enviou expedição à Britânia (Bretanha), que se tornou um território livre, na condição de *civitates liberae* (cidades livres), com autonomia política e jurídica, porém sob a fiscalização e controle romano tanto nos assuntos externos quanto internos. O *status* de cidade livre garantiu a manutenção do sistema jurídico celta vigente na ilha, sob a condição de que fosse aceita sua submissão aos interesses comerciais romanos.[18]

Mas após nova campanha de Roma, os chefes tribais foram submetidos ao Império Romano, que transformou a Bretanha outra vez em província romana, acarretando uma ocupação não só geográfica, mas civilizatória. Iniciou-se a integração dos celtas à cultura romana

---

14 GROSSI, Paolo. *Primeira lição sobre o direito*. Tradução por Ricardo Marcelo Fonseca. Rio de Janeiro: Forense, 2006. p. 55-56.

15 VIGIL NETO, Luiz Inácio; WIPRICH, Tassiana Andressa. *De legibus et de consuetudinibus*: estudos sobre a história do direito na Inglaterra. Revista do Ministério Público do RS, Porto Alegre, n. 70, set/dez 2011, p. 241-287. p. 84.

16 ASCENÇÃO, J. Oliveira. *Fontes do direito no sistema do "common law"*. Doutrinas Essenciais de Direito Civil. vol. 1. São Paulo, outubro 2010. p. 351.

17 VIGIL NETO; WIPRICH, *Op. cit.* p. 85.

18 VIGIL NETO; WIPRICH, *Op. cit.* p. 86.

a partir da colonização. A jurisdição romana na província tinha como base o Direito Romano para assuntos de interesse do Estado romano ou que houvesse interesse de cidadão romano, o *ius gentium* nas relações de comércio internacional e aplicava residualmente, a regra costumeira local para os demais casos.[19]

Entretanto, por volta do ano 410 d.C., as legiões romanas estacionadas na Bretanha foram chamadas para defender o Império Romano. E, sem a proteção romana, os bretões passaram a sofrer ameaça de invasão de seu território pelos povos pictos e escotos. Diante da necessidade de proteção, os bretões se aliaram com anglos, saxões e jutos, contrataram contingentes militares para a proteção de seu território.[20]

Os anglos, os saxões e os jutos, inicialmente defensores do espaço geográfico bretão, firmaram a partir de 429 d.C. uma nova ocupação civilizatória. Tratava-se de uma civilização menos evoluída, cuja padrão era puramente germânico, sem nenhum traço de romanização ou cristianização. Assim, após o primeiro século de dominação anglo-saxônica e juta, nada restou da cultura jurídica celta ou romana nas áreas de ocupação germânica no território da Inglaterra.[21]

Os anglo-saxões também trouxeram consigo um sistema jurídico denominado *law*, baseado na lei de talião e hierarquia social, de matriz costumeira e oral, que misturava a vontade divina e o caráter retributivo, a partir da solução de demandas pontuais, sem nenhuma base metodológica.[22] Este sistema também evoluía sob o ponto de vista da comunidade, pois nesta época não vigorava a ideia de nação. O sistema anglo-saxão originário era, na realidade, vários subsistemas de costumes locais. Este direito que germinava na antiga Britânia era essencialmente autóctone, fundado na regra conhecida e na prática cotidiana, e muito pouco influenciado pelo *ius romanorum*.[23]

No século VIII, o sistema ainda sofreu influências do direito romano-canônico, em virtude de expedição liderada pelo bispo Agostinho com a missão de cristianizar os povos jutos, anglos e saxões.

---

19 VIGIL NETO; WIPRICH, *Op. cit.* p. 88-91.

20 VIGIL NETO; WIPRICH, *Op. cit.* p. 91-92.

21 VIEIRA, 2007, p. 108.

22 VIGIL NETO; WIPRICH, *Op. cit.* p. 94-95.

23 CRUZ E TUCCI, José Rogério. *Precedente judicial como fonte do direito*. São Paulo: Revista dos Tribunais, 2004. p. 150.

Ao final do processo de cristianização, não apenas a cultura moral e a cultura religiosa desses povos haviam mudado, mas também o direito.

Com a chegada do século IX, o território insular foi alvo de uma nova onda de invasões germânicas, agora dos povos nórdicos. Mas desta vez houve resistência devido ao surgimento da primeira liderança nacional da história inglesa, o primeiro rei de toda a Inglaterra: o saxão Alfredo, "o Grande", que reinou entre 869-899, iniciando o período de predomínio político saxão no território inglês. Antes de Alfredo, era tradição do povo anglo-saxão escolher o melhor guerreiro como líder, mas o rei revogou este costume, criando a primeira dinastia na Inglaterra. Pela Lei de Alfredo, todos os sucessores do trono deveriam ser seus descendentes.[24]

Tudo correu bem até que início do século XI, quando o então Rei Eduardo, "O Confessor", encontrava-se em idade avançada e não havia gerado sucessores, o que significaria a extinção da dinastia de Alfredo após a morte do rei. A solução encontrada foi o reestabelecimento da lei revogada por Alfredo, escolhendo o melhor guerreiro para ser o rei, sendo assim, após o falecimento de Eduardo, foi escolhido líder o saxão Haroldo.[25]

Ocorre que o rei Eduardo havia deixado testamento em favor de Guilherme, duque da Normandia, com quem mantinha profundas relações afetivas desde criança. Diante desta situação, o direito não foi capaz de pacificar os interesses e definir quem deveria ser o rei, de modo que a disputa foi levada para o campo de batalha culminando na Batalha de Hastings em 1066, na qual os normandos saíram-se vencedores. Começava a era anglo-saxo-normanda na Inglaterra.[26]

Mas Guilherme, na Normandia, não era rei apenas duque, portanto, era um vassalo do rei da França, de modo que se integrasse o território inglês ao normando, apenas aumentaria as terras do rei francês. Foi assim que Guilherme da Normandia decidiu se tornar o rei da Inglaterra, tornando-se Guilherme I, anexando a Normandia ao país insular. Essa decisão foi fundamental para a formação do Direito inglês moderno.[27]

---

24 VIGIL NETO; WIPRICH, *Op. cit.* p. 100-101.

25 VIGIL NETO; WIPRICH, *Op. cit.* p. 101-102.

26 VIGIL NETO; WIPRICH, *Op. cit.* p. 102.

27 VIGIL NETO; WIPRICH, *Op. cit.* p. 102.

2.2 A formação do *common law*

Após a dominação, constatou-se que não havia unidade no território inglês, este era totalmente subdividido em distritos que aplicavam o direito dos povos germânicos, denominado "direito popular anglo-saxão".[28] Portanto, a conquista normanda da Inglaterra em 1066 foi marco fundamental para a formação do sistema jurídico baseado no *common law.* O rei Guilherme I trouxe uma grande experiência administrativa, pondo fim à sociedade tribal e fragmentada, instalando uma sociedade feudalista e organizada.[29]

Antes deste período, coexistiam no território britânico normas de origem germânica, misturadas com resquícios de direito romano e canônico, introduzidas pelo movimento de cristianização. Mas o direito introduzido em 1066 se sobrepôs a esses direitos e a todos os demais usos locais em vigência.[30] Iniciou-se, após a conquista normanda, a aplicação de um direito comum oposto às jurisdições locais. A jurisdição comum era competência dos Tribunais Reais de Justiça, chamados vulgarmente de Tribunais de Westminster devido ao nome do local onde estavam situados.[31] Com isto, é possível afirmar que a criação destas instituições judiciais centralizadas na Inglaterra em 1066, com a dominação normanda, constitui o momento atribuído ao nascimento do *common law*. [32]

A corte de Guilherme I, tornou-se assim o centro da vida administrativa e jurídica do novo reino, criando uma classe profissional forense, da qual saíam os juízes que, com suas sentenças, criaram o *common law*. Desta forma, o direito inglês é consuetudinário, mas num sentido especial, pois, conforme explica Mario Losano, "o costume que é fonte

---

[28] CROCETTI, Priscila Soares; DRUMMOND, Paulo Henrique Dias. Formação Histórica, Aspectos do Desenvolvimento e Perspectivas de Convergência das Tradições de Common Law e de Civil Law. In: MARINONI, Luiz Guilherme (Coord.). *A Força dos Precedentes:* estudos dos cursos de mestrado e doutorado em direito processual civil da UFPR. Salvador: Juspodium, 2010. p. 20-21.

[29] DAVID, 2002, p. 358.

[30] LOSANO, Mario G. *Os grandes sistemas jurídicos*: introdução aos sistemas jurídicos europeus e extra-europeus. São Paulo: M. Fontes, 2007. p. 323-324.

[31] DAVID, 2002, p.359.

[32] CROCETTI; DRUMMOND, 2010, p. 21.

desse direito não nasce do comportamento popular, e sim do comportamento dos juízes".[33]

O *common law*, assim, é tão natural na cena inglesa como o carvalho, o freixo e o sabugueiro. É anterior ao Parlamento, ao processo legislativo e não foi formulado por nenhum grupo de homens eruditos sentados ao redor de uma mesa pensando o direito e o sistema. É um direito consuetudinário e, essencialmente, um direito de juristas, desenvolvido, modificado e, às vezes, fundamentalmente, reorganizado pelos juízes e advogados que atuam através dos tribunais.[34] Na medida em que os casos surgiam, iam sendo decididos e quando os casos eram iguais ou semelhantes, a decisão anterior era repetida para o novo caso, de forma muito semelhante ao que ocorria no direito romano.[35]

2.3 A influência do direito romano

A recepção do direito romano na Europa continental, que se iniciou no século XIII, chegou a ser vivenciada na Inglaterra a partir da introdução do ensino de direito romano em Oxford e Cambridge pelo rei Henrique VIII. Mas esta influência não chegou aos tribunais de *common law* que, paralelamente, formaram e lapidaram o "direito do reino".[36] Diferente do que acontecia no modelo romano-germânico, os juristas ingleses não eram legalistas formados nas universidades, e sim práticos, formados como litigantes, pois na Inglaterra não era necessário ser formado em direito por universidade para ser advogado ou juiz.[37] Por isso, o *common law* é um direito criado pelos juízes dos tribunais reais, que se dedicavam exclusivamente ao estudo do direito. Esta, certamente, é uma das razões que contribuiu para que o direito inglês não fosse modificado pela tradição romanística.

Entretanto, até no século XVIII, existia disputa entre *civil law* e *common law* no direito dos ingleses. Ao mesmo tempo que o direito

---

[33] LOSANO, 2007, p. 325.

[34] SCARMAM, Leslie George. *O direito inglês*: a nova dimensão. Porto Alegre: Sergio Antonio Fabris, 1978. p. 14.

[35] WAMBIER, 2009, p. 54.

[36] HESPANHA, Antonio Manuel. *Cultura jurídica europeia*: síntese de um milénio. Florianópolis: Fundação Boiteux, 2005. p. 262.

[37] GILISSEN, 2001, p. 211.

oriundo da Europa Ocidental trazia promessas de renovação, era fortemente combatido por alguns por representar um direito do Papa, inimigo das liberdades tradicionais inglesas. Essa glorificação do *common law* em detrimento do *civil law* é evidente nos escritos do maior jurista da época, Sir William Blackstone.[38]

Mas o *common law* constituía, ainda, o fundamento e título de toda propriedade, comum ou feudal, sendo que sua modificação causaria uma perturbação social que gerava grande preocupação. Com isso, o *common law* se transformou em uma espécie de "direito constitucional", garantidor dos direitos dos súditos, especialmente os de propriedade.[39]

E, assim, direito inglês evitou as mudanças trazidas pelo direito romano. Fortaleceu-se como um direito elaborado pelos juízes (*judge made law*), cuja fonte principal é a jurisprudência e o precedente. Os conceitos jurídicos e a terminologia se mantiveram muito diferentes dos utilizados nos sistemas jurídicos da família romano-canônica.[40]

2.4 O sistema da *equity law*

O sistema jurídico inglês consolidou-se, desta forma, num sistema burocrático, cuja rigidez muitas vezes dificultava o acesso à justiça, deixando até casos sem solução. Este excesso de formalismo acarretou o surgimento de outro tipo de jurisdição que concorria com os Tribunais Reais de Justiça.[41] Afinal, devido a essa situação, no século XIV aumentou a procura pelo Rei para que ele resolvesse os conflitos não solucionados pelos Tribunais. Aqueles que não conseguiam acesso à justiça ou não se conformavam com a decisão do Tribunal, recorriam ao rei para solucionar os conflitos.[42]

O Chanceler era responsável por analisar os recursos apresentados ao rei e averiguar a possibilidade de provimento. Com isso, o Chanceler foi aos poucos se tornando uma espécie de juiz autônomo, que agia em nome do rei, conforme autoridade que lhe foi atribuída.[43]

---

38 HESPANHA, 2005, p. 263.

39 HESPANHA, 2005, p. 262.

40 GILISSEN, 2001, p. 19.

41 RAMIRES, 2010, p. 61.

42 DAVID, 2002, p. 371.

43 DAVID, 2002, p. 371.

Tinha início, naquele contexto, o desenvolvimento de um sistema com regras próprias, cujas decisões se davam a partir da "equidade do caso particular", denominada *equity law.* A *equity* baseava-se numa lógica muito semelhante a do direito romano, que consistia em extrair a regra do caso concreto para aplica-la aos casos análogos seguintes.[44]

A jurisdição da *equity* se tornou tão popular chegando a quase ocupar o lugar do *common law*.[45] Mas isto não passou de mera ameaça, principalmente em razão da grande resistência dos juristas, que eram aliados do parlamento e combatiam fortemente o absolutismo real. Na Inglaterra, o judiciário representava uma força progressista preocupada em proteger o indivíduo e botar freios no abuso do governo.[46] Ademais, a desorganização e a morosidade, da jurisdição do Chanceler foram fatores importantes, destacados neste momento decisivo.

Como não estava ligada às normas jurídicas, e sim aos critérios morais do Chanceler, podia gerar grandes incertezas. No século XVII as oscilações foram tão intensas, que variava conforme as "dimensões do pé do Lorde Chanceler". Isto fez com que, a partir do final do século XVII e metade do século XVIII, a *equity* se tornasse mais rígida, apresentando-se como um sistema muito próximo ao do *common law*.[47]

A disputa entre *common law* e *equity* somente foi resolvida em 1616 por Francis Bacon, ele decidiu que, em caso de divergência, a *equity* prevaleceria sobre o *common law*. Essa decisão, apesar de reduzir os casos de conflito, não os eliminou. A conciliação dos dois ordenamentos só ocorreu com sua fusão, regulamentada pelo *Judicature Act* de 1873.[48] Por meio deste ato, foram suprimidas as Cortes do Chanceler e os dois sistemas de direito foram unificados, sob a competência das cortes comuns.[49]

---

44 CRETELLA JUNIOR, José. *Direito Romano Moderno*. 4. ed. Rio de Janeiro: Forense, 1986. p. 3.

45 DAVID, 2002, p.373.

46 MARINONI, Luiz Guilherme. *Precedentes Obrigatórios*. São Paulo: Revista dos Tribunais, 2010. p. 36.

47 LOSANO, 2007, p. 331.

48 LOSANO, 2007, p. 331.

49 RAMIRES, 2010, p. 64.

A *equity*, por sua vez, deixou sua marca no *common law*, atribuindo ao direito a forma de instrumentalização da justiça, baseado na igualdade e tratamento isonômico dos casos iguais.

2.5 *Stare decisis* e vinculação aos precedentes

O *stare decisis* tem sua origem na expressão latina "*stare decisis et non quieta movere*", que significa "mantenha a decisão e não perturbe o que já foi estabelecido". Esta é a definição da doutrina de precedentes vinculantes, que é utilizada no *common law* para garantir a estabilidade das decisões judiciais. Desta forma, as decisões dos tribunais em casos anteriores devem ser mantidas e aplicadas em casos futuros, pois vinculam a aplicação do direito constituído.[50]

Esta teoria surgiu a partir de um hábito das Cortes inglesas, que se reuniam para debater os casos mais complexos, determinando que tais decisões se tornassem referência para julgamentos posteriores.[51] As decisões foram aos poucos assumindo papel vinculante, sendo que somente no século XIX foi estabelecida a obrigatoriedade de observância aos precedentes, a partir do caso *Beamish vs. Beamish* julgado em 1861.[52]

O princípio é de que a mesma decisão pode ser aplicada para mais de um caso, por isso, o juiz deve extrair a regra jurídica da decisão anterior. Esta norma é a *ratio decidendi*, que consiste na fundamentação interpretada a partir dos fatos concretos, ou seja, é a razão para a decisão. Em cada decisão judicial que a norma é criada, a *ratio decidendi* é um novo fundamento ou princípio que não existia anteriormente como lei.[53] Assim, o *stare decisis* é aplicado a todos os casos em que

---

[50] SABINO, Marco Antonio da Costa. O Precedente Judicial Vinculante e sua Força no Brasil. *Revista Dialética de Direito Processual*. São Paulo, n. 85, p. 51-72, abril 2010. p. 55.

[51] CROCETTI; DRUMMOND, 2010, p. 24

[52] PORTO, Sérgio Gilberto. Sobre a Common Law, Civil Law e o Precedente Judicial. In: MARINONI, Luiz Guilherme (Coord.). *Estudos de Direito Processual Civil* – homenagem ao Professor Egas Dirceu Moniz de Aragão. São Paulo: Revista dos Tribunais, 2006. p. 778

[53] AUSTIN, John. *Lectures on Jurisprudence*: the philosophy of positive law. New York: Henry Holt and Company, 1875. p. 318

houver identidade, a partir da premissa que causas iguais merecem as mesmas soluções, garantindo isonomia jurisdicional.

Os juízes e tribunais são obrigados a seguir seus próprios precedentes e àqueles dos tribunais superiores a ele na hierarquia judiciária. Destarte, os juízes devem respeitar suas próprias decisões, bem como, as decisões do tribunal de sua jurisdição. Os tribunais, por sua vez, estão vinculados aos próprios precedentes e, também, aos precedentes dos tribunais superiores. E os tribunais superiores devem observar apenas suas próprias decisões anteriores.

Assim, os votos dos juízes, principalmente, das Cortes Superiores, estabelecem os princípios gerais de direito aplicáveis a outros casos. Estes princípios são obrigatórios para juízes dos tribunais inferiores sempre que pertinentes.[54] O *common law* tem um respeito muito grande pelas decisões judiciais, por esta razão, mesmo as decisões dos tribunais inferiores têm eficácia persuasiva com relação aos demais tribunais.[55]

Portanto, a essência do *common law* é formada pela experiência, pois esta é a fonte primordial do direito e garante o prestígio do precedente jurisdicional que será aplicado em casos futuros. Isto garante segurança e facilita a tomada de decisões, pois permite que um juiz se baseie na prática anterior em vez de seguir direções novas e talvez perigosas interpretações jurídica.[56] Outra característica peculiar desta doutrina é sua forte natureza coercitiva, pois os juízes muitas vezes são obrigados a decidirem de acordo com um precedente, ainda que tenham boas razões para não fazer isso.[57]

Na Inglaterra, o sistema *common law* é mais rigoroso, sendo o princípio de aplicação de precedentes tão rígido, que, até 1966, a *House of Lords*, que constitui o órgão máximo no Poder Judiciário do Reino Unido, não podia modificar suas próprias decisões. Atualmente esta rigidez extrema foi afastada, havendo possibilidade de afastamento do precedente para a criação de um novo quando a evolução do direito demonstrar tal necessidade.[58]

---

54 BAUM, Lawrence. *A Suprema Corte Americana*. Rio de Janeiro: Forence-Universitaria, 1987. p. 177,

55 CROSS; HARRIS, 2004.

56 BAUM, 1987, p. 191-192.

57 CROSS; HARRIS, 2004.

58 WAMBIER, 2009, p. 57,

Contudo, apesar do *common law* ser essencialmente vinculado à tradição, não é formado somente pelos costumes e precedentes. Existem também leis escritas regulamentando inúmeras matérias, mas elas são elaboradas de forma distinta, pois seu objetivo é resolver apenas um caso específico e não abarcar todo o direito existente sobre o assunto.[59] As normas do *common law* não se enquadram num formato piramidal do direito, e sim podem ser comparadas a uma colcha de retalhos, que cumpre muito bem sua função de dar abrigo à sociedade. As próprias leis na Inglaterra são diferentes do que um jurista de *civil law* está acostumado. As normas não são gerais e abstratas, pois seu objetivo é resolver questões concretas.[60]

A legislação (*Statute Law*), portanto, é sempre interpretada de modo restritivo, sendo sua incidência limitada ao máximo pelos juízes, que aplicam somente o que está inequivocamente expresso no texto da lei. Por consequência, a redação das leis não busca subsumir o maior número de casos possíveis, mas especificar nos mínimos detalhes os casos que pretende regular, pois a falta de indicação não será suprida pela generalização da lei, e sim pelo uso de um precedente.[61]

3. A TRADIÇÃO *CIVIL LAW* E SUA APROXIMAÇÃO AO *COMMON LAW*

Os romanos foram o primeiro povo a organizar o direito, a partir da técnica de extração da regra jurídica utilizada nos casos cotidianos, identificação de sua classificação e aplicação aos casos posteriores.[62] Mas após a extinção do Império Romano não era possível identificar um sistema jurídico organizado até o período do Renascimento.

No século XII, ao encontrarem um texto completo do Digesto (*Pandecta*), a Universidade de Bolonha se dedicou a recomposição da obra de Justiniano e à exegese dos textos recuperados, a partir das

[59] NOGUEIRA, Gustavo Santana. *Precedentes vinculantes no direito comparado e brasileiro*. Salvador: Juspodium, 2014.

[60] SOARES, Guido Fernando Silva. *Common Law*: Introdução ao direito dos EUA. 2. ed. São Paulo: Revista dos Tribunais, 2000.

[61] LOSANO, 2007, p. 334.

[62] CRETELLA, 1986, p. 3.

fontes romanas recém descobertas.[63] Neste contexto, as universidades ganharam destaque no estudo do direito, inicialmente com a Universidade de Bolonha, cuja influência chegou até o direito aplicado pelos tribunais europeus. A base do direito nas universidades era formada pelo direito romano, em conjunto com o direito canônico, deixando em segundo plano os direitos próprios de cada nação, esta situação perdurou até o século XX, finalmente marcado pelas codificações nacionais.[64]

O método de análise textual das Universidades gerou a primeira literatura jurídica, que se dava na forma de anotações explicativas ao texto romano, denominadas glosas, atribuindo aos juristas o nome de glosadores.[65] Os glosadores atribuíam uma origem quase sagrada aos textos romanos, por isso não se permitiam ir além de uma atividade puramente interpretativa cuidadosa, buscando apenas o esclarecimento das palavras.[66]

Assim, desde que partes do *Corpus Iuris Civilis* foi reencontrado e seus textos passaram a ser estudados, o direito incorporou não apenas os conceitos e terminologias, mas também o raciocínio jurídico utilizado na elaboração das soluções jurídicas. Isto fez com que o direito virasse o produto de um intenso trabalho intelectual, o que o distanciou do pensamento do homem comum.[67]

Mas a consolidação deste modelo jurídico teve como marco histórico a Revolução Francesa. Com a queda da monarquia absolutista após a Revolução e a ascensão da burguesia e do parlamentarismo ao poder, ergueu-se também um novo direito, contrário aos abusos excessivos de privilégios dos nobres, do clero e dos magistrados, alheio às antigas concepções da monarquia. Como o judiciário era aliado ao antigo regime, era necessário, naquele momento, controlar a atuação judicial, que se deu por meio da limitação do trabalho dos juízes quanto à aplicação literal do texto legal. A certeza do direito foi atribuída à lei e à impossibilidade de interpretação dos juízes, pois não se podia confiar no judiciário.[68]

---

63 BARREIRO, A. Fernández; PARICIO, Javier. *Historia del derecho romano y su recepción europea*. Madrid: Marcial Pons, 2010. p. 185-186.

64 DAVID, 2002, p. 43-44.

65 BARREIRO; PARICIO, 2010, p. 189-190.

66 HESPANHA, 2005, p. 198.

67 BARREIRO; PARICIO, 2010, 185-186.

68 MARINONI, 2010, p. 46.

A ruptura com o antigo regime e a instauração de um novo ideal para o direito é a essência deste novo modelo europeu, determinado a desligar-se de sua tradição corrompida para satisfazer as necessidades da sociedade na época. A lei passou , neste momento, a ter o papel fundamental de representar a vontade do povo, impossibilitando qualquer forma de interpretação, devendo inclusive o magistrado restringir sua decisão ao texto legal.[69]

3.1 O juiz "boca da lei"

Antes da Revolução, os magistrados aplicavam as leis da forma que lhes convinha, interpretando cada norma a partir de seus interesses pessoais e de sua classe. Mas com o fim dos privilégios, a lei se tornou mecanismo de efetivação da liberdade e da igualdade, pois só existiria certeza jurídica diante da aplicação estrita da lei. Na época, Montesquieu chegou a afirmar que os homens nascem realmente na igualdade, mas que ela se perde na sociedade e "eles só voltam a ser iguais graças à lei".[70]

Os juízes, de tal modo, passaram à função de "boca da lei"[71], tornando-se meros espectadores do direito, pois estavam limitados a afirmar o que já havia sido definido pelo legislativo e resumindo o direito a uma ciência de raciocínio lógico, por meio da subsunção entre fatos e lei.[72] O objetivo desta limitação era garantir a igualdade, pois havia uma forte conexão entre a lei escrita e a igualdade, a partir da ideia de que quando a lei impera a igualdade é garantida. Já quando impera a vontade do homem, a arbitrariedade é favorecida.[73]

Assim, o *civil law* tem sua origem marcada pelo estudo do direito romano, contudo, é consolidado pela Revolução Francesa e pela criação um novo modelo de direito, superando as instituições que dominavam no antigo regime, a partir de uma rígida separação dos poderes e

[69] WAMBIER, 2009, p. 36.

[70] MONTESQUIEU, Charles de Secondat baron de. *O espírito das leis*. 3.ed. São Paulo: Martins Fontes, 2005. p. 123.

[71] "os juízes da nação são apenas, como já dissemos, a boca que pronuncia as palavras da lei" MONTESQUIEU, Charles de Secondat baron de. *O espírito das leis*. 3.ed. São Paulo: Martins Fontes, 2005. p. 175.

[72] MARINONI, 2010, p. 54 e WAMBIER, 2009, p. 55.

[73] WAMBIER, 2009, p. 56.

limitação do Judiciário, como forma de concretizar a liberdade, igualdade e certeza jurídica. A valorização da lei deu origem a um intenso processo de codificação do direito, limitando o papel do juiz, com a finalidade de garantir a idealizada igualdade social.

3.2 O processo de codificação

A codificação consolidou-se, naturalmente, a partir da compilação de toda obra empreendida há séculos nas universidades. Foi um acontecimento social que modificou intensamente o direito, levando o direito romano-germânico para países tanto próximos, como distantes.[74] O Código de Napoleão de 1804 passa a ser o novo texto sagrado e a base para as codificações posteriores em outros países. As liberdades individuais, o direito de família e os contratos constituem os pontos centrais do direito civil no século XIX.[75]

Como consequência, os juristas debruçaram-se em seus códigos, conformando-se com o positivismo legislativo e abandonando a visão que antes tinham do direito. Todo direito, a começar pelo civil, foi aprisionado em artigos sistematizados e contidos nos livros chamados "códigos". A obra foi majestosa e admirável, mas também muito presunçosa, pois limitava a existência do direito à lei, além de consistir num aperfeiçoado mecanismo de controle e poder, estabelecendo o monismo jurídico a partir da premissa que o direito é a voz do Estado.[76]

3.3 A aproximação das tradições

Nos países de tradição *civil law* é perceptível a perda da centralidade das codificações, estas perderam a qualidade de fonte inabalável de segurança jurídica, razão pela qual os juízes de tradição romano-germânica têm exercido sua criatividade judicial constantemente.[77] A antiga ideia de que a lei é clara e precisa ser somente declarada, não condiz com a realidade do direito aplicado diariamente nos tribunais. A lei é um texto cujo sentido depende da interpretação, por isso,

---

74 DAVID, 2002, p. 65.
75 LOSANO, 2007, p. 58-60.
76 GROSSI, 2006, p. 51-52.
77 GROSSI, 2006, p.57-59,

destaca-se também no *civil law* a necessidade de interpretação da norma escrita.

As Constituições do século XX também ganham ênfase nessa mudança de paradigma, pois reúnem um conjunto de princípios e valores que norteiam os operadores do direito e assumem papel vinculante em relação ao Estado e particulares.[78] Com isso ocorreu a perda da centralidade dos códigos como fontes normativas de direito, acarretando a chamada *descodificação*.[79]

Neste contexto, também são evidentes as alterações pelas quais os países de tradição *common law* vem passando. Até o século XX, o direito inglês era essencialmente jurisprudencial, mas a importância dada à legislação e aos regulamentos cresce cada vez mais.[80] Apesar de o sistema inglês ainda ser essencialmente firmado em precedentes, atualmente, o direito está se aproximando profundamente das leis escritas, que passaram a ser uma das principais fontes do direito.[81]

No ano de 1999 houve uma grande mudança, foi instituído o Código de Processo Civil inglês, denominado *Rules of Civil Procedure*, responsável pela organização sistemática do processo civil na Inglaterra, substituindo a fragmentada disciplina antes existente, caracterizando uma grande inovação legislativa.[82] A criação de uma legislação processual teve objetivo de reduzir os custos e combater a excessiva duração dos processos. Destarte, as *Civil Procedure Rules* surgiram no ordenamento jurídico inglês a fim de melhorar as condições processuais da justiça, bem como garantir o seu acesso a toda população.

4. CONCLUSÃO

O *common law* é originário de regras não escritas, oriundas de antigos costumes e tradições, que foram trabalhadas pelos juízes

78 GROSSI, 2006, p. 60,

79 CROCETTI; DRUMMOND, 2010, p. 43,

80 DAVID, 2000, p. 19.

81 ANDREWS, Neil. *O moderno processo civil*: formas judiciais e alternativas de resolução de conflitos na Inglaterra. Tradução por Teresa Arruda Alvim Wambier. São Paulo: Revista dos Tribunais, 2009. p.39.

82 BARBOSA MOREIRA, José Carlos. Uma novidade: o Código de Processo Civil inglês. *Revista de Processo*: RePro, São Paulo, n. 99, v. 25, jul/set 2000. p. 74.

ingleses ao longo do tempo. Foi influenciado pelo direito romano nos primórdios de sua formação, porém, não houve recepção explícita ou adoção direta como ocorreu na Europa continental. Fora do território inglês, o direito romano era estudado a partir da compilação de Justiniano e deu origem à era das codificações.

Entretanto, o juiz do *civil law* buscou a segurança jurídica, tanto quanto um juiz inglês, mas o fez primeiro a partir do direito romano, depois pelos códigos. A doutrina do *common law* encontrou, todavia, esta mesma segurança na doutrina dos precedentes, com ênfase na rigidez e certeza do direito por meio das decisões judiciais.[83] Apesar de terem sido fieis ao mesmo princípio da segurança jurídica, na Europa continental a luta pela segurança sobre os ideais de justiça deu ensejo à era das codificações, enquanto a Inglaterra foi ao encontro desta mesma segurança no sistema de precedentes, evitando a codificação.[84] Esta é a grande diferença entre estes dois sistemas, tendo em vista que na Europa ocidental a segurança se deu através da lei, buscando restringir a atuação do juiz, o que não aconteceu na Inglaterra. Assim, no *common law* ganha destaque o Poder Judiciário, pois a jurisdição se equipara à legislação.

Atualmente, o que se observa é o fenômeno de aproximação entre os sistemas jurídicos, que se influenciam mutuamente, principalmente em razão da globalização judicial. Esta nova ordem jurídica, resultante das trocas de informações, produz consequências nas duas grandes tradições jurídicas, pois enquanto o *civil law* passa a atribuir grande importância à interpretação e às decisões judiciais, no *common law* se observa o grande aumento na produção legislativa, inclusive com a criação de um código de processo civil inglês.

5. REFERÊNCIAS BIBLIOGRÁFICAS

ANDREWS, Neil. **O moderno processo civil**: formas judiciais e alternativas de resolução de conflitos na Inglaterra. Tradução por Teresa Arruda Alvim Wambier. São Paulo: Revista dos Tribunais, 2009.

AUSTIN, John. **Lectures on Jurisprudence**: the philosophy of positive law. New York: Henry Holt and Company, 1875.

[83] CROSS; HARRIS, 2004.

[84] BAPTISTA DA SILVA, 1996, p. 105.

BAPTISTA DA SILVA, Ovídio. **Jurisdição e execução na tradição romano-canônica.** São Paulo: Revista dos Tribunais, 1996.

BARBOSA MOREIRA, José Carlos. Uma novidade: o Código de Processo Civil inglês. **Revista de Processo**: RePro, São Paulo, n. 99, v. 25, jul/set 2000. p. 74-84.

BARREIRO, A. Fernández; PARICIO, Javier. **Historia del derecho romano y su recepción europea**. Madrid: Marcial Pons, 2010.

BAUM, Lawrence. **A Suprema Corte Americana**. Rio de Janeiro: Forence-Universitaria, 1987.

CAENEGEM, R. C. van. **Uma introdução histórica ao direito privado**. 2. ed. São Paulo: M. Fontes, 2000.

CRETELLA JUNIOR, José. **Direito Romano Moderno**. 4. ed. Rio de Janeiro: Forense, 1986.

CROCETTI, Priscila Soares; DRUMMOND, Paulo Henrique Dias. Formação Histórica, Aspectos do Desenvolvimento e Perspectivas de Convergência das Tradições de *Common Law e de Civil Law*. In: MARINONI, Luiz Guilherme (Coord.). **A Força dos Precedentes**: estudos dos cursos de mestrado e doutorado em direito processual civil da UFPR. Salvador: Juspodium, 2010. p. 11-51.

CROSS, Rupert; HARRIS, J. W. ***Precedent in english law***. 4. ed. Oxford: Oxford University Press, 2004.

CRUZ E TUCCI, José Rogério. **Precedente judicial como fonte do direito**. São Paulo: Revista dos Tribunais, 2004.

DAVID, René. **O direito inglês**. Tradução por Eduardo Brandão. São Paulo: Martins Fontes, 2000.

DAVID, René. **Os grandes sistemas do direito contemporâneo**. Tradução por Hermínio A. Carvalho. São Paulo: Martins Fontes, 2002.

GILISSEN, John. **Introdução histórica ao direito**. 3. ed. Lisboa: Fundação Calouste Gulbenkian, 2001.

GROSSI, Paolo. **Primeira lição sobre o direito.** Tradução por Ricardo Marcelo Fonseca. Rio de Janeiro: Forense, 2006.

HESPANHA, Antonio Manuel. **Cultura jurídica europeia**: síntese de um milénio. Florianópolis: Fundação Boiteux, 2005.

LOSANO, Mario G. **Os grandes sistemas jurídicos**: introdução aos sistemas jurídicos europeus e extra-europeus. São Paulo: M. Fontes, 2007.

MARINONI, Luiz Guilherme. **Precedentes Obrigatórios**. São Paulo: Revista dos Tribunais, 2010.

MONTESQUIEU, Charles de Secondat baron de. **O espírito das leis**. 3.ed. São Paulo: Martins Fontes, 2005.

NOGUEIRA, Gustavo Santana. **Precedentes vinculantes no direito comparado e brasileiro**. Salvador: Juspodium, 2014.

PORTO, Sérgio Gilberto. Sobre a Common Law, Civil Law e o Precedente Judicial. In: MARINONI, Luiz Guilherme (Coord.). **Estudos de Direito Processual Civil** – homenagem ao Professor Egas Dirceu Moniz de Aragão. São Paulo: Revista dos Tribunais, 2006.

RAMIRES, Maurício. **Crítica à aplicação de precedentes no direito brasileiro**. Porto Alegre: Livraria do Advogado, 2010.

SABINO, Marco Antonio da Costa. O Precedente Judicial Vinculante e sua Força no Brasil. **Revista Dialética de Direito Processual**. São Paulo, n. 85, p. 51-72, abril 2010.

SCARMAM, Leslie George. **O direito inglês**: a nova dimensão. Porto Alegre: Sergio Antonio Fabris, 1978.

SOARES, Guido Fernando Silva. **Common Law**: Introdução ao direito dos EUA. 2. ed. São Paulo: Revista dos Tribunais, 2000.

TARUFFO, Michele. Precedente e Jurisprudência. **Revista de Processo**: RePro, São Paulo, n. 199, v. 36, p. 139-155, setembro 2011.

VIEIRA, Andréia Costa. **Civil Law e Common Law:** os dois grandes sistemas legais comparados. Porto Alegre: S. A. Fabris, 2007.

WAMBIER, Teresa Arruda Alvim. A uniformidade e a estabilidade da jurisprudência e o estado de direito - Civil law e common law. **Revista Jurídica**, Porto Alegre, v. 57, n. 384, p. 53-62, out, 2009.

Capítulo 16

O DIREITO NO PERÍODO PRÉ-COLONIAL E A CULTURA JURÍDICA ASTECA

Lucas Machado Fagundes[1]

SUMÁRIO: 1. Introdução. 2.Elementos normativos pré-coloniais. 3. Arquétipos do Direito Asteca. 4. Organização da justiça no período pré-colonial. 5.Conclusão. 6. Bibliografia.

1. INTRODUÇÃO

O chamado período pré-hispânico, pré-cortesiano ou período pré-conquista trata-se da concepção pré-moderna na América Hispânica[2].

---

1 Pós-doutorado em Direito na Universidade Federal do Rio Grande do Sul - UFRGS. Doutor e Mestre em Direito pela Universidade Federal de Santa Catarina - UFSC. Pesquisador GT-Clacso: Pensamiento jurídico crítico. Pesquisador do Grupo Pensamento Jurídico Crítico Latino-americano, coordenando a linha: Constitucionalismo Crítico - Universidade do Extremo Sul Catarinense-UNESC. Professor do Mestrado em Direito UNESC. Professor colaborador no Mestrado em Direitos Humanos da Universidade Autónoma de San Luis de Potosí, México. Codiretor do projeto de pesquisa "Nuevo constitucionalismo latinoamericano. Perspectivas del giro Decolonial y la filosofía de la liberación", Facultad de Derecho, Universidad Nacional de Rosario - Argentina e Professor participante e pesquisador da "Cátedra de Pensamiento constitucional latinoamericano" da Facultad de Derecho, Universidad Nacional de Rosario. Email: lmachado@unesc.net.

2 Para García Gallo, se fala emDireito pré-hispânico: " [...] se trata de ellos hasta el momento en que el pueblo respectivo entra en contacto con los españoles, lo que ocurre en fechas muy distintas: v. gr., en 1492 y años sucesivos en las Antillas, en 1508 en Tierra Firmes, en 1519 en Méjico, en 1533 en Perú, en 1709 en California, etc". GARCÍA GALLO, Alfonso. La penetración de los derechos europeos y el pluralismo jurídico en la América Española, 1492-1824. *In:* DAL RI, Luciene. DAL RI JR., Arno. GARCÍA GALLO, Alfonso. et al (Org.). **A latinidade da América Latina**: enfoques históricos-jurídicos. São Paulo: Aderaldo & Rothschild, 2008, p. 99.

É um espaço típico dos historiadores e antropólogos, por conta principalmente das características de ordem cultural e dos elementos históricos. Contudo, aos juristas em geral, pouco importam os estudos desta etapa, em primeiro pela colonização epistemológica do senso comum no pensamento jurídico e, em segundo lugar, pelas poucas fontes de estudos literalmente "jurídicos" – *stricto sensu* –, para não confundir com o entendimento sóciohistórico. Todavia, em razão da importância descolonizadora do período, far-se-á breve referência com base em algumas obras de pensadores que resolveram transcender os limites da esfera moderna, em direção a compreender os fenômenos por forado imaginário colonizado, para, então, estudar como se organizavam os povos e as culturas pré-invasão de Tenochtitlan[3] (entre os séculos XV e XVI).

Na visão de alguns historiadores – ou ao menos nas principais referências do assunto, as quais foram consultadas –, há uma forte evidência do "bacharelismo teórico" com formação jurídica. Na falta de criatividade interpretativa, fazem o mesmo que o invasor hispânico Hernan Cortéz[4] quando da hermenêutica sobre os nativos, lendo-os sob uma contemplação introspectiva; no caso dos juristas viciados pelo formalismo legalista moderno, observaram os fenômenos históricos desde a sua óticameramente normativa estatal.

Por essa razão, cabe aqui uma explicação melhor para a situação: os trabalhos analisados, em sua maioria, verificam os chamados "fenômenos jurídicos" pré-modernos, de acordo com as lentes dos elementos jurídicos modernos. Qual é o problema dessa postura? Contaminação xenófoba com o Outro Direito, no sentido de que a interpretação realizada é preenchida pela legalidade – sistematização de normatividades escritas e fundamentação racionalizada por leis. A lente de análise do fenômeno jurídico vislumbra uma compreensão moderna como parâmetro para analisar algo além da modernidade;

---

[3] Era considerada a Capital do Império Asteca na mesoamérica, isto à época da invasão. Atualmente o território é a Cidade do México.

[4] Cortéz é uma figura central na invasão hispânica ao império asteca. Foi a liderança militar que conduziu os conquistadores ao interior do continente mesoamericano, alcançando o núcleo do império em Tenochtitlan. Sobre o personagem ver: MORAIS, Marcus Vinicius de. **Hernan Cortez**: civilizador ou genocida? Coleção guerreiros. São Paulo: Editora contexto, 2011.

não está dentro desse processo, mas em outra esfera, portanto, constitui-se inadequado o instrumento de análise.

Antes que possa gerar alguma dúvida sobre quais outras referências se poderiam utilizar, contesta-se pelo exercício do estranhamento do novo, do Outro, do distinto; destreza para pensar fora da totalidade colonizadora é uma prática que necessita de instrumentos de mediação e de profunda identificação com as práticas estranhas à natureza formalista do Direito – no caso, a interdisciplinaridade ou apoio em outras disciplinas ajudaria. Apesar de que seria difícil pensar isso na primeira década do século XX, em que a cultura bacharelesca do Direito não se permitiria tal ato.

Mesmo que inevitável a comparação – cujo caráter é de elucidação compreensiva –, esta deve vir acompanhada da contemplação inovadora, que só terá essa atitude no momento em que causar um forte e indesejado incômodo, oriundo da inquietação do não-saber, não-conhecer ou auto reconhecer-se como ignorante, primeiro momento da afirmação da existência do Outro como distinto ao "Eu penso" dominado pela epistemologia cartesiana moderna.

Contudo, elucidada essa percepção, tem-se em conta que esses poucos e riquíssimos trabalhos serviram de embasamento para essa pesquisa, antes do mundo colonial hispânico. Embora não representem o objeto do estudo, servem para comprovar que o Direito Moderno no ocidente foi uma derradeira invenção alienígena, para a qual o extermínio, a violência e o encobrimento são as melhores insígnias.

É bom frisar que não corresponde, tal período, a um passeio de ilustrações retóricas, mas sim à apresentação de situações que demonstram o quão bem estruturadas eram as sociedades originárias da época pré-invasão (particularmente da sociedade Asteca), e que a noção de civilidade jurídica é outra invenção da então modesta e marginalizada Europa no período da invasão no século XV. Trata-se de uma faseintrodutória, que deveria ser trabalhada detalhadamente na história do Direito da América Latina, pois as evidências estão latentes e imersas na riqueza enigmática dos povos originários que, à primeira vista, parecem mais interessantes que a história dos godos e dos visigodos da região europeia; e, ao final, se manifestam de forma exuberante na novidade de informações.

Nas obras pesquisadas atentamente, aparecem os sistemas jurídicos com concepções vigentes na contemporaneidade. Trata-se muito mais de observações eivadas pelo contexto jurídico colonizado do que propriamente uma leitura da organização normativa do período histórico. Em primeiro lugar, isso se realiza pela não oportunidade de etnografia da época,– apesar de que algumas obras/relatos o fazem assim –, e pelo próprio modo distorcido de relacionar o europeu transferido ao latino-americano. Entretanto, esses elementos trazem uma interpretação muito qualificada, na qual as relações tributárias sedimentam as relações pessoais e as comunitárias, bem como a forte presença de uma organização de natureza penal e civil também conduz a uma análise suficiente quase completa da experiência histórica.

Assim sendo, mesmo se verificadas outras fontes, o cenário que compõe o atual território mexicano proporciona vasto material interpretativo no sentido mencionado, o que ocorre por conta do alto nível de organização social das culturas que compunham o império dos Astecas e, não diferente, dos Incas e dos Maias. Porém, o recorte é proposital: estas últimas civilizações foram ignorados na fortuna histórica do presente estudo, muito mais pela delimitação necessária do que por conta da riqueza cultural representada.

Nesse sentido, sem desconsiderar os demais valores das leis e dos regulamentos dessa cultura, tais como regras de Direito público, Direito privado, tributos e questões penais, as quais aventam um riquíssimo acervo erudito para uma pesquisa profunda, segue-se no intento de explorar o âmbito de administração da justiça, escolhido para o foco do presente capítulo. Serão analisadas as questões dos desdobramentos da organização jurídica que, pela própria natureza complexa do período, é uma leitura voltada a ilustrar o *modus operandi* da valiosa cultura asteca, altamente influenciado pelas relações de poder na organização do, por assim dizer, "Estado" pré-hispânico.

2. ELEMENTOS NORMATIVOS PRÉ-COLONIAIS

Ao discorrer sobre a organização normativa, Jesús Antonio De La Torre Rangel propõe não realizar um mero percurso histórico, mas sim uma aventura reflexiva focada em um objetivo claro e conciso. Para alcançar tal intento, cabe referência para autor – em alusão ao historiador Rafael Altamira (1866-1951) – de que a história jurídica deve estar ligada à história social, e o jurídico explica-se como resultante dos fenômenos extrajurídicos[5].

No viés do jurista mexicano, as fontes de referência para os estudos do período se traduzem em *códices ou código,* nada mais que relatos ou testemunhos documentados de caráter ideográfico, na maior parte traduzidos por religiosos empenhados na compreensão do mundo indiano; ou *obras de historiadores indígenas*, por vezes inclusos aos centros religiosos junto aos padres católicos nos seminários de educação ou evangelização. Também aparecem *descrições dos historiadores espanhóis das primeiras gerações,* relatos dos exploradores ou integrantes das expedições invasoras e mesmo a *Arqueologia* (objetos ou manifestações artísticas que podem traduzir a cultura em geral e, por consequência, a jurídica).

Entre a cultura dos Astecas, explica Jesús Antonio Rangel, não havia um sentido de interpretação jurídica baseado na lei, mas em costumes[6] e em entendimento hermenêutico de via "reta": "[...] No idioma asteca 'justiça' se diz *tlamelachuacachinaliztli*, palabra derivada de *tlamelahua*, pasar à limpo, via reta à algum lugar, dizer algo, onde também *tlamaclahualiztli,* ato de endireitar o errado, desfazer algo mal feito [...]"[7].

Isso evidencia que o embasamento do juiz não se tratava de uma lei escrita ou de um código de conduta. Ao julgar, extrapolava o

---

[5] Aprofunda o autor em parágrafo anterior: "[...] No son historia de las instituiciones jurídicas, sino que pretenden ser una historia de la juridicidade, quiero decir de lo jurídico inmerso en lo social, en la medida que el Derecho se explica cabalmente por la realidad social, y ésta tiene una explicación conpleja, jugando en ello un papel importante el Derecho mismo". RANGEL, J. A. de la Torre. **Lecciones de historia del derecho mexicano**. México: Porrúa, 2010, p. XX.

[6] "La idea que existe entre los aztecas, al administrar justicia, no indica la obligación del juez de someterse a una ley o mandato, sólo la de buscar la línea recta, es decir, usar su propio criterio. Cada caso tenía su ley. Claro está que el criterio del juez estaba influenciado por las costumbres y el ambiente social". Ibid., p. 29.

[7] "En el idioma azteca 'justicia' se dice tlamelachuacachinaliztli, palabra derivada de tlamelahua, pasar de largo, vía recta a alguna parte, declarar algo, de donde también tlamaclahualiztli, acto de enderezar lo torcido, desfacer entuertos [...]". Ibid, p. 29, (Tradução livre do autor).

horizonte hermenêutico da legalidade para a questão da preocupação da coesão social pela normatividade.

Ora, na questão da normatividade dos povos originários, entende-se que o Direito aplicado cumpre unificar em torno da decisão tomada uma conduta com fulcro nos interesses comunitários. Ainda que se possa exagerar no âmbito da especulação reflexiva, propõe-se pensar, por um lado, que a interpretação base dos julgados dos juízes Astecas, por consequência, pensava na reta conduta do império em si, frente os seus dominados. Por outro lado, manter a coesão e o domínio, contrariando condutas costumeiras de outros povos, pode pressupor insurgência, o que leva a compreender que, no Direito Asteca, primeiramente, há de se desvencilhar da uniformidade jurídica e, logo em seguida, da legalidade como base de operacionalização do sistema jurídico.

Tendo isso em conta, logo se percebe que o Direito não possuía centralidade na organização da sociedade Asteca, caso comparado aos sistemas de tributos e de domínios violentos, por meio das guerras do mesmo império. Entretanto, não de um todo se deve diminuir sua importância, afinal julgados com base em práticas reiteradas (costumes) possuem significância primeira. Essa maneira em muito se assemelha aos atos jurídicos da idade média na europa, na qual os costumes e as práticas reiteradas garantiam uma lógica de segurança jurídica para o complexo mosaico jurídico que compunha o período[8].

Tudo isso leva a crer que a centralidade do monismo normativo moderno inverte a questão cultural plural por um sistema centralizado e burocrático, contrário ao pluralismo normativo Asteca e Medieval, em que a ideia de segurança jurídica estaria embasada na não-legalidade, mas em um corpo interpretativo costumeiro que desse sequência de agregação societal.

Interessa aproveitar desse período, a riqueza cultural organizativa do mundo normativo das pessoas e das relações humanas, pois a valorização dos aspectos sociais não significa diminuir a importância do aparato jurídico normativo unitário moderno. Pelo contrário, visa

---

8 Em torno do pluralismo jurídico na idade média, verificar MACHADO, Lucas. **Pluralismo jurídico e justiça comunitária na América Latina**:perspectivas de emancipação social.2011. 218f. Dissertação (Mestrado em Direito) – Programa de Pós-graduação em Direito. Universidade Federal de Santa Catarina, Florianópolis.

a envolvê-lo na totalidade cotidiana da vivência dos sujeitos que lhe dão vida; em vez de isolar o sistema jurídico da realidade social e cultural, fundamentá-lo em uma legalidade valorativa que se torna absoluta e independente – como critério fundante. Valoriza-se esse sistema a partir do momento em que todo ato entendido modernamente como Direito passa a ser a própria dimensão humana no seu contexto, uma riqueza complexa que demonstra o alto grau de organização e, principalmente, a valorização da atividade relacional dos povos – isso, entendido em termos jurídicos, reavalia a interpretação realizada pelos conquistadores e funda outra perspectiva de entendimento a ser explorada.

Em parte, essa afirmação confirma a que se referia acima, na perspectiva do Direito que tinha o autor Rafael Altamira, e mais, coloca-se em questão a própria ideia da opulência jurídica na lei, purificada pelos modernos doutrinadores.

Seguindo no aprofundamento dos aspectos jurídicos do estudo, vale mencionar que o pesquisador da cidade de Aguascalientes faz menção, em seu livro, de determinado espaço para interpretação ético-jurídica:

> Los huehuetlatolli o "pláticas de los viejos" son varios documentos de distinta procedencia de origen prehispánico. Se trata de prácticas didácticas o exhortaciones dirigidas a inculcar ideas o principios morales, tanto a los niños del Calmecac como del Telpochcalli, así como a los adultos en ocasión de acontecimientos importantes como el matrimonio, el nacimiento, la muerte, etc. A través de los huehuetlatolli conocemos ideas ético-jurídicas de la cultura náhuatl, tales como el bien y el mal, el valor de la persona humana, las obligaciones y compromisos sociales, etc[9].

Essa interpretação de uma ética normativa Asteca que privilegia a organização das relações humanas traduz concepções jurídicas dos povos que não podem ser desconsideradas como tais, em virtude de traduzir conteúdos morais e de ordem social. Logo, esses enunciados sociais são os arquétipos fundantes da cultura jurídica desse povo; caso algum jurista imerso no âmbito histórico desconsidere essas características, já de imediato olvida grande parte do arcabouço que conforma o sistema jurídico pré-hispânico.

---

[9] RANGEL, J. A. de la Torre. Op. cit., p. 30.

É oportuno mencionar o posicionamento de León Portilla:

> [...] La primera obligación de tipo ético-jurídica es la del respecto y obediencia a quienes están investidos de autoridad. Esa idea de moderación y consideración frente a "los rostros y corazones" ajenos, llegó a ser tan característica entre los nahuas, que encontramos de ella innumerables ejemplos a través de todos los huehuetlatolli. Según León Portilla el fundamento ético-jurídico de la cultura nahua estriba: 1) en la autoperfección; y 2) en la genuina aprobación social de lo conveniente, de lo recto. Y este doble motivo es uno en el fondo, ya que la verdadera estima y aprobación de la sociedad debe corresponder tan sólo al "rostro y corazón" bien formado que practica en la tierra "lo conveniente, lo recto". Así es como en función de su ideal de control y perfeccionamiento humano, concibieron los sabios nahuas esta rica doctrina, que con razón podemos llamar ético-jurídica [...][10].

A dimensão exposta na obra trata de realocar a interpretação jurídica além do domínio formalista, calcado na materialidade da existência do ser humano e na sua corporalidade viva em conexão com outras – ato relacional de qualquer sociedade. As relações são aperfeiçoadas com base em um Direito que, antes de legitimar uma ordem social, preocupa-se em resgatar relações organizativas para o convívio harmônico e de desenvolvimento, ou seja, resumido em uma palavra: equilíbrio social.

Prova disso se encontra em três fragmentos de um *huehuetlatolli*, citado por De la Torre Rangel, em uma primeira dimensão que poderia se dizer transcendental ou religiosa: característica que perde espaço na esfera jurídica moderna com a racionalização positiva. "[...] já não podes permitir-te como fazia antes. Dignifica tua imagem, teu coração, tua vida. Valoriza-te, honra-te, atua sabiamente, faz da tua palavra e do teu discurso um enunciado divino"[11].

Nesse fragmento, em que está presente o grau de serviço societário como fundamentação do ato jurídico (e não ao contrário), a incorporação em serviço público é dignificada em termos quase divinos, conferindo caráter especial ao exercício de tal tarefa; no mesmo

---

10 PORTILLA *apud*RANGEL, J. A. de la Torre. **Lecciones de historia del derecho mexicano**. México: Porrúa, 2010, p. 31.

11 "Ya no puedes rigocijarte como antes lo hacía. Dignifica tu rostro, tu corazón, tu vida. Estímate a ti mismo, honráte, procede sabiamente, haz divina tu palabra, tu discurso". Ibid., p. 32. (Tradução livre do autor).

sentido: "[...] não transforma-te em uma fera, não mostres os dentes, as unhas. Não faça ninguém chorar, gritar, não bata na cabeça, não cause fúria, pois ficarás coberto de espinhos, espantarás, causarás assombro, escadalizarás, todos te odiarão[12]".

No tocante ao segundo fragmento, encontra-se presente a dimensão humana, que lhe separa dos deuses, bem como se pode ler um alerta acerca da embriaguez que o alto investimento no poder causa nas corporalidades humanas. Percebe-se a sabedoria em verificar que o exercício de um serviço público é algo de uma grandeza proporcional ao perigo de envenenar-se no descuido de deixar-se tomar pela soberba e pela apropriação excessiva do poder investido, de divinizar seus atos. No Direito Asteca, ver-se-á adiante que a punição a esta falha é excessivamente dura, inclusive com a perda da vida do infrator, algo que evidencia a imperfeição do sistema, inerente a qualquer obra humana.

Por fim, resgata-se o sentido e a importância de manter a união comunitária em torno do exercício da sua função: "[...] reúne, convoca, congrega e recebe os teus tlatoque – nobres –, agrada aos donos da água e da terra – o povo –, seja generoso com eles. Ama a tua gente para ser recordado, para que quando tu morrer os idosos e anciãos suspirem e chorem por ti[13]". O autor Jesús Antonio de la Torre Rangel confirma que: "O que foi dito anteriormente significa que a pesar do tlatoani ter um poder absoluto e ilimitado, mesmo assim o povo e nos próprios governantes existia a ideia de um exercício do poder não autoritário e respeitoso dos direitos do povo"[14].

O exercício desse poder não possui uma justificação em si próprio, mas sim no serviço aos seus semelhantes em comunhão social não

---

12 "No te conviertas en fiera, no muestres los dientes, las uñas. No hagas llorar, gritar a nadie, no golpees en la cabeza, no enfurezcas, pues te llenarás de espinas y puas, espantarás, causarías asombro, escandalizarás, todos te odiarán". Ibid., p. 32.(Tradução livre do autor).

13 "Reune, convoca, congrega, agasaja a tus tlatoque – nobles –, acaricia a los Dueños del Agua y la Tierra – el pueblo –, sé generoso con ellos. Ama a tu gente para ser recordado, para que cuando mueras el viejo y la anciana suspiren y lloren por ti". Ibid.,p. 32. (Tradução livre do autor).

14 "Lo anterior significa que si bien el tlatoani tenía un poder absoluto e ilimitado, sin embargo en el pueblo y en los propios gobernantes existía la idea de un ejercicio del poder no autoritario y respetuoso de los derechos del pueblo". Ibid., p. 32. (Tradução livre do autor).

individualizada. Igualmente, não se individualiza o poder e se alerta para o excesso do apoderamento pessoal; também se faz referência ao seu objeto fundante, o exercício para a comunidade.

3. ARQUÉTIPOS DO DIREITO ASTECA

Aprofundando um pouco mais essa exposição acerca de uma ideia de Direito pré-cortesiano, privilegiando o Direito Asteca, quatro obras são importantes para o estudo e serão abordadas na especificidade em discussão. No primeiro livro, "El Derecho Precolonial", publicado no ano de 1937, pode-se começar a desvendar teoricamente o tema; foi elaborado pelo sociólogo e jurista mexicano Lucio Mendieta y Nuñez. O segundo livro, "Introducción a la historia del derecho mexicano", de Guillermo Floris Margadant S., 1971, dedica seu primeiro capítulo para "El Derecho precortesiano", explorando o direito nos povos Maias, Olmecas, Chichimecas e Astecas. O terceiro se trata de "El derecho de los Aztecas", de Josef Kohler, publicado pelo tribunal superior de justiça do Distrito Federal mexicano, em 2002. Na sequência, tem-se "Introducción a la história del pensamiento jurídico em México", de Javier Cervantes, editado juntamente à obra anterior. Esses livros compõem o arsenal de fontes secundárias sobre o assunto, cumprindo uma tarefa de demonstrar a riqueza da cultura jurídica pré-hispânica, no entendimento da sua organização e do sincretismo estrutural.

Ao iniciar, privilegia-se a obra de Mendieta y Nuñez, Que começa a sua exposição mencionando as fontes inspiradoras dos livros "[...] Clavijero, Orozco y Berra, los Memoriales de Motolínia, la Historia Eclesiástica de Mendieta y la História General de Sahagún"[15], trabalhos de interpretação original, que poderiam ser considerados fontes primárias para o tema, por conta do objeto e das épocas em que foram elaborados – em alguns casos, como uma etnografia da vivência nos primeiros anos da exploração conquistadora (século XVI), tendo em vista que muitos clérigos acompanharam as expedições dos colonizadores, desde então registrando os passos e as impressões sobre os povos originários.

[15] MENDIETA NUÑEZ, Lucio. **El derecho precolonial**. México: Porrua Hermanos y cia, 1937, p. 6.

Esses fatores garantem credibilidade para consulta, bem como oferecem uma sistematização embasada em estudos concretos e em acervos literários que são registros "vivos" das formas e das relações sociais no período estudado. A obra tem como proposta uma síntese para uma visão do conjunto sobre as instituições jurídicas da época anterior à imposição colonizadora dos espanhóis[16].

Mendieta y Nuñez comenta que a divisão em etapas da história mexicana – na qual os períodos ou épocas seriam 1º: período pré-colonial; 2º: período colonial; 3º: período de independência nacional; 4º: época atual – merece crítica. "Esta divisão é puramente convencional, obedece mais ao método, as necesidades da exposição, que à realidade das coisas. Em toda evolução social é possível assinalar com exatidão os limites das grandes etapas"[17]. Entretanto, torna-se útil à compreensão e ao desenvolvimento didático do período.

Resta afirmar sobre a existência de um Direito Asteca, de maneira que possa afastar qualquer dúvida ou especulação depreciativa. É conveniente a exposição de Javier Cervantes, em que destaca:

> Pudiera preguntarse si realmente existió un Derecho más o menos elaborado entre los Aztecas, a lo que, sin duda, debe contestarse apriorísticamente, sin perjuicio de confirmarlo plenamente más tarde, que el Derecho sí existió en ese pueblo, como tiene que existir desde el momento en que hay convivencia entre los hombres. Si nos atenemos, además, a lo que se ha llamado la cultura Azteca, atendiendo al desarrollo que muchos aspectos ha podido ser comprobado, se llega también a la conclusión de que el derecho no solamente existía, sino que las normas que lo constituían llegaron adquirir una fuerza y arraigo tales, que forzosamente tenía que transcender a épocas posteriores[18].

---

16 Ibid., p. 7.

17 "Esta división es puramente convencional, obedece más al método, a las necesidades de la exposición, que a la realidad de las cosas. En toda evolución social es posible señalar con exactitud los límites de las grandes etapas". Ibid., p. 11. (Tradução livre do autor)

18 CERVANTES Y ANAYA, Javier de. **Introducción a la historia del pensamiento jurídico en México**. Primera edición. México, D. F.: Tribunal Superior de Justicia del Distrito Federal, 2002, p. 395.

O reconhecimento do nível cultural dos povos Astecas[19] é algo que chocou até os conquistadores como Hernán Cortés, pois o esplendor da cidade de Tenochtitlán, com suas instituições comerciais, políticas, sociais, religiosas e jurídicas dão conta do homem europeu encontrando-se com outra civilização. No que cabe ao direito, a afirmação acima parte do pressuposto de que toda organização humana corresponde a um sistema de normas, algumas destas de tipo jurídico. Porém, parte-se da constatação de que a lógica de organização política, o sistema de cobrança de tributos, as regras de convívio social e a expansão tomada pelo império Asteca hão de pressupor a existência de algum vínculo de jurídico, compreendendo-se por jurídico todo ato que visa a organizar e a regulamentar as condutas em uma determinada sociedade para fins de convívio ordenado – entenda-se ordem no sentido de divisão de tarefas, buscando satisfazer as necessidades humanas básicas.

Nesse viés da explanação anterior, cumpre esclarecer sobre a concepção de Direito. Pode-se falar em Direito Mexicano com base na cédula real do governo de Índias, mas deve-se ter presente que isso é para a concepção moderna do Direito, pois, ao se expandir o horizonte de compreensão do fenômeno jurídico, ou melhor, do Direito como fenômeno social, encontra-se "[...] uma resultante dos complexos fatores que atuam no desenvolvimento dos grupos humanos constituídos, então se é indispensável ocupar-se do Direito observado entre os indígenas antes da conquista [...]"[20]. O autor Lucio Mendieta y Nuñez segue afirmando que, apesar do Direito colonial em nada relacionar-se com o período anterior, a população a quem se destina carrega uma carga cultural e uma herança histórica indelével. Isso é esclarecido quando, em termos culturais, reconhece o autor que

---

19 Sobre o grau de cultura dos aztecas, era relativamente elevado, lembra Josef Kohler em sua obra: KOHLER, Josef. **El derecho de los aztecas**. México, D. F.: Tribunal Superior de Justicia del Distrito Federal, 2002, p. 19.

20 "[...] una resultante de los complejos factores que actuán en el desenvolvimento de los grupos humanos constituídos, entonces si es indispensable ocuparse del Derecho observado entre los indígenas antes de la conquista. MENDIETA NUÑEZ, Lucio. **El derecho precolonial**. México: Porrua Hermanos y cia, 1937, p. 12. (Tradução livre do autor)

alguns povos guardam práticas e costumes pré-hispânicos em concorrência com o Direito legislado pelo Estado.

Sendo assim, a compreensão histórica do Direito para Mendieta y Nuñez vem encontrar guarida no presente estudo. Busca evidenciar uma visão conceitual do Direito inerente a seu desdobramento sociopolítico. Em relação a isso, é importante ressaltar que:

> En la realidad de las cosas esta relación íntima entre el Derecho y el pueblo en que rige, es a menudo estorbada y entonces, en vez de que el Derecho obre como fuerza organizadora, impide el progreso del pueblo y lesiona gravemente su vitalidad. Por esta razón nos proponemos hacer un estudio histórico de nuestro derecho, considerándolo no simplemente como conjunto de leyes, sino en relación con nuestro medio para ver si las modificaciones sufridas por éste, corresponden a la transformación histórica y social de aquel[21].

Na obra, aparece o conceito de sistema jurídico como fruto da cultura popular e em íntima relação com a cotidianidade dos povos e suas necessidades. As peculiaridades do estudo desenvolvido no livro denotam uma particularidade inerente ao período e à especificidade de cada domínio Asteca; a importância desses caracteres pré-coloniais faz referência às práticas organizativas que serão posteriormente suprimidas por outra concepção do Direito, que embasará sua racionalidade em normas escritas por autoridades investidas de "reconhecimento" divino, como no caso dos reis. É interessante confrontar tais concepções para mostrar como se operam na colônia certos aproveitamentos dos resquícios da cultura jurídico-social pré-cortesiana, como o aparato de unificação colonizadora e a insuficiência do Direito colonial em legitimar-se por si próprio, mesmo através da violência opressora do pacto colonial[22].

---

21 Ibid., p. 13.

22 "En resumen, todo el sistema jurídico y social era un reflejo fiel de la conciencia popular; cada una de sus instituciones, cada una de sus leyes, obedecía a determinadas circunstancias, respondía a ingentes necesidades. Por otra parte, la estricta aplicación de la ley, que alcanzaba tanto a los poderosos como a los débiles, siendo en muchos casos más cruel con aquéllos que con éstos, hacía que el Derecho fuese respetado por todos, que la sociedad tuviese la conciencia de su carácter obligatorio. El Derecho, cuando es el producto de la vida del mismo pueblo en que rige, no puede reformarse teóricamente. No es ni mejor ni peor que el Derecho de otro pueblo o de otra época, sino el que necesariamente corresponde a un pueblo determinado en

Seria impossível pensar juridicamente o período sem considerar as transformações sociais que sofrem os povos locais e o seu desenvolvimento até a brutalidade invasora. A proposta apresentada é justamente explorar os aspectos normativos do meio social como motor do desenvolvimento deste, pois não haveria forma de fundamentar em leis escritas o sistema jurídico, sob pena de restringir sua abrangência, e também por não significar um catalisador seguro de transformação do direito.

No entanto, o historiador espanhol Alfonso García Gallo atenta para importantes problemas na observação acerca dos textos que envolvem o período:

> La América que descubren los europeos carece en absoluto de unidad cultural y jurídica. Los numerosos pueblos que habitan en ella forman innumerables comunidades que viven independientemente unas de otras, rigiéndose cada una por sus propias costumbres. Excepto en algunas regiones donde bajo una autoridad dominante diversos pueblos han sido sometidos en parte a un régimen común, la casi totalidad de estas comunidades se mueve en un ámbito geográfico muy reducido. Por ello, el mundo prehispánico en el aspecto jurídico se nos aparece como un gigantesco mosaico en el que cada una de sus piezas constituye un Derecho diferente. Nuestro conocimiento de estos Derechos es hoy muy deficiente. Etnólogos y antropólogos han estudiado estos pueblos y sus culturas. Naturalmente, al ocuparse de sus forma de organización han tratado múltiples aspectos en los que existe una ordenación social – un Derecho; pero, por su propia formación, lo jurídico queda en un segundo plano y sin la debida valoración. Es frecuente encontrar en sus obras la observación, sorprendente para un jurista, de que estos pueblo no conocen el Derecho y se rigen por costumbres; como si éstas no integraran aquél[23].

O autor se preocupa em mostrar que havia outros tantos povoados com manifestações normativas próprias, cujo arcabouço não é desmerecido, e que alguns apresentam fontes de estudos mais vastas e densas para auxiliar na interpretação e na exposição com maior segurança e concretude nos resultados da pesquisa. Diante disso, segue

una época determinada. Se transforma cuando las necesidades de la vida popular suscitan las transformaciones correspondientes. No de otro modo se desarrolló el Derecho Romano sobre los bárbaros preceptos de las XII Tablas". Ibid., p. 61.

[23] GARCÍA GALLO. Alfonso. La penetración de los derechos europeos y el pluralismo jurídico en la América Española, 1492-1824. *In:* DAL RI, Luciene. DAL RI JR., Arno. GARCÍA GALLO, Alfonso. et al (Org.). **A latinidade da América Latina**: enfoques históricos-jurídicos. São Paulo: Aderaldo & Rothschild, 2008, p. 99.

mencionando sobre o grau de organização e desdobramentos do contexto sociopolítico da época:

> Los reinos primeramente citados lograron extender sus dominios porque formaron una triple alianza defensiva y ofensiva que le dio gran fuerza militar. Al efectuar sus conquistas según escribe Orozco y Berra, "sujetaban a la tribu vencida y al contingente de armas, municiones y soldados para la guerra; pero dejaban a los señores naturales su señorío, al pueblo sus usos y costumbres". Sin embargo, el contacto frecuente que necesariamente se establecía entre los pueblos conquistados y sus conquistadores, era circunstancia favorable para el intercambio cultural[24].

Dessa maneira, justamente na presente justificativa, está aquilo que se pretende diferenciar no Direito colonial, pois o grau de coesão jurídica se encontra na territorialidade do poder político dominante, sem, entretanto, ter uma estrutura legal para justificar. Adiante se verá que as questões jurídicas, ainda que uniformes, demandavam antes uma aplicação de acordo com o conjunto sócio-histórico dos povos dominados. Aufere-se das citações acima que o grau de organização "civil-militar" do reinado tríplice de Tenochtitlán, Texcoco e Tacuba deixa um vestígio da estrutura política asteca que será muito bem aproveitado pelo domínio espanhol, mais tarde, durante o processo de colonização, e as evidências do chamado "grau civilizatório".

No entanto, cabe referir que o intercâmbio promovido pela "tolerância" dos dominadores no âmbito cultural de cada povo dominado abre espaço para pensar-se que a juridicidade também possuía diversas matrizes de aplicação, de interpretação e de fontes. Caso contrário, a imposição de um Direito uniformizado em código tornaria obsoleto tal ato de tolerar Outro Direito.

O chamado Direito do império Asteca está localizado como produto de uma evolução secular e sincretismo no intercâmbio cultural nas disputas locais entre dominados e dominadores. As pesquisas de García Gallo tratam de divulgar somente os últimos anos da organização legal asteca às vésperas da conquista, fator não impeditivo para exploração em conformidade com os relatos dos conquistadores. Levando em consideração essa afirmação genérica, vale destacar:

---

24 Ibid., p. 18.

> Por las crónicas antiguas conocemos el derechos de los mexicanos aborígenes tal como existía al efectuarse la conquista; pero indudablemente que entonces ya era el resultado de una larga evolución cuyo principio es imposible determinar y que concluyó al ser rota la organización indígena por la dominación española; pero como esa ruptura se llevó a cabo en el transcurso de varios siglos, tampoco podemos limitar con fechas precisas la terminación del derecho primitivo[25].

É de se notar que, nessa relação de dominação, os reis eram eleitos de forma indireta em ambos os reinados da tríplice aliança[26], desde que o candidato fosse membro da família real e educado no que se chamava *Calmecac*, estabelecimento de educação para a nobreza.

Organizadamente, o sistema judicial obedecia, em cada reinado da tríplice aliança, a um tribunal superior, com diferenças estruturais devido às particularidades de cada caso. No reinado de *México*, por exemplo, o rei nomeava o magistrado supremo, que acumulava à obrigação de sentenciar também o cargo de administrador; pelas proporções territoriais do domínio de *México*, reproduzia-se o mesmo esquema nos povoados mais distantes. Nesse caso, é curioso o fato de que aquilo que se poderia chamar "justiça de bairro" é figura interessante no procedimento de administrar justiça do reinado mexicano:

> En cada uno de los barrios de México, el pueblo se reunía anualmente para nombrar a un juez de competencia judicial limitada, pues sólo conocía en los asuntos civiles y penales de poca importancia que se suscitaran entre los vecinos de su Distrito. Este juez tenía obligación de dar noticias diarias al tribunal colegiado de la ciudad, sobre los negocios en que intervenía. Como auxiliares de la administración de la justicia había en cada barrio un individuo encargado de vigilar a algunas familias y de dar cuenta de lo que en ellas observase; estos empleados eran electos por el pueblo del propio modo que los jueces inferiores; pero no podían conocer ni fallar en asunto alguno; por último cierto número de policías se encargaban de emplazar a las partes y a los testigos en asuntos civiles y penales y de aprehender a los delincuentes[27].

Esses juizados nos bairros são vistos como elementos de conexão entre o corpo superior de justiça e as comunidades mais afastadas

---

25 Ibid., p. 14.
26 Ibid., p. 15.
27 Ibid., p. 20.

geograficamente. Cumpriam, ademais, concretizar as práticas costumeiras e organizar um sistema de conduta de acordo com as ordens emanadas do soberano governante. Essa figura eleita pelo povoado era um intercessor entre os costumes cotidianos e a ordenança judicial "oficial", pois mantinha informados os aplicadores do Direito sobre os fatores fundantes, e também cumpria a função de disseminador das condutas ou mesmo de vigilante destas.

Já no reinado de Texcoco, a situação era diferente. Nesse caso, era o próprio "rei" que concedia aos juízes – sob seu poder supremo – a repartição da justiça em colegiados especializados. Ora, mantinham-se os juizados para lugares mais afastados e, periodicamente, se realizavam audiências para as questões mais graves. Também convocavam-se reuniões gerais para estabelecer esclarecimentos junto ao Supremo, principalmente no tocante à ordem financeira. A especialização em tribunais para causas de nobres e de militares se destaca na organização do sistema; as chamadas salas do palácio real comportavam divisórias conforme a temática do julgado. Entretanto, algumas variantes se produziam: "[...] Em Tlaxcala, assumia os pleitos e decidia sobre estes, um conselho de anciãos. Em Matlazinco, o primeiro rei assumia os assuntos graves e os outros dois cuidavam dos casos de pouca importância. Em Michoacán havia um Tribunal Supremo para assuntos penais; mas os casos graves assumia o Rei".[28].

Conforme a afirmação anterior, os juízes eram eleitos – no caso do México, somente o magistrado superior era nomeado pelo rei –, sendo seu perfil pessoa da nobreza educada no *Calmecac*, com qualidades de sabedoria e não afeito a receber dádivas e benesses, tampouco comprometer-se com embriaguez. Encarregava-se muito a quem fosse administrar justiça, bem como lhe outorgavam todas as condições para o bom desempenho da função. Todavia, a responsabilidade era severamente avaliada quando a conduta se desvirtuava; a falta de um magistrado era motivo da atribuição de penalidade à altura da sua investidura, não se permitindo os mesmos privilégios em termos

[28] "En Tlaxcala, conocía de los pleitos y los decidía, un consejo de ancianos. En Matlazinco, el primer rey conocía de los asuntos graves y los otros dos de los de poca importancia. En Michoacán había un Tribunal Supremo para asuntos penales; pero de los casos graves conocía el Rey".Ibid., p. 21.(Tradução livre do autor).

de exercício da função. Ao contrário disso, aplicavam-se penalidades com a finalidade de castigar o mau uso da confiança depositada[29].

Dessa maneira, correlato à atenção ao rigor das penalidades, tem-se o grau de responsabilidade e de confiança atribuído ao administrador da justiça, demonstrando que, apesar de não ser ato fundante da sociedade Asteca, o Direito tinha grande importância na organização e no desenvolvimento das relações entre os povos. As fontes de que emanava o Direito Asteca se constituíam basicamente em duas: os costumes e as sentenças dos reis e juízes[30].

Isso tudo evidencia que o sistema jurídico obedece a um sistema cultural mais próximo ao cotidiano do povo, não se submetendo inteiramente aos desígnios deste. Afinal, o juiz era um sábio e, justamente por esta qualidade, atendia à continuidade histórica dos seus desígnios, auxiliado por condutos inseridos nesse meio, ou mesmo quando o próprio juiz se inteirava ao cotidiano – como no caso dos juízes que estavam de prontidão nos mercados ou das figuras dos bairros, conforme mencionado.

O sistema era composto por normas consuetudinárias não escritas. Embora existissem alguns hieróglifos que sustentavam algo semelhante a um código, não eram utilizados com finalidade de conhecimento disseminado da lei, mas como objeto

[29] "Si se hallaba que algún juez por respeto de alguna persona iba contra la verdad y rectitud de la justicia, o si recibía alguna cosa de los pleiteantes, o si sabían que se embeodaba, si la culpa era leve, una y dos veces, los otros jueces lo reprendían ásperamente, y si no se enmendaba, a la tercera vez lo trasquilaban (entre ellos era cosa de gran ignominia), y lo privaban con gran confusión, del oficio. En Texcoco acaeció, poca antes de que los españoles viniesen, mandar el señor ahorcar un juez porque por favorecer un principal contra un plebeyo dio injusta sentencia, y había informado siniestramente el mismo señor sobre el caso; y después, sabida la verdad mandó ejecutar en él la pena de muerte". Ibid, p. 22.

[30] "Los reyes y los jueces eran los legisladores; unos y otros, al castigar algún delito o al fallar en algún negocio, sentaban una especie de jurisprudencia, pues el castigo en materia penal se tenía como un ejemplo que era repetido más tarde en idénticas circunstancias y el fallo en cuestiones civiles, como una ley que se observaba fielmente en posteriores ocasiones. El pueblo, en esta jurisprudencia, desempeñaba un papel importantísimo: las penas que señalaban el rey o los jueces eran del todo acordes con el sentimiento moral de aquel en la época, y las sentencias civiles no hacían otra cosa, la mayoría de las veces, que sancionar los hábitos populares". Ibid., p. 34.

de estudos e arquivo histórico das práticas legais para fins de análise pelos "juristas". Já ao povoado, nas relações cotidianas em geral, tinha-se no conhecimento cultural a fonte dos seus direitos. Recorda Mendieta y Nuñez:

> Las principales disposiciones penales y las más importantes reglas que normaban los actos de la vida civil y pública, estaban escritas en jeroglíficos; algunos de ellos se han conservado hasta nuestros días. Estos jeroglíficos no tenían más fuerza que la de la costumbre, servían para conservar la tradición jurídica; pero eran exclusivamente para el conocimiento de los jueces y no para hacer del dominio público las disposiciones legislativas. El derecho, entre los antiguos mexicanos era, por tanto, consuetudinario[31].

Esse autor complementa a ideia, afirmando que "[...] sendo impossível referir-nos ao espírito dominante em cada corpo de leis, tendo em vista que não havendo códigos escritos, as leis indígenas não ofereciam unidades definidas [...]"[32]. Esses referentes às condições dos estatutos das pessoas correspondem a uma lógica de desigualdade, pois, na concepção social Asteca, existia uma divisão setorial, a qual influía no uso e na aplicação jurídica. No entanto, quando se aborda a questão dos escravos, percebe-se através dos estudos que estes mantinham sua personalidade jurídica mesmo na condição em que se encontravam, enquanto, entre os sujeitos livres, as diferenciações se davam por questões de classe[33].

A desigualdade no Direito Asteca não parece privilegiar alguns sujeitos em detrimento de outros, mas sim constituir-se em reflexo do contexto fundante do ato jurídico em si, ao mesmo tempo que creditava ao Direito de outros sujeitos de categorias diferentes. Em falta de

---

[31] Ibid., p. 34.

[32] "[...] siéndonos imposible referirnos al espíritu dominante en cada cuerpo de leyes, puesto que no habiendo Códigos escritos, las leyes indígenas no ofrecían unidades definidas[...]"Ibid., p. 34.(Tradução livre do autor).

[33] "La esclavitud era, en hecho y en derecho, mucho más humana que la esclavitud usada entre los romanos. En realidad no era sino un género especial de servidumbre que no invalidaba la personalidad jurídica del individuo. No puede decirse que las personas libres fuesen iguales ante la ley, porque si en lo que pudiéramos llamar derecho penal de los indígenas, lejos de existir a las personas de categoría, en ciertas relaciones civiles, muchas personas gozan de privilegios en relación con su categoría". Ibid., p. 38.

estudo mais aprofundado em relação a esse quesito, seria interessante zelar pela cautela e deixá-lo apenas a título de referência, como uma hipótese inexplorada. Ademais, é interessante notar nas evidências, em termos de justiça, que não se tem registro no Direito Asteca da chamada peça "fundamental" na administração da justiça moderna, a figura do advogado.

> No se tiene noticias de que hayan existido abogados; parece que las partes, en los asuntos civiles, y el acusador y el acusado, en los penales hacían su demanda o acusación o su defensa por sí mismos. Esto se comprende fácilmente, si se tiene en cuenta la sencillez de la vida jurídica y el corto número de leyes y la simplicidad del mecanismo judicial. El derecho era fácilmente abordable para todos. Sin embargo, Sahagún afirma que las partes podían estar asistidas de sus procuradores[34].

Essa afirmação demonstra que o objetivo do "litígio" não era somente racionalizar em efeito para uma das partes ou debater em torno de arcabouços jurídicos, mas representar um ato de descontinuidade nas relações sociais em que há intervenção de terceiros, com o intuito de reorientá-los na finalidade de retomar o "reto" convívio harmônico, sem necessidade de intermediários elucidativos dos fatos. Para os fins da administração dos atos jurídicos, existiam as figuras dos juízes nos bairros, que cumpriam a função de conectividade entre sistema judicial e população.

À parte essa questão, algo que chama atenção na obra é sua exposição em torno da rigidez do Direito Penal, em termos de privação de liberdade, tanto nos escritos deste autor quanto nas várias outras fontes consultadas. Essa referência temática ao sistema penal é invariavelmente abordada como altamente repressiva, em excesso inclusive, com variadas formas de pena de morte.

É curioso referenciar que a pena privativa de liberdade aparece apenas na obra de Mendieta y Nuñez, que menciona:

> Tenían las cárceles, escribe Mendieta, dentro de una casa obscura y de poca claridad y en ella hacían la jaula o jaulas, y la puerta de la casa, que era pequeña como puerta de palomar, cerrada por afuera con tablas y arrimadas grandes piedras y allí estaban con mucho cuidado los guardas, y como las

---

34 Ibid., p. 56.

cárceles eran inhumanas, en poco tiempo se paraban los presos flacos y amarillos y por ser también la comida débil y poca, que era lástima verlos, que parecía que desde las cárceles comenzaban a gustar la angustia de la muerte, que después habían de padecer[35].

Como se pode perceber da exposição, a questão em torno do Direito Penal Asteca é tratada segundo um viés do grau de severidade das penas e da violência na sua aplicação. Diversos são os estudos que exploram este fator, mesmo que no âmbito do próprio sistema judicialasteca se perceba uma compartimentação da esfera penal. Sobre o Direito Penal, em geral, Guillermo Floris Margadant assinala:

> Es de notarse que entre los aztecas el derecho penal fue el primero que en parte se trasladó de la costumbre al derecho escrito. Sin embargo, la tolerancia española frente a ciertas costumbres jurídicas precolombinas, no se extendió al derecho penal de los aborígenes. En general puede decirse que él régimen penal colonial era mucho más leve para el indio mexicano, que este duro derecho penal azteca[36].

Essa afirmação leva a duvidar de quão irracional era esse sistema penal, na medida em que se percebem evidências de humanização nas penas dos povos originários ainda presentes nas culturas que as mantêm vivas. Ao que parece, os estudiosos potencializaram alguns resquícios esparsos da severidade em documentos do período, utilizados para casos concretos e para comparações com o desenvolvimento do racionalismo penal e seu "humanismo" moderno, que conferem certa desqualificação pejorativa ao período.

Por certo, deve-se reconhecer que não há outras provas ou materiais que possam comprovar a hipótese ou afastar a interpretação realizada pelos pesquisadores. Entretanto, se pode ponderar desde a base interpretativa dos autores – o Direito Penal Moderno –, quando da comparação ao sistema penal mexicano originário, que em parte é lido em fragmentos normativos dos quais não se tem base concreta a respeito das suas condições de aplicação real e da interpretação, por tratarem-se de fragmentos e não da obra completa. Põe-se em questão o entendimento dessa sistematização de "Direito Penal", quando da análise dos castigos por vezes sem conteúdo jurídico.

---

35 Ibid., p. 58.

36 MARGADANT, Guillermo F. **Introducción a la historia del derecho mexicano**. México: UNAM, 1971, p. 27.

E, justamente por abordar esse tema das fontes de afirmação de algo, é que se abre o espaço para adentrá-lo. Como foi mencionado acima, as fontes de pesquisa do período compõem preocupação na totalidade das principais obras pesquisadas, com as quais se crê dar validade às suas abordagens; muitos investigadores utilizam como base as fontes já utilizadas em outras obras ou fazem referências a outras de cunho primário para aprofundar o tema. Nesse sentido, busca-se, na sequência, expor a questão de um levantamento das principais fontes consultadas.

O alemão Josef Kohler, que dedica várias páginas do seu livro a sustentar quais seriam fontes do Direito Asteca[37], afirma que as fontes estariam organizadas em uma hierarquia de autores de acordo com o critério de proximidade à fonte originária e também em consideração às próprias preferências do autor, fontes diretas: a) monumentos e documentos conservados da época do reinado de Montezuma; b) códigos da época – obras interpretadas de relatos ou de fragmentos normativos; c) o chamado Livro de Ouroséculo XVII[38]; d) obras de Freis católicos, tais como o chamado Código Mendocino[39]; e) a questão de uma fonte viva, a qual trata o índio mesmo, na sua herança cultural. Sobre os índios, vale uma observação acerca da leitura das leis e da questão da interpretação igualdade/desigualdade:

> Pero más importante aún, es conocer al indio con fines adaptarlo al medio dentro de la cultura cristiana y de la civilización, tomando para ello las medidas y estableciendo las normas adecuadas a su dignidad de hombre, como parte integrante de nuestra nación, sin apasionamientos ciegos en pro de un

[37] KOHLER, Josef. **El derecho de los aztecas**. México, D. F.: Tribunal Superior de Justicia del Distrito Federal, 2002, p. 20-39.

[38] Hieróglifos que foram traduzidos ao idioma castelhano pelo Frei Andrés Alcoviz. KOHLER, Josef. **El derecho de los aztecas**. México, D. F.: Tribunal Superior de Justicia del Distrito Federal, 2002, p. 397.

[39] "Este material foi mandado confeccionar por ordem do vice-rei Dom Antonio de Mendonza, com a finalidade de levar informações ao rei Carlos V sobre a historicidade dos originários, sua organização tributária e também sobre seu cotidiano, é composto de três partes: um relato fundacional dos aztecas e sua história; o sistema e expansão tributária e relatos do dia a dia do indígena e suas práticas. De acordo com as informações de Kohler, este material não chegou ao seu destino, indo parar na França e posteriormente na Inglaterra, onde descansa na biblioteca de Oxford". Ibid., p. 399.

> indigenismo mal entendido, como en el transcurso de nuestra vida independiente se ha manifestado. Tendremos oportunidad de examinar en las Leyes de Indias, sabias normas en que se tenía en cuenta la mentalidad, criterio y, en una palabra, la psicología indígena, normas que en épocas posteriores se han menospreciado por considerar que establecían desigualdades, sin tener en cuenta que la igualdad de las normas ante circunstancias desiguales, es la mayor de las desigualdades[40].

Nessa citação, Kohler reflete sua intencionalidade de expor a condição do indígena junto ao Código de Índias e sua situação excepcional no tratamento dado por essa legislação assimilacionista. Algo que vale destacar do fragmento é que primeiro deve-se ter em consideração como fonte históricas a importância da política indigenista presente nas Leis de Índias, por conta de encontrarem-se nelas elementos que caracterizam e afirmam a colonização desses povos, bem como componentes de proteção e de tolerância aos traços da sua identidade, pois se sabe que esta legislação era calcada desde princípios e racionalidades cristãs.

Por outro lado, carece lembrar que as análises que consideram a cultura indígena do período hão de observar a não linearidade do desenvolvimento desta, e mais: sua mescla com a cultura hispânica – o desigual de que fala o autor – pode ser lida de diversos ângulos, mas acredita-se que o mais importante deve ser o choque cultural entre dois seres com cargas culturais diferenciadas, as quais, no desenvolvimento histórico, afirmarão uma diversidade inigualável por sua originalidade resultante. Sendo assim, deve-se crer que o indígena e seus arquétipos culturais são realmente uma fonte primária riquíssima, desde que contextualizada na não-linearidade do seu desenvolvimento, na mestiçagem do convívio com o branco europeu e no assimilacionismo das legislações que o descaracterizaram como Outro.

Dessa forma, nas fontes indiretas, pela classificação de Javier Cervantes y Anaya, aparecem autores ao tempo da conquista, escritores de relatos do período, tais como: Hernan Cortez[41], Andrés de Tapia[42],

---

40 CERVANTES Y ANAYA, Javier de. Op. cit. p. 398.

41 CORTEZ, Hernan. **A conquista do México**. Tradução de Jurandir Soares dos Santos. Porto Alegre: L&PM, 2011.

42 TAPIA, Andrés. **Relación de la conquistade México**. Axial entre manos: México, 2008.

Toribio Motolinia, Diego Duran, Bernardino Sahagún, Bartolomé de Las Casas[43], Bernal Díaz del Castillo[44]; ou mesmo de historiadores indígenas: Fernando Pimentel Ixtlilxóchitl, Antonio Tovar Cano Moctezuma, Tadeo de Niza, Gabriel Ayala, Domingo de San Antonio Muñoz Chimalpahin, Fernando de Alva Ixtlilxóchitl e Tezozómoc[45].

4. ORGANIZAÇÃO DA JUSTIÇA NO PERÍODO PRÉ-COLONIAL

Esclarecidas algumas questões sobre as fontes, pode-se adentrar às perspectivas organizacionais da justiça. Imperativo se faz analisar a questão em torno da finalidade das guerras, eis que elas vão justificar a expansão do império Asteca, e delinear o traçado do seu mapa geográfico de poder. Dessa forma, a primeira utilidade que tem esse expediente é o de fazer prisioneiros para sacrifícios; a segunda, dominar outros povos e incluí-los no rol de cobrança de impostos, de tributos e obter benesses. Esta segunda opção interessa mais ao quesito de organização jurídica, e isso será utilizado pelos espanhóis na manutenção da teia de administração da justiça. Inicialmente, utilizarão como arma política de desarticulação do poder imperial Asteca e, depois, para destruir de vez o reinado de Montezuma, por consequência, introduzindo a dominação colonizadora através da encomenda[46].

Lógico que toda essa disputa por poder tinha como objetivo uma ampliação dos domínios Astecas e a imposição do seu sistema de administração da justiça. Tendo compreendido essa esquemática formação e o desdobramento do poder do reinado de Montezuma, parte-se para explorar outro caminho, contemplado na obra “Introduccion a la história del pensamiento jurídico em México”. Na parte destinada ao Direito Asteca, Javier Cervantes faz menção ao quão bem estruturada era a administração da justiça, porém, salienta que se deve esclarecer

43 LAS CASAS, Frei Bartolomé de. **O paraíso destruído**: A sangrenta história da conquista da América Espanhola. Tradução Heraldo Barbuy. Porto Alegre: L&PM, 2011.

44 CASTILLO, Bernal Díaz del. **Historia verdadera de la conquista de la Nueva España**. Prólogo con reseña crítica de la obra, vida y obra del autor, y marco histórico. Editores mexicanos unidos: México, 2013.

45 Ver KOHLER, Josef. Op. cit., p. 400.

46 Ibid., p. 413.

qual conceituação é trabalhada na base desse pensamento jurídico, visto que a questão da justiça busca conduzir os homens ao caminho "reto"[47].

Pode-se deduzir da afirmação que a justiça era definida pela percepção do soberano, como um ato unilateral em desconexão com os fatos culturais e independentes da vontade dos subordinados. Contudo, foi verificado que isso não é de todo verídico, logo, o fragmento mencionado faz alusão ao fato de que a palavra final do ato normativo competia ao soberano e ele era o argumento supremo de administração da justiça. Ora, se bem compreendido fosse esse ato soberano, era estendido em seus domínios, desde que respeitando as culturas locais, já que se viu anteriormente que a cultura jurídica Asteca, a despeito de certa unidade dentro dos domínios, não pressupunha a sua irrestrita uniformidade, pois caracterizava-se por uma geometria variável, fato inegável em culturas nas quais as normatividades sociais se sobrepõem às normatividades jurídicas, ou em que as últimas se confundem com as primeiras.

Em torno do que poderia dizer-se Órgão Jurisdicional, ou mesmo de sua estrutura, leva-se em consideração o alerta de Cervantes y Anaya, segundo o qual existiam diferenças entre as estruturas judiciais dos reinos que compunham o império Asteca, logo:

> En este sentido se encuentra la opinión del Dr. Mendieta y Nuñez: a la cabeza de la administración de la justicia estaba el rey, y le seguía el cihuacoatl, especie de alter ego del mismo. Las funciones del cihuacoatl no se concretaban a las de justicia, sino de administración y de hacienda. Las sentencia por él dictadas no eran apelables ante nadie; y existía un cihuacoatl no solo en la capital, sino en diversos lugares a través del territorio, esculléndose para ellos

---

[47] "Parece que este concepto descansa de que la justicia tiene por fin esencial conducir a los hombres por el camino recto, pero ¿cuál era el camino recto? Ante la inexistencia de leyes escritas por una parte, y la preponderancia del poder o la voluntad del jefe por la otra el camino recto resultaría por la expresión de voluntad expresada interpretada por él mismo, o por los órganos que le fueren subordinados. A diferencia del concepto de Justicia como voluntad constante e perpetua de dar a cada quien su derecho, entre los pueblos que no han alcanzado un estado de cultura avanzado, la realización de la justicia mediante las resoluciones dictadas por jueces o tribunales tiene más bien el carácter de un sometimiento a la voluntad superior, que al reconocimiento de derechos". CERVANTES Y ANAYA, Javier de. Op. cit., p. 444.

> los sitios de más densa población y hacía funciones de tribunal de apelación respecto a los inferiores[48].

Da presente citação, duas questões cabem elucidar: primeiro, que o conceito de rei – trabalhado nestas linhas – deve ser esclarecido, por isso, faz-se necessário buscar compreender, de acordo com Josef Kohler[49], que este não se vincula à ideia europeia. Ainda que a lógica de poder seja unitária e, a sucessão, por linhagem familiar, a terminologia cumpre mais a função de afirmar a noção de poder político, desde uma cabeça governante do que propriamente o desdobramento que o significado europeu encerra em todas as suas acepções sociopolíticas e monárquicas. O rei atribuía a administração da justiça a um administrador-geral, que, em realidade, era responsável pelas questões tributárias. Vale relembrar o que já foi dito sobre a expansão do sistema dos domínios do impérioasteca e seu ideário de domínio tributário, bem se pode entender que a conceituação jurídica está atrelada aos aspectos culturais da lógica de administração da justiça, possuindo estrita conexão com esse sistema de tributos. Portanto, o administrador – agindo como extensão do poder real – agregava poderes para a organização judicial.

Ora, a questão da organização judicial Asteca competia aos interesses de tributação, eis que: "Os astecas impuseram definitivamente nas comarcas conquistadas uma parte do seu direito; mas em muitos pontos deixaram aos subjugados sua independência a este respeito"[50]. Não há conhecimento relacionado às razões desse tipo de atitude, não obstante, a finalidade parece evidente em termos de administração da justiça: mantém o domínio do instituto judicial e delega a operacionalização em termos específicos. Por um lado, isso ajuda os Astecas

---

48 Ibid., p. 445.

49 Para o autor: "Aceptamos el nombre de rey con que se designa al jefe o *cacique*, por amoldarse la connotación de esa palabra a toda clase de regímenes de carácter monárquico, o sea, cuando la potestad se deposita en una persona y que además la ejerce de manera vitalicia; pero no debe entenderse que haya identidad entre las funciones del rey, entendida con el significado tradicional europeo, y la que tenían los jefes de las sociedades americana en época precolombina". KOHLER, Josef. Op. cit., p. 410.

50 "Los Aztecas impusieron definitivamente en las comarcas conquistadas una parte de su derecho; pero en muchos puntos dejaron a los subyugados su independencia a este respecto" Ibid., p. 21. (Tradução livre do autor).

a manterem seus domínios; por outro, vai interessar e muito aos espanhóis, que "[...] ao chegar Cortés, suas conquistas eram em parte demasiado recentes para permitir que seu direito houvesse podido penetrar mais fundo e por isso ao lado do direito da metrópole existiam muitos direitos provinciais"[51]. Mais que isso, a questão da administração judiciária, em mãos dos subordinados do rei, gerava uma rede de importância econômica que alimentava a existência e o sustento do império. Aos espanhóis, pouco importava qual Direito ou sistema jurídico se seguia, até porque, durante muito tempo, a conquista foi tolerante com isso, ainda que nas Leis das Índias constasse a submissão aos princípios católicos. De fato, não era assim, vale lembrar Hanns-Albert Steger:

> Para los españoles parece haber sido imposible comprender el sistema jurídico autóctono de los indios. Sin embargo, transformaron a los caciques en intermediarios entre la administración virreinal y los indios nativos. Ochenta años después de la Conquista, el virrey de México no sabía en qué contexto se nombraron los caciques y cómo se transmitieron sus cargos. Los virreyes reconocieron a los caciques como "señores naturales" y aceptaran su legitimidad "natural", sin preguntarse cómo está se había fundado. Se utilizó la red de los "señores naturales" para organizar la extracción tributaria, todo lo demás no tenía interés para la burocracia española[52].

Manteve-se, nessa situação, o modelo de organização da justiça, sem que se compreendesse em realidade o seu fundamento e, muito menos, suas justificações. A rede de poder político dominador compreendia um sistema arquitetado e equilibrado em lógicas de poder e sucessão, com particularidades que não interessavam ao dominador espanhol, pois a ganância lucrativa, enquanto fez efeito, tolerou essa apoteose da diversidade do esquema de organização judicial, quando no fundo o interesse era a lógica de tributação que lhe dava bons frutos. A crise não tarda em demonstrar os efeitos quando as gerações

---

51 "[...] al llegar Cortés, sus conquistas eran en parte demasiado recientes para permitir que su derecho hubiera podido penetrar más al fondo y por eso al lado del derecho de la metrópoli existían muchos derechos provinciales". Ibid., p. 21. (Tradução livre do autor).

52 STEGER, Hanns-Albert. Legitimación y poder, las formación de sociedades nacionales en América Latina. *In:* DAL RI, Luciene. DAL RI JR., Arno. GARCÍA GALLO, Alfonso. et al. (Org.). **A latinidade da América Latina**: enfoques históricos-jurídicos. 2008, p. 91.

indígenas começam a suceder-se, e o sistema tende a ruir, mais por falta de sustentação e fundamentação interna do que por operacionalização.

A isso poderia atribuir-se um conceito de *Mestiçagem jurídica*, mencionado por Javier Cervantes, já referido de maneira geral. Presentemente, cabe uma alusão aos ensinamentos do historiador mexicano Esquivel Obregón:

> Por otra parte, conviene hacer nota, como lo hizo el maestro Esquivel Obregón, el fenómeno en virtud del cual el Derecho Indígena fue desvirtuado por la acción misma de los indios, como el Derecho Español fue también alterado en América por acciones de los mismos españoles. El indio encontró en muchos casos más beneficios en el Derecho Español, y fue el primero en desconocer sus propias instituciones; y por su parte el español, ante las facilidades que encontraba el indio para satisfacer sus necesidades, cuando no su codicia desvirtuaba su propio Derecho Español, surgiendo de todo esto un nuevo sistema jurídico que si bien es cierto fue preponderantemente hispánico, no dejó de resentir la influencia del indio[53].

Quando, na primeira parte do fragmento, o autor atribui certo desvirtuamento ao sistema por conta dos próprios indígenas, talvez esteja pensando nos setores oprimidos pelo domínio Asteca. Embarcando na tese de que o sistema espanhol seria mais interessante ou traria mais benefícios aos dominados, tinha potencialidade de garantir libertação do jugo do império de Montezuma a esses sujeitos oprimidos – contudo, sem livrar-se do extermínio e da violência que posteriormente surgiriam com os novos dominadores. Ainda em atenção à primeira parte do fragmento, encontram-se desavenças internas para minar o império e utilizar suas lógicas comunicativas ante a incapacidade do domínio jurídico, pois a centralização jurídica na Europa ainda era fruto de uma evolução que se constituiria mais tarde. Pode-se pensar que, no período colonial, impor essa pretensão seria desnecessário, o que faria da exploração das redes indígenas algo mais interessante.

Essa *mestiçagem jurídica* interessou muito mais aos espanhóis dominadores do que propriamente aos indígenas, afinal, suas questões normativas se mantiveram por largo período sob o reconhecimento das Leis de Índias, fato que não acrescenta e nem onera em nada a

---

53 ESQUIVEL OBREGON *apud* KOHLER, Josef. **El derecho de los aztecas**. México, D. F.: Tribunal Superior de Justicia del Distrito Federal, 2002,p. 395.

estes. A situação começa mudar com a formação do Estado e a unificação do Direito, como se verá mais adiante. Esses fatores, para os espanhóis dominadores, desoneram e proporcionam um bom lucro, pois sem capacidade organizativa para impor o seu próprio sistema jurídico, atuam via uma mistura contemplativa que de fundo muito lucrativo se pareceu, deixando em aberto uma futura dominação e uma subjugação jurídica total, quando as Leis de Índias colocam limites à existência do Pluralismo Jurídico indígena.

Resta discordar do autor no ponto no qual menciona que aos povos originários tenha sido benéfico. Isso se faz considerando dois elementos: o primeiro é a realidade demonstrada pelos fatos históricos visualizados na amplitude da compreensão do fenômeno, que demonstram que a organização e administração da justiça plural foram suplantadas pelos domínios e hegemonia jurídica espanhola; e, em segundo momento da reflexão, também é possível reconhecer que Esquivel Obregon, quando recorda uma circunstância conflitiva – entres alguns grupos indígenas e o império Asteca –, acaba olvidando a diferença dos interesses dos vários lados – indígenas rebeldes, império Asteca e espanhóis dominadores.

Com essas reflexões, não se quer descartar a influência indígena no prolongamento jurídico da sua originalidade ou mesmo desconsiderar sua influência nos desdobramentos do sistema jurídico ao tempo da conquista e da colonização. Na realidade, o que se pretende afirmar é que esse Pluralismo Jurídico tolerante espanhol gera silenciosamente o ocultamento de um sistema sobre outro. Por fim, a influência indígena torna-se esvaziada, e sua personificação original é maculada no ocultamento durante o nascimento do efêmero sistema de Direito Moderno. Vale refletir a proposta de Cervantes em relação a esses aspectos:

> El sentido jurídico del indio es factor importantísimo en la Historia del Derecho en México; él ha obrado activa y poderosamente en toda nuestra vida; pero en la oscuridad, sin él mismo darse cuenta as veces, porque las fuerzas vienen de los senos inaccesibles de un alma cuyo misterio no nos hemos ya cuidado de penetrar, ni menos de exponer en nuestras Leyes, por temor de que se diga que somos enemigos del principio de igualdad y que tratamos de volver a la odiosa distinción de razas[54].

---

[54] Ibid., p. 396.

Em torno dessa perspectiva, tem-se em conta que, mesmo no chamado ocultamento indígena da historicidade do direito oficial, ou então, quando do "assimilacionismo" da normatividade indígena à cultura jurídica do branco europeu, cabe referenciar que houve, em certo sentido, persistência do Direito consuetudinário originário. Nesses casos, o que se verifica é uma mescla entre a cultura jurídica indígena e a cultura jurídica do invasor, fator que não altera o conteúdo material e a originalidade da cultura jurídica autóctone. Ora, esse fenômeno é verificável atualmente, basta estudar os povos herdeiros dos impérios Maias, Incas e mesmo Astecas. Guillermo Margadant, em seu estudo, afirma:

> Desde luego, algunas regiones de México han sentido poco la influencia de la nueva civilización, traída por los españoles. Entre los lacandones, los indios de la Sierra Alta de Chiapas, en Quintana Roo y algunas regiones remotas de Yucatán y Campeche, entre los Tarahumaras y lo Yaquis, Seris, Coras, etecétera, encontramos prácticas jurídicas consuetudinarias, cuya base uno buscaría en balde en la legislación oficial de las entidades en cuestión. Es de suponerse que se trata de supervivencia del derecho precortesiano, aunque que a menudo nos sorprende las diferencias entre la vida jurídica que, por ejemplo, Robert Redfield nos describe en su análisis de un pueblo maya, Tusik, y lo que pensamos saber de la antigua vida jurídica maya. Inclusive cerca de la capital se observan figuras jurídicas consuetudinarias, contra legem, que constituyen posiblemente transformaciones de instituciones precortesianas[55].

Pode-se fazer uma leitura da resistência do Direito Indígena[56] ao processo de centralização jurídica eurocêntrica. Mas, no âmbito da presente reflexão, privilegia-se o descaso da Coroa de Castela quanto ao modo de organização desses povos, em que possa ganhar relevância esse sistema jurídico autóctone somente quando em confronto com

---

55 MARGADANT, Guillermo F. **Introducción a la historia del derecho mexicano**. México: UNAM, 1971, p. 29.

56 De forma geral e específica sobre o Direito Indígena no período da conquista, consultar: COLAÇO, Thais Luzia. O Direito indígena pré-colonial. *In:* WOLKMER, Antonio Carlos (Org.). **Direito e justiça na América Indígena**: da conquista a colonização. Porto Alegre: Livraria do Advogado, 1998, p. 111-142. Cf. COLAÇO, Thais Luzia. O direito guarani pré-colonial e as missões jesuíticas: a questão da incapacidade indígena e da tutela religiosa. 1998. 468f. Tese (Doutorado) – Curso de Direito, CCJ, Universidade Federal de Santa Catarina, Florianópolis, 1998. Disponível em: <http://tede.ufsc.br/teses/PDPC0280-T.pdf>. Acesso em: 20 mai. 2014.

os interesses do soberano político moderno. Nesse sentido, ao que parece, esse sistema sobreviveu aos tempos por não estar conectado em outros âmbitos de interesse na colonização e tampouco no Estado Moderno. Logo, a persistência histórica da sua continuidade constitui um acidente no desenvolvimento do direito moderno monista, diga-se não intencional, mas que representa um riquíssimo acervo vivo, com elementos que podem evidenciar algo daquele sistema operacional normativo de que se tem conhecimento via relatos.

Contudo, Guillermo F. Margadant relembra quanto de mestiçagem pode haver nesse sistema consuetudinário originário e quanto dessa-tradição pode-se encontrar no sistema jurídico oficial. Quer o autor demonstrar a dose que influenciou nas origens do sistema jurídico regional, e fazer aflorar a ideia de *mestiçagem jurídica* que apresenta seus limites de exploração histórica, e há de se ter em conta quando observadas as considerações abaixo:

> Otra cuestión es la de saber cuánto del derecho precortesiano sobrevive, no al margen de la legislación oficial, sino incorporado en ella. Tratando esà cuestión debemos tener cuidado de no considerar coincidencia entre el derecho moderno y el precortesiano como producto de filiación entre ambos sistemas: muchas figuras del derecho nacen del sentido común, o de la lógica de la vida social; por lo tanto, tales coincidencias pueden tener una fuente común en idénticas necesidades sociales, y no indicar que el sistema nuevo sea una prolongación de otro anterior[57].

Admitindo-se a proposição, sabe-se que o esquema de administração da justiça e a organização jurisdicional Asteca foram paulatinamente suprimidos durante o período da colonização hispânica, tendo como conclusivo o processo de marginalização quando da formação dos Estados Modernos no ocidente. Não se deve digerir como meramente protetivas as Leis de Índias, pois tiveram um papel importantíssimo nessa transição; talvez o que se pode creditar a essas leis é o fator de minimização da violência e de instrumentalidade transitória para outra realidade jurídica. Se, por um lado, encobriu e minimizou a violência real, de outro, fundou-se na legalização da violência simbólica, aniquilando as instituições jurídicas pré-hispânicas, às quais não cabe julgamento quanto ao seu nível de civilidade ou racionalidade, afinal, a proposta é

[57] MARGADANT, Guillermo F. Op. cit., p. 29.

impossível na sua acepção, tendo em vista primeiramente a falta de elementos concretos e mais evidentes e, em segundo, os aspectos falhos do próprio ato sentencial, no sentido de que não há como julgar sistemas que são constituídos além da diferença e distintos desde seus matizes formais e materiais (vale dizer das raízes). O que se deve explorar dessa afirmação é o fato de que:

> Aunque la Corona española de ningún modo quiso eliminar todo el derecho precortesiano, y expresamente autorizó la continuada vigencia de aquellas costumbres que fueran compatibles con los intereses de la Corona y del Cristianismo (Leyes de Indias) la superioridad de la civilización Hispánica impulsó a los mismos indios a abandonar a menudo – innecesariamente – sus costumbres, en beneficio del sistema nuevo. En algunas materias, empero, como en la organización del ejido moderno con sus parcelas individuales, es posible que tradiciones arraigadas en la fase precortesiana hayan logrado transmitirse a la fase colonial e inclusive a la moderna legislación agraria[58].

Mesmo que notória a tendência eurocêntrica de Margadant, em termos de atribuir preferência por determinada civilização, inclusive auferindo superioridade – talvez confundindo superioridade militar com superioridade civilizacional –, como se fosse possível catalogar hierarquicamente partindo do critério civilizacional. Vale ponderar, em nota, que o Direito ou sistema jurídico pré-colonial se fez duradouro por conta dos interesses ou da vontade da Coroa; talvez não seja de todo concreta essa afirmação, pois se pode levantar a hipótese da resistência indígena em abdicar dos seus costumes, somando-se ao fato de: qual seria o interesse da Coroa em administrar justiça para aqueles que não eram considerados humanos? Ademais, o choque de culturas jurídicas pode ser explorado nas audiências, momentos em que se acredita ter sido instaurado em grau mais alto o confronto de níveis de justiças, com imposição da jurisdição colonial; assunto para uma seguinte etapa.

Por enquanto, importa mencionar que a continuidade do Direito Asteca nas Leis deÍndias é o embasamento para a hipótese estruturada acima, à medida que muitos costumes "jurídicos" indígenas foram incorporados pelo novo ordenamento com a finalidade de manter, à cabeça, o Estado espanhol, mas, na operacionalização, os velhos costumes

---

58 Ibid., p. 29.

locais. Isso é importante notar: o Estado invasor manteve a lógica de Pluralismo Jurídico de tipo assimilacionista, ou seja, aceitava a vasta teia de normatividades desde que sob seu controle se mantivesse a administração da justiça. Tratava-se de uma unidade abstrata formada por uma pluriversidade real, em que a unidade descansava na diversidade do ordenamento jurídico colonial. Veja a opinião de Kohler:

> En las Leyes de Indias, que no estudiamos los mexicanos, pero que sí estudian los juristas historiadores españoles, por más que para ello sea más difícil establecer las relaciones que puedan tener con las instituciones y la vida práctica del indio; en esas leyes, decimos, pueden encontrarse huellas del derecho precortesiano, pues a veces los reyes españoles dieron forma legales a lo que los indios tenían y practicaban. Precisamente la propiedad comunal de los pueblos fue legalmente sancionada, como institución exclusiva para los indios de la colonia, en tanto que para los españoles y los mestizos se imponía la propiedad individual con su ius abutendi, conforme la legislación de Castilla[59].

De outra banda, essa citação põe em evidência uma reflexão em torno do conceito de igualdade e de diferença acima referido, pois o contexto social colonial estava em escalas grupais ou classes, que determinava tratamento legal diferenciado. A concepção de igualdade, ao que parece, era aplicada entre iguais, e a concepção de diferente, aos diferentes[60]. Essas lógicas serão sepultadas adiante, ante o contexto ideológico iluminista da igualdade abstrata universal; no momento, importa atribuir esta diferenciação como maneira de reconhecimento da situação real no contexto social e, mais ao final do fragmento, percebe-se que essa proteção legal à propriedade comunal indígena deixa de ter validade na usurpação legalizada, quando da formação do Estado, algo que pode sugerir a função econômico-social do centralismo uniforme da jurisdição, no nascente Estado Moderno mexicano.

De modo a finalizar esta etapa, explorando os modelos normativos dos autores referenciais, destacam-se os exageros do campo hermenêutico destes.

---

59 KOHLER, Josef. Op. cit., p. 11.

60 RANGEL, J. A. de la Torre. Direitos dos povos indígenas: da Nova Espanha até a modernidade. *In:* WOLKMER, Antônio Carlos. **Direito e Justiça na América Indígena**. Porto Alegre: Livraria do Advogado, 1998, p. 231.

Como no parágrafo anterior, a interpretação, ainda que válida, encontra-se totalmente viciada pelo *locus* de reflexão que parte do próprio autor. A seguir, Josef Kohler trata das leis que tinham os povos originários em forma de registro:

> En su legislación de paz iba a la cabeza del estado acolhua, con su capital Texcoco; sus leyes y su organización política se hicieron típicas para los estado vecinos, especialmente para los aztecas. Los grandes legisladores de los acolhuas fueron principalmente los dos célebres y preminentes reyes, Nezahuacóyotl, (1431-1472), y Nezahualpiltzintli, (1472 hasta 1515). El primero dio ochencha leyes que crearon un nuevo estado del derecho. A estas ochenchas leyes pertenecen las treinta y dos que aun se conservan[61].

Nesse ponto, faz sentido o alerta de Alfonso García Gallo:

> [...] los pocos estudios realizados por juristas adolecen, en su mayor parte, del erróneo planteamiento de valorar los datos con mentalidad jurídica actual. Son muy pocos los estudiosos que han procedido con una doble formación etnológica y jurídica[62].

Finalmente, mesmo com o reconhecido limite das pesquisas acima, estas não podem ser invalidadas na sua importância quanto a revisão histórica e trazem significativas contribuições ao pensamento histórico do direitona América Latina.

5. CONCLUSÃO

Portanto, torna-se inegável reconhecer o contexto originário de pluralidade jurídica nas instituições pré-hispânicas da mesoamérica, isso no cenário da normatividade social sobreposta à normatividade de conteúdo jurídico propriamente, no qual a força normativa desses povos originários advinha da própria cultura e do convívio harmônico. Essa origem e sequência histórica do desenvolvimento do chamado Direito pré-cortesiano, calcada na consciência popular e com intuito de suprir suas necessidades relacionais, correspondia à determinado momento e a carências específicas daquele povo.

---

61 KOHLER, Josef. Op. cit., p. 46.

62 GARCÍA GALLO. Alfonso. La penetración de los derechos europeos y el pluralismo jurídico en la América Española, 1492-1824. *In:* DAL RI, Luciene. DAL RI JR., Arno. GARCÍA GALLO, Alfonso. et al. (Org.). **A latinidade da América Latina**: enfoques históricos-jurídicos. São Paulo: Aderaldo & Rothschild, 2008, p. 99.

Logo, a base das normatividades descansa sobre as realidades sociais, e o direito envolve-se em torno delas. O mundo alienígena que topa com o ser originário de *Abya Yala* é incompreensível aos olhos dos povos autóctones, na medida em que a racionalidade que funda o sistema jurídico invasor encontra-se calcada na afirmação do sistema de leis sobre culturas, diversidades, pluralidades, conformada em uma homogeneidade abstrata ou em uma pluralidade que busca se exaurir em denominador comum.

Esses elementos ganham sua devida importância quando o colonizador espanhol reconhece a influência e a importância do Direito autóctone, e o faz através das normatividades dirigidas para este espaço, conhecidas como Lei de Índias. O intuito foi o de expandir domínios através das mesmas redes de conexões oportunizadas pelo espólio do império Asteca. Salvo essa consciência de utilização e de aproveitamento dos sistemas de administração de justiça locais pelos espanhóis, com objetivo de concretizar a colonização, os demais aspectos auferidos demonstram o grau de organização e de complexidade que traz à luz que o ordenamento jurídico plural autóctone era evidentemente mais avançado e sofisticado que o modelo unitário e formalista implantado.

Para esta etapa, importa saber que o sistema jurídico na América indígena é um descontínuo evoluir até o monismo centralizador dos Estados modernosocidentais. E a persistência do legado originário, demonstrou que o grau de durabilidade de um sistema jurídico é inversamente proporcional à sua rigidez legal; essa talvez seja uma das inúmeras lições do pluralismo jurídico pré-colonial.

Diante disso, como foi visto, mesmo impérios dominadores – como no caso dos Astecas – respeitavam a organização jurídica local e o poder político dos líderessubjugados, conservando os arquétipos fundantes e originários, evidentemente com intuito de se manter a estrutura imperial, porém, não produzindo ausentes e ocultamentos, tampouco eliminando o "sistema próprio". Pode-se afirmar que a lógica normativa asteca consolidou um autentico pluralismo jurídico.

6. REFERÊNCIAS BIBLIOGRÁFICAS

CASTILLO, Bernal Díaz del. **Historia verdadera de la conquista de la Nueva España**. Prólogo con reseña crítica de la obra, vida y obra del autor, y marco histórico. Editores mexicanos unidos: México, 2013.

CERVANTES Y ANAYA, Javier de. **Introducción a la historia del pensamiento jurídico en México**. Primera edición. México, D. F.: Tribunal Superior de Justicia del Distrito Federal, 2002.

COLAÇO, Thais Luzia. **O direito guarani pré-colonial e as missões jesuíticas**: a questão da incapacidade indígena e da tutela religiosa. 1998. 468f. Tese (Doutorado) – Curso de Direito, CCJ, Universidade Federal de Santa Catarina, Florianópolis, 1998. Disponível em: <http://tede.ufsc.br/teses/PDPC0280-T.pdf>. Acesso em: 20 mai. 2014.

COLAÇO, Thais Luzia. O Direito indígena pré-colonial. *In:* WOLKMER, Antonio Carlos (Org.). **Direito e justiça na América Indígena**: da conquista a colonização. Porto Alegre: Livraria do Advogado, 1998,

CORTEZ, Hernan. **A conquista do México**. Tradução de Jurandir Soares dos Santos. Porto Alegre: L&PM, 2011.

DAL RI, Luciene. DAL RI JR., Arno. GARCÍA GALLO, Alfonso. et al (Org.). **A latinidade da América Latina**: enfoques históricos-jurídicos. São Paulo: Aderaldo & Rothschild, 2008.

GARCÍA GALLO, Alfonso. La penetración de los derechos europeos y el pluralismo jurídico en la América Española, 1492-1824. *In:* DAL RI, Luciene. DAL RI JR., Arno. GARCÍA GALLO, Alfonso. et al (Org.). **A latinidade da América Latina**: enfoques históricos-jurídicos. São Paulo: Aderaldo & Rothschild, 2008.

KOHLER, Josef. **El derecho de los aztecas**. México, D. F.: Tribunal Superior de Justicia del Distrito Federal, 2002.

LAS CASAS, Frei Bartolomé de. **O paraíso destruído**: A sangrenta história da conquista da América Espanhola. Tradução Heraldo Barbuy. Porto Alegre: L&PM, 2011.

MACHADO, Lucas. **Pluralismo jurídico e justiça comunitária na América Latina**:perspectivas de emancipação social.2011. 218f. Dissertação (Mestrado em Direito) – Programa de Pós-graduação em Direito. Universidade Federal de Santa Catarina, Florianópolis.

MARGADANT, Guillermo F. **Introducción a la historia del derecho mexicano**. México: UNAM, 1971.

MENDIETA NUÑEZ, Lucio. **El derecho precolonial**. México: Porrua Hermanos y cia, 1937.

MORAIS, Marcus Vinicius de. **Hernan Cortez**: civilizador ou genocida? Coleção guerreiros. São Paulo: Editora contexto, 2011.

RANGEL, J. A. de la Torre. Direitos dos povos indígenas: da Nova Espanha até a modernidade. *In:* WOLKMER, Antônio Carlos. **Direito e Justiça na América Indígena**. Porto Alegre: Livraria do Advogado.

RANGEL, J. A. de la Torre. **Lecciones de historia del derecho mexicano**. México: Porrúa, 2010, p. XX.

STEGER, Hanns-Albert. Legitimación y poder, las formación de sociedades nacionales en América Latina. *In:* DAL RI, Luciene. DAL RI JR., Arno. GARCÍA GALLO, Alfonso. et al. (Org.). **A latinidade da América Latina**: enfoques históricos-jurídicos. 2008.

TAPIA, Andrés. **Relación de la conquistade México**. Axial entre manos: México, 2008.

WOLKMER, Antonio Carlos. **Direito e Justiça na América Indígena**. Porto Alegre: Livraria do Advogado, 1998.

WOLKMER, Antonio Carlos. **Fundamentos de História do Direito**. 9 ed. Rev. e Atual. Belo Horizonte: Del Rey, 2017.

ZAVALA, **Las instituciones jurídicas en la conquista de América**. México: Porrúa, 1988.

ZAVALA, Silvio. **La Filosofía política en la Conquista de América**. México: Fondo de Cultura Económica, 1993.

Capítulo 17

DA "INVASÃO" DA AMÉRICA AOS SISTEMAS PENAIS DE HOJE: O DISCURSO DA "INFERIORIDADE" LATINO-AMERICANA

José Carlos Moreira da Silva Filho[1]

SUMÁRIO: 1. Introdução. 2. O eurocentrismo da visão moderna. 3. O mundo de Colombo: o conquistador europeu e o genocídio colonial. 4. O debate de Valladolid: Bartolomé de Las Casas e a questão da igualdade dos índios. 5. A cultura ameríndia e o fim do "quinto sol". 6. A cultura sincrética da periferia: os vários "rostos" latino-americanos. 7. Os genocídios coloniais e as práticas exterminadoras dos sistemas penais. 8. Conclusão. 9. Referências bibliográficas.

1. INTRODUÇÃO

A ideia central deste texto surgiu de algumas reflexões feitas por Eugenio Raúl Zaffaroni, em seu livro *Em busca das penas perdidas*, acerca do sistema penal na América Latina. É certo que as matrizes teóricas utilizadas pelos nossos juristas e operadores do sistema penal provêm do pensamento primeiro-mundista, inclusive o núcleo dos apontamentos críticos para a superação de discursos obsoletos nesta área. Mas também é certo que só aqui, no mundo periférico, estes saberes adquiriram um caráter extremamente peculiar e cruel, implicando

[1] Professor e Pesquisador da Faculdade de Direito da Pontifícia Universidade Católica (PUC RS). Mestre em Teoria e Filosofia do Direito pela UFSC. Doutor em Direito na UFPR. Autor dos livros: Filosofia Jurídica da Alteridade. Curitiba: Juruá, 1998 e Hermenêutica Filosófica e Direito. 2. ed., Rio de Janeiro: Lumen Juris, 2006; __.Justiça de Transição: da ditadura civil-militar ao debate justransicional. Porto alegre; Livraria do Advogado, 2015.

uma prática de extermínio em massa e de segregação social em escalas sem precedentes. Na verdade, como assinalou o jurista argentino, o sistema teórico latino-americano na área penal é de um sincretismo assombroso, que, no fundo, esconde um discurso extremamente racista, de natureza psicobiológica e de exclusão, ou, como diria o filósofo argentino Enrique Dussel, de "ocultamento do outro".

Para um melhor entendimento dessa situação faz-se necessário ter conhecimento do processo histórico-social que nos conduziu até o presente momento. Não se está aqui abordando a história como uma ideia de progresso; muito pelo contrário, o que se intenta é repisar o argumento de que muitos aspectos sombrios da modernidade e camuflados da história fazem, na verdade, parte de uma ideologia que se irá chamar de *eurocentrismo*. Com esse termo, configura-se toda a visão histórica que parte de uma perspectiva unilateral daqueles povos que em 1492 marcaram à cruz e à espada o que viria a ser designado de América Latina. Na verdade, no núcleo da ideia de progresso existe o encobrimento de muitos sujeitos da "comunidade de comunicação ideal" (Karl O. Apel), seja pela falácia desenvolvimentista, seja pela ideologia racista que, de forma avassaladora, perpassa os nossos sistemas punitivos.

Para compreender, portanto, não só a situação dos sistemas penais latino-americanos e de suas práticas genocidas, mas também a própria situação periférica ou "marginal", como diria Zaffaroni, é imprescindível retornar ao marco de 1492 para captar corretamente o que se passou nestes 500 anos.

Desde essa época fundou-se um saber antropológico aplicado à periferia. Esse saber primeiramente adotou uma roupagem teológica, ora classificando os índios de criaturas "puras" e "infantis", ora concebendo-os como bárbaros, pagãos e adoradores do demônio. Aquela época, que precedia o auge do mercantilismo, já demonstrava sinais de decadência da própria visão teológica de mundo e trazia as sementes do que veio a ser chamado de era moderna. Assim, logo depois, o saber antropológico de inspiração religiosa deu lugar à matriz cientificista naturalista. E, a partir daí, o índio e depois os negros, mestiços e latino-americanos foram atingidos pelo rótulo de seres "naturalmente inferiores". De maneira geral, no período da conquista, o índio era visto como um ser passivo, incapaz de se tornar sujeito de sua própria história. Esta imagem permanece até os dias de hoje e estende-se ao latino-americano em geral. Na verdade, a realidade dos fatos contradiz esse entendimento, recuperando a "história invisível" da conquista, o processo de resistência militar e, principalmente, cultural dos povos ameríndios.

O que se observa de forma emblemática no sistema penal latino-americano é o "mito sacrifical" de que fala Dussel, ou seja, a negação da "outra face da modernidade". Para que se possa, numa perspectiva dusseliana de transmodernidade, superar a visão eurocentrista, extirpar a nota genocida de nossos sistemas penais, é imprescindível a desmistificação de falácias desenvolvimentistas e de visões históricas que transformaram a "invasão" da América em sua "descoberta".

2. O EUROCENTRISMO DA VISÃO MODERNA

Adotando a visão de Enrique Dussel, pode-se dizer que o eurocentrismo é, basicamente, uma visão histórica do mundo que transforma o "ser" do "outro" em um "ser" de "si-mesmo". Nessa visão, ao se fazer a apologia da modernidade, entende-se que todos os "avanços" que ela representa constituem o resultado de um desenvolvimento natural do próprio "ser europeu", sem levar em consideração a existência da América ou da África – a Ásia é reconhecida como o começo da história, mas permanece em um estado infantil e primitivo.[2] Incorre-se, portanto, na falácia desenvolvimentista.

---

[2] Enrique Dussel nos traz a seguinte citação de Hegel: "O mundo se divide em Velho Mundo e Novo Mundo. O nome Novo Mundo provém do fato de que a América (...) não foi conhecida até há pouco pelos europeus. Mas não se acredite que a distinção é puramente externa. Aqui a divisão é essencial. Este mundo é novo não só relativamente mas também absolutamente; o é com respeito a todos os seus caracteres próprios, físicos e políticos. O mar de ilhas, que se estende entre a América do Sul e a Ásia, revela certa imaturidade no tocante também a sua origem (...). A Nova Holanda também não deixa de apresentar características de juventude geográfica pois se, partindo das possessões inglesas, penetramos em seu território, descobrimos enormes rios que ainda não abriram seu leito (...). Da América e de seu grau de civilização, especialmente no México e Peru, temos informações a respeito de seu desenvolvimento, mas como uma cultura inteiramente particular, que expira no momento em que o Espírito se aproxima dela (...). A inferioridade destes indivíduos é, em tudo, inteiramente evidente" (DUSSEL, Enrique. *1492: o encobrimento do outro* (*a origem do mito da modernidade*). Conferências de Frankfurt. Trad. Jaime. A. Clasen. Petrópolis: Vozes, 1993, p. 18-19).

Trata-se de uma posição ontológica pela qual se pensa que o desenvolvimento empreendido pela Europa deverá ser unilinearmente seguido. É uma categoria filosófica fundamental e não só sociológica ou econômica. "É o *movimento necessário* do Ser, para Hegel, seu *desenvolvimento* inevitável."[3]

Acaba-se por absorver uma definição mundial do que seja a modernidade e de como se chegar até um estado de pleno funcionamento de seus princípios e ideias. "Modernização (ontologicamente) é exatamente o processo imitativo de constituição, como a passagem da potência ao ato (um desenvolvimentismo ontológico), dos mundos coloniais com respeito ao *ser* da Europa (...)."[4]

Assim, a Europa cristã moderna tem um princípio em si mesma, e é sua plena realização. E mais, somente a parte ocidental norte da Europa é considerada por Hegel como o núcleo da história: "A Alemanha, França, Dinamarca, os países escandinavos são o coração da Europa"[5]. Logo, Espanha e Portugal, e consequentemente a América Latina e sua "descoberta", não possuem a menor importância na constituição da modernidade; isto, observa Dussel, é verificável tanto em Hegel quanto, contemporaneamente, em Habermas.

No entanto, constata o filósofo argentino, a sociedade civil contraditória é superada pelo Estado, em Hegel, graças à constituição de colônias que absorvem tal contradição. "A *periferia* da Europa serve assim de *espaço livre* para que os pobres, fruto do capitalismo, possam se tornar proprietários nas colônias."[6]

De resto, Zaffaroni partilha da mesma percepção de Dussel com relação a Hegel:

> A inferioridade de nossa região marginal foi sintetizada com clareza por Hegel na versão germânica do etnocentrismo colonialista quando, na sua interpretação da história, deixou de lado, à medida que ascendia o *Geist*, todas as culturas convergentes em nossa região marginal.[7]

---

3 DUSSEL, Enrique. *Op. cit.*, p. 24.

4 DUSSEL, Enrique. *Op. cit.*, p. 40.

5 DUSSEL, Enrique. *1492: o encobrimento do outro*, p. 21.

6 DUSSEL, Enrique. *Op. cit.*, p. 23.

7 ZAFFARONI, Eugenio Raúl. *Em busca das penas perdidas*: a perda de legitimidade do sistema penal. Trad. Vânia Romano Pedrosa e Amir Lopes da Conceição. Rio de Janeiro: Revan, 1991, p. 168.

Enrique Dussel chama a atenção para o fato de que, ao contrário do entendimento de Hegel ou Habermas, tanto a América Latina quanto a Espanha tiveram um papel fundamental na formação da era moderna. A descoberta de um "Novo Mundo" possibilitou que a Europa, ou melhor, o seu "ego", saísse da imaturidade subjetiva da periferia do mundo muçulmano e se desenvolvesse até tornar-se o centro da história e o *senhor do mundo*, estado que simbolicamente foi atingido com a figura de Hernán Cortez no México.

Até o final do século XV, a Europa foi sendo paulatinamente isolada pelos muçulmanos, isto é, as rotas comerciais terrestres que levavam até as Índias, centro de compra e venda de especiarias – especialmente a pimenta em grãos –, estavam bloqueadas. Constantinopla, antigo centro comercial europeu e importantíssimo ponto estratégico (por estar dividido pelo Mediterrâneo, tendo de um lado a Europa e de outro a Ásia), havia sido conquistada por Mehemet II em 1453 e seu nome passou a ser Istambul. As cruzadas, última tentativa de recuperar o domínio sobre o "caminho da seda", fracassaram. Restava descobrir uma rota marítima que contornasse a África e atingisse as Índias. Este foi o esforço básico de Portugal, levado adiante, principalmente, por Henrique de Sagres e seus navegadores. Assim, a nação inventora da caravela, pouco a pouco, foi fincando os seus padrões pela costa africana até que Bartolomeu Dias, em 16 de agosto de 1488, em plena tempestade, dobrou o cabo da Boa Esperança e, finalmente, concretizou o sonho de Henrique, o navegador. No entanto, foi só a partir da experiência de Cristóvão Colombo que, efetivamente, a Europa apoderou-se de uma nova universalidade, tornou-se o centro do mundo e passou a impor o seu "ser" ao "outro".

A grande crítica que Dussel faz com relação à concepção da Modernidade não está em negar aquilo que ele chama de "núcleo libertário" ou "razão emancipatória", mas em desmascarar a existência de uma outra face desse processo de modernização, relacionada com o exercício em larga escala de uma violência irracional nas colônias, não apenas física, mas cultural, que simplesmente nega a identidade do "outro", seja através de uma postura assimilacionista, seja através da simples exclusão e eliminação. Tudo isto está simbolizado no "mito sacrifical", isto é, toda a violência derramada na América Latina era, na verdade, um "benefício" ou, antes, um "sacrifício necessário".

E diante disso, os índios, negros ou mestiços eram duplamente culpados por "serem inferiores" e por recusarem o "modo civilizado de vida" ou a "salvação", enquanto os europeus eram "inocentes", pois tudo que fizeram foi visando atingir o melhor.

Com relação às concepções tidas como *pós-modernas*, Dussel nega a sua proposta de irracionalidade fragmentária, embora acate a crítica à razão dominadora. Com relação ao racionalismo universalista, absorve o seu núcleo racional emancipador, mas nega o seu "momento irracional do mito sacrifical". A proposta do filósofo é identificada com a busca da *transmodernidade*, condição em que a razão do "outro" é afirmada e este pode efetivamente fazer parte de uma "situação de fala ideal" ou de uma "comunidade de comunicação ideal".

3. O MUNDO DE COLOMBO: O CONQUISTADOR EUROPEU E O GENOCÍDIO COLONIAL

A experiência de Colombo foi única até então, pois as navegações ao longo da costa africana eram como ir descobrindo, na verdade, aquilo que já se sabia. A aventura de 1492 não foi provavelmente a única experiência de contato com o "Novo Mundo". Existem relatos acerca das aventuras do *viking* Erik, o vermelho que, por volta do ano 987, teria acompanhado a costa do Labrador e hibernado na Terra Nova, dando-lhe o nome de *Vinlândia*, em função de lá ter encontrado videiras selvagens na primavera. Tal havia ocorrido em virtude das contínuas expedições *vikings* à ilha de Groenlândia. Porém, com a expansão dos gelos polares, a ilha acabou ficando inabitável. Assim, as viagens para o oeste tornaram-se raras. O Atlântico foi esquecido.

Com a viagem de Colombo, iniciou-se, em proporções jamais alcançadas, o contato entre dois mundos completamente diferentes. Ocorre que, desde o início, a civilização "descoberta" e toda a sua cultura foram desprezadas, o que deu lugar a várias figuras, que foram desenvolvidas por Dussel: a invenção, a descoberta, a conquista e a colonização.

A figura da "invenção" diz respeito, principalmente, ao personagem de Cristóvão Colombo. A importância de analisar a atitude do grande navegador está, dentre outras razões, no fato de que ela foi extremamente ilustrativa, principalmente com relação aos índios, da postura europeia em face da América. Para o navegador genovês, segundo Tzvetan Todorov, a empresa de expansão da fé cristã era o seu interesse principal. Assim, ele via a obtenção de possíveis riquezas mediante as navegações como uma condição necessária para financiar novas cruzadas[8] e, além disso, vislumbrava também a oportunidade de instruir o Grande Cã (imperador da China) no cristianismo, que, segundo relato de Marco Polo, era o desejo do próprio lendário governante chinês.

Certamente o maior e mais importante exemplo do método de interpretação de Colombo é o que Dussel chama de "a invenção do ser-asiático do Novo Mundo". Colombo morreu em 1505 plenamente convicto de que havia, na verdade, chegado ao continente asiático. É por isso que os habitantes originais da América são até hoje chamados de *índios*. Na hermenêutica de Colombo, tudo o que ele via na terra – ilhas, plantas, animais e índios – era uma constatação de algo já conhecido: a Ásia, que, embora não houvesse sido explorada pelos europeus, já havia sido objeto do conhecimento e dos estudos de Marco Polo, Pierre D'Ailly e dos franciscanos. O "outro" não foi descoberto como "outro", mas como "si-mesmo".

Colombo apresentou dois tipos de reações, que acabaram se complementando, perante os indígenas. Ora os considerou como "iguais", isto é, no plano divino também filhos do rebanho de Deus, sugerindo uma postura assimilacionista; ora os tomou como inferiores, momento em que a sua vontade lhes foi imposta pelo simples uso da autoridade e da violência. Essa segunda posição firmou-se na relação com os índios no plano humano. Se eles não quisessem dar as suas riquezas ou se "converterem", o que serviria para "engrandecer a obra divina", seria lícito e necessário forçá-los a isso. Com tal raciocínio

---

8 Tzvetan Todorov nos traz um trecho do diário de Colombo bastante ilustrativo deste intento: "No dia 26 de dezembro de 1492, durante a primeira viagem, ele (Colombo) revela em seu diário que espera encontrar ouro, e 'em quantidade suficiente para que os Reis possam, em menos de três anos, preparar e empreender a conquista da Terra Santa. Foi assim que manifestei a Vossas Altezas o desejo de ver os benefícios de minha atual empresa consagrados à conquista de Jerusalém, o que fez Vossas Altezas sorrirem, dizendo que isto lhes agradava, e que mesmo sem este benefício este era o seu desejo'" (TODOROV, Tzvetan. *A conquista da América*: a questão do outro. 3. ed. São Paulo: Martins Fontes, 1993, p. 11).

ficou justificada a aplicação da escravidão aos índios, o posterior sistema de *encomiendas*, em que um grupo de índios era "encomendado" ao colono, podendo trabalhar gratuitamente em suas minas e campos. Na verdade, qualquer uma das duas posturas acima citadas estão baseadas no desconhecimento dos índios como sujeitos, como "outro". Pretendeu-se impôr ao índio um "outro ser", ou simplesmente desconsiderá-lo. A propagação da fé e a escravização: duas faces da mesma moeda.

Porém, a viagem de Colombo não foi suficiente para completar a primeira noção de Modernidade. Foi necessário que Américo Vespúcio, após suas viagens, houvesse "descoberto" um "Novo Mundo". Este mundo novo era a América do Sul.

Se a segunda figura enunciada por Dussel foi a "descoberta" da América enquanto "descoberta" do "outro" (Portugal tomou a dianteira neste processo), a proposição nuclear imediata passou a ser representada pela "conquista".

O primeiro "conquistador" foi Hernán Cortez, e sua atuação perante os astecas suficientemente demonstrativa de uma época que marcou a emergência do "homem moderno, ativo, prático, que impõe sua *individualidade* violenta a outras pessoas, ao Outro"[9]. Cabe aqui fazer uma diferenciação entre a ocupação dos territórios povoados por comunidades indígenas urbanas e por comunidades de cunho eminentemente agrário e extrativista: nestas, situadas na região do Caribe, de Santo Domingo a Cuba, e também no Brasil, houve muito mais matança e ocupação desordenada do que um domínio sistemático.

Cortez, ao contrário de seus predecessores, preocupou-se em compreender os índios, mesmo que fosse só para dominá-los. Não visou apenas às riquezas imediatamente palpáveis. Possuía uma consciência política e histórica de seus atos. Sua expedição, que data de 1519, começou em busca de informação e não de ouro. Buscando um intérprete, surgiu a folclórica personagem "la Malinche", índia asteca que, ao adotar os valores espanhóis, conseguiu traduzir os de sua sociedade para Cortez e, além disso, tornou-se sua amante. Obviamente a "Malinche" transformou-se em figura simbólica do "entreguismo" ao poder central.

---

9 TODOROV, Tzvetan. *Op. cit.*, p. 43.

Graças à gama de informações adquiridas pelo conquistador espanhol, foi-lhe possível aproveitar-se tanto das dissidências internas, valendo-se disso para conseguir aliados, como da religiosidade asteca. É sabida e citada em muitos estudos sobre o tema da identificação de Cortez com a entidade divina de Quetzalcóatl. O comandante espanhol teve uma preocupação constante com a interpretação que os índios fariam de seus gestos. Assim, num primeiro momento, proibiu seus soldados de roubarem desmensuradamente, sem autorização, pois isto poderia gerar um entendimento indesejado por parte dos índios. Cortez queria que o vissem como benevolente. Contudo, o exemplo mais ilustrativo de sua preocupação com as aparências foi o "show de sons e luzes" do qual se utilizou para confundir os astecas, disfarçando atos humanos em atos sobrenaturais.

O procedimento de Cortez traz Maquiavel. Todorov relembra a famosa frase do florentino: "Não é preciso que um príncipe tenha todas as qualidades supracitadas, mas é preciso que pareça tê-las"[10]. Observa-se, aqui, para utilizar Weber, uma clara passagem da ética da convicção para a ética da responsabilidade.

> De modo geral, no mundo de Maquiavel e de Cortez, o discurso não é determinado pelo objeto que descreve, nem pela conformidade a uma tradição, mas é construído unicamente em função do objetivo que se procura atingir.[11]

Seguindo o raciocínio de Todorov, formula-se uma pergunta básica: por que a compreensão superior dos espanhóis diante dos astecas não os impediu, até os ajudou, a destruir a civilização asteca? Poder-se-ia pensar que os espanhóis consideraram os índios e sua cultura como indignos de viver. Tal não ocorreu, muito pelo contrário: depreende-se dos escritos deixados por aqueles espanhóis que eles admiravam em muitos aspectos tal civilização. O conquistador apontava os modos refinados dos astecas: "Cortez fica em êxtase diante das produções astecas, mas não reconhece seus autores como individualidades humanas equiparáveis a ele"[12]. A admiração que daí

[10] TODOROV, Tzvetan. *A conquista da América*: a questão do outro. 3. ed. São Paulo: Martins Fontes, 1993, p. 113.

[11] TODOROV, Tzvetan. *Op. cit.*, p. 113.

[12] TODOROV, Tzvetan. *Op. cit.*, p. 125.

decorreu, ao invés de diminuir a distância, aumentou-a. Curioso observar que a arte indígena não exerceu nenhuma influência sobre a arte europeia do século XVI.

Os espanhóis falaram até bem *dos* índios, mas não falaram *aos* índios, não reconhecendo, portanto, a sua condição de sujeitos, a sua alteridade. Assim, "se a compreensão não for acompanhada de um reconhecimento pleno do outro como sujeito, então essa compreensão corre o risco de ser utilizada com vistas à exploração, ao *tomar*, o saber será subordinado ao poder"[13]. Poder-se-ia dizer que a perspectiva de *transmodernidade*, proposta por Dussel, em que a periferia seria reconhecida em sua especificidade e não "encoberta" como "outro", deveria corresponder a uma situação de igualdade de "poderes", ou igualdade de "condições comunicativas".

Questiona ainda Todorov: mas por que tomar leva a destruir? No México, às vésperas da conquista, a população era de aproximadamente 25 milhões; em 1600, de apenas um milhão. "Nenhum dos grandes massacres do século XX pode comparar-se a esta hecatombe."[14] Tal resultado foi obtido principalmente mediante três estratégias de ação.

O primeiro tipo de ação dos espanhóis direcionado à destruição foi o assassinato direto mediante guerras e massacres. É o que se pode captar da narração de Las Casas:

> Faziam apostas sobre quem, de um só golpe de espada, fenderia e abriria um homem pela metade, ou quem, mais habilmente e mais destramente, de um só golpe lhe cortaria a cabeça, ou ainda sobre quem abriria melhor as entranhas de um homem de um só golpe. Arrancavam os filhos dos seios da mãe e lhes esfregavam a cabeça contra os rochedos enquanto que outros os lançavam à água dos córregos rindo e caçoando, e quando estavam na água gritavam: *move-te, corpo de tal?!* Outros, mais furiosos, passavam mães e filhos a fio de espada.[15]

Outro relato de Las Casas diz respeito ao massacre de Caonao, em Cuba, realizado pela tropa de Pânfilo Narvaez, da qual era capelão:

---

13 TODOROV, Tzvetan. *Op. cit.*, p. 128.

14 TODOROV, Tzvetan. *Op. cit.*, p. 129.

15 LAS CASAS, Bartolomé de. *Brevíssima relação da destruição das Índias*: o paraíso destruído: a sangrenta história da conquista da América espanhola. Trad. Heraldo Barbuy. 5. ed. Porto Alegre: L&PM, 1991, p. 32.

> É preciso saber que os espanhóis, no dia em que ali chegaram, pararam de manhã, para o desjejum, no leito seco de um riacho que, entretanto, ainda conservava algumas pocinhas d'água, e que estava repleto de pedras de amolar: o que lhes deu a ideia de afiar as espadas.

Chegando à aldeia asteca, os espanhóis resolveram verificar a qualidade do afiamento:

> Um espanhol, subitamente, desembainha a espada (que parecia ter sido tomada pelo diabo), e imediatamente os outros cem fazem o mesmo, e começam a estripar, rasgar e massacrar aquelas ovelhas e aqueles cordeiros, homens e mulheres, crianças e velhos, que estavam sentados, tranquilamente, olhando espantados para os cavalos e para os espanhóis. Num segundo, não restam sobreviventes de todos os que ali se encontravam. Entrando então na casa grande, que ficava ao lado, pois isso acontecia diante da porta, os espanhóis começaram do mesmo jeito a matar a torto e a Direito todos os que ali se encontravam, tanto que o sangue corria de toda parte, como se tivessem matado um rebanho de vacas.[16]

Uma segunda estratégia de extermínio foi a escravidão. Assim, além da matança direta, os índios tombaram também, e em muito maior número, sob a escravidão a que foram submetidos:

> As mulheres ficavam nas granjas executando trabalhos bastante penosos, fazendo montes de terra para fabricar o pão que se come; trabalho esse que consiste em revolver, levantar e amontoar a terra até quatro palmos de altura e doze pés de quadrado; parece nada, mas é um trabalho de gigante revolver a terra dura, não com picaretas, nem com enxadas, mas com paus (...). De maneira que marido e mulher não se viam pelo espaço de oito meses ou dez ou de um ano. E quando ao cabo desse tempo vinham encontrar-se estavam tão extenuados e tão fracos de fome e de trabalhos, que não tinham desejo de coabitar: e com isto a geração cessava entre eles. E as crianças engendradas morriam porque as mães não tinham leite para nutri-las, em virtude dos trabalhos e da fome que padeciam (...). O trabalho que lhes atiram sobre os ombros é extrair ouro; trabalho esse para o qual seriam necessários homens de ferro; pois é preciso perfurar as montanhas de baixo para cima mil vezes, revolvendo e furando os rochedos, lavando e limpando o ouro nos riachos, onde ficam constantemente na água, de todas as maneiras consumindo e alquebrando o corpo. E quando as próprias minas começaram a fazer água, então, além de todos os outros trabalhos, é preciso tirar toda essa água a braço.[17]

---

16 TODOROV, Tzvetan. *Op. cit.*, p. 136-137.

17 LAS CASAS, Bartolomé de. *Op. cit.*, p. 134 e 136.

Por fim, a terceira modalidade de ação, menos consciente, obviamente, era a transmissão de doenças, que exterminou uma quantidade incomensurável de índios. Os espanhóis não possuíam a consciência da possibilidade de uma guerra bacteriológica, mas examinando suas ações não fica difícil imaginar que, caso tal consciência houvesse, ela seria certamente usada.

Um dos motivos dessa atitude por parte dos espanhóis, é claro, foi o desejo de enriquecer. Tal desejo nada tem de novo, exceto o fato de que todos os outros valores a ele se subordinam, como observa Todorov: "Essa homogeneização dos valores pelo dinheiro é um fato novo, e anuncia a mentalidade moderna, igualitarista e economicista"[18]. Contudo, Todorov não divisa apenas tal motivo para a atitude espanhola: "É tudo como se os espanhóis encontrassem um prazer intrínseco na crueldade, no fato de exercer poder sobre os outros, na demonstração de sua capacidade de dar a morte"[19]. Segundo o autor de *A Conquista da América*: *a questão do outro*, na verdade, há que se falar em sociedades de sacrifício e sociedades de massacre. No caso dos astecas, o sacrifício foi um assassinato religioso, feito em nome da ideologia oficial, à vista e conhecimento de todos, o que evidenciou a força do laço social sobre o indivíduo. O massacre, no entanto, foi justamente a explicitação da fragilidade dos laços sociais; o desuso de leis morais. Representou uma atitude tomada em um lugar distante de leis, de regras, enfim, da estrutura social representada pela metrópole. A colônia tornou-se o lugar do "tudo é permitido".

> Quanto mais longínquos e estrangeiros forem os massacrados, melhor: são exterminados sem remorsos, mais ou menos assimilados aos animais. A identidade individual do massacrado é, por definição, não pertinente (se não, seria um assassinato): não há nem tempo nem curiosidade de saber quem se está matando nesse momento.[20]

Se o assassinato religioso foi um sacrifício, o massacre foi um assassinato ateu, inventado ou reinventado pelos espanhóis. As fogueiras da inquisição parecem-se mais com os sacrifícios. Certamente, os massacres são uma marca registrada da modernidade: "A barbárie dos

---

[18] TODOROV, Tzvetan. *Op. cit.*, p. 138.
[19] TODOROV, Tzvetan. *Op. cit.*, p. 139.
[20] TODOROV, Tzvetan. *Op. cit.*, p. 140.

espanhóis nada tem de atávico, ou de animal, é bem humana e anuncia a chegada dos tempos modernos"[21].

Por fim, a quarta figura listada por Dussel é a da "colonização". Simboliza o começo da domesticação. O entender o outro como si mesmo já não é pura e simplesmente uma prática guerreira, mas sim uma "práxis erótica, pedagógica, cultural, política, econômica, quer dizer, do domínio dos corpos pelo machismo sexual, da cultura, de tipos de trabalhos, de instituições criadas por uma nova burocracia política"[22]. Assim, "o mundo da vida cotidiana (*Lebenswelt*) conquistadora-europeia colonizará o mundo da vida do índio, da índia, da América"[23].

Do conquistador depreende-se um "ego fálico"[24]. Colonizou-se a sexualidade indígena. Estipulou-se a dupla moral machista: dominação sexual da índia e respeito puramente aparente pela mulher europeia. Daí nasceu o bastardo – mestiço, latino-americano, filho do conquistador com a índia – e o crioulo – o branco nascido no mundo colonial. A colonização do corpo da mulher indígena também faz parte de uma cultura da dominação do corpo do homem índio, que foi explorado principalmente no trabalho (mão de obra gratuita ou barata), ao que se juntou, nessa mesma situação, a figura do negro africano.

De maneira a dominar totalmente o índio, falava-se de amor cristão em meio à violência irracional. Surgiu um desdobramento da quarta figura de Dussel, por ele considerada, em função de sua importância e singularidade, uma outra figura: a "conquista espiritual".

> Depois de *descoberto* o espaço (como geografia) e *conquistados* os corpos, diria Foucault (como geopolítica), era necessário agora controlar o imaginário a partir de uma nova compreensão religiosa do mundo da vida. Desse modo, o círculo podia se fechar e o índio ficar completamente incorporado

[21] TODOROV, Tzvetan. *Op. cit.*, p. 140.

[22] DUSSEL, Enrique. *1492: o encobrimento do outro (a origem do mito da modernidade)*. Conferências de Frankfurt. Trad. Jaime A. Clasen. Petrópolis: Vozes, 1993, p. 50. "Max Weber não imagina que no Archivo de Indias de Sevilha se encontram 60 mil maços (mais de 60 milhões de papéis) da 'burocracia' espanhola referentes à América Latina do século XVI ao XIX. A Espanha foi o primeiro Estado moderno burocratizado" (*Op. cit.*, p. 56).

[23] DUSSEL, Enrique. *Op. cit.*, p. 51.

[24] A esse respeito ver do autor: *Caminhos de libertação latino-americana*. São Paulo: Paulinas, 1984, v. II.

> ao novo sistema estabelecido: a Modernidade mercantil-capitalista nascente – sendo todavia sua *outra face*, a face explorada, dominada, encoberta.[25]

Na verdade, todo o processo da conquista teve duas faces da mesma moeda: mercantilismo e evangelização.

Em nome de uma vítima inocente, Jesus Cristo, os índios foram vitimados. Seus deuses substituídos por um deus estrangeiro, e uma racionalidade alienígena conferiu legitimidade a uma dominação injusta e violenta. Assim como Jesus, os índios foram vítimas, mas no caso do grande rabino e seus seguidores ficou "provada" e aceita sua inocência: a culpa era dos romanos. Já no caso dos índios, por "se encontrarem" em um estágio de "imaturidade culpada"[26], foram, em parte, "culpados" pelo seu estado "bárbaro" e "pré-humano", e os europeus inocentes de qualquer violência que se lhes queira imputar, pois era seu "dever" civilizar estes "pagãos".

Quando Cortez se deu conta de sua desvantagem numérica perante os índios, percebeu que a força guerreira dos seus homens não poderia mais se apoiar no desejo de nobreza ou de riqueza. Era preciso um princípio ético absoluto, diante do qual oferecer a vida seria um ato com alto teor de significação e importância. E "absoluto" é a palavra certa para designar a visão católica de mundo, principalmente na época da Contrarreforma. Como assinala Leonardo Boff, a lógica do cristianismo, no momento em que insiste na posse da verdade absoluta, abre um enorme flanco para a existência e a prática da intolerância.

> Face à verdade absoluta, não cabem dúvidas e indagações da razão ou do coração. Tudo já está respondido pela instância suprema e divina. Qualquer

---

[25] DUSSEL, Enrique. *1492*: o encobrimento do outro (a origem do mito da modernidade). Conferências de Frankfurt. Trad. Jaime A. Clasen. Petrópolis: Vozes, 1993, p. 59-60.

[26] A esse respeito esclarece Dussel: "Para Kant a 'imaturidade' ou 'minoridade' é culpada. A 'preguiça' e a 'covardia' constituem o *ethos* desta posição existencial." E cita Kant: "Ilustração é a saída por si mesma da humanidade de um estado de imaturidade culpável (...). A preguiça e a covardia são as causas pelas quais grande parte da humanidade permanece prazeirosamente nesse estado de imaturidade." Em seguida questiona: "Hoje devemos fazer a Kant esta pergunta: um africano na África ou como escravo nos Estados Unidos no século XVIII, um indígena no México ou um mestiço latino-americano depois, devem ser considerados nesse estado de imaturidade culpável?" Conforme o entendimento do filósofo argentino, Hegel responderá afirmativamente a este questionamento (DUSSEL, Enrique. *Op. cit.*, p. 17-18).

> experiência ou dado que entre em atrito com as verdades reveladas só pode significar um equívoco ou um erro. A Igreja detém o monopólio dos meios que abrem o caminho para a eternidade (...). Por isso, nessa visão, o portador da verdade é intolerante. Deve ser intolerante e não tem outra opção. Caso contrário a verdade não é absoluta. Só os que não possuem a verdade podem ser tolerantes. Consentir a dúvida. Permitir a busca. Aceitar a verdade de outros caminhos espirituais. O fiel, este é condenado à intolerância.[27]

O melhor exemplo dessa lógica absolutista a qual foi referida era o *Requerimiento*, texto elaborado pelo jurista real Palacios Rúbios, em 1514. Tal documento, rezavam as disposições, deveria ser lido a toda comunidade indígena prestes a ser invadida. Primeiramente, ele começava dizendo que Jesus Cristo é o "senhor supremo" ou "chefe da linhagem humana". Estabelecido esse ponto de partida, as coisas se encadeiam naturalmente: Jesus transmitiu seu poder a São Pedro, que por sua vez o transmitiu ao primeiro Papa, e, assim por diante, o poder dos sucessivos Papas estava justificado. Ora, como o último Papa conferiu o continente americano aos espanhóis e parte aos portugueses, estava, portanto, juridicamente justificada a possessão do rei da Espanha sobre aquelas terras. Aos índios era dada uma oportunidade: caso acatassem de bom grado a dominação, os espanhóis não teriam o Direito de transformá-los em escravos. Contudo, caso se rebelassem, seriam severamente punidos.

A religião e os costumes indígenas eram vistos como algo demoníaco. Com relação a eles, portanto, adotava-se o método *tábula rasa*, assinala Dussel. Isto é, como a religião europeia era a única (no caso a católica), o que se deveria fazer era pura e simplesmente negar a religião indígena e tudo que a lembrasse. O dominicano Diego Durán queria até vigiar os sonhos dos índios submetidos à sua orientação: "Devem ser interrogados no confessionário acerca do que sonham; em tudo isso pode haver reminiscências das antigas tradições"[28]. Assim, quando se falava em conhecer a religião dos índios era só para

---

[27] BOFF, Leonardo. Inquisição: um espírito que continua a existir. Prefácio. *In*: EYMERICH, Nicolau. *Manual dos inquisidores*. Comentários de Francisco Peña. Trad. Maria José Lopes da Silva. 2. ed. Rio de Janeiro: Rosa dos Tempos; Brasília: Fundação Universidade de Brasília, 1993, p. 10-11.

[28] TODOROV, Tzvetan. *A conquista da América*: a questão do outro. 3. ed. São Paulo: Martins Fontes, 1993, p. 202.

poder melhor evitar que os "convertidos" fossem "contaminados". Esse propósito acabou resultando em um efeito perverso. Ao procurarem se inteirar da visão religiosa dos habitantes do Novo Mundo, figuras como o dominicano Diego Durán e o franciscano Bernardino de Sahagún acabaram por realizar um trabalho antropológico de considerável envergadura, imprescindível para o conhecimento atual daquelas culturas arrasadas, respectivamente: *Historia de las Indias de Nueva España, Islas de la tierra firme,* e *Historia general de las cosas de Nueva España.*

Obviamente, por se tratarem de universos culturais absolutamente diversos, a empresa de transmitir ao catecismo uma aparência de racionalidade era, no mínimo, extremamente complexa e exigiria uma série de pré-discussões, para começar, sobre a própria natureza da divindade, que para os europeus era una e para os ameríndios, dual. Porém, não se podendo argumentar à altura,[29] partia-se para a violência irracional ou "guerras justas". Houve, portanto, muito mais uma dominação da religião do conquistador sobre o dominado do que uma passagem a um momento superior de consciência religiosa. "No melhor

[29] Dussel nos traz à baila a argumentação de *Atahualpa,* chefe dos incas, perante a exposição do Padre Valverde, capelão da expedição de Pizarro, sobre a "essência do cristianismo": "Além disto me disse vosso falante que me propondes cinco varões assinalados que devo conhecer. O primeiro é o Deus, Três e Um, que são quatro a quem chamais Criador do Universo, porventura é o mesmo que nós chamamos Pachacamac e Viracocha? O segundo é o que diz que é Pai de todos os outros homens, em quem todos eles amontoaram seus pecados. Ao terceiro chamais Jesus Cristo, só ele que não colocou seus pecados naquele primeiro homem, mas que foi morto. Ao quarto dais o nome de papa. O quinto é Carlos a quem, sem levar os outros em conta, chamais poderosíssimo e monarca do universo e supremo de todos. Mas, se este Carlos é príncipe e senhor de todo o mundo, que necessidade tinha de que o Papa lhe fizesse novas concessão e doação para me fazer guerra e usurpar estes reinos? E, se o tinha, logo, o Papa é mais Senhor, e não ele, e mais poderoso e príncipe de todo o mundo? Também me admiro que digais que estou obrigado a pagar tributo a Carlos e não aos outros, porque não dais nenhuma razão para o tributo, nem eu me acho obrigado a dá-lo de maneira nenhuma. Porque se por Direito houvesse de dar tributo e serviço, parece-me que se deveria dar àquele Deus e àquele homem que foi Pai de todos os homens, e àquele Jesus Cristo que nunca amontoou seus pecados, finalmente se havia de dá-los ao Papa (...). Mas se dizeis que a este não devo dar, menos devo dar a Carlos que nunca foi senhor destas regiões nem o tenho visto" (DUSSEL, Enrique. *1492*: *o encobrimento do outro* (*a origem do mito da modernidade*). Conferências de Frankfurt. Trad. Jaime A. Clasen. Petrópolis: Vozes, 1993).

dos casos os índios eram considerados rudes, crianças, imaturos que necessitavam de paciência evangelizadora."[30] O senso comum europeu era o critério básico de racionalidade ou humanidade, ao passo que o dos astecas, incas e maias estava em um grau inferior pelo fato de não terem o conhecimento da escrita e dos filósofos (foi-lhes, desde o início, negado o reconhecimento de suas tradições orais e escritas, bem como a sua filosofia), estado que só superava o dos índios de culturas não urbanas – estes seriam nada mais que animais selvagens.

O argumento de "guerras justas" surgiu de forma célebre no parecer de Francisco de Vitória, teólogo, jurista e professor da Universidade de Salamanca, quando da disputa de Valladolid, em 1550, entre Bartolomé de Las Casas e Juan Gines de Sepúlveda. Assim, embora desconsiderasse a argumentação de Sepúlveda a favor da inferioridade dos índios, que se baseava em Aristóteles, considerou lícita a intervenção bélica em nome da proteção dos inocentes diante da tirania de chefes ou leis indígenas que legitimassem o sacrifício humano.

> Tornou-se um hábito ver em Vitória um defensor dos índios; mas, se interrogarmos o impacto de seu discurso, em vez das intenções do sujeito, fica claro que seu papel é outro: com o pretexto de um Direito internacional fundado na reciprocidade, fornece, na verdade, uma base legal para as guerras de colonização.[31]

4. O DEBATE DE VALLADOLID: BARTOLOMÉ DE LAS CASAS E A QUESTÃO DA IGUALDADE DOS ÍNDIOS

Importa priorizar um pouco mais essa famosa disputa de Valladolid, ocorrida em duas sessões: uma em agosto e setembro de 1550, e outra em maio de 1551. A congregação que iria avaliar o debate era composta de 14 juízes, entre teólogos, juristas e letrados. Esse memorável embate verbal versou sobre o verdadeiro motivo da conduta implacável dos espanhóis nas Índias: a inferioridade indígena. Tanto o desejo de enriquecer quanto a pulsão de domínio foram razões para a atitude espanhola. Porém, faz-se necessário um terceiro elemento.

---

30 DUSSEL, Enrique. *Op. cit.*, p. 63.

31 TODOROV, Tzvetan. *A conquista da América*: a questão do outro. 3. ed. São Paulo: Martins Fontes, 1993, p. 147.

Uma premissa básica para a verificação da destruição: a noção de inferioridade dos índios, como se estivessem a meio caminho, entre os homens e os animais. Tal era o pensamento de Juan Gines de Sepúlveda, doutor em artes e teologia pelo Colégio de São Clemente de Bolonha, além de ter estudado Direito e filosofia na Universidade de Bolonha. O conceituado estudioso falou por três horas, durante as quais leu um resumo de 44 páginas de seu livro *Demócrates Alter*, que fora proibido de circular. Inicialmente, ele invalidou a arquitetura urbana dos maias e astecas, tão admiradas pelos espanhóis conquistadores em seus próprios relatos, dizendo que ela não indicava a existência de uma civilização, mas que tão só representava um indício de que aqueles índios encontravam-se num grau determinado de barbárie. Para Sepúlveda, a constatação de tal nível de primitivismo era reforçada pelo modo não individual de os índios estabelecerem suas relações uns com os outros e com as coisas, bem como pelo fato de não terem experiência de propriedade privada nem de herança pessoal. Além disso, cometiam atos pagãos, tais quais o sacrifício humano e o canibalismo. Baseando-se em Aristóteles, Sepúlveda justifica a dominação e a desigualdade dos índios dizendo que o perfeito deve dominar sobre o imperfeito, assim como o adulto sobre a criança, o homem sobre a mulher e o clemente sobre o feroz. "Todas as diferenças se reduzem, para Sepúlveda, a algo que não é uma diferença, a superioridade/inferioridade, o bem e o mal"[32].

Na visão de Sepúlveda, a conquista, na verdade, é um ato emancipatório, porque permite ao *bárbaro* sair de sua *barbárie*. E para a realização desse feito admite-se a violência irracional e a "guerra justa":

> Não podemos duvidar que todos os que andam vagando fora da religião cristã estão errados e caminham infalivelmente para o precipício, não devemos duvidar em afastá-los dele por um medo qualquer ou mesmo contra a sua vontade, e, não fazendo isso, não cumprimos a lei da natureza nem o preceito de Cristo.[33]

Como já se afirmou alhures, é curioso perceber que nesta visão *emancipadora* os povos "subdesenvolvidos" são duplamente culpáveis.

---

[32] TODOROV, Tzvetan. *A conquista da América*: a questão do outro. 3. ed. São Paulo: Martins Fontes, 1993, p. 151.

[33] DUSSEL, *Enrique. 1492*: *o encobrimento do outro* (*a origem do mito da modernidade*). Conferências de Frankfurt. Trad. Jaime A. Clasen. Petrópolis: Vozes, 1993, p. 86.

Primeiro, por "serem" inferiores; segundo, por "darem motivação" à ação violenta da conquista ao não acatarem corretamente a "verdadeira cultura".

Em seu pronunciamento, Bartolomé de Las Casas falou, nada mais nada menos, durante cinco dias! O que se verificou devido não só à eloquência do frei, mas também em face do volume do material lido e apresentado pelo frade, composto de sua *Apologia*, de 253 páginas, e de sua *Apologética história de las Índias*, com 257 capítulos e quase 800 páginas! O dominicano bateu de frente contra os argumentos de Sepúlveda. O debate foi um divisor de águas na argumentação de Las Casas contra a ação espanhola. De fato, percebe-se que a oposição entre cristãos e não cristãos não foi uma oposição de natureza, pois todos podiam ser cristãos, por "pertencerem" ao mesmo rebanho. Assim, não há que se falar em desigualdade ontológica. Aqui é importante notar o perigo potencial de se afirmar não a natureza humana dos índios, mas sim a sua natureza cristã. Tanto que Las Casas, em sua *Brevíssima relação da destruição das Índias*, refere-se sempre aos índios como dotados naturalmente de virtudes cristãs, sendo obedientes e pacíficos. Nesse ponto, a percepção de Las Casas não difere muito da percepção de Colombo acerca da "generosidade" dos índios. Constata-se uma permanente monotonia nos adjetivos relativos aos índios da Flórida e aos do Peru. O que se formou foi um estado psicológico (bons, pacientes) e não uma configuração cultural que pudesse ajudar a compreender as diferenças.

> Se é incontestável que o preconceito de superioridade é um obstáculo na via do conhecimento, é necessário também admitir que o preconceito da igualdade é um obstáculo ainda maior, pois consiste em identificar, pura e simplesmente, o outro a seu próprio *ideal do eu*.[34]

Las Casas percebeu todos os conflitos em função da oposição fiel/infiel. A sua originalidade foi atribuir o polo valorizado *fiel*, ao outro e o desvalorizado, *infiel*, aos seus compatriotas. O maniqueísmo lascasiano é indiscutível. No entanto, há de se considerar o fato de que o polo negativo não era, em sua visão, composto por todos os espanhóis, mas somente por aqueles que comandavam as encomendas e

[34] DUSSEL, Enrique. *Op. cit.*, p. 162.

realizavam as guerras. E, além disso, embora retratasse o índio como covarde, medroso e passivo, em outros trechos relatava a sua coragem e a rebeldia.[35]

Uma coisa é certa: Las Casas demonstrou, nesse momento, uma postura claramente assimilacionista, com a diferença de que queria que esta anexação fosse feita por padres e não por soldados, e que, além disso, nunca estaria justificada uma guerra que procurasse "acalmar os ânimos" dos índios para que estes pudessem ser evangelizados. Sua argumentação a esse respeito é muito interessante. O poder de Castela estava fundado na concessão papal. Isto significava para Las Casas que o poder espiritual tinha mais valor que o temporal. Ou seja, o poder político de Castela só poderia ser exercido sobre a América se esta se encontrasse sob o domínio espiritual da Igreja. Contudo, como deixa claro em sua obra *Del único modo*, tal domínio só poderia se dar com o consenso indígena. Isto é, embora a postura de Las Casas seja assimilacionista, ela partiu de um princípio menos encobridor do que a visão da metodologia *tábula rasa*, reconhecendo o índio como sujeito na medida em que exige a sua compreensão e aceitação racional, e não apenas uma submissão. Além disso, há que se considerar que, ao pedir um tratamento mais humano para os índios, mesmo sob termos assimilacionistas, fez a única coisa que, em nível imediato, era possível para mitigar o sofrimento dos habitantes originais daquelas terras. Também não se pode olvidar que a maioria de suas cartas eram dirigidas ao rei, e estrategicamente não poderia sugerir que este abdicasse de suas possessões além-mar (conselho que, mais tarde, irá efetivamente pronunciar). Usou então o expediente de que tal domínio fosse feito por padres e não por soldados, o que garantiria aos índios uma proteção contra os suplícios. Nesse sentido, Bartolomé de Las Casas é considerado o primeiro defensor, na América Latina, do que viria a ser chamado de "direitos humanos".

[35] Os adversários de Las Casas também apontam a parcialidade dele com relação aos índios, pois não condenava a escravidão dos negros. Neste ponto, há de se considerar, primeiro, que, enquanto a escravidão dos negros era algo dado, a dos índios constituiu-se sob seus olhos, e, segundo, que embora em um primeiro momento ele admita a escravidão negra, posteriormente se retrata explicitamente e não mais a distingue da dos índios. Contudo, assinala Todorov, a sua posição em relação aos negros será menos clara do que com relação aos índios (*Op. cit.*, p. 167).

Foi justamente enfrentando os argumentos de Sepúlveda que Las Casas apresentou uma posição mais inovadora ainda perante a questão. O bispo de Chiapas intentou tornar tanto o sacrifício quanto o canibalismo menos estranhos e mais aceitáveis ao leitor. Com relação ao sacrifício, observou que ele está previsto na religião cristã, seja no sacrifício de Isaac, o único filho de Abraão, seja no próprio sacrifício de Cristo. Em seguida, com relação ao canibalismo, constatou que era uma prática já adotada pelos espanhóis, os quais, quando impelidos pela necessidade, haviam comido o fígado de seus compatriotas. Observa-se claramente a mudança de entendimento de Bartolomé de Las Casas quando este visou provar que o sacrifício humano não só é aceitável por razões de fato como por razões de Direito. E, ao fazer isso, pressupôs uma nova definição do sentimento religioso: o perspectivismo. Em seu raciocínio, assinalou que cada um adora Deus à sua maneira, da forma que pode, e que oferecer a vida, o que há de mais precioso, é a maior prova de amor que se pode dar a Deus. Logo, embora o Deus dos índios não fosse "o verdadeiro", assim era por eles considerado. E este deve ser o ponto de partida. Mas reconhecer que o Deus deles era verdadeiro para eles significa reconhecer que o nosso Deus era verdadeiro somente para nós, o que deslocava a universalidade do plano da religião para o da religiosidade. E na religiosidade, afirma Las Casas, os índios são até superiores na devoção, e só os mártires do início do cristianismo lhes seriam comparáveis em fervor. A igualdade já não é admitida em prejuízo da identidade.

O bispo de Chiapas abandonou o discurso da teologia e passou a ter um de caráter antropológico religioso, e, nesse contexto, tornou-se um discurso subversivo, pois quem assume um discurso sobre a religião dá um passo fundamental em direção ao abandono do próprio discurso religioso. Com base nessa lógica, foi ainda mais fácil para Las Casas evidenciar a relatividade do conceito de barbárie.[36] Por fim,

---

36 É curiosa a defesa de Las Casas, que usa o próprio Aristóteles para contra-argumentar a Sepúlveda. O frei dominicano acusa o seu opositor de desvirtuar o sentido da teoria aristotélica e propõe-se a esclarecer o que deve ser entendido por "bárbaro", partindo da obra de Aristóteles, em particular a *Política*, e explicitando quatro sentidos para a palavra "bárbaro" que podem ser aí entendidos. Numa primeira acepção, o termo pode ser tomado como relativo a uma natureza de irracionalidade, ferocidade, crueldade e entendimento confuso. O terceiro significado diz respeito a pessoas que em

ele sugeriu ao rei da Espanha (1555) que simplesmente desistisse de seus domínios na América e que, se tivesse de mover uma guerra, a fizesse contra os conquistadores, que não sairiam de lá espontaneamente. Sua postura perspectivista permitiu-lhe ainda modificar outra posição e renunciar ao desejo de assimilar os índios à fé cristã, no que assumiu a via neutra: eles que decidissem eles mesmos acerca de seu próprio modo de viver.

Dussel observa que, na verdade, a disputa de Valladolid versa sobre de que maneira devem ser os índios incluídos na "comunidade de comunicação". Para o filósofo argentino, Bartolomé de Las Casas

> assume o melhor do sentido emancipador moderno, mas descobre a irracionalidade encoberta no *mito* da culpabilidade do Outro. Por isso nega a validade de todo argumento a favor da legitimação da violência ou guerra inicial para *compelir* o Outro a fazer parte da *comunidade de comunicação.*

---

virtude de seus maus costumes são cruéis, ferozes e antissociais, não tendo leis nem regras. O quarto tipo de "bárbaro" seria aquele que carece de fé cristã. E, por fim, a espécie que seria aplicada aos índios, a segunda classificação de Las Casas, coloca o fato da barbárie na impossibilidade de comunicação, seja pela circunstância de embate de línguas diversas, seja por outro motivo qualquer. Escreve Las Casas, em sua *Apologética*, que "isto foi o motivo, segundo *Estrabom,* no livro 14, que os gregos tiveram para chamar de bárbaros a outros povos, porque não pronunciavam bem, mas com rudeza e defeitos, a língua grega; e desta maneira não há homem nem nação alguma, que não seja bárbaro e bárbara para os outros (...). Deste modo, estas gentes das Índias, que nós estimamos como bárbaros, consideram-nos, também, bárbaros, pois não nos entendem e lhes somos estranhos; daqui procede um grande erro em muitos de nós seculares, eclesiásticos e religiosos, em relação a estas nossas indianas nações, que sendo de línguas diversas que não entendemos nem penetramos, de costumes diferentes, depois de ter perdido suas repúblicas e ordem que tinham para viver e governar-se, porque nós as colocamos nessa desordem e as apoquentamos de tal maneira que ficaram aniquiladas, os espanhóis que vieram a estas terras, sejam de qualquer profissão ou qualidade, pensam que o estado de confusão e abatimento em que agora vivem foi sempre assim porque procedia de sua natureza barbárica e política desordenada. Mas podemos afirmar que eles, com reta razão, por ver em nós outros costumes, estimam-nos não apenas como bárbaros da segunda espécie, que quer dizer estranhos, senão da primeira, isto é, ferocíssimos, duríssimos, aspérrimos e abomináveis (...). E assim fica declarado, demonstrado e abertamente concluído, que todas estas gentes de nossas Índias são bárbaros *secundum quid,* porque não tendo exercício nem estudo das letras, tinham reinos e governos, obediência e submissão, e se regiam por leis e justiça" (BRUIT, Héctor Hernan. *Bartolomé de Las Casas e a simulação dos vencidos*: ensaio sobre a conquista hispânica da América. Campinas: Unicamp; São Paulo: Iluminuras, 1995, p. 128-130).

> (...) O debate está no *a priori* absoluto, da própria condição de possibilidade da participação racional. Gines de Sepúlveda admite um momento irracional (a guerra) para iniciar a argumentação; Bartolomé exige que seja racional desde o início o *diálogo* com o Outro. (...) Para Bartolomé, deve-se procurar *modernizar* o índio sem destruir sua alteridade; assumir a Modernidade sem legitimar seu mito.[37]

5. A CULTURA AMERÍNDIA E O FIM DO "QUINTO SOL"

É necessário que se tenha em mente o momento histórico e geográfico destes povos antes da chegada dos conquistadores, pois só assim pode-se caminhar no sentido do reconhecimento da alteridade e da negação do mito sacrifical da Modernidade.

Os ameríndios, na realidade, não "descobriram" o continente no mesmo sentido de Américo Vespúcio, isto é, não tinham consciência da totalidade da terra continental, contudo tinham algo muito mais importante: a *humanização* do continente. Assim, a conquista já contara com uma cultura estabelecida, fato que eticamente foi muito relevante para guiar as ações em face da realidade americana e de seu povo. Dussel preocupou-se, com base nos quadros culturais dos astecas e não na perspectiva eurocêntrica, em demonstrar a racionalidade da atitude de Montezuma perante Cortez. A indecisão daquele devia-se à presença de um leque de possibilidades que poderiam advir da chegada dos espanhóis:

a) a possibilidade de que fossem um grupo de seres humanos era muito improvável dentro da hermenêutica nativa; Montezuma não dispunha de elementos para chegar a esta conclusão, pois, se a tivesse, a superioridade numérica dos astecas era um fato que não exigiria maiores preocupações com relação aos possíveis invasores;
b) portanto, "racionalmente", eles só poderiam ser deuses. Mas quais? Tudo indicava que Cortez era Quetzalcóatl.[38] A representação histórica de Quetzalcóatl era a de um príncipe do

[37] DUSSEL, Enrique. *1492: o encobrimento do outro* (*a origem do mito da modernidade*). Conferências de Frankfurt. Trad. Jaime A. Clasen. Petrópolis: Vozes, 1993, p. 82-83.

[38] Quetzal era um belo pássaro cujas penas significavam divindade, e *coatl* era a dualidade, os dois princípios do universo.

povo tolteca (anterior aos astecas) que havia sido buscado para ser o rei de Tula, mas que acabara sendo expulso. Uma de suas características era o fato de se opor a sacrifícios humanos, pois amava muito o seu povo; e, além disso, prometera voltar. Era isto que os astecas poderiam ter toda a razão em temer, pois, além de provir de um povo por eles massacrado, o príncipe era contrário à sua forma de viver e, sendo um rei deposto, poderia querer o lugar de Montezuma. Por esse motivo, o imperador asteca, num determinado momento, ofereceu o seu reino a Cortez, que, obviamente, nada entendeu. O fato de o comandante espanhol censurar os sacrifícios astecas já era um grande indício de sua possível identidade. Na realidade, os sacrifícios, segundo a crença asteca, eram uma maneira de se prolongar o "quinto sol"[39]; oferecidos ao deus Huitzilopochtli, que passara a ser o deus principal, graças à reforma de Tlacaélel, imperador conquistador que queimou todos os códices dos povos dominados e os reescreveu;[40]

---

[39] A crença do "quinto sol" representava o ciclo que se estava vivendo, isto é, era como se fosse uma quinta era, sendo que cada uma possuía um sol diferente – a ação dos humanos devia ser no sentido de possibilitar a máxima extensão e duração do sol sob o qual se vivia.

[40] Com relação aos sacrifícios, comenta Leonardo Boff: "A Inquisição contradiz o bom senso das pessoas. Como se pode, em nome da verdade e ainda mais da verdade religiosa, perseguir, torturar, matar tanto e de forma tão obsessiva? Importa enfatizar que, mediante a Inquisição, a Igreja hierárquica introduziu os sacrifícios humanos. O auge do sacrificialismo furibundo da Inquisição no século XVI na Europa corresponde aos sacrifícios humanos perpetrados pelos colonizadores espanhóis chegados ao nosso Continente contra as culturas originárias dos astecas, maias, incas, chibchas e outras. Quando Hernán Cortez penetrou em 1519 no planalto de Anahuac no México, havia no império asteca 25.200.000 habitantes. Menos de 80 anos, em 1595, só restaram 1.375.000 habitantes. A dizimação global, por guerras, doenças, excesso de trabalho escravo nas encomiendas, desestruturação cultural, nos dois primeiros séculos da colonização-invasão, foi da ordem de 25 por 1. Quem oferecia mais sacrifícios humanos: os astecas, que faziam sacrifícios rituais ao deus Sol para que sempre voltasse a nascer e assim garantisse a vida para todos os povos e para o universo, ou os espanhóis, que sacrificavam ao deus Mamona para serem ricos e fidalgos na Espanha? E sobre isso os bispos reunidos no Concílio de Trento (1545-1563), contemporâneo a todos esses fatos, não dizem sequer uma palavra. Estavam ocupados com questões internas da Instituição em confronto com a Reforma de Lutero" (BOFF, Leonardo. Inquisição: um espírito que continua a existir. Prefácio. *In*: EYMERICH, Nicolau. *Manual dos inquisitores*. Comentários de Francisco Peña.

c) a terceira possibilidade era a mais sombria: o príncipe poderia ser a representação do princípio divino, um dos rostos de Ometéotl, e isto era tenebroso, pois seria o fim do "quinto sol".

Partindo dessas opções, portanto, era importante, primeiramente, que Montezuma não se encontrasse com os espanhóis, pois aí teria, provavelmente, de reconhecer uma das duas últimas possibilidades, o que seria o seu fim como imperador. Era mais aconselhável mandar-lhes presentes e sugerir que voltassem ao seu lugar de origem, seja este qual fosse. Obviamente, ao enviar ouro como presente para Cortez e seus homens, Montezuma estaria longe de incentivar a sua volta para a Europa.

A única possibilidade perante a qual não seria necessário o recurso às armas era a segunda. Mas, antes de empreender qualquer ação bélica, era necessário ter-se certeza da não verificação dessa hipótese. Por este motivo Montezuma ofereceu seu reino a Cortez, ficou de fora, pois assim estaria evitando sofrimentos a seu povo: "Montezuma era o novo Quetzalcóatl de seu México e se imolou por ele"[41].

Com a recusa do comandante espanhol estava descartada a segunda possibilidade. Porém, a terceira opção pairava no ar como um perigo supremo. Contudo, três acontecimentos posteriores iriam provar a Montezuma que a possibilidade real era a primeira. Esses acontecimentos foram a chegada de outra esquadra, a de Pânfilo Narváez, que, lutando contra Cortez, foi derrotada e suas forças anexadas; a matança de Pedro de Alvarado (subalterno que ficara responsável pela expedição com a ausência de Cortez e que realizou uma carnificina traiçoeira no México); e a volta de Cortez com o exército reforçado. Ao tentar penetrar no México, as forças do conquistador espanhol foram derrotadas na "notche triste". Porém, de nada adiantou, pois a peste que se alastrou no México foi apenas o primeiro sinal da vitória inevitável dos espanhóis. Os astecas interpretaram a conquista como a chegada do "sexto sol" e a consequente morte dos seus deuses, de sua filosofia e de seu mundo.

Trad. Maria José Lopes da Silva. 2. ed. Rio de Janeiro: Rosa dos Tempos; Brasília: Fundação Universidade de Brasília, 1993, p. 26).

41 DUSSEL, Enrique. *1492*: *o encobrimento do outro* (*a origem do mito da modernidade*). Conferências de Frankfurt. Trad. Jaime A. Clasen. Petrópolis: Vozes, 1993, p. 138.

Toma-se, portanto, a chegada do "sexto sol" como um marco simbólico do "fim do mundo" ameríndio, de sua cosmovisão. Porém, a resistência a esta mudança foi maior do que se imagina, embora tenha sido sucedida pela inevitável derrota, quer pela disparidade do desenvolvimento interpretativo dos fatos, quer pela própria tecnologia militar.

Assim, com a percepção da natureza terrena dos invasores, acirrou-se a resistência. O primeiro ato foi o do cacique Caonabo, em Cibao, que, resistindo ao roubo de suas mulheres pelos homens deixados por Colombo, matou-os. No entanto, todos os caciques, apesar de sua rebeldia, foram sendo vencidos. A resistência maia, por não ter seu povo articulado num claro sistema de dominação política, como era o caso dos astecas, prolongou-se quase até o século XX. Só em grandes impérios, como o de Montezuma, teve-se a clara visão de que o controle político-militar havia sido transferido a outrem. A figura da resistência foi claramente seguida pela do "fim do mundo".

Parece, porém, que Dussel, nos textos pesquisados, limitou-se muito à questão negativa da ação indígena, ou da não existência de qualquer ação, no processo da conquista. Preocupado em afirmar a alteridade que os povos ameríndios e seus descendentes representaram, deveria ter explicitado melhor a atitude indígena de resistência à conquista. Contrariamente a um certo senso comum que se firmou sobre a questão, a resistência ameríndia não ficou limitada ao âmbito militar. Conforme assinala Héctor Hernan Bruit, a aculturação dos ameríndios esteve longe de ser considerada bem-sucedida, o que se deu graças a uma prática velada, em que simulavam a todo o instante um comportamento que escondia uma outra atitude, uma atitude protecionista de sua própria cultura e que deixava entrever a sua rebeldia. E, além disso, a sobrevivência não só da cultura, mas de muitos povos indígenas ao massacre da conquista, resultou, como afirma o professor chileno, em uma das maiores façanhas da humanidade. Para explicar esse feito, certamente há que se levar em conta o que se chama de "história invisível" da conquista da América. "Derrotados militarmente e violentados pela prática dos invasores, os índios simularam obediência, passividade, servilismo para salvar a pele e, especialmente, sua cultura."[42]

---

[42] BRUIT, Héctor Hernan. *Op. cit.*, p. 14.

Verifica-se o que Bruit chama de a "simulação dos vencidos".

> A simulação inscreve-se numa cadeia semântica que se inicia com a representação, isto é, o signo ocupa o lugar do real, e termina com a simulação em que o signo representa, em última instância, uma ausência. Então, falar de simulação é falar também com o outro, significar a diferença, estabelecer a distância entre as imagens, as aparências, os signos e os referentes.[43]

Isto é, quando os índios vestiam-se como os espanhóis, comungavam como eles, portavam-se como eles, falavam a sua língua, na verdade não davam àquilo o mesmo significado que os conquistadores europeus; a representação dos costumes estrangeiros significava muitas vezes uma ausência, a ausência da cultura dominadora em suas crenças, e que servia para "dar cobertura" ao seu próprio modo de ser. A importância em se reconstituir esta "história invisível" encontra-se na oportunidade de recuperação, para os índios, da sua condição de sujeitos ativos e centrais, formadores de sua própria história.

As melhores fontes para a restituição dessa prática velada e insubordinada dos índios são as crônicas dos conquistadores, tendo em vista a raridade das fontes indígenas. Necessita-se observar as visões dos cronistas situadas sempre no extremo. "E o caminho entre um extremo revela um silêncio suscetível de ser preenchido a partir da separação entre o conteúdo dos enunciados e o sentido deles"[44]. Assim, quando se surpreende os relatos europeus que se queixam, por exemplo, da preguiça e da bebedeira dos índios, pode-se facilmente perceber uma atitude e uma forma de resistência dos ameríndios.

É interessante procurar observar o perfil psicológico dos índios antes e depois da conquista. A imensa diferença que passou a existir entre um momento e outro surpreendeu os próprios cronistas, que não cansavam de elogiar, como se observou, a sociedade indígena, a sua extrema organização e rigidez das regras sociais, em que, inclusive, a embriaguez em muitos casos era severamente castigada, e o trabalho representava um dos principais valores. Após a conquista ter-se

---

[43] BRUIT, Héctor Hernan. *Op. cit.*, p. 15.

[44] BRUIT, Héctor Hernan. *Bartolomé de Las Casas e a simulação dos vencidos*: ensaio sobre a conquista hispânica da América. Campinas: Unicamp; São Paulo: Iluminuras, 1995, p. 153.

firmado, os cronistas relatam a existência de todos os vícios possíveis e imagináveis.

A primeira atitude que soou estranha aos espanhóis foi o próprio silêncio dos ameríndios, que evitavam ao máximo ter de se comunicar com os conquistadores.

> O silêncio, que continuava sendo até agora a marca inconfundível dos índios, conteve a manipulação ideológica na medida em que o discurso do conquistador só podia ter efeito e sentido quando referido ao discurso do índio. Aqui, o referente calou-se.[45]

O silêncio também, na visão de Bruit, é uma manifestação da ocorrência de um trauma coletivo, verificado com o que se chamou atrás de "fim do mundo" ameríndio, um trauma assaz doloroso, que acabou por proporcionar, juntamente com outros fatores, a atitude simulada dos índios. Isto é, segundo o professor chileno, a simulação verificar-se-ia principalmente no plano subconsciente:

> Essa forma de resistência à conquista não foi inteiramente programada e consciente, pois fluía também do inconsciente onde se refugiou o trauma da destruição, de tal maneira que ela agia, em muitos casos e circunstâncias, como uma ação mais instintiva e emotiva. Por essa razão, a resistência foi difusa no sentido de que não se deixava ver devido a sua própria obviedade, e foi veiculada como simulação, como encobrimento daquilo que os índios tentaram salvar.[46]

Como já se anotou, Bartolomé de Las Casas construiu uma imagem extremamente negativa dos índios, embora certamente não fosse esta a sua intenção. Contudo, como Bruit chama a atenção, curiosamente, foi o próprio frei que revelou uma das melhores fontes para se perceber a simulação dos índios, mostrando a existência de uma contradição na construção de suas imagens. Em sua obra, ao mesmo tempo em que os índios eram covardes, resistiam de alguma forma; ao mesmo tempo em que apegados à idolatria, eram suscetíveis à aceitação da fé cristã; e, ao mesmo tempo em que eram obedientes, abandonavam o trabalho. Escreve o padre em sua *Historia de las Indias*:

> Das mentiras que os índios diziam aos espanhóis e hoje dizem, onde ainda não os devastaram, os vexames e servidão horrível e cruel tirania com que os

---

45 BRUIT, Héctor Hernan. *Op. cit.*, p. 157.

46 BRUIT, Héctor Hernan. *Op. cit.*, p. 191-192.

atormentam e maltratam, são as causas, porque de outra maneira, senão mentindo e fingindo para contentá-los e aplacar seu contínuo e implacável furor, não poderiam escapar-se de mil outras angústias e dores e maus-tratos.[47]

Havia também uma certa especulação pelos índios dos gostos e desejos dos conquistadores. Muitos mentiam sobre a possível existência de ouro em regiões inóspitas. Foi assim que surgiu a famosa lenda de El Dorado. Enfim, por intermédio desta ação sub-reptícia dos índios, da sua simulação, foi possível "sabotar" a nova sociedade que os europeus queriam construir. Obviamente, a ação dos índios não foi o único fator causal do que Bruit chama de a "melação" da nova sociedade. Todavia, certamente é a menos percebida:

> A sociedade hispano-indígena estava em perigo de não vingar como uma sociedade ordenada, governável, politicamente fundada no consenso da maioria, enfim, como uma sociedade cristã. Uma força estranha, oculta, não entendida, trabalhava para desajustá-la, deturpá-la em seus objetivos, e essa força eram os próprios índios submetidos pelas armas, mas não conquistados nem pela nova religião, nem pelo saber dos espanhóis, que na realidade era um *não-saber*, pois ignorava a cultura e as raízes das tradições e costumes dos vencidos.[48]

Como se verá adiante, essa ação subversiva dos índios não foi expressamente anotada por Las Casas como uma das causas da iminência da constituição de uma "sociedade às avessas", de uma sociedade deturpada e torta em sua própria raiz.

O franciscano Bernardino de Sahagún tentou alertar para este perigo, ao pregar a necessidade de não se destruir os códices, os livros indígenas, pois, argumentava, era necessário ter o entendimento desta cultura para combater a idolatria. Partilharam da mesma opinião o jesuíta José de Acosta e o dominicano Diego Durán. Este último, por um momento, chegou a crer que os costumes indígenas eram semelhantes aos cristãos e que, segundo apregoavam certas teses polêmicas, Santo Tomás de Aquino havia firmado contato com aquelas civilizações, tendo ensinado o cristianismo aos índios. Para Tzvetan Todorov, este entendimento do padre dominicano devia-se à presença do sincretismo em sua própria

---

47 BRUIT, Héctor Hernan. *Op. cit.*, p. 167.

48 BRUIT, Héctor Hernan. *Op. cit.*, p. 169-170.

visão de mundo, pois havia sido criado no México. Bruit, contudo, atribui tal fato à ação simuladora dos índios em face do cristianismo. Ação tão densa e impenetrável que acabou por levar os espanhóis à conclusão de que, em realidade, eles não entendiam os índios. Não entendiam seus atos e, muito menos, a língua, que era composta de diversos dialetos. Os índios, porém, aprenderam a língua dos conquistadores. Observa Las Casas:

> Os encomendeiros queixavam-se com frequência que com esse aprendizado os índios *se faziam bacharéis* e não queriam trabalhar, e que quando o faziam, reclamavam direitos e privilégios e usavam as leis para infernizar a vida dos cristãos.[49]

Por outro lado, verificou-se a existência de um sincretismo religioso, isto é, os índios incorporaram muitos dogmas cristãos, mas com a diferença de que o faziam a partir de sua visão idolátrica de mundo. Houve "um esforço consciente de comparar os dogmas e aceitar o novo em tudo aquilo que enriquecia o antigo"[50]. Esse esforço está expresso no entendimento de Charles Gibson, em seu livro *Los aztecas bajo el imperio español*:

> (...) os indígenas não abandonaram sua visão politeísta. As normas de conduta cristã comunicadas pelo ensino, alimentadas pelos preceitos ou impostas por obrigação, não tornaram inteligíveis as abstrações cristãs sobre a virtude e o pecado. A comunidade dos santos foi recebida pelos indígenas não como uma intermediária entre Deus e o homem, mas como um panteão de deidades antropomórficas. O símbolo da crucificação foi aceito, mas como uma preocupação exagerada nos detalhes de um ato de sacrifício. O Deus cristão foi admitido, mas não como uma deidade exclusiva e onipotente. O céu e o inferno foram reconhecidos, mas acentuando suas propriedades concretas e com atributos pagãos (...).[51]

Com relação aos índios da América do Sul, em especial os do Brasil, a recuperação de sua cultura tornou-se bem mais difícil, pois praticamente todos os povos indígenas aí localizados transmitiam os seus conhecimentos através da tradição oral. Um dos raros grupos indígenas brasileiros em que se utilizou algo além desta tradição foram

---

[49] BRUIT, Héctor Hernan. *Op. cit.*, p. 175.

[50] BRUIT, Héctor Hernan. *Op. cit.*, p. 184.

[51] BRUIT, Héctor Hernan. *Op. cit.*, p. 186.

os Sateré-Mawé, de língua tupi, distribuídos em trinta povoados no Baixo-Amazonas, onde se encontram até hoje, como reminiscência de uma cultura ancestral, três exemplares do Poratim, uma clava em forma de remo na qual estão gravados losangos, desenhos e figuras que representam simbolicamente um conjunto de mitos e histórias sobre as origens da tribo. No Brasil, infelizmente, não surgiram cronistas indígenas no período colonial, tornando a oralidade a única fonte da visão dos vencidos. Jimenez de La Espada, americanista espanhol do final do século passado e que foi diretor do Arquivo Geral das Índias, em Sevilha, observou que, para a infelicidade brasileira, os portugueses não tiveram um Las Casas que desse outra versão do que ocorreu no Brasil:

> Los portugueses han tenido la doble fortuna de no tener un padre de Las Casas y de que los brasileños hayan hechos suyos, sin discutirlos, los hechos de aquellos hombres que a toda costa les dieron la opulenta y anchísima pátria.[52]

No entanto, o fato de não se possuir fontes escritas para pesquisar os índios brasileiros não deve ser um impedimento para que se resgate sua cultura, tarefa para qual não se poderá direcionar esforços neste ensaio.

6. A CULTURA SINCRÉTICA DA PERIFERIA: OS VÁRIOS "ROSTOS" LATINO-AMERICANOS

Os astecas, em que pese toda a sua índole violenta e dominadora, quando subjugavam uma outra cultura, antes de destruir seus livros, estudavam-nos e os incorporavam, como se viu no mito de Quetzalcóatl. Não foi o que aconteceu em relação aos europeus com a tradição asteca, que lhes havia sido oferecida como uma homenagem e, em troca, o povo náhuatl foi chacinado e humilhado culturalmente.

> Estas culturas não tiveram a vantagem da helenista ou romana, que o cristianismo *trabalhou* por dentro e, sem destruí-las, as transformou nas culturas das

---

[52] FREIRE, José Ribamar Bessa. Tradição oral e memória indígenas: a canoa do tempo. *In*: *América*: *descoberta ou invenção*. 4º Colóquio da UERJ. Rio de Janeiro: Imago, 1992, p. 154.

cristandades bizantina, copta, georgiana ou armênia, russa ou latino-germana desde o século IV d.C., as culturas ameríndias foram truncadas pela raiz.[53]

O "sexto sol", portanto, ignorou a existência dos outros cinco que o precederam, e trouxe em seu centro o capital. Diz Marx:

> O capital é trabalho morto que só se vivifica, à maneira do vampiro, ao chupar trabalho vivo, e que vive tanto mais quanto mais trabalho vivo chupar. O descobrimento das regiões auríferas e argentíferas da América, o extermínio, escravização e soterramento nas minas da população aborígene, a conquista e o saque das Índias Ocidentais, a transformação da África num couto reservado para a caça comercial de peles negras, caracterizam os albores da era (do sexto sol) da produção capitalista.[54]

Apesar de todos os esforços europeus para que a cultura original do continente americano fosse encoberta ou negada, acabou-se gerando uma rica e sincrética cultura popular, que formou na América Latina vários rostos diferentes.[55] Veja-se o perfil de cada um deles. Em primeiro lugar, os índios. Embora os europeus controlassem o poder político e os "pontos chaves", o modo de vida da maioria das pessoas era indígena, com um uso comunitário da terra e uma vida comunal própria, o que, como se viu, era conseguido graças à simulação indígena, que barrou a total aculturação. O segundo golpe fatal, na verdade, foi dado pelo liberalismo do século XIX, que, querendo impor uma forma de cidadania abstrata, individualista e burguesa, firmou a propriedade privada no campo e se contrapôs à forma de vida comunitária. Obviamente, tal fato limitou aos índios a possibilidade de viverem à sua maneira, gerando os problemas atuais das reservas indígenas, principalmente em países como o Brasil, cuja população indígena não era derivada de uma cultura urbana. Já no caso dos índios oriundos de sociedades organizadas em cidades, constata-se a presença de um forte sincretismo cultural, mas não de absoluta aculturação.

O segundo rosto corresponde às vítimas do que Dussel chama de "segundo holocausto da Modernidade": os negros. Nunca havia ocorrido uma experiência de escravização em número tão elevado e de

---

[53] DUSSEL, Enrique. *1492*: *o encobrimento do outro* (*a origem do mito da modernidade*). Conferências de Frankfurt. Trad. Jaime A. Clasen. Petrópolis: Vozes, 1993, p. 146.

[54] DUSSEL, Enrique. *Op. cit.*, p. 152.

[55] DUSSEL, Enrique. *Op. cit.*, p. 159-179.

maneira tão sistematicamente organizada. Da mesma forma que os índios, a resistência dos escravos também foi contínua. O maior registro provavelmente é o do Quilombo dos Palmares, momento tão importante na constituição histórica do Brasil, um exemplo vivo da resistência negra, durante mais de um século.

É interessante perceber que desde essa época, quando se defendeu no Brasil um liberalismo que se prestasse à defesa da estrutura escravista, o Direito por aqui (bem como, de uma forma geral, na América Latina) costumou ser um instrumento cego ao sofrimento popular, pois procurava harmonizar a existência da violência irracional com a "liberdade" (para dentro obviamente).

> O par, formalmente dissonante, escravismo-liberalismo, foi, no caso brasileiro pelo menos, apenas um paradoxo verbal. O seu consórcio só se poria como contradição real se se atribuísse ao segundo termo, *liberalismo*, um conteúdo pleno e concreto, equivalente à ideologia burguesa do trabalho livre que se afirmou ao longo da revolução industrial europeia.[56]

Os homens públicos pronunciavam-se "contra a ingerência britânica no controle dos navios negreiros; medida que verberou como o *ataque mais direto que se poderia fazer à Constituição, à dignidade nacional, à honra e aos direitos individuais dos cidadãos brasileiros*"[57]. Assim, defendia-se um liberalismo que fosse atento, segundo se argumentava, às *circunstâncias e peculiaridades nacionais*. Os proprietários de terras reivindicavam a sua "liberdade" de trocar, vender e comprar, mesmo que a "mercadoria" fosse os negros africanos. "*It was freedom to destroy freedom*: dialética do liberalismo no seu momento de expansão a qualquer custo."[58]

O terceiro rosto deste "povo uno de rostos múltiplos", como escreve Dussel, é o mestiço, ou os "filhos da Malinche"; aqui no Brasil poder-se-ia dizer: os "filhos de Iracema". Diferentemente dos índios, negros, asiáticos e europeus, os mestiços não têm uma personalidade cultural e racial definida. Na verdade, são os únicos que em 1992 fizeram 500 anos. Não chegaram a ser oprimidos tão violentamente

---

56 BOSI, Alfredo. *Dialética da colonização*. 2. ed. São Paulo: Cia. das Letras, 1992, p. 195.

57 BOSI, Alfredo. *Op. cit.*, p. 197.

58 BOSI, Alfredo. *Op. cit.*, p. 209.

quanto os negros e índios, mas também foram objeto do saber antropológico racista, de cunho excludente e depreciante, sendo vítimas da situação estrutural de dependência cultural, política e econômica, seja nacional ou internacional.

O quarto rosto, que completa o bloco social oprimido latino-americano pré-independência, é o dos *criollos* ou *crioulos*. Filhos brancos de europeus nas Índias representam uma classe dominada, na Espanha, pelos Habsburgos e pelos Burbões e, no Brasil, pelos reis de Portugal. Os crioulos foram os únicos que tiveram uma "consciência feliz" da América. Os índios viam-na como terra de deuses ancestrais que agora estavam mortos; os africanos, como uma terra estranha; e os mestiços, como terra em que cresceram, porém que era palco de opressão e humilhações.

Esses quatro rostos completam o quadro de um "bloco social" da América Latina colonial, um "sujeito histórico", um "povo oprimido". Tal "bloco social" tornou-se claro e delimitado mediante as lutas em prol das emancipações nacionais no século XIX. A dissolução do laço com a metrópole realmente foi uma causa defendida por todas as classes e grupos sociais. Os índios, negros e mestiços, em geral, que compunham a parcela pauperizada do povo, viam na independência a possibilidade de melhores condições de vida e de concretização da justiça social; a elite oligárquica e burocrática, formada basicamente pelos crioulos, obviamente possuía interesses bem diversos. No entanto, foi ela que liderou estes movimentos, utilizando-se do ideal liberal como base doutrinária e inspiradora.

A partir da consolidação dos Estados Nacionais, formou-se um novo "bloco social dos oprimidos" e surgiram novos rostos que se justapuseram aos antigos. O quinto rosto, portanto, é o dos camponeses. Índios que abandonaram a terra, mestiços pobres, mamelucos e mulatos. Até quase a metade do século XX, a maioria da população latino-americana estava fixada no campo, sendo explorada e oprimida pelas oligarquias rurais, que, como se sabe, dominaram o poder político e econômico nesse período.

Os operários, no contexto de nossa revolução industrial atrasada e dependente, surgiram como o sexto rosto. Passaram a ser oprimidos pela própria estrutura capitalista dependente em que se insere a

América Latina. Tal dependência refere-se à gerência de um capital débil, que transfere estruturalmente valor ao capital "central" das metrópoles e, atualmente, às multinacionais. O capital "periférico", portanto, deve compensar a transferência de valor ao capital "central". Tal "compensação" acaba saindo do bolso do trabalhador, mediante o emprego barato de sua força de trabalho, que se mantém sob uma contraprestação mínima devido à, dentre outros fatores, existência de um "exército operário de reserva" que o fraco capital periférico não pode absorver. Tal "exército" compõe o sétimo rosto: o dos "marginais" ou miseráveis, que, oferecendo o seu trabalho a preços subumanos, forçam a permanência de uma mão de obra explorada e oprimida.

Emergindo dessa viagem às raízes do ser latino-americano, pode-se perceber duas coisas básicas. Primeiro, que este povo foi vítima de um processo de modernização que ocultou e oculta a violência praticada contra os seus pares, violência essa justificada por um discurso antropológico racista e cuja história é preciso ser resgatada para que se tenha noção da existência de um outro "sujeito histórico" que não o europeu; segundo, que existe uma cultura sincrética popular, produto exclusivo das tradições latino-americanas e de sua interação com outras culturas, existe uma particularidade e especificidade que não se reduz às fórmulas das ideologias eurocentristas. O projeto de Enrique Dussel, sintetizado na *Filosofia da Libertação*, se propõe a reivindicar o verdadeiro lugar da América Latina no contexto mundial:

> A Filosofia da Libertação afirma a razão como faculdade capaz de estabelecer um diálogo, um discurso intersubjetivo com a razão do Outro, como razão alternativa. Em nosso tempo, como razão que nega o momento irracional do 'Mito Sacrifical da Modernidade', para afirmar (subsumido num projeto libertador) o momento emancipador racional da ilustração e da modernidade como Transmodernidade.[59]

7. OS GENOCÍDIOS COLONIAIS E AS PRÁTICAS EXTERMINADORAS DOS SISTEMAS PENAIS

Quando se trata da conquista da América, cabe referir-se continuamente ao genocídio dos povos americanos, tanto físico quanto cultural.

---

[59] DUSSEL, Enrique. *1492: o encobrimento do outro (a origem do mito da modernidade)*. Conferências de Frankfurt. Trad. Jaime A. Clasen. Petrópolis: Vozes, 1993, p. 173-174.

Com o intuito de aprofundar essa noção, bem como de assinalar o papel que aí desempenharam os sistemas penais latino-americanos, necessário se faz reafirmar algumas colocações de Eugenio Zaffaroni acerca do assunto.

Cesare Lombroso e sua obra simbolizam muito bem todo um pensamento cientificista, correspondente ao período neocolonialista, de cunho racista-biologista, que visava justificar a delinquência e o "primitivismo" dos habitantes das colônias mediante a auferição de uma inferioridade natural e implícita a tais sujeitos. Tal discurso estava na boca de toda a elite oligárquica latino-americana do período, contudo, sobreveio a sua proibição nos países centrais em função do nazismo.

> Como na Segunda Guerra Mundial Hitler praticou na própria Europa aquilo que o *apartheid* criminológico justificava para as regiões marginais – especialmente latino-americanas –, o modelo lombrosiano foi rápido e cuidadosamente arquivado.[60]

Assim, o exercício do poder periférico já não poderia se racionalizar com os discursos centrais, como vinha sendo feito. Contudo, por falta de discursos teóricos na periferia, o velho discurso criminológico lombrosiano continuou sendo defendido no ambiente acadêmico, o que gerou uma contradição com os órgãos que procuravam um saber alternativo àquele que houvera sido censurado pelo "centro". Tal contradição gerou uma confusão teórica, um "saber discursivamente contraditório e confuso", ao qual Zaffaroni chama de "atitude".[61] Observa ainda o penalista argentino que, muitas vezes, esta defasagem teórica procura ser explicada argumentando que se está em um momento passageiro de subdesenvolvimento, a ser superado com o crescimento rumo ao paradigma central de desenvolvimento. A contradição teórica que emerge da "atitude" constitui um dos grandes motivos para a deslegitimação do sistema penal na América Latina.

A base teórica de nosso sistema penal refere-se a um modelo de ciência penal integrada, em que a ciência jurídica está ligada à concepção geral do homem e da sociedade. Tal modelo é bem sintetizado no que

---

60 ZAFFARONI, Eugenio Raúl. *Em busca das penas perdidas*: a perda de legitimidade do sistema penal. Trad. Vânia Romano Pedrosa e Amir Lopes da Conceição. Rio de Janeiro: Revan, 1991, p. 78.

61 ZAFFARONI, Eugenio Raúl. *Op. cit.*, p. 79.

Alessandro Baratta chama de ideologia da "defesa social", contemporânea à revolução burguesa. O jurista italiano relaciona os princípios que informam tal corpo de ideias: a) princípio da legitimidade (o Estado, enquanto expressão da sociedade, encontra-se legitimado para reprimir a delinquência); b) princípio do bem e do mal (o crime é o mal, a sociedade constituída é o bem); c) princípio da culpabilidade (o delito é o resultado de uma postura interior com alto grau de reprovação, pois é contrário aos "bons" valores e normas da sociedade); d) princípio da finalidade ou da prevenção (a pena serve para prevenir o crime, e não só para retribuí-lo); e) princípio da igualdade (a lei penal se aplica igualmente a todos); f) princípio do interesse social e do delito natural ("o núcleo central dos delitos definidos nos códigos penais das nações civilizadas representa ofensa de interesses fundamentais, de condições essenciais à existência de toda a sociedade (...), apenas uma pequena parte dos delitos representa violação de determinados arranjos políticos e econômicos, e é punida em função da consolidação destes – delitos artificiais").[62]

O problema deste conceito de defesa social é que ele é a-histórico e não contextualizado, e coloca o conceito de crime em um sentido ôntico. Na América Latina, a "essencialidade" do conceito de crime vem juntar-se à "essencialidade" da condição "inferior" dos negros, mulatos, mestiços e índios. A ideologia da defesa social, ao considerar a existência de valores absolutos, expressão harmônica de um todo social, contra os quais se contraporiam as ações criminais, a delinquência, ignora a existência de uma vasta diversidade cultural, fato que é bem mais intenso na América, marcada por uma cultura popular sincrética. O princípio da culpabilidade expressa bem esta redução realizada pela ciência penal, pois quando considera determinada atitude reprovável, o faz em função da existência de valores e normas totais na sociedade.

Prosseguindo, Baratta relata, ponto por ponto, a desestruturação de que foi objeto a ideologia da defesa social por parte da criminologia crítica. Pela limitação do espaço, esse assunto não será tratado

---

[62] BARATTA, Alessandro. *Criminologia crítica e crítica do Direito penal*: introdução à sociologia jurídico-penal. Trad. Juarez Cirino dos Santos. Rio de Janeiro: Revan, 1997, p. 41-42.

aqui, contudo, é interessante observar a desarticulação feita com relação ao princípio da culpabilidade, mediante a teoria das "subculturas criminais", fato que também é observado por Roberto Bergalli.[63] Tal teoria mostra que os comportamentos muitas vezes considerados criminosos são, na verdade, expressão de peculiaridades econômicas e culturais de diferentes grupos sociais, e não fruto de uma inferioridade biológica ou de um desvio em face de um conceito absoluto de crime. Assim, o Direito penal esconde, na realidade, sob a capa de valores gerais pressupostos, a seleção de determinados valores, referentes a determinados grupos. A deficiência da teoria das subculturas criminais, assinala Baratta, está no fato de que ela toma a má distribuição da riqueza e das oportunidades sociais, caracterizadora das diferenças valorativas, como um dado objetivo, não inquirindo acerca das causas desta má distribuição. Como se verá adiante, esta ideia totalizadora de sociedade imposta pelo modelo punitivo irá facilitar sobremaneira a ação verticalizadora do sistema penal, que será fatal para a integridade dos laços comunitários e horizontais na sociedade, e, em última instância, facilitará o controle de nossa região periférica.

Zaffaroni realiza uma divisão entre três tipos de colonialismo dos quais somos vítimas: o colonialismo mercantil (século XVI), o neocolonialismo ou colonialismo industrial (século XVIII) e o tecnocolonialismo. Esta última categoria corresponde a um contexto atual e futuro de uma revolução tecnocientífica. Todos esses três momentos constituíram, constituem e podem constituir práticas genocidas. Nos dois primeiros casos, trata-se de uma ideologia genocida alimentada pelo discurso da "inferioridade", seja teológica, seja científica. O terceiro caso ameaça ser ainda mais apocalíptico.

O aumento dos avanços tecnológicos nos países centrais tende, além de provocar a redução das classes operárias no "centro", a colocar os países periféricos em uma situação desesperadora, pois o que lhes permite pleitear por algum respeito no intercâmbio internacional é, basicamente, a mão de obra barata e a abundância de alimentos e de matérias-primas. Ambos os elementos, mais o primeiro do que o

[63] BERGALLI, Roberto. Observaciones críticas a las reformas penales tradicionales. *In*: *Política criminal y reforma del derecho penal*. Bogotá: Temis, 1982, p. 251-267.

segundo, tendem a ser substituídos pelos avanços tecnológicos, quadro que é agudizado pelas dívidas externas, impedindo o acúmulo de capital produtivo. Tudo isto gera recessão, diminuição de salário e do percentual orçamentário destinado a obras sociais e ao combate à miséria. As principais vítimas dessa situação são a maioria menos favorecida do povo latino-americano, que tende a crescer em número, graças ao recrudescimento demográfico.

> Não havendo modificação ou reversão da atual tendência, (...) estaremos fora de qualquer competição internacional, com uma população jovem consideravelmente deteriorada em razão de carências alimentares e sanitárias elementares, com educação deficiente, com notória marginalização urbana em termos de pobreza absoluta, com uma grande redução da classe operária e com um sistema penal que lançará mão da repressão mediante o aumento de presos sem condenação.[64]

Essa situação daria ao sistema penal a incumbência de conter aproximadamente 80% da população da região, formada por uma legião de miseráveis. Obviamente, essa visão também corresponde a um projeto genocida que, segundo Zaffaroni, devido à sua amplidão, poderá ser bem mais nefasto que os outros dois.

> No caso de não desenvolvermos a capacidade de *aceleração histórica*, cairíamos, inevitavelmente, neste projeto de repúblicas *tecno-oligárquicas,* que representariam o equivalente tecnocolonialista das *repúblicas oligárquicas* do neocolonialismo.[65]

Zaffaroni considera peça chave para evitar a verificação desta tecno-apocalíptica-implacável realidade a neutralização do sistema penal como instrumento desse novo colonialismo. Daí se depreende a urgência de uma "resposta marginal no contexto da crise de legitimidade do exercício de poder de nossos sistemas penais"[66].

Na primeira fase colonialista, a mercantil, o sistema penal não chegou a ser um instrumento tão central de perpetuação do genocídio como o foi nos outros dois períodos subsequentes. Nessa fase, os

---

64 ZAFFARONI, Eugenio Raúl. *Em busca das penas perdidas*: a perda de legitimidade do sistema penal. Trad. Vânia Romano Pedrosa e Amir Lopes da Conceição. Rio de Janeiro: Revan, 1991, p. 121.

65 ZAFFARONI, Eugenio Raúl. *Op. cit.*, p. 122.

66 ZAFFARONI, Eugenio Raúl. *Op. cit.*, p. 123.

sistemas escravistas realizavam esse papel. No entanto, com o predomínio do trabalho livre-assalariado a partir da revolução industrial, que marca o início do neocolonialismo, os sistemas penais, em especial o aparelho policial, passaram a ser o principal instrumento de controle e de manutenção do sistema instituído, ou seja, de manutenção do genocídio que tal estrutura representa, isto sem falar nas próprias práticas de cunho genocida empreendidas por esses sistemas, informados por um discurso antropológico racista que intensifica a sua atuação destrutiva. Tais características são contempladas contemporaneamente com toda a clareza: confrontos armados; fuzilamentos sem processo (muitas vezes incluídos em um confronto simulado); grupos parapoliciais; torturas; uso abusivo de armamento; violência perpetrada contra os presos; indiferença a doenças contagiosas contraídas pelos presos, que morrem sem tratamento; a atuação da polícia urbana, que "atira primeiro e depois pergunta", no que, muitas vezes segue as orientações dos próprios chefes de segurança etc. Esse quadro piora muito mais em tempos de repressão política. A violência cotidiana do sistema penal recai sobre os setores mais vulneráveis da população, sendo que, na América Latina, assume um aspecto étnico, "como a contribuição do sistema penal para a extinção do índio ou o nítido predomínio de negros, mulatos e mestiços entre presos e mortos"[67].

As agências não judiciais do sistema penal atuam mediante uma estrutura disciplinar, uma organização militarizada, fato que no Brasil tornou-se mais palpável com o processo de militarização das polícias neste século.[68] Assim, a atuação desses órgãos procura esquadrinhar toda a população e manter sobre ela a sua presença onipotente, um olhar hierárquico, que num primeiro momento submete qualquer individualidade à sua autoridade. Essa autoridade, ou poder, é recrudescida por vários fatores externos, tais como a não ingerência dos órgãos judiciais em muitas questões – o que se faz por motivos políticos, por um "corporativismo de inércia", situação em que, visando à manutenção de certo *status,* é melhor "não se meter" –, as campanhas de lei e ordem e o papel dos meios de propaganda, que a todo o momento

---

67 ZAFFARONI, Eugenio Raúl. *Op. cit.*, p. 125.

68 A esse respeito ver BORGES FILHO, Nilson. *Os militares no poder*. São Paulo: Acadêmica, 1994.

exaltam a atuação policial e exibem, como sinal de triunfo sobre a criminalidade, uma pilha de cadáveres. "Nossos sistemas penais reproduzem sua clientela por um processo de seleção e condicionamento criminalizante que se orienta por estereótipos proporcionados pelos meios de comunicação de massa"[69]. Converte-se o indivíduo em um "suspeito profissional". Não é preciso dizer quais seriam as características dessas pessoas: basicamente pobres, pretos, mestiços e mulatos. A carga estigmática é tão grande e poderosa que as pessoas que dela são objeto tendem a introjetar o rótulo que lhes é fixado, principalmente quando se trata de pessoas carentes. Seu contato com o sistema penal acaba gerando a continuação do mesmo em outros círculos, o estigma atinge todas as relações sociais. Como se não bastasse a estigmatização e a violência, existe uma espécie de efeito regressivo, observa Zaffaroni, resultante do encarceramento nas prisões, uma forma de deterioração do indivíduo, que passa a não agir mais como um adulto, em virtude das condições às quais tem de se adaptar. Obviamente essa regressão acaba tendo como feito uma maior eficiência no condicionamento e na introjeção do papel de "delinquente". Tais efeitos de deterioração do indivíduo objeto do sistema penal, assinala Zaffaroni, foram confundidos, pelo paradigma etiológico, como sendo as "causas do delito".

Além do processo de criminalização, existe um "processo de policização". Ambos recaem sobre as camadas mais carentes da população. Cria-se um estereótipo do policial: "violência justiceira, solução dos conflitos sem necessidade de intervenção judicial e executivamente, machismo, segurança, indiferença frente à morte alheia, coragem em limites suicidas (...) ser vivo, esperto e corrupto"[70]. A deterioração desse indivíduo torna-se óbvia, pois não se espera que alguém possa agir de forma racional e equilibrada com todas estas "virtudes". Além disso, não há a menor assistência psicológica e educativa para os policiais depois ou antes de enfrentarem e causarem a morte; "presume-se que o indivíduo deve estar psicologicamente preparado para

[69] ZAFFARONI, Eugenio Raúl. *Em busca das penas perdidas*: a perda de legitimidade do sistema penal. Trad. Vânia Romano Pedrosa e Amir Lopes da Conceição. Rio de Janeiro: Revan, 1991, p. 133.

[70] ZAFFARONI, Eugenio Raúl. *Op. cit.*, p. 38.

tudo isto, porque o contrário seria impróprio do *macho* que o policizado deve ser"[71]. Esse estereótipo é alimentado não só pelos meios de comunicação e pela sociedade em geral, mas também está presente nas próprias academias de polícia. A maioria delas não possui, em nenhum momento de seu currículo, alguma menção a direitos humanos, incentiva-se a postura violenta e combativa dos futuros policiais.

O sistema penal, por gerar continuamente o antagonismo e a contradição social, contribui decisivamente para o enfraquecimento e a dissolução dos laços comunitários, horizontais, afetivos e plurais. Os processos de deterioração examinados acima colocam como inimigos em potencial pessoas que pertencem às mesmas camadas sociais e econômicas.

> Quanto maiores e mais graves forem nossos antagonismos internos, maior será o condicionamento verticalizante transnacionalizado e menores serão, portanto, os *loci* de poder capazes de oferecer alguma resistência ao projeto tecnocolonialista. Uma sociedade verticalizada constitui, obviamente, uma sociedade ideal para ser mantida sempre dependente, impedindo-se qualquer tentativa de aceleração histórica, enquanto uma sociedade que equilibre relações de verticalidade (autoridade) com relações de horizontalidade (de simpatia ou comunitária) apresenta-se mais resistente à dominação neo e tecnocolonial.[72]

A comunidade é uma forma de resistência anticolonialista, pois quem se apodera de um poder verticalizado dispõe apenas de um dos centros de poder. Aliás, esse tipo de organização já não era bem-vinda desde o século XVI. Foi lembrado o fato de que, no discurso de Gines de Sepúlveda, por ocasião do debate de Valladolid, em 1550, o filósofo acusa a forma de vida comunitária dos índios como um sinal de seu "primitivismo" e de sua "inferioridade". Também constatou-se que esse tipo de organização, que perdura no mundo hodierno entre os indígenas, revelou-se como uma forma de resistência à aculturação de que foram vítimas. Contemporaneamente, mantém-se o plano comunitário e horizontal em um nível de marginalização. O espaço público é o lugar da estatística; as pessoas não se reconhecem como pessoas, mas sim como números e como autoridades. No âmbito dos

---

71 ZAFFARONI, Eugenio Raúl. *Op. cit.*, p. 140.

72 ZAFFARONI, Eugenio Raúl. *Op. cit.*, p. 145-146.

novos movimentos sociais, que passaram a ser caracterizados a partir da década de 70, do século passado, ocorre algo diferente e perigoso (para os controles centrais, é claro): as pessoas criam uma identidade comum, em virtude de sua situação de exclusão, e se reconhecem no espaço público como pessoas, com problemas, qualidades e aspirações; tornam-se verdadeiros sujeitos, com voz própria.[73]

8. CONCLUSÃO

Deparando-se com todos os problemas enfrentados hodiernamente pela América Latina, pode-se facilmente indagar até que ponto vive-se em uma "sociedade às avessas", como assinala Las Casas; ou em uma "sociedade melada", no dizer de Bruit; uma "sociedade marginal", na observação Zaffaroni, ou, ainda, como quer Dussel, em uma sociedade na qual ocorre o "ocultamento do outro".

Para se entender melhor o que Bartolomé de Las Casas chama de "sociedade às avessas", necessário é tratar o pensamento político do frei dominicano, cujas ideias nesse campo superaram as de seus contemporâneos, além de anteciparem muitas considerações libertárias da teoria política moderna. O bispo de Chiapas, bem como os demais pensadores de sua época, foi influenciado pela corrente filosófica que vai de Aristóteles a Santo Tomás de Aquino. Em um primeiro momento, a teoria aristotélica era malvista na Europa, pois constituía numa ameaça à visão agostiniana de mundo, então dominante. Enquanto para Aristóteles a sociedade civil era uma criação humana direcionada ao próprio homem, para Santo Agostinho era apenas uma transição para a vida eterna.

Obviamente, não foram as ideias de Aristóteles acerca da escravidão que influenciaram Las Casas (como se sabe, quem foi influenciado por estas ideias foi Gines de Sepúlveda). A parte do pensamento aristotélico que influenciou o padre dominicano foi aquela que dizia respeito à submissão de todas as coisas ao desenvolvimento da natureza,

---

73 A esse respeito ver WOLKMER, Antonio Carlos. *Pluralismo jurídico*: fundamentos de uma nova cultura no Direito. São Paulo: Alfa-Ômega, 1994, p. 107-153; SOUZA JÚNIOR, José Geraldo de. Movimentos sociais – emergência de novos sujeitos: o sujeito coletivo de Direito. *In*: ARRUDA JÚNIOR, E. L. de. (Org.). *Lições de Direito alternativo*. São Paulo: Acadêmica, 1991, p. 131-142.

encaminhando-se para a perfeição ontológica, incluindo-se aí o próprio homem, que, sendo um animal político, teria o seu progresso para a justiça e a felicidade dependente desse curso natural de todas as coisas. Para Santo Tomás, natural seria aquilo comum a todos os homens, seria a essência da espécie humana. Nessa ideia Las Casas baseou o princípio da igualdade entre todos os seres humanos, sem importar seu grau civilizatório. Além disso, partindo da clássica hierarquia das leis proposta por Santo Tomás de Aquino, o frei entende que a lei natural seria ditada pelo próprio intelecto humano, seria a sua manifestação justa de racionalidade. Tal entendimento será usado para justificar a legitimidade das sociedades políticas dos índios, criada a partir da própria vontade justa e reta razão dos mesmos. Para Francisco de Vitoria, no entanto, a sociedade seria uma criação da vontade divina, o que permitia considerar a sociedade indígena como pré-política, pois não conhecia Deus.

O tomismo, no século XVI, fazia parte de um *escolasticismo* não ortodoxo, surgido em virtude da emergência do luteranismo e do pensamento maquiavélico, considerados pela igreja ameaçadores à sua moral. Assim, dizia-se em contraposição a Lutero, para quem todas as leis vinham diretamente de Deus, que uma coisa era a lei dos homens, e outra era a lei divina. Aquela só estaria vinculada a esta por intermédio da lei natural, e não diretamente, como queria Lutero; a partir dessa constatação, para se chegar a uma ideia de consenso necessário entre os homens era apenas um passo. Tal conclusão foi acatada em parte por Molina, Suárez e Vitoria, componentes da Escola de Salamanca, mas foi Bartolomé de Las Casas quem desenvolveu esse entendimento às últimas consequências, superando o pensamento de seus contemporâneos, afirmando que o domínio espanhol sobre a América não era legítimo, pois não estava apoiado no consenso dos índios. Enquanto Vitoria e Suárez partiam da ideia tomista de que o povo, quando elege um soberano, aliena sua soberania, Las Casas, partindo de Bartolo de Sassoferrato, um pensador italiano da baixa idade média, afirma que o povo apenas a delega, que continua sendo o detentor e o titular do poder.

Naturalmente, o poder de Castela sobre o "Novo Mundo" estava fundado na concessão papal. Para Las Casas, isto significava que o poder espiritual era mais valioso e maior que o temporal, e que, antes de estar fundado no Papa, que era só um representante de Deus, estava alicerçado no Direito natural, em Deus e no povo. Ou seja, o poder político da Espanha só poderia ser exercido sobre a América se esta antes se encontrasse sob o domínio espiritual da Igreja, domínio esse que deveria passar sob o consenso indígena. Afirma Las Casas em sua *Treinta proposiciones muy jurídicas*:

> Todos os reis e senhores naturais, cidades, comunidades e povos daquelas Índias são obrigados a reconhecer os reis de Castela como universais e soberanos senhores e imperadores da forma dita, depois de ter recebido, por sua própria e livre vontade, nossa santa fé e o sacro batismo, e se, antes que o recebam, não o fazem e nem querem fazê-lo, não podem ser punidos por nenhum juiz ou justiça.[74]

Além disso, contrariamente ao que pensavam muitos padres e doutrinadores, para o padre dominicano a evangelização, conforme expressa em *Del único modo*, deveria ser sutil, delicada, compreendida pelos destinatários da mensagem, adorada por eles, deveria respeitar o Direito natural dos índios como pessoas livres e soberanas.

Héctor Hernan Bruit defende a tese de que Las Casas, partindo da teoria de Bartolo sobre a pluralidade de autoridades políticas soberanas, defendia uma relação federativa entre Castela e os reinos indígenas, pela qual ao reino espanhol caberia o poder central, mas sem autonomia para intervir na jurisdição dos governantes indígenas (estes só deviam pagar um tributo de forma indireta, isto é, ao seu príncipe, que depois prestaria contas à Castela). Tal relação federativa passaria a existir depois de um Tratado. Contudo, nesta ideia de federação permanece uma inconsistência com o futuro perspectivismo religioso de Las Casas, pois o domínio absoluto ainda seria da religião cristã, personificada na figura do Papa. Mas sabe-se que para o dominicano chegar à inovação do perspectivismo teve de passar por um longo e penoso processo de desilusões e lutas.

Diante da pouca eficácia da praticidade de suas ideias, que resultou, entre outras coisas, na criação de uma legislação de proteção aos

---

[74] BRUIT, Héctor Hernan. *Bartolomé de Las Casas e a simulação dos vencidos*: ensaio sobre a conquista hispânica da América. Campinas: Unicamp; São Paulo: Iluminuras, 1995, p. 102.

índios, como as *Leis de Burgos*, de 1512, e as *Leis Novas*, de 1542, escreve o bispo de Chiapas em sua obra *Los tesoros del Perú*:

> Nenhum rei, senhor, povo ou pessoa privada ou particular de todo aquele mundo das Índias, desde o primeiro dia de sua descoberta até o dia de hoje, 30 de agosto de 1562, reconheceu nem aceitou de maneira verdadeira, livre e jurídica, a nossos ínclitos reis da Espanha como senhores e superiores, nem aos delegados, caudilhos ou capitães enviados em nome do rei, e a obediência que até hoje lhes têm prestado e agora prestam, é e sempre foi involuntária e coagida.[75]

O poder espanhol não era legítimo, não estava apoiado no consenso dos povos indígenas. A obediência foi imposta pela força, não havia verdadeiramente Direito.

A lei era essencial; para Las Casas, deveria identificar-se com a justiça, como defendia Domingo de Soto. Os homens estavam submetidos à lei, mas só porque ela era produto da vontade coletiva. Discursa Las Casas no tratado *De Regia Potestade*:

> Toda autoridade pública, rei ou governante, de qualquer reino ou comunidade política, por soberano que seja, não tem liberdade nem poder para mandar nos cidadãos arbitrariamente e ao capricho de sua vontade, senão de acordo com as leis da comunidade política. É assim que as leis devem ser promulgadas, para promover o bem-estar de todos os cidadãos e nunca em prejuízo do povo. Devem ajustar-se ao interesse público da comunidade, e não ao contrário, a comunidade, às leis. Portanto, ninguém tem poder para estabelecer coisa alguma que prejudique o povo. O rei ou governante não manda sobre os súditos na qualidade de homem, senão como ministro da lei. Assim, não é dominador, mas administrador do povo por meio das leis. Levam o título de reis, porque cumprem as leis em consciência, mandando o que é justo e proibindo o que é injusto; e, assim, os cidadãos são livres porque não obedecem a um homem, senão à lei.[76]

Ressalte-se aqui que uma lei que não contemplasse o bem da comunidade não era considerada como tal pelo padre dominicano. No entanto, para Santo Tomás e Francisco de Vitoria, o rei não estava obrigado a obedecer a lei.

Para Las Casas, o bem comum não era um conceito abstrato, ele o entendia como a necessidade de dividir as tarefas produtivas,

---

[75] BRUIT, Héctor Hernan. *Op. cit.*, p. 104.

[76] BRUIT, Héctor Hernan. *Op. cit.*, p. 106-107.

incluindo a função de governar a comunidade. A ideia do bem comum como a finalidade de governo e de convívio social veio, no pensamento lascasiano, de Remigio de Girolami, pensador do século XIV. Com relação às ideias políticas de Las Casas, diz Bruit:

> Em *Algunos principios*, outro dos grandes tratados, o dominicano discute o pacto político entre governantes e governados. O povo delega a soberania ao rei, para que este governe em função do bem comum, finalidade que autoriza o governante a ditar leis que podem limitar os direitos individuais, mas nunca os direitos coletivos (...). As preocupações de Las Casas com as liberdades públicas e individuais, com os fundamentos jurídicos da sociedade que se organizava, com o desejo de ver na América uma sociedade de Direito e justiça social, de respeito aos direitos humanos, configura sua visão dos destinos do continente.[77]

Assim, para Bartolomé de Las Casas, uma verdadeira sociedade constituía-se sobre esses princípios, em que a soberania e a dignidade do índio, enfim, a sua própria condição de sujeito, eram respeitadas. O frade, ao relatar a destruição das Índias, alertava para um perigo que se projetava no futuro: a constituição de uma "sociedade às avessas". No entanto, conforme chama a atenção Bruit, ele apenas viu ou quis ver um dos lados da moeda na construção dessa sociedade invertida: a ação dos espanhóis. Não levou em consideração a ação velada dos índios, a "melação" da nova sociedade. Mas, apesar disso, ao vislumbrar a existência de uma sociedade que não pôde vingar por não estar fundada no consenso dos índios, o dominicano acabou colocando os ameríndios como causa central do fracasso da nova sociedade, fracasso que ficou explícito não só na falta de diálogo e entendimento entre índios e europeus, mas também no mau governo e na corrupção que tomou conta da colônia, característica anotada por quase todos os cronistas.

Tais conceitos de "sociedade às avessas" e "sociedade melada" vêm desembocar tanto na ideia de "ocultamento do outro", do "ser" latino-americano, de Dussel, quanto na ideia de "marginal", em Zaffaroni.[78] O penalista argentino enuncia quatro concepções do termo aludido que

---

[77] BRUIT, Héctor Hernan. *Op. cit.*, p. 108-109.

[78] ZAFFARONI, Eugenio Raúl. *Em busca das penas perdidas*: a perda de legitimidade do sistema penal. Trad. Vânia Romano Pedrosa e Amir Lopes da Conceição. Rio de Janeiro: Revan, 1991, p. 164-166.

se complementam, formando uma ideologia de exclusão. "Marginal", primeiramente, refere-se à nossa localização periférica no poder planetário; depois, diz respeito à relação de dependência com o poder central; também se reporta à imensa maioria da população latino-americana, à margem do poder e vítima da violência do sistema penal; por fim, indica a configuração cultural de "marginalização", imersa em um profundo sincretismo e fabricada pelos processos de colonização. Um dos piores efeitos dessa configuração, observa Zaffaroni, é a estigmatização de

> qualquer *pensamento contra a maré* na região marginal como meio de se evitar a contaminação e de se garantir a aprovação dos controles de qualidade das agências centrais. Portanto, a difícil situação gerada por este *pensar contra a maré* marginal produz, frequentemente, uma *vertigem* capaz de levar os autores de esforços desta natureza a se apegarem a posições completamente antagônicas e negadoras das próprias bases de seu pensamento mais produtivo.[79]

Para o autor de *Em busca das penas perdidas*, a garantia de que o pensamento produtivo não se perca na vertigem é a sua fundamentação na pessoa, na vida humana como valor ôntico. Nesse sentido, o próprio Zaffaroni observa o seu distanciamento do pensamento de Foucault, na medida em que configura posição central ao homem, e não o considera um mero produto do poder, despido de sua condição de sujeito pensante. Esse tipo de crítica que se faz ao pensamento de Foucault, isto é, de que o poder, na sua concepção, seria uma espécie de "ser etéreo", despersonalizado, dá margem a muitas polêmicas, que aqui não se dispõe de espaço para aprofundar. De qualquer forma, chamando a atenção para a urgente necessidade de neutralização do sistema penal como executor de práticas genocidas-colonialistas, bem como propondo um novo papel à criminologia, qual seja, o de instrumentalização da decisão política de salvar vidas humanas e de diminuir a violência política em nossos países, Zaffaroni finca o pé no valor vida e no valor humanidade.

Com as reflexões presentes neste texto, desejou-se chamar a atenção para a correlação entre: o genocídio físico e cultural da colonização americana (em sentido amplo), tendo-nos detido mais no

[79] ZAFFARONI, Eugenio Raúl. *Op. cit.*, p. 170.

primeiro período, em virtude do direcionamento que este imprimiu para os períodos subsequentes; o saber antropológico de cunho racista que se implantou no espaço colonial, servindo de fundamento à disciplina da escravidão, e que permanece até hoje, informando a disciplina dos sistemas penais latino-americanos; e, por fim, a prática violenta e genocida do modelo penal latino-americano.

Enfim, como resultado dessas correlações, percebe-se que, enquanto na América Latina persiste a desconsideração pela imensa maioria da população miserável e oprimida, continuar-se-á sob a vigência de uma sociedade às avessas, em que o "outro" não tem espaço na "comunidade de comunicação ideal", em que a alteridade latino-americana é encoberta por uma cultura eurocentrista, nossa herança indígena é ignorada, espezinhada por uma configuração cultural de marginalização. É importante ter consciência de todos esses processos, pois só assim se poderá atingir uma "transmodernidade", um "sétimo sol" em que não mais brilhe o vil metal, mas sim a vida humana, o amor pelo próximo e pelo distante.

9. REFERÊNCIAS BIBLIOGRÁFICAS

ADORNO, Sérgio. *Os aprendizes do poder*: o bacharelismo liberal na política brasileira. Rio de Janeiro: Paz e Terra, 1988.

ATTALI, Jacques. *1492*: Os acontecimentos que marcaram o início da era moderna. Trad. Denise Rangé Barreto. Rio de Janeiro: Nova Fronteira, 1992.

BARATTA, Alessandro. *Criminologia crítica e crítica do Direito penal*: introdução à sociologia jurídico-penal. Trad. Juarez Cirino dos Santos. Rio de Janeiro: Revan, 1997.

BERGALLI, Roberto. Observaciones críticas a las reformas penales tradicionales. *In*: *Política criminal y reforma del derecho penal*. Bogotá: Temis, 1982.

BOFF, Leonardo. Inquisição: um espírito que continua a existir. Prefácio. *In*: EYMERICH, Nicolau. *Manual dos inquisitores*. Comentários de Francisco Peña. Trad. Maria José Lopes da Silva. 2. ed. Rio de Janeiro: Rosa dos Tempos; Brasília: Fundação Universidade de Brasília, 1993.

BORGES FILHO, Nilson. *Os militares no poder*. São Paulo: Acadêmica, 1994.

BOSI, Alfredo. *Dialética da colonização*. 2. ed. São Paulo: Cia. das Letras, 1992.

BRUIT, Héctor Hernan. *Bartolomé de Las Casas e a simulação dos vencidos*: ensaio sobre a conquista hispânica da América. Campinas: Unicamp; São Paulo: Iluminuras, 1995.

DUSSEL, Enrique. *1492*: *o encobrimento do outro* (*a origem do mito da modernidade*). Conferências de Frankfurt. Trad. Jaime A. Clasen. Petrópolis: Vozes, 1993.

FÉLIX, Idemburgo Pereira Frazão. Os filhos de Iracema: símbolos de uma nacionalidade. *In*: *América*: *descoberta ou invenção*. 4.o Colóquio da UERJ. Rio de Janeiro: Ímago, 1992.

FOUCAULT, Michel. *Microfísica do poder*. Trad. Roberto Machado. 10. ed. Rio de Janeiro: Graal, 1992.

FOUCAULT, Michel. *Vigiar e punir*: história da violência nas prisões. Trad. Raquel Ramalhete. 11. ed. Petrópolis: Vozes, 1994.

FREIRE, José Ribamar Bessa. Tradição oral e memória indígena: a canoa do tempo. *In*: *América*: *descoberta ou invenção*. 4.o Colóquio da UERJ. Rio de Janeiro: Ímago, 1992.

LAS CASAS, Bartolomé de. *Brevíssima relação da destruição das Índias*: o paraíso destruído: a sangrenta história da conquista da América espanhola. Trad. Heraldo Barbuy. 5. ed. Porto Alegre: L&PM, 1991.

SANTOS, Gérson Pereira dos. *Inovações do Código Penal*. São Paulo: Saraiva, 1985.

SOUZA JÚNIOR, José Geraldo de. Movimentos sociais – emergência de novos sujeitos: o sujeito coletivo de Direito. *In*: ARRUDA JÚNIOR, E. L. de (Org.). *Lições de Direito alternativo*. São Paulo: Acadêmica, 1991.

TODOROV, Tzvetan. *A conquista da América*: a questão do outro. 3. ed. São Paulo: Martins Fontes, 1993.

TOLEDO, Francisco de Assis. Princípios gerais do novo sistema penal brasileiro. *In*: *O Direito penal e o novo Código Penal brasileiro*. Porto Alegre: Fabris; Associação do Ministério Público do Rio Grande do Sul; Escola Superior do Ministério Público do Rio Grande do Sul, 1985.

VAINFAS, Ronaldo (Org.). *América em tempo de conquista*. Rio de Janeiro: Zahar, 1992.

ZAFFARONI, Eugenio Raúl. *Em busca das penas perdidas*: a perda de legitimidade do sistema penal. Trad. Vânia Romano Pedrosa e Amir Lopes da Conceição. Rio de Janeiro: Revan, 1991.

WOLKMER, Antonio Carlos (Org.). *Direito e justiça na América indígena*: da conquista à colonização. Porto Alegre: Livraria dos Advogados, 1998.

WOLKMER, Antonio Carlos. *Pluralismo jurídico*: fundamentos de uma nova cultura no Direito. São Paulo: Alfa-Ômega, 1994.

Capítulo 18

DIREITO INDIANO NA AMÉRICA HISPÂNICA

Ricardo D. Rabinovich-Berkman[1]

SUMÁRIO: 1. Introdução. 2. A realidade do Direito Indiano no período colonial. 3. Características do Direito Indiano. 4. A recopilação de leis das Índias como fonte uniformizadora. 5. O lugar dos ordenamentos indígenas no contexto do Direito Indiano. 6. Conclusão. 7. Referências bibliográficas.

1. INTRODUÇÃO

Em finais do século XIV, a família Trastâmara, que reinava em Castela desde 1369, e reinaria em Aragão desde 1412, tinha um ambicioso projeto: aliar-se com os reis mongóis da China, de quem os viajantes diziam (já desde Marco Polo) que viam com interesse o cristianismo, para juntos vencer os muçulmanos, inimigos comuns. Com tais alvos, em 1403, uma embaixada se aventurou via Constantinopla[2]. Mas a ocupação de Bizâncio em 1453 pelos turcos maometanos, fechou esse caminho. No entanto, a rota do mar pelo sul da África era ocupada por Portugal. O almejado plano mostrava-se, desse modo, inviável.

É então que aparece Cristóvão Colombo (1451-1506), misterioso navegante, geralmente tido por genovês, mas que talvez fosse galego,

---

[1] Professor Catedrático de História do Direito da Universidade de Buenos Aires, onde é também Doutor em Direito pela mesma Universidade. Diretor da Modalidade Intensiva do Doutorado da Faculdade de Direito (UBA). Membro Correspondente da Academia Portuguesa da História. Diretor Administrativo da Escola da Magistratura do MERCO-SUL. Professor convidado em Universidades da Europa e América Latina. Autor de inúmeras obras, dentre as quais: Principios Generales del Derecho Latinoamericano. Buenos Aires: Astrea, 2006;Trilhas Abertas na História do Direito. Conceitos, Metodologia, Problemas e Desafios. Rio de Janeiro: Lumen Juris, 2011.

[2] GONZÁLEZ DE CLAVIJO, Ruy. *Embajada a Tamorlán*. Madrid: Estrada, 1999, *passim*.

e possivelmente de origem hebraica. Aparentemente, ele traz a ideia de chegar às terras do Khan pelo oceano, confiando (com uma estranha certeza que fez nascer muitas teorias) na existência de ilhas grandes no meio do caminho, onde os navios poderiam recuperar água e víveres para o resto da travessia[3].

Mesmo contra as opiniões científicas mais autorizadas, que achavam a viagem um suicídio (e um investimento ridículo), pela pouca possibilidade de achar essas ilhas, a rainha de Castela, Isabel a Católica (uma típica Trastâmara), decidiu apoiar o ousado plano. Ela nada tinha de estúpida: Colombo deve ter fornecido boas provas das suas raras afirmações, ou próprios testemunhos para narrar. Por isso, no século XX se trabalhou a hipótese de que ele já tivesse estado antes na América. Mais possível seria que, durante uma visita à Islândia, onde as terras norte-americanas eram conhecidas desde os anos 900, ouvisse falar nelas. E depois, desde as Açores e Madeira, teria reforçado essas ideias com novas evidências. A apaixonante questão está longe do esclarecimento e aguarda ser desenvolvida por novas pesquisas.

Tinha-se casado Isabel com Fernando, rei de Aragão, seu primo, outro Trastâmara. Ambas as coroas, todavia, permaneceram separadas. A importância estratégica que, se existissem, iam ter aquelas ilhas oceânicas, e o fato de subsistir ainda o feudalismo em Aragão, ao contrário de Castela, onde predominava uma tradição de poder monárquico forte, evidentemente aconselharam aos soberanos incorporar o que fosse descoberto à coroa castelhana. Em 1492, os "Reis Católicos", Fernando e Isabel, entraram vitoriosos na cidade de Granada, último baluarte muçulmano da península. No acampamento militar de Santa Fé, numa barraca castrense à vista da formosa capital moura, eles celebraram com Colombo umas *capitulações*. Eram estas uns contratos de Direito público,

[3] É colossal a bibliografia historiográfica, de todas as cores e medidas, que atinge a Colombo, ajudada pelas trevas que rodearam sempre a personagem. Básica resulta, porém, a leitura da *Historia del Almirante Don Cristóbal Colón*, do seu filho Hernando Colón (Madrid: Minuesa, 1892), e da *Historia de las Indias*, do padre Bartolomé de Las Casas (Madrid: Ginesta, 1875). Pessoalmente, por razões que não é este o sítio para dar, inclino-me pela hipótese de que Colombo nasceu na Galícia, e foi, pelo menos em parte, descendente de judeus convertidos. Mas o assunto merece controvérsia.

assinadas concordando com capitulações entre o monarca, em representação do Reino, e um particular[4].

Com as Capitulações de Santa Fé, nascia uma realidade jurídica nova (com múltiplas fontes), que se iria concretizando depois com as bulas papais e os tratados com Portugal. Mais uma vez apareceu aqui o mistério: no começo das Capitulações empregou-se um curioso tempo verbal, se considerarmos que, supostamente, Colombo ainda não tinha partido: "Vossas Altezas dão e outorgam a dom Cristóvão Colón, em alguma satisfação do *que tem descoberto* nas Mares Ocea-nas e da viagem que agora, com a ajuda de Deus, vai fazer por elas em serviço de Vossas Altezas". O grifado é nosso: foi um simples erro de redação, ou se está falando a verdade (um ato falho, diriam os psicólogos)?

Como a distribuição de terras e águas se baseou nas *bulas* (documentos papais, assim chamados pelo sigilo empregado, em formato de bola) emitidas desde 1455 e 1481, o Tratado de Alcaçovas entre Castela e Portugal (1479), e as Capitulações de Santa Fé, pode ser dito que o "Direito indiano" nasceu antes do famoso 12 de outubro de 1492, dia oficial da "descoberta de América". Uma nova realidade jurídica ia-se assim formando, sobre a base das instituições castelhanas, para ser aplicada nas "terras firmes e ilhas" do oceano e para resolver as questões trazidas como resultado de suas incorporações ao conjunto[5].

2. A REALIDADE DO DIREITO INDIANO NO PERÍODO COLONIAL

O "Direito indiano" tratar-se-ia de uma realidade de selo fortemente cristão, seja como real fator de base componente do conjunto, ou como ideologia que lhe outorga sentido, conexidade e sustento. Já as bulas papais de 1493 traziam a obrigação de evangelizar os indígenas, desde que se soube que estes compunham um grupo enorme de pessoas que, além de não serem cristãs (muitos povos já "descobertos" não o eram), senão que também, e isso era o novo, desconheciam a doutrina dos Evangelhos[6].

---

4 Texto completo disponível em: <http://es.wikisource.org/wiki/Capitulaciones_de_Santa_Fe>.

5 Como introdução, sempre conserva vigor: Víctor Tau Anzoátegui. *¿Qué fue el Derecho Indiano?* Buenos Aires: Perrot, 1982.

6 Uma corrente sustentava a origem judia dos índios. Estes seriam descendentes das dez tribos perdidas de Israel, o que faria ainda mais louvável a empreitada evangelizadora,

Nas múltiplas respostas indianas, a presença do costume foi enorme. Isso é paradoxal, pois nesse mesmo momento, na Europa, o costume era relegado como fonte. Essa curiosa marcha contra a corrente usual foi principalmente estudada pelo pesquisador argentino Víctor Tau Anzoátegui[7], que também se ocupou de outra das mais destacadas características indianas (igualmente oposta às tendências da época): o deliberado predomínio do casuísmo frente à noção de sistema[8].

O Direito indiano mostrou-se, aliás, localista. Isso, embora também fosse raro para os tempos em que crescia o racionalismo, parece ter uma explicação mais simples. Basta pensar nas diferenças geográficas impressionantes entre as diversas regiões envolvidas, e igualmente entre as civilizações inclusas no gigantesco território hispano-americano: Quito e Buenos Aires, Cuzco e Iucatã, Tenochtitlã e o Caribe... Como unificar um quebra-cabeça assim?

Muitas das novidades do Direito indiano utilizado na América Hispânica apontam para os aspectos públicos que se apresentavam como desafios diferentes dos já conhecidos em Castela. No entanto, no terreno privado adquiriram uma importância sem precedentes com o *Código das Sete Partidas*, desde que as cidades na América não tinham cartas forais ("fueros", em espanhol). Com efeito, a aplicação da obra nos reinados de Fernando III, o Santo (1217-1252) e Afonso X, o Sábio (1252-1284), desde que fosse posta em vigor por ordem das Cortes reunidas em Alcalá em 1348, condicionava-se à ausência de cartas forais. Em Castela, assim como todas as cidades (vilas) tinham suas cartas forais, o verdadeiro emprego das *Sete Partidas* foi restrito. Pode se dizer que foi na América que as famosas *Sete Partidas* realmente vigoraram.

O mais importante dos organismos indianos de legislação e governo sediados na península ibérica, foi o Conselho de Índias. Este, em 1519, por ordem de Carlos V, o rei espanhol que conseguiu governar também o Sacro Império Romano Germânico (sonho almejado

pois esses hebreus, sendo da nação de Cristo, não teriam sequer sabido da sua vinda e ensinos. Seria, assim, tarefa dos padres reconduzi-los ao caminho certo. Ver, por exemplo, GARCÍA, Gregorio. *Origen de los indios de el nuevo mundo e indias occidentales*, Madrid: Consejo, 2005 (1ª edição de 1607).

7 TAU ANZOÁTEGUI, Víctor. *El poder de la costumbre:* estudios sobre del derecho consuetudinario en América hispana hasta la emancipación. Buenos Aires: IIHD, 2001, *passim*.

8 TAU ANZOÁTEGUI, Víctor. *Casuismo y sistema*. Buenos Aires: IIHD, 1992, *passim*.

desde Afonso, o Sábio), começou a separar-se do Conselho de Castela. Durante o século XVI foram desenhando-se sua estrutura e funções. Teve sua hora de glória na centúria seguinte, graças à política real de nomear para integrá-lo pessoas com experiência na América. Já depois, em princípios do século XVIII, sob os reis da dinastia Bourbon, o Conselho ficou reduzido a um mero organismo consultivo.

3. CARACTERÍSTICAS DO DIREITO INDIANO

A mentalidade casuísta presente no Direito indiano, se pode ver, por exemplo, num famoso parecer do Conselho de Índias de 1533. Nele se avisa que "segundo a distância e as coisas que lá (na América) podem ocorrer, não se pode dar lei em que não pudesse haver algumas dificuldades ou perigos". Por isso, embora as normas se devessem "executar à letra", sua aplicação deve-se "remitir à consciência e prudência do governador ou presidente ou ouvidores [membros das Reais Audiências, que eram os principais tribunais], para que tendo Deus diante e o serviço da Sua Majestade" ordenem o que lhes pareça "que cumpre ao proveito comum e ao bom governo". De maneira que se conclui: "em tudo devem ter faculdade de mudar ou agregar exceto no que atinge à liberdade dos índios"[9].

As questões geradas pela descoberta, conquista e colonização da América trouxeram uma interessante doutrina jurídica, já desde o século XVI. Entre os primeiros temas debatidos pelos juristas da castelhana Universidade de Salamanca, estiveram a condição dos indígenas (livres ou escravos) e os direitos derivados da descoberta, da conquista e das doações papais. Uma das obras de conteúdo concernente aos aspectos jurídicos, políticos e normativos, foi o *Governo eclesiástico pacífico* (1656), de Gaspar de Villarroel (1587-1665), monge equatoriano da ordem de Santo Agostinho, que viveu no Vice-Reino do Peru, chegando a ser bispo de Santiago de Chile e de Arequipa, e arcebispo de Charcas.

Diz Villarroel: "As leis de Castela se devem respeitar nas Índias", mas não "aquelas que contradizem *cédulas* especiais, que são nossas leis municipais". Ou seja, as disposições dadas pelo rei especialmente

[9] *Memorial breve de los artículos que parece al Concejo que se deben ordenar* (18 de novembro de 1533).

para as localidades americanas: essas prevaleceriam sobre as normas de Castela. “Embora as leis de Castela e de Leão [reino antecessor de Portugal e de Castela, incorporado definitivamente à coroa castelhana em 1230 por Fernando III] fossem importantíssimas para México e Peru, e para as demais províncias ocidentais que se têm agregado à Coroa, pela grande desigualdade destas e aquelas terras, por serem tão diferentes os costumes, tão desiguais as ocupações, e porque há nos índios diferentes qualidades que em todas as demais nações [...] não seria possível governar-se sem novas leis: porque é aceita sentença dos juristas, que se deve conformar a lei com o tempo, com as condições do súdito, com as circunstâncias, e as ocasiões, e os humores da região”.

O mais importante jurista indianista, porém, foi Juan de Solórzano Pereira (1575-c.1654). Formado em Salamanca e catedrático desta antiga universidade, foi depois ouvidor da Audiência de Lima e membro do Conselho de Índias, assim como do Conselho de Castela. Ele foi autor de um projeto de recopilação das normas indianas. Mais tarde recebeu a nomeação para revisar a colossal obra que nesse sentido realizara o jurista Antonio de Leão Pinelo (c.1594-1660), que lhe pareceu excelente. Nem ele nem Pinelo, contudo, conseguiram ver essa Recopilação promulgada.

Na sua obra mais célebre, a *Política indiana* (1647), Solórzano fundamentou seus vastíssimos conhecimentos jurídicos e sua rica experiência, tanto na América (1609 a 1627) quanto como alto funcionário indiano peninsular (desde 1627). O tema central do livro era a aplicação das normas espanholas nas Índias. “Cada província necessita de leis e costumes particulares, que se ajustem a ela, como a cada passo nos ensina o Direito”, diz Solórzano, destacando o *particularismo* do Direito indiano, talvez sua característica mais notável. Por isso, “como o polvo muda cores segundo o lugar onde se cola, assim o legislador, que é atento e prudente, deve variar seus mandatos segundo as regiões a cujo governo os encaminha, e essa é sua maior lei”.

Eis a maneira como se foi construindo o Direito da América hispânica. Tendo uma base comum, mas submetida, por sua vez, a adaptações locais.

4. A RECOPILAÇÃO DE LEIS DAS ÍNDIAS COMO FONTE UNIFORMIZADORA

A "tarefa da vida" do grande Solórzano Pereira, porém, foi aquela de conseguir una recopilação das inúmeras e amiúde desordenadas, quando não contraditórias, disposições normativas indianas. A ideia de fazer tal coisa existiu já no reinado de Felipe II (1556-1598), especialmente no período em que Juan de Ovando presidiu o Conselho de Índias (1571-1575). Com efeito, esse jurista começou os trabalhos de tal maneira que foram retomados, em menor escala, por Diego de Encinas, em finais do século XVI. Mas a *Recopilação de Leis dos Reinos das Índias*, concretizada graças ao esforço de Pinelo e Solórzano, foi promulgada apenas por Carlos II em 1680.

Antonio de Leão Pinelo, jurista de origem hebraica, que tinha vivido em Lima, em Buenos Aires e em Córdoba, foi letrado do Conselho de Índias e cronista maior das Índias. Desde 1629, ele trabalhou intensamente na preparação da *Recopilação*. Essa pode ser considerada, em grande medida, como obra sua.

Com a Recopilação procurou-se pôr ordem e concerto no oceano normativo indiano, evitando as reiterações, atualizando os textos, e extraindo normas abstratas gerais de disposições que tinham sido dadas para situações concretas. Nos seus nove livros e suas mais de 6.300 leis, abarcou infinidade de aspectos, fundamentalmente os inerentes ao governo, às questões eclesiásticas, à prestação de justiça, à situação dos índios, aos impostos, e outros temas, prioritariamente de Direito público. Foi colocada em vigor por uma *pragmática.* Eram as pragmáticas umas fontes legais antigas, caracterizadas por uma fórmula particular, que as diferenciava das cédulas e de outras formas normativas da época.

Essa *pragmática* explica que "desde a descoberta" foram emitidas para as Índias muitas normas, cujas fontes foram "cédulas, cartas, provisões, ordenanças, instruções, autos de governo, e outros despachos". Todavia, "pela dilatação e distância de umas províncias às outras, não tem chegado a notícia de nossos vassalos, com o que se pode ter ocasionado grande prejuízo ao bom governo e Direito das partes interessadas". O Rei, segundo se aduz, deseja solucionar "estes inconvenientes", e para tanto *acorda e manda* que as leis contidas na *Recopilação* se obedeçam, "cumpram e executem, e por elas sejam determinados todos os pleitos e negócios que nestes e naqueles reinos ocorrerem".

Isso, mesmo que a *Recopilação* contivesse algumas normas novas, antes não "publicadas nem pregoadas", e até se algumas delas resultassem "diferentes ou contrárias a outras leis, capítulos de cartas, e pragmáticas destes nossos reinos de Castela, cédulas, cartas acordadas, provisões, ordenanças, instruções, autos de governo, e outros despachos manuscritos ou impressos".

Às fontes que resultassem contraditas pelas novas disposições da *Recopilação*, se ordena "que de agora em mais não tenham qualquer autoridade, nem se julgue por elas". Pelas dúvidas, por não estarem "expressamente revogados" na *Recopilação*, "os revogamos", dizia o Rei. De jeito que os litígios deveriam resolver-se, desde então, "somente pelas leis desta *Recopilação*". Logicamente, "as cédulas e ordenanças dadas às nossas reais audiências", em tudo quanto "não fossem contrárias às leis" da *Recopilação*, ficavam "na sua força e vigor".

A *pragmática* estabeleceu, ademais, que no caso de versar sobre um suposto não tratado "pelas leis desta *Recopilação*", devia proceder-se segundo "o ordenado pela lei 2ª, título 1º, livro 2º" dela. A tal lei dizia: "Ordenamos e mandamos que em todos os casos, negócios e pleitos nos quais não estivesse decidido nem declarado o que se deve prover pelas leis desta *Recopilação*, ou por cédulas, provisões ou ordenanças dadas e não revogadas para as Índias, e as que por nossa ordem se despacharem, se cumpram as leis de nosso reino de Castela". Isso, tanto para "a substância, resolução e decisão dos casos, negócios e pleitos, como à forma e ordem de substanciar". Assim, em ausência de normas específicas para as Índias, se recorria ao ordenamento castelhano. Dessa maneira, como temos visto, ingressaram as *Sete Partidas.*

5. O LUGAR DOS ORDENAMENTOS INDÍGENAS NO CONTEXTO DO DIREITO INDIANO

As "terras firmes e ilhas" descobertas pelos europeus não estavam vazias. Achavam-se nelas inúmeras comunidades de pessoas, cada uma com suas próprias instituições jurídicas. Algo se devia fazer com essa questão. A experiência dos peninsulares, nos séculos de ocupação de terras antes governadas (e ainda povoadas) por gentes "diferentes" (muçulmanos, judeus) tinha sido, em geral, a da conveniência de deixar aos submetidos as próprias instituições em vigor, tanto como fosse possível e adequado aos interesses da classe dominante conquistadora. O grande limite tinha sido sempre a principal barreira ideológica que dividia as águas: a religião. Não proibindo os cultos dos novos sujeitos (especialmente, por serem, em definitivo, crenças bíblicas), mas restringindo a publicidade destes, em todos os sentidos da palavra. A atitude, por parte dos maometanos, tinha sido, aliás, bem semelhante.

Trata-se de uma forma de agir característica de conquistadores que não possuem a força militar nem a infraestrutura necessárias para submeter completamente, escravizar e transformar em meras ferramentas, ou em cópias culturais deles mesmos, os vencidos. Deriva da experiência geral constatar que, amiúde, as pessoas, desde que sua vida cotidiana mude pouco, e que posssam levar adiante seus projetos existenciais (que, para a maioria, não passam por ser rei, líder ou presidente, senão por alvos bem mais modestos e próximos) aceitam governos impostos. É um caminho que pode ser achado desde o nascimento dos "impérios", com Hamurabi de Babilônia. Isso deu certo inúmeras vezes, pois reduzia a carga de violência da conquista, e consequentemente diminuia os anseios de liberdade.

No primeiro momento, Colombo e sua gente pensaram que fosse viável, para o limitado contexto das ilhas do Caribe, impor a escravidão aos moradores, por serem óbvias suas condições de não cristãos, nem judeus ou muçulmanos. Eram "selvagens", pessoas de uma cultura material básica com relação à dos europeus. Assim, os americanos foram objeto de todas as artimanhas, sendo mesmo alguns deles levados para a Espanha e vendidos como servos no mercado. Bem diversa foi a visão da rainha Isabel. Colombo sabia de viagens marítimas como ninguém, mas, em matérias políticas, a catedrática era a soberana de Castela. Mostrando-se horrorizada (e talvez realmente o estivesse), mandou resgatar esses escravos, e restituí-los às suas longínquas terras, em estado de liberdade (logicamente, de liberdade como sujeitos da coroa castelhana).

A resposta veloz e decidida da rainha resultou acertada do ponto de vista político, quase em nível de premonição. Porque uma coisa era a reação diante das comunidades das ilhas caribenhas, mas logo apareceram as complexas culturas centro-americanas, e depois o país dos Incas. Ou seja, estruturas políticas de construção extremamente complicada e com sofisticadas instituições jurídicas. E, aliás, com forças militares que, pelo menos nos primórdios, até que foram completamente abaladas, mereciam respeito, especialmente estando os espanhóis tão longe de casa. Imagine-se que ainda hoje o translado de tropas para uma invasão terrestre, desde a Europa até a América, é uma empreitada colossal (nem Hitler a achava viável), quanto mais na época das pequenas e frágeis naus de madeira!

Por todas essas razões, o critério que se estabeleceu a respeito foi aquele usado pelo rei-imperador Carlos V para resolver um conflito concreto apresentado na Verapaz (atual Guatemala), em torno da sucessão de um cacique, em 1555. O monarca enviou suas instruções para o caso numa "real cédula", como era de estilo. Essa resposta foi transformada depois, dentro da *Recopilação*, na sua Lei 2.1.4., com alcance geral.

Diz o monarca: "Ordenamos e mandamos que as leis e bons costumes que antigamente tinham os índios para seu bom governo e política, e seus usos e costumes observados e cumpridos depois de serem cristãos, e que não se contradigam com nossa sagrada religião nem com as leis deste livro [a *Recopilação*: trata-se de um anexo do compilador] e as novas que eles têm feito e ordenado, se respeitem e executem. E, por ser necessário, pela presente as aprovamos e confirmamos, desde que Nós [o Rei] possamos agregar o que desejamos e nos parecesse que convém ao serviço de Deus Nosso Senhor e ao nosso, e à conservação e governo cristão dos naturais daquelas províncias, não prejudicando o que eles têm feito, nem aos bons e justos costumes e estatutos deles".

Estamos diante de um texto que traz bastante pano para cortar. Aparece uma declamada atitude de respeito com relação aos ordenamentos jurídicos indígenas. Mas basta ver a quantidade de limites e restrições, para entender que da bonita manifestação à realidade há uma distância enorme. No fundo, vemos um rei com poder, um monarca conquistador que não tem vergonha de impor-se, que considera abertamente sua cultura superior à dos vencidos. Deixam-se, aliás, suficientes portas francas para, de fato, aceitar o que se queira aceitar e desrespeitar o resto.

Na prática, o vigor das normas indígenas ficava nas mãos do rei, à sua vontade e à dos que o representassem (pelo menos teoricamente).

Afinal, trata-se de um enunciado que permite ser interpretado ao prazer do intérprete (ou seja, de quem tenha o poder). Como era de se esperar, a sobrevivência dos ordenamentos jurídicos indígenas foi escassa. Houve sinceridade nessa declaração de respeito? Ela seria concordante com a ideia de que indígenas e espanhóis convivessem na América separados, em duas "repúblicas", como se dizia, com sistemas normativos adequados às respectivas tradições, porém inseridos ambos na estrutura indiana geral. Ou foi, talvez, uma simples mentira (mais ou menos consciente) destinada a manter calmos os naturais, especialmente suas classes dominantes? Também existe a possibilidade de uma mistura das duas alternativas.

Recordávamos antes que, na América as cidades não tinham cartas forais, como em Castela, o que facilitou a aplicação das *Sete Partidas*. Mas para as comunidades indígenas, seus próprios ordenamentos, desde que suas normas passassem no filtro estabelecido pela *Recopilação*, ocupariam o lugar das cartas forais.

A sustentação doutrinária das posturas em torno dos direitos indígenas, assim como das culturas autóctones americanas e dos próprios aborígenes em si, foi objeto de muitos debates. Uma das mais famosas dessas polêmicas ocorreu entre Juan Ginés de Sepúlveda e Frei Bartolomé de Las Casas.

Sepúlveda (1490-1573) era um jurista de linha aristotélica, autor de *Demócrates segundo ou Das Justas Causas da Guerra contra os Índios*. Foi historiógrafo do rei-imperador Carlos V e um dos inspiradores do pensador humanista holandês Erasmo de Rotterdam.

Por sua vez, Bartolomé de Las Casas (1484-1566) era um frade espanhol da Ordem de São Domingos. De ascendência israelita (pelo menos do lado materno), ele foi para a América sendo ainda muito jovem. Depois de vestir o hábito dedicou-se plenamente à causa da proteção aos índios. Suas posturas combativas e valentes não lhe impediram de ter uma exitosa carreira eclesiástica: ele chegou a ser bispo de Chiapas (a região do atual México onde floresceu, em 1994, o Movimento Zapatista de Libertação Nacional, guerrilha reivindicadora dos direitos dos indígenas, entre outras coisas). As obras do monge dominicano foram as que geraram a chamada "lenda negra" da conquista americana, pois nelas denunciou sem dissimulação (e talvez com alguns exageros) as carnificinas e humilhações padecidas pelos aborígenes nas mãos dos espanhóis[10].

Na já referida *Controvérsia de Valladolid,* em acalorada discussão com Ginés de Sepúlveda (c.1550), disse o frade: "Nossa lei cristã e fé de Jesus-Cristo, onde quer e quando quer que chegue aos infiéis, assim como manda e sustenta e conserva as boas leis e bons costumes que acha entre eles, assim também proíbe e não consente, senão que extirpa e desarraiga, as ruins, em especial tudo aquilo que é contra a Lei Natural, em prejuízo dos próximos, e também o que proíbe, nos que a recebem, a Lei Divina. Os Reis de Castela estão obrigados pelo Direito Divino a pôr tal governo e regimento naquelas gentes naturais das Índias, conservadas suas justas leis e bons costumes (que tinham alguns), e quitadas as ruins (que não eram muitas), e supridos os defeitos que tiverem no seu governo. Tudo quanto se quita e supre principalmente com a predicação e recepção da fé". Como se vê, sua opinião, de bases jusnaturalistas clássicas, concordava com a ideia expressada na *Recopilação.*

Sinceras ou não as manifestações de respeito, a realidade era dura. Frei Bartolomé se desloca em 1512 para a Europa, à procura de melhoria na situação dos indígenas. O monge conseguiu ser recebido pelo rei Fernando, o Católico (Isabel já tinha falecido). Nessa viagem o acompanhava um companheiro de ordem, Frei Antonio de Montesinos (morto em 1540). Ele também trazia antecedentes de lutador. No ano anterior, Frei Montesinos tinha feito tremer os *titulares de encomendas*, que eram os espanhóis que recebiam, segundo uma forma de produção medieval, vinculada com as estruturas feudais, grupos de indígenas que estavam obrigados a trabalhar em benefício do "encomendeiro". Em contrapartida, teoricamente, o encomendeiro tinha o dever de proteger seus "encomendados" e fazer que lhes fosse ensinada a doutrina católica.

O monge Montesinos, no púlpito, assustou aqueles poderosos e também os altos funcionários da ilha *A Espanhola*, onde hoje achamse o Haiti e a República Dominicana, e até mesmo o Vice-Rei, que era Diego Colombo, filho do Almirante. Ele o fez ao pronunciar

---

[10] Especialmente: LAS CASAS, Bartolomé de. *Brevísima relación de la destrucción de las Indias*. Madrid: Castalia, 1999 (entre muitas outras edições).

na igreja, na celebração de uma importante data religiosa, um terrível sermão, que ninguém esperava ouvir naquele paraíso exótico de exploração e cobiça, onde todos se chamavam hipocritamente de cristãos e faziam questão de serem devotos. Começou seu discurso o ousado sacerdote com a frase evangélica de João Batista: "Eu sou a voz de alguém que clama no deserto" (João, 1,19).

O impactante sermão foi anotado por Frei Bartolomé. Nele, Montesinos teria perguntado: "Como vós os tens tão oprimidos e fatigados, sem dar-lhes de comer nem curá-los nas suas enfermidades, nas que, pelos excessivos trabalhos que vós lhes dais, incorrem e se eles morrem, e por melhor dizer, vós os matais, por sacar e adquirir ouro cada dia?" Não é difícil imaginar os olhares e as caras no claustro daquela primordial igreja americana, ao ouvir os poderosos, cientes da verdade das acusações, semelhantes interrogações retóricas.

Implacável, o monge insistiu ainda, segundo Frei Bartolomé: "Esses não são homens? Não têm eles almas racionais?" E continuou perguntando, em voz bem alta: "Com que Direito e com que justiça tens vós em tão cruel e horrível servidão estes índios? Com que autoridade fizestes tão detestáveis guerras nestas gentes que estavam em suas terras mansas e pacíficas, onde tanta multidão delas, com morte e estragos nunca ouvidos, tens consumido?"

Os receptores do explosivo sermão trataram então de forçar o religioso a desdizer-se, publicamente, na missa do domingo seguinte. Frei Antonio de Montesinos, porém, em vez de retratar-se, confirmou sua denúncia e ainda a sustentou com novos argumentos. Semelhante atitude gerou uma enorme polêmica, que levou o rei Fernando, o Católico a convocar uma junta de teólogos e juristas na cidade de Burgos, antiga capital de Castela, a que assistiu o próprio Montesinos.

6. CONCLUSÃO

Objeto de renovadas pesquisas no século XX, surgidas principalmente da Argentina, Chile, Peru e México, e também da própria Espanha, o interessantíssimo fenômeno do Direito Indiano, na América Colonial que hoje gera obras historiográficas de alto gabarito científico e reúne congressos acadêmicos destacados, possui uma enorme importância, desde vários pontos de vista.

Por um lado, porque ele, como conjunto básico de construções culturais destinadas a resolver o problema da coexistência no gigantesco território hispano-americano, em vigor por mais de quatro séculos, constitui o alicerce das atuais instituições jurídicas dos países de língua espanhola que vão desde o México até o Chile e a Argentina. Portanto, estando hoje essa enorme região, mais o Brasil (e outros estados, como Haiti) em claro processo de integração, aquele fundo comum adquire uma renovada relevância. Faz-se necessário, inclusive, estudar comparativamente o Direito indiano e as paralelas respostas luso-americanas.

Por outra parte, porque sua complexidade e notável vitalidade, ao tratar-se do sistema jurídico compartilhado que maior extensão regeu, e por mais tempo, na história humana, fornece um exercício ímpar para o cientista do Direito, cuja criatividade e pensamento crítico, que tanto se impõe desenvolver, requerem esse tipo de exemplos como combustível para sua ginástica mental.

7. REFERÊNCIAS BIBLIOGRÁFICAS

COLÓN, Hernando. *Historia del Almirante Don Cristóbal Cólon*. Madrid: Mimesa, 1892.

GARCÍA, Gregorio. *Orígen de los Indios de el Nuevo Mundo e Indias Occidentales*. Madrid: Consejo, 2005 (1ª Edição de 1607).

GONZÁLEZ DE CLAVIJO, Ruy. *Embajada a Tamorlán*. Madrid: Estrada, 1999.

LAS CASAS, Bartolomé de. *Historia de las Índias*. Madrid: Ginesta, 1875.

______. *Brevísima Relación de la Destrucción de las Índias*. Madrid: Castalia, 1999.

LEVAGGI, Abelardo. *Manual de História del Derecho Argentino* (Castellano – Indiano – Nacional). Tomo I. Parte General. Buenos Aires: Depalma, 1991.

OTS Y CAPDEQUI, José M. *Historia del Derecho Español en América y del Derecho Indiano*. Madrid: Aguilar, 1969.

RABINOVICH-BERKMAN, Ricardo D. *Princípios Generales del Derecho Latinoamericano*. Buenos Aires: Astrea, 2006.

TAU ANZOÁTEGUI, Víctor. *¿Qué fue el Derecho Indiano?* Buenos Aires: Perrot, 1982 (3. ed. 2004).

______. *Casuismo y Sistema*. Buenos Aires: IIHD, 1992.

______. *Nuevos Horizontes en el Estudio Historico del Derecho Indiano*. Buenos Aires: IIHD, 1997.

______. *El Poder de la Costumbre*: estudios sobre el Derecho Consuetudinario en América Hispana hasta la Emancipación. Buenos Aires: IIHD, 2001.

Capítulo 19

O DIREITO NAS MISSÕES JESUÍTICAS DA AMÉRICA DO SUL

THAIS LUZIA COLAÇO[1]

SUMÁRIO: 1. Introdução. 2. Organização interna político-administrativo-jurídica; 2.1 O Regimento das Missões; 2.2 O Reducionismo; 2.3 A Organização do Cabildo. 3. O Direito Civil nas Missões; 3.1 O Sistema de propriedade; 3.2 As Relações de Trabalho; 3.3 A Família. 4. O Direito Penal nas Missões; 4.1 O Sistema de Vigilância; 4.2 A ideia de pecado; 4.3 A Liberdade Individual; 4.4 O Sistema de Punições. 5. Conclusão. 6. Referências bibliográficas.

1. INTRODUÇÃO

Com a tomada de Constantinopla pelos turcos no início da Idade Moderna, os europeus buscam outro caminho para chegar até o Oriente além do Mar Mediterrâneo. Imbuídos no espírito mercantilista, os países ibéricos (Portugal e Espanha) foram os pioneiros nesta empreitada marítima pelo Oceano Atlântico. Descobriram novos continentes e chegaram ao Oriente, levando homens para ocupar outras terras e "conquistar" outros povos pela guerra e pela catequização; aumentando suas riquezas, pela ampliação das fontes de matéria-prima e de mão de obra, e pela criação de um novo mercado consumidor.

---

[1] Professora Titular Aposentada dos Cursos de Graduação e Pós-Graduação em Direito da UFSC. Foi professora do Mestrado em Direitos Humanos da UNESC-SC. Mestre em História. Doutora em Direito pela Universidade Federal de Santa Catarina. Pós-Doutora pela Universidade de Sevilha (Espanha). Autora do livro: "Incapacidade" Indígena: Tutela Religiosa e Violação do Direito Guarani nas Missões Jesuíticas. Curitiba: Juruá, 2000. Organizadora dos livros: Aprendendo a Ensinar Direito o Direito. Florianópolis: OAB/SC, 2006; Elementos de Antropologia Jurídica. Florianópolis: Conceito, 2008.

A disputa entre os países ibéricos pelo domínio das terras descobertas e das não descobertas inicia com a chegada dos europeus na América. Diante das divergências foi necessária a interferência do Pontífice Romano como mediador.

O Papa Alexandre VI sancionou em 1493 a bula *Inter Caetera*, favorável aos interesses espanhóis, com a condição de que eles levassem missionários ao Novo Mundo, com o objetivo de difundir a fé católica aos seus habitantes.

Imbuídos do espírito de propagadores da fé cristã além dos limites europeus, os jesuítas dirigem-se para a América. Chegam ao Brasil em 1549, acompanhando o primeiro Governador-Geral, Tomé de Sousa. Somente em 1566 o Conselho das Índias autoriza a vinda dos membros da Companhia de Jesus à América Espanhola. Chegam a Lima em 1568, dedicando-se quase que exclusivamente ao ensino.

Em 1607 é criada a Província Jesuítica do Paraguai, que seria ocupada pelos integrantes da Companhia de Jesus até 1768, data da sua expulsão da região platina. Entre 1609 a 1706 os inacianos fundaram as chamadas "Missões Jesuíticas do Paraguai" ou os "Trinta Povos das Missões"[2], estendendo-se do Guairá, no Paraná, ao sul do Mato Grosso do Sul, Paraguai, nordeste da Argentina e Rio Grande do Sul e Uruguai.[3]

Na América, os jesuítas, serviram aos interesses coloniais das monarquias ibéricas, ocupando o território, ampliando e defendendo as suas fronteiras, "pacificando" os indígenas e, principalmente,

---

2 Na realidade, foram fundadas mais de 30 reduções, mas muitas vezes eram destruídas, principalmente pelos ataques dos bandeirantes paulistas, sendo fundadas novamente em outras localidades. Esse fato gerou algumas contradições entre os diversos autores que tratam do assunto, em relação às datas de fundação e à quantidade de reduções existentes. No entanto, foram 30 reduções aproximadamente, que subsistiram e prosperaram.

3 QUEVEDO, Júlio. *As missões*: crises e redefinições. São Paulo: Ática, 1993, p. 8-9. Pelo Tratado de Madri em 1750, houve a troca entre as coroas ibéricas, do território dos Sete Povos das Missões pela Colônia do Sacramento. Os índios rebelaram-se, e o exército português e o espanhol uniram-se para combatê-los, desencadeando a Guerra Guaranítica. Em 1761 o Tratado de Madri foi anulado e somente em 1801, pelo Tratado de Badajós, o território dos Sete Povos foi definitivamente anexado ao domínio português. (VERRI, Liane Maria. A história das missões do Rio Grande do Sul. *Anais do Curso de Literatura e História do Rio Grande do Sul.* Santo Ângelo: FURI, 1990, p. 68-70)

exercendo o poder tutelar e atuando como eficiente veículo de divulgação da cultura cristã ocidental.

2. ORGANIZAÇÃO INTERNA POLÍTICO-ADMINISTRATIVO-JURÍDICA

2.1 O Regimento das Missões

À época do descobrimento da América era incipiente o Estado Espanhol, formado pelo casamento dos reis católicos Isabel de Castela e Fernando de Aragão. Nesse período se destaca o nacionalismo eclesiástico e começa a declinar o poder do Direito canônico.

Apesar da união dos dois monarcas, cada um de seus reinos continuou com sua própria personalidade política e administrativa. As terras de Castela se mantiveram regidas pelo Direito aragonês, o catalão e o valenciano. Os territórios das Índias Ocidentais ficaram subordinados ao Direito castelhano e não aos demais direitos espanhóis, por ter sido a rainha Isabel quem patrocinou as viagens de Colombo. Porém, em decorrência das exigências do novo ambiente social, geográfico e econômico, foi necessária a elaboração de normas jurídicas específicas, o chamado Direito Indiano.

Assim, a vigência das leis castelhanas nas Índias alcançou um caráter supletório, mas elas continuaram a ser consultadas devido a pouca ou nenhuma existência de fontes peculiares do Direito Indiano.

Inseridos neste contexto os jesuítas aceitavam o estatuto legal do Estado Espanhol, acreditavam na monarquia originária do Direito divino e cumpriam as suas normas jurídicas porque entendiam a "competência destas regras estabelecidas racionalmente", devido as suas características peculiares de obediência, hierarquia e legalismo.[4] Mas, apesar de toda esta submissão à monarquia espanhola, comparados a outras ordens religiosas, exerciam certa influência sobre a administração burocrática espanhola.

Desta forma, tornavam inoperante ou atenuavam "as medidas que contrariavam seus interesses ou os objetivos da própria ação

[4] KERN, Arno Alvarez. *Missões*: uma utopia política. Porto Alegre: Mercado Aberto, 1982, p. 70.

missionária", agindo sobre o Conselho das Índias e as Reais Audiências, e exercendo influência sobre os visitadores e governadores.[5] Os jesuítas também interferiam na elaboração de leis referentes aos seus interesses na América, pois há registro de que sejam os responsáveis pela elaboração das Ordenanças de Alfaro.[6]

A autoridade tutelar dos padres no interior das missões era muito abrangente, tanto a civil quanto a eclesiástica. "O missionário reunia nas suas mãos, por delegação do Rei, uma autoridade que envolvia ao mesmo tempo elementos judiciários, legislativos e de executivo. Ao mesmo tempo, por delegação da Igreja, era o cura ou pároco e tinha nas suas mãos igualmente a autoridade religiosa"[7].

A primeira normatização escrita relativa à fundação e à organização interna das reduções foram as duas instruções do Padre Diogo de Torres Bollo. Chamadas por Rabuske de "Carta-Magna das Reduções do Paraguai"[8], a de 1609 destina-se, especificamente, aos Padres José Cataldino e Simão Mazeta, enviados ao Guairá; a de 1610 refere-se a todas as reduções que estavam sendo criadas, garantindo assim a uniformidade em todos os procedimentos dos padres nas missões.

As instruções tratam dos métodos que deveriam ser utilizados na fundação das reduções, preocupando-se com o procedimento uniforme na administração espiritual e econômica, costumes e estilo de vida. Lembram a prática cotidiana da oração, das ladainhas, dos exercícios espirituais, do jejum, da vigília, da penitência, da leitura de obras sacras, da observância das regras e instruções e do estudo da língua Guarani. Também recomendavam o cuidado com a saúde do religioso e do companheiro,

---

5 KERN, Arno Alvarez. *Op. cit.*, p. 30.

6 MÖRNER, Magnus. *Atividades políticas y económicas de los jesuítas en el Rio de la Plata*. Buenos Aires: Hispanoamérica, 1985, p. 113. As ordenanças de Francisco de Alfaro – Ouvidor da Audiência de Charcas, de 1611, passaram a proibir as "encomendas de serviços personal", substituindo-as por pagamento de tributos. Mas, normalmente, os índios não tinham condições de pagar os tributos, estabelecendo-se, assim, que apenas um sexto dos índios de um "pueblo" trabalhariam para os encomendeiros sessenta dias do ano.

7 MÖRNER, Magnus. *Op. cit.*, p. 132.

8 RABUSKE, Arthur S. L. A Carta-Magna das Reduções do Paraguai. *Anais do II Simpósio Nacional de Estudos Missioneiros.* Santa Rosa: Centro de Estudos Missioneiros, 1977, p. 171-187.

que as decisões fossem tomadas em conjunto, que os missionários não deveriam sair a sós, que um deveria apoiar o outro em momentos de fraqueza, e que um deveria fiscalizar as faltas do outro.

Deviam ter precaução na escolha do local da fundação das reduções, observar a existência de boas terras, água potável, bons pastos, peixes em abundância, aconselhando-se com os caciques que melhor conheciam a região. Estava previsto como deveria ser o traçado das ruas e edificações; a arquitetura e a decoração interna das igrejas deveriam ser padronizadas. Também aparece a preocupação com a autossuficiência das reduções, para que não faltassem alimentos e vestimenta; aconselhavam o plantio de árvores frutíferas, legumes e algodão, assim como a criação de animais e a construção de açudes, garantindo, ainda, a sobrevivência de velhos, doentes e viúvas.

Os caciques deveriam ser cativados para depois serem cristianizados. Observavam como deveria ser feita a catequização de crianças e adultos. Recomendavam a fundação de escolas para meninos, onde se ensinava o catecismo, a ler, a escrever, a cantar e a tocar instrumentos musicais. Os melhores alunos deviam ser recompensados. Davam instruções sobre o batismo, o casamento, a extrema-unção e os enterros. Previam um sistema de fiscalização da população e formas e tipos de castigos. Revelavam a preocupação com a erradicação das bebedeiras. Determinavam o isolamento das missões e o impedimento do contato com os espanhóis (encomendeiros). Introduziam as Cartas Ânuas[9], os livros de registro de batismo, de casamento e da população em geral (nascimento/óbito). Zelavam pela castidade e pela privacidade dos religiosos. Recomendavam a não cobrança dos índios pelos serviços religiosos.

Com o passar do tempo, "sempre a partir da experiência concreta, surgiram outras instruções de Provinciais, congregações ou Sínodos e de Gerais da Ordem"[10]. Posteriormente foram codificadas outras regulamentações relativas à organização interna das reduções. Em 1637 foi aprovada uma regulamentação pela Congregação Provincial. Depois, em 1691, nova regulamentação foi acrescentada pelo Geral

[9] As Cartas Ânuas eram relatórios anuais que descreviam o cotidiano das missões.

[10] RABUSKE, Arthur S. L. *Op. cit.*, p. 187.

da Companhia de Jesus, permanecendo ambas em vigor até a época da expulsão dos jesuítas.[11]

Em cada missão existiam apenas dois sacerdotes: o cura doutrineiro, que era geralmente um padre mais velho e experiente, e um jovem missionário chamado de companheiro, que lhe devia obediência. Havia constante rodízio entre os missionários para atender às necessidades locais e para impossibilitar prováveis enraizamentos.[12]

2.2 O Reducionismo

O reducionismo[13] fazia parte da política oficial da Coroa desde o início da ocupação da América,[14] pois era um projeto político de integração do índio ao sistema colonial.[15] A intenção era concentrar num mesmo local, aldeias indígenas dispersas, com o objetivo de facilitar, através da sedentarização e do contato diário com os missionários, a conversão e a evangelização. Era uma forma de "civilizar" o indígena, urbanizando-o, pela concentração e pelo isolamento em determinado espaço físico, favorecendo a tutela através da organização administrativa missional.

A redução também era uma maneira de garantir a submissão dos índios à Espanha através da organização dessas comunidades. Sua eficácia requeria a exclusão do nomadismo para que reinassem somente

---

11 Nesse mesmo período, de 1658 a 1661, o Padre Antonio Vieira elaborou os regulamentos das Missões Jesuíticas do Brasil. (KERN, Arno Alvarez. *Missões*: uma utopia política. Porto Alegre: Mercado Aberto, 1982, p. 127).

12 KERN, Arno Alvarez. *Op. cit.*, p. 131.

13 Foram usadas diversas denominações para as reduções, conforme a região, o estágio e a sua finalidade, tais como: doutrinas, conversões, aldeamentos, paróquias, povos, povoados e missões. (DALCIN, Ignacio. *Em busca da terra sem males.* Porto Alegre: EST/Palmarinca, 1993, p. 31).

14 Esta determinação já era prevista nos *Decretos de Alcalá de Henares* (1503), nas *Instruções de Valladolid* (1509), nas *Leis de Burgos* (1512), nas *Instruções aos Jerônimos* (1516), na *Real Cédula* (1551) e na *Recopilação das Leis de Indias* (1680). (RUSCHEL, Ruy Ruben. O sistema jurídico dos povos missioneiros. *Revista do Centro de Ciências Jurídicas da Universidade do Vale do Rio dos Sinos.* São Leopoldo, v. VII, n. 20, 1977, p. 73-89, p. 108). Mas, antes dos jesuítas, os franciscanos e dominicanos já haviam desenvolvido esse sistema de reunir os indígenas em povoados até 1580.

15 MELIÁ, Bartomeu. *El guaraní conquistado y reducido.* Asunción: CEADUC, 1986, p. 175.

as leis espanholas, colocando os índios sob a hierarquia administrativa imperial, subjugando-os duplamente: ao Estado e à Igreja.[16]

Nas Reduções Jesuíticas do Paraguai eram reunidas de quarenta a cinquenta parcialidades étnicas distintas, com seus respectivos caciques. Formava-se uma comunidade de três mil habitantes, podendo chegar a oito mil. Cada parcialidade, distinguida com o nome de um santo, era composta por cerca de duzentas pessoas, controladas e chefiadas por seus caciques, que eram os responsáveis pelo seu grupo de, aproximadamente, cinquenta pessoas que lhe tinham vinculação direta.[17] Dividem o mesmo espaço físico em convivência pacífica, esta "coabitação permanente é possível porque nas reduções os indígenas perdem os motivos que tinham, em estado natural, para fazerem a guerra entre as parcialidades". Quebra-se a unidade das parcialidades étnicas porque "o poder não pertence mais a ela de uma forma homogênea, como unidade, mas sim a um órgão distinto"[18].

Os antigos caciques Guarani que aceitavam prestar espontaneamente vassalagem ao monarca espanhol eram mantidos no poder, integrando-se "aos organismos de administração coloniais e a esfera jurídica da sociedade global espanhola". Tornavam-se funcionários da administração colonial hispânica, transformando-se em uma pequena nobreza reconhecida pela legislação colonial.[19]

O cargo de cacique torna-se vitalício e hereditário, independentemente das qualidades de orador, guerreiro e carisma pessoal. Isto significa que não se exige mais a aprovação e o apoio popular, mas apenas a aprovação dos padres. O que vai legitimar "a figura do cacique em reduções é o padre jesuíta e a estrutura imperial espanhola"[20]. Portanto, a aliança informal entre cacique e jesuíta descaracterizou progressivamente a instituição do cacicado Guarani.[21]

---

16 HAUBERT, Máxime. *A vida cotidiana*. Índios e jesuítas no tempo das missões. São Paulo: Cia. das Letras, 1990, p. 76.

17 RUSCHEL, Ruy Ruben. *Op. cit.*, p. 86-87.

18 CALEFFI, Paula. O traçado das reduções jesuíticas e a transformação de conceitos culturais. *Veritas*. Porto Alegre: II parte, v. 37, n. 145, junho 1992, p. 271, 268.

19 KERN, Arno Alvarez. *Op. cit.*, p. 40-41.

20 CALEFFI, Paula. *Op. cit.*, p. 268.

21 Ainda hoje é utilizada pela *política indígena* brasileira a antiga técnica jesuítica de implementar a estratificação social interna nas unidades locais do aparelho do poder

2.3 A Organização do Cabildo

O cabildo hispano-americano fora a cópia do antigo município castelhano medieval.[22] As Ordenanças de Francisco de Alfaro, de 1611, confirmadas pelo Rei Felipe IV em 1618, determinavam que cada redução deveria ter um cabildo, constituído integralmente por índios.[23] Cada redução passava a ser um cabildo, isto é, um município, dotado de completa estrutura político-administrativa e jurídica. O cabildo possuía diversos membros, na sua maioria caciques que desempenhavam funções específicas.

A autoridade superior do cabildo era o corregedor, uma espécie de prefeito que exercia outras funções além das administrativas, como as de presidente da câmara e do tribunal de justiça e líder militar. O seu cargo não era eletivo. O corregedor era indicado pelo cura e nomeado pelo governador provincial. Na verdade, ele exercia "importante papel político na sua função de 'Cacique principal', censor dos costumes, inspetor das atividades econômicas e da armazenagem dos bens comuns da Missão, juiz e mantenedor da ordem"[24]. O tenente de corregedor era o vice-prefeito que, substituiria o corregedor em caso de necessidade.

Existiam quatro regedores. Eram os delegados de bairros,[25] vereadores com diversas funções de natureza militar, judicial, do cuidado com as ruas, praças e prédios públicos e do controle do abastecimento.[26] Também ajudavam e cumpriam as tarefas que os alcaides determinassem.[27]

---

tutelar "conseguindo aliados e delegando-lhes poderes e privilégios, superpondo-se às estruturas de poder nativas". (LIMA, Antonio Carlos de Souza. *Um grande cerco de paz.* Poder tutelar, indianidade e formação do Estado do Brasil. Petrópolis: Vozes, 1995, p. 185).

22 KERN, Arno Alvarez. *Missões*: uma utopia política. Porto Alegre: Mercado Aberto, 1982, p. 44.

23 FURLONG, Guillermo. *Misiones y sus pueblos de guaranies.* Buenos Aires: Bolmes, 1962, p. 366.

24 KERN, Arno Alvarez. *Op. cit.*, p. 46, 48-49. RUSCHEL, Ruy Ruben. *Op. cit.*, p. 84. BRUXEL, Arnaldo. *Os Trinta Povos Guaranis.* 2. ed. Porto Alegre: EST/ Nova Dimensão, 1987, p. 50.

25 BRUXEL, Arnaldo. *Op. cit.*, p. 50.

26 RUSCHEL, Ruy Ruben. *Op. cit.*, p. 84.

27 FURLONG, Guillermo. *Op. cit.*, p. 371.

Dois alcaides possuíam jurisdição dentro das reduções e nas suas cercanias, denominados alcaides urbanos ou ordinários. Um era o alcaide de 1º voto e o outro de 2º voto. Suas atribuições eram de administração, de polícia e de justiça. Eram juízes de primeira instância, nos foros civis e criminais. Tinham autoridade para impor multas e castigos aos transgressores. E também existiam os alcaides da irmandade, ou os alcaides rurais. Tinham a incumbência de visitar as plantações particulares e perseguir os indivíduos que não trabalhassem Direito, fiscalizando os trabalhos nas sementeiras comuns.[28]

O alferes-real era o chefe militar comandante da milícia e depositário do estandarte real.[29] O alguazil era policial e oficial de justiça, executava as ordens do cabildo, cumprindo os mandados do corregedor, dos alcaides e de outras autoridades.[30] O escrivão era o secretário que registrava tudo que se decidia, redatando os acordos, autorizando os despachos.[31]

O procurador era uma espécie de promotor público ou deputado dos povos junto às autoridades administrativas e judiciais de Buenos Aires, Assunção e Espanha. Eram os representantes do povo junto aos tribunais chamados de Audiências.

Além das autoridades do cabildo existiam outras auxiliares, que lhe eram subordinadas: o mordomo era o encarregado dos depósitos, guarda e fiscalização dos bens de consumo; os oficiais de guerra exerciam autoridade sobre seu povo nas guerras coloniais em que eram convocados a ingressar nas tropas espanholas; o mestre de música, que tinha grande importância, uma vez que a música permeava o seu cotidiano; os alcaides de ofício, que controlavam os diversos grêmios de associações profissionais; os alcaides de mulheres e jovens eram os responsáveis pelo trabalho e pela produtividade dos jovens e das mulheres na fiação e na tecelagem do algodão; e o sacristão que era o responsável pelos cuidados com a igreja.[32]

---

28 HERNÁNDEZ, P. Pablo. *Organización social de las doctrinas guaraníes de la Compañia de Jesús*. Barcelona: Gustavo Gili, 1911, p. 34-35, 111. FURLONG, Guillermo. *Op. cit.*, p. 371.

29 RUSCHEL, Ruy Ruben. *Op. cit.*, p. 84. BRUXEL, Arnaldo. *Op. cit.*, p. 50.

30 BRUXEL, Arnaldo. *Op. cit.*, p. 50. RUSCHEL, Ruy Ruben. *Op. cit.*, p. 84. HERNÁNDEZ, P. Pablo. *Op. cit.*, p. 111-112.

31 RUSCHEL, Ruy Ruben. *Op. cit.*, p. 84. HERNÁNDEZ, P. Pablo. *Op. cit.*, p. 112.

32 RUSCHEL, Ruy Ruben. *Op. cit.*, p. 86.

Mas mesmo existindo toda esta hierarquia político-administrativa, controlada pelos indígenas, havia uma autoridade superior a todos que era a do cura e a de seu companheiro, representantes do governo espanhol com autoridade conferida pelo Real Patronato. Todas as atividades das missões estavam sob a supervisão do cura, a começar pela escolha do corregedor e a aceitação da indicação dos demais membros do cabildo, e todos eles trabalhavam sob supervisão, direção e controle do cura.[33]

Oficialmente, a administração da justiça ficava ao encargo do corregedor e dos alcaides, mas, na prática, a maioria dos processos eram revisados pelo cura antes da sentença final. Em casos mais complexos, o cura deveria consultar o superior ou algum jurista.[34]

Os curas eram juízes de pleitos que solucionavam pequenas causas no interior da missão. Porém, nos casos de apelação de pleitos envolvendo índios e o cura, ou entre reduções, havia juízes oficiais.[35] Além disso, os indígenas poderiam recorrer da sentença dos padres, aos superiores das missões que faziam visitas anuais, e ao provincial que visitava as missões a cada três anos.[36]

Toda legislação aplicada às reduções era regida pelas *Leis de Índias*, mas nem sempre eram suficientes e adequadas para o caso concreto das missões, e por solicitação papal, o Rei Felipe III concedeu em 1620, aos jesuítas da América, a autorização para redigirem o seu estatuto próprio de acordo com as suas necessidades, constituindo-se o *Livro das Ordens*, que era o seu corpo legislativo, do qual cada redução deveria ter um exemplar para garantir a uniformidade do procedimento.[37]

---

33 FURLONG, Guillermo. *Op. cit.*, p. 268. Como se observará no decorrer deste trabalho, era o padre "quem impunha o código penal castelhano (...); instruía os turnos de trabalho (...); determinava os horários de culto e de lazer (...); as regras morais (censura) e de convivência (policiais); era ele quem decidia sobre a organização das milícias", etc. (BACK, Silvio. Socialismo biônico dos Sete Povos das Missões. *In*: *Anais da I Jornada Regional da Cultura Missioneira*. Santo Ângelo: Centro de Cultura Missioneira, 1985, p. 115)

34 BRUXEL, Arnaldo. *Op. cit.*, p. 52.

35 FURLONG, Guillermo. *Op. cit.*, p. 263.

36 HERNÁNDEZ, P. Pablo. *Op. cit.*, p. 121.

37 HERRERO, Beatriz Fernández. *La utopía de América*: Teoría. Leyes. Experimentos. Barcelona: Antropos, 1992, p. 322.

No entanto, era apenas uma aparente autonomia legislativa e judiciária, pois em nenhum outro local da América Espanhola se respeitou tanto o "real Direito e domínio" e se exerceu com mais fidelidade o "real patronato e a jurisdição eclesiástica" do que nas missões jesuíticas.[38] Isto demonstra bem o caráter legalista dos jesuítas.

3. O DIREITO CIVIL NAS MISSÕES

O Direito civil missioneiro possuía normas do Direito canônico e do Direito castelhano. Do Direito canônico com relação ao Direito de família e do Direito castelhano com relação ao sistema de propriedade e nas relações de trabalho.

3.1 O Sistema de Propriedade

Ao iniciar o assunto a respeito do regime de propriedade implantado nas Missões Jesuíticas do Paraguai, convém reportar-se ao Direito público castelhano do século XVI.

A doutrina da soberania real apoiava-se em dois princípios: um de origem romana, o *Imperium*, legitimando o poder real de comando sobre seus súditos; o outro de origem medieval, o *Dominium*, garantindo ao rei o poder de posse sobre todo o território do Estado. "Era a soberania a um só tempo *jus in personam* e *jus in re*." Tal concepção garantiu à Coroa ampliar a propriedade a todo país que era submetido à soberania real, inclusive as terras conquistadas na América.[39]

Com o intuito de incentivar conquistadores particulares, os reis de Espanha e Portugal, transferiram aos "empresários" o seu Direito à conquista, "e também lhes davam a faculdade para adjudicar-se certa porção do conquistado e dar o resto a seus companheiros subordinados, reservando certa porcentagem ao rei"[40].

Além de explorar a terra à qual tinham Direito de posse, os conquistadores também exploravam a população nativa que já habitava aquela região, através da mão de obra e do pagamento de impostos. Mas o rei

---

38 HERRERO, Beatriz Fernández. *Op. cit.*, p. 322.

39 RUSCHEL, Ruy Ruben. *Op. cit.*, p. 78.

40 BRUXEL, Arnaldo. *Op. cit.*, p. 47-48.

permanecia sempre com o alto domínio sobre as terras doadas, podendo dispor desses bens, à medida que o bem público o exigisse.[41] O território dos Trinta Povos das Missões, não havia sido ainda efetivamente conquistado, nem por meios pacíficos, nem por meios militares, antes da chegada dos jesuítas, nem o rei, nem particulares tinham sua posse.

Inspirado na tese do jurista Francisco de Vitoria, que garantia aos indígenas o Direito de propriedade aos seus bens originários, desde que se sujeitassem à Coroa pacificamente,[42] no início da pregação dos jesuítas na região platina, o rei de Espanha, por intermédio de seus legítimos representantes, os governadores de Assunção e Buenos Aires, cessou qualquer doação anterior que pudesse existir e confirmou a posse do território aos índios Guarani, desde que se convertessem temporal e espiritualmente pelos membros da Companhia de Jesus, submetendo-se pacífica e voluntariamente ao rei da Espanha, adquirindo alguns direitos e alguns deveres.[43]

Os direitos concedidos pelo rei de Espanha eram:

> O de ficarem para sempre na posse de todas as terras, que tinham herdado de seus antepassados, de nunca terem que ir servir pessoalmente aos espanhóis, como os outros índios submetidos à Coroa, de nunca serem diretamente governados por espanhóis, mas por corregedores e oficiais de sua raça, sob a direção dos padres da Companhia.[44]

Em contrapartida, os seus deveres para com a Coroa:

> Aceitar o cristianismo e a vida civil correspondente, conservando, é claro, tudo quanto de sua vida antiga pudesse ser conservado; pagar um pequeno tributo não já aos cobradores inferiores, mas diretamente à Caixa Real, em Buenos Aires, por meio dos padres da Companhia; dar auxílio militar aos governadores, quando legitimamente requeridos para tal; não hostilizar os espanhóis e defender a fronteira contra os inimigos do leste.[45]

Bruxel classificou a propriedade adotando o critério do sujeito que tem Direito a ela, enumerado do mais alto detentor de direitos, representado pelo rei ou a nação, até o mais baixo detentor de direitos,

---

41 BRUXEL, Arnaldo. *Op. cit.,*1987, p. 46.

42 RUSCHEL, Ruy Ruben. *Op. cit.*, p. 79.

43 BRUXEL, Arnaldo. O sistema de propriedade das reduções guaraníticas. *Pesquisas*. Porto Alegre: IAP, n. 3, 1959. p. 48-49.

44 BRUXEL, Arnaldo. *Op. cit.*, p. 49.

45 BRUXEL, Arnaldo. *Op. cit.*, p. 49-50.

caracterizado pelo indivíduo ou cada índio particular. Segundo ele, a propriedade real engloba "os direitos que a lei escrita e consuetudinária daqueles tempos concedia aos reis", referente ao território metropolitano e às colônias, "antes e depois da conquista"[46].

O Direito do vice-rei ou audiência real eram os meios dos quais dispunha para interferir em questões de propriedade, normalmente coincidentes com os direitos reais, com algumas restrições impostas pelas *Leis de Índias*. Os direitos interprovinciais eram aqueles que poderiam ter sido anexados ao território dos Trinta Povos, isto é, às províncias contíguas: a do Paraguai, a do Rio da Prata e do Brasil.[47]

A propriedade provincial era "a posse que competia ao conjunto dos Trinta Povos (...) considerados como um todo, como uma pessoa jurídica, por si, em questões de propriedade."[48] Possuíam uma espécie de alto domínio desde que não ferisse o alto domínio do rei e de seus representantes na América.

As vacarias eram comuns. A Vacaria do Mar compreendia o sudeste do Rio Grande do Sul e quase todo o Uruguai, e a Vacaria dos Pinhais, no planalto do nordeste do Rio Grande do Sul.[49]

Os Ofícios das missões, localizados nos colégios da Companhia em Santa Fé e Buenos Aires, no qual cediam o terreno ou vendiam ou cediam o usufruto do terreno. Pelos Ofícios passavam todas as compras e vendas que os povos faziam para fora ou entre si.

A propriedade inter-reducional caracterizava-se pela posse conjunta, ou por obra comum de duas ou mais reduções sem pertencer aos Trinta Povos como um todo. Em nenhuma documentação foi feita referência a tal tipo de propriedade, mas provavelmente deve "ter havido muitas destas coisas e obras, como pontes, estradas, explorações de ervais nativos, de matos de madeiras especiais, pedreiras, oficinas, embarcações, estâncias"[50].

A propriedade municipal era aquela correspondente a uma única redução. Pertencia a todo o povo da redução. Era composta pelo "conjunto dos territórios que possuíam os caciques e seus vassalos"[51].

[46] BRUXEL, Arnaldo. *Op. cit.*, p. 38-39.
[47] BRUXEL, Arnaldo. *Op. cit.*, p. 39.
[48] BRUXEL, Arnaldo. *Op. cit.*, p. 40.
[49] BRUXEL, Arnaldo. *Op. cit.*, p. 82.
[50] BRUXEL, Arnaldo. *Op. cit.*, p. 40, 98.
[51] BRUXEL, Arnaldo. *Op. cit.*, p. 40, 100.

Cada redução tinha os seus próprios bens, que eram intransferíveis, pois o *Regulamento de Doutrinas* de 1637 proibia que o superior geral tomasse os bens de uma redução para dar a outra.[52] Metade da terra cultivada pertencia à comunidade, chamada de *Tupambaé*, ou coisas de Deus, onde todos deveriam trabalhar gratuitamente, pois a sua produção revertia em benefício de todos.

Além das áreas destinadas à agricultura, também possuíam as terras de extração de ervais e matas, as terras de moradia, as terras de circulação e as terras baldias. Fazia parte do *Tupambaé* a horta dos padres, que normalmente ficava atrás do colégio e da igreja. Os seus produtos eram distribuídos da seguinte forma: "as flores para a igreja, as frutas e hortaliças para os padres, doentes e crianças"[53].

Os edifícios públicos incluíam todos aqueles que não eram exclusivos das famílias e dos indivíduos: as igrejas, capelas, oratórios, cemitérios, colégios, oficinas, os edifícios para a administração pública, hospitais, cárceres, cotiguaçu, a casa de hóspedes, etc. Os bens móveis eram todos os objetos que pertenciam aos edifícios públicos, os meios de transporte terrestre e fluvial, barcos, balsas e canoas.

Os bens semoventes eram os animais de corte, de tração, de montar e que forneciam a lã.[54] Os animais de carga e de transporte eram emprestados das comunidades às famílias e indivíduos, mas em relação aos animais de montaria, os regulamentos faziam restrições, autorizando apenas a posse de bois e asnos.[55]

A propriedade cacical, geralmente um imóvel era "reservada aos caciques e seus vassalos dentro de cada povo", abrangendo casas, região de lavoura, em que os caciques "e seus vassalos trabalhavam como em propriedade do seu cacicado"[56]. Após o descanso do seu uso por anos consecutivos, essa propriedade revertia ao uso comum, podendo ser doada ao *Tupambaé* ou a particulares.[57]

---

52 HERNÁNDEZ, P. Pablo. *Op. cit.*, p. 591.

53 BRUXEL, Arnaldo. O sistema de propriedade das reduções guaraníticas. *Pesquisas*. Porto Alegre: IAP, n. 3, 1959, p. 104, 112.

54 BRUXEL, Arnaldo. *Op. cit.*, p. 130.

55 HAUBERT, Máxime. *Op. cit.*, p. 203.

56 BRUXEL, Arnaldo. O sistema de propriedade das reduções guaraníticas. *Pesquisas*. Porto Alegre: IAP, n. 3, 1959, p. 41.

57 BRUXEL, Arnaldo. *Op. cit.*, p. 141.

O cabildo determinava qual terra cultivável ficaria ao encargo do cacique. Este, por sua vez, distribuía cada pedaço de terra a cada família; às vezes, as famílias escolhiam a parte que lhe interessava, desde que não houvesse conflito de interesses. Durante anos a família explorava essas terras até o seu esgotamento. A partir daí ela retornava ao cacique e, consequentemente, ao bem comum, retornando a outra família, após sua recuperação. A posse da casa também era obtida a título transitório.[58]

A propriedade familial era a posse de determinados objetos de que o indivíduo só poderia dispor à medida que fosse autorizado pela família.[59] São eles: alguns animais de estimação como papagaios, pássaros de canto e de plumagem colorida, macacos, caxinguelês, cachorros e gatos; os instrumentos agrícolas: machados, sacos, cestas, redes de transporte de colheita; com exceção das armas de fogo, as armas de caça e de pesca poderiam pertencer à família ou ao indivíduo; as canoas e balsas que não pertenciam ao uso comum, os instrumentos de trabalho doméstico, os móveis da família e as estátuas de barro e de madeira eram propriedade da família.[60]

E, finalmente, a propriedade individual, que "se referia a coisas de que o indivíduo tinha pleno domínio, *jus utendi* e *abutendi*, de fazer com elas o que quisesse". Era a posse real do indivíduo de algumas armas de caça e pesca, de vestimentas e de adornos.[61]

Existiam duas categorias de bens: o *Tupambaé*, coisas de Deus, que consistia na propriedade de uso coletivo, e o *Abambaé*, coisas do homem, para usufruto familiar ou individual.[62] Na realidade, o *Tupambaé* constituía um conjunto de bens e de empresas gerido pela comunidade, mas administrado diretamente pelos jesuítas.[63]

Com relação ao *Abambaé*, os padres, na condição de tutores dos índios, também administravam o trabalho desenvolvido em seus bens de família e particulares, assim como os bens decorrentes deles, pois o efetivo Direito de posse desses bens era relativo. "Podia dispor à vontade, mas se o malbaratava ficava sujeito a reprimendas e castigos,

[58] BRUXEL, Arnaldo. *Op. cit.*, p. 142.
[59] BRUXEL, Arnaldo. *Op. cit.*, p. 41.
[60] BRUXEL, Arnaldo. *Op. cit.*, p. 41, 146, 149, 150-151, 153, 157.
[61] BRUXEL, Arnaldo. *Op. cit.*, p. 41, 166-168.
[62] RUSCHEL, Ruy R. *Op. cit.*, p. 80.
[63] HAUBERT, Máxime. *Op. cit.*, p. 104.

não porque não se lhe reconhecesse o Direito de dispor, mas porque era criança grande e era necessário educá-lo e acostumá-lo a agir de acordo com a responsabilidade"[64].

Embora a Espanha estivesse ingressando numa economia mercantilista, própria da transição da Idade Média para a Moderna, ainda convivia com resquícios e influências medievais, como a propriedade coletiva dos cabildos municipais. Portanto, pode-se concluir que o *Abambaé*, a propriedade particular das missões – teve sua influência nos preceitos do capitalismo, mas o *Tupambaé*, a propriedade comunal – obteve influência do sistema econômico medieval europeu. A única inovação foi a substituição do nome europeu por uma palavra indígena para definir cada tipo de propriedade.

3.2 As Relações de Trabalho

Dentro desse novo padrão socioeconômico da sedentarização, da concentração e da urbanização da população indígena reduzida, aparece a organização produtiva. A tutela religiosa faz com que o trabalho organizado passe a ser uma obrigação para homens, mulheres e crianças, assumindo uma força moralizadora, desconhecida para as populações indígenas. A ideia dominante de que os índios eram um povo preguiçoso, incapaz, órfão e indisciplinado incentivou a implantação de um sistema produtivo nas reduções, sendo um dos objetivos "humanizá-los" pelo trabalho e introduzi-los no mundo civilizado.

Através do trabalho, com o aumento da produção em qualidade e quantidade, os Guarani teriam acesso aos bens indispensáveis à sua subsistência e também aos bens materiais "supérfluos" que até então não conheciam e, portanto, deles não necessitavam.

Rompe-se o ritmo do trabalho indígena que passou a ser considerado insuficiente, através da tentativa de eliminar seus "vícios" tais como: as interrupções do trabalho intercaladas com descanso, festas e jogos.[65] Procurava-se garantir o aproveitamente do tempo tornando-o

---

64 BRUXEL, Arnaldo. O sistema de propriedade das reduções guaraníticas. *Pesquisas*. Porto Alegre: IAP, n. 3, 1959, p. 158.

65 MARTINS, Maria Cristina Bohn. *Os Guarani e a economia da reciprocidade*. São Leopoldo, 1991. Dissertação (Mestrado em História – Estudos Ibero-Americanos), Universidade do Vale do Rio dos Sinos, p. 329.

integralmente útil, através do "controle ininterrupto, pressão dos fiscais, anulação de tudo o que possa perturbar e distrair"[66].

Cria-se, assim, um novo sistema de produção, "hierárquico, autoritário e coercitivo", totalmente diverso do Guarani.[67] Cada indivíduo tem definido o seu papel produtivo, bem como a sua parcela na distribuição dos bens produzidos.[68] Aquele indivíduo que não se enquadrasse no padrão de comportamento de trabalhador disciplinado era rechaçado, vindo a receber sanção moral e física.

O trabalho disciplinado passa a ser uma obrigação legal, e a sua omissão, ou seja, o não-trabalhar, ou o não-trabalhar de acordo com os padrões estabelecidos de um trabalho altamente produtivo e disciplinado, passa a ser infração penal.

A disciplina ajuda no aumento das aptidões dos indivíduos tornando-os mais úteis ao processo produtivo e mais "dóceis" no processo de conversão.

A sanção para os que negligenciassem o trabalho era o chicote, a prisão e a supressão da ração diária, dependendo da gravidade do delito. Normalmente a aplicação dos castigos acontecia mais aos indivíduos que não cumpriam o seu dever na roça particular, pois os índios, por tradição, tinham mais motivação no trabalho coletivo do que no individual.[69]

3.3 A Família

Os jesuítas introduziram nas missões nova estrutura social, fundamentada na concepção cristã de família. A família nuclear substitui a grande família, e a monogamia tenta substituir a poligamia. Até mesmo as residências familiares foram projetadas para abrigar apenas a pequena família nuclear. Desaconselhava-se o convívio de mais de

---

66 FOUCAULT, Michel. *Vigiar e punir.* História da violência nas prisões. 14. ed. Petrópolis: Vozes, 1996, p. 137.

67 MARTINS, Maria Cristina Bohn. *Op. cit.*, p. 323.

68 DECKMANN, Eliane Cristina. *O imaginário dos séculos XVI e XVII, suas manifestações e alterações na prática missionária jesuítica.* São Leopoldo, 1991. Dissertação (Mestrado em História – Estudos Ibero-Americanos), Universidade do Vale do Rio dos Sinos, p. 275.

69 BRUXEL, Arnaldo. *Os Trinta Povos Guaranis*. 2. ed. Porto Alegre: EST/Nova Dimensão, 1987, p. 178.

uma família sob o mesmo teto para evitar o adultério. As casas ganhavam divisões internas, desestimulando assim as relações ou casamentos consanguíneos.

Alguns casamentos preferenciais dos Guarani foram abolidos, considerados incestuosos, como o casamento entre tios e sobrinhas e entre primos.

Junto com a condenação do divórcio veio também a supervalorização da virgindade, da fidelidade matrimonial, da castidade e do celibato, conceitos até então totalmente estranhos à cultura Guarani.

Dentre todos os costumes Guarani, a poligamia foi o que mais preocupou e deu trabalho aos missionários, pois foi o mais difícil de erradicar. Nos primeiros anos da redução, os caciques relutaram a abdicar de suas várias mulheres para ficar apenas com uma delas. Além da questão amorosa ou sexual, os caciques se sentiam ameaçados de perder a autoridade, o prestígio, a riqueza e a retribuição generosa que o trabalho das suas mulheres lhe proporcionavam.

Diante de tal situação, não se estabeleceu uma norma única, mas em função da experiência missionária, averiguou-se que a maneira de obter bons resultados na evangelização seria permitindo ao cacique a escolha da mulher com a qual gostaria de casar-se, independente de ser a primeira ou não. Aliás, normalmente escolhiam as mais novas.

Depois de escolhida a mulher para esposa, a poligamia não era mais permitida. Qualquer relação ilícita ou adúltera era ameaçada com punição divina e recebia o devido castigo terreno, normalmente o açoite.

Não se tolerava o concubinato. Os guardas públicos (diurnos e principalmente os noturnos), os caciques, os pais de família e as crianças eram vigilantes e fiscalizadores da moral pública. Os apanhados em flagrante eram perseguidos e castigados exemplarmente.[70]

Na viuvez de um dos cônjugues, se ainda jovem, "ou seja, capaz de pecar, os jesuítas se esforçam por casá-lo novamente o mais depressa possível". Nesse ínterim, as viúvas eram "confiadas aos pais ou a uma parenta idosa e virtuosa", o mesmo ocorrendo "em relação

---

70 MONTOYA, Antonio Ruiz de, S. J. *Conquista espiritual feita pelos religiosos da Companhia de Jesus nas Províncias de Paraguai, Paraná, Uruguai e Tape*. Porto Alegre: Martins Livreiro, 1985, p. 170.

às órfãs ou às mulheres cujo marido, estivesse, ausente da redução, ou fugido"[71].

As mulheres e moças sozinhas eram enviadas ao *cotiguaçu*, juntamente com as mulheres que estavam cumprindo pena. Sempre dirigidas e vigiadas por uma mulher de mais idade. Durante o dia tinham permissão para visitar seus parentes, mas à noite eram trancadas. Qualquer indivíduo que tentasse penetrar no *cotiguaçu* para manter relações sexuais com as reclusas ou para raptá-las era severamente punido.[72]

A idade considerada ideal para o casamento era quinze anos para a mulher e dezessete para o homem. Temendo a luxúria entre os jovens, os provinciais ordenavam aos curas que cassassem os jovens ao atingir a idade estipulada, mesmo que tivessem de procurar o parceiro ou a parceira em outras reduções. Mas também recomendavam que não se permitisse o casamento antes da idade determinada, pelo perigo da instabilidade de um matrimônio precoce.[73]

Após consultar os noivos, os pais se dirigiam ao padre para participar o casamento. O cura conferia a liberdade de escolha de ambos e expunha-lhes os impedimentos à legitimidade, ou validade do matrimônio.[74]

4. O DIREITO PENAL NAS MISSÕES

O Direito penal nas missões também recebeu influência do Direito canônico nas questões relativas à moral e aos "bons costumes", e nos crimes praticados contra a fé e a religião (heresia, feitiçaria, sacrilégio, apostasia e outros). Os demais atos imputados como crime, e o sistema de sanções introduzido nas reduções têm sua origem no Direito castelhano.

4.1 O Sistema de Vigilância

Como os índios eram considerados incapazes e irresponsáveis, para manter a disciplina, a alta produtividade e o respeito aos princípios morais cristãos, era justificada a existência de um sistema de

---

71 HAUBERT, Máxime. *Op. cit.*, p. 252.

72 HAUBERT, Máxime. *Op. cit.*, p. 151-153.

73 HAUBERT, Máxime. *Op. cit.*, p. 251-252.

74 HERNÁNDEZ, P. Pablo. *Op. cit.*, p. 98. FURLONG, Guillermo. *Op. cit.*, p. 289.

polícia e vigilância nas missões funcionando vinte e quatro horas por dia. Como observa Foucault, "a vigilância torna-se um operador econômico decisivo, na medida em que é ao mesmo tempo uma peça interna no aparelho de produção e uma engrenagem específica do poder disciplinar"[75].

O sistema de vigilância já estava previsto nas duas primeiras instruções das missões:

> Tenham um fiscal ou dois, conforme o número das pessoas, dando-lhes por ajuda alguns rapazes grandes, bem como algum sacristão. (...) De três em três dias ou de quando em quando os dois companheiros saiam juntos pelo povoado, para que não haja bebedeiras. Delas e dos enfermos avisarão os fiscais e meninos da escola, tomando-os muito a peito e dando-se prêmio a quem melhor o fizer.[76]

Cada redução estava dividida em seis, oito ou mais quartéis ou bairros, de acordo com a área de circunscrição de cada cacicado. Os repectivos caciques eram responsáveis pelos seus pares.

Cada grupo de ofício: os carpinteiros, os tecedores, os ferreiros, as mulheres, as crianças possuía um capataz que controlava o bom andamento dos trabalhos e relatava ao cura, semanalmente, após a missa do domingo, o que sucedera durante a semana.[77] Mas, cotidianamente, após ouvir as confissões de seus neófitos, os padres fiscalizavam os trabalhos na agricultura e também nas oficinas e escolas.[78]

Além desta fiscalização diária das atividades produtivas das reduções, o próprio cura ou seu companheiro fazia sua guarda duas a três vezes por semana, percorrendo pessoalmente toda a redução, visitando as famílias, os enfermos, para averiguar se tudo estava nos conformes.[79]

---

75 FOUCAULT, Michel. *Op. cit.*, p. 157.

76 RABUSKE, Arthur S. J. A Carta Magna das reduções do Paraguai. In: *Anais do II Simpósio Nacional de Estudos Missioneiros*. Santa Rosa: Centro de Estudos Missioneiros, 1977, p. 182.

77 FURLONG, Guillermo. *Op. cit.*, p. 372.

78 FLORES, Moacyr. A catequese dos guaranis e os conflitos com o colonialismo espanhol. *In*: *Anais do VII Simpósio Nacional de Estudos Missioneiros*. Santa Rosa: Centro de Estudos Missioneiros, p. 83.

79 HERNÁNDEZ, P. Pablo. *Op. cit.*, p. 116. Essas visitas periódicas individuais à população foi uma prática que se instalou na Europa da Contrarreforma, com "objetivos religiosos (a conversão e a moralização), econômicos (o socorro e a incitação ao

Com a intenção de evitar desordens, rebeldias e imoralidades, todos os dias, a uma certa hora da tarde, era dado o toque de recolher, sendo proibido o trânsito de pessoas pelas ruas. Os transgressores eram detidos e punidos.[80]

Conforme costume romano e medieval, a noite era dividida em três vigílias: das 21 às 24 horas, das 24 às 3 horas e das 3 às 6 horas. Os guardas noturnos se revezavam, ao som de tambores que marcavam a mudança de turno. Além de ficarem atentos para qualquer desordem interior, os vigilantes noturnos também tinham a função de evitar possíveis ataques de estranhos.[81]

As crianças eram as grandes aliadas dos padres na busca de informações sobre os delinquentes, desordeiros, pecadores e imorais. Constituíam um poderoso auxílio no controle dos adultos. Avisavam tudo que acontecia nas reduções: "chegada de infiéis, doenças e nascimentos, preparativos de festas com bebidas e outras infrações ao regulamento ou à moral pública e privada"[82].

Os padres encontravam ainda maior eficiência e lealdade nas crianças e adolescentes que pertenciam às Congregações Marianas, as chamadas "Juventudes Jesuíticas":

> Fazem as preces diariamente no rosário, flagelam-se e usam o cilício toda semana, falam às mulheres de olhos baixos como os jesuítas e se confessam com frequência. São também os espiões mais diligentes para os pecados dos outros: repreendem o culpado e fazem um relatório aos missionários. Em suma, 'são temidos e odiados por todos aqueles que não vivem de forma cristã, pois estes sabem que não podem fechar as bocas. Até suas mães, quando

---

trabalho), ou políticos (luta contra o descontentamento ou a agitação). (...) O território a cobrir está dividido em bairros e cantões." Buscam obter informações sobre "estabilidade de habitação, conhecimento das orações, frequência aos sacramentos, conhecimento de um ofício, moralidade". (FOUCAULT, Michel. *Op. cit.*, p. 186-187).

80 HERNÁNDEZ, P. Pablo. *Op. cit.*, p. 117.

81 FURLONG, Guillermo. *Op. cit.*, p. 372.

82 HAUBERT, Máxime. *Op. cit.*, p. 181. A utilização de crianças como informantes é influência da escola cristã moderna, cujo objetivo não era "simplesmente formar crianças dóceis; deve também permitir vigiar os pais, informar-se de sua maneira de viver, seus recursos, sua piedade, seus costumes. A escola tende a construir minúsculos observatórios sociais para penetrar até nos adultos e exercer sobre eles um controle regular". (FOUCAULT, Michel. *Op. cit.*, p. 186).

> se lhes pergunta em confissão se cometeram algum pecado, só podem dizer: Não cometi, senão meu filho já teria me repreendido'.[83]

O conhecimento dos fatos facilitava aos alcaides e caciques averiguar a sua veracidade e tomar as devidas providências.[84]

Este sistema era muito eficiente, sendo quase impossível alguém escapar da vigilância. Apanhados em flagrante, eram severamente castigados e perseguidos pela comunidade. Convertida a aldeia, "dificilmente algum membro escapava da observância das regras e da vigilância dos padres. Os mais recalcitrantes eram mormente os velhos ou os jovens guerreiros, mas logo se viam escorraçados e perseguidos pelo restante da tribo, e iam pedir perdão aos padres"[85].

4.2 A ideia de Pecado

O controle das pessoas não se fazia apenas de forma material, auxiliado pelos caciques, alcaides, guardas e crianças, além da averiguação pessoal do cura. Os padres utilizaram outra estratégia muito mais eficiente no tolhimento dos impulsos desviantes de seus pupilos, que foi a introdução da ideia de culpa e de pecado, até então inexistente no imaginário Guarani.

A noção de pecado, de culpa, de castigo e de moral introduzida na cultura indígena pelos jesuítas exacerbara-se a tal ponto que levou diversas aldeias "a uma tendência à supervalorização da culpa"[86].

Uma vez batizado o indivíduo passava a carregar uma culpa permanente podendo qualquer ato ou pensamento ser considerado "errado" e "punível" pelos jesuítas, uma vez que a partir daí, passava a reconhecer a autoridade deles "sobre a alma e o corpo do convertido"[87]. Aliado à ideia de pecado, estava o sacramento da confissão. Mesmo com a promessa dos padres de que não haveria nenhuma punição em função do que se ouvisse em confissão, ela também se manifestava como eficiente

---

83 HAUBERT, Máxime. *Op. cit.*, p. 181-182.

84 FURLONG, Guillermo. *Op. cit.*, p. 372.

85 GADELHA, Regina. *As missões jesuíticas do Itatim*. Rio de Janeiro: Paz e Terra, 1980, p. 223.

86 DECKMANN, Eliane Cristina. *Op. cit.*, p. 521.

87 GAMBINI, R. *O espelho índio*. Os jesuítas e a destruição da alma indígena. Rio de Janeiro: Espaço e Tempo, 1988, p. 201-202.

instrumento de controle social, pois era uma forma de saber, além das ações dos indivíduos, o que se passava no seu pensamento.

No início os indígenas não tinham a ideia de pecado, por isso a confissão foi sendo introduzida aos poucos: primeiro as crianças que eram mais suscetíveis, depois os pais, que passavam a imitá-las. Posteriormente foram impondo algumas restrições, como o jejum e a abstinência durante a Quaresma.[88]

Segundo os missionários, a maioria dos indígenas apresentava boa disposição para a confissão, mas os pajés a condenavam, alegando que "não passava de um meio de saber das vidas alheias e de conhecer os segredos de todo mundo"[89], donde se concluiu que, de forma geral as liberdades individuais foram minimizadas nas reduções.

4.3 A Liberdade Individual

Ainda inserida neste contexto de vigilância e controle da população, ficava a questão da liberdade dos indivíduos. Por serem considerados indefesos e imaturos, os índios reduzidos permaneciam isolados do mundo colonial, sendo cerceada a sua liberdade de ir e vir, pois era proibida a sua saída da redução sem a prévia autorização do cura. Essa intenção já se encontrava na instrução de 1609, do provincial Diogo de Torres Bollo, na ocasião da fundação das reduções no Guairá.[90]

Conforme o que se observa na Real Cédula de 1681, além da questão da garantia da "liberdade" indígena, também se queria evitar que os indígenas adquirissem os vícios e "imoralidades" próprios dos homens "civilizados", evitando-se o contato dos índios reduzidos com outras parcelas da população colonial.[91]

Se, por um lado, a intenção de tutorar e isolar os indígenas em aldeias era garantir a sua "liberdade" perante as demais formas de opressão existentes no mundo colonial, isolá-los em reduções também era uma forma de cercear a sua liberdade.

---

88 GADELHA, Regina. *As missões jesuíticas do Itatim*. Rio de Janeiro: Paz e Terra, 1980, p. 223.

89 DECKMANN, Eliane Cristina. *Op. cit.*, p. 400-404.

90 RABUSKE, Arthur S. J. *Op. cit.*, p. 176.

91 FURLONG, Guillermo. *Op. cit.*, p. 293.

Outra forma de isolar os indígenas do mundo colonial era proibir a aprendizagem do idioma castelhano, mesmo contrariando a legislação espanhola, pois a Real Cédula de 28 de dezembro de 1743 dispunha que todos os súditos da Coroa Espanhola deveriam aprender o castelhano.[92] Manter o idioma Guarani tornava os indígenas cada vez mais dependentes dos seus sacerdotes. A intenção não era a de preservar a cultura indígena, mas de isolar o índio do meio, "colonizando-o numa cultura pré-fabricada falada em sua própria língua"[93].

Um outro limite à liberdade do indígena reduzido era a proibição de andarem a cavalo, dificultando assim a sua mobilidade, impedindo que se afastassem das reduções.

A tutela econômica que restringia a liberdade dos índios era a mediação dos padres em qualquer atividade produtiva e em transações comerciais, sempre justificada como forma de evitar que eles fossem enganados por comerciantes inescrupulosos. Mas, na realidade, tal procedimento impedia a sua autogestão econômica.

4.4 O Sistema de Punições

A tutela dos indígenas, confiada aos jesuítas pelo rei e pelos governadores, era suficiente para lhes conferir autoridade para fixar e executar as penas, independentemente de possuírem autoridade judicial de jurisdição criminal.[94]

A administração da justiça criminal era auxiliada pelo corregedor e pelos alcaides, mas sempre eram os padres que davam a palavra final, "eram eles que controlavam e assessoravam as autoridades indígenas, esclarecendo melhor os fatos, reduzindo ou aumentando o castigo"[95]. Desde a instalação das primeiras missões no Paraguai, os padres estabeleceram normas de conduta com todo um sistema de

---

92 HERRERO, Beatriz Fernández. *Op. cit.*, p. 335.

93 GARAVAGLIA, Juan Carlos. *Economía, sociedad y regiones*. Buenos Aires: Ediciones de la Flor, 1987, p. 151. É bom deixar claro que o isolamento das missões era relativo; na realidade, quem se isolava do contato com os brancos eram os índios, porque as reduções como um todo estavam plenamente inseridas no mundo colonial, tanto no aspecto econômico, na comercialização de sua produção, quanto no aspecto institucional, estando subordinadas à Igreja e à Coroa Espanhola.

94 HERNÁNDEZ, P. Pablo. *Op. cit.*, p. 127.

95 FURLONG, Guillermo. *Op. cit.*, p. 373.

sanções aos indivíduos delinquentes, a fim de manter a ordem por eles estabelecida.[96]

Pode-se averiguar, na citação abaixo, que já existiam normas de Direito penal nas duas primeiras instruções, do Padre Diogo para as missões, datadas de 1609 e 1610, preocupando-se principalmente em erradicar o xamanismo:

> Os seus pleitos pacifiquem-nos com todo o amor e caridade. Repreendam nisso os culpados e nos demais vícios públicos corrijam-nos e os castiguem a seu tempo com amor e inteireza, especialmente os feiticeiros, a propósito dos quais procurem estar informados. Não se emendando, desterrem-nos, do centro da população, por serem muito perniciosos.[97]

Referindo-se à repressão do alcoolismo, as instruções ditavam o seguinte:

> Para remediar as borracheiras, vício tão comum entre os índios, ordena o P. Torres que os padres, de tempos em tempos, saiam pelo povoado, para atalhá-las com a sua autoridade. Usem nisto de prudência e tolerância com os infiéis, mas não as suportem com os já batizados, procurando energicamente sua emenda e começando por meio de repreensões, passando a castigos, se elas não bastarem.[98]

Segundo Haubert, a prática dos castigos públicos nas missões iniciou com as crianças, "a fim de lhes ensinar a reverência e o temor dos adultos. Mais tarde, os pais que não castigam os filhos serão chicoteados com eles!"[99]

Os castigos aplicados em autoridades sofriam certas restrições. Acatando o costume espanhol, os caciques não podiam ser castigados em público para não desmoralizar a sua autoridade. Os corregedores

---

[96] O que se poderia chamar de código penal das missões estava inserido no *Livro das Ordens*, no qual estavam registradas todas as determinações das autoridades eclesiásticas e da administração espanhola. As cópias desses manuais eram distribuídas a cada redução, para padronização do procedimento do Direito criminal e de todas as demais atividades nas reduções. (KERN, Arno Alvarez. *Op. cit.*, 1982, p. 57.)

[97] RABUSKE, Arthur S. J. A Carta Magna das reduções do Paraguai. In: *Anais do II Simpósio Nacional de Estudos Missioneiros*. Santa Rosa: Centro de Estudos Missioneiros, 1977, p. 176. Acredita-se que os feiticeiros referidos seriam os xamãs, ou seja, os líderes religiosos.

[98] RABUSKE, Arthur S. J. *Op. cit.*, p. 186.

[99] HAUBERT, Máxime. *Op. cit.*, p. 178.

e alcaides só podiam ser castigados e destituídos de seus cargos com a licença do superior.[100] Jamais poderiam ser acorrentados ou algemados. As testemunhas eram sempre ouvidas e acareadas. Geralmente a punição era apenas uma reprimenda.[101]

Os açoites se realizavam quase sempre em praça pública, nas quais havia uma coluna de pedra com uma cruz, que se chamava "rolo", simbolizando a "insígnia da jurisdição", onde amarravam as pessoas para serem expostas à vergonha pública. Moradores do campo também tinham de ser trazidos à sede da redução para serem castigados em praça pública. Para evitar excesso na punição, os açoites eram supervisionados e controlados pelo padre.[102] Aos domingos e feriados os delinquentes não podiam ser chicoteados.[103]

Homens, mulheres e crianças recebiam a pena do suplício, isto é, castigos físicos, mas a quantidade de chibatadas e a forma como iriam ser castigados dependiam do grau de gravidade do crime cometido e da condição do agente infrator.

As mulheres eram chicoteadas nos ombros, recebendo no máximo doze chibatadas. Normalmente, não eram castigadas em público, mas na prisão feminina. O castigo era aplicado pelos pais às moças solteiras; por mulher de mais idade às casadas, e se o delito fosse muito grave, por um ancião, evitando-se assim, a violência nos golpes.[104] Em 1664, o provincial proibiu o castigo da chibata às mulheres, solteiras ou não, "alegando que havia outros castigos proporcionais a sua fragilidade e à decência"[105].

Mas, pelo visto, a ordem não durou por muito tempo, pois em 1682 novamente eram colocadas limitações aos castigos femininos, porque vinham causando inúmeros abortos. Aconselhava-se "não punir nenhuma índia com chicote, sem antes saber se ela está grávida ou não, na dúvida não será punida". Pedia-se também para não raspar, não arrastar, nem chicotear as mulheres em praça pública, sem antes

---

100 HAUBERT, Máxime. *Op. cit.*, p. 375.

101 KERN, Arno Alvarez. *Op. cit.*, p. 58.

102 HERNÁNDEZ, P. Pablo. *Op. cit.*, p. 124.

103 HAUBERT, Máxime. *A vida cotidiana*. Índios e jesuítas no tempo das missões. São Paulo: Cia. das Letras, 1990, p. 230.

104 HAUBERT, Máxime. *Op. cit.*, p. 230.

105 HAUBERT, Máxime. *Op. cit.*, p. 230.

pedir permissão ao superior. O problema moral que acarretava a prática da tosa de cabelos das mulheres já preocupava o Padre Gomez em 1675: "se são casadas, isso lhes vale o ódio do marido e, se solteiras, não encontram mais partido"[106].

As crianças também não escapavam do açoite, recebendo quatro ou cinco chibatadas, conforme a idade, executadas pelo seu responsável direto.[107] Já para os homens adultos, talvez pelo vigor físico, as penas eram mais intensas. Recebiam chicotadas nas nádegas, mais ou menos vinte e cinco por dia,[108] aplicada pelo alguacil em praça pública, amarrados no "rolo" por grilhões, expostos para toda a aldeia. Conforme o delito, ou para tornar a pena exemplar, causando ao réu maior constrangimento, eram expostos também no pelourinho das reduções vizinhas.[109]

Além do castigo do açoite, havia a pena de prisão perpétua, prisão por tempo determinado, banimento, arrastamento, acorrentamento, tosa de cabelo e orações para penitenciar-se.[110] Eram proibidos e

---

[106] HAUBERT, Máxime. *Op. cit.,* p. 230.

[107] KERN, Arno Alvarez. *Op. cit.*, p. 58.

[108] Há divergência entre as informações dos autores quanto ao limite máximo de chibatas permitidas nas missões. Para Furlong, o número de açoites variava de dez a trinta, sendo o réu colocado no chão, de rosto para baixo, ou atado ao "rolo", recebendo chibatadas da cintura para baixo. (FURLONG, Guillermo. *Op. cit.*, p. 375). Ruschel informa que para o homicídio eram aplicados oitenta ou mais açoites. (BRUXEL, Arnaldo. *Op. cit.*, p. 54).

[109] HAUBERT, Máxime. *Op. cit.*, p. 230-231.

[110] Nos séculos XVII e XVIII, na França, as penas prescritas eram a morte, as galeras, o açoite, a confissão pública, o banimento e a multa. As duas últimas eram as mais comuns. A pena de morte poderia ser pela forca, pelo arrebentamento dos membros, pelo estrangulamento, pela queima na fogueira, pelo puxamento por quatro cavalos, pela degola ou pela quebra da cabeça. No entanto, "entre esse arsenal de horror e a prática cotidiana da penalidade, a margem era grande. Os suplícios não constituíam as penas mais frequentes, longe disso. (...) Mas não se deve esquecer que os tribunais encontravam muitos meios de abrandar os rigores da penalidade regular, seja recusando-se a levar adiante processos quando as infrações eram exageradamente castigadas, seja modificando a qualificação do crime; às vezes também o próprio poder real indicava não aplicar estritamente tal ordenação particularmente severa.(...) Ora, grande parte dessas penas não corporais era acompanhada a título acessório de penas que comportavam uma dimensão de suplício: exposição, roda, coleira de ferro, açoite, marcação com ferrete; era a regra para todas as condenações às galeras ou ao equivalente para as mulheres – a reclusão no hospital; o banimento era muitas vezes precedido pela exposição e pela marcação com ferrete; a multa, às vezes, era

considerados crime: a antropofagia, o adultério, o concubinato, o incesto, a poligamia, a sodomia, a bestialidade, a luxúria, as bebedeiras, o escândalo, as festas pagãs, a vadiagem, a indisciplina, a feitiçaria, a rixa, a lesão corporal, o aborto, o homicídio, o envenenamento, a deserção, o roubo e outros.

Para cada tipo de infração existia a sanção correspondente, como se vê a seguir:

> Para a sodomia e bestialidade: três meses de prisão, acorrentado, e quatro sessões de fustigação no pelourinho. Para o incesto e aborto provocados: dois meses de prisão, acorrentado, e duas sessões de fustigação pública (para o incesto de pai e filha, o caso será resolvido pelo padre superior). Para o adultério: quinze dias de prisão, acorrentado, e vinte e cinco chicotadas no pelourinho. Para o envenenamento: se houve morte, o mesmo castigo prescrito para o homicídio; caso contrário, o mesmo castigo indicado para a sodomia. Para as práticas de feitiçaria que provocam morte: um ano de prisão, acorrentado, e fustigações públicas; em seguida, o culpado é expulso das reduções e encaminhado ao estabelecimento espanhol mais próximo. Para roubos: pena de prisão proporcional ao delito e fustigação no pelourinho. Finalmente para tornar a pena mais exemplar, os delinquentes são às vezes expostos no pelourinho das reduções vizinhas. O exílio definitivo para outra redução sanciona também alguns crimes particularmente graves, e é vivamente sentido pelos culpados.[111]

Quando capturados, os desertores eram castigados com chicote em praça pública na redução de origem e nas vizinhas. Também eram exilados com suas mulheres e filhos pequenos, para outras reduções. As mulheres tinham seu cabelo cortado, "arrancando-lhe a cabeleira que a gente do sexo feminino tanto preza, por um lado, para que isso servisse de exemplo para outras índias; por outro, para puni-la por sua fuga ignominiosa"[112].

A indisciplina e a vadiagem também eram duramente reprimidas: os que não queriam trabalhar e os que não executassem com empenho a sua tarefa eram açoitados. A embriaguez, costume Guarani relacionado às festas de rituais antropofágicos e à época do término do plantio

acompanhada de açoite. (...) qualquer pena um pouco séria devia incluir alguma coisa do suplício." (FOUCAULT, Michel. *Op. cit.*, p. 33-34.)

111 HAUBERT, Máxime. *Op. cit.*, p. 231.

112 HAUBERT, Máxime. *Op. cit.*, p. 255.

e da colheita, foi duramente combatida pelos padres, não sendo fácil a sua erradicação.[113] Influenciados pelos escritos de São Paulo e São João Crisóstomo, os jesuítas consideravam a embriaguez provocadora de "situações passionais e irracionais", porque viam na ingestão da *chicha* uma "servidão às entidades demoníacas", causando dano "ao corpo, aos costumes e à fé", originando "idolatrias, horríveis incestos, mortes, e outros danos causados por elas"[114].

As formas encontradas para aniquilar tal costume foram desde o confisco da bebida, liberando pequenas porções diárias, à substituição da *chicha* pelo mate, que não causava efeitos colaterais, até a aplicação de castigos. Segundo Haubert, a introdução do consumo da erva-mate foi a responsável pelo abandono do alcoolismo, e não a aplicação das sanções, pois, "num plano estritamente penal, muitas vezes os castigos tornavam-se inúteis"[115]. Para o crime da embriaguez aplicavam-se vinte e cinco açoites, com intervalo de alguns dias.[116]

Acompanhadas das bebedeiras sempre vinham as festas profanas, que eram severamente reprimidas, sendo permitidas apenas as festas relacionadas às cerimônias litúrgicas.[117] As festas oficiais também eram regulamentadas. Era proibido convidar músicos de outras reduções. Caso na missão em que fosse realizada a festa houvesse carência de cantores, era permitido o convite de três bons cantores de outras reduções. Apenas as autoridades e os missionários das reduções vizinhas poderiam ser convidados, mas os padres só podiam levar três índios de acompanhantes. Só podia haver quatro tipos de dança, não podendo participar moças, mulheres e homens vestidos de mulher.[118]

---

113 DECKMANN, Eliane Cristina. *Op. cit.*, p. 453.

114 DECKMANN, Eliane Cristina. *Op. cit.*, p. 451-453.

115 HAUBERT, Máxime. *Op. cit.*, p. 178-179.

116 BRUXEL, Arnaldo. *Op. cit.*, p. 54.

117 HAUBERT, Máxime. *Op. cit.*, p. 262. "As Ordenações proibiam que se vendessem armas aos índios e também que eles as tivessem. Vedavam o comércio de bebidas alcoólicas aos indígenas. Os bailes públicos de ameríndios só podiam se realizar com licença do governador e teriam que ser com temperança e honestidade." (FLORES, Moacyr. *A catequese dos guaranis e os conflitos com o colonialismo espanhol. In*: Anais do VII Simpósio Nacional de Estudos Missioneiros. Santa Rosa: Centro de Estudos Missioneiros, p. 78).

118 Regulamento Geral de Doutrinas de 1689.

Homens que invadissem a casa das reclusas (*cotiguaçu*) com fins libidinosos, ou mesmo para raptá-las com igual intento, eram castigados com vinte e cinco chicotadas no pelourinho e expostos ao desprezo em duas reduções mais próximas.[119]

A poligamia era reprimida com a captura das mulheres e crianças e com a destruição de suas habitações pelo fogo.[120]

De acordo com as leis espanholas da época, o crime de homicídio era punido com pena de morte, mas nas missões jesuíticas esta pena foi substituída pela prisão perpétua.

O condenado à prisão perpétua era chicoteado uma vez por mês no pelourinho. Ficava acorrentado e recebia pouca alimentação. Assim como os demais condenados, era obrigado, às vezes, a passar algumas horas no local do suplício. Só podia sair da cela para ir à missa aos domingos, mas algemado.[121] No entanto, a prisão perpétua não passava de dez anos, pois sempre era encontrado um motivo razoável para perdoar o réu, desde que ele tivesse um bom comportamento e convencesse os padres de que estava arrependido. Normalmente a visita do provincial, do bispo ou do governador era um bom motivo para a concessão do perdão.

Embora alguns autores, como Kern por exemplo, discordem, tem-se conhecimento de que existiam prisões masculinas nas reduções em fins do século XVII, conforme o Regulamento de Doutrinas. Eram localizadas "num canto da praça, ou no colégio dos jesuítas, mas ao lado das oficinas"[122].

A prisão feminina localizava-se no *cotiguaçu* (casa grande ou casa das reclusas). Conviviam as mulheres delinquentes com outras mulheres, cujo único crime era serem órfãs, viúvas ou abandonadas. É de se questionar até que ponto existia equilíbrio entre o tratamento "humano" dado às "culpadas" e o tratamento "desumano" dado às inocentes, uma vez que ambas estavam em igualdade de condições, vivendo enclausuradas. Era garantida às mulheres a sua subsistência, pois recebiam "diariamente uma porção de carne, roupas duas vezes

[119] HAUBERT, Máxime. *Op. cit.*, p. 253.
[120] HAUBERT, Máxime. *Op. cit.*, p. 135.
[121] HAUBERT, Máxime. *Op. cit.*, p. 231.
[122] HAUBERT, Máxime. *Op. cit.*, p. 230.

por ano e algumas outras esmolas do cura". Eram vigiadas e dirigidas por uma mulher mais velha. Ao anoitecer, as portas do *cotiguaçu* eram trancadas com duas chaves, uma interna e outra externa, a primeira chave ficava com a matrona e a segunda ficava com o cura.[123]

Montou-se uma estrutura interna de fiscalização, controle e disciplina das populações indígenas, chegando todas as informações do que acontecia nas missões ao cura. Mas, mesmo assim, houve revoltas, fugas e crimes que eram prontamente reprimidos pelos padres, auxiliados pelos membros do cabildo.

As revoltas, as infrações penais e a reincidência dos antigos costumes demonstram que não houve tanta "paz" e "harmonia" interna nas reduções como vários autores querem comprovar.

Diversos autores afirmam que os castigos infligidos nas reduções eram moderados e levíssimos se comparados aos castigos utilizados na Europa, na mesma época. Quanto a esta questão, não se pode duvidar de que realmente os castigos físicos na Europa e até mesmo no restante da América Espanhola eram mais severos do que os das missões. Começando pela pena de morte com as suas diversas modalidades (enforcamento, estrangulamento, fogueira e outros tantos), que não eram praticadas nas reduções, e as diversas formas de suplício que tinham uma escala hierárquica da mais tênue (chicotadas) até as que causavam a morte. A violência física também estava presente na relação familiar entre pais e filhos, na pedagogia e nas relações de trabalho europeias. Não se pode ocultar o fato de que os jesuítas eram fruto de todo este sistema de disciplina, vigilância e coerção, pois eram homens que pertenciam à sociedade europeia, portanto, toda esta violência institucionalizada fazia parte do seu cotidiano e castigavam com muita naturalidade aos indígenas que burlassem as regras instituídas de acordo com a sua concepção do bom modo de vida cristã e civilizada.

No entanto é bom frisar que estavam tratando com outro tipo de sociedade, que não conhecia tais procedimentos, muito menos o que lhes era imputado como crime e pecado, nem sempre na sua cultura original tinham tal significado.

---

123 HAUBERT, Máxime. *Op. cit.*, p. 253.

5. CONCLUSÃO

O Direito missioneiro implantado nas reduções foi fundamentado no Direito espanhol de Castela (aragonês, catalão e valenciano), adaptado ao novo ambiente social, geográfico e econômico, vindo a ser chamado de Direito Indiano e também no Direito canônico devido à submissão dos jesuítas a Igreja Católica. No interior das missões, os jesuítas desrespeitaram e ignoraram o Direito consuetudinário Guarani, no entanto, alguns aspectos do Direito indígena foram utilizados, mas, esvaziados de seu conteúdo original e preenchidos com outros elementos que serviram aos seus interesses, sendo distorcidos e utilizados em prol de seus empreendimentos.

Entre os Guarani, o poder estava difuso na coletividade e a liderança política era limitada pela vontade popular. O poder torna-se um órgão separado da sociedade, apanágio dos padres que o têm como autoridade político-econômico-jurídico-religiosa, devidamente investidas pelo monarca espanhol e pelo Papa.

A propriedade coletiva era entre os Guarani, a mais importante e abrangente, sendo o Direito à terra um bem sagrado que pertencia a todos. Com a ocupação dos espanhóis nas áreas habitadas pelos Guarani, as suas extensões territoriais passaram a pertencer à redução, e, em última instância, à Coroa Espanhola.

Devido às limitadas necessidades da economia tribal, que produziam o suficiente para a sobrevivência do grupo, o trabalho indígena era alternado com o descanso, o lazer e a religião. Com o objetivo de desenvolver economicamente a região, considerando o trabalho como condição para "humanização" e salvação espiritual, os jesuítas reorganizaram as atividades laborais Guarani, modificando o comportamento produtivo pela coação física e religiosa e pela repressão à vadiagem e à indisciplina.

Nas reduções a grande família foi substituída pela família nuclear. O adultério passou a ser considerado crime e pecado, e o divórcio foi extinto.

Nas sociedades indígenas não existia a pena de prisão, nem os castigos físicos quantificados e continuados. Nas reduções, foram introduzidas como padrões normativos a pena de prisão e o castigo, este em forma de dor física e vergonha pública, também utilizado como instrumento de expiação dos pecados.

Através do sistema de disciplina, coação, controle, fiscalização, confissões para se livrarem do pecado, delações e do cerceamento da liberdade individual, pode-se observar que os Guarani "obedeceram" ao Direito missioneiro mais pelo temor de uma sanção moral ou física, do que propriamente pelo entendimento daqueles novos valores e assimilação consciente daquelas normas.

Como os demais indígenas, os Guarani foram rotulados de infantis e incapazes de conduzir suas próprias vidas. Com o propósito de "civilizá-los", "humanizá-los" e integrá-los à sociedade moderna, os jesuítas transmitiram-lhes valores e impuseram-lhes preceitos normativos da sociedade cristã-ocidental, transformando o seu cotidiano e proibindo-lhes a prática do seu antigo modo de ser, denegando-lhes o seu Direito originário. Desta forma, ficou evidente a violência que essa população sofreu pela flagrante diferença entre as duas sociedades (indígena e europeia) e os seus sistemas jurídicos (de um lado, as práticas costumeiras guaranis, de outro, o Direito espanhol e o Direito canônico).

6. REFERÊNCIAS BIBLIOGRÁFICAS

BACK, Silvio. Socialismo biônico dos Sete Povos das Missões. In: *Anais da I Jornada Regional da Cultura Missioneira.* Santo Ângelo: Centro de Cultura Missioneira, 1985.

BRUXEL, Arnaldo. *Os Trinta Povos Guaranis*. 2. ed. Porto Alegre: EST/Nova Dimensão, 1987.

BRUXEL, Arnaldo. O sistema de propriedade das reduções guaraníticas. *Pesquisas*. Porto Alegre: IAP, n. 3, 1959.

CALEFFI, Paula. O traçado das reduções jesuíticas e a transformação de conceitos culturais. *Veritas*. Porto Alegre: II parte, v. 37, n. 145, jun. 1992.

COLAÇO, Thais Luzia. *"Incapacidade" indígena*: tutela religiosa e violação do Direito guarani nas missões jesuíticas. Curitiba: Juruá, 2000.

DALCIN, Ignácio. *Em busca de uma terra sem males*. Porto Alegre: EST/Palmarinca, 1993.

DECKMANN, Eliane Cristina. *O imaginário dos séculos XVI e XVII, suas manifestações e alterações na prática missionária jesuítica.* São Leopoldo, 1991. Dissertação (Mestrado em História – Estudos Ibero-Americanos), Universidade do Vale do Rio dos Sinos.

FLORES, Moacyr. *A catequese dos guaranis e os conflitos com o colonialismo espanhol*. In: Anais do VII Simpósio Nacional de Estudos Missioneiros. Santa Rosa: Centro de Estudos Missioneiros.

FOUCAULT, Michel. *Vigiar e punir*. História da violência nas prisões. 14. ed. Petrópolis: Vozes, 1996.

FURLONG, Guillermo. *Misiones y sus pueblos de guaranies*. Buenos Aires: Bolmes, 1962.

GADELHA, Regina. *As missões jesuíticas do Itatim*. Rio de Janeiro: Paz e Terra, 1980.

GARAVAGLIA, Juan Carlos. *Economía, sociedad y regiones*. Buenos Aires: Ediciones de la Flor, 1987.

HAUBERT, Máxime. *A vida cotidiana*. Índios e jesuítas no tempo das missões. São Paulo: Cia. das Letras, 1990.

HERNÁNDEZ, P. Pablo. *Organización de las doctrinas guaraníes de la Compañía de Jesús*. Barcelona: Gustavo Gili, 1911, v. I e II.

HERRERO, Beatriz Fernández. *La utopía de América*. Teoria. Leyes. Experimentos. Barcelona: Antropos, 1992.

KERN, Arno Alvarez. *Missões*: uma utopia política. Porto Alegre: Mercado Aberto, 1982.

LIMA, Antônio Carlos de Souza. *Um grande cerco de paz*. Poder tutelar, indianidade e formação do Estado do Brasil. Petrópolis: Vozes, 1995.

MARTINS, Maria Cristina Bohn. *Os Guarani e a economia da reciprocidade*. São Leopoldo, 1991. Dissertação (Mestrado em História – Estudos Ibero-Americanos), Universidade do Vale do Rio dos Sinos.

MELIÁ, Bartomeu. *El guaraní conquistado y reducido*. Asunción: CEADUC, 1986.

MONTOYA, Antonio Ruiz de. *Conquista espiritual feita pelos religiosos da Companhia de Jesus nas Províncias de Paraguai, Paraná, Uruguai e Tape*. Porto Alegre: Martins Livreiro, 1985.

MÖRNER, Magnus. *Atividades políticas y económicas de los jesuitas en el Río de la Plata*. Buenos Aires: Hispanoamérica, 1985.

QUEVEDO, Júlio. *As missões*: crises e redefinições. São Paulo: Ática, 1993.

RABUSKE, Arthur S. J. A Carta Magna das reduções do Paraguai. In: *Anais do II Simpósio Nacional de Estudos Missioneiros*. Santa Rosa: Centro de Estudos Missioneiros, 1977.

RUSCHEL, Ruy Ruben. O sistema jurídico dos povos missioneiros. *Revista do Centro de Ciências Jurídicas da Universidade do Vale do Rio dos Sinos*. São Leopoldo: v. VII, n. 20, 1977.

VERRI, Liane Maria. A história das missões no Rio Grande do Sul. *In*: *Anais do Curso de Literatura e História do Rio Grande do Sul*. Santo Ângelo: FURI, 1990.

Capítulo 20

O DIREITO NO BRASIL COLONIAL

Claudio Valentim Cristiani[1]

SUMÁRIO: 1. Introdução. 2. Fatores que contribuíram para a formação/imposição do Direito nacional. 3. Conclusão. 4. Referências bibliográficas.

1. INTRODUÇÃO

Este capítulo tem por escopo fazer algumas considerações acerca da formação do Direito no Brasil colonial. É, antes de tudo, uma espécie de ordenamento de alguns pontos julgados como os mais importantes dos encontrados nos autores consultados.

O enfoque procurará privilegiar, num primeiro momento, o estudo dos elementos culturais e econômicos, presentes no Brasil colonial, e a influência no campo específico da formação do Direito. Seu objetivo será o de verificar se o Direito é um produto formado independentemente de influências externas, ou se, ao contrário, opera dialeticamente com o conjunto social.

Em seguida, serão analisados os fatores e influências trazidos pelas diversas etnias (brancos, negros, indígenas), para compreender porque a cultura e, principalmente, o Direito dos colonizadores brancos imperaram de forma centralizadora e totalizante.

Outro ponto a ser destacado será o da formação da legislação no Brasil colonial, bem como a estrutura do Poder Judiciário de então. Mesmo sabendo-se que as estruturas e as leis carecem de operadores para terem efetividade, elas hão de ter a sua devida importância.

---

[1] Mestre em Direito pela UFSC e Procurador da República em Santa Catarina.

Posteriormente, a atenção se voltará para uma leitura de quem eram os operadores (juristas) que ocupavam os cargos mais importantes do Poder Judiciário, responsáveis pelo seu funcionamento. A eles também cabia, evidentemente, a aplicação/interpretação da legislação vigente. Por isso, resta analisar se os interesses e objetivos almejados pelos integrantes da magistratura, tais como o da busca do enriquecimento rápido que lhes possibilitaria galgarem um *status social* semelhante ao da elite local, influenciaram ou não em suas decisões.

Ao final, serão expostas algumas sugestões sobre a formação do Direito nacional, com o intuito de, na análise dos acertos e erros históricos, buscar-se subsídios para a transformação e aprimoramento do Direito na atualidade.

2. FATORES QUE CONTRIBUÍRAM PARA A FORMAÇÃO/ IMPOSIÇÃO DO DIREITO NACIONAL

O Brasil foi descoberto e explorado pela nação portuguesa. Os colonizadores, ao chegarem aqui e tomarem posse das terras dos nativos indígenas, sentiram-se legitimados para, como verdadeiros donos desse "novo mundo", ditarem-lhes os rumos em todos os sentidos.

Pelos portugueses colonizadores o Brasil nunca foi visto como uma verdadeira nação, mas sim como uma empresa temporária, uma aventura, em que o enriquecimento rápido, o triunfo e o sucesso eram os objetivos principais. Essas eram as reais intenções dos colonizadores, não obstante o discurso simulado e cínico da necessidade de levar a palavra cristã aos pagãos. Em lugar de uma evangelização, houve uma completa heresia e desrespeito aos ensinamentos do cristianismo originário.[2]

O Brasil tinha como fontes econômicas, no início da colonização, a exploração dos metais preciosos e o extrativismo do pau-brasil.

[2] É oportuno, neste momento, o ensinamento de Alfredo Bosi, quando diz-nos que "é necessário acompanhar de perto o dinamismo peculiar à missão jesuítica no Brasil com toda a sua exigência de fidelidade aos votos jurados na península durante a Contrarreforma. *Virá o momento de se apartarem e se hostilizarem a cruz e a espada, que desceram juntas das caravelas, mas que acabaram disputando o bem comum, o corpo e a alma do índio*" (sem destaque no original). BOSI, Alfredo. *Dialética da colonização*. 2. ed. São Paulo: Cia. das Letras, 1992, p. 31.

Em seguida, iniciou-se o cultivo de terras agricultáveis. Foi, assim, essencialmente agrícola, refletindo a economia da Metrópole. A detenção dos meios de produção estava totalmente nas mãos dos colonizadores, que tinham o domínio das propriedades, dos engenhos, das fazendas, além de que o trabalho era escravagista e nesta condição se encontravam os negros e não raras vezes também os indígenas.

O Direito, no Brasil colonial, sofreu a mesma sorte da cultura em geral. Assim, "o Direito como a cultura brasileira, em seu conjunto, não foi obra da evolução gradual e milenária de uma experiência grupal, como ocorre com o Direito dos povos antigos, tais o grego, o assírio, o germânico, o celta e o eslavo"[3]. A condição de colonizados fez com que tudo surgisse de forma imposta e não construída no dia a dia das relações sociais, no embate sadio e construtivo das posições e pensamentos divergentes, enfim, do jogo de forças entre os diversos segmentos formadores do conjunto social.[4] Com a devida precaução, salvo exceções que confirmam a regra, foi uma vontade monolítica imposta que formou as bases culturais e jurídicas do Brasil colonial. A colonização foi um projeto totalizante, cujo objetivo era ocupar o novo chão, explorar os seus bens e submeter os nativos ao seu império pela força, sempre que necessário. O mesmo se deu com os negros, trazidos aqui na condição de escravos. A construção de uma cultura e identidade nacionais, por conseguinte, nunca foi uma empreitada levada a sério no Brasil.[5]

---

3 MACHADO NETO, A. L. *Sociologia jurídica*. 4. ed. São Paulo: Saraiva, 1979, p. 308.

4 O Estado nunca será formado por um bloco monolítico de forças, em que a classe dominante tenha, em seu seio, todo o poder. Pois, "o Estado não é pura e simplesmente uma relação, ou condensação de uma relação; é a condensação material e específica de uma relação de forças entre classes e frações de classe" (POULANTZAS, Nicos. *O Estado, o poder, o socialismo*. 3. ed. Rio de Janeiro: Graal, 1985, p. 148). Este ensinamento de Poulantzas, por certo, presume, *a priori*, uma sociedade civil com um mínimo de organização e força, o que é difícil visualizar no início da colonização.

5 Quando nos referimos à cultura como um elemento formador de uma identidade nacional, não pretendemos, em absoluto, uma padronização/centralização dos modos de proceder e das formas de pensamento. Sabe-se que é do "caldo" cultural, das mais diversas formações, que brotam os apontamentos para a mudança, para o novo. Não obstante, cremos ser possível o consenso, dentro do debate democrático, quanto a um mínimo necessário para que o conjunto nacional não seja cada vez mais destruído.

Os elementos formadores da cultura[6] em geral, e do Direito especificamente, no Brasil Colonial, tiveram origem em três etnias ou raças distintas. É evidente que essa formação não foi uma justaposição em que as condições particulares de cada raça tenham sido respeitadas. Antes, foi uma imposição dos padrões dos portugueses brancos aos índios e aos negros.

Os indígenas, na formação da cultura em geral, tiveram a oportunidade de contribuir de forma razoável. O mesmo não ocorreu, infelizmente, quanto ao Direito. As nações dos nativos que aqui habitavam, quando da chegada da colonização, viviam num período neolítico em que era comum a confusão entre o Direito e o divino, e os tabus e o misticismo eram formas de resolução para as questões jurídicas. Nem por isso justifica-se o fato de os indígenas terem sido desrespeitados como sujeitos de Direito e postos na simples condição de objeto, de *res*, do mesmo.

Quanto aos negros, a sorte não foi diferente; a condição de escravos, ao serem arrancados de suas nações na África e jogados em senzalas, fez com que houvesse uma grande desintegração de suas raízes. Mesmo assim, apesar de todas essas diversidades, a cultura dos negros, seus costumes, suas crenças e tradições se fazem presentes, de forma razoável, em nossa identidade nacional. No que diz respeito, especificamente, ao Direito, também foram eles mais objetos, coisas, do que sujeitos de Direito.

Enquanto ficarmos no embate, em razão de pequenas diferenças de formação cultural, estaremos perdendo tempo e força, que poderiam ser utilizados na busca das reais mudanças de que a sociedade brasileira carece urgentemente.

6 Por cultura entende-se como sendo o "conjunto das práticas, das técnicas, dos símbolos e dos valores que se devem transmitir às novas gerações para garantir a reprodução de um estado de coexistência social. A educação é o momento institucional marcado do processo" (BOSI, Alfredo. *Dialética da colonização*. 2. ed. São Paulo: Cia. das Letras, 1992, p. 16). Com efeito, deve-se observar que a cultura é resultado das relações sociais. Assim, nunca existirá uma cultura definitiva.
Haverá, sim, a reprodução dos elementos culturais já existentes quando ainda oportunos, a não reprodução de elementos culturais quando ultrapassados, e a construção de novos elementos culturais quando o conjunto social assim necessitar. Aqui é oportuno relembrar a lição de Gramsci quando nos diz que a crítica do senso comum e a consciência da historicidade da própria visão do mundo são pré-requisitos para a formação de uma nova ordem cultural libertadora.

Por último, houve a contribuição lusa dos brancos. Como tinham o posto privilegiado de colonizadores, puderam usar/abusar de todas as possibilidades de conformar o Direito às suas concepções e vontades, sem o mínimo de respeito às demais etnias que ajudaram, em muito, na formação das riquezas nacionais.

Quando os portugueses aqui aportaram, depararam-se com uma civilização em que havia:

> (...) povos de origem tribal em diferentes estágios culturais, todos eles beirando, porém, o neolítico, despossuídos por completo de uma regulamentação realmente jurídica, mas antes dominados ainda pelo império da norma indiferenciada de cunho sagrado. Era, pois, o Direito português que deveria construir a base de nosso Direito nacional sem maiores competições. *Também no âmbito jurídico temos aqui mais uma ocupação do que uma conquista.*[7] [Grifos nossos]

É oportuna, pois, a investigação da formação do Direito português, este Direito que foi imposto e determinou as bases da formação jurídica nacional.

Quanto ao Direito português, é importante frisar que:

> (...) pode ser caracterizado como um aspecto da evolução do Direito ibérico. Deste participa em suas origens primitivas, na paralela dominação romana, na posterior influência visigótica, na subsequente invasão árabe, na recepção do Direito romano justinianeu, apenas separando suas trajetórias históricas quando Portugal separou seu destino do das monarquias espanholas de então, seguindo, daí por diante, o seu Direito, uma independente evolução nacional.[8]

Numa rápida análise do período nacional do Direito português, constatou-se que Portugal tornou-se independente das dinastias espanholas com a vitória na Batalha de Ourique (1139), liderada por Afonso Henriques. A partir desse marco histórico, dá-se início ao período nacional do Direito português.

A primeira grande fase desse período foi marcada pelas leis de caráter geral e pelos forais. As primeiras leis gerais foram decretadas em 1210, no reinado de Afonso II. Buscavam, essas leis de força nacional, a centralização do poder nas mãos da monarquia. Assim,

---

7 MACHADO NETO, A.L. *Sociologia jurídica*. 4. ed. São Paulo: Saraiva, 1979, p. 311.

8 MACHADO NETO, A.L. *Op. cit*, p. 311.

"à medida que o reino português mais se consolida, essa forma de ação político-administrativa mais se afirma, como sói acontecer nos regimes absolutistas"[9].

Mesmo com leis de validade nacional, havia questões locais que eram normatizadas e tinham soluções no seu próprio âmbito. Daí a instituição dos forais,[10] que se mostravam como verdadeiras miniaturas de constituições políticas durante a Idade Média. Essas constituições tinham um duplo sentido, conforme relata José Gomes Câmara, quais sejam:

> (...) como instituição municipal, consistente na outorga de certas concessões aos concelhos, e como modalidades de leis civis, ou criminais, de caráter supletório, destinadas a suprir a ausência de costumes de certas localidades. No primeiro destes aspectos exigem mais atenção, porque é mediante esta forma que tal instituição irá mais tarde refletir-se na organização municipal dos domínios de além-mar, como embrião das posturas que constituem a legislação dessas pessoas jurídicas de Direito Público Interno.[11]

A fase em que houve a aplicação dos forais correspondeu ao início da colonização. A Colônia foi dividida em capitanias hereditárias e cada donatário possuía, analogicamente, poderes assemelhados aos senhores feudais, pois, além do papel de administrador, competia-lhe, também, o papel de legislador e de juiz.

Nesse período histórico, percebe-se, não havia uma burocratização quanto aos procedimentos e confundia-se em uma só pessoa as funções de legislar, acusar e julgar. Ao donatário competia a função de "administrador, chefe militar e juiz ao mesmo tempo; o donatário não repartia com outros o Direito de aplicar a lei aos casos ocorrentes,

---

9 NASCIMENTO, Walter Vieira. *Lições de história do Direito*. 3. ed. Rio de Janeiro: Forense, 1984, p. 192.

10 Alexandro Herculado dá-nos a seguinte definição: "Foral é a tradução que a Idade Média fez das expressões latino-bárbaras *forum, foros*, com que se designavam já no século X, não só as leis escritas e os costumes tradicionais, mas também qualquer diploma de concessão de privilégios, e ainda várias espécies de contratos sobre a propriedade territorial de que para um ou mais indivíduos resultavam direitos e deveres (*Apud*: NASCIMENTO, Walter Vieira. *Lições de história do Direito*. 3. ed. Rio de Janeiro: Forense, 1984, p. 191).

11 NASCIMENTO, Walter Vieira. *Op. cit.*, p. 191.

dirimindo os conflitos de interesses e direitos entre os habitantes da capitania"[12].

Porém, o sistema de capitanias hereditárias não logrou o êxito esperado por Portugal. Por tal razão houve a centralização administrativa da Colônia, ao se nomear um governador-geral. Assim, o poder local dos donatários foi excluído e tomaram força as ordenações do reino, ordenações essas que correspondiam a grandes compilações das leis gerais existentes. A partir de então, os rumos do Poder Judiciário e do próprio Direito tiveram uma substancial modificação, haja vista o início da profissionalização/ burocratização do sistema e dos seus agentes operadores.

As leis gerais, salvo casos particulares, eram consideradas vigentes no Brasil-Colônia e seu ajuntamento fez surgir três grandes ordenações, a saber: Ordenações Afonsinas (1466), Ordenações Manuelinas (1521) e Ordenações Filipinas (1603).

As Ordenações Afonsinas foram a primeira grande compilação das leis esparsas em vigor. Resultaram de "um vasto trabalho de consolidação das leis promulgadas desde Afonso II, das resoluções das cortes desde Afonso IV e das concordatas de D. Dinis, D. Pedro e D. João, da influência do Direito canônico e Lei das Sete Partidas, dos costumes e usos"[13]. Pelo fato de terem sido substituídas, em 1521, pelas Ordenações Manuelinas, tiveram pouco espaço de tempo quanto à sua aplicação no Brasil-Colônia.

As Ordenações Manuelinas, de 1521, foram a obra da reunião das leis extravagantes promulgadas até então com as Ordenações Afonsinas, num processo de técnica legislativa, visando a um melhor entendimento das normas vigentes.

Promulgadas em 1603, as Ordenações Filipinas compuseram-se da união das Ordenações Manuelinas com as leis extravagantes em vigência, no sentido de, também, facilitar a aplicabilidade da legislação. Foram essas Ordenações as mais importantes para o Brasil, pois tiveram aplicabilidade durante um grande período de tempo. Basta

---

[12] MARTINS JÚNIOR, Isidoro. *História do Direito nacional*. 3. ed. Brasília: DIN/ UnB, 1979, p. 125.

[13] NASCIMENTO, Walter Vieira. *Lições de história do Direito*. 3. ed. Rio de Janeiro: Forense, 1984, p. 201.

lembrar que as normas relativas ao Direito civil, por exemplo, vigoraram até 1916, quando foi publicado o nosso Código Civil Nacional.

Do ponto de vista de uma orientação técnica, cada um dos referidos códigos se dividiu em cinco livros, versando sobre as seguintes matérias:

Livro I – Direito Administrativo e Organização Judiciária;

Livro II – Direito dos Eclesiásticos, do Rei, dos Fidalgos e dos Estrangeiros;

Livro III – Processo Civil;

Livro IV – Direito Civil e Direito Comercial;

Livro V – Direito Penal e Processo Penal.[14]

Assim, a matéria contida nas três Ordenações, do ponto de vista formal, era a mesma. Mas

> o seu conteúdo apresentava pontos divergentes. Como diz Jayme Altavila, elas 'não poderiam deixar de ser a espelhação das fases evolutivas de sua excitante existência'. Afinal, a consequência natural e lógica era o aperfeiçoamento do processo de codificação das leis portuguesas, ainda que das primeiras para as outras Ordenações não houvesse operado uma diferença muito acentuada.[15]

Outro ponto que merece destaque diz respeito à estrutura do Poder Judiciário e aos seus agentes operadores. Com a adoção do Governo-geral, os poderes locais foram diminuídos e houve, consequentemente, uma centralização das decisões, inclusive com maiores possibilidades de recursos para pleitear-se reforma das decisões.

Destaca-se, inicialmente, a figura do ouvidor-geral. Com a nomeação do governador-geral, Tomé de Souza, também foi designado o Dr. Pedro Borges para o cargo de ouvidor-geral da colônia. Suas atribuições principais, apesar de haver raríssima documentação a respeito, eram as seguintes:

> Conhecia por ação nova dos casos crimes e tinha alçada até a morte natural, inclusive nos escravos, gentios e peões cristãos livres. Nos casos, porém, em que, segundo o Direito, cabia a pena de morte, inclusive nas pessoas das ditas qualidades, o ouvidor procederia nos feitos afinal e os despacharia

14 NASCIMENTO, Walter Vieira. *Op. cit.*, p. 200.
15 NASCIMENTO, Walter Vieira. *Op. cit.*, p. 200.

com o governador sem apelação nem agravo, sendo ambos conformes nos votos. No caso de discordarem, seriam os autos com os réus remetidos ao corregedor da corte.[16]

Era, o ouvidor-geral,[17] na organização judiciária primitiva, a maior autoridade. Sua nomeação dava-se por três anos, garantindo-se sua permanência na função desde que bem a realizasse. Caso contrário, poderia ser deposto (exonerado *ad nutum*).

Sucintamente, pode-se dizer que a administração da Justiça, na primeira instância, era realizada por diversos operadores jurídicos cujas competências, muitas vezes, eram similares ou muito próximas. Pode-se citar, sem ser exaustivo: os juízes ordinários,[18] os juízes de fora, os juízes de vintena, os juízes de órfãos etc. E, como seus auxiliares: os escrivães do público e notas, os tabeliães judiciais, os escrivães dos órfãos, os alcaides, os meirinhos, os inquiridores, os quadrilheiros, os almotacés, etc.[19]

O primeiro Tribunal da Relação na Bahia foi criado em 1587, tendo havido, inclusive, a nomeação dos seus ministros; mas, por

---

16 GARCIA, Rodolfo. *Ensaio sobre a história política e administrativa do Brasil*. Rio de Janeiro: José Olympio, 1956, p. 73.

17 É oportuno frisar que sobre as pessoas eclesiásticas nenhum poder tinha o ouvidor. Havia uma divisão de competência entre as leis do reino e as leis do clero. Dessa forma, aqueles que pertenciam a este último não podiam ser julgados pela justiça do reino, pois a eles não eram aplicadas as normas editadas pelo mesmo. Se houve invasão de competência, esta foi de maior monta realizada pelo clero, não se podendo fazer um juízo benigno ou inocente quanto às suas atitudes e procedimentos. Pode-se dizer que "assim, na ordem do clero, veem-se os bispos e os juízes eclesiásticos, desde os primeiros tempos, assinalar-se por abusos, violências e usurpações da jurisdição civil, ao passo que a inquisição pela sua parte, fazendo-se representar por meio de delegados, cevava em vítimas numerosas os seus nunca desmentidos instintos de crueldade e avidez" (GARCIA, Rodolfo. *Op. cit.*, p. 88).

18 Merece destaque a confrontação entre os juízes ordinários e os juízes de fora. Suas atribuições eram muitas vezes concorrentes, só que os primeiros julgavam de acordo com os costumes locais e os últimos em conformidade com as leis gerais do reino. Mas, os juízes ordinários eram eleitos pelos povos e câmaras locais e os juízes de fora nomeados por carta régia. Não é difícil concluir que os juízes ordinários eram mais interessantes para a população local, ao passo que os juízes de fora procuravam representar os interesses da coroa.

19 Para se ter acesso a uma excelente disposição didática sobre a organização judiciária do Brasil-Colônia, seus agentes e suas competências específicas, recomenda-se a leitura da obra: *Lições de história do Direito*, principalmente o Capítulo XXX, de Walter Vieira do Nascimento.

diversos motivos, não chegou a ser implantado. A segunda instância, efetivamente, no Brasil colonial, só foi instaurada em 1609. Sua composição era de

> dez desembargadores, incluindo o chanceler, que servia de juiz da chancelaria, três eram os desembargadores de agravo, um ouvidor-geral, um juiz dos feitos da coroa, fazenda e fisco, um provedor dos mesmos feitos e promotor de justiça, um provedor dos defuntos e resíduos, e dois desembargadores extravagantes. O governador-geral presidia a Relação quando lhe parecia, não tendo voto nem subscrevendo as sentenças.[20]

Decorrido quase um século, só em 1751 é que foi implantado no Brasil, no Rio de Janeiro, mais um Tribunal de Relação,[21] em que a exemplo do tribunal da Bahia, "seus desembargadores eram em número de dez, incluindo o chanceler. Cinco deles eram de agravo, um ouvidor-geral do crime, um do cível, um juiz dos feitos da coroa e fazenda e um procurador da coroa e fazenda"[22].

Acima dos Tribunais de Relação, das suas decisões, só restava o recurso extremo à Casa da Suplicação em Lisboa, mas, somente, em casos muito especiais. Porém,

> transferida a corte real para o Rio de janeiro, D. João VI, por alvará de 10 de maio de 1808 determinava o seguinte: a Relação da cidade do Rio de Janeiro se denominará Casa da Suplicação do Brasil, e será considerada como Superior Tribunal de Justiça para nele se findarem todos os pleitos em última instância, por maior que seja o seu valor, sem que das últimas sentenças proferidas em qualquer das Mesas da sobredita Casa se possa interpor outro recurso, que não seja o das Revistas, nos termos restritos do que se acha disposto nas Minhas Ordenações, Leis e mais disposições. E terão os ministros a mesma alçada que têm os da Casa da Suplicação em Lisboa.[23]

---

20 GARCIA, Rodolfo. *Ensaio sobre a história política e administrativa do Brasil*. Rio de Janeiro: José Olympio, 1956, p. 84.

21 Com a implantação do Tribunal da Relação no Rio de Janeiro, a Relação da Bahia passou a ter jurisdição sobre as capitanias da Bahia, Sergipe, Pernambuco, Paraíba, Rio Grande do Norte, Ceará, Piauí, Maranhão, Pará e Rio Negro; e aquela com jurisdição sobre: Rio de Janeiro, São Paulo, Ouro Preto, Rio das Mortes, Sabará, Rio das Velhas, Serro Frio, Cuiabá, Goiás, Paranaguá, Espírito Santo, Goitacases e Ilha de Santa Catarina.

22 GARCIA, Rodolfo. *Ensaio sobre a história política e administrativa do Brasil*. Rio de Janeiro: José Olympio, 1956, p. 252.

23 NASCIMENTO, Walter Vieira. *Lições de história do Direito*. 3. ed. Rio de Janeiro: Forense, 1984, p. 252.

Procurar-se-á identificar quem eram essas pessoas que ocupavam os cargos mais importantes do Poder Judiciário, principalmente os desembargadores, no período colonial, o que eles pensavam, ao que e a quem representavam. E, também, a forma como se organizou o governo no Brasil, incluindo-se neste o Poder Judiciário.

Certamente, a Metrópole, para garantir o seu domínio, tratou de enviar à Colônia um corpo burocratizado de agentes públicos. Regra geral, as burocracias procuraram ficar afastadas da população, sem que dela sofressem influências; isto é, com a profissionalização dos cargos públicos, os fatores pessoais foram afastados do centro das decisões.

Partindo-se de tipos ideais, poderá haver duas formas de relação entre os governantes e governados. A primeira ocorre quando há uma formação profissional burocratizada que serve ou controla a população, mostrando-se indiferente às suas pressões e influências. Já, na segunda forma, ao contrário, são as relações pessoais (de parentesco, de amizades e de inimizades) que servem de paradigma na escolha das soluções tomadas pelos agentes ocupantes dos órgãos do Poder Público.

Portugal pretendeu formar uma burocracia profissionalizada na Colônia a fim de proteger os seus interesses e sufocar as pretensões locais. Quer dizer, não era oportuno à Metrópole que aqui se formasse uma organização independente de governo, que privilegiasse os interesses locais. Pois, por certo, essa organização procuraria, por todos os meios, desvincular-se das diretivas impostas pelo colonizador.

Ocorre que a premissa de que os burocratas não sofrem influência da população não teve validade na Colônia. Nisso tudo "o mais surpreendente aspecto do governo no Brasil foi a interpenetração das duas formas supostamente hostis de organização humana: a burocracia e as relações sociais de parentesco"[24].

Por conseguinte, a formação e organização do Poder Judiciário, na esteira do que ocorreu com o governo em geral, deu-se, na Colônia, por meio da burocracia e das relações pessoais de parentesco. Os magistrados partiam de Portugal a fim de ocuparem os postos no

---

[24] SCHWARTZ, Stuart B. *Burocracia e sociedade no Brasil colonial*. São Paulo: Perspectiva, 1979, p. 251.

Poder Judiciário local. Burocratas que eram, tinham por finalidade representar os interesses da Metrópole e não as aspirações locais.

O certo é que também a elite local não era acéfala ou desmobilizada. A aproximação entre essa elite e os magistrados que aqui aportavam foi, desde logo, devidamente providenciada. Só que os objetivos almejados não eram o de formar uma vontade local unívoca que representasse os interesses de toda a Colônia, que protegesse, também, o indígena e o negro e os seus direitos respectivos. O acordo "por cima" visava à troca de favores entre os agentes jurídicos vindos da Metrópole e a elite dominante da Colônia.

Portugal queria um Poder Judiciário afastado da população e isso não ocorreu; mas, nem por isso as soluções jurídicas no período do Brasil colonial foram representativas do conjunto da população. Antes é de dizer-se que

> o modelo jurídico predominante durante os primeiros dois séculos de colonização foi, por consequência, marcado pelos princípios e pelas diretrizes do Direito Alienígena – segregador e discricionário com relação à própria população nativa –, revelando, mais do que nunca as intenções e o comprometimento da estrutura elitista do poder.[25]

À elite local era extremamente conveniente a união com o corpo burocratizado de operadores jurídicos. A recíproca também não deixava de ser verdadeira. De um lado, encontrava-se uma elite local com esquemas formados de corrupção e manutenção do *statu quo*. Do outro lado, magistrados dispostos a tudo a fim de garantirem privilégios para si e para os seus. A cooptação desses magistrados, por essas razões, não foi uma empresa difícil. Antes foi um encontro de interesses, de troca de favores recíprocos, pois, "os atrativos oferecidos pelos grupos e indivíduos da colônia e os desejos dos magistrados davam início ao processo de interpenetração"[26].

---

[25] WOLKMER, Antonio Carlos. Instituições e pluralismo na formação do Direito brasileiro. *In*: *Teoria do Direito e do Estado*. Porto Alegre: Fabris, 1994, p. 12. Observar ainda do autor: *História do Direito no Brasil*. 5. ed. Rio de Janeiro: Forense, 2009, p. 49.

[26] SCHWARTZ, Stuart B. *Burocracia e sociedade no Brasil colonial*. São Paulo: Perspectiva, 1979, p. 252.

Foram os operadores jurídicos do Brasil-Colônia, principalmente os desembargadores, os verdadeiros formadores de opinião,[27] intelectuais orgânicos legitimadores do *statu quo*, que nunca souberam diferenciar o público das relações privadas e os interesses da coletividade com os seus próprios interesses e os da classe dominante que representavam.

Por conseguinte,

> (...) os desembargadores tinham um papel ativo na vida social, cultural e econômica da colônia, agindo, às vezes, de maneira que não eram nem desejadas nem previstas pelo regulamento burocrático. O impacto da magistratura na sociedade colonial deve ser visto não só em termos de suas atitudes profissionais, mas, também, à luz do estilo de vida e das motivações pessoais dos magistrados e das reações ou iniciativas de certos elementos da população colonial.[28]

Esses magistrados vinham para a Colônia com o intuito de obter um *status* social elevado e, normalmente, traziam consigo suas famílias, que eram formadas além da esposa e dos filhos, por parentes, afilhados, empregados, criados e escravos, etc. Essa "família ampliada" acarretava um grande dispêndio para a sua manutenção, e o magistrado, além da função da judicatura, preocupava-se com os papéis de marido, pai, padrinho e protetor, sendo comum usar de sua posição profissional de magistrado como tráfico de influência para o desempenho de suas outras funções.

Os magistrados, em regra geral, não eram integrantes da nobreza: seu principal objetivo era o de a ela se igualarem. Para terem esse *status* careciam de benefícios e símbolos materiais que tradicionalmente a nobreza ostentava.

Como a aristocracia brasileira era formada pela riqueza em terras, logo os magistrados tornaram-se proprietários de uma fazenda de cana-de-açúcar ou de um engenho, com isso alcançando a riqueza necessária para se igualarem ao *status* da nobreza, porém, os meios

---

27 Os magistrados formavam, em razão de seus conhecimentos técnico-jurídicos, e por terem estudado no Reino, ao lado do clero e de reduzidíssimos profissionais liberais, a comunidade intelectual da Colônia.

28 SCHWARTZ, Stuart B. *Burocracia e sociedade no Brasil colonial*. São Paulo: Perspectiva, 1979, p. 251.

para alcançarem tais objetivos não foram os mais recomendáveis do ponto de vista moral.

Procedimento comum à interpenetração entre os interesses da elite local e os dos magistrados vindos de Portugal foi seu casamento com filhas de fazendeiros nobres. Esse casamento "servia de laço principal entre as famílias e era o método mais eficiente de incorporar magistrados na sociedade local de forma permanente"[29]. Aos desembargadores, tal união matrimonial representava a oportunidade de adquirirem riqueza e propriedades que estivessem de acordo com a posição social a que tanto aspiravam. Para as famílias locais, tal união mostrava-se também muito proveitosa, pois propiciava a ocasião de efetivarem relações formais de parentesco com os operadores jurídicos do Poder Judiciário.

Por todos esses fatores, pode-se dizer que os magistrados de então não eram pessoas afastadas dos interesses da elite dominante, antes dela faziam parte. Decorre daí que o mito da imparcialidade e da neutralidade era totalmente destruído pela prática vigente de troca de favores e tráfico de influências. Por essas razões e por outras tantas "a justiça, dizia Gregório de Matos, era 'vendida, injusta e tornada bastarda'"[30]. É de se admirar a coragem deste poeta que fora magistrado em Portugal, antes de vir morar na Bahia e que, talvez por isso, se interessava tanto pelo assunto do Poder Judiciário.[31]

Enfim, a condição peculiar da formação/imposição do Direito no período do Brasil colonial e a união dos interesses dos operadores jurídicos burocratas com as estruturas existentes de apadrinhamento, de favores e de relações pessoais, fez com que, infelizmente, o Poder Judiciário não ficasse afastado da sociedade de então. Não se critica o simples fato dessa aproximação, pois, afinal de contas, os magistrados têm como função resolver as controvérsias, isto é, aplicar o Direito ao caso concreto, e esses embates dão-se no seio das relações sociais. Os magistrados, evidentemente, fazem parte da sociedade e não estão acima ou fora dela. O que se lamenta é que a opção tomada pelo

---

[29] SCHWARTZ, Stuart B. *Burocracia e sociedade no Brasil colonial*. São Paulo: Perspectiva, 1979, p. 271.

[30] SCHWARTZ, Stuart B. *Op. cit.*, p. 260.

[31] As severas críticas ao Poder Judiciário feitas por Gregório de Matos renderam-lhe nada menos que a sua deportação para Angola.

magistrado teve como objetivo não a proteção dos interesses de todo o conjunto social, antes, serviu para sufocar os legítimos interesses emergentes daqueles afastados do centro do poder, e para resolver os seus próprios problemas e os da elite dominante do Brasil-Colônia.

3. CONCLUSÃO

Primeiramente, é de se perceber que o Direito nacional, infelizmente, nunca representou a contento os interesses do bem comum da coletividade. A época, objeto de estudo, demonstra como se formou a gênese em nosso país de confundir-se o âmbito do público com o privado, dos interesses particulares com os interesses gerais.

Ficou claro também que os fatores culturais e a forma de estruturação da sociedade, existentes no Brasil colonial, foram elementos direcionadores na formação do Direito daquela época. Quer dizer, só é possível sua compreensão se visualizado dentro de um contexto maior, isto é, no conjunto dos valores culturais e das relações sociais existentes num dado momento histórico.

Foram os valores e crenças trazidos pelos brancos colonizadores que predominaram na formação cultural brasileira, havendo, em consequência, a retração das culturas indígena e negra. Como, também, eram os colonizadores que detinham a exploração das riquezas, essa soma de fatores fez com que o Direito do português, que legitimava aquele estado de coisas, imperasse de forma soberana.

Essa herança histórica, por certo, influenciou consideravelmente o modelo jurídico atual, o que não exclui, evidentemente, a possibilidade de se pensar num Direito dinâmico e renovado que aponte para efetivas transformações. Também não parece ser incorreto vislumbrar-se operadores jurídicos, no presente, comprometidos com a justiça, pois estes, antes que juízes, promotores, advogados etc., são verdadeiros cidadãos. O mesmo passa-se com a mudança de pensamento do corpo docente, ainda que um pouco tímida, no sentido de propiciar aos futuros operadores jurídicos um posicionamento crítico sobre o Direito.

Dessa forma, mesmo no campo jurídico, cogita-se da possibilidade da realização de uma “guerra de posição” ao estilo gramsciano,[32] por comportar em sua estrutura operadores do Direito com ideologias, concepções de mundo, discordantes do bloco de poder dominante, ao ocuparem as poucas brechas e oportunidades existentes. O perigo consiste, e por isso todo cuidado é pouco, no fato de a estrutura vigente mostrar-se mais hábil para cooptar para o seu meio o conjunto desses intelectuais, como o fez no período do Brasil colonial. Acredita-se, no entanto, mesmo sabendo que toda crença é uma questão de fé, ser incorreto atribuir toda a culpa à estrutura em si. O problema principal está nos sujeitos que a ocupam e a fazem funcionar.

Por outro lado, não há como negar que o Direito assim como se apresenta não é o resultado da vontade nacional e sim daqueles que dominam material e ideologicamente nossa sociedade. Então, dizer que há um Direito igual para todos, imparcial e afastado das lutas sociais, é um grande engodo, uma construção ideológica,[33] no sentido negativo. Por um processo ideológico, de encobrimento da verdade, procura-se atribuir às ideias e vontades sobre o Direito da classe dominante, uma validade universal que representa todo o conjunto social.

É óbvio que ao se investigar a formação/imposição do nosso Direito nacional, mesmo que só de um determinado período, percebe-se que os erros históricos são muitos. Aqui é bom lembrar os ensinamentos de Habermas de que "os erros são importantes"[34], evidentemente, se com eles se aceitarem e se buscarem ensinamentos para que não sejam cometidos novamente. O conhecimento da história, principalmente dos

---

32 Por guerra de posição entende-se "o conjunto de batalhas travadas no âmbito da sociedade civil, visando à conquista de posições e de espaços, da direção político-ideológica e do consenso dos setores majoritários da população, como condição para o acesso ao poder do Estado e para sua posterior conservação" (COUTINHO, Carlos Nelson. *Gramsci*: um estudo sobre o seu pensamento político. Rio de Janeiro: Campus, 1992, p. 89).

33 A ideologia com o significado de encobrimento da verdade, da transformação da vontade particular da classe dominante em vontade geral, é definida pela Professora Marilena Chauí da seguinte forma: "A ideologia consiste precisamente na transformação das ideias da classe dominante em ideias dominantes para a sociedade como um todo, de modo que a classe que domina no plano material (econômico, social e político) também domina no plano espiritual (das ideias)" CHAUÍ, Marilena. *O que é ideologia*. 35. ed. São Paulo: Brasiliense, 1992, p. 94 (Coleção Primeiros Passos).

34 Esta afirmação Habermas fez ao responder os questionamentos dos Professores Bárbara Freitag e Sérgio Paulo Rouanet, em publicação da *Folha de S. Paulo* de 30 de abril de 1995, no quinto caderno Mais!, f. 9.

seus erros do passado, é um elemento fundamental e imprescindível para a formação do novo que represente a busca do justo. No campo do Direito nacional, essa lição é oportuna e deve ser sempre lembrada pelos operadores jurídicos do presente.

Foi essa perspectiva que se procurou privilegiar no decorrer destas considerações. Isto é, o simples fato de se acumular conhecimentos históricos do passado não faz com que os problemas contemporâneos sejam resolvidos. Mas, se tais procedimentos forem devidamente analisados e trazidos para o presente, de forma crítica, tornam-se extremamente úteis para a compreensão dos problemas existentes em nosso contexto atual.

4. REFERÊNCIAS BIBLIOGRÁFICAS

BOSI, Alfredo. *Dialética da colonização*. 2. ed. São Paulo: Cia. das Letras, 1992.

CHAUÍ, Marilena. *O que é ideologia*. 35. ed. São Paulo: Brasiliense, 1992.

COUTINHO, Carlos Nelson. *Gramsci:* um estudo sobre seu pensamento político. Rio de Janeiro: Campus, 1992.

GARCIA, Rodolfo. *Ensaio sobre a história política e administrativa do Brasil*. Rio de Janeiro: José Olympio, 1956.

MACHADO NETO, A.L. *Sociologia jurídica*. 4. ed. São Paulo: Saraiva, 1979.

MARTINS JÚNIOR, Isidoro. *História do Direito nacional*. 3. ed. Brasília: DIN/UnB, 1979.

NASCIMENTO, Walter Vieira. *Lições de história do Direito*. 3. ed. Rio de Janeiro: Forense, 1984.

POULANTZAS, Nicos. *O Estado, o poder, o socialismo*. 3. ed. Rio de Janeiro: Graal, 1985.

SCHWARTZ, Stuart B. *Burocracia e sociedade no Brasil colonial*. São Paulo: Perspectiva, 1979.

WOLKMER, Antonio Carlos. Instituições e pluralismo na formação do Direito brasileiro. In: *Teoria do Direito e do Estado*. Porto Alegre: Fabris, 1994.

WOLKMER, Antonio Carlos. *História do Direito no Brasil*. 5. ed. Rio de Janeiro: Forense, 2009.

Capítulo 21

INSTITUIÇÕES, RETÓRICA E O BACHARELISMO NO BRASIL

José Wanderley Kozima[1]

SUMÁRIO: 1. Introdução. 2. Estado patrimonial e passado escravocrata. 3. Dos jesuítas aos cursos de Direito. 4. O bacharelismo: retórica, formalismo e abstração. 5. Conclusão. 6. Referências bibliográficas.

1. INTRODUÇÃO

Antes de começar o presente capítulo, cabe refletir um pouco acerca de seus objetivos, métodos, possibilidades e limitações. Impunha-se efetivar uma análise em que restasse privilegiado o estudo das *raízes históricas* das instituições jurídicas e que, revelados os fatos históricos, propiciasse realizar uma releitura crítica e desmitificadora dessas instituições. Iniciado o empreendimento pela escolha das obras, avultou-se clara, já nesta fase, uma certa inviabilidade no pretender divisar os enfoques e obras "puramente históricos" e as demais possibilidades de abordagem científica, já que a história, por mais amplo o objeto,[2] muitas vezes oferece o fundo (ou base) para estudos sociológicos, econômicos, antropológicos, jurídicos, etc., influenciando e também recebendo alguma influência das demais áreas do conhecimento.[3] Deixadas de lado as conjecturações acerca da existência de um método ou

---

1 Professor Universitário e Mestre em Direito pela UFSC.

2 Algumas definições de história são registradas por Jean Glénisson (*Iniciação aos estudos históricos*. 6. ed. Rio de Janeiro: Bertrand, p. 12-13), cabendo registrar a de Tolstói, para quem "o objeto da história é a vida dos povos e da humanidade".

3 V. GLÉNISSON, Jean. *Iniciação aos estudos históricos*. 6. ed. Rio de Janeiro: Bertrand, 1992, p. 307 *et seq.*

objeto próprios à história, foi trazido à reflexão o tema a ser enfocado (*bacharelismo*) e, assim, concluiu-se pela necessidade de realizar uma abordagem histórico-sociológica.

Cumpre registrar, outrossim, que se deparou, já de início, com algumas questões interessantes. Primeiramente o fato de que o "bacharelismo" não poderia propriamente ser considerado uma instituição (teoria da instituição) e, se assim o fosse por interpretação extensiva, dificilmente poder-se-ia considerá-la jurídica, tratando-se, como se trata, de uso e costume social e político e não de um conjunto coerente de normas reguladoras de determinados fatos sociais. Outro fato importante é o da dicotomia referida por Afonso Arinos de Melo Franco entre *bacharelismo* e *jurisdicismo*, associando o primeiro à atividade política e o segundo à produção teórico-filosófica,[4] especificação que, embora registrada, não foi levada em consideração. Por fim, chamou também a atenção o entendimento de Nelson Nogueira Saldanha, para quem

> Falar em bacharelismo é pouco menos que alimentar um mito, a não ser que se frise que se trata de referir um *bias* profissional, o do que lida com leis e ditos forenses ou burocráticos; ou então uma *forma mentis* tendente a ver o jurídico como essência do social (...).[5]

Nada obstante este importante alerta e a natureza científica do trabalho, não se pôde deixar de levar em conta o mito, a intuição, as generalidades e o senso comum, considerada a impossibilidade de uma pesquisa de profundidade.

Certo é que o bacharelismo se trata de fenômeno político-social (afora linguístico e psicológico), e que não se poderia estudá-lo, a partir do enfoque histórico-sociológico, prescindindo das recorrências às abordagens já realizadas por algumas das figuras mais representativas da *inteligentsia* brasileira que, com brilho irrefutável, se detiveram no estudo de nossa cultura e civilização. Propôs-se, assim, partindo de obras gerais, a realizar uma incursão por alguns textos que fizeram a "história da historiografia brasileira crítica", e que, nada obstante tenham hodiernamente um algo de clássico, propuseram interpretações

---

[4] Para Afonso Arinos, bacharelismo é a "técnica jurídica aplicada especialmente à atividade política". *Apud* VENÂNCIO FILHO, Alberto. *Das arcadas ao bacharelismo*. 2. ed. São Paulo: Perspectiva, 1982, p. 291-292.

[5] VENÂNCIO FILHO, Alberto. *Op. cit.*, p. 294.

originais para os fatos que compõem a história documentada do Brasil. Dessas obras gerais, lidas há mais ou menos tempo, extraíram-se possibilidades interpretativas que pudessem favorecer o conhecimento do objeto.

Foi em Sergio Buarque de Holanda, Caio Prado Júnior, Gilberto Freyre e Raymundo Faoro[6] que se buscaram os elementos para tecer algumas considerações (reconsiderações) acerca do bacharelismo liberal, como fenômeno típico, não da sociedade brasileira, como apressadamente se poderia concluir, mas mesmo de sociedades que se constituíram a partir de processos históricos dissemelhantes. O que vale é que entre nós o fenômeno ganhou tintas próprias, dadas as peculiaridades de nosso processo de formação histórica. Ainda, sem pretender especular acerca das possibilidades antropológicas ou descer a análises culturais mais profundas, recorreu-se também, em algumas passagens, a considerações de Darcy Ribeiro[7].

Para aspectos históricos relacionados com o ensino superior no Brasil e, particularmente, com relação ao curso de Direito, designadamente no tocante ao "bacharelismo", recorreu-se aos textos mais específicos, sendo certo que, também nesta seara, já se contam os clássicos, obras as quais não deve desconhecer quem se propõe a abordar o tema. Nelas verifica-se que, de modo geral, prevalece o recurso à fonte indireta, alicerçados os textos em obras representativas da historiografia e sociologia brasileiras, dentre as quais algumas dos autores acima referidos, não afastada, contudo, em alguns casos, a recorrência à fonte direta. São comuns, portanto, a repetição de argumentos e a transcrição dos mesmos excertos, o que, dado o enfoque e a finalidade específica de cada obra, não vem em prejuízo da originalidade. Tratando-se, aliás, de privilegiar o domínio da interpretação, sabe-se que a originalidade das fontes históricas, sejam fatos, sejam documentos, não é o mais importante; apenas se registra o fato.

---

6 Respectivamente em: *Raízes do Brasil*. 25. ed. Rio de Janeiro: José Olympio, 1993; *A formação do Brasil contemporâneo*. 23. ed. São Paulo: Brasiliense, 1994; *Sobrados e mucambos*: decadência do patriarcado rural e desenvolvimento urbano. 6. ed. Rio de Janeiro: José Olympio, 1981, t. 2; *Os donos do poder*: formação do patronato político brasileiro. 9. ed. São Paulo: Globo, 1991.

7 RIBEIRO, Darcy. *Os brasileiros*: teoria do Brasil. 9. ed. Rio de Janeiro: Vozes, 1987, Livro I.

O que se pretende com a presente investigação é, ainda que brevemente e sem pretensão à originalidade, oferecer uma visão panorâmica de alguns aspectos da história do bacharelismo, procurando abordar os traços que se prestam a identificar o fenômeno. No item 2 procurou-se recuperar a herança colonial, buscando conciliar interpretações, mas privilegiando o modelo interpretativo de Raymundo Faoro (autor que estará presente nos outros dois capítulos) e, por via transversa, a tipologia weberiana. Buscou-se utilizar, preferencialmente, concepções já assentes na historiografia brasileira, desprezando a originalidade a bem da segurança dos passos. Avançando, no terceiro item a intenção foi destacar, como elemento significante para a reflexão pretendida, o papel da doutrinação jesuítica, tentando estabelecer mais este liame entre o passado colonial e o bacharelismo. Por fim, no quarto item recortou-se o objeto central do artigo, nada obstante alinhavando-o com os capítulos anteriores (herança colonial: escravidão; estado patrimonialista e doutrinação jesuítica), colocando-se em discussão tanto a história quanto o conteúdo do fenômeno.

O método escolhido é o indutivo-dedutivo, o que não inviabiliza, em algumas passagens, a pretensão de estabelecer uma abordagem dialética, possivelmente com algumas dificuldades, não superadas por completo. Em suma, importa destacar a tendência, entre nós, à repetitividade da história e mesmo à teoria dos ciclos (circularidade em que se movem os acontecimentos), que confere ao texto um certo caráter divulgativo.

2. ESTADO PATRIMONIAL E PASSADO ESCRAVOCRATA

Para empreender um estudo das instituições nacionais sob a perspectiva histórico-sociológica, parece imprescindível que se reporte à experiência colonial, período que se presta a fornecer os primeiros elementos, possivelmente os elementos-chave, para a compreensão do *ethos* brasileiro. Sob esse aspecto, é preciso começar pelo óbvio: considerar o Estado de que se cogita, um Brasil "descoberto", inserido na história geral da civilização, em visão inevitavelmente eurocêntrica, como fruto da "aventura" mercantilista portuguesa; um Estado que só obteve sua independência no início do século XIX, evento esse que apenas desavisadamente pode ser lido como uma verdadeira ruptura, especialmente sob o ponto de vista das instituições político-jurídicas.

É na estruturação do Reino Português, feita sob o império da guerra entre os séculos XI e XIII, que se vão encontrar as raízes da experiência portuguesa de Estado *patrimonial*,[8] que irão permear, de forma significativa, todas as relações estabelecidas entre Estado e indivíduo. Segundo consta, é a Raymundo Faoro que se deve atribuir, sob sua reivindicação, a paternidade da introdução entre nós dessa categoria weberiana, o que teria ocorrido com o livro *Os donos do poder*, editado pela primeira vez em 1958.[9] No difundido livro, o autor, tomando como ponto de partida a origem do Estado português, propõe-se a inventariar/historiar, com abundância de fontes, a formação do Estado brasileiro desde o descobrimento até a década de 1930, colocando em evidência justamente a classe detentora do poder (patronato). Afastando-se da interpretação até então corrente, que privilegiava os aspectos feudais da sociedade brasileira, Faoro oferece uma nova leitura que, dentre outros méritos, recusa a visão liberal-prepotente que se nutre de anunciar abusadamente o vigor da iniciativa privada como fator determinante na construção das riquezas nacionais. A tipificação do Estado brasileiro como patrimonialista, reconhecida herança da colonização portuguesa, privilegia interpretação que coloca em destaque a participação dos estamentos burocráticos.

---

8 A matriz teórica do Estado patrimonial foi proposta por Max Weber (1864-1920), tendo o sociólogo utilizado o termo *patrimonialista* para caracterizar a tendência resultante do acréscimo às formas de dominação tradicional (gerontocracia e patriarcalismo primário) de um quadro administrativo e militar puramente pessoal do senhor. Esse quadro administrativo constituiria um acréscimo, haja vista a inexistência tanto no patriarcalismo quanto na gerontocracia, o que não implicaria, no entanto, um avanço no sentido de engendrar uma dominação racional-burocrática. Para Weber (*Economia e sociedade*: fundamentos da sociologia compreensiva. Trad. Regis Barbosa e Karen Elsabe Barbosa, Brasília: UnB, 1994, v. I, p. 152), patrimonial é "toda dominação que, originariamente orientada pela tradição, se exerce em virtude de pleno Direito pessoal". Entre nós fala-se em *abrasileiramento da burocracia* e em *funcionalismo patrimonial*, destacando-se a forma de recrutamento e a apropriação dos cargos e funções (apropriação no sentido de serem os cargos considerados propriedade pessoal do detentor).

9 Embora reconheça os aspectos feudais ligados aos Estados português e brasileiro, o autor afasta as interpretações históricas até então correntes acerca da característica feudal desses Estados, sustentando que, efetivamente, eles não vivenciaram o feudalismo em sua forma típica.

Em síntese, Portugal teria vivenciado uma monarquia *patrimonial*: o rei como senhor de toda a riqueza territorial, do comércio e empreendimentos, cercado por "servidores" que a ele se prendiam por uma relação de acentuada dependência. O estamento formava-se, para utilizar a tipologia weberiana, por "recrutamento extrapatrimonial", reconhecidamente aí presentes o "favoritismo" e o "clientelismo", expressões já incorporadas à vida de nossas instituições políticas. Em outras palavras: o rei era o único proprietário e o quadro administrativo era formado por pessoas a ele ligadas por relações pessoais de confiança (critérios não racionais). Mais ainda: como desdobramento dessa situação, a apropriação pelo estamento (quadro administrativo) dos "poderes de mando e as correspondentes oportunidades econômicas"[10], sugeriu ao autor qualificar o tipo de forma e concluir por um *patrimonialismo estamental*. Esse tipo de concepção de Estado é que virá inscrever-se em todas as instituições econômico-políticas portuguesas daquela época.

De fato, irrecusavelmente, acentuam-se entre nós alguns traços que podem ser mais bem compreendidos a partir do modelo interpretativo proposto. Assim, como resultado de nossa estruturação sob a influência do patrimonialismo português, falta-nos, ainda hoje, um Estado racional e despersonalizado, decorrendo daí, de um lado, a distinção precária entre o público e o privado, com a apropriação dos cargos e funções públicas (tomados como coisa particular) pelos seus respectivos detentores, e, de outro, a precariedade da segurança do indivíduo perante as possibilidades da atuação estatal,[11] podendo-se falar em expectativas não estabilizadas. Assim, dinamizando a teoria, o que se verifica é a superposição do Estado a uma sociedade civil desarticulada e dependente, para a qual o exercício da cidadania é ainda um arremedo de experiências liberais-democráticas de outros países. Estas e muitas outras características vão marcar a incompatibilidade brasileira com o espírito capitalista-liberal, evidenciando a pertinência da famosa conclusão de Buarque de Holanda:

---

[10] WEBER, Max. *Economia e sociedade:* fundamentos da sociologia compreensiva. Trad. Regis de Barbosa e Karen Elsabe Barbosa. Brasília: UnB, 1994, v. 1, p. 152.

[11] Nota-se, portanto, que o intervencionismo do Estado na economia é prática antiga; o que se acentuou daqueles tempos para cá, especialmente durante o período militar, foi o estatismo, vale dizer, a intervenção direta do Estado na economia, como empresário, em setores típicos da iniciativa privada.

> Na verdade, a ideologia impessoal do liberalismo democrático jamais se naturalizou entre nós. Só assimilamos efetivamente esses princípios até onde coincidiram com a negação pura e simples de uma autoridade incômoda, confirmando nosso instintivo horror às hierarquias e permitindo tratar com familiaridade os governantes. A democracia no Brasil foi sempre um lamentável mal-entendido.[12]

A observação dos fatos históricos acerca da colonização brasileira só faz reforçar o entendimento, restando evidenciada a forma de dominação do tipo tradicional, posto que referida por alguns historiadores e sociólogos, e pelo próprio Buarque de Holanda, como de tipo patriarcal, evidenciado esse aspecto, aliás, pela referência à qualidade das relações político-sociais,[13] basicamente uma mera reprodução das relações familiares ocorridas no seio de uma sociedade tipicamente agrária. Admitida, no entanto, a existência de um quadro administrativo, desde os primeiros passos da empresa colonial, torna-se irrecusável a conclusão de Raymundo Faoro.

Diferentemente da colonização realizada nas zonas temperadas, que teve por finalidades o povoamento e o escoamento dos excessos demográficos da Europa, a colonização dos trópicos fez-se com vistas à exploração mercantil,[14] sem outras pretensões que fossem, a princípio, além do mero extrativismo predatório. A experiência das 15 capitanias hereditárias entregues aos capitães-donatários,[15] que as

---

12 HOLANDA, Sergio Buarque de. *Raízes do Brasil.* 25. ed. Rio de Janeiro: José Olympio, 1993, p. 119.

13 A expressão "patriarcal", ou "patriarcalismo", foi largamente utilizada por Gilberto Freyre e Buarque de Holanda. Nota-se que, de modo geral, os autores citados privilegiaram as relações sociais e políticas verificadas no seio da sociedade rural (que até hoje não sofreram alterações qualitativas): uma mera transposição das relações dadas no seio familiar. A propósito, esse padrão vai exercer forte influência sobre a formação da sociedade urbana. Considerado que, já desde os primeiros passos da empresa colonial da coroa portuguesa, esboçava-se um quadro administrativo (com características apropriadas ao tipo de dominação tradicional), temos que, a rigor, tais interpretações não se mantiveram absolutamente fiéis à tipologia weberiana (Cf. FAORO, Raymundo. A aventura liberal numa ordem patrimonialista. *Revista USP* n. 17, mar./abr./maio 1993, p. 18 *et seq.*).

14 PRADO JR., Caio. *A formação do Brasil contemporâneo.* 23. ed. São Paulo: Brasiliense, 1994, p. 30.

15 Pequenos burgueses, burocratas e comerciantes cuja característica comum era a ligação com a Coroa.

possuíam em nome da Coroa (verdadeira proprietária), ensejou uma forma peculiar de administração, com o exercício pelos donatários de funções típicas do Estado, a exemplo da arrecadação de tributos, da fundação de vilas, do monopólio da justiça, além do poder de doação de sesmarias. Tudo, certamente, em nome D'El Rey, como convém ao patrimonialismo. De modo geral, a historiografia associa a esse fato histórico, dentre outras distorções, a origem dos vastos latifúndios e da administração privada da justiça, verificada de forma marcante no seu interior.[16] A esse aspecto, ainda, somou-se uma outra característica fundamental para a formação da sociedade e da cultura brasileiras: a economia baseada na exploração do trabalho escravo.

A adoção de mão de obra escrava na colonização da América, conforme Caio Prado Júnior,[17] constituiu fato circunstancial absolutamente divorciado da evolução natural da civilização ocidental, verdadeiro *corpo estranho* na sua estrutura, uma involução cujas consequências fizeram-se sentir de forma pesada na história dos povos a ela ligados, constituindo-se, do ponto de vista ético-moral, *uma monstruosa aberração* e, do ponto de vista econômico, uma das causas do "naufrágio da civilização ibérica". Com efeito, a lógica do liberalismo econômico, desde Adam Smith, funda-se na mão de obra assalariada. A escravidão moderna incorporada à experiência colonial marcou a nossa formação social, influindo significativamente na consolidação do caráter do brasileiro. É, portanto, indiscutivelmente, uma das chaves mais importantes para a compreensão do *ethos* brasileiro. Bem por isso, o fio condutor da análise sociológica e antropológica desenvolvida por Gilberto Freyre foi a experiência patriarcal e escravagista que, em algumas passagens, o autor qualifica como *sistema patriarcal de escravidão*.

Interessa ao contexto a submissão do índio e especialmente do negro ao trabalho forçado, por dois motivos especiais referidos, com maior ou menor destaque, pelos autores estudados, a saber: porquanto reafirmou de forma culturalmente significativa a desvalorização do trabalho, de modo geral, e do trabalho manual, de modo especial,

---

16 Dessa forma de administração, desde outros fundamentos, é que se extrai a conclusão da experiência feudal brasileira.

17 PRADO JR., Caio. *A formação do Brasil contemporâneo.* 23. ed. São Paulo: Brasiliense, 1994, p. 269 *et seq*.

entre outras facetas, divulgando, com grande vigor, uma já conhecida distinção entre ocupações superiores e inferiores; em segundo lugar, porquanto tenha favorecido também um crônico processo de exclusão e discriminação social que, no que interessa enfocar, ensejou interessantes maneiras de superação, melhor dizendo, de abrandamento, por meio da negação da condição racial-social verdadeira. Aqui se destaca, como propositado exagero, a persecução de insígnias[18]: sapatos; *croisé* de doutor; fardas cheias de dourados; beca ricamente bordada;[19] enfim, da aquisição das primeiras letras ao diploma de bacharel. Como desdobramentos naturais e, assumida uma visão histórico-determinista, inevitáveis desse quadro, salienta-se o abolicionismo e a própria República; duas causas incorporadas no bojo de um discurso liberal calcado em um "idealismo afrancesado",[20] afigurando-se como o substrato dos discursos inflamados e das polêmicas na imprensa durante o Segundo Reinado, sendo acentuada a participação, nesses movimentos, de bacharéis, tanto brancos quanto mulatos.

À desvalorização do trabalho e ao processo de aristocratização por meio da farda ou da beca, um outro acontecimento histórico relevante, contemporâneo aos primeiros passos da colonização, somou-se e contribuiu para a institucionalização da cultura bacharelesca, a saber: a qualidade da educação oferecida na colônia, especialmente quanto aos métodos utilizados.

---

18 Essa busca de identificação com o outro (o que manda), por meio da aquisição de suas insígnias, poderia ser ilustrada com uma ideia como aquela do "oprimido" hospedando em si próprio o "opressor" (Cf. FREIRE, Paulo. *A pedagogia do oprimido*. 17. ed. Rio de Janeiro: Paz e Terra, 1987).

19 Importante assinalar a oposição entre militares e bacharéis, duas das formas de ascensão social, que permeia a história das instituições políticas brasileiras, esta também, possivelmente, herança portuguesa. À formação técnica e pragmática do soldado contrapõe-se a formação teórica e a "erudição abstrata" dos bacharéis. Veja a propósito Freyre, em especial a referência a um hibridismo entre esses dois elementos (FREIRE, Paulo. *Op. cit.*, p. 586-587; FAORO, Raymundo. *Op. cit.*, p. 178, 191-192 e 195). Nesse sentido, coincidências ofereceram um simbolismo dos mais ricos por ocasião do encerramento do governo militar: o poder não somente é transferido a um civil, mas a um bacharel, aliás, ao próprio esteriótipo do bacharel, qualificado com fardão e Direito a chá na Academia Brasileira de Letras.

20 FREYRE, Gilberto. *Sobrados e mucambos*: decadência do patriarcado rural e desenvolvimento do urbano. 6. ed. Rio de Janeiro: José Olympio, 1981, t. 2, p. 588.

3. DOS JESUÍTAS AOS CURSOS DE DIREITO

Conforme registra Luiz Antônio Cunha, enquanto a América espanhola conheceu cursos superiores desde o início da colonização, com a primeira universidade tendo sido fundada em 1538, em São Domingos, seguida da Universidade de São Marcos (Lima), em 1551, e a do México, em 1553, nosso ensino superior resumiu-se, até a fuga da família real para o Brasil, às experiências jesuíticas da Companhia de Jesus,[21] com o primeiro colégio sendo estabelecido na Bahia,[22] em 1550. Segundo o autor, em conformidade com a historiografia brasileira, a ausência de cursos superiores no Brasil é normalmente atribuída à formação centralizada pretendida pela Metrópole. Também a cultura inferior aqui encontrada, comparativamente às culturas asteca, maia e inca, com que se depararam os espanhóis, e mesmo a escassez de recursos docentes verificada em Portugal poderiam servir de razões para o quadro.[23] Enfim, a própria conceituação de universidade se prestaria a fomentar e a aprofundar a reflexão.

Não se levando em conta a discussão acerca das causas e consequências desse relativo "abandono intelectual", parece plausível o argumento de que a experiência pedagógica oferecida pelos jesuítas foi causa concorrente para a formação do espírito "acadêmico" que se disseminaria pela Colônia, tanto mais que, a partir de 1555, o Colégio das Artes da Universidade de Coimbra foi também entregue à direção dos jesuítas, sendo desnecessário dizer que os estudos superiores, assim considerados apenas aqueles ministrados em instituições de ensino superior, só podiam ser realizados na Europa, com Portugal, designadamente a Universidade de Coimbra, figurando como escolha

---

21 Segundo Luiz Antônio Cunha, quatro eram os graus de ensino: curso elementar (ensino das primeiras letras, com duração de aproximadamente um ano), de humanidades (dois anos de duração), de artes (três anos) e de teologia (quatro anos). No curso de humanidades, organizado para "externos", ministrado em latim, ensinava-se gramática, retórica e humanidades (CUNHA, Luiz Antônio. *A universidade temporã*: o ensino superior da colônia à era de Vargas. Rio de Janeiro: Civilização Brasileira, 1980, p. 27 *et seq.*).

22 Registra o autor que à época da independência do Brasil já havia 26 ou 27 universidades na América espanhola (*Op. cit.*, p. 11).

23 Esses dois argumentos, também referidos por Luiz Cunha, são sustentados por Júlio Cezar de Faria.

natural dos filhos da elite colonial, haja vista a língua portuguesa em comum. O porquê da conclusão, registra-o a historiografia: a linha pedagógica implementada. Acerca disso, reproduz-se a impressão que fica em Fernando Azevedo:

> Desenvolvendo antes de tudo as atividades literárias e acadêmicas e 'dando um valor exagerado ao menino inteligente com queda para as letras', os jesuítas criaram muito cedo, com a tendência literária e o gosto que ficou tradicional pelo diploma do bacharel, o desprezo pelo trabalho técnico e produtivo (...).[24]

A pedagogia jesuítica inspirava-se na *ratio studiorum* (sistematização de regras padronizadas), dando demasiada ênfase à retórica e privilegiando poucos autores, designadamente Aristóteles e Tomás de Aquino. Essa influência, segundo ainda Luiz Antônio Cunha, teria tido o condão de tornar a cultura portuguesa razoavelmente impermeável às significativas transformações do continente europeu, ocorridas a partir do Renascimento. Com efeito, orientado pela reação consubstanciada na doutrina da Contrarreforma,[25] o Estado português manteve-se a significativa distância das novas ideias e técnicas trazidas pela Era das Luzes, na qual se inscreveram, inclusive, novas concepções educacionais, cujo sentido último, poder-se-ia dizer, teria consistido no ensaio de padrões e conteúdos "pedagógicos" de forma a favorecer, também sob esse aspecto, o desenvolvimento do que viria a ser o capitalismo industrial, vale dizer, ensejar a construção de valores consentâneos com o espírito do capitalismo, uma visão de mundo ainda por se consolidar,[26] mas cujos pressupostos já estavam historicamente sendo elaborados. Em conclusão: estabeleceu-se, nesse período, um

---

[24] *Apud* VENÂNCIO FILHO, Alberto. *Das arcadas ao bacharelismo*. 2. ed. São Paulo: Perspectiva, 1982, p. 5; CUNHA, Luiz Antônio. *A universidade temporã*: o ensino superior da colônia à era de Vargas. Rio de Janeiro: Civilização Brasileira, 1980, p. 24 *et seq*.

[25] Importante registrar que a Companhia de Jesus foi fundada em 1534 por Ignácio Lópes Recalde (Santo Ignacio de Loyola), sendo reconhecida em 1540 pelo Vaticano, e tinha, dentre seus principais objetivos, o de barrar o avanço do protestantismo.

[26] A leitura de WEBER, Max. *A ética protestante* e o *espírito do capitalismo*. 2. ed. São Paulo: Pioneira, 1981, é que sugere a possibilidade. A propósito, cabe lembrar que a *Didática magna*, de João Amós Comenius, foi concluída em 1638 (Cf. CUNHA, Luiz Antônio. *A universidade temporã*: o ensino superior da colônia à era de Vargas. Rio de Janeiro: Civilização Brasileira, 1980, p. 44).

verdadeiro hiato entre a "romântica e aventureira alma portuguesa" e a visão liberal-capitalista de mundo. Parece, de fato, estarem aí identificados os primeiros passos de uma cultura retórica e formalista que, numa abordagem pretensamente psicossocial, se derramaria de modo fértil sobre os bacharéis brasileiros, que também seriam inspirados pela perspectiva dos "padres iracundos" – para utilizar expressão comumente empregada por Darcy Ribeiro –, à parte a própria influência da "alma portuguesa". Quanto a Aristóteles, sabe-se que lhe é atribuída, assim como a Platão e Cícero, alguma responsabilidade pela divulgação da concepção segundo a qual o trabalho manual é "degradante, indigno do homem livre"[27]. Indo além, se Aristóteles e Tomás de Aquino, a quem se atribui a recuperação da filosofia aristotélica conciliada com o pensamento cristão, são autores privilegiados pelos jesuítas, difícil conceber o estudo do latim sem os textos de Marcus Tulio Cícero. Sob esse aspecto, ao senso comum deixa-se as conclusões. Cabe apenas acrescentar que, ao que consta, este espírito as reformas pombalinas, dentre as quais a expulsão dos jesuítas (1759), não conseguiram derrogar, nada obstante a mudança de métodos. A propósito, registra a historiografia que teriam antes desestruturado o construído.

Com a vinda da família real para o Brasil, em 1808, colocou-se na ordem do dia transformar a colônia em lugar apropriado para a instalação da Corte, datando daí os significativos avanços verificados, a exemplo da inauguração da Faculdade de Medicina, na Bahia, e a cadeira de Artes Militares, no Rio de Janeiro. Fato não esperado, tampouco desejado, a instalação da Corte não suscitou de imediato a preocupação com a formação de quadros para ocupar os cargos e funções do Estado – leia-se bacharéis. Convinha não descuidar das ideias e, nesta seara, melhor seria manter a dependência da Colônia, pois, conforme anotado pela historiografia brasileira, a formação coimbrã

---

27 Cf. ROMITA, Arion Sayão. *Direito sindical brasileiro.* Rio de Janeiro: Ed. Brasília, 1976, p. 28. O autor rechaça o argumento de que essa ideia corresponde à concepção corrente na Antiguidade, referindo-se a Sócrates, Hesíodo, Protágoras e Pródigo, que defendiam a dignidade do trabalho, inclusive o manual: "A explicação é claramente oferecida por *Battaglia* (...). Paul Durand, invocando a autoridade de J. Leclercq e Gustave Glotz, sustenta que nada é mais inexato do que atribuir ao mundo antigo o desprezo pelo trabalho".

consistiu em eficiente método de controle ideológico.[28] Vale aqui, para explicitar a atitude deliberada de não se promover a instalação de cursos jurídicos no Brasil, a consideração de Américo Lacombe:

> A formação de juristas não era urgente. A Universidade de Coimbra forneceu-nos bacharéis em Direito em número suficiente (...). A relação de nossos estadistas, magistrados e professores é toda de bacharéis de Coimbra. Todo o Brasil político e intelectual foi formado em Coimbra, único centro formador do mundo português. Era um ponto básico da orientação da Metrópole essa formação centralizada.[29]

Assim, a preocupação com o ensino superior resumiu-se à formação militar e às outras áreas consideradas técnicas, a exemplo da engenharia, economia e medicina. Embora se possa dizer que, *lato sensu* e por extensão, estas últimas áreas tenham produzido bacharéis,[30] no sentido de formação superior, reserva-se o vocábulo para aqueles com formação humanística e, destacadamente, é certo, aos saídos das academias de Direito, este o bacharel genuíno, o elemento nuclear do fenômeno conhecido por bacharelismo.

Foi somente em 1827, já declarada a independência e tendo em vista exatamente a necessidade de serem dados os primeiros passos para a construção do Estado Nacional, que se verificou, efetivamente, a implantação dos cursos jurídicos no Brasil, em Olinda (posteriormente transferido para Recife) e em São Paulo, com o início das atividades no ano seguinte e com o quadro docente formado em muitos casos por professores portugueses. A chamada cultura jurídica nacional formou-se a partir dessas duas faculdades, ganhando impulso a "aventura liberal", especialmente na atividade jornalística. Multiplicaram-se os jornais acadêmicos e, de modo geral, as atividades

---

[28] Interessante notar que Althusser, utilizando categorias marxistas, considera o "aparelho escolar" o aparelho ideológico dominante nas formações capitalistas (*Aparelhos ideológicos do Estado*. Rio de Janeiro: Graal, 1980, p. 78). Já Faoro destaca o caráter capitalista da colonização (*Op. cit.*, p. 108 *et seq.*).

[29] LACOMBE, Américo Jacobina. A cultura jurídica. *In*: HOLANDA, Sérgio Buarque de. *História da civilização brasileira*. 5. ed. São Paulo: Difel, 1985, t. II, v. 3, p. 361.

[30] Gilberto Freyre refere-se a bacharéis e doutores, considerando, de modo geral, os formandos em Direito, medicina, filosofia e matemática (FREYRE, Gilberto. *Sobrados e mucambos*: decadência do patriarcado rural e desenvolvimento do urbano. 6. ed. Rio de Janeiro: José Olympio, 1981, t. 2, p. 575).

culturais. As faculdades de São Paulo e Recife foram, assim, os centros responsáveis pela formação ideológica da elite dirigente, homogênea na medida do possível, que deverá consolidar o projeto de Estado Nacional.

Nada obstante a significativa importância do ano 1827, não se pode superestimar, sem maior aprofundamento crítico, a contribuição que coube à instalação dos cursos jurídicos para a formação da cultura jurídica nacional, ou mesmo à profissionalização do bacharel, no que diz respeito aos méritos da atividade pedagógica desenvolvida, enquanto relação de ensino/aprendizagem. Bem a propósito, a distinção estabelecida por Sérgio Adorno entre a academia formal e a academia real, assinalando, dentre outras passagens interessantes:

> As permanentes críticas dirigidas contra a má qualidade de ensino e contra a própria habilitação do corpo docente, formuladas até mesmo por acadêmicos que vivenciaram esse processo educativo àquela época, sugerem que a profissionalização do bacharel se operou fora do contexto das relações didáticas estabelecidas entre o corpo docente e o corpo discente, a despeito das doutrinas jurídicas difundidas em sala de aula.[31]

De fato, ainda que se registre a importância dos bacharéis de Direito para a construção do Estado Nacional, porquanto a concentração geográfica e a identidade da formação intelectual tenha possibilitado a consolidação de uma ideologia comum sob o estrito controle do governo – o que é, no mínimo, discutível, em face da ausência de efetivo controle governamental, inclusive sobre o corpo discente –,[32] deve-se considerar que, na prática, as faculdades de Direito prestaram-se mais a distribuir o *status* necessário à ocupação de cargos públicos de um quadro burocrático que já se expandia, que a propiciar efetivamente a formação de uma elite intelectual razoavelmente coesa e preparada. Assim, acredita-se que seria mais plausível atribuir o "mérito" pela consolidação das ideias liberais como ideologia

---

31 ADORNO, Sergio. *Os Aprendizes do poder*. Rio de Janeiro: Paz e Terra, 1988, p. 93. Já Américo Jacobina Lacombe firmou o seguinte entendimento: "Que as faculdades foram focos de culturas é verdade, como se vê pela 'Escola do Recife', que é um fato. Mas nunca *ensinaram*, o que é outra coisa" (*Apud* VENÂNCIO FILHO, Alberto. *Das arcadas ao bacharelismo.* 2. ed. São Paulo: Perspectiva, 1982, p. 164).

32 Cf. ADORNO, Sergio. *Os aprendizes do poder:* o bacharelismo liberal na política brasileira. Rio de Janeiro: Paz e Terra, 1988, p. 92-93.

hegemônica entre as elites dirigentes ao próprio fenômeno natural, consistente na propagação dessas ideias pelo mundo afora pelos mais diversos veículos – o que decorreu do próprio desdobramento do capitalismo industrial –, que ao ensino oferecido pelas faculdades de Direito;[33] estas apenas teriam facilitado a difusão das ideias e a troca de informações e referências bibliográficas. Nesse sentido, não pouco sintomático que muitos dos bacharéis que se sobressaíram como juristas, políticos ou advogados tenham tido uma formação de linha autodidática, possuindo poucas recordações intelectuais dignas de memória que se reportem à experiência acadêmica, notadamente quanto aos professores, tendo, outrossim, pouco se distinguido como estudantes de Direito.[34] Por outro lado, o absenteísmo e a distância mantida entre professor e aluno apresentavam-se como prática comum, o que insinua, de fato, que a vinculação formal à academia era mais uma questão de obtenção das já referidas insígnias,[35] aliás, consideradas tanto do ponto de vista discente como docente.

Além dos cargos públicos, da ascensão social, consideram-se alguns argumentos de que se buscava também, no curso de Direito, uma cultura geral, *desinteressada*, oferecida nesses *cursos penetrados de filosofia e de letras*[36] e apropriada para o exercício de outras atividades e ocupações[37]. Ainda nesses casos, parece, porém, que seria possível identificar, também aí, uma postura associada à possibilidade de "qualificação do discurso pela qualificação do narrador" ou, ao menos, uma "não desqualificação imediata do discurso" ante a qualificação do narrador e, assim visto, estaria aí presente o desejo de aquisição de insígnias e uma forma de distinção social. Parece, a

---

33 Considerar que os cursos de ciências sociais tenham formado alunos ideologicamente mais "à esquerda", devido às leituras realizadas e o perfil dos próprios docentes, é um pouco mais correto.

34 Veja-se, a propósito, o comentário de Sá Viana (*Apud* VENÂNCIO FILHO, Alberto. *Op. cit.*, p. 133, e nota do autor, p. 172).

35 Clóvis Beviláqua refere-se a uma "alavanca julgada necessária para remover as dificuldades da vida" (*Apud* VENÂNCIO FILHO, Alberto. *Das arcadas ao bacharelismo.* 2. ed. São Paulo: Perspectiva, 1982, p. 182).

36 Cf. VENÂNCIO FILHO, Alberto. *Op. cit.*, p. 142.

37 Sob este enfoque, a constatação, de Buarque de Holanda, de um quadro em que muitos bacharéis se formam, mas poucos os que farão uso dos conhecimentos na vida prática dos conhecimentos hauridos teria um impacto um pouco menor (*Op. cit.*, p. 115).

propósito, que para a aquisição de "cultura geral" o caminho mais adequado, dada a qualidade do ensino e o empenho dos professores, seria o das viagens e bibliotecas.

4. O BACHARELISMO: RETÓRICA, FORMALISMO E ABSTRAÇÃO

Entende-se por bacharelismo a situação caracterizada pela predominância de bacharéis na vida política e cultural do país. Diversamente do que se poderia depreender sem mais aquelas, não se trata de invenção tupiniquim.[38] Historicamente, é uma espécie de fenômeno político-social que, entre nós, deita raízes em Portugal, tendo sido significativa a participação de juristas nos Conselhos da Coroa desde os primeiros passos da estruturação do Estado português.[39] Obra de juristas foi a justificação da posse do trono ao mestre de Avis – D. João – cabendo também a eles delimitar as fronteiras entre os bens do príncipe e a coisa pública, com fundamentação no Direito romano.

A exemplo de outros países, também no Brasil os bacharéis de Direito tiveram papel fundamental na estruturação do Estado,[40] ocupando os mais importantes cargos públicos e espraiando-se por todos os poderes, seja no Império, seja na República. De fato, à exceção, talvez, de alguns revezamentos com a aristocracia de farda, os bacharéis, guiados pelos ideais da Revolução Francesa, estiveram metidos em praticamente todos os grandes acontecimentos políticos da história brasileira. Gilberto Freyre dá mostra desse aspecto, que se repetirá em situações futuras:

> A Inconfidência Mineira foi uma revolução de bacharéis, como revoluções de bacharéis – pelo menos de clérigos que eram antes bacharéis de batina do que mesmo padres, alguns educados em Olinda, no seminário liberal de

---

[38] A propósito, Buarque de Holanda faz referência à *praga do bacharelismo* nos Estados Unidos da América (HOLANDA, Sergio Buarque de. *Raízes do Brasil.* 25. ed. Rio de Janeiro: José Olympio, 1993, p. 115 *et seq.*).

[39] Cf. FAORO, Raymundo. *Op. cit.*, p. 48 *et seq.*; p. 187 *et seq.*

[40] Numa abordagem meramente normativista, fácil é intuir o porquê do fenômeno, tendo em mente a identidade, sustentada por Kelsen (*Teoria pura do Direito*), entre Estado e ordenamento jurídico. Sobre a questão do perfil dos bacharéis de Direito no Brasil, ver WOLKMER, Antonio Carlos. *História do Direito no Brasil.* 5. ed. Rio de Janeiro: Forense, 2009, p. 127-134.

Azeredo Coutinho, 'em todos os principais ramos da literatura própria não só de um eclesiástico mas também de um cidadão que se propõe a servir ao estado' – foram as duas revoluções pernambucanas, preparadas ainda por homens do século XVIII: a de 1817 e a de 1824.[41]

A prática consolidou-se de forma particularmente interessante no Segundo Reinado, *o reinado dos bacharéis*, na feliz expressão do prestigioso sociólogo, para quem "ninguém foi mais bacharel nem mais doutor neste País que Dom Pedro II"[42]. Com efeito, em nítido contraste com a figura do pai, algo impulsivo e belicoso, com traços mais para militar que para bacharel, Dom Pedro II cultivava esmeradamente o espírito, incentivando as letras, a música e a cultura clássica em geral, inspirado, quem sabe, pelas vocações superiores que devem nortear os desígnios de um imperador. Durante o seu reinado, iniciado quando ainda menino, cercou-se de bacharéis moços, que renovavam-se nos gabinetes, na condução dos negócios do Estado, sob sua proteção e vontade. Em termos de legislação nacional de maior envergadura, foram produzidos o Código Penal, o Código de Processo Criminal, o Código Comercial e o Regulamento 737 (Código de Processo Civil e Comercial).

Nada obstante a ascensão do bacharel tipicamente brasileiro, que trouxe consigo os ideais do Iluminismo, o que se verifica é que não houve, nem poderia haver, a conformação do Estado, efetivamente, às ideias liberais, o que, em outras palavras, poderia significar a substituição do modelo tradicional por uma forma de dominação de tipo racional, nos moldes weberianos. Também a qualidade das relações sociais não sofreu qualquer alteração significativa, antes o que houve foi a incorporação daqueles elementos à estrutura estabelecida, já delineada, ainda que em primeiros traços, desde a experiência das capitanias hereditárias, dando ensejo a uma interessante contradição entre o discurso e a prática, o que, aliás, se verifica até os dias de hoje. Vá lá que se tenha, não sem hesitações, abolido definitivamente a escravidão, prática absolutamente incompatível com o modelo econômico liberal, e, mesmo dentro de uma confusão de fatos, tenha sido

41 FREYRE, Gilberto. *Sobrados e mucambos*: decadência do patriarcado rural e desenvolvimento do urbano. 6. ed. Rio de Janeiro: José Olympio, 1981, t. 2, p. 579.

42 FREYRE, Gilberto. *Op. cit.*, p. 575.

instaurado o regime republicano; mas daí a incorporar, sem maiores senões, valores que não estavam presentes na prática cotidiana das relações sociais vai grande distância.

A compreensão desse quadro, a partir das interpretações de Buarque de Holanda e de Raymundo Faoro, já incorporadas à historiografia brasileira, torna-se empreendimento relativamente fácil. De início, há que se considerar que esses movimentos fizeram-se *de cima para baixo*, como convém à boa ordem patrimonial, sob a inspiração de ideias e ideais trazidos das experiências de outros países, colhidos em livros ou em viagens, principalmente à França. Contudo, o transplante de ideias universais[43] – ensejadas pela experiência concreta de determinados povos – para outros de formação histórica e cultural absolutamente dissemelhante não se faz de uma hora para outra, ainda mais quando o descompasso histórico apresenta-se como questão estrutural e nem sequer se poderia falar, à época, de algo semelhante ao que hoje se conhece por globalização. Restaram desconsideradas as condições históricas e culturais em que foram engendrados os princípios liberais. Assim, sendo fácil discursar e escrever sobre ideias que convençam a razão, enquanto exercício de abstração, consideravelmente mais árduo é incorporar uma prática cotidiana nova, buscar o convencimento íntimo, ainda mais sem vivenciar a perspectiva da experiência histórica e tendo-se em conta o prejuízo aos nossos interesses mais imediatos. Quem, afinal, dá o passo à frente, dispondo-se a cortar a própria carne para realizar uma "abstração" que, bem analisada, fica melhor nos livros, nos jornais e nos discursos? Ora, a realidade social... A hipótese era mais que possível: a cultura literária, erudita, abstrata, é o próprio cerne do bacharelismo. Nas palavras de Gilberto Freyre, "inexaurível erudição à margem dos fatos e das coisas", "preocupados mais com o espírito que com o fundo dos problemas"[44].

Assim, sem corresponder, de modo geral, à efetividade de ações e posturas, não houve dificuldades de se levar a cabo a afiada defesa do liberalismo e da democracia, seja na imprensa, seja na tribuna. O discurso liberal incorporou-se ao Estado patrimonialista, com a

---

43 Referimos à universalidade no sentido de conformação ao modelo racional.

44 FREYRE, Gilberto. *Sobrados e mucambos*: decadência do patriarcado rural e desenvolvimento do urbano. 6. ed. Rio de Janeiro: José Olympio, 1981, t. 2, p. 582.

contribuição indispensável do bacharel, sem que se lhe modificasse a sua substância. Os bacharéis apropriaram-se dos cargos públicos e das funções políticas e conformaram o adágio popular segundo o qual "na prática a teoria é outra". Tornou-se algo caricata a frase, especialmente ligada às últimas homenagens: "era realmente um liberal..." ou "sempre foi um liberal de verdade..." Em regra, no entanto, liberais foram as ideias e os discursos.

Para arremate, um outro fato que é importante assinalar é que, à parte a contribuição para a construção das instituições jurídico-políticas nacionais, o bacharelismo manifestou-se amplamente, fora dos gabinetes políticos e dos cargos públicos,[45] notadamente na produção literária e jornalística, o que deve ser creditado basicamente às possibilidades oferecidas pela vida acadêmica.[46] De outra parte, à evidência, a condição primeira para o exercício dessas atividades é a de "letrado",[47] com o domínio convincente tanto da gramática quanto da estilística,[48] especialmente no primeiro caso. Essa precondição para o exercício dessas atividades, associada ao fato de serem os bacharéis um grupo expressivo de letrados em terra de analfabetos, com cultura humanística geral e, de certa maneira, afetados pelos ecos da doutrinação jesuítica, pode ter favorecido o quadro, especialmente se se considerar, quanto a este último aspecto, a valorização excessiva do trabalho intelectual

---

45 Fora, mas não propriamente longe: não se pode deixar de considerar que o cargo público serviu, como hoje em alguns casos ainda serve, para o financiamento de atividades artísticas cuja sorte, por natureza, não pode depender de retorno econômico. Neste caso, o cargo e o salário teriam por virtude fomentar o exercício da arte independente e superior, o que ensejou a prática de uma certa espécie de mecenato por parte do Estado, mais um traço que se poderia creditar à sua natureza patrimonialista.

46 "Ser estudante de Direito era, pois, sobretudo, dedicar-se ao jornalismo, fazer literatura, especialmente a poesia, consagrar-se ao teatro, ser bom orador, participar dos grêmios literários e políticos, das sociedades secretas e das lojas maçônicas" (Cf. VENÂNCIO FILHO, Alberto. *Das arcadas ao bacharelismo.* 2. ed. São Paulo: Perspectiva, 1982, p. 136).

47 Discursando nas comemorações do centenário da fundação dos cursos jurídicos, assim se manifestou Márcio Teixeira de Lacerda, em defesa da classe vilipendiada: "Quanto à apregoada ignorância, basta ponderar que das chamadas profissões liberais, a advocacia é a única que não pode ser exercida por quem não sabe escrever" (*Apud* VENÂNCIO FILHO, Alberto. *Op. cit.*, p. 288). Deve-se creditar o evidente exagero à força do discurso, à eloquência...

48 Ponderemos, a propósito, que, evidentemente, a gramática precede a retórica, assim como as primeiras letras precedem o diploma de bacharel.

e o prestigiamento das letras como características peculiares da visão jesuítica de educação.

De qualquer forma, a atividade acadêmica fomentou o desenvolvimento de uma imprensa também fortemente influenciada pelas ideias liberais, tendo dado asas a estudantes desejosos de realizar críticas públicas, às vezes contundentes, possivelmente à altura de uma (in)formação superior, em termos de revelação de erudição, retórica e elevado senso crítico. Não raro, a colaboração intelectual era dada com as vistas voltadas para a atividade política, para a qual, aliás, o exercício da atividade jornalística já poderia ser considerado uma norma de engajamento. A seu turno, as vocações literárias também puderam ser desenvolvidas propedeuticamente nos jornais acadêmicos, a maioria de elevadas pretensões e vida breve. Enfim, esse tipo de imprensa acadêmica, a princípio um espaço para veiculação de opiniões acerca dos mais diversos assuntos, de política à poesia, serviu de laboratório para a profissionalização de bacharéis na atividade jornalística e literária.

Acerca da disseminação de bacharéis na literatura, poder-se-ia considerar, além dos fatores já referidos, que a aproximação entre esta e a retórica, mencionada como elemento significativo da cultura bacharelesca, é uma relação que, se poderia dizer, se estabelece do todo para com a parte. Assim se insinuaria, não sem receio de incorrer em grave impropriedade, que a literatura é o espaço-tempo da confraternização das artes linguísticas, particularmente quando expressas pela forma escrita. Ademais, a cultura bacharelesca não é somente retórica, mas também literária; retórica enquanto privilegia a eloquência, não raro em prejuízo do conteúdo; literária enquanto, talvez, uma cultura livresca, romântica, ingênua, ampla, mas indiferente à realidade concreta.

A retórica é, segundo Aristóteles,[49] a arte das provas, do que se poderia depreender que, por natureza, deve ligar-se à realidade, ao concreto, ou, quando menos, ao verossímil. É também uma técnica, um processo, que envolve cinco operações essenciais: 1. "encontrar o que dizer" (*inventio*); 2. "colocar em ordem o que se encontrou" (*dispositio*); 3. "acrescentar o ornamento das palavras, das figuras" (*elocutio*);

---

[49] ARISTÓTELES. *Arte retórica e arte poética*. Trad. Antônio Pinto de Carvalho. Rio de Janeiro: Ediouro, [s/d].

4. "representar o discurso como um ator: gestos e dicção" (*actio*); 5. "recorrer à memória" (*memoria*).[50] No entanto, conforme Delas e Filliolet, o declínio das instituições republicanas teria imposto dupla restrição à retórica, a saber: a neutralização da oposição retórico-poética e a colocação da *elocutio* como "único domínio incontestável da retórica"[51]. Consideradas as peculiaridades da cultura dos cidadãos da Grécia antiga, não se poderia prever melhor sorte. De toda forma, o que se procurou colocar em evidência, com essa incursão pelo campo da linguística, é que a retórica moderna, particularmente entre os bacharéis, tornou-se, no dizer do poeta Vinícius, "um corpo sem alma, um pensamento sem espírito", um ornamento sem conteúdo,[52] que passa, enfim, a valer apenas como sinal distintivo. Conforme os seguintes excertos:

> (...) o professor de retórica, requisitado após o professor de gramática, que já terá ensinado as regras da língua racional dita correta, será instado a fornecer as receitas para tornar a língua elegante. Como essa língua elegante concerne a uma elite social, a missão normativa latente da retórica muda de caráter. Tal ornamento não é mais preconizado, como para os Antigos, porque é mais conforme à eficácia do discurso ou porque é a melhor forma de colocar uma ideia ou um arrazoado (...). A normatividade retórica não é mais cogitada em termos de eficácia linguística, mas de estética sociocultural. Torna-se um código de marcas sociais valorizadas esteticamente.[53]

E mais adiante:

> (...) ela se torna um mecanismo que labora no vazio, pois seu objetivo é demonstrar como um autor, pelo que revelam seus biógrafos, pôde misteriosamente realizar seu gênio em sua obra literária.[54]

5. CONCLUSÃO

Certamente, tornou-se a retórica mais um signo, melhor dizendo, uma insígnia, que convém ostentar e que, mais que isto, compreendida dentro

---

[50] Cf. BARTHES, Roland. *Apud* DELAS, Daniel; FILLIOLET, Jacques. *Linguística e poética*. Trad. Carlos Felipe Moisés. São Paulo: Cultrix, Edusp, 1975, p. 18.

[51] BARTHES, Roland. *Apud* DELAS, Daniel; FILIOLET, Jacques. *Op. cit.*

[52] O que põe em evidência a já referida pouca distinção que hodiernamente se faz entre retórica e poética (o conteúdo inteligível subordina-se à forma).

[53] BARTHES, Roland. *Apud* DELAS, Daniel; FILLIOLET, Jacques. *Op. cit.*, p. 19.

[54] BARTHES, Roland. *Apud* DELAS, Daniel; FILLIOLET, Jacques. *Op. cit.*, p. 21.

de um fenômeno sociocultural, e mesmo psicológico, impregnou-se no discurso do bacharel, atando-o à forma desprovida de conteúdo, o que às vezes decorre da própria insustentabilidade do discurso, da ausência de conteúdo defensável. Por outro lado, em muitas ocasiões o discurso jurídico presta-se a esconder o objeto, ao invés de revelá -lo, como se pretenderia numa ação comunicativa, o que, não raro, pode decorrer do próprio despreparo técnico-jurídico, a que socorre, bem a propósito, a "cultura literária", com citações de fragmentos, supostamente definitivos, fora de contexto, a "frase lapidar" a que se refere Buarque de Holanda, os brocardos latinos digeridos de afogadilho, etc.

Se se pretendesse ir um pouco mais longe, pondo de lado o tema central, poder-se-ia considerar que o bacharelismo teve outros significativos desdobramentos. Não se resumiu, ou se resume, apenas ao fenômeno restrito aos bacharéis "de" e "por" Direito; impôs-se institucionalmente, certamente por via reflexa, sobre os padrões culturais de indivíduos e agrupamentos sociais distintos, notadamente nos centros urbanos. Enfim, considerando-se que ser bacharel era um bom negócio, podendo render algum prestígio ou distinção, verificou-se um certo estímulo, especialmente entre as classes intermediárias, à prática do bacharelismo formal. Falar difícil, vestir-se adequadamente, ostentar uma cultura literária e mesmo o conhecimento de textos legais tornou-se prática verificável fora do círculo restrito dos bacharéis.

6. REFERÊNCIAS BIBLIOGRÁFICAS

ADORNO, Sergio. *Os aprendizes do poder:* o bacharelismo liberal na política brasileira. Rio de Janeiro: Paz e Terra, 1988.

ALTHUSSER. *Aparelhos ideológicos do Estado*. Rio de Janeiro: Graal, 1980.

ARISTÓTELES. *Arte retórica e arte poética.* Trad. Antônio Pinto de Carvalho. Rio de Janeiro: Ediouro, (s/d).

BARTHES, Roland. Apud DELAS, Daniel; FILLIOLET, Jacques. *Lingüística e poética*. Trad. Carlos Felipe Moisés. São Paulo: Cultrix, Edusp, 1975.

CUNHA, Luiz Antônio. *A universidade temporã*: o ensino superior da colônia à era de Vargas. Rio de Janeiro: Civilização Brasileira, 1980.

FAORO, Raymundo. *Os donos do poder*: formação do patronato político brasileiro. 9. ed. São Paulo: Globo, 1991, v. 2.

FAORO, Raymundo. A aventura liberal numa ordem patrimonialista. *Revista USP* n. 17, mar./abr./maio 1993.

FARIA, José Eduardo. *Sociologia jurídica*: crise do Direito e práxis política. Rio de Janeiro: Forense, 1984.

FREIRE, Paulo. *A pedagogia do oprimido*. 17. ed. Rio de Janeiro: Paz e Terra, 1987.

FREYRE, Gilberto. *Sobrados e mucambos*: decadência do patriarcado rural e desenvolvimento do urbano. 6. ed. Rio de Janeiro: José Olympio, 1981, t. 2.

GLÉNISSON, Jean. *Iniciação aos estudos históricos*. 6. ed. Rio de Janeiro: Bertrand, 1992.

HOLANDA, Sergio Buarque de. *Raízes do Brasil.* 25. ed. Rio de Janeiro: José Olympio, 1993.

LACOMBE, Américo Jacobina. A cultura jurídica. In: HOLANDA, S. B. de. *História geral da civilização brasileira.* 5. ed. São Paulo: Difel, 1985, t. II, v. 3.

PRADO JR., Caio. *A formação do Brasil contemporâneo.* 23. ed. São Paulo: Brasiliense, 1994.

RIBEIRO, Darcy. *Os brasileiros*: teoria do Brasil. 9. ed. Rio de Janeiro: Vozes, 1987, Livro I.

ROMITA, Arion Sayão. *Direito sindical brasileiro*. Rio de Janeiro: Ed. Brasília, 1976.

VENÂNCIO FILHO, Alberto. *Das arcadas ao bacharelismo.* 2. ed. São Paulo: Perspectiva, 1982.

WEBER, Max. *Economia e sociedade:* fundamentos da sociologia compreensiva. Trad. Regis de Barbosa e Karen Elsabe Barbosa. Brasília: UnB, 1994, v. 1.

WOLKMER, Antonio Carlos. *História do Direito no Brasil.* 5. ed. Rio de Janeiro: Forense, 2009.

Capítulo 22

O ESCRAVO ANTE A LEI CIVIL E A LEI PENAL NO IMPÉRIO (1822-1871)[1]

ARNO WEHLING[2]

SUMÁRIO: 1. Introdução. 2. As fontes jurídicas da escravidão no Império, 1822-1871. 3. Origem e termo da escravidão no Império. 4. O escravo e a lei civil. 5. O escravo e a lei penal. 6. Conclusão. 7. Referências bibliográficas.

1. INTRODUÇÃO

O limite cronológico fixado nesta exposição justifica-se pelas mudanças históricas que as respectivas datas simbolizam, tanto no plano geral da sociedade brasileira, como em seu universo jurídico. O ano de 1822 representou a conjuntura da independência e o início de uma nova ordem jurídica. Já 1871 correspondeu a uma nova conjuntura socioeconômica e política que começava a diferençar-se do monolitismo

---

[1] Trabalho realizado com a colaboração da Professora e Doutora Maria José C. de M. Wehling, que participou da pesquisa e da discussão sobre as conclusões. Este texto foi inicialmente publicado na coletânea *Cem anos de abolição da escravidão*. Organizado por Lourenço Luís Lacombe. Petrópolis: Museu Imperial, 1998, p. 101-111.

[2] Professor Titular de Teoria e Metodologia da História da Universidade Federal do Rio de Janeiro e História do Direito da UNIRIO e da Universidade Gama Filho. Doutor e Livre-Docente em História pela Universidade de São Paulo. Pós-Doutor pela Universidade Portucalense. Membro da Academia Portuguesa de História, sócio do IBHD e Presidente do Instituto Histórico e Geográfico Brasileiro. Dentre suas principais obras, cabe destacar em coautoria com Maria José C. M. Wehling: *Formação do Brasil Colonial*. 2. ed. Rio de Janeiro: Nova Fronteira, 1999; *Administração Portuguesa no Brasil de Pombal a D. João* (1777-1808). Brasília: Funcep, 1986; *A Invenção da História*. Estudos sobre o Historicismo. Rio de Janeiro: Gama Filho, 2001; *Direito e Justiça no Brasil Colonial*. O Tribunal da Relação do Rio de Janeiro (1751-1808). Rio de Janeiro: Renovar, 2004.

agrário anterior e, no ordenamento jurídico sobre a escravidão, à primeira das leis abolicionistas.

Ao estudarmos o escravo ante a lei civil e a lei penal neste meio século, teremos como fundamentais os conflitos entre a escravidão e o quadro institucional do país (representado pela monarquia constitucional e pela economia agroexportadora), e ainda entre a escravidão sustentada pelo Direito positivo e as concepções jurídicas oriundas do constitucionalismo. Ou, na expressão de José Bonifácio:

> Graças aos céus e à nossa posição geográfica, já somos um povo livre e independente. Mas como poderá haver uma Constituição liberal e duradoura em um país continuamente habitado por uma multidão imensa de escravos brutais e inimigos?[3]

O processo de independência e organização institucional do país, concluído por volta de 1840 – embora ainda nesta época o Cônego Januário da Cunha Barbosa, secretário do Instituto Histórico e Geográfico Brasileiro e antigo constituinte, lamentasse não estar o Estado plenamente consolidado[4] – teve como principal traço sociopolítico o controle do poder central pela elite de proprietários rurais reunida em torno do programa político do "partido regressista"[5].

As relações com as províncias, ao fim da "experiência republicana" do período regencial, foram se estabilizando, tanto pela definição do equilíbrio centro-periferia resultante da Lei Interpretativa ao Ato Adicional, como pela adoção de medidas que encerraram o ciclo de movimentos revolucionários.[6]

O desenvolvimento da produção cafeeira no vale do Paraíba fluminense, por sua vez, deu ao país possibilidade de recuperar-se economicamente, embora permanecessem os condicionamentos da economia de exportação, em extremo dependente dos mercados consumidores. Permanecia, também, no novo contexto econômico, o

---

3 SILVA, José Bonifácio de Andrada e. *Representação à Assembleia-Geral constituinte e legislativa do Império do Brasil sobre a escravatura*. Paris: F. Didot, 1825, p. 25.

4 Em correspondência a Martius, de 1843 (Arquivo do IHGB, pasta Martius).

5 WEHLING, Arno. As origens do Instituto Histórico. *Revista do Instituto Histórico e Geográfico Brasileiro* 338, p. 7-16, jan./mar. 1983.

6 MERCADANTE, Paulo. *A consciência conservadora no Brasil*. Rio de Janeiro: Saga, 1965, p. 38.

trabalho escravo, o que prolongaria a vida da escravidão, agravando as contradições sociais e jurídicas do país.

Quanto ao liberalismo político, ideologicamente dominante desde a independência, conviveu em geral com a escravidão como uma situação de fato. O discurso liberal quase sempre apontava para sua transitoriedade e seu fim inexorável, embora garantisse, através dos preceitos constitucionais que determinavam a cidadania e o sufrágio censitário, a exclusão de escravos e libertos do processo político.

É assim no quadro histórico da monarquia constitucional e da revigoração, economia agroexportadora que se insere a precária ordem jurídica da escravidão no Brasil. Basta lembrar que, após a lei de 7 de novembro de 1831 proibindo o tráfico de escravos para o país[7] e determinando a liberdade daqueles ilegalmente entrados – 239.800 somente em 1840-1847[8] –, sequer havia condição para definir inequivocamente a condição de livre ao escravo de milhares de pessoas, como observou Joaquim Nabuco:

> (...) esses direitos [dos africanos entrados após 1831 e seus descendentes] (...) não se fundam sobre promessas mais ou menos contestáveis, mas sobre um tratado internacional e em lei positiva e expressa. O simples fato de achar-se pelo menos metade da população escrava do Brasil escravizada com postergação manifesta da lei e desprezo das penas que ela fulminou, dispensar-nos-ia de levar por diante este argumento sobre os compromissos públicos tomados para com os escravos.[9]

---

7 O artigo 2º da lei de 7 de novembro de 1831 determinava sua "reexportação" para a África às custas do traficante; tornou-se, porém, letra morta. Os atos administrativos posteriores, como os avisos ministeriais de 29 de outubro de 1834 e 19 de novembro de 1835 mostraram-se igualmente inócuos; BASTOS, A. C. Tavares. *Cartas do solitário*. São Paulo: BEN, 1938, p. 123 *et seq*. Mas existiram também pressões contrárias, para extinguir a legislação antitráfico, partidas de câmaras municipais de regiões cafeeiras; BETHEL, Leslie. *A abolição do tráfico de escravos no Brasil*. São Paulo: Edusp, 1976, p. 87.

8 São dados da comissão inglesa sobre o tráfico; BASTOS, A. C. Tavares. *Cartas do solitário*. São Paulo: BEN, 1938, p. 175. A curva da trafico para o Rio de Janeiro começou a ascender na década de 1820, com a expansão do café no vale do Paraíba; WEHLING, Arno. Aspectos do tráfico no Rio de Janeiro, 1823-1830. *Anais do VI Simpósio da ANPUH, Goiânia, 1971*; KLEIN, Herbert. *The middle passage*. Princeton: PUP, 1978, p. 73.

9 NABUCO, Joaquim. *O abolicionismo*. Petrópolis: Vozes, 1977, p. 115. Na década de 1830 representantes dos fazendeiros pediam não só a extinção da legislação antitráfico, mas uma anistia ampla que as beneficiasse, devido à posse ilegal de escravos

2. AS FONTES JURÍDICAS DA ESCRAVIDÃO NO IMPÉRIO, 1822-1871

A Constituição imperial de 1824 determinava, em seu artigo 6º, inciso I, serem cidadãos brasileiros os nascidos no Brasil, "quer sejam ingênuos, ou libertos"[10]. Atribuía-se, assim, ao ex-escravo a cidadania, embora restrita, pois restringia-se sua participação política às assembleias paroquiais, que por sua vez elegiam os eleitores de província. A estes cabia, por sua vez, eleger os deputados provinciais e da Assembleia-Geral.[11]

Os libertos faziam parte da "massa de cidadãos ativos" (arts. 90 e 91, I, c/c art. 6º, I), ao contrário dos escravos, que eram habitantes não cidadãos do país. Mas pelas regras do sufrágio censitário, não poderiam ser eleitores provinciais nem eleitos para cargos públicos (art. 94, II), sendo juridicamente assemelhados aos que possuíam renda anual inferior a 200$000 réis e aos criminosos pronunciados.

No projeto constitucional da Assembleia Constituinte de 1823, que embasou a Constituição imperial, também se atribuía cidadania aos "escravos que obtiverem carta de alforria" (art. 5º, VI), embora restringisse mais a participação política dos ex-escravos, exigindo comprovação de renda mesmo para participar das eleições primárias (às assembleias paroquiais).[12]

O clima da época em relação ao tema pode ser recuperado com a leitura dos Anais da Assembleia Constituinte de 1823. Quando se discutiu o artigo 5º do projeto, houve intensos e reveladores debates.[13]

O deputado Vergueiro declarou-se favorável a uma cidadania ampla, que incluísse os escravos, pois achava absurda a existência de uma sociedade com cidadãos e não cidadãos. Admitia, porém, a limitação

---

entrados após 1830. A discussão parlamentar sobre o assunto e a apresentação de projeto de lei pelo Marquês de Barbacena em 1837 estão analisados em BETHEL, Leslie. *A abolição do tráfico de escravos no Brasil*. São Paulo: Edusp, 1976, p. 87 *et seq*.

10 Constituição Política do Império do Brasil, art. 6º, I.

11 Constituição de 1824, art. 90, § 3º e 94, § 2º.

12 Projeto, art. 123, § 2º.

13 RODRIGUES, José Honório. *A Assembleia Constituinte de 1823*. Petrópolis: Vozes, 1974, p. 123.

do gozo efetivo da cidadania por vários processos.[14] Os deputados Ferreira França e Montezuma manifestaram-se contra, defendendo a distinção entre brasileiros – inclusive escravos e índios – e cidadãos. A mesma posição foi defendida por Almeida e Albuquerque e Costa Barros, sob o argumento que a existência de escravos implicava forçosamente na distinção. Ambos defendiam, ainda mais radicalmente, ser absurda a concessão incondicional de cidadania ao liberto.[15] O padre Alencar afirmou ser um risco à "salvação do Estado" a cidadania ampla, pois representaria o abandono da agricultura e afetaria o Direito de propriedade dos senhores sobre seus escravos.[16]

Quando da discussão do § 6º, sobre a extensão da cidadania aos libertos renovou-se a discussão. Costa Barros manifestou-se inteiramente contra, Ferreira França defendeu a distinção entre libertos nascidos no Brasil e na África, Maciel da Costa expressou claramente seu temor aos libertos, que assim seriam estimulados a avançar sobre os proprietários territoriais "com superioridade numérica e consciência de sua força"[17], o ex-revolucionário de 1817, Muniz Tavares, pediu para que o parágrafo fosse aprovado sem maiores discussões, a fim de não suscitar uma rebelião escrava como acontecera em São Domingos.[18]

O temor a uma revolta de escravos como a ocorrida nas Antilhas juntava-se à retomada do tráfico em maior escala, com a entrada anual de mais de 20.000 africanos somente pelo porto do Rio de Janeiro à época.[19]

A favor da concessão da cidadania aos libertos, manifestaram-se vozes como as do padre Henriques de Resende, reiterando o argumento

---

[14] *Diário da Assembleia-Geral Constituinte e Legislativo do Império do Brasil*, 1823. Brasília: Senado Federal, 1973, v. II, p. 89 *et seq.*

[15] Idem.

[16] Idem.

[17] *Diário da Assembleia-Geral Constituinte e Legislativo do Império do Brasil*, 1823. Brasília: Senado Federal, 1973, v. II, p. 89 *et seq.*

[18] Argumento, entretanto, a favor dos libertos, comparando a oposição dos constituintes que se opunham à concessão da cidadania com a atitude do antigo regime: "Eu direi somente que no antigo sistema apenas um escravo alcançava sua carta de alforria, podia subir aos postos militares nos seus corpos e tinha ingresso no sagrado ministério sacerdotal, sem que se indagasse se era ou não nascido no Brasil." Idem.

[19] WEHLING, Arno. Aspectos do tráfico no Rio de Janeiro, 1823-1830. *Anais do VI Simpósio da ANPUH, Goiânia, 1971*, v. III, p. 598; KLEIN, Herbert. *The middle passage*. Princeton: PUP, 1978, p. 78.

de que a constituinte liberal tinha atitude mais conservadora do que o regime despótico anterior, no qual os libertos podiam ingressar no serviço militar e na Igreja; e Silva Lisboa, o futuro Visconde de Cairu, defendendo a concessão para justamente atrair os ex-escravos ao convívio dos cidadãos, impedindo a proliferação dos antagonismos.[20]

Despontavam, assim, as contradições filosóficas e jurídicas entre a formulação constitucional oriunda da tradição iluminista e a realidade social da escravidão. O que antes, na época do absolutismo, era uma aporia moral e jurídica do Direito canônico, tornava-se um problema de Direito público, constitucional e infraconstitucional.

As demais fontes jurídicas sobre a escravidão é que realmente regulavam quotidianamente sua existência na sociedade imperial. Vigiam as Ordenações Filipinas, na ausência de Código Civil, mas aplicavam-se aos escravos e às relações jurídicas de que participavam, sobretudo as leis civis ordinárias, a legislação colonial não derrogada, o Código Comercial (1850), a jurisprudência, os atos administrativos do governo imperial, os pareceres oficializados do Instituto dos Advogados do Brasil e, como fontes subsidiárias para orientação de juízes e partes, o Direito canônico e o Direito romano.

Quanto ao crime, vigoravam e aplicavam-se ao escravo o Código Criminal de 1830, o Código de Processo Criminal e sua reforma, a legislação ordinária e demais fontes de Direito, como na lei civil.

A legislação sobre o assunto, entretanto, quer pela influência cristã ou liberal, quer pelos interesses materiais que refletia,

> (...) flutuou contraditória e incerta, rompendo quase sempre contra as regras gerais. Por modo que se pode dizer que as leis que regem essas relações são todas de exceção ao Direito Civil comum.[21]

3. ORIGEM E TERMO DA ESCRAVIDÃO NO IMPÉRIO

No Brasil, a escravidão negra originava-se no tráfico africano – lícito, se submetido às regras legais que regulavam o comércio e ilícito,

[20] *Diário da Assembleia-Geral Constituinte e Legislativo do Império do Brasil*, v. II, p. 98.

[21] MALHEIRO, A. M. Perdigão. *A escravidão no Brasil*: ensaio jurídico, histórico, social. Petrópolis: Vozes, 1976, v. I, p. 53.

se resultava de contrabando – e no nascimento (o filho da mulher escrava). Essa dupla origem somente durou até 1830, quando a lei de 7 de novembro, regulamentada por decreto de 12 de abril de 1832 e em obediência à Convenção de 1826 com a Inglaterra, determinou a ilegalidade do tráfico. Após 7 de novembro de 1830, a origem da escravidão restringiu-se ao nascimento, embora continuasse existindo tráfico ilícito até cerca de 1850 e em tal quantidade que provocou a observação de Joaquim Nabuco sobre a ilegalidade da situação de metade da população escrava.

A principal questão jurídica concentrou-se, assim, no Império, no filho da mulher escrava: era ele, também, escravo? O Direito romano codificado, as Ordenações do Reino e a legislação do Brasil independente, até a Lei do Ventre Livre, entendiam que sim. Era somente livre o filho de escrava que não mais o fosse na concepção, durante a gravidez ou no parto.[22] Admitia-se como exceção que o filho nascesse livre, mesmo de mãe todo o tempo escrava, apenas quando o pai fosse o próprio senhor.[23] O fundamento para tal posição era, desde Roma, o Direito natural em sua interpretação estoica e cristã: repugnava a consciência alguém ter como escravo o próprio filho.[24]

Várias vezes, entretanto, questionou-se de fato e juridicamente esta fundamentação, a ponto de se tentar reverter à escravidão os descendentes. Em data tão tardia quanto 1859, o Instituto dos Advogados do Brasil pronunciou-se a respeito a pedido do governo imperial, reiterando que era livre o filho de mãe escrava nascido em tais condições, bem como seus descendentes.[25]

O termo da escravidão ocorria, juridicamente, de três maneiras: a morte do escravo, a sua manumissão (alforria) ou pela lei.

---

22 BREMEU, Padre. *Universo jurídico 1749*. v. II, tit. 4, § 2º. *Apud* MALHEIRO, A. M. Perdigão. *A escravidão no Brasil*: ensaio jurídico, histórico, social. Petrópolis: Vozes, 1976, v. I, p. 57.

23 Apesar das inúmeras disposições sobre o assunto a favor da liberdade, houve resistências. Tentou-se ampliar, por exemplo, o alcance da lei de 2 de setembro de 1847 admitindo a liberdade apenas quando o pai reconhecesse o filho por escritura pública ou em testamento. MALHEIRO, A. M. Perdigão. *Op. cit.*, p. 57.

24 Nos comentários às Ordenações e à legislação extravagante, ainda válidas no século XIX, era esta a razão apontada pelos jurisconsultos Arouca, Bremeu e Melo Freire.

25 Parecer do Instituto dos Advogados do Brasil, de 22 de junho de 1859.

À morte do escravo aplicava-se o mesmo raciocínio emulado em relação à capacidade civil do homem livre. Retirado do mundo jurídico, suas relações cessavam de existir. Quanto à própria situação de escravo, o entendimento era que, se pudesse ressuscitar, o faria na condição de homem livre.[26] Por causa deste entendimento, discutiu-se se nas hipóteses de morte certa por naufrágio ou morte aparente teria Direito à liberdade. A Portaria Ministerial de 12 de março de 1825 decidiu, quanto ao primeiro caso, de forma negativa.[27]

A manumissão ou alforria poderia ser dada no Brasil imperial pelas formas usuais em Direito: solene ou não, direta ou indireta, expressa ou tácita, por ato *inter vivos* ou *mortis causa*, por instrumento público ou particular.[28] Os meios mais comumente utilizados no Brasil foram a carta de alforria, assinada pelo senhor ou seu procurador, o testamento e o batismo, este se acompanhado de declaração do senhor, concedendo a liberdade.[29] A pequena tradição do Direito consuetudinário e as fugas frequentes de escravos tornavam tais meios praticamente indispensáveis, para evitar que o liberto fosse novamente escravizado ou ficasse à margem da lei, como fugitivo.

A existência de causas de nulidade no ato jurídico que concedeu a manumissão implicava o retorno à condição escrava. Essas causas, como nos demais atos jurídicos, eram a falsidade, os vícios da vontade, o erro essencial ou a incapacidade do manumissor.[30] Mas, desde o Direito romano codificado de influência cristã, a presunção favorável à liberdade admitia que se restringissem os efeitos da nulidade.[31] Este entendimento prevaleceu, pelo menos no terreno puramente jurídico, no Império.[32] Assim, no caso de testamento falso em que o herdeiro

---

26 BREMEU, Padre. *Op. cit.*, L, I, tit. VI, § 1°. *Apud* MALHEIRO, A. M. Perdigão. *Op. cit.*, v. I.

27 Portaria de 12 de março de 1825, do Ministério da Justiça.

28 MALHEIRO, A. M. Perdigão. *A escravidão no Brasil*: ensaio jurídico, histórico, social. Petrópolis: Vozes, 1976, v. I, p. 85.

29 MALHEIRO, A. M. Perdigão. *Op. cit. loc. cit.*

30 MALHEIRO, A. M. Perdigão. *Op. cit.*, p. 86.

31 LENEL, O. *Palingenesia Iuris Civilis*. Berlim: Leipzig, 1889, v. II, p. 194.

32 MALHEIRO, A. M. Perdigão. *A escravidão no Brasil*: ensaio jurídico, histórico, social. Petrópolis: Vozes, 1976, v. I, p. 86-87.

ou legatário efetuou a libertação do escravo, este permaneceria livre, cabendo entretanto indenização ao espólio.[33]

Para a concessão da alforria era necessário um ato do próprio senhor. Mas admitiam-se exceções, como a do escravo vendido com cláusula de ser libertado pelo comprador; se alguém encarregado de comprar um escravo para outrem o libertasse antes da tradição ao mandante (caberia ação indenizatória deste); se o senhor aceitasse o preço do escravo. Estas e outras exceções, existentes no Direito imperial, originavam-se no Digesto.[34]

Como nas demais relações jurídicas, o manumissor deveria ter capacidade para manumitir. Não eram capazes o escravo, por ser civilmente incapaz; o menor, por não ter vontade própria; o tutor e o curador, porque a administração patrimonial não permitia a alienação na tutela e na curatela; o usufrutuário, porque poderia usar e fruir, mas não alienar; os loucos, surdos-mudos e cegos, exceto, no primeiro caso, nos momentos de lucidez e dos demais se pudesse expressar a vontade;[35] e a mulher casada em ato *inter vivos*. Neste último caso, contudo, a jurisprudência tendeu a fazer prevalecer a presunção de liberdade, desde que compensado o Direito do marido, como cabeça do casal.[36]

O Estado somente poderia alforriar gratuitamente os "escravos da Nação" através de decisão da Assembleia-Geral. O executivo poderia fazê-lo a título oneroso, existindo vários atos legislativos nas décadas de 1840 a 1860 sobre o assunto.[37]

A manumissão tornava-se nula de pleno Direito nos casos de escravos dados em penhor ou hipoteca (além de sanção penal por crime de estelionato, de acordo com o Código Criminal, art. 264, § 1º), nas

---

33 Originada em Papiniano, esta regra passou ao Código Teadosiano e ao *Corpus Juris Civilis*; era adotada no Brasil sob a forma jurisprudencial, ao que tudo indica, com base no caráter subsidiário do Direito romano.

34 MALHEIRO, A. M. Perdigão. *Op. cit.*, p. 87.

35 Nestes casos aplicava-se tanto o Direito romano subsidiário como a legislação portuguesa vigente no Império.

36 Doutrina e Jurisprudência do Império parcialmente discutida por MALHEIRO, A. M. Perdigão. *Op. cit.*, p. 89.

37 Art. 32 da Lei n. 317, de 21 de outubro de 1843; Aviso Ministerial n. 87, de 26 de março de 1852; Aviso Ministerial n. 358, de 4 de agosto de 1863. *Relatório do Ministério da Fazenda*, 1866.

sucessões testamentárias em prejuízo dos herdeiros necessários e na fraude contra credores.[38]

A terceira forma de extinção da escravidão era a legal. Manumitiam legalmente o casamento (um cônjuge não poderia ser escravo do outro), a descendência, ascendência e parentesco consanguíneo ou afim, o enjeitamento ou exposição do escravo (as leis e a jurisprudência imperial retomaram a tradição legal colonial sobre o tema),[39] a descoberta de diamante acima de 20 quilates,[40] a denúncia comprovada de sonegação de diamantes pelo senhor,[41] a denúncia de contrabando de pau-brasil e tapinhoã,[42] o abandono por invalidez (se o escravo se recuperava), a prescrição e a saída do escravo do Império, sem ter havido fuga e não existindo convenção contrária). Este último aspecto ganhou especial relevo no Brasil após a lei de 7 de novembro de 1831, que confirmou o princípio então aceito no Direito internacional privado, segundo o qual o escravo levado para país onde não existisse a escravidão ganharia a liberdade.[43]

Um parecer de Nabuco de Araujo, no Conselho de Estado, de 23 de outubro de 1868, referindo-se à entrada no Brasil de escravos vindos do Uruguai, definia-se pela liberdade, com base na lei de 1831. O senhor, a menos que vencesse ação na qual se comprovasse a fuga, ficava sujeito às penas do artigo 179 do Código Criminal ("reduzir pessoa livre à escravidão").[44]

4. O ESCRAVO E A LEI CIVIL

Do ponto de vista civil o escravo era *res*, simultaneamente coisa e pessoa. Mas não participava da vida da *civitas*, pois estava privado

---

38 Com base no Direito romano.

39 MALHEIRO, A. M. Perdigão. *A escravidão no Brasil*: ensaio jurídico, histórico, social. Petrópolis: Vozes, 1976, v. I, p. 98.

40 A lei portuguesa de 24 de dezembro de 1734 vigorava ainda à época da publicação da obra de Perdigão Malheiro.

41 Idem.

42 Tema muito repetido na legislação e nos atos administrativos do final da Colônia e do Império, o que faz supor a ineficiência da legislação.

43 FELICE, F. *Leçons de droit de la nature et des gens*. Paris, 1830, v. II, p. 148.

44 NABUCO, Joaquim. *Um estadista do Império*. São Paulo: IPE, 1949, v. IV, p. 20. Também no caso de perdão de escravo condenado a galés perpétuas, entendeu Nabuco no Conselho de Estado ter sido obtida a liberdade: "o escravo, condenado a galés perpétuas, está para sempre perdido pelo senhor".

de toda capacidade. Em consequência, não tinha direitos civis, muito menos políticos e também não podia atuar em atos como testemunhar em juízo[45], testar[46], contratar[47] ou exercer tutela[48].

Pela mesma razão, sendo civilmente incapaz, não constituía, de Direito, família, mas apenas uniões de fato.[49] Esse princípio, oriundo do Direito romano, foi aplicado no Brasil, mas moderado pelo Direito canônico. Com efeito, apesar de a maioria das uniões de escravos ter sido ilícita no Brasil imperial, existiriam famílias de escravos[50] reconhecidas pelo Direito canônico[51] – e portanto com validade civil, a despeito da condição de objeto do escravo! A validade civil, consequência do regime de padroado vigente,[52] ocorria mesmo em caso de contrariar a vontade do senhor, conforme interpretação jurisprudencial.[53]

Os efeitos civis desses casamentos eram mínimos, embora desde as Ordenações fossem reconhecidos, quando realizados na forma prescrita pelo Direito canônico. Um destes efeitos era o de impedir a venda ou alienação do escravo casado, se isto o impedisse de exercer a vida matrimonial.[54]

Todos os demais institutos jurídicos previstos na lei civil aplicavam-se de forma igualmente restritiva, além de frequentemente casuística e contraditória, ao escravo.

---

45 Ordenações, Livro III, Tit. 56 e Livro IV, Tit. 85.

46 Idem, Livro IV, tit. 81 § 4º.

47 Alvará régio de 16 de janeiro de 1773.

48 Ordenações, Livro IV, tit. 102, § 1º.

49 Quando se caracterizava a permanência da união admitia-se apenas o *contubernium*, não havendo casamento. Não confundir com a conjunção carnal eventual (*fornicatio*).

50 Richard Grahan encontrou, na Fazenda Real de Santa Cruz, expropriada dos jesuítas, em 1791, para 448 mulheres, 212 (47,3%) vivendo com seus maridos, 126 (28,1%) vivendo com os pais e apenas 24,5% das restantes vivendo independentes. *Escravidão, reforma e imperialismo*. São Paulo: Perspectiva, 1979, p. 46.

51 MALHEIRO, A. M. Perdigão. *A escravidão no Brasil*: ensaio jurídico, histórico, social. Petrópolis: Vozes, 1976, v. I, p. 60.

52 TORRES, João Camilo de Oliveira. *A democracia coroada*. Petrópolis: Vozes, 1963, *passim*.

53 MALHEIRO, A. M. Perdigão. *A escravidão no Brasil*: ensaio jurídico, histórico, social. Petrópolis: Vozes, 1976, v. I, p. 60-61.

54 Na colônia, as *Constituições Primeiras do Arcebispado da Bahia*, arts. 303 e 304, já assim definiam, no início do século XVIII. A legislação imperial seguiu a mesma orientação.

Os bens do escravo são um exemplo. Em princípio, a norma vigente era a de que o escravo nada adquiria para si, mas para seu senhor. Neste aspecto, o Direito imperial continuava a tradição colonial, por sua vez baseada no Direito romano. A exceção era o caso de herança que, se deixada a escravo de outrem, não revertia para este, considerando-se nulo o testamento.[55]

Nada garantia ao escravo o seu pecúlio, nem lhe dava a capacidade de legar. No Império, o Aviso Ministerial n. 16, de fevereiro de 1850, reiterando disposições das Ordenações, proibia testamentos de escravos.[56] Inversamente, houve, na prática social, inúmeros casos de senhores que legavam bens a escravos. Estes bens existiram, contudo, apenas de fato, não existindo seu reconhecimento civil.[57]

À época da independência, o projeto de José Bonifácio contemplava esse aspecto do pecúlio, defendendo sua regulamentação para facilitar a manumissão e se constituir, junto a outros instrumentos, num primeiro passo para a eliminação do trabalho escravo:

> **Art. 12.** O escravo é senhor legal do seu pecúlio e poderá por herança ou doação deixá-lo a quem quiser, no caso de não ter herdeiros forçados: e se morrer abintestado e sem herdeiros, herdará a Caixa de Piedade.[58]

Era uma proposta social e politicamente moderada, se vista do ângulo abolicionista, mas que já subvertia a ordem jurídica da escravidão, retirando parcialmente ao escravo a condição de *res*. Os interesses da agricultura canavieira e da nascente cafeicultura, de um lado e dos traficantes de escravos, que nos anos 1820 giravam os capitais mais vultosos da praça do Rio de Janeiro,[59] por outro, inviabilizaram a solução.

---

55 MALHEIRO, A. M. Perdigão. *A escravidão no Brasil*: ensaio jurídico, histórico, social. Petrópolis: Vozes, 1976, v. I, p. 61.

56 Essa orientação foi repetida pelo aviso ministerial de 6 de junho de 1866. Quanto ao escravo público, a quem pelos últimos códigos romanos permitia-se legar metade do pecúlio, no Brasil não tinha esse Direito, aplicando-se as Ordenações, Livro IV, tit. 80, § 4º.

57 Ele não poderia, entretanto, ser confiscado pelo senhor; cf. BREMEU, Padre. *Universo... Apud* MALHEIRO, A. M. Perdigão. *A escravidão no Brasil*: ensaio jurídico, histórico, social. Petrópolis: Vozes, 1976, v. I, p. 63.

58 SILVA, José Bonifácio de Andrada e. *Op. cit.*, p. 148.

59 WEHLING, Arno. *Aspectos...* p. 599, PRADO JR., Caio. *História econômica do Brasil*. São Paulo: Brasiliense, 1963, p. 112.

Ao longo do Império continuaram sendo aceitas algumas exceções em relação ao pecúlio que já vinham da prática judiciária metropolitana e colonial, desde que ele se constituísse em forma de aumentar o patrimônio do senhor: "paga ao senhor por jornada feita pelo escravo (o "escravo ao ganho" – o excesso pertenceria ao escravo); concordância do senhor para que o escravo adquirisse algum bem; aumento de pecúlio já existente do escravo, por sua iniciativa; conversão, pelo escravo, de parte de seus alimentos em valores"[60].

A estes casos, já enunciados no Universo Jurídico do Padre Bremeu, editado no século XVIII, acrescentaram-se outros após 1822, como a permissão a eles dada para que participassem, como segurados, do Seguro Mútuo de Vida, fundado no Rio de Janeiro (1864).[61]

No campo das obrigações vigiam princípios semelhantes: a regra era a de que o escravo não se obrigava, nem a seu senhor ou a terceiros. Excepcionalmente, o escravo poderia contrair certas obrigações (contratos, responsabilidade), mas, nestas situações, a legislação o impedia de propor ação para fazer valer seus direitos. Também nestes casos, onde abundavam as missões legais, aplicava-se frequentemente o Direito Romano como fonte das decisões.[62]

Como objeto de relações jurídicas, aplicavam-se amplamente ao escravo os institutos da lei civil, quer no campo do Direito obrigacional – contratos em geral, compra e venda, comodato, arras, etc. – quer no campo dos direitos reais. Neste último aspecto eram correntes a hipoteca, a anticrese, o penhor, o condomínio, o usufruto e o usucapião. Os três últimos institutos, pela peculiaridade de sua aplicação a pessoas, merecem análise especial.

No condomínio de escravo ou escravos, admitia-se o serviço comum a todos os condôminos, o aluguel e sua repartição entre os quotistas ou o aluguel por um dos condôminos, pagos os demais.[63] Em caso de divergência sobre valores ou serviços, valiam as regras gerais da copropriedade: o escravo poderia ser comprado aos demais por um dos condôminos ou vendido a terceiro, com a repartição proporcional

[60] MALHEIRO, A. M. Perdigão. *Op. cit.*, p. 63.

[61] Art. 64, do Decreto n. 3.285, de 13 de junho de 1864.

[62] MALHEIRO, A. M. Perdigão. *Op. cit.*, p. 63.

[63] Ordenações, Livro IV, tit. 96, § 5º, legislação romana subsidiária.

do produto.[64] Os filhos das escravas eram também comuns,[65] as indenizações por danos provocados pelos escravos seriam repartidos proporcionalmente às quotas dos condôminos,[66] da mesma forma que os impostos devidos ao Estado.[67] O condômino também poderia dispor de sua quota-parte em venda, doação, herança etc., observadas as mesmas regras gerais.

Qual era a situação do escravo em condomínio se alforriado por um dos cotistas? No Brasil colonial e imperial aplicava-se em geral a regra de Justiniano, pela qual ficava livre o escravo, indenizando-se os demais cotistas.[68] Perdigão Malheiro, entretanto, lembrou ser a matéria controversa durante o Império com avisos de ministérios e consultas do Conselho de Estado discrepantes.[69] A questão, materialmente, era ao valor do escravo, pois a cota-parte poderia ser inferior aos preços do mercado, razão pela qual alguns condôminos, apoiados no Aviso Ministerial n. 338, de 21 de dezembro de 1855, preferiam sua venda pública.[70] Juridicamente, a questão centrava-se em dois direitos lesados dos condôminos: a coação para vender cota-parte e o desconhecimento da proporção do cotista que tomou a iniciativa da alforria, pois mesmo se diminuta, impunha sua vontade à maioria.[71]

O usufruto do escravo permitia ao usufrutuário utilizar seus serviços e beneficiar-se das rendas que ele porventura produzisse; admitia-se, portanto, seu aluguel e sua atividade "ao ganho"[72]. Também o usufrutuário, como interpretou Perdigão Malheiro, tinha a faculdade de "castigar moderadamente" o escravo, com base no Digesto

---

64 Ordenações, Livro IV, tit. 96, § 5º, legislação romana subsidiária.

65 MALHEIRO, A. M. Perdigão. *Op. cit.*, p. 77.

66 Código Criminal, art. 28, § 1º. O limite da responsabilidade era o valor do escravo.

67 MALHEIRO, A. M. Perdigão. *Op. cit.*, p. 78.

68 MALHEIRO, A. M. Perdigão. *Op. cit.*, p. 97.

69 MALHEIRO, A. M. Perdigão. *Op. cit.*, p. 101.

70 MALHEIRO, A. M. Perdigão. *Op. cit.*, p. 100.

71 Nesse caso o doutrina em geral optou pela personalidade contra a propriedade, valendo aqui também o princípio favorável à liberdade. Seria preciso um estudo sistemático dos processos, porém, para verificar a tendência das sentenças judiciais nas várias regiões do Império.

72 MALHEIRO, A. M. Perdigão. *Op. cit.*, p. 78.

(fundamentado, por sua vez, em Ulpiano) e no artigo 14, § 6º, do Código Criminal do Império.[73]

A condição de pessoa humana mais uma vez exigiu uma adaptação do instituto jurídico: o dano delituoso provocado pelo escravo em usufruto deve ser reparado pelo nu-proprietário e não pelo usufrutuário até seu valor, isso porque poderia cedê-lo como indenização,[74] não se extinguindo o usufruto – a transmissão da propriedade não poderia afetar o Direito do usufrutuário.

Quanto aos filhos da escrava em usufruto, a opinião dominante, desde Ulpiano e assim aplicada nos tribunais do Império, era de que apenas os *frutos* – como as crias animais – pertenciam ao usufrutuário. Sendo *homens* os filhos das escravas e não se destinando eles à reprodução e sim ao trabalho, seguia-se que caberiam ao nu-proprietário.[75] Era uma evidente influência do cristianismo e mais um exemplo da contradição entre a moral social, os interesses materiais e o Direito positivo.

Em caso de alforria, se concedida pelo usufrutuário, o escravo permaneceria em liberdade no prazo do usufruto; se concedida pelo nu-proprietário, adquiriria a liberdade após a extinção.[76]

Admitia-se, também, a aplicação do instituto do usucapião, aplicado como posse mansa e pacífica, de boa-fé, por mais de três anos.[77] O escravo fugido não adquiria a liberdade em nenhum caso, pois não poderia usucapir a si mesmo, uma vez que a fuga, ato ilegal, caracterizava a má-fé.[78] Nisto, a jurisprudência brasileira imperial e os atos administrativos seguiam fielmente o Direito romano – pelo menos, não encontramos documentos que indicassem outro procedimento.

5. O ESCRAVO E A LEI PENAL

Ao contrário da legislação civil, na qual se encontra uma continuidade entre a Colônia e o Império, a história da legislação penal

---

[73] MALHEIRO, A. M. Perdigão. *Op. cit.*, p. 79.

[74] Aplicava-se o Digesto e o Código Criminal, art. 28, § 1º.

[75] MALHEIRO, A. M. Perdigão. *Op. cit.*, p. 80.

[76] Norma de Justitiano, correntemente aplicada pelos tribunais do Império.

[77] Melo Freire incluiu a hipótese no título sobre "prescrição dos móveis e semoventes".

[78] *Servum fugitivum sui furtum facere*, diz o Digesto.

compreende dois momentos diferentes: o período colonial, no qual vigoravam as Ordenações Filipinas e seu livro V; e o período imperial, caracterizado pelo Código Criminal de 1830, pelo Código de Processo Criminal e pela legislação específica, quer oficial (como as leis decretadas pela Assembleia-Geral, as assembleias provinciais e os atos administrativos, sobretudo dos Ministérios da Justiça e do Império), quer oficializada (pareceres do Instituto dos Advogados do Brasil).

No segundo momento, embora a legislação penal do liberalismo já fosse influenciada pelas concepções iluministas sobre a sociedade, o crime e as penas – como as de Beccaria e Feuerbach, por exemplo – a condição de escravo era agravante da penalidade, onerando juridicamente uma situação que, de fato, já era desigual.

Na lei penal, diferentemente da civil, o escravo sujeito ativo ou agente do crime era considerado pessoa e não coisa, o que significa dizer que respondia plenamente por seus atos, como imputável. Enquanto sujeito passivo, o mal a ele feito era considerado não dano, mas ofensa física (aplicando-se o dispositivo do artigo 201 do Código Criminal do Império, como aos homens livres), embora cabendo ao proprietário indenização civil, conforme estipulado nas Ordenações.[79]

Examinaremos, sumariamente, algumas das questões mais relevantes da questão escrava sob o ângulo penal.

O Direito de vida e morte sobre o escravo existiu apenas nas origens do Direito romano. A legislação romana imperial, sob a influência do estoicismo e do cristianismo, restringiu-o e desta forma passou às codificações portuguesas.

Na legislação colonial negava-se ao senhor o Direito de vida e morte, concedendo apenas a aplicação de castigos "moderados", que definia.[80] O Código Criminal do Império (art. 14, § 6º) seguiu essa orientação. A prisão domiciliar, por exemplo, era concedida ao senhor.

Novas disposições nesta questão foram sendo introduzidas pela legislação imperial, tendentes a humanizar os procedimentos em relação aos escravos. Assim, havendo sevícias no castigo imposto pelo senhor, conforme se define na circular n. 263, de 25 de novembro de

79 MALHEIRO, A. M. Perdigão. *A escravidão no Brasil*: ensaio jurídico, histórico, social. Petrópolis: Vozes, 1976, v. I, p. 97 *et seq.*

80 Ordenações, Livro V, tit. 36, § 1º.

1852, do Ministério do Império,[81] o escravo poderia requerer sua própria venda. Também, nesse sentido, existia o disposto no artigo 125 do Código de Processo Criminal, pelo qual, havendo receio fundado de maus-tratos, o senhor poderia ser obrigado a assinar um termo de segurança. Na lei de 1º de outubro de 1828, incumbia-se às câmaras municipais a participação dos casos de maus-tratos aos Conselhos Gerais das Províncias, depois Assembleias Provinciais (art. 59).[82]

Tais dispositivos, de cuja eficiência pode-se, por fortes razões, duvidar, mas que não foram ainda objeto de pesquisa histórica específica, representavam, entretanto, clara limitação aos poderes senhoriais, acompanhando o clima cada vez mais hostil à continuidade da escravidão.

No caso de crimes praticados por escravos e suas penalidades, no período colonial, sob a vigência do Livro V das Ordenações, aplicavam-se os mesmos procedimentos cruéis e infamantes – torturas, marcas a ferro – a homens livres e escravos, embora para estes, por sua condição, as sanções fossem em geral mais duras, de Direito e de fato.

A Constituição de 1824, porém, em seu artigo 179, § 19, proibiu tais procedimentos. Sob o ambiente liberal, foi também abolida, no Código Criminal de 1830, a pena de açoites, exceto para escravos,[83] aspecto reforçado pela lei de 10 de junho de 1835. Mais uma vez, a existência da escravidão numa ordem política liberal deixava a marca e sua contradição, determinando flutuações na vontade legislativa: pouco antes, a lei de 12 de outubro de 1828, em seu artigo 72, vedara aos Conselhos Gerais Provinciais e às Câmaras Municipais competência para impor a pena de açoites, limitando sua capacidade legislativa às de multa e prisão.[84]

O artigo 60 do Código Criminal de 1830 expressava bem a dualidade de penas impostas a homens livres e escravos. Além de manter

---

81 Por observação de Perdigão Malheiro, pode-se inferir que advogados de senhores utilizaram o Direito constitucional de propriedade (Constituição, art. 179, § 22) para justificá-las; ver MALHEIRO, A. M. Perdigão. *Op. cit.*, p. 38, nota 22.

82 "Participarão ao Conselho Geral, os maus tratamentos e atos de crueldade, que se costumam praticar com escravos, indicando os meios de preveni-los."

83 Art. 60 do Código Criminal.

84 "Poderão as ditas suas Posturas cominar penas até oito dias de prisão e 30$rs de condenação, as quais serão agravadas nas reincidências até 30 dias de prisão e 60$rs de Multa."

para estes a pena de açoites, determinava que ao escravo não condenado às penas de morte ou galés necessariamente deveria ser aplicada pelo juiz a de açoites.

> (...) e depois de os sofrer, será entregue a seu senhor, que se obrigará a trazê-lo com um ferro pelo tempo e maneira que o juiz o designar.
>
> O número de açoites será fixado da sentença e o escravo não poderá levar por dia mais de cinquenta.[85]

O uso de ferros foi reiterado, devido a dúvidas suscitadas ao longo de anos, pelo Aviso Ministerial n. 219, de 24 de abril de 1865, do Ministério da Justiça.[86]

Ainda restritivamente em relação ao escravo, proibia-se a comutação da pena de morte em prisão perpétua e a de galés em prisão com trabalhos forçados, ambas aceitas para os homens livres.[87]

O abuso na aplicação da pena de açoites fez com que o governo imperial reiterasse o limite máximo de 50 por dia, ouvido o médico, autorizando os tribunais a reformar para menos as sentenças dos juízes, conforme a condição física do escravo (Circular n. 365, de 10 de junho de 1861, do Ministério do Império).[88]

Perdigão Malheiro, acompanhando a jurisprudência da época, observou que todas estas cominações não se aplicavam ao escravo delinquente menor de 21 ou maior de 60 anos, nem à mulher, situações em que poderia haver comutação para penas menores, aplicando-se o disposto aos homens livres.[89]

Quando o fato criminoso, praticado por escravo, causava também danos civis, o senhor deveria indenizar o ofendido até o limite do valor do escravo.[90] Este pedido far-se-ia em ação cível, com prazo

---

85 Art. 60 do Código Criminal. Observe-se que a Constituição proibia a pena de açoite, sem referir-se à condição da pessoa. A interpretação foi a de que a restrição constitucional aplicava-se apenas aos homens livres.

86 MALHEIRO, A. M. Perdigão. *A escravidão no Brasil*: ensaio jurídico, histórico, social. Petrópolis: Vozes, 1976, v. I, p. 41.

87 Respectivamente, pelos avisos ministeriais de 22 de julho de 1850 e 9 de agosto de 1850.

88 MALHEIRO, A. M. Perdigão. *Op. cit.*, p. 41.

89 MALHEIRO, A. M. Perdigão. *Op. cit.*, p. 42.

90 Art. 28, § 1º do Código Criminal.

prescricional de 30 anos, conforme determinação do Código de Processo Criminal, em seu artigo 269, § 5º. Tal solução, que já vinha da ação noxal do Direito romano codificado, era justificada pelos juristas como necessária devido ao caráter de *res* do escravo. O dano por ele provocado, assim, limitar-se-ia a seu valor como bem patrimonial e não à sua pessoa. Ressalte-se, novamente, a ambiguidade fundamental do mesmo polo da relação jurídica ser simultaneamente sujeito e objeto de Direito.

Nos casos em que o escravo ofensor era entregue pelo senhor ao ofendido, a lei considerava-o ressarcido (Código Criminal, art. 28, § 1º). Se o escravo morresse ou fosse condenado à pena de morte, não caberia indenização.[91] Apesar dos protestos dos advogados em juízo, que argumentavam, com base no artigo 21 do mesmo Código, ser o senhor subsidiariamente responsável pelas atitudes do escravo, os tribunais decidiram de modo reiterado a favor daquela determinação, por entender que – aplicando o princípio geral da lei civil – o senhor não poderia ficar duplamente prejudicado, perdendo o escravo (e, portanto, o total de seu valor) e ainda tendo de ressarcir o ofendido.[92]

Menção especial merece o crime de insurreição. Numa sociedade escravocrata, com frequentes fugas e muitos conflitos entre senhores e escravos, o crime de insurreição era visto como o mais grave delito praticado pelo escravo. Sabemos como, na Colônia, as Ordenações trataram a questão (Títulos 62, 63 e 70 do Livro V), bem como a extensa legislação esparsa, destinada a reprimir fugas e levantes e a eliminar quilombos ou dificultar seu estabelecimento.

No Império, embora se considerassem, em geral, bárbaras as penalidades impostas pela legislação anterior ao escravo, a legislação sobre o crime de insurreição era severa. O artigo 113 do Código Criminal cominava:

> Julgar-se-á cometido este crime, reunindo-se vinte ou mais escravos para haverem a liberdade por meio da força. Penas: aos cabeças, de morte no grau máximo, galés perpétuas no médio e por 15 no mínimo; aos mais, açoites.[93]

---

[91] Perdigão Malheiro esposava esta interpretação para o § 1º do art. 28; MALHEIRO, A. M. Perdigão. *Op. cit.*, p. 44.

[92] *Na Consolidação das leis brasileiras*, ed. 1865, art. 807, confirmava-se tal solução.

[93] Art. 113 do Código Criminal.

Outras leis procuravam reprimir a insurreição, especialmente nas primeiras décadas do Império, quando o temor de uma sublevação geral ao estilo haitiano estava presente em muitos espíritos.[94] A lei de 15 de outubro de 1828 deferiu aos juízes de paz a destituição dos quilombos em sua jurisdição, praticamente facultando à ação privada a repressão.[95] A duríssima lei de 10 de junho de 1835, promulgada no clima tenso provocado pela rebelião dos malês, na Bahia, ampliou os casos de penas de morte previstos pelo Código de 1830. E finalmente o Código de Processo Criminal restringiu a locomoção de escravos, mesmo acompanhados de seus senhores,[96] além de outras medidas tendentes a facilitar a prevenção ou a repressão das insurreições.

Questões semelhantes ao problema geral proposto – a situação jurídica do escravo numa ordem liberal e cristã – surgem quando da análise do Direito processual civil e criminal aplicado ao escravo, mas fogem ao objeto deste estudo, que se limita à análise do Direito substantivo.

6. CONCLUSÃO

O estudo do Direito positivo brasileiro relativo à escravidão permite constatar a existência de um convívio conflituoso entre o fato histórico concreto e a concepção de justiça e Direito dominante, fundamentada no cristianismo e, mais diretamente, na ideologia liberal.

Além disso, no plano puramente técnico da ordem jurídica, existiram dificuldades incontornáveis, como os fundamentos filosóficos chocando-se abertamente com o Direito objetivo.

Na lei civil, embora fosse o escravo considerado predominantemente *res*, objeto e não sujeito de Direito, a oscilação dos textos legais e da jurisprudência em relação ao assunto, as frequentes referências ao Direito romano, ao Direito canônico e ao Direito natural demonstram o acerto da opinião segundo a qual desconheceu-se sempre a legitimidade jurídica da escravidão, vendo-a como algo contrário à natureza humana e estranha às relações de Direito.

---

94 COSTA, Emilia Viotti da. *Da senzala à colônia*. São Paulo: Difel, 1968, p. 40 *et seq*.

95 MALHEIRO, A. M. Perdigão. *A escravidão no Brasil*: ensaio jurídico, histórico, social. Petrópolis: Vozes, 1976, v. I, p. 88.

96 Art. 118 do Código de Processo Criminal.

No caso português e brasileiro, existem numerosos exemplos de que prevalecia, juridicamente, a *presunção da liberdade* ou, na expressão de Perdigão Malheiro, o "favor da liberdade". No Império, vigiam normas como as que admitiam válidas decisões favoráveis à liberdade contra as regras do Direito de propriedade; o reconhecimento de que existem razões mais fortes contrárias do que favoráveis ao cativeiro; de que o ônus da prova cabia aos que requeriam contra a liberdade, "porque a seu favor está a presunção pleníssima do Direito"[97]; e a admissão de que nas questões de liberdade não havia alçada, permitindo-se a interposição de todos os recursos.[98]

Na lei penal, aguçaram-se ainda mais as dificuldades jurídicas, pois o mesmo indivíduo "coisificado" tornava-se pessoa.

Havia, assim, para os padrões culturais e políticos dominantes no Brasil imperial, amplo leque de contradições: contradição teológica, entre os ideais cristãos de liberdade humana e respeito ao próximo e a realidade da posse de um homem por outro; contradição filosófica, entre a ideologia liberal da Carta Constitucional e a existência de parte significativa da população alijada não só dos direitos políticos, como dos direitos civis; contradição jurídica, sob dois aspectos: o conflito entre o Direito natural, em qualquer das versões nas quais era concebido pelas várias correntes filosófico-jurídicas existentes à época, e a escravidão; e a dificuldade de proceder-se à aplicação do Direito a relações sociais nas quais se confundiam frequentemente os sujeitos e o objeto, a pessoa e a coisa.

As soluções jurídicas foram frequentemente limitadas e casuísticas, consistindo em remendos insuficientes para restabelecer a estabilidade desejável da ordem jurídica e ainda mais incapazes de sanar o conflito básico entre a realidade social e o Direito. A solução menos paliativa e tópica e mais aproximada dos ideais de justiça da própria época foi a presunção favorável à liberdade nas situações em que o escravo era interessado. Mesmo esta tendência diluiu-se nas dificuldades práticas de implicação da ordem jurídica num país continental e onde predominava o mandonismo rural.

---

97 MALHEIRO, A. M. Perdigão. *A escravidão no Brasil*: ensaio jurídico, histórico, social. Petrópolis: Vozes, 1976, v. I, p. 67-68.

98 A legislação pombalina assim determinou (Alvará de 16 de janeiro de 1759), sendo incorporada pelo Direito imperial.

A eliminação dessas contradições somente seria possível por uma solução metajurídica, no sentido de Kelsen: uma opção política que constituísse nova relação jurídica. Por isso, a resolução ficou para a campanha abolicionista, pois o problema, antes de ser jurídico, era social, econômico e moral.

7. REFERÊNCIAS BIBLIOGRÁFICAS

BASTOS, A. C. Tavares. *Cartas do solitário*. São Paulo: BEN, 1938.

BETHEL, Leslie. *A abolição do tráfico de escravos no Brasil*. São Paulo: Edusp, 1976.

BRASIL. *Diário da assembleia geral constituinte e legislativo do Império do Brasil, 1823*. Brasília: Senado Federal, 1973, v. II.

COSTA, Emilia Viotti da. *Da senzala à colônia*. São Paulo: Difel, 1968.

FELICE, F. *Leçons de droit de la nature et des gens*. Paris, 1830, v. II.

GRAHAN, Richard. *Escravidão, reforma e imperialismo*. São Paulo: Perspectiva, 1979.

LACOMBE, Lourenço Luis (Org.). *Cem anos de abolição da escravidão*. Petrópolis: Museu Imperial, 1998.

LENEL, O. *Palingenesia iuris civilis*. Berlim: Leipzig, 1889, v. II.

KLEIN, Herbert. *The middle passage*. Princeton: PUP, 1978.

MALHEIRO, A. M. Perdigão. *A escravidão no Brasil*: ensaio jurídico, histórico, social. Petrópolis: Vozes, 1976, v. I.

MERCADANTE, Paulo. *A consciência conservadora no Brasil*. Rio de Janeiro: Saga, 1965.

NABUCO, Joaquim. *O abolicionismo*. Petrópolis: Vozes, 1977.

NABUCO, Joaquim. *Um estadista do Império*. São Paulo: IPE, 1949, v. IV.

PRADO JÚNIOR, Caio. *História econômica do Brasil*. São Paulo: Brasiliense, 1963.

RODRIGUES, José Honório. *A assembleia constituinte de 1823*. Petrópolis: Vozes, 1974.

SILVA, José Bonifácio de Andrada e. *Representação à assembleia geral constituinte e legislativa do Império do Brasil sobre a escravatura*. Paris: F. Didot, 1825.

TORRES, João Camilo de Oliveira. *A democracia coroada*. Petrópolis: Vozes, 1963.

WEHLING, Arno. Aspectos do tráfico no Rio de Janeiro, 1823-1830. *Anais do VI Simpósio da ANPUH*, Goiânia, 1971.

WEHLING, Arno. As origens do Instituto Histórico. *Revista do Instituto Histórico e Geográfico Brasileiro* 338, jan./mar. 1983.

Capítulo 23

UMA INTRODUÇÃO À HISTÓRIA SOCIAL E POLÍTICA DO PROCESSO

José Reinaldo de Lima Lopes[1]

SUMÁRIO: 1. Introdução. 2. A profissionalização e os leigos na história do processo. 3. Modelo adversário-acusatório e modelo inquisitório. 4. O objeto do processo. 5. As funções judiciais. 6. O desenvolvimento do processo moderno na tradição da *common law;* 6.1 Estados Unidos; 6.2 Inglaterra. 7. O processo brasileiro: desenvolvimento histórico. 8. Conclusão. 9. Referências bibliográficas.

1. INTRODUÇÃO

Desde quando os Estados estão envolvidos no processo e na máquina de fazer justiça? Talvez, em primeiro lugar, seja preciso explicar que nem todos estão de acordo quanto à própria existência do Estado ao longo do tempo, ou melhor, quanto às origens do Estado. Como explica Bobbio (BOBBIO, s/d), discute-se muitas vezes se antes do Estado moderno seria possível falar propriamente em Estado. A questão

---

1 Professor Titular de Filosofia e Teoria do Direito da Faculdade de Direito da Universidade de São Paulo. Autor entre outros de *O Direito na história: lições introdutórias* (S. Paulo, Atlas, 2017, 6a. ed.), *Curso de História do Direito* (S. Paulo, Método, 3. ed.), *As Palavras e a lei* (S. Paulo, Ed. 34, 2004), *O Oráculo de Delfos - Conselho de Estado e direito no Brasil-Império* (S. Paulo, Saraiva, 2010), *O Supremo Tribunal de Justiça do Império 1828-1889* (co-editor com A. Slemian e P. M. Garcia Neto, S.Paulo, Saraiva, 2010), *Naturalismo jurídico no pensamento brasileiro* (S. Paulo, Saraiva, 2014), e *História da justiça e do processo no Brasil do século XIX* (Curitiba, Juruá, 2017). Foi professor visitante na Universidade da California - San Diego (1995), Universidade de Munique (2002), Universidade Nacional da Colombia (2001-2003), Universidade de Toulouse (2016) e Universidade de Bordeaux (2018). Foi também pesquisador visitante na Universidade de Roma - La Sapienza (2009)..

depende, como ele esclarece, da definição dada ao Estado, a qual termina sendo estipulativa. O fato inegável é que o direito da autoridade política de julgar em última instância as disputas e conflitos entre os cidadãos consolida-se com o desenvolvimento da forma moderna de Estado, a começar lentamente na Baixa Idade Média, com a progressiva centralização monárquica e nacional da Europa Ocidental.

Antes disso, várias formas de adjudicação haviam surgido, ligadas a autoridades, mas distantes ou diferentes da nossa adjudicação estatal. Nas sociedades do oriente antigo, pastoris e agrárias, especialmente sociedades de aldeia, parte considerável das disputas entre particulares eram resolvidas por autoridades, árbitros, conselheiros locais. O conselho dos sábios ou dos velhos exercia a função judicante, ora mediando, ora julgando. Nesse sentido, florescia mais ou menos a justiça do cádi, de que fala Max Weber.[2]

Essas comunidades de aldeia fundavam-se, como tendem a fundar-se até hoje, em controles sociais muito próximos, tradicionais e comunitários. A necessidade de regras abstratas, autônomas e formais, tais como pensadas hoje, inexistia. As regras confundiam-se com as máximas morais, não por defeito ou falta, mas porque o controle social comunitário expressava-se com clareza nesta esfera moral, em decisões *ad hoc*. Já quando as relações se estabeleciam entre diferentes comunidades de aldeia (federações de diversas origens e formas) ou quando se referiam ao sistema que integrava aldeias e cidades (fortificadas) e impérios, uma certa burocracia é criada: os sátrapas, os governadores, os procuradores eram responsáveis por um sistema de administração, coleta de impostos, recrutamento militar, uso de terras e recursos de irrigação, impondo novas restrições e criando novos campos de conflito, para os quais a autoridade da aldeia não podia ter voz ativa. Significativa dessa novidade foi a história do profetismo em Israel: o discurso dos profetas era vazado na linguagem moral (e jurídica, se quisermos) da resistência a este novo poder que vinha da cidade, do palácio, do império, dos conselheiros do rei, dos astutos escribas, etc.

A relação Estado/processo não é a única que interessa. A história do processo pode ser traçada também em termos de quem o domina, ou seja, de quem são os atores relevantes no seu desenvolvimento. E deste ponto de vista pode-se analisar a diferença entre o sistema acusatório ou

2 WEBER, M. *Economia y sociedad*. México: Fondo de Cultura Económica, 1976.

inquisitorial e o sistema adversário ou duelístico. O primeiro dominou a tradição continental europeia, o segundo dominou a tradição inglesa. Pode-se também perceber que a profissionalização crescente dos atores relevantes (advogados, juízes, promotores, cartorários, policiais) acompanhou o desenvolvimento das formas estatais modernas. O Direito do antigo regime, por seu turno, foi obrigado a conviver com os não profissionais: viveu um conflito permanente entre duas formas de poder.[3]

De um lado, como impedir, numa sociedade estratificada, estamental e pouco urbanizada (como as sociedades europeias e respectivas colônias americanas), que o mandonismo e o senhorio local se apropriassem da justiça? De outro lado, como evitar que a centralização e a profissionalização alienassem o povo, ou o cidadão ordinário, das funções públicas da administração da justiça? Ao longo da história, a presença dos leigos ou a participação popular na administração da justiça assumiu diversas formas.

2. A PROFISSIONALIZAÇÃO E OS LEIGOS NA HISTÓRIA DO PROCESSO

Em Atenas não houve a profissionalização do Direito. Os escritores de discursos (de acusação ou defesa, os *logographoi*) – acusados de buscarem cada vez mais a beleza e o efeito emocional do discurso, antes que a verdade – talvez fossem treinados na arte argumentativa usada nas disputas judiciais, mas não se tratava de pessoas formadas em escolas jurídicas propriamente ditas. A tradição grega, especificamente a ateniense, distinguiu claramente, a partir de um certo momento, as questões entre os particulares, cuja resolução devia ser deixada especialmente aos árbitros, um terceiro igual (socialmente) aos litigantes, das questões que afetavam a vida da comunhão política (*polis* ou *koinonia politika*) diretamente, a ser tratada no grande tribunal assemblear dos Heliastas. Por volta de 450 a.C., a assembleia ateniense dispunha de jurisdição geral sobre casos civis e penais, decidindo em grandes seções (*dikasteria*) de números variados (201, 301, 401, 501 membros). Qualquer cidadão ateniense maior de 30 anos, quites com a cidade e no gozo de seus direitos, era elegível:

3 HESPANHA, A. M . *História das instituições*. Coimbra: Almedina, 1982.

a cidadania e a idade restringiam consideravelmente o número dos elegíveis em comparação com o número de residentes. Essa participação geral nas questões judiciais contribuiu, naturalmente, para que não se desenvolvesse uma categoria de juristas profissionais em Atenas, justamente porque os processos eram tratados como assunto público, que qualquer cidadão bem-educado poderia decidir. A partir de 403 a.C. foi institucionalizado o sistema de arbitragens para questões envolvendo valores iguais ou superiores a 10 dracmas. O árbitro, em geral, era um cidadão de mais de 60 anos, com experiência na Assembleia. Iniciando o processo com uma tentativa de mediação, isto é, de promover um entendimento entre as partes, o árbitro podia prosseguir no caso decidindo-o a final. O laudo (decisão) poderia ser impugnado perante os tribunais populares (*dikasteria*).[4]

Em Roma, onde se pode traçar a origem remota da profissionalização e especialização do Direito ocidental, a interferência do poder político existiu com certeza, embora de maneira diferente da que atualmente conhecemos. Citada como exemplo de especialização do Direito no mundo antigo, criou sua tradição jurídica no período clássico, com um sistema judicial-processual pouco burocratizado e não profissional. Essencialmente, o processo formular era administrado pelo pretor e julgado por um cidadão escolhido para a função de juiz, *iudex*. O cargo de pretor era uma das magistraturas da cidade, sujeito à eleição anual, como todos os outros cargos em geral. Sua função era manter a paz e a ordem nos lugares públicos, e deste caráter *policial* de sua atividade provinha sua capacidade de administrar os conflitos, organizando o processo de sua resolução. Por isso, a atividade pretoriana era administrativa, antes que judicial: sua tarefa era organizar o processo, não propriamente julgá-lo. Essa era a tarefa do juiz, que respondia *sim* ou *não* aos quesitos postos pela fórmula e finalmente julgava a favor de uma ou de outra das partes. A organização do processo pelo pretor limitava-se a alguns passos fundamentais antes do julgamento: ouvia o pedido do queixoso, que narrava os fatos e pedia uma das ações formulares possíveis, previstas no edito; intimava o réu, que respondia de tal modo que se estabelecessem os termos da

4 DAWSON, J. P. *A history of lay judges*. Cambridge: Harvard University Press, 1960.

disputa aceitos por ambas as partes. Este pôr-se de acordo envolvia a aceitação da fórmula, o que implicava saber qual era realmente o objeto do litígio. Envolvia ainda a escolha do juiz (como se fosse um árbitro). Em seguida, o pretor encaminhava o caso para o juiz, encarregado finalmente da decisão. Julgado o caso, a execução dependia da parte, porque inexistia a máquina policial e judiciária burocratizada. Como quase tudo na vida social romana, os sujeitos relevantes eram os pais de família, seja como partes, seja como terceiros envolvidos. É de se perguntar: quem recorria ao processo assim organizado de maneira geral? Certamente uma minoria, se computada a população em geral.

O tipo de instituição judicial (e de processo) que deu a base do Direito romano clássico foi, pois, o sistema pretoriano formular. Tratava-se de um sistema misto (DAWSON, 1960), na medida em que um *magistrado* (autoridade pública) organizava o processo e remetia as partes para um cidadão qualquer que decidiria o conflito. O processo dividia-se, dessa forma, em duas fases distintas: a primeira dava-se perante o pretor (*praetor*), a segunda, perante o juiz (*iudex*). Naturalmente, inexistia, antes do principado e do dominato pelo menos, uma verdadeira burocracia (no sentido moderno e profissional do termo), muito menos uma burocracia policial. No entanto, o pretor ocupava um lugar público, uma magistratura. O juiz era um leigo, um não profissional e não magistrado, um simples cidadão, escolhido *ad hoc* para decidir o caso específico. Na primeira fase, perante o pretor, as partes estabeleciam quase que uma negociação: definiam a matéria que era fonte da controvérsia e eram levadas a escolher um juiz dentro das listas (*album*) dos nomes disponíveis e elegíveis. Essa definição da controvérsia dava-se após a *litis contestatio*, cujo caráter era tido por consensual: perante o pretor, pois, ocorria uma espécie de "compromisso arbitral", de modo que o processo formular fosse interpretado como uma arbitragem imposta pela autoridade.[5] Pretores e juízes não eram juristas ou jurisconsultos. O pretor era um cidadão eleito para uma magistratura anual; os juízes, cidadãos incluídos na lista (*album*), tirados das três classes superiores: senadores, cavaleiros ou *tribuni*

---

[5] WENGER, L. *Apud* DAWSON, J. P. *A history of lay judges*. Cambridge: Harvard University Press, 1960.

aerari.[6] Por outro lado, o número de juízes registrados no *album* aumentou progressivamente: de 900 (em 70 a.C.) a 4.000 (sob Augusto) e 5.000 (sob Calígula). Não sendo juristas, eram os juízes homens de posição social elevada, confirmando o caráter sempre oligárquico da sociedade romana.

Estando na mão de leigos e não burocratas, o procedimento formular abriu-se à influência dos juristas. Inicialmente, os juristas eram homens da nobiliarquia romana que davam seus conselhos em vários assuntos a outros cidadãos, dentro das relações de clientela conhecidas da sociedade romana. Passaram a dar os conselhos em forma de *responsa* (respostas) a questões formuladas pelos pretores ou juízes em casos de controvérsias concretas. Eram, nessa fase clássica, apenas cidadãos privados, cuja autoridade provinha de sua posição social somada ao reconhecimento de seu saber a respeito das fórmulas e formas jurídicas, e de sua sabedoria prática. Sob Augusto, receberam autorização para falar em nome do príncipe, isto é, do primeiro cidadão (*ex auctoritate principis*). No entanto, foi com o desenvolvimento de uma burocracia imperial, centralizada em torno da Corte, que os juristas se transformaram, já a partir de meados do segundo século a.C., num grupo profissional. Servindo ao imperador, participavam da administração sendo escolhidos por força de seu conhecimento jurídico. Este, por seu turno, deixara de ser apenas tradicional para transformar-se num aprendizado que se fazia em escolas, em torno dos juristas mais velhos.

Esta transformação caminhava lado a lado com o progressivo abandono do processo formular e o crescimento da *cognitio extra ordinem*. Consistia num procedimento paralelo ao processo formular, uma jurisdição extraordinária, inicialmente de caráter administrativo, exercida pela burocracia imperial em Roma e nas províncias. Ao contrário da jurisdição ordinária, dos pretores, nela havia a possibilidade de apelo ao imperador, pois as decisões dos *funcionários* eram feitas por delegação do poder imperial, e a este competia rever os atos de seus delegados. Assim, com o passar do tempo o processo deixava seu *habitat* leigo e concentrava-se nos círculos do novo poder do Estado. Para que isto acontecesse era preciso que o imperador, o primeiro

6 DAWSON, J. P. *Op. cit.*, p. 102.

dos cidadãos (*princeps*), viesse interferir no andamento ordinário das demandas por meio da *cognitio extra ordinem*. Ouvindo a súplica das partes insatisfeitas, o imperador dava-se progressivamente o poder de rever o processo. Para tanto, valia-se dos jurisconsultos, que se transformavam em conselheiros diretos, passando a ocupar cargos na *entourage* palaciana. Alguns nomes de juristas clássicos ligaram-se a essa tradição.

Centralização e concentração de poderes políticos, fim das tradições republicanas e afastamento progressivo dos leigos das tarefas de decisão dos conflitos caracterizaram o fim da fase clássica do Direito romano. Fecha-se o ciclo de criatividade e tem início a tarefa conservadora e formalizante do Direito pós-clássico, aplicando o saber do passado sobre os casos então existentes. Quando Justiniano mandou compilar o trabalho dos juristas do período clássico, o processo e o rito que se refletiram na sua compilação eram típicos da *cognitio extra ordinem*. Nesse sentido, o processo romano que sobreviveu até Justiniano muito pouco teve a ver com o processo formular, origem da literatura jurídica clássica. Entre Justiniano e o século XI da Era Cristã, quando os textos jurídicos que mandara reunir passaram a ser recuperados e estudados na Itália setentrional (Bolonha), a porção latinizada da Europa conheceu o fim das organizações relativamente estáveis e centralizadas do Império Romano. Mesmo que houvesse reinos e que a administração carolíngea houvesse criado suas estruturas, a descentralização foi mais típica do ocidente.

Os muitos séculos que vão do desaparecimento do Império Romano ou do fim da civilização antiga (clássica, mediterrânea) ao surgimento dos Estados Nacionais proveram, no entanto, sobretudo depois do *século XII*, o florescimento de instituições e justificativas para a centralização do poder de julgar. Do ponto de vista das justificativas, o desenvolvimento da cultura política da cristandade impôs ao rei (ou príncipe, ou qualquer autoridade pública ou política) a tarefa de zelar para que fosse feita justiça entre os seus súditos. Nesses termos, a liderança política passou a ser geralmente associada com a justiça, nas formas de arbitramento, mediação, conciliação ou adjudicação. A justiça, nestes termos, exercia-se dentro de limites estamentais. O julgador podia julgar as questões entre os que lhe eram inferiores, mas podia apenas arbitrar ou mediar as questões entre seus iguais.

Social e politicamente foram dadas as condições para o restabelecimento das regras de hierarquia e apelação (ordinária ou extraordinária). A Idade Média conheceu também o problema político central da separação entre Igreja e Estado: separação de jurisdições, autonomia dos respectivos representantes e disputas de poder entre eles. Se a cristandade era inerentemente unitária, quem detinha o poder final de dizer o Direito? Essa disputa, como se verá, está na origem do processo moderno. O imperador ou o papa, o príncipe ou o bispo podiam exercer jurisdição? E em que casos? Em torno de tal disputa desenvolveram-se as regras de competência (matéria, território, pessoa). Em qualquer dos casos, a súplica por justiça diante de uma autoridade superior tornou-se um dos elementos fundantes do Direito dos príncipes de fazerem justiça: já não se tratava de uma usurpação, mas de uma prerrogativa (sujeita aos diversos limites de jurisdição que se conheciam, como brevemente mencionado). Ao lado das justificativas para o exercício do poder de julgar desenvolveram uma série de instituições: um sistema de tribunais, regulamentos procedimentais etc.

A grande recuperação do Direito romano no período medieval dá-se, portanto, num sistema político particular. Avultaram, nos séculos XI e XII, as disputas entre Igreja e Império, ou entre o *corpus fidelium* e os poderes laicos. Os juristas tornaram-se intelectuais a serviço de uma nova ordem, fosse ela a das nascentes cidades burguesas, fosse das cortes (eclesiásticas ou seculares). Essa disputa terminou por forçar o abandono das formas tradicionais de julgamento, a favor de formas mais burocratizadas e formais. O modo tradicional, então em uso, era o do julgamento leigo, por juízos de Deus, ordálios, muitas vezes na esfera da aldeia. O grande salto qualitativo dado na direção do formalismo e da burocracia estava no Direito canônico: não apenas o julgamento se formalizou e o processo passou a adquirir fases precisas, como também a justificativa para as diversas reformas passou a carecer de razões e explicações que seriam dadas pelos juristas.

Para delimitar as competências e a jurisdição dos tribunais eclesiásticos, em face das outras muitas jurisdições, os canonistas organizaram as regras *ex ratione materiae*, *personae*, *loci*. Foi no processo canônico que o advogado passou a atuar com função própria: até então o *advogado* era um conselheiro extrajudicial, que não atuava em nome da parte sob pena de fazer-se cúmplice ou sócio. A partir da revolução do processo canônico, o advogado passou ao seu papel próprio. Além disso, cada vez mais a tarefa de julgar era de fato transferida do bispo (juiz ordinário das disputas entre os fiéis) para o tribunal composto de *juristas* treinados nas universidades. Ao lado de juízes e advogados, floresciam os *notários*, responsáveis pela redação dos atos do processo e pelo aconselhamento das partes, assim como uma nova série de servidores da burocracia judicial, tais como os *inquiridores* (encarregados de ouvir os depoimentos). O processo canônico começou a dar a forma familiar ao processo moderno também pela *institucionalização dos recursos*, permitindo que autoridades superiores fossem chamadas a rever e a corrigir ou policiar os atos das autoridades locais. O processo foi tal que a Rota Romana tornou-se um tribunal de recursos finais. Tudo isso, naturalmente, requereu crescente detalhamento e sofisticação dos mecanismos processuais, seja no que diz respeito aos caminhos pelos quais se estabelece a unidade da cristandade latina, seja no que diz respeito aos valores a alcançar. Para tanto, foi preciso formalizar ou desformalizar as relações, proteger ora os filhos, ora o patrimônio familiar e a autoridade paterna, ora os direitos tradicionais das comunidades locais, ora os direitos crescentes da corporação clerical, e assim por diante.

Na Europa continental esta profissionalização judicial foi imitada pelos tribunais régios. Os conselheiros dos reis também frequentavam as universidades e influenciavam as decisões quanto à justiça: os reis mesmos precisavam organizar suas cortes de modo a fazê-las atraentes para os súditos. Com isto podiam neutralizar tanto os poderes locais (cortes baronais e senhoriais) quanto os tribunais eclesiásticos (que pretendiam jurisdição sobre negócios contratuais – por força da promessa e do juramento ali implicados, como sobre heranças e testamentos). Por outra parte, muitos eram os casos em que por negociação as partes submetiam suas diferenças ao arbitramento segundo as regras do processo canônico; tratava-se de uma competição clara, obrigando o rei a adaptar-se ao novo processo e a impô-lo. Os julgamentos régios destacavam-se, progressivamente, da pessoa do rei e da corte (conselho ou parlamento) para serem entregues a conselhos especialmente criados, compostos por letrados, isto é, juristas treinados nas universidades. O processo ali desenvolvido, em geral, seguia os moldes do processo canônico, sempre que possível.

Na Inglaterra, a profissionalização da justiça seguiu outros caminhos. Dado o poder praticamente incontrastável da conquista militar normanda em 1066, estabeleceu-se ali uma centralização precoce. Além disso, a organização do reino seguiu um curioso modelo feudal piramidal: toda a terra era em princípio considerada régia, pelo domínio eminente (*eminent domain*) que a conquista havia dado a Guilherme I (o Conquistador). Dessa forma, todos os senhorios que eram mantidos ou doados em forma de *tenure* dependiam, para sua legitimidade, de sua relação com o patrimônio da coroa. Com esta doutrina e com o poder incontrastável do rei, os descendentes dos normandos, os angevinos e os planatagenetas, especialmente no reinado de Henrique II, firmaram um modo peculiar de administração da justiça. Em primeiro lugar, valiam-se dos *writs*, ou breves, que já existiam no continente e na Normandia: tratava-se de ordens dadas a autoridades locais ou inferiores para procederem a um julgamento ou à oitiva de uma parte que se julgava lesada em algum Direito, ou à imediata restituição do queixoso à sua posse anterior. Em segundo lugar, estabeleciam juízes itinerantes no território, que iriam proceder ao julgamento em nome do rei. Em terceiro lugar, conservavam o júri: uma forma de prova testemunhal pela qual doze homens de boa reputação e familiarizados com os fatos da causa juravam dizer a verdade (*vere dictum*) sobre o que sabiam. Com isto, o processo inglês pôde organizar-se já no século XII, sem recorrer aos juízos de Deus (indiretamente proibidos em 1215 pelo IV Concílio de Latrão) e pôde uniformizar um Direito comum para todo o reino. Os juízes do sistema inglês, no entanto, não eram formados ou instruídos na universidade: eram recrutados da pequena nobreza para servirem de delegados dos juízes da corte.[7] Mais tarde, treinaram-se em guildas, os *inns of court*, pois seu aprendizado dependia de conhecerem o processo, embora houvesse sempre algum inglês que frequentou escolas de Direito e se tornara capaz de introduzir elementos canonistas e romanistas no sistema. Por outro lado, os tribunais eclesiásticos, presentes também na Inglaterra, permitiram que os bispos e finalmente o Lorde Chanceler introduzisse algumas ideias vigentes na Europa continental.

[7] DAWSON, J. P. *A history of lay judges*. Cambridge: Harvard University Press, p. 129-131.

De qualquer modo, para tornar-se juiz ou ser admitido à prática do Direito era preciso profissionalizar-se na corporação.

O *sistema inglês de breves* sofreu algumas vicissitudes históricas. Originalmente, o sistema era suficientemente aberto para garantir a qualquer um pedir ao rei as providências que julgasse necessárias para ver seu Direito prevalecer. O núcleo do sistema inglês eram os direitos sobre a terra, em que se reconhecia e se aceitava que o rei podia intervir. O *breve*, considerado a base e a origem do Direito inglês, é o *novel disseizin* (desapossamento recente), criado em 1166.[8] Com o tempo, inclusive por iniciativa dos barões, que temiam o crescente poder real, o Direito de expedir breves ficou limitado aos casos semelhantes (*in consimili casu*). Com isto, teve início o processo por *forms of action*: para qualificar-se para certo processo, o queixoso (autor) devia demonstrar que seu caso se conformava ao precedente e, sobretudo, devia pedir um breve (*writ*) determinado: *novel disseizin*, para a perda de posse recente, *mort d'ancestor*, para certas disputas quanto ao Direito de herança, *assumpsit,* para contratos sem selo, *covenant* para negócios com selo, e assim por diante. O pedido (*plead*) devia ser estritamente conforme o breve, ou seria considerado inválido. O conhecimento de tais breves tornou-se especializado e restrito, cada vez mais, a quem gravitava em torno da corte.[9] Na tradição inglesa, como todos os juízes eram considerados igualmente juízes do rei, não se estabelece o sistema de recursos e apelações: o máximo que se permitia era um pedido de revisão (*writ of certiorari* ou *writ of error*): o pedido era, como no resto do processo, pedido de uma certa providência da Corte (corrigir ou certificar).

Durante todo o período que se estendeu da Baixa Idade Média até a Revolução Francesa, em que o Estado moderno se consolidou (período muitas vezes chamado de *Antigo Regime*), desenvolveu-se uma disputa política entre vários atores.[10]

Da perspectiva das corporações, houve uma contínua luta para manter algumas formas de autonomia com relação ao poder da Coroa. Desse ponto de vista, destacaram-se no processo duas tendências:

---

8 SHAPIRO, M. *Courts*. Chicago/London: The University of Chicago Press, 1981, p. 83.

9 SHAPIRO, M. *Op. cit.*, p. 94.

10 HESPANHA, A. M. *História das instituições*. Coimbra: Almedina.

(1) de um lado a manutenção de jurisdições particularistas, de caráter local (as justiças das aldeias, vilas e cidades) e de caráter funcional (as justiças especializadas de certas corporações, como a dos mercados, ou dos eclesiásticos); (2) de outro lado, os diversos privilégios concedidos a diferentes grupos perante a justiça régia, privilégios estamentais que davam aos fidalgos e ao primeiro Estado algumas regras excepcionais. Da perspectiva da profissionalização, notava-se a constante disputa entre juízes letrados e juízes leigos, entre funcionários ou delegados reais e os representantes de outros poderes locais ou senhoriais, comunitários, etc. Esse período conheceu uma definição crescente de regras procedimentais, relativas, inclusive, a provas e aos procedimentos de recurso. O objetivo dessas regras era uma forma de racionalização e uniformização de tal modo que os tribunais centrais pudessem exercer um poder centralizador. Nas Ordenações Filipinas, que vigoraram em Portugal, e por consequência no Brasil, desde 1603, são visíveis os detalhes de regulamentação procedimental.

O grande passo seguinte será dado pelo estabelecimento do *Estado liberal* no século XIX. Entre os séculos XVI e XVIII firmam-se os Estados Nacionais, certamente: o poder do soberano, porém, estava ainda sujeito a limitações tradicionais (as corporações detinham certas autonomias, os tribunais eclesiásticos detinham outras). A vida social ainda era dividida por estamentos e categorias que impediam a universalização do Direito de julgar uniformemente. Isto resultou num complexo mundo de organismos e regras, muito embora todos pudessem ser finalmente referidos ao rei. Este, porém, não podia julgar a todos igualmente, pois cada categoria possuía um Direito próprio (privilégio). O triunfo do Estado liberal trouxe consigo a perspectiva de universalização da cidadania: todos são iguais perante a lei, e a lei será uma só para todos. A partir daí todos os conflitos podiam ser universalmente submetidos a um único sistema de tribunais, com um único sistema de regras procedimentais desenvolvidas a pouco e pouco. A legitimidade para julgar universalizou-se no Estado. Do ponto de vista da justificativa filosófica, o Direito de julgar universalmente foi sustentado pela filosofia das luzes, da racionalidade universal, da igualdade de todos, da forma republicana, liberal ou democrática do Estado. Do ponto de vista das instituições, o Direito de julgar caminhou pelo desenvolvimento da profissionalização do Direito, pela organização da burocracia profissional e especializada e, talvez, sobretudo pelo estabelecimento da força pública (polícia, *gendarmerie*, *police*). Este o modelo do qual somos herdeiros: modelo cuja centralidade vê-se hoje em xeque, com o crescimento de formas alternativas de solução de controvérsias. Alternativas ao modelo estatal universalista, cujo desempenho se discute: tem sido eficiente? Tem sido democrático (igualmente acessível a todos e a todos os direitos)?

Stein[11] alerta para as diferentes consequências que se seguiam da presença majoritária ou dominante de leigos no processo. Entre elas avultava em primeiro lugar, quando se tratava de profissionais, a necessidade de *fundamentação da sentença*. Com a presença de leigos, cuja tarefa era dizer sim ou não, afirmar ou negar a verdade de certos fatos, tais conclusões dispensavam a fundamentação ou justificação jurídica propriamente dita. Por isso, um júri não justificava seu veredito. Naturalmente, diz ele, é preciso distinguir os fatos primários (o que se fez) dos fatos secundários (o significado do que se fez, a intenção com que se fez). Uma assinatura ou uma palavra pronunciada de fato (1) significou realmente (2) uma promessa ou um contrato? Afirmar que A ou B eram proprietários ou detentores de uma certa parcela de terra não era um fato puro e simples, mas um fato secundário: quando o júri era convocado precisava-se saber que pergunta devia ser feita. As diferenças continuavam no que dizia respeito ao recurso: sobre a conclusão a respeito de fatos primários não se podia em geral recorrer: se o júri afirmava que fulano não estava em tal lugar em tal hora, um tribunal superior não poderia afirmar o contrário, poderia anular o julgamento por falsidade: não, porém, reinterpretar a decisão. Isto porque o júri afirmava o que vira e ouvira. Em segundo lugar, um julgamento realizado por leigos adaptava-se bem a casos de disputas individuais, fatos concretos, *indenização* definível. Além disso, a estrutura *sim/não* ajustava-se com clareza aos casos de justiça corretiva ou comutativa, em que o objeto do litígio era atribuir a uma parte determinada algo específico (uma punição, um pagamento, uma coisa disputada). O processo neste caso dependia de regras definidas previamente, seja quanto ao objeto da decisão, seja quanto ao procedimento propriamente dito. Esse modelo era indicado quando havia

---

11 STEIN, P. *I fondamenti del diritto europeu*. Milano: Giuffrè, 1987.

crime, falta, violação de contrato ou de Direito definido e definitivo por uma das partes.

Segundo Stein, o modelo romano clássico de solução de controvérsias (no período das ações por fórmula, em que leigos dominavam o processo decisório) consistia nas características seguintes. Em primeiro lugar havia a necessidade de uma autoridade central, que organizava o processo (o pretor) e que julgava (o juiz). A estrutura triádica do processo correspondia à prática da crença em regras objetivas, ou seja, regras não feitas *ad hoc* no interesse imediato de alguma das partes. Em segundo lugar, o encarregado da decisão era chamado a dar sua resposta na forma de alternativa, sim ou não, procedente/improcedente: tratava-se também da maneira como em geral eram chamados a julgar os leigos, pois estava em jogo a verificação da ocorrência das circunstâncias de fato relativas a uma regra.

No entanto, quando se dava o caso de repartir diferenças, quando se tratava de dividir ou distribuir em partes individuais algo que era comum ou indiviso, ou quando se tratava de arbitrar ou mediar, isto é, buscar soluções *ad hoc*, o modelo triádico clássico, como resposta alternativa, binária, sim/não, era ineficiente ou mesmo inaplicável. Por isso, Stein lembra a afirmação de Maimônides, segundo a qual o juiz deveria saber se a parte que o buscava desejava um juízo (adjudicação) ou uma composição. Nos sistemas sociais mais complexos os dois mecanismos se completam, e quanto mais complexas as relações sociais, mais complexa a coexistência dos mecanismos.

3. MODELO ADVERSÁRIO-ACUSATÓRIO E MODELO INQUISITÓRIO

Ao longo da história ocidental do processo houve um momento em que duas tradições jurídicas se definiram. Foi o tempo da distinção entre a *commom law* e o Direito romano-canônico. As diferenças eram patentes no processo e na administração da justiça. Segundo Dawson,[12] a distinção tornou-se clara a partir do momento em que na França dos séculos XIII e XIV, por exemplo, os tribunais seculares do rei adotaram o *sistema inquisitorial*. Originalmente, o sistema de

[12] DAWSON, J. P. *A history of lay judges*. Cambridge: Harvard University Press, *loc. cit.*

inquéritos (*enquête*, *inquisitio*, *inquirição*) era conhecido pelos normandos, que o levaram para a Inglaterra, mas a forma que tomou na França e, na verdade, em toda a Europa continental (em Portugal ficaram famosas as inquirições mandadas fazer em 1258 por D. Afonso III, para levantar a situação das terras do reino), deveu-se à influência do Direito canônico. Em contraste com a tradição inquisitorial, a Inglaterra consolidou o que se chama o modelo adversário (*adversarial model*). Na análise de Stein as duas formas refletem-se na diferença de participação dos leigos, assim como no papel dos recursos dentro do sistema processual.[13]

A partir do século XI os ordálios, juízos de Deus e outras formas de prova (inclusive o duelo) estavam sendo seriamente questionados pelos canonistas. A Igreja desenvolveu um enorme esforço de racionalização das provas, de modo que já não dependessem da pura sorte ou de uma contínua invocação do sobrenatural nos afazeres humanos. *Gratia natura non tollit, sed perfecit*: a razão natural não podia ser obstaculizada por crenças infundadas ou por superstição, ensinavam os teólogos. No IV Concílio de Latrão, em 1215, finalmente se proibiu que os clérigos participassem ou mesmo concedessem o prestígio de sua presença como testemunhas de processos em que o julgamento dependesse de ordálios ou juízos de Deus. Com isto o golpe definitivo estava dado: a partir de então foi preciso racionalizar de vez o sistema probatório. Duas foram as possibilidades então existentes: a institucionalização da prova testemunhal na forma do júri, que seria determinante no regime inglês, ou a institucionalização da investigação conduzida por comissários do rei (inquisidores), privilegiando o testemunho individual.

O inquérito (*enquête*) por júri consistia na reunião de 12 homens conhecedores dos fatos e de credibilidade para dizerem se era verdade ou mentira o alegado pela parte que desejava fazer valer seu Direito. Assim, o júri era inicialmente um sistema de prova. Na tradição dos normandos (que se tornou depois a tradição inglesa), a parte queixava-se à autoridade (rei, príncipe, duque...) de que sofrera algum agravo por parte de alguém, e que tal agravo era contra o seu Direito. O rei expedia uma ordem escrita (*breve, writ*) ao seu comissário (ou juiz) e

[13] STEIN, Peter. *I fondamenti del diritto europeo*. Milano: Giuffrè, 1987.

mandava averiguar os fatos: provada a verdade do fato, devia-se proceder à restituição ao estado anterior. O instrumento da averiguação era o júri, reunido para responder sim ou não (verdade ou mentira). Com isto, a instrução ficava sempre sujeita a uma certa passividade do júri. As instruções deviam ser claras e as questões a serem respondidas deviam ser precisas. Tratava-se de uma espécie de *prova testemunhal coletiva*, em que a função do juiz consistia em organizar sua reunião nos termos precisos em que a queixa era apresentada. Naturalmente, não havia lugar para uma apelação, um recurso propriamente dito. Pois o júri afirmava ou negava a verdade: disto resultava que o único recurso consistia em alegar a mentira, a falsidade do julgamento, não a interpretação errônea de normas. Esse júri de testemunhas foi definido claramente na primeira ação desenvolvida na *common law*, o *writ of novel disseizin* (Assize of Clarendon, 1166), de onde se propagou para todo o sistema de jurisdição real.[14]

O modelo inglês – desenvolvido como um complexo de breves (*writs*) – foi rígido quanto às formas de ação, mas ao mesmo tempo manteve um caráter duelístico. A função do juiz era organizar o julgamento dando às partes a oportunidade de *duelarem* perante ele: devia zelar para que tivessem iguais oportunidades, mas sua busca da verdade consistia em permitir que todos tivessem voz. O promotor, como órgão oficial, só muito recentemente se estabeleceu na *common law* e nunca foi um magistrado propriamente, mas um comissário. Não havia investigação oficial, a polícia só surgiu na Inglaterra no final do século XVIII. Assim o processo inglês era essencialmente movido pelas partes, supervisionadas por um terceiro (juiz). As regras do processo eram regras de aceitação ou exclusão de provas e de *discovery* de modo a permitir uma *fair trial*.

A alternativa, como assinala Dawson, consistia no processo romano-canônico. Como foi mencionado, os estudos do Direito, conduzidos na universidade medieval, tomaram por base a compilação justinianeia, na qual a forma processual prevalente era já o sistema da *cognitio extraordinem*. Este, por sua vez, pressupunha uma

14 SHAPIRO, Martin. *Courts*. Chicago/London: The University of Chicago Press, 1981; DAWSON, J. P. *Op. cit.*, p. 47; CAENEGEM, R. *The birth of the English common law*. Cambridge: Cambridge University Press, 1989.

burocracia centralizada e poder de revisão dos julgamentos, envolvendo questões de Direito. Esse modelo imperial servia bem aos propósitos centralizadores do papado e à concepção de soberania que aos poucos ia-se formando em torno da presunção de universalidade e superioridade de Roma. Ao contrário do júri, o processo canônico privilegiava a oitiva de testemunhas singulares e individualmente, convocadas em particular pelo inquiridor por indicação da parte. O processo era prevalentemente escrito, as partes apresentando razões por escrito e preparando, também por escrito, os questionários a serem apresentados às testemunhas. De tudo fazia-se termo escrito. Esse inquérito civil distinguia-se do inquérito canônico disciplinar (a inquisição) pelo fato de que os juízes não atuavam *ex officio*. A inquisição canônica disciplinar e penal propriamente dita começava por uma admoestação geral do visitador canônico para que se comunicassem os crimes (geralmente heresias) ocorridos no lugar; era seguida pela investigação conduzida pelo inquisidor, que podia ser geral (sobre tudo o que havia acontecido) ou particular (sobre determinado ato imputado a determinada pessoa). De qualquer maneira, tinha um caráter penal de procedimento de ofício, que sobreviveria no Direito continental (em Portugal e no Brasil sob a forma da *devassa* ou do *inquérito policial*). Para tarefas dessa natureza era necessário cada vez mais contar com juízes especialmente treinados, além de notários, inquiridores, oficiais. O elemento leigo foi sendo deslocado e subordinado. As relações entre partes e tribunal foram formalizadas por atos escritos. Para controlar a uniformidade do processo (cuja revisão pode ser feita por meio de recursos por tribunais que não tiveram acesso direto às provas e testemunhas), estabelecem-se regras de procedimento e obtenção e ponderação de provas (o sistema das *provas legais*, em contraste com o sistema da livre apreciação das provas). O processo continental foi marcado pelo processo inquisitorial. O acusador era um membro do tribunal, donde a origem remota do nosso promotor (que em toda a Europa continental compartilha de um *status* de *magistrado* e não de *advogado*, como na *common law*). O inquisidor, o visitador ou o fiscal do rei procura saber o que se passou.[15] O acusador era parte da

---

[15] FOUCAULT, Michel. As verdades e as formas jurídicas. *Cadernos da PUC/RJ* n. 16, 1974.

máquina de fazer justiça: ele tomava a iniciativa de saber o que estava errado, de determinar os fatos, os culpados e de aplicar a pena. No processo civil a mesma cultura começava a penetrar: a figura do juiz passou a dominar o processo, se não ele, pelo menos a máquina judiciária, os notários, os inquiridores, os oficiais. Sobretudo, o processo tornou-se escrito, pois se preparava uma apelação, ou seja, o encaminhamento do caso para julgamento por outros (a instância superior).

De modo geral, esse desenvolvimento, que dependia na história tanto de eventos aleatórios quanto de intenções políticas explícitas ou implícitas, resultou em duas abordagens e duas culturas jurídicas distintas. No processo adversário, do modelo inglês, as partes debatiam diante do juiz, que é o organizador de um quase *duelo*. Geralmente os atos processuais precisavam ser concentrados, imediatos, orais. No modelo inquisitório não havia o debate vivo, pois o escrito dominava; as relações entre as partes ficavam mediadas pelo juiz, a quem se dirigiam em primeiro lugar, o qual por seu turno ouviria (por meio de um inquiridor) as testemunhas; dada a necessidade do escrito, os oficiais do tribunal cresciam de importância, burocratizando ainda mais o procedimento – eram notários, tabeliães, inquiridores, meirinhos, cumprindo ordens, mediando as partes, praticando atos da mais variada natureza. A espécie de questão colocada perante o tribunal já não precisava ser simples como aquela feita a um júri de leigos, reunido *ad hoc* para um veredito.

4. O OBJETO DO PROCESSO

A questão colocada diante da autoridade era ou não passível de adjudicação? Ou seja, o que a parte buscava podia ser dado daquela forma? Sob essa indagação se inseriam o reconhecimento da idoneidade da lide. Surgiram as questões propriamente de competência, em primeiro lugar. Durante várias fases históricas a competência se definiu de modo diferente. Por exemplo, durante o período medieval, de *pluralismo jurídico*, algumas matérias eram reservadas a tribunais especiais: as disputas entre comerciantes (e por extensão aquelas típicas de suas atividades, como as sociedades, a bancarrota, os títulos de crédito, etc.) eram decididas pelas respectivas corporações (os *consulados*, por exemplo); as disputas entre os clérigos, nos tribunais eclesiásticos; as disputas entre senhores eram decididas em cortes. Desse ambiente, como já referido, nasceram as regras de competência. Os tribunais especiais continuavam a existir: a França mantém os tribunais comerciais no século XIX, como todos os países, inclusive o Brasil imperial. No século XX surgiram os tribunais ou agências de solução de controvérsias entre patrões e empregados. Os tribunais militares julgavam especialmente os crimes cometidos por militares no desempenho de suas funções, e assim poderiam ser citados outros exemplos. Julgando casos e categorias específicas de pessoas, os tribunais especiais tendiam a desenvolver regras particulares: tanto no que diz respeito ao processo propriamente dito (provas admissíveis, por exemplo) quanto ao Direito em geral (regras sobre contratos, interpretação do silêncio, presunção de responsabilidade, repartição de custos, etc.). No entanto, eram considerados seções ou órgãos especializados de um só e mesmo poder soberano. No caso do pluralismo medieval, os diversos tribunais eram a expressão de autonomias, direitos próprios, de cada corporação ou grupo privilegiado.

Era preciso também que a autoridade reconhecesse a idoneidade da lide: o caso é *justiciable* (decidível)? Existem regras aplicáveis? Os fatos podem ser considerados juridicamente relevantes? Ao longo da história, o processo exemplifica as mudanças de concepções jurídicas e definição do que é ou não controvérsia legalmente relevante. O adultério, por exemplo, é matéria que pode ser trazida como controvérsia resolúvel perante um juízo? Em caso positivo, quais as soluções possíveis? Muitas vezes o assunto era tratado como sujeito a pena de morte, outras vezes gerando Direito a indenizações, multas, ou outras formas de compensação. Quando progressivamente a Igreja incorporou o matrimônio ao rol dos sacramentos, o adultério transformou-se em assunto para os tribunais eclesiásticos. Hoje se constata um número crescente de casos se transformando em matéria justiciável: a prática do racismo, da discriminação em geral (contra mulheres, grupos étnicos, homossexuais, etc.), o molestamento sexual. Até alguns anos atrás alguns desses conflitos seriam desqualificados: faltaria o interesse para agir, haveria a carência da ação. Poder-se-ia dizer que a vítima sofrera um dano moral, ou psicológico, sem que isso significasse um dano jurídico, ou seja, sem que os tribunais pudessem dar qualquer satisfação ao lesado. Hoje, tais assuntos tornam-se matéria justiciável: a esfera da casa, na qual se dava a violência doméstica, muitas vezes tolerada como um mal necessário, abre-se a uma investigação judicial. A discriminação gera a possibilidade, na esfera civil, de indenização por danos morais, ou de medidas de execução específica (como a reintegração num posto de trabalho público ou privado).

5. AS FUNÇÕES JUDICIAIS

Diretamente ligado ao processo, o desenvolvimento histórico da função judicial era determinante do que se pode julgar, como se pode julgar, quem tem acesso ao julgamento e todas as outras questões sociais envolvidas no controvertido tema do acesso à justiça. Como já referido, os modelos processuais e procedimentais podiam combinar de maneira muito diferente a presença de leigos ou de profissionais. Falando mais estritamente, só na Baixa Idade Média podia-se distinguir com clareza um grupo profissional de juristas especializados, seja como acadêmicos, seja como membros de uma administração judiciária. Os jurisconsultos romanos, cujos textos foram utilizados pelos medievais, haviam tido um *status* completamente diferente, muito embora deles também se pudesse dizer que haviam de algum modo sido profissionais do Direito.[16] Os medievais, formaram corporações: os advogados na Europa continental, os juízes e advogados na Inglaterra, os professores de Direito. E tiveram um impacto crescente na administração da justiça eclesiástica e régia.

Com o tempo, ganharam importantes funções monopolizadas. Por exemplo, em Portugal: *letrados*, isto é, homens com título de doutor em Direito civil e canônico, passariam a ter tratamento equivalente ao de fidalgos, a partir das Cortes de Coimbra de 1385. Em segundo lugar os cargos dos tribunais de justiça do rei, isto é, a Casa de Suplicação e o Desembargo do Paço (este último não exclusiva ou propriamente um tribunal de caráter judicial, mas um conselho de alta administração da justiça mais propriamente) foram destinados aos letrados. Nos postos de juízes de fora também era regra a nomeação de letrados.

Os juízes passaram a ser remunerados durante o Antigo Regime: não se tratava mais de exercer a função de juiz ou árbitro por dever

---

16 DAWSON, J. P. *The oracles of the law*. Westport: Greenwood, 1978; BRETONE, M. *História do Direito romano*. Lisboa: Estampa, 1989.

cívico ou honra (como havia sido o caso dos pretores, árbitros e juízes em Roma). Essa profissionalização refletiu-se na indagação de Santo Tomás, tratada na *Suma Teológica*, sobre a licitude de os advogados serem pagos para defenderem a justiça de uma causa ou de uma pessoa. A resposta foi afirmativa: afinal, disse ele, o estudo das leis e a prática da advocacia é um trabalho como outro, semelhante ao do mestre que ao ser remunerado por ensinar a verdade não degrada seu ofício, apenas recebe aquilo que é devido a qualquer cuja função é socialmente necessária.

A profissionalização das funções judiciais gerou duas consequências: a primeira era o fim da gratuidade da justiça, a segunda, o distanciamento do saber jurídico da experiência comum dos leigos. Se a função de julgar ou a organização dos tribunais exigia um grupo especial de pessoas, que não os cidadãos comuns, que não por simples honra de servir o bem comum, era preciso remunerar seus serviços, criando prebendas, rendas ou taxas. O fim da gratuidade da justiça fez que surgisse o problema da defesa do Direito dos pobres (privilégio que a Igreja se deu, avocando para a jurisdição eclesiástica, *ex ratione personae*, as causas das *miserabiles personae*) e do dever (ou não dever) da advocacia gratuita em favor dos miseráveis. O distanciamento do saber jurídico do senso comum de razoabilidade estabeleceu entre os juristas uma linguagem técnica expressa num jargão, não mais na língua falada pela população em geral. Na Inglaterra, por exemplo, conservou-se até o século XVII o *law French*, isto é, o francês trazido pelos normandos em 1066: todos os documentos jurídicos, inclusive decisões das Cortes de justiça, foram redigidos neste francês que já ninguém falava, quando não em latim. Na Europa continental, em várias jurisdições conservou-se o mesmo latim: quando o vernáculo tomou o lugar do latim na redação de documentos e de processos judiciais, este último ainda foi conservado como a língua de socialização dos juristas, pois os textos clássicos (romanos e medievais) continuaram a ser a base do ensino do Direito até o século XVIII.

Profissionalização judicial e formalismo também estiveram ligados historicamente ao predomínio do escrito. Quando se estabeleceu o predomínio da prova escrita (documental, notarizada) sobre a prova oral (imediata), a distância entre a cultura popular e a cultura erudita ampliou-se consideravelmente. A introdução da escrita foi inicialmente percebida como uma forma de racionalização, mas ao mesmo tempo serviu para a crescente burocratização. Foram as decretais dos papas nos séculos de ouro da canonística medieval que serviram de base a este distanciamento crescente entre o conflito real (carregado de emoção) e o conflito formal do processo (racionalizado e abstrato). Tais mecanismos eram considerados superiores aos do processo anterior: e de fato o são, do ponto de vista da burocracia, do controle disciplinar e impessoal do Estado, da universalidade das regras.

A grande tentativa de reforma e ruptura do sistema judicial e processual deu-se com a Revolução Francesa, no que diz respeito ao Direito continental. As funções judiciais haviam sido apropriadas por toda parte como cargos patrimoniais, como são até hoje os cartórios privados. O processo revolucionário desejava incluir a justiça na esfera da cidadania formal e liberal, e para tanto impôs novas características. Em primeiro lugar, toda justiça precisava ser (re)ligada diretamente ao Estado: as jurisdições não estatais foram supridas (como a eclesiástica) ou consideradas existentes por permissão e sob a supervisão do Estado (como os tribunais mercantis). Em segundo lugar, considerando que a soberania popular se exercia pela eleição dos oficiais públicos, havia dois caminhos a seguir quanto ao aparelho judicial: ou se elegiam os juízes (solução adotada inicialmente e para algumas jurisdições), ou se subordinavam os juízes à vontade popular expressa nas leis votadas pelos representantes eleitos (solução que se generaliza). Nesse segundo caso, o aparelho judicial transformou-se num corpo profissionalizado de servidores públicos, gozando de vitaliciedade, inamovibilidade e irredutibilidade de vencimentos. Tratava-se de um novo processo de profissionalização, que cooperava para o isolamento de uma corporação profissional dentro do Estado, ao lado do Exército regular e profissional que também se estabeleceu.

A máquina da justiça profissionalizada tendia para a uniformização dos procedimentos, especialmente se houvesse um sistema organizado de recursos, que criasse uma supervisão permanente das instâncias inferiores pelas instâncias superiores. Para facilitar essa atividade, a uniformização do processo se impôs. Ela apareceu como formalismo em alguns casos: o sistema de provas legais, que se introduziu no processo medieval e que perdurou até as reformas dos séculos XVIII e XIX, serviu a este propósito (entre outros), permitindo que as cortes superiores reexaminassem as decisões das cortes inferiores com um crescente grau de certeza formal (a verdade formal do processo). Formalismo e uniformização permitiram também os apelos de natureza meramente formal (por exemplo, os *writs of error* do Direito inglês) para que a instância superior corrigisse erros da instância inferior. Estabeleceu-se um regime de controle, em que a função do tribunal superior era desconfiar do julgamento do tribunal inferior: desconfiar institucionalmente, não pessoalmente, e o instrumento da desconfiança era a prova formalizada – por ela o tribunal superior podia, sem julgar o tribunal inferior, desfazer ou reverter a respectiva decisão.

6. O DESENVOLVIMENTO DO PROCESSO MODERNO NA TRADIÇÃO DA *COMMON LAW*

6.1 Estados Unidos

Os Estados Unidos da América herdaram a tradição do Direito inglês, seja culturalmente, seja legalmente. A VII Emenda da Constituição (parte da *Bill of Rights*) incorpora às garantias constitucionais o Direito de julgamento por júri, em casos civis, nos casos julgados de acordo com a *common law*. Ficaram assim incorporados dois aspectos da tradição inglesa: o júri e a *common law*. Nos primeiros anos da aplicação da Constituição, os tribunais e juízes federais afirmavam a inexistência de uma *common law* federal: isto porque a jurisdição federal havia sido criada pela Constituição e anteriormente inexistiam precedentes ou costumes federais (a própria federação era inexistente). Cada Estado desenvolvera, a partir das tradições inicialmente trazidas da Inglaterra, seus próprios costumes e precedentes, de modo que se reconhecia a *common law* na esfera estadual. Nesta esfera é que se desenvolvia o Direito privado, coração da *common law*: propriedade, ilícitos (*torts*), casamento e Direito de família, contratos e todas as respectivas formas de proteção (*forms of action*), ou remédios processuais.

As *forms of action* eram bem características do processo da *common law*. Geradas longinquamente na história, haviam resultado também na disputa de poder entre reis e senhores ingleses: os tribunais reais só poderiam manifestar-se nos casos em que houvesse precedente determinado (*in consimili casu*), e para isto era preciso que o autor demonstrasse inicialmente que algum *writ* (breve, mandado) havia sido expedido anteriormente com a mesma forma. O Direito se desenvolvera, portanto, segundo *formas de ação*. Isto exigira a fase inicial do processo, chamada de *pleading*, na qual o autor demonstrava seu Direito de ação de modo detalhado e até doutrinário.

A fase de *pleading* era da maior importância. Para além da determinação da *fórmula* (*form of action*), ela permitia que se estabelecessem os pontos controversos. Como explicado por Atkinson,[17] os *pleadings* não eram argumentos, mas afirmativas ou enunciados de pretensões: o primeiro dos *pleadings* deveria conter o enunciado de sua *cause of action* e uma narrativa (*declaration* ou *narratio*). A resposta do réu assumiria três formas possíveis: um *demurrer*, pelo qual desqualificava juridicamente o pedido, permitindo que o juiz decidisse liminarmente; um *traverse plea*, pelo qual negava os fatos; um *confession and avoidance plea* (confirma alguns fatos, mas alega outros fatos que alteram os efeitos pretendidos pelo autor).

Esse processo sofreu reformas sobretudo a partir do século XIX, quando o desenvolvimento dos negócios e da vida econômica incorporou um número crescente de cidadãos comuns à qualidade de credores ou devedores de hipotecas, empréstimos, aquisição de terras etc. O primeiro passo foi dado em 1848 pelo Estado de Nova Iorque, que simplificou essa fase inicial, abolindo a necessidade de indicar a *form of action* e a base doutrinária do pedido. Passava a ser necessário dar os fatos detalhadamente, de modo a permitir a resposta do réu, e, nesse sentido, o detalhadamente dos fatos deveria ser maior do que o anteriormente aceitável.[18] Essa inovação ficou conhecida como *code pleading* e se generalizou pelos novos Estados do Oeste, até se tornar universal em todos os Estados.

Um segundo passo para a simplificação do processo ocorreu na década de 30, do século passado. A fase de *pleading*, ou seja, detalhamento dos fatos e determinação estrita da controvérsia, foi outra vez reformada na jurisdição federal. A ação passaria a ter início por uma

17 ATKINSON, T. E.; CHADBOURN, J. H. *Introduction to civil procedure*. Brooklyn: Foundation Press, 1948.

18 OLSON, W. K. *The litigation explosion*. New York: Truman Talley Books, 1991.

simplificada *notice pleading*: o autor notificaria o réu simplesmente do seu pedido de forma genérica, especificando a controvérsia até uma conferência pré-audiência (*pre-trial conference*). Esta foi uma das reformas introduzidas pelas Regras Federais de Processo Civil (*Federal Rules of Civil Procedure*) de 1938, editadas pela Suprema Corte por autorização dada pelo Congresso em 1934 (*Rules Enabling Act*, de 9 de junho). Outras importantes reformas introduzidas pelas Rules de 1938 foram a ação coletiva (*class action*) e a unificação dos processos de *law* e *equity*. As reformas de 1938 tiveram a participação de Roscoe Pound, famoso por sua inclinação de jurista-sociólogo, e de Charles Clark.[19]

A facilidade concedida para os pedidos, em contraste com as restrições até então vigentes, seria equilibrada por dois mecanismos: o *summary judgement* e a *pretrial conference*. O primeiro mecanismo permitia o julgamento imediato do caso quando inexistisse uma questão de fato autêntica e substancial (*genuine and material*). O julgamento sumário é um verdadeiro incidente processual e a parte que o inicia precisa demonstrar concretamente suas alegações. O segundo permitia que as partes, em conferência com o juiz, determinassem exatamente o que seria o objeto do julgamento (o que anteriormente se obtinha por meio dos *pleadings*).

A relevância dessas reformas compreende-se levando-se em consideração duas características do sistema processual norte-americano. Uma delas foi a tradição histórica da qual é herdeiro, ou seja, o sistema anterior de *forms of action* da *common law* e, sobretudo, o sistema de *pleading*. Outra característica foi a existência da *trial* (audiência, julgamento) como momento central do processo. Todo o desenvolvimento anterior à audiência presumia que o julgamento seria efetivamente feito de forma concentrada e, em geral, por um júri. O júri, sendo de leigos, só poderia chegar a uma conclusão se as partes e o juiz o instruísse adequadamente sobre o que devia ser objeto de sua decisão, e esta, por seu turno, devia ser a resposta a questões formuladas de tal modo que pudessem ser contestadas com um sim ou não. Nesse sentido, todo o processo norte-americano presumia – e de fato apresentava – a oralidade, a concentração e a imediatidade.

---

[19] OLSON, W. K. *Op. cit.*; FIELD, R. *et al. Civil procedure*. Mineola: Foundation Press, 1984.

As reformas levadas a cabo no processo norte-americano neste século, portanto, tiveram um objetivo diferente das que se conduziram no Brasil. Elas visaram facilitar o acesso à Justiça simplificando o procedimento, criando mecanismos coletivos, como as *class actions*, mas não precisaram introduzir a oralidade, a concentração e a imediatidade, pois estas já faziam parte da cultura e das instituições norte-americanas. Como afirma Merryman,[20] o júri sempre obrigava as três coisas, pois não podia ser reunido facilmente diversas vezes e em diversos dias e não podia comodamente ser obrigado a ler os autos do processo. Isto exigia que o julgamento fosse concentrado no menor espaço de tempo possível, que fosse sobre questões específicas, que os debates e provas fossem produzidos perante todos ao mesmo tempo e de forma oral, visual, dinâmica, direta e imediata.

Outra característica do desenvolvimento histórico do processo norte-americano foi o uso dos mecanismos procedimentais para fazer valer os pleitos de igualdade substancial e material de uma sociedade democrática, ou direitos processuais constitucionais. Nesses termos, durante o século XX foram sendo ampliadas garantias processuais, que também ampliaram o acesso à Justiça. Um caso exemplar deu-se com a famosa XIV Emenda da Constituição, sobretudo, mas não apenas pela Corte Warren (1953-1969). A emenda foi proposta em 1866 e ratificada em 1868 na sequência de atos de reconstrução política do país, passada a Guerra Civil. O propósito era impedir que os Estados do Sul, vencidos na guerra, adotassem legislação que inviabilizasse a liberdade garantida pela Emenda n. XIII, de 1865. Provavelmente, porém, o entendimento do *devido processo* era muito restrito. O texto diz que todas as pessoas nascidas nos Estados Unidos são cidadãos dos Estados Unidos e, portanto, nenhum Estado poderia restringir, no seu território, os direitos dos cidadãos, nenhum Estado poderia privar os cidadãos dos Estados Unidos de vida, liberdade ou propriedade sem o devido processo legal, ou proteção igual perante a lei. Para alguns, tais palavras reduziam-se a que os negros pudessem falar no seu julgamento. O desenvolvimento de um Direito processual constitucional mudou a extensão dessa cláusula.

---

20 MERRYMAN, J. H. *The civil law tradition*. 2. ed. Stanford: Stanford University Press, 1990.

A emenda serviu ao processo de nacionalização dos direitos fundamentais. Durante muito tempo, por exemplo, o Direito a um advogado (em casos criminais) foi entendido como restrito a casos federais, pois a Emenda n. VI assim dispusera expressamente. Alguns Estados não garantiam, nas suas jurisdições, a assistência por advogado, com base no princípio de que a Constituição Federal dispunha apenas a respeito do processo federal. Ao longo do século XX, porém, a interpretação foi ampliada, de modo a impor a todos os estados a obrigatoriedade de assistência por advogado (numa sucessão de decisões entre 1942 e 1963), além de servir de base para o fim da discriminação racial, sexual etc. Na mesma linha foram sendo impostas condições para a organização dos júris, pois o Direito a um júri *imparcial* exigiu que se evitassem júris a refletir os preconceitos predominantes. O processo serviu, assim, ao mesmo tempo para nacionalizar (impor a todos os Estados) a *Bill of Rights* e para dar-lhe conteúdos substanciais (*substantive due process*), mais do que formais.

6.2 Inglaterra

Sendo que a origem do Direito norte-americano é, em parte, a tradição inglesa, muito do que foi anteriormente dito aplica-se à Inglaterra. Apesar disso, outras foram as questões enfrentadas pelos ingleses. De um lado, tratava-se de uma sociedade hierarquizada e estratificada, em que as instituições democráticas não se desenvolveram na direção do igualitarismo americano. De outro lado, o Parlamento e o governo conviviam (e ainda convivem) com a ausência de uma constituição rígida, com a ausência de controle da constitucionalidade das leis e, especialmente, com a falta de democratização social propriamente dita. Mesmo assim, várias transformações e reformas ocorreram.

Houve reformas em 1832 (*Reform Act*), em 1873 e em 1875 (*Judicature Acts*) que afetaram diretamente a tradição processual ao reorganizarem as cortes e tribunais. Os Atos unificaram as jurisdições de *equity* e *common law*, de modo que já não seria necessário distinguir os respectivos processos. Além disso introduziram e institucionalizaram o sistema de recursos.[21] Antes dessas reformas todos os

[21] CAENEGEM, R. *An historical introduction to private law*. Cambridge: Cambridge University Press, 1992.

juízes tinham a mesma hierarquia, não sendo possível recorrer de suas decisões. O único remédio existente era o pedido de um novo *writ* (mandado) para que os juízes de Londres revissem a decisão anterior: ou o *writ of certiorari* ou o *writ of error*. Nenhum dos dois era um recurso propriamente, mais se assemelhando à nossa ação revocatória, se tanto, e com a importante característica de que não se tratava de um Direito da parte: o tribunal detinha (como até hoje a Suprema Corte dos Estados Unidos detém) o poder discricionário de garantir ou não o mandado, ou seja, de ouvir ou não o "recurso". Diversamente do ocorrido nos Estados Unidos, desapareceu o júri em matéria civil, e em matéria penal desapareceu também o *Grand Jury*, ou seja, o júri de acusação ou indiciamento, sobrevivendo apenas o *Petit Jury*, ou de julgamento, nos casos penais.

Inexiste até hoje na Inglaterra o controle da constitucionalidade das leis pelos tribunais. Seja pela ausência de constituição escrita, seja pelo fato de que tradicionalmente a Câmara dos Lordes reservou-se o Direito de exercer as funções judiciais de última instância, seja pelo predomínio constitucional do parlamento, o que se chamou de *judicial review* restringe-se ao controle disciplinar e administrativo dos juízes e tribunais inferiores e da burocracia administrativa em geral.

As características que sobreviveram ao longo da história tradicional da família da *common law* são as seguintes. Em primeiro lugar, a forma do processo como uma espécie de duelo: é o chamado procedimento *adversário*. Neles, as partes praticamente duelam perante o juiz e o júri, esgrimem argumentos e apresentam provas. Um julgamento (*trial*), nestes termos, pode contar com surpresas e elementos dramáticos e deve terminar, necessariamente, com a decisão. O papel do juiz, no curso do julgamento em audiência, é fazer com que as partes se mantenham dentro dos objetivos do processo, isto é, que as provas (perguntas dirigidas às testemunhas, por exemplo) estejam diretamente ligadas aos fatos disputados, à controvérsia. As provas, por outro lado, podem ser examinadas por todos, daí a importância da *cross examination* e a exclusão de testemunhas não diretas (o testemunho por *hearsay*, ficar sabendo ou ter ouvido contar), pois suas declarações não podem ser imediatamente conferidas (não se consegue trazer imediatamente, no ato do julgamento que está ocorrendo, a testemunha direta). O juiz funciona, nesta fase, como um árbitro de um duelo, especialmente admitindo ou não as provas, em função do objeto do processo definido na fase anterior (*pretrial conference*). Ele não tem função inquisitorial, nem a iniciativa da *discovery* ou *disclosure*.

Uma segunda característica de extraordinária importância diz respeito à oralidade do processo. Presumindo a presença de um terceiro que ouvirá e decidirá o caso, todas as formas processuais conduzem à oralidade. Mais ainda, o juiz jamais dita ou narra o desenrolar da audiência. Não é a versão dos fatos narrada pelo juiz que entra para os registros (*records*), mas as próprias palavras pronunciadas pelas partes, advogados e testemunhas. As partes têm a palavra. Outra vez, esta característica destoa completamente da longa história do processo continental, sobretudo do processo brasileiro. Interferindo diretamente, ditando os termos que entrarão para os autos, o juiz do processo inquisitorial assume uma função preeminente e que, do ponto de vista cultural e sociológico, confirma o tom paternalista e hierarquizado das nossas relações sociais.[22] Isto naturalmente impede que o processo se desenvolva oralmente, com a dinâmica própria de um debate. O resultado, no processo brasileiro, é que a audiência é o momento talvez final da coleção de petições e despachos em que se transforma o processo, mas não seu momento central, como na *common law*.

7. O PROCESSO BRASILEIRO: DESENVOLVIMENTO HISTÓRICO

Numa famosa descrição do sistema jurídico brasileiro, Tulio Ascarelli dizia que só foi capaz de entender o que se passava quando leu e estudou o sistema legal das Ordenações Filipinas. Para ele, as reformas tentadas na legislação brasileira esbarravam na tradição cultural e institucional perpetuada inconscientemente pelos profissionais do Direito, a qual, em última análise, fundava-se nas Ordenações, cuja vigência no Brasil superava os três séculos de história colonial.

Entre 1500 e 1822 as formas aqui implantadas foram essencialmente as portuguesas. Estas nunca foram totalmente uniformes, e os

---

22 BINDER, A. *Perspectivas sobre a reforma do processo criminal na América Latina.* São Paulo: Paper, 1993.

300 anos de vida colonial acompanharam o surgimento do Estado moderno, em oposição permanente às instituições judiciais e legais do sistema corporativista. Assim, convivem no processo as formas mais burocratizadas e formalizadas conhecidas pelos tribunais e juízes régios, ao lado dos mecanismos menos formais dos juizados leigos das câmaras (HESPANHA, 1993). Progressivamente, foram sendo enviados os juízes de fora (o primeiro deles em 1696, para a Cidade de Salvador) e mais tarde foram criados os Tribunais da Relação: o primeiro deles em 1609, com sede em Salvador, o segundo em 1751, com sede no Rio de Janeiro. Durante todo o antigo regime houve uma disputa entre a magistratura letrada (ouvidor, corregedor, desembargador, juiz de fora), ou seja, detentora de grau de bacharel ou doutor em leis por Coimbra, e as magistraturas locais leigas (juízes ordinários, de câmara, etc.). Os primeiros eram vistos com suspeita pelos segundos como ingerência da Coroa nos assuntos da autonomia das corporações territoriais e funcionais; os segundos eram vistos pelos primeiros como ignorantes e parciais, sujeitos ao mandonismo local.

As reformas mais importantes introduzidas após a independência estiveram ligadas às variações da política do império. Um Código de Processo Civil nunca foi realmente editado, o que fez com que sobrevivessem as formas das Ordenações até 1850. Nesse ano foi editado o famoso Regulamento n. 737, que de fato fez as vezes de um código processual. Mas foi da maior importância a edição de dois outros códigos anteriores: em 1830, o Código Penal do Império, reformando o Direito penal; em 1832, no auge do predomínio liberal, o Código de Processo Criminal, instituindo os juízes de paz e o *habeas corpus*. A importância do Código de Processo Penal residiu justamente na reorganização da máquina judicial. O Código Penal do Império incorporou os princípios do Direito penal iluminista, já garantidos na Carta de 1824, tais como o da pessoalidade da pena, irretroatividade da lei penal, igualdade perante a lei (exceto para os escravos, naturalmente) e utilidade da pena.[23] Obedeceu na parte geral à nova ordem: tratou dos crimes em abstrato, dos criminosos, das agravantes e atenuantes, dos crimes *justificáveis* (excludentes de criminalidade). Definiu os

---

23 TRIPOLI, Cesar. *História do Direito brasileiro.* São Paulo, 1947, 2v., p. 215 (edição particular).

tipos de pena: morte (por forca), galés, prisões (simples, com trabalho), banimento, degredo e desterro, multas, suspensão e perda de emprego. Manteve penas corporais para o escravo. D. Pedro II comutou todas as penas de morte a partir de 1855, depois do erro judiciário de Manuel da Mota Coqueiro. O código mais famoso e polêmico foi o *Código de Processo Criminal*, que extinguiu o sistema da devassa e impõe o *Juizado de Instrução*, dado ao juiz de paz (eleito). Dentro da revolução liberal, criou diferentes juizados: o juiz de paz (escolhido por eleição local), o juiz municipal (indicado pelo presidente da província) e finalmente o juiz de Direito (nomeado pelo imperador, vitalício, bacharel em Direito).[24]

Ficava mantido também o *tribunal do júri*, dando cumprimento à regra constitucional (art. 151). O *juiz de paz* ocupava temporariamente o cargo, responsável pela instrução inicial nos feitos criminais e pelo julgamento de delitos de menor gravidade pelo processo sumário. O *juiz municipal* substituiu o antigo juiz de fora; poderia ser leigo e situava-se abaixo do juiz de Direito (juiz de distrito, ou comarca, que abarcava mais de um município), cujas ordens e decisões estava encarregado de cumprir. Era nomeado por três anos pelo presidente de província. O *juiz de Direito*, de nomeação do imperador, entrava no lugar do antigo ouvidor, e se exigia que fosse bacharel. Tornou-se logo uma figura política importante, pois tinha laços diretos com o poder imperial (que o nomeava), supervisionava as atividades dos outros juízes e pertencia a uma corporação profissionalizada com alto sentido de identidade, porque os cargos eram vitalícios.[25]

Havia no Código uma diferença entre *processo sumário* (cujo julgamento competia aos juízes de paz) e *processo ordinário* (para crimes cuja pena fosse maior do que seis meses de prisão ou degredo) e que se desenvolvia perante o júri, presidido pelo juiz de Direito. Havia dois júris: o de acusação (o *grand jury* da tradição anglo-americana) e o de sentença (o *pety juri*). O *habeas corpus* também foi instituído pelo Código de Processo Criminal, que, fruto da onda liberal de 1831, foi objeto de transformações logo em seguida, sofrendo uma famosa

---

24 TRIPOLI, Cesar. *História do Direito brasileiro.* São Paulo, 1947, 2v., p. 295-297.

25 FLORY, T. *El juez de paz y el jurado en el Brasil imperial*. México: Fondo de Cultura Económica, 1986, p. 180.

reforma conservadora em 1841. Em 1840, a 12 de maio, com a Lei n. 105 (Lei de Interpretação do Ato Adicional), o juizado de instrução passou para autoridade policial (*chefe de polícia*), pois a palavra *polícia*, usada no Ato Adicional, passaria a ser entendida como compreendendo a polícia municipal e administrativa tão somente, e não a polícia judiciária. Os conservadores apoiaram a reforma do Código de Processo Criminal de 1841, instauradora do policialismo judiciário.[26]

A Lei n. 2.033, de 20 de setembro de 1871 – *Novo Código de Processo Criminal* –, criou o *inquérito policial*, dando à polícia enormes poderes, confundindo sua atividade com a atividade cartorária, consolidando o modelo inquisitorial, burocrático e cartorialista até hoje vivo, a despeito de tentativas de reforma. Sua origem, naturalmente, era o projeto conservador de exercício de poder político e controle centralizado.[27]

O processo civil foi delegado à competência dos Estados com a Constituição de 1891, de modo que só em 1939, já no *Estado Novo*, centralizado, foi editado um *Código de Processo Civil* nacional. Entrementes, o regime republicano havia também reestruturado o sistema judicial, criando o Supremo Tribunal Federal parcialmente nos moldes da Suprema Corte norte-americana, parcialmente herdando as funções do Tribunal de Justiça do Império e das antigas Relações. A carreira da magistratura foi reorganizada, extinguindo-se todos os juizados leigos, exceto os tribunais do júri. Estes, porém, nunca haviam sido a espinha dorsal do sistema brasileiro, herdeiros que somos do modelo inquisitorial e profissionalizado dos juízes letrados. A reforma mais importante foi feita em 1973, com o novo *Código de Processo Civil*, outra vez sob um governo não democrático. O Código distanciou-se, aparentemente, mais ainda do sistema anterior, tentando impor uma nova ordem: separou o processo sumaríssimo do ordinário, nos processos de conhecimento; tentou racionalizar o sistema recursal, distinguindo recursos de decisões finais de decisões

---

26 ADORNO, S. *Os aprendizes do poder*. Rio de Janeiro: Paz e Terra, 1988, p. 66.

27 MOREIRA NETO, D. F. Instrução criminal, democracia e revisão constitucional. *Revista de Informação Legislativa* n. 121, ano 31, jan./mar. 1994; LIMA, R. K. de. Tradição inquisitorial no Brasil da colônia à república: da devassa ao inquérito policial. *Religião e sociedade* 16/1-2 (94:113), 1992; BINDER, Alberto. *Perspectivas sobre a reforma do processo criminal na América Latina*. São Paulo: Paper, 1993.

interlocutórias; reorganizou o processo de execução. Do ponto de vista da justificativa, uma das intenções do Código era produzir maior concentração, oralidade e imediatidade.

Mas, como já havia observado Ascarelli, algumas tradições foram mais fortes e essencialmente diversas características do sistema antigo sobreviveram. Essas características não se descobriam na letra do Código, mas no estilo de funcionamento do aparelho judicial. O *cartório*, nesses termos, foi o grande personagem semioculto do processo. Como a audiência não desempenhava de fato o papel central, e como tudo foi reduzido a escrito (inclusive as audiências), de forma a se tornar imediatamente um processo (*dossiê*), que seria oportunamento consultado para uma posterior decisão, o andamento do caso deslocava-se das relações entre partes e julgador para as relações entre partes e julgador mediadas pelo cartório: nada chegava ao juiz, para decisão, sem passar pelo cartório, e nada chegava às partes sem que o cumprimento dependesse de um ato cartorário. As partes não podiam interpelar-se mutuamente, não podiam cumprir diligências (a não ser quando conseguiam dos cartórios e dos juízes permissão especial, caso em que o sistema perdia a sua característica democrática, pois a licença para praticar tais atos passava a depender da discrição da autoridade e da espécie de influência que uma parte podia exercer sobre o juiz ou o cartório).

A forma de socialização dos profissionais do Direito, por outro lado, foi uma das responsáveis pela continuidade do sistema. Não conhecendo nenhuma outra forma de exercício da profissão, a tendência era que os atores repetissem os papéis nos quais foram treinados. Segundo pesquisa feita em 1993, 45% dos juízes procedem da advocacia, 10% de atividades burocrático-cartorárias, somando pois 55%. Assim, mais da metade dos juízes foi socializada e treinada na forma inquisitorial-cartorária. A estes juntavam-se 8,2% com atividades burocráticas de nível médio fora do sistema judiciário, o que elevava para 63,2% a porcentagem dos que potencialmente tendiam a encarar o processo e o procedimento como uma sucessão de atos burocratizantes.[28]

---

[28] BONELLI, M. G. *Condicionantes da competição profissional no campo da justiça*: a morfologia da magistratura. São Paulo: Paper, 1994.

8. CONCLUSÃO

Atualmente, o Direito processual adquire um aspecto claramente social e político. Social na medida em que se discute o acesso à Justiça; político, na medida em que o acesso à Justiça é reclamado no contexto dos direitos de cidadania. A outra tendência que se manifesta, hoje refletida em instituições como os *juizados especiais* e *de paz* (previstos na Constituição Federal, art. 98, I e II), os *juizados de pequenas causas* (de 1984), a *ação civil pública* (de 1985) e as *ações coletivas* do Código de Defesa do Consumidor (1990), é a da extensão da tutela judicial para casos de violações de direitos individuais relativamente pequenas em termos de conteúdo, mas numerosas e repetidas. Para isto fala-se na desformalização ou informalização do processo, de modo que, diminuindo as exigências formais, o Estado possa estender sua influência sobre a vida dos cidadãos, como vem insistindo José Eduardo Faria. Mas a desformalização ou as técnicas de desvio dos conflitos para arbitragem ou mediação podem também demonstrar a incapacidade do Estado de prover o mínimo de eficiência e efetividade na aplicação do Direito sobretudo para os menos capazes de se defenderem (por razões econômicas ou sociais). A busca da arbitragem, pelo seu caráter convencional, tem sido a solução para a maioria dos grandes casos entre grandes organizações: ela se adapta aos casos em que as partes são relativamente iguais em poder de barganha. Outra tendência que se manifesta no mundo das grandes organizações de negócios é a mediação, conhecida no Direito internacional: as partes são acompanhadas por um mediador na busca de um acordo. A mediação também tem suas regras, prazos mais ou menos definidos.

Outra questão que se coloca neste momento histórico é a dos remédios disponíveis não apenas para as disputas comutativas ou redistributivas, mas também para as questões de reconhecimento, nas palavras de Nancy Fraser (comunicação pessoal em 5 de abril de 1995). Estará o Direito preparado para enfrentar esse tema que se impõe sob a forma da defesa das especificidades e identidades de grupos dominados e humilhados nas sociedades contemporâneas (o caso mais exemplar sendo o da população *gay*/lésbica)? Certamente não ainda: como já se teve oportunidade de explorar o tema em outro trabalho, basta dizer que se está, aqui, diante de um processo de mudança sociocultural em que o Direito está implicado, mas na sua dimensão utópica não utilitarista.

Em conclusão, na história não convém imaginar esquemas evolutivos, ou tendências irreversíveis, ou ligações demasiado abstratas e estruturais entre eventos. Um exemplo claro das surpresas que a história oferece foi mencionado neste texto: os caminhos divergentes que tomaram o Direito inglês e o Direito romano-canônico na Baixa Idade Média. Pode-se apenas dizer que muitos foram os caminhos do processo: ora prestigiando os leigos, ora os profissionais; ora se atendo ao modelo inquisitorial, ora ao modelo adversário; ora formalizando as disputas, ora as desformalizando; ora enfatizando os resultados, ora enfatizando os meios.

9. REFERÊNCIAS BIBLIOGRÁFICAS

ADORNO, Sérgio. *Os aprendizes do poder*. Rio de Janeiro: Paz e Terra, 1988.

ALMEIDA, Cândido Mendes de. *Código philippino*. Rio de Janeiro: Instituto Philomático, 1870.

ATKINSON, Thomas E.; CHADBOURN, James H. *Introduction to civil procedure*. Brooklyn: Foundation Press, 1948.

BERMAN, Harold. *Law and revolution*. Cambridge (Ma): Harvard University Press, 1983.

BINDER, Alberto. *Perspectivas sobre a reforma do processo criminal na América Latina*. São Paulo: Paper, 1993.

BOBBIO, Norberto. *Democracy and dictatorship*. Minneapolis: University of Press, [s/d].

BONELLI, Maria da Glória. *Condicionantes da competição profissional no campo da justiça*: a morfologia da magistratura. São Paulo: Paper, 1994.

BRETONE, Mario. *História do Direito romano*. Lisboa: Estampa.

CAENEGEM, Raoul van. *The birth of the English common law*. Cambridge: Cambridge University Press, 1989.

CAENEGEM, Raoul van. *I signori del diritto*. Milano: Giuffré.

CAENEGEM, Raoul van. *An historical introduction to private law*. Cambridge: Cambridge University Press, 1992.

CAPPELLETTI, Mauro. Aspetti sociali e politici della procedura civile. In: *Giustizia e societá*. Milano: Editora di Comunitá, 1977.

CAPPELLETTI, Mauro. *Acess to justice and the welfare state*. Bruxelas/Firenze Stuttgart Alphen aan den Rijn: Bruylant/Le Monnier/Klett-Cotta/Sitjhoff, 1981.

DAWSON, John Philip. *A history of lay judges*. Cambridge (MA): Harvard University Press, 1960.

DAWSON, John Philip. *The oracles of the law*. Westport: Greenwood, 1978.

FIELD, Richard *et al*. *Civil procedure*. Mineola: Foundation Press, 1984.

FLORY, Thomas. *El juez de paz y el jurado en el Brasil imperial*. Mexico: Fondo de Cultura Económica, 1986.

FOUCAULT, Michel. As verdades e as formas jurídicas. *Cadernos da PUC/RJ* n. 16, 1974.

HESPANHA, Antonio Manuel. *Às vésperas do leviatã*. Coimbra: Almedina, 1994

HESPANHA, Antonio Manuel. Justiça e administração entre o antigo regime e a revolução. In: *Justiça e litigiosidade*: história e prospectiva. Lisboa: Calouste Goulbenkian, 1993.

HESPANHA, Antonio Manuel. *História das instituições*. Coimbra: Almedina, 1982.

LIEBERMAN, Jethro K. *The litigious society*. New York: Basic Books, 1981.

LIMA, Roberto Kant de. Tradição inquisitorial no Brasil da colônia à república: da devassa ao inquérito policial. *Religião e sociedade* 16/1-2 (94:113), 1992.

MAITLAND, F. W. *The forms of action at common law*. Cambridge: Cambridge University Press, 1962.

MERRYMAN, John Henry. *The civil law tradition*. 2. ed. Stanford: Stanford University Press, 1990.

MOREIRA NETO, Diogo de Figueiredo. Instrução criminal, democracia e revisão constitucional. *Revista de Informação Legislativa* n. 121, ano 31, jan./mar. 1994.

OLSON, Walter K. *The litigation explosion*. New York: Truman Talley Books, 1991.

SALGADO, Graça *et al*. *Fiscais e meirinhos*. Rio de Janeiro: Nova Fronteira, 1985.

SHAPIRO, Martin. *Courts*. Chicago/London: The University of Chicago Press, 1981.

STEIN, Peter. *I fondamenti del diritto europeo*. Milano: Giuffrè, 1987.

YEAZELL, Stephen C. *From medieval group litigation to the modern class action*. New Haven London: Yale University Press, 1987.

WEBER, Max. *Economia y sociedad*. Mexico: Fondo de Cultura Económica, 1976.

Impresso em maio de 2019